Backes / Jesse
Totalitarismus –
Terrorismus

Analysen 38

Uwe Backes
Eckhard Jesse

# Totalitarismus
# Extremismus
# Terrorismus

Ein Literaturführer und Wegweiser
zur Extremismusforschung in der
Bundesrepublik Deutschland

2. aktualisierte und
erweiterte Auflage

Leske + Budrich · Opladen 1985

## Die Autoren

Uwe Backes, geb. 1960, Studium der Politikwissenschaft, Geschichtswissenschaft und Germanistik. Doktorand im Fach Politikwissenschaft an der Universität Trier.

Veröffentlichungen u.a.: Demokratie und Demokratietheorie in der Bundesrepublik Deutschland. Beiträge wider den „Zeitgeist", in: Neue Politische Literatur 30 (1985), Heft 2; (jeweils mit E. Jesse) Demokratie und Extremismus. Anmerkungen zu einem antithetischen Begriffspaar, in: Aus Politik und Zeitgeschichte. Beilage zur Wochenzeitung „Das Parlament", B 44/83; Parteiendemokratie in der Bundesrepublik Deutschland, Bonn 1985 („Informationen zur politischen Bildung", Nr. 207, hrsg. von der Bundeszentrale für politische Bildung); (mit Janßen/Jesse/Köhler/Mommsen/Tobias) Der Reichstagsbrand, Aufklärung einer historischen Legende, München 1986.

Eckhard Jesse, Dr. phil., geb. 1948, Dipl.-Politologe, Studium der Politikwissenschaft und Geschichtswissenschaft an der FU Berlin. Hochschulassistent im Fach Politikwissenschaft an der Universität Trier.

Veröffentlichungen u.a.: Die Demokratie der Bundesrepublik Deutschland. Eine Einführung in das politische System (1978), 7. Aufl., Berlin 1986; Streitbare Demokratie. Theorie, Praxis und Herausforderungen in der Bundesrepublik Deutschland (1980), 2. Aufl., Berlin 1981; Literaturführer: Parlamentarische Demokratie, Opladen 1981 (UTB 1089); Bundesrepublik Deutschland und Deutsche Demokratie Republik (1980), 4. Aufl., Berlin 1985 (Herausgeber und Beiträge); Wahlrecht zwischen Kontinuität und Reform. Eine Analyse der Wahlsystemdiskussion und der Wahlrechtsänderungen in der Bundesrepublik Deutschland 1949 bis 1983, Düsseldorf 1985 (Reihe „Beiträge zur Geschichte des Parlamentarismus und der politischen Parteien", Bd. 78).

**CIP-Kurztitelaufnahme der Deutschen Bibliothek**

**Backes, Uwe:**
Totalitarismus, Extremismus, Terrorismus: e.
Literaturführer... / Uwe Backes; Eckhard Jesse. –
2. Aufl.
Opladen: Leske und Budrich, 1985.
(Reihe Analysen; 38)
ISBN: 3-8100-0560-6

NE: Jesse, Eckhard; GT

(c) 1984 by Leske Verlag + Budrich GmbH, Leverkusen
Druck und Verarbeitung: Presse-Druck, Augsburg
Printed in Germany

# Inhalt

Abkürzungsverzeichnis .......................... 7
Zur zweiten erweiterten Auflage .................. 8
Einführung ................................... 9

**Demokratie und Extremismus — Präsentation ausgewählter Problembereiche** ............................. 17
1. Der Extremismus-Begriff in der Auseinandersetzung ..... 17
2. Die Konzeption der streitbaren Demokratie ........... 28
3. Extremismus und öffentlicher Dienst ............... 35
4. Friedensbewegung und politischer Extremismus ....... 40

**Totalitarismus:**
**Renaissance eines strittigen Begriffs?** ................ 47
Übersichtsdarstellungen ......................... 49
Aus deutscher Sicht ............................ 53
.... und aus internationaler Perspektive .............. 65
Die Totalitarismuskonzeption Carl Joachim Friedrichs .... 71
Kommunismusforschung ......................... 74
Totalitarismus und Faschismus .................... 82
Die Beiträge Karl Dietrich Brachers ................. 86
Verteidigung des Totalitarismuskonzepts aus demokratisch-sozialistischer Perspektive ....................... 93
Fazit und Perspektiven der Forschung ............... 96

**Rechtsextremismus:**
**Neuere Tendenzen und Diskussionen** ................ 103
Zur Entwicklung des Rechtsextremismus und der Rechtsextremismus-Literatur in der Bundesrepublik Deutschland ..... 105
Gesamtdarstellungen ........................... 114
Die Publikationen des PDI ....................... 131
Gesamtinterpretationen ......................... 140
Empirische Studien ............................ 147
Altnazis und „wiedererweckte Hitlerjungen" ........... 154
Jugend und Rechtsextremismus ................... 159
Rechtsextremismus und Schule .................... 166

Die „Neue Rechte" .................................. 172
Charakteristika der neuen Rechtsextremismus-Literatur ..... 179

**Linksextremismus:**
**Ein über- oder unterschätztes Phänomen?** .............. 185
Das Selbstverständnis der DKP ........................ 188
Konservative Darstellungen .......................... 198
Beiträge aus demokratisch-sozialistischer Perspektive ...... 211
Wandlungen innerhalb der linksextremen „Szenerie" ....... 224
Die K-Gruppen ..................................... 231
Haltung der Demokratie gegenüber dem Linksextremismus ... 236

**Terrorismus:**
**Ereignisse, Ursachen, Reaktionen und Folgen in den siebziger Jahren** .......................................... 243
Ereignisse und Zusammenhänge ....................... 249
Terroristenbiographien .............................. 256
Zusammenfassender Rückblick ....................... 264
Die Frage nach den Ursachen ......................... 266
Wissenschaft und „Alltagstheorie" .................... 268
Empirische Ursachenforschung ....................... 277
Zusammenfassung, Ausblick .......................... 292
Reaktionen und Folgen .............................. 293
Interaktionistische Ansätze .......................... 299
Fazit, weiterführende Fragen ......................... 301

**Neuerscheinungen aus dem Jahre 1984** ............... 305
1. Totalitarismus ................................... 307
2. Extremistische Einstellungen ....................... 316
3. Rechtsextremismus ............................... 321
4. Terrorismus ..................................... 335

**Glossar** .......................................... 341

**Dokumentation** .................................. 361
1. Totalitarismus ................................... 362
2. Rechtsextremismus ............................... 363
3. Linksextremismus ................................ 365
4. Terrorismus ..................................... 368

5. Verfassungsschutzbericht von 1984 (Zusammenfassung) .. 371

**Verzeichnis der besprochenen Werke** ................ 377

**Personenregister** ................................. 380

# Abkürzungsverzeichnis

| | |
|---|---|
| AHR | American Historical Review |
| AöR | Archiv des öffentlichen Rechts |
| APuZG | Aus Politik und Zeitgeschichte. Beilage zur Wochenzeitung „Das Parlament" |
| ASR | American Sociological Review |
| b:e | betrifft: erziehung |
| BJS | British Journal of Sociology |
| BVerfGE | Entscheidungen des Bundesverfassungsgerichts |
| BzK | Beiträge zur Konfliktforschung |
| DA | Deutschland Archiv |
| FAZ | Frankfurter Allgemeine Zeitung |
| FH | Frankfurter Hefte |
| FR | Frankfurter Rundschau |
| GG | Geschichte und Gesellschaft |
| GM | Gewerkschaftliche Monatshefte |
| GWU | Geschichte in Wissenschaft und Unterricht |
| HJb | Historisches Jahrbuch |
| Innere Sicherheit | Informationsdienst „Innere Sicherheit", hrsg. vom Bundesministerium des Innern |
| KZSS | Kölner Zeitschrift für Soziologie und Sozialpsychologie |
| NJW | Neue Juristische Wochenschrift |
| NPL | Neue Politische Literatur |
| PDI | Pressedienst Demokratische Initiative |
| PDI-Tb | PDI-Taschenbuch |
| PDI-SH | PDI-Sonderheft |
| PVS | Politische Vierteljahresschrift |
| SJP | Sozialwissenschaftliches Jahrbuch für Politik |
| SZ | Süddeutsche Zeitung |
| taz | die tageszeitung |
| VHfZG | Vierteljahreshefte für Zeitgeschichte |
| VSB | Verfassungsschutzbericht, hrsg. vom Bundesministerium des Innern |
| VuV | Verfassung und Verfassungswirklichkeit |
| VVDStRL | Veröffentlichungen der Vereinigung der Deutschen Staatsrechtslehrer |
| WEP | West European Politics |
| ZfG | Zeitschrift für Geschichtswissenschaft |
| ZfP | Zeitschrift für Politik |
| ZRP | Zeitschrift für Rechtspolitik |

## Zur zweiten erweiterten Auflage

Diese Neuauflage enthält zusätzlich die wichtigsten Bücher zum Komplex „Extremismus", die im Jahre 1984 erschienen sind. Ferner ist die Dokumentation auf den neusten Stand gebracht worden. Der übrige Text wurde durchgesehen. Die Autoren beabsichtigen, jählich eine „Fortschreibung" der Literatur vorzulegen — zu einer Thematik, die in Wissenschaft und Öffentlichkeit nur allzu häufig nicht in der ihr angemessenen Weise behandelt wird.

Trier, im Juni 1985 *U.B./E.J.*

# Einführung

Dieser Band soll einen Überblick über die wichtigste Literatur zu den Themen Totalitarismus, Rechtsextremismus, Linksextremismus und Terrorismus geben. Er knüpft im Aufbau und in der Vorgehensweise an den 1981 erschienenen „Literaturführer: Parlamentarische Demokratie"[1] an. Angesichts der grassierenden Publikationsflut fällt es selbst dem professionell mit der Materie Beschäftigten schwer, auf dem Laufenden zu bleiben. Umso weniger ist der am politischen Zeitgeschehen Interessierte in der Lage, sich einen angemessenen Eindruck von der Literatur zu verschaffen. Er steht geradezu hilflos vor einem „Bücherberg". Oft ist es von Zufälligkeiten abhängig, zu welchem Buch gegriffen wird. Leider gibt es viel zu wenig Übersichtsdarstellungen — auch und gerade im Bereich der Extremismusforschung.

Diesem Mißstand soll der Band ein wenig abhelfen. Es kam den Autoren nicht darauf an, möglichst viele Bücher zu würdigen. Je mehr Aufnahme finden, umso größer ist die Gefahr der Unübersichtlichkeit. Wissenschaftliche Standardwerke und einführende Darstellungen wurden bevorzugt. Die Literatur ist bis Ende 1983 berücksichtigt worden, wobei die meisten der hier kritisierten Bücher in den achtziger Jahren erschienen sind. Allerdings wurden Aktualitätsgesichtspunkte nicht verabsolutiert und daher auch Publikationen aus der zweiten Hälfte der siebziger Jahre aufgenommen. Dies gilt insbesondere im Hinblick auf wichtige Arbeiten.

Die Literaturberichte (oder „Fortschrittsberichte"[2], wie der Terminus in der Bibliotheks- und Dokumentationswissenschaft lautet) sollen einerseits über den Inhalt der Bücher informieren und diesen andererseits bewerten. Was liegt an gesicherten Erkenntnissen über die Thematik vor? Welche Desiderata sind zu ver-

---

1 Vgl. Eckhard Jesse, Literaturführer: Parlamentarische Demokratie, Opladen 1981.
2 Vgl. ebd., S. 14-28 („Einleitung: Fortschrittsberichte in der Politikwissenschaft").

melden? Literaturberichte haben den Vorteil, daß man sich stärker der jeweiligen Thematik innewohnenden Problemen widmen kann und nicht sklavisch daran gebunden ist, den Inhalt der Publikationen wiederzugeben. Der Vorteil ist jedoch janusköpfig: Es besteht die Gefahr, daß durch eine „programmierte" Sicht dem jeweiligen Verfasser Unrecht getan wird, indem man sich unzureichend auf seine Thesen „einläßt". Hier mußte ein Mittelweg eingeschlagen werden. Den vier Literaturberichten, die das Kernstück des Bandes darstellen, ist ein Beitrag über „Demokratie und Extremismus" vor- und ein Glossar nachgeschaltet.

Warum? Die einführenden Bemerkungen über „Demokratie und Extremismus" gehen auf eine Reihe von Problemen ein, die im Umkreis dieser Thematik angesiedelt sind.[3] Ihre kursorische Behandlung bildet eine Voraussetzung für das Verständnis der vier Literaturberichte. Es wird der schillernde Extremismus-Begriff (und seine Rezeption in der Forschung) „durchleuchtet". Extremismus ist ein Gegenbegriff zu Demokratie. Demokratie kann – entgegen einer verbreiteten Annahme – nicht einfach als „Herrschaft der Mehrheit" aufgefaßt werden. Insofern sind einige Hinweise zum Verfassungsgrundsatz der „streitbaren Demokratie" am Platze. Die Demokratie in der Bundesrepublik Deutschland ist nach den historischen Erfahrungen nicht bereit, den Extremismus gleichberechtigt an der politischen Willensbildung teilhaben zu lassen. Daß die streitbare Demokratie deswegen aber keineswegs eine Ausgeburt obrigkeitsstaatlicher Denkmuster ist, soll hier gezeigt werden – ebenso wie am Komplex „Extremismus und öffentlicher Dienst", wohl dem innenpolitischen Streitpunkt Nr. 1 in den siebziger Jahren. Die Schutzvorkehrungen des Staates gegenüber Extremisten, die in den öffentlichen Dienst streben, haben viel Kritik hervorgerufen, die längst nicht in jedem Fall angemessen gewe-

---

3 Vollständigkeit ist selbstverständlich nicht angestrebt worden. So wurde auf eine Erörterung des Modethemas „1984" verzichtet. Es ist geradezu leichtfertig, mit welcher Stereotypie man unter Berufung auf Orwell die heutige Wirklichkeit kritisiert. Dabei wollte Orwell weniger vor technischen Errungenschaften warnen als vielmehr vor der perfekten Überwachungsmaschinerie eines totalitären Systems. Vgl. George Orwell, 1984, Frankfurt a. M. 1984 (neue Übersetzung). Dies wird häufig übersehen, etwa von Gerd E. Hoffmann, Im Jahrzehnt der Großen Brüder. Orwells ,1984' aktueller denn je. Vom Alptraum zur Realität, Frankfurt a. M. 1983; Werner Meyer-Larsen (Hrsg.), Der Orwell-Staat 1984. Vision und Wirklichkeit, Hamburg 1983; Hannes Schwenger, Im Jahr des Großen Bruders. Orwells deutsche Wirklichkeit, München 1983. Differenzierter: Dieter Hasselblatt (Hrsg.), Orwells Jahr – Ist die Zukunft von gestern die Gegenwart von heute?, Frankfurt a. M. 1983.

sen ist — wie problematisch auch immer manch bürokratischer Perfektionismus (gewesen) sein mag. Ist heutzutage diese Kritik weitgehend verstummt, so hat die Friedensbewegung mit der Beschwörung von „Widerstand" und „zivilem Ungehorsam" einen nicht minder heftigen Protest entfacht. Der religiösen Erweckungsbewegungen eigene Chiliasmus hat wieder einmal Einzug gehalten. Dieses Urteil gilt auch für beträchtliche Teile der Friedensbewegung, der gewiß nicht das Bedürfnis nach einem dauerhaften Frieden in Abrede gestellt werden darf. Doch die Wege, welche die Friedensbewegung — wie heterogen sie auch immer sein mag — zu beschreiten gedenkt, sind Holzwege. Eine moralisierende Gesinnungspolitik überlagert verantwortungsethisches Denken. Der Erfolg des Buches von Franz Alt[4], das in elf Monaten eine Auflage von über 750 000 erreicht hat, ist ein Politikum. Feindesliebe, wie sie Alt befürwortet, mag gewiß ehrenwert sein, aber unterschätzt Alt nicht die möglichen Folgen einer solchen Haltung? Schließlich ist der Pazifismus für den Kommunismus bloß eine „bürgerliche Ideologie". Die einführenden Anmerkungen über einige der Streitfragen sollen das Anliegen der Autoren untermauern, daß der entscheidende Gegensatz sich zwischen Demokraten und Extremisten manifestiert. Dahinter verblassen die Auseinandersetzungen innerhalb des demokratischen oder extremistischen Lagers.

Das Glossar stellt eine Orientierungshilfe für den Leser dar. Hier sind insbesondere Begriffe aufgenommen worden, die im Text vorkommen und dort nicht oder nicht ausreichend erläutert werden konnten. Das Glossar, ein integrierter Bestandteil dieses Bandes,[5] läßt sich auch unabhängig vom übrigen Text verwenden — ebenso wie die Dokumentation, die zu den Bereichen Totalitarismus, Rechtsextremismus, Linksextremismus und Terrorismus Informationen in graphischer und tabellarischer Form bietet. Außerdem enthält sie eine Zusammenfassung des Verfassungsschutzberichtes von 1983.

Die Sichtung der Literatur zum Thema „Totalitarismus" (Autor: Eckhard Jesse) führt zum Ergebnis, daß ein offensichtlicher Zusammenhang zwischen der Einschätzung der Totalitarismuskonzeption und der politischen Entwicklung besteht. Vereinfacht ausgedrückt: In den fünfziger Jahren (zur Zeit des Kalten Krieges) überwog die Bejahung der Totalitarismus-Konzeption, in den siebziger Jahren hingegen (in einer Phase weltweiter Entspannung) waren die Verfechter dieses Modells deutlich in der Minderheit. Der Pendelschlag ist unübersehbar. Aber müßte die wissenschaftliche Begriffsbildung

---

4 Vgl. Franz Alt, Frieden ist möglich. Die Politik der Bergpredigt, 13. Aufl., München 1983.

5 Vgl. den „Vorspann" zum Glossar auf S. 341.

nicht von derartigen Konstellationen unabhängig sein? Die politische Instrumentalisierbarkeit eines Begriffs besagt – für sich genommen – allerdings noch nichts über seine wissenschaftliche Tragfähigkeit. Auffallenderweise schwebt die Kontroverse um den Begriff häufig in den „luftigen Höhen" von bloßen Theorien. „Handfeste" Untersuchungen, die das Totalitarismuskonzept auf ein diktatorisches Herrschaftssystem anwenden, sind Mangelware.

Ebenso fließend sind die Grenzen zwischen wissenschaftlicher und politischer Darstellung beim Thema „Rechtsextremismus" (Autor: Uwe Backes), das gegenwärtig „Konjunktur" hat. Es wird geradezu hektisch produziert[6], bedingt sicherlich durch die Zunahme des Neonazismus seit Ende der siebziger Jahre. Die Qualität läßt allerdings vielfach zu wünschen übrig. Empirisch zuverlässige Studien sind ebenso unterrepräsentiert wie Gesamtdarstellungen; nicht jedoch politisch inspirierte Arbeiten über den „Neofaschismus", wie es mehr verschleiernd als erhellend heißt. Der „braunen" Agitation soll Paroli geboten werden. So legitim ein solches Ansinnen ist, so dürftig ist doch mitunter seine Ausführung: Sie ist nicht frei von Einäugigkeit. Außerdem wird die Gefahr des Rechtsextremismus in zahlreichen Publikationen überschätzt.

Vergleichsweise dünn gesät sind demgegenüber Studien über den Linksextremismus (Autor: Eckhard Jesse). Hier springt ein anderer Bias ins Auge. Es überwiegen nämlich Autoren, die im politischen Spektrum eher „rechts" angesiedelt sind. Auch hier überlagert eine politische Betrachtungsweise wissenschaftliches Erkenntnisinteresse. Ebenfalls partiell überschätzt wird die Gefahr des Extremismus von links. Beachtenswert sind hingegen die Warnungen Fritz Vilmars, eines demokratischen Sozialisten, vor den Einflußstrategien der DKP. Allerdings handelt es sich hier mehr um politische als um politikwissenschaftliche Arbeiten – ein Manko, das vielen Darstellungen zum Extremismus eigen ist. Bezeichnenderweise gibt es kaum ein Werk, das sich mit dem Links- und dem Rechtsextremismus zugleich auseinandersetzt.

---

6 1984 sind schon wieder mehrere einschlägige Werke herausgekommen, die hier allerdings keine Berücksichtigung mehr finden konnten: Wolfgang Benz (Hrsg.), Rechtsextremismus in der Bundesrepublik. Voraussetzungen, Zusammenhänge, Wirkungen, Frankfurt a. M. 1984; Peter Dudek/Hans-Gerd Jaschke, Entstehung und Entwicklung des Rechtsextremismus in der Bundesrepublik. Zur Tradition einer besonderen politischen Kultur, Bd. 1, Opladen 1984; Werner Graf (Hrsg.), „Wenn ich die Regierung wäre ...". Die rechtsradikale Bedrohung, Berlin/Bonn 1984; Giovanni di Lorenzo, Stefan, 22, deutscher Rechtsextremist: „Mein Traum ist der Traum von vielen", Reinbek bei Hamburg 1984.

War „Totalitarismus", obwohl ein Phänomen des 20. Jahrhunderts, ein geradezu „klassisches" Thema der Politikwissenschaft (zumal in Deutschland, bedingt durch die historischen Erfahrungen), so ist Terrorismus (Autor: Uwe Backes) ein neues Problem. Die Bundesrepublik wurde vom Terrorismus in den siebziger Jahren völlig überraschend heimgesucht. Wer nur wenige Jahre zuvor terroristische Aktivitäten prophezeit hätte, wäre ausgelacht worden. Terrorismus in einem politischen System, das sich durch Wohlstand und politische Stabilität auszeichnet — dieser Umstand wurde als undenkbar betrachtet. Daher hat die Terrorismusforschung ausgiebig und zu Recht die Ursachenproblematik berücksichtigt. Da der Terrorismus sich nicht aus sozialen Defiziten speiste, verlangte dieses Phänomen nach komplexen Erklärungen. Mittlerweile ist der Terrorismus wieder abgeebbt, und es besteht die Befürchtung, daß die einschlägige Forschung erlahmt. Vielmehr wäre ein „antizyklisches" Vorgehen erstrebenswert. Denn gerade eine Phase der „Ruhe" mag fruchtbare Ergebnisse zeitigen.

Überblickt man die vier Forschungsfelder, so wird man wohl dem Briten Gordon Smith beipflichten müssen, der in der Politikwissenschaft der Bundesrepublik einen ausgeprägten Hang zur Synthese vermißt.[7] Auch im Extremismusbereich dominiert vielfach Spezialisierung, die den „Wald vor lauter Bäumen" nicht sieht. Gesamtdarstellungen muß man mit der Lupe suchen. Weitere Eigentümlichkeiten fallen auf: So sind Studien, die auf breiter empirischer Basis die einschlägige Thematik abhandeln, ebenfalls eine Ausnahme. Politische „Bekenntnisschriften" hingegen finden sich ebenso reichlich wie Studien, die einer bestimmten „Mode" huldigen. Aber Arbeiten aus beiden Genres sind häufig entbehrlich. Jedenfalls fallen sie sehr schnell der Vergessenheit anheim.

Im Rezensionswesen — die Palette reicht von der „Anzeige" bis zum „Besprechungsaufsatz" — liegt vieles im argen. Konrad Adam hat 1982 den „Niedergang des früher blühenden Rezensionswesens"[8] in den Sozialwissenschaften gegeißelt. Gewiß muß man sich vor jeglichem Kulturpessimismus hüten, aber an dieser Diagnose scheint etwas Wahres dran zu sein. Das Rezensionswesen hat mit der Steigerung der wissenschaftlichen Buchproduktion in puncto Qualität und Quantität nicht mithalten können. Angesichts der fortschreitenden Parzellisierung im Bereich der Politikwissenschaft ist Resignation eingekehrt. Viele Zeitschriften bemühen sich offenbar gar nicht mehr, ihren Lesern die wichtigste Literatur vorzu-

---

7 Vgl. Gordon Smith, Wenig Bereitschaft zur Synthese. Deutsche politische Literatur aus englischer Sicht, in: Das Parlament v. 11. September 1982, S. 13.

8 Konrad Adam, Die unkritische Theorie, in: FAZ v. 16. Januar 1982, S. 1.

stellen. Was besprochen wird, hängt weitgehend von den subjektiven Wünschen der Rezensenten ab. Tatsächlich aber müßte die Vergabe von der Redaktion zentral erfolgen. Viele renommierte Wissenschaftler — das gilt jedenfalls für die Politikwissenschaft — kümmern sich wenig um das Rezensionswesen. Offenbar so auf die eigene Forschung fixiert, nehmen sie Arbeiten anderer nur unzureichend zur Kenntnis. Wenn sie überhaupt besprechen, so geschieht dies häufig in Tages- oder Wochenzeitungen. Hier ist notgedrungen auf einen breiteren Leserkreis Rücksicht zu nehmen.[9] Eine intensive Auseinandersetzung findet in aller Regel nicht statt.

Zahlreiche Rezensionen sind Gefälligkeitsbesprechungen. Manche kommen nicht über das Referieren des Inhalts hinaus. Die Gründe mögen unterschiedlicher Natur sein:

— Der Verdacht, daß das Buch nur angelesen worden ist, stellt sich häufig ein.[10] Und dann ist es natürlich weniger riskant, sich mit nichtssagenden Bemerkungen aus der Affäre zu ziehen.
— Man will es mit dem Kollegen, den man kennt oder kennenlernen will, nicht verderben. Das „Lobe-Kartell" zeigt sich auch im Rezensionswesen. Eine „unverblümte" Rezension könnte ja eine „Retourkutsche" nach sich ziehen.
— Schließlich kommt es vor, daß man sich aus falsch verstandener Rücksichtnahme betonter Zurückhaltung befleißigt, um dem Autor nicht die Karriere zu verbauen.

---

9 Allerdings wird manchmal nicht einmal der Inhalt wiedergegeben. Vgl. etwa die „Rezension" von Christian Graf von Krockow, Freund oder Feind, in: Die Zeit v. 11. November 1983, S. 15. Das Buch von Joseph W. Bendersky (Carl Schmitt — Theorist for the Third Reich) stellt der „Rezensent" nur in einem einzigen Absatz vor. Die „Rezension" ist ein Vorwand für eine Auseinandersetzung mit Carl Schmitts Thesen und die Wiedergabe einschlägiger Schmitt-Zitate.

10 Vgl. die sarkastischen Bemerkungen von H. O. Schenk, Grundprobleme der Rezensiologie, in: Jahrbuch der Absatz und Verbrauchsforschung, Heft 2/1979, S. 179: „Hat der Rezensent das besprochene Werk in der Hand gehabt? Hat der Rezensent das Werk gelesen (also Vorwort, Gliederung, Einleitung oder Zusammenfassung)? Hat der Rezensent das Werk studiert (mindestens 5 v. H. der Textseiten plus Vorwort, Gliederung, Einleitung oder Zusammenfassung)? Hat der Rezensent das Werk kritisch studiert (zusätzlich Fußnoten- und Literaturdurchsicht im Hinblick auf eigene Erwähnung)?" Viel zu optimistisch Peter Häberle, Einleitung: Rezensierte Verfassungsrechtswissenschaft, in: Ders. (Hrsg.), Rezensierte Verfassungsrechtswissenschaft, Berlin 1982, S. 63, Anm. 110: „Eine genaue Lektüre durch den Rezensenten muß als Selbstverständlichkeit hier wohl kaum genannt werden."

Diese Kritikpunkte sind nicht als Plädoyer für scharfe „Abrechnungen" oder gar unfaire Attacken zu verstehen. Das ist natürlich nicht die angemessene Alternative. Notwendig erscheint vielmehr ein größeres Maß an Sorgfalt bei der Abfassung von Rezensionen und etwas mehr Ehrlichkeit. Wenn dies der Fall wäre, könnte sich — langfristig gesehen — auch die Qualität der Bücher erhöhen. Allerdings sind die Bemerkungen über Defizite im Bereich des Rezensionswesens nicht zu verallgemeinern. So gilt das Verdikt wohl nicht für das Staatsrecht, ein Fachgebiet, das freilich überschaubarer ist als die Politikwissenschaft. Hier werden Bücher vergleichsweise ausführlich besprochen, die wichtigsten finden im Rezensionsteil Beachtung, renommierte Wissenschaftler schrecken nicht vor der so zeitraubenden wie mühsamen Rezensententätigkeit zurück.

Bezeichnenderweise ist auch von einem Staatsrechtslehrer, Peter Häberle, jüngst ein einschlägiger Reader erschienen: „Rezensierte Verfassungsrechtswissenschaft".[11] In dem Band werden Rezensionen zu wichtigen Büchern nachgedruckt. Peter Häberle hat eine Einleitung über das Rezensionswesen beigesteuert[12], die nicht nur für die Verfassungsrechtswissenschaft, sondern auch für andere Forschungsgebiete Relevanz besitzt. Er liefert zahlreiche Anregungen. Das gilt für seine Bemerkungen über die „Rezensionskultur in der Weimarer Zeit"[13] ebenso wie für seine „Skizzen zu einer ‚normativen Rezensionstheorie' "[14]. Hier erläutert Häberle die Elemente der Berufsethik des Rezensenten: das Pluralismus- und Fairness-Postulat, den Öffentlichkeitsauftrag der Rezension, das Gebot der Wissenschaftlichkeit der Rezension, das Gebot der Offenlegung des Vorverständnisses, der intersubjektiven Überprüfbarkeit und der Grundsatz der Inkompatibilität.[15] Mit den letzten beiden Elementen ist der Hinweis auf die subjektive Position des Rezensenten angesprochen sowie die Notwendigkeit, daß man nicht das Buch eines Lehrers oder Schülers bespricht. Hehre Grundsätze sicherlich, die gewiß nicht alle immer berücksichtigt werden — und auch gar nicht berücksichtigt werden können.

Es bleibt zu hoffen, daß Häberles Buch für Politikwissenschaftler den Anstoß dafür gibt, sich dieser Thematik verstärkt zuzuwenden. In welchem Umfang werden wichtige Bücher der Politikwissenschaft in den Fachzeitschriften besprochen? Wie sieht es mit dem Rezensentenstatus aus? Wie ist das Verhältnis der „positiven"

11 Vgl. Häberle (FN 10).
12 Vgl. ebd., S. 15-69.
13 Vgl. ebd., S. 50-53.
14 Vgl. ebd., S. 63-69.
15 Vgl. ebd., S. 63.

zu den „negativen" Besprechungen? Mit Sicherheit läßt sich sagen, daß die Ergebnisse nicht so gut ausfallen wie im Bereich der Verfassungsrechtswissenschaft. Gewiß spielt der von Häberle konstatierte Befund des „Matthäus-Effektes" („Wer hat, dem wird gegeben") keine entscheidende Rolle.[16] Denn viele der profilierten Wissenschaftler haben sich, wie schon erwähnt, dem „Rezensionsgeschäft" weitgehend entzogen.

Die Rezensionskultur kann nach Häberle „zu einem, wenn auch kleinen, so doch nicht unwichtigen Mosaikstein der politischen Kultur"[17] werden. Gewiß mag Häberle hier und an anderer Stelle etwas überzeichnen und die Bedeutung des Rezensionswesens überschätzen, wenn er eine Arbeit über das Thema „Der Rezensent im Wandel der Staatsformen und Verfassung"[18] anregt; aber im Prinzip bleibt ihm darin zuzustimmen, daß die Rezensionskultur der Förderung bedarf.[19] Die Rezensenten tragen eine hohe Verantwortung – dem Leser und auch dem Autor gegenüber. Beachteten sie einige der normativen „Vorgaben" Häberles, so verstummten vielleicht die ironischen Stimmen über die Malaise des Rezensions(un)wesens.[20] Jedenfalls hätten sie dann weniger Berechtigung als gegenwärtig.

16 Vgl. ebd., S. 27, Anm. 34, S. 43, Anm. 71.
17 Ebd., S. 68.
18 Ebd., S. 63, Anm. 110.
19 Vgl. auch die eindringlichen Hinweise von Michael Freund, Vom Lesen und Gelesenwerden. Zur Soziologie der Buchkritik (1955), in: Ders., Die Politik der Freiheit. Gesammelte Aufsätze zur Wissenschaft und Geschichte der Politik, Bremen 1970, S. 100-111.
20 Vgl. Schenk (FN 10), S. 177-184; Ingo Müller, Zum gegenwärtigen Stand der Rezensensiologie, in: Kritische Justiz 14 (1981), S. 101-103 (mit einigen hübschen Formulierungen).

# Demokratie und Extremismus – Präsentation ausgewählter Problembereiche

## 1. Der Extremismus-Begriff in der Auseinandersetzung

Wer sich mit dem Thema „Extremismus" (genauer: „Politischer Extremismus") beschäftigt, weiß sich mit einem in mancherlei Hinsicht umstrittenen Gegenstandsbereich konfrontiert. Weder findet der Begriff als solcher allseitige Zustimmung noch herrscht Übereinstimmung darüber, wie dessen Definitionsbereich zweckmäßigerweise einzugrenzen sei. Schließlich weisen nicht wenige Autoren den Terminus als unsachlich bzw. unzulässig zurück. Welcher Argumente bedienen sich Anhänger und Gegner des Extremismus-Begriffs, und wie ist ein derartiger Dissens zu erklären?

Zunächst zur Terminologie: Als Sammelbezeichnung für antidemokratische Gesinnungen und Bestrebungen wurde und wird in der Forschung auch der traditionsreiche Begriff „Radikalismus" verwendet, der im politischen Sprachgebrauch der Weimarer Zeit, speziell in der von den Erfolgen der Nationalsozialisten geprägten Endperiode, bereits zur Kennzeichnung „staatsfeindlicher" Gruppierungen heimisch war.[1] Aber auch damals war der Terminus schon semantisch vorbelastet. So unterschied man zu Beginn des Jahrhunderts in der deutschen Arbeiterbewegung eine revisionistische Richtung, welche die sozialistische Revolution auf evolutionärem Wege herbeiführen und einen radikalen Flügel, der sich damit nicht abfinden wollte.[2] Im 18. und 19. Jahrhundert hatten liberale Emanzipationsbewegungen in romanischen und angelsächsischen

---

1 Vgl. nur folgende publizistische Beiträge: Manfred Georg, Unfruchtbarkeit des Radikalismus. Thomas Mann gegen politisches und kulturelles Obskurantentum, in: Neue Leipziger Zeitung v. 15. Juni 1930; Gerhard Kessler, Männer gegen den Radikalismus!, in: Neue Leipziger Zeitung v. 23. Januar 1933; P. Pribilla, Psychologie des Radikalismus, in: Germania vom 7. April 1932; Der Radikalismus in den Betrieben. Das Ergebnis der neuen Betriebsrätewahlen, in: Berliner Tageblatt v. 2. November 1931; Karl Severing, Der Kampf gegen den Radikalismus. Die Wirtschaftsnot und die extremen Parteien, in: Neue Freie Presse v. 29. März 1931; Wachsender Radikalismus, in: Neue Preußische Zeitung v. 29. November 1929.
2 Vgl. Curt Geyer, Der Radikalismus in der deutschen Arbeiterbewegung, 2. Aufl., Jena 1923; J. Keir Hardie, Revisionism v. Radicalism in Germany, in: Socialist Review 1910, H. 11, S. 193-196; Alfred Meusel, Der Radikalismus, in: Kölner Vierteljahreshefte für Soziologie 4/5 (1924/26), S. 44-68.

Ländern den Begriff auf ihre Fahnen geschrieben.[3] Sie verbanden mit „Radikalismus" den Kampf um bürgerliche Freiheitsrechte, Verfechter des Obrigkeitsstaates dagegen die gewaltsame Zerstörung einer legitimierten politischen Ordnung.[4] Dieser Doppelsinn haftet dem Begriff bis heute an: Die einen werten ihn durch ein Kompositum wie „Radikaldemokratie" auf; den anderen bedeutet „Radikalismus" soviel wie „Verfassungsfeindlichkeit".

Der Begriff „Extremismus" blickt auf eine unbelastetere Vergangenheit zurück. Zwar läßt er sich bereits im 19. Jahrhundert für Großbritannien[5] und zu Beginn des 20. Jahrhunderts für Frankreich[6] nachweisen. Er wurde jedoch zu dieser Zeit nicht systematisch verwendet. Auch in Deutschland ist der Begriff vor 1945 nur vereinzelt anzutreffen. Der Sprachgebrauch in Wissenschaft und Publizistik gab in den 50er und 60er Jahren dem Radikalismus-Begriff zur Bezeichnung antidemokratischer Bestrebungen den Vorzug. Dies änderte sich allmählich mit der Studentenbewegung Ende der 60er Jahre. In intellektuellen Kreisen entdeckte man erneut die positiven historischen Bedeutungsinhalte von „Radikalismus".[7] So prangerte man in den 70er Jahren mit der polemischen Vokabel „Radikalenerlaß" vermeintlich restriktive Praktiken des

---

3 Vgl. Klaus Gerteis, Radikalismus in Deutschland vom 16. bis zur Mitte des 19. Jahrhunderts. in: Trierer Beiträge, Heft 11/1982, S. 30-38; Elie Halévy, La formation du radicalisme philosophique, 3 Bde., Paris 1901-1904; Gérard Lagneau, „Radicalism", Radicalisme. Essai d'identification des idéologies radicales, in: L'Année Sociologique 22 (1972), S. 129-152; Nathan Rotenstreich, On Radicalism, in: Philosophy of the Social Sciences 4 (1974), S. 169-182. Auf liberale Traditionen nimmt auch Bernsteins Beitrag Bezug: Eduard Bernstein, Wesen und Aussichten des bürgerlichen Radikalismus, München/Leipzig 1915. Weitere historische Verwendungsweisen: Egon Bittner, Art. „Radicalism", in: David L. Sills (Hrsg.), International Encyclopedia of the Social Sciences, Bd. 13, 2. Aufl., New York/London 1972; Joseph Cropsey, Radicalism and its Roots, in: Public Policy 18 (1970), S. 301-319.

4 Beispielhaft für diese Position: Ludwig Nieder, Der Radikalismus am Ruder. Tatsachen und Gedanken. Allen Hand- und Kopfarbeitern vorgelegt von einem Proletarier, Mönchen-Gladbach 1919.

5 Vgl. Oxford English Dictionary, Bd. III, Oxford 1961, S. 476.

6 Vgl. Trésor de la Langue Française. Dictionnaire de la Langue du XIX$^e$ et du XX$^e$ siècle (1789-1960), 8 Bde., Paris 1980, S. 536.

7 Vgl. Hermann Glaser, Radikalität und Scheinradikalität. Zur Sozialpsychologie des jugendlichen Protests, München 1970; Ossip K. Flechtheim, Radikalismus contra Extremismus, in: Neues Hochland 66 (1974), S. 485-493; Christian Graf von Krockow, Das deutsche Defizit an Radikalität, in: Neues Hochland 66 (1974), S. 494-502.

Staates gegen „kritische Demokraten" an.[8] Auch wer diesen Gedankengängen nicht zu folgen vermochte, mußte eingestehen, daß „Radikalität", „radikales", bis zu den Wurzeln der Dinge vorstoßendes Denken durch die eindeutig pejorative Verwendung des Radikalismus-Begriffs in Diskredit gebracht werden könnte. In Wissenschaft und Publizistik begann man sich umzuorientieren. Die Verfassungsschutzberichte des Bundesministeriums des Innern gaben den dort verwendeten Begriff zugunsten von „Extremismus" auf (von 1974 an). Dieser Begriffsaustausch wurde dadurch erleichtert, daß „Extremismus" als Terminus bereits in der deutschen sozialpsychologischen Literatur eingeführt war.[9] Wichtiger noch: In der amerikanischen Forschung fand der Begriff seit den 50er und 60er Jahren zunehmende Verbreitung. Insbesondere die Arbeiten Seymour Martin Lipsets[10], die international Aufmerksamkeit erregten, versahen „Extremismus" mit einem entrée billet in die sozialwissenschaftliche Diskussion.

Rein etymologisch ist sicherlich keiner der beiden Begriffe zur umfassenden Bezeichnung antidemokratischer Gesinnungen und Bestrebungen prädestiniert. Wer den Dingen auf den Grund oder an die Wurzel geht, ist per se ebensowenig verdächtig, den Sturz der Demokratie zu betreiben, wie derjenige, der im Spektrum der politischen Diskussion eine Extremposition vertritt.[11] Vom Alltagsver-

8 Vgl. dazu das Kapitel „Extremismus und öffentlicher Dienst" dieser Arbeit.
9 Vgl. W. Nieke, Art. „Extremismus", in: Historisches Wörterbuch der Philosophie, hrsg. v. Joachim Ritter, völlig neubearbeitete Ausgabe des „Wörterbuch der philosophischen Begriffe" von Rudolf Eisler, Bd. 2, Basel/Stuttgart 1972, S. 883 f.
10 Vgl. Seymour Martin Lipset, Socialism. Left and Right – East and West, in: Confluence 7 (1958), S. 173-192; ders., Democracy and Working-Class Authoritarianism, in: ASR 24 (1959), S.482-501; ders., Social Stratification and 'Right-Wing Extremism', in: BJS 10 (1959), S. 346-382; ders., Soziologie der Demokratie, Neuwied/Berlin 1962 (Originalausgabe: Political Man. The Social Basis of Politics, New York 1960), insbes. S. 121-189; ders., The Sources of the „Radical Right" (1955); ders., Three Decades of the Radical Right: Coughlinites, McCarthyites, and Birchers (1962), jeweils in: David Bell (Hrsg.), The Radical Right: The New American Right, expanded and updatet, New York 1964, S. 307-371, 373-446; ders./Earl Raab, The Politics of Unreason. Right-Wing Extremism in America, 1790-1977, 2. Aufl., Chicago/London 1978; ders., Supporters of the Birch Society, in: Gilbert Abcarian (Hrsg.), American Political Radicalism. Contemporary Issues and Orientations, Lexington/Toronto 1971, S. 195-210.
11 Vgl. Martin Kriele, Verfassungsfeindlicher Extremismus/Radikalismus, in: Martin Greiffenhagen (Hrsg.), Kampf um Wörter? Politische Begriffe im Meinungsstreit, München/Wien 1980, S. 351-365, 351.

ständnis her sind also beide Begriffe nicht mit eindeutigen Inhalten besetzt; erst die Definition macht sie für den wissenschaftlichen Gebrauch geeignet. Eine solche Definition ist jedoch im Falle des Extremismus-Begriffs leichter durchsetzbar, da er begriffshistorisch weniger verfängliche Assoziationen ermöglicht. Infolgedessen wirft die Subsumption „rechter" und „linker" Varianten unter einen globalen Extremismus-Begriff — im Gegensatz zu „Radikalismus" — terminologisch auch keine Probleme auf.

Gerade die Extremismusforschung zeigt jedoch, wie eng Wortwahl und wissenschaftliches Vorverständnis zusammenhängen.[12] So wurde und wird der Extremismus-Begriff konsequenterweise von Gegnern des Totalitarismus-Konzeptes abgelehnt.[13] Konsequenterweise, weil „Extremismus" noch mehr umreißt als die Totalitarismus-Vokabel: „Extremistisch" sind totalitäre, aber auch autoritäre Regime; darüberhinaus alle antidemokratischen Bestrebungen in freiheitlichen Demokratien. Während der Totalitarismus-Ansatz in der Zeit des „Kalten Krieges" einen Bestandteil demokratischen Selbstverständnisses gebildet hatte, versagten ihm zahlreiche Wissenschafter die Gefolgschaft, als sich die Frontlinien des Ost-West-Konfliktes unter dem Signum der „Entspannung" aufzulockern begannen. Das Totalitarismus-Modell verschleiere grundlegende Unterschiede etwa zwischen „faschistischen" und kommunistischen Regimen. Es erweise sich wissenschaftlich als wenig fruchtbar. Demgegenüber scheint der Ansatz in den letzten Jahren eine Renaissance zu erleben.[14] Begriffen wie „Totalitarismus" und „Extremismus" kommt insbesondere das Verdienst zu, den grundlegenden Antagonismus zwischen der freiheitlichen Demokratie einerseits und extremistischen Versuchungen andererseits herauszustellen. In diesen globalen Kontext gestellt, erscheinen die Unterschiede zwischen autoritären und totalitären Regimen, rechts- und linksextremistischen Varianten ge-

---

12 Dazu besonders: Willibald Holzer, Rechtsextremismus — Konturen und Definitionskomponenten eines politischen Begriffs; Moderner Faschismus — Neonazismus — Rechtsextremismus? Zu methodischen Ansätzen und terminologischen Kontroversen in der modernen Rechtsextremismusforschung, jeweils in: Rechtsextremismus in Österreich nach 1945, hrsg. vom Dokumentationsarchiv des österreichischen Widerstandes, Wien 1980, S. 8-97, 451-511, insbes. S. 27-34, 499-511.
13 Vgl. Erwin K. Scheuch, Politischer Extremismus in der Bundesrepublik, in: Richard Löwenthal/Hans-Peter Schwarz (Hrsg.), Die zweite Republik. 25 Jahre Bundesrepublik Deutschland — eine Bilanz, 2. Aufl., Stuttgart 1974, S. 433-469, 462 f.
14 Vgl. dazu S. 47-102 dieser Arbeit.

genüber der allen gemeinsamen Negation des Demokratischen als sekundär.[15]

Anderer Art sind Einwände gegenüber dem Extremismus-Begriff, die auf das jeweilige Demokratie-Verständnis zurückzuführen sind. Zu nennen wären diejenigen, die von der Demokratie sprechen, aber Diktatur meinen. Nur eine verschwindende Minderheit innerhalb des extremistischen Spektrums verzichtet darauf, den Demokratie-Begriff in Pflicht zu nehmen. Alle anderen beanspruchen das Epitheton „demokratisch", zollen dem historischen Siegeszug der personalen Freiheitsidee Tribut, treten in praxi jedoch demokratische Grundprinzipien mit Füßen. An dieser Stelle interessiert vor allem Kritik, die von demokratischer Warte am Extremismus-Begriff geübt wird. So erhebt Wolf-Dieter Narr den Vorwurf, „Radikalismus" und „Extremismus" seien in erster Linie „politische Kampfbegriffe", die den Inhabern politischer Macht einen breiten Handlungsspielraum gegenüber Andersdenkenden gewährten.[16] Mag Kritik an Überprüfungs-Modalitäten bei der Einstellung in den öffentlichen Dienst, am Strafmaß bei Urteilen gegen straffällig gewordene Rechts- und Linksextremisten, bei der Praktizierung des Opportunitäts- bzw. Legalitätsprinzips im einzelnen auch berechtigt sein: Das Instrumentarium der streitbaren Demokratie[17] wurzelt in der normativen Struktur der Verfassung und ist streng rechtsstaatlichen Verfahren unterworfen, die den Ermessensspielraum beschränken.

Narr bemängelt weiterhin Unschärfen der vom Bundesverfassungsgericht in einem Definitionsversuch konkretisierten „freiheitlichen demokratischen Grundordnung". Dabei bleibe insbesondere unklar, „wann welche Meinung/Handlung in der Tat diese fdGO gefährdet und mit dem harten Begriff der 'Verfassungsfeindlichkeit' belegt werden kann".[18] Auch hier scheint jedoch weniger die innere Konsistenz der Bundesverfassungsgerichts-Formel als deren praktische Umsetzbarkeit im Blick zu sein. Denn die Bestimmung der „freiheitlichen demokratischen Grundordnung" muß, gerade weil „abweichende" politische Einstellungen und Verhaltensweisen nicht automatisch unter Extremismus-Verdacht gestellt werden dürfen, notgedrungen abstrakt und für alle denkbaren demokratischen Varianten generalisierbar bleiben. Dies wirft bei der Anwen-

---

15 Vgl. Karl Dietrich Bracher, Zeit der Ideologien. Eine Geschichte des politischen Denkens im 20. Jahrhundert, Stuttgart 1982, S. 331-350.
16 Wolf-Dieter Narr, Radikalismus/Extremismus, in: Greiffenhagen (FN 11), S. 366-375, 367.
17 Vgl. dazu das Kapitel „Die Konzeption der streibaren Demokratie" dieser Arbeit.
18 Narr (FN 16) S. 317.

dung auf den Einzelfall durchaus Probleme auf; sie können allerdings kaum dem Definitionsversuch des Bundesverfassungsgerichts angelastet werden.[19]

Die Kritik Narrs läßt Problem-Momente aufblitzen, die eine Definition der antithetischen Begriffe „Extremismus" und „Demokratie" in Theorie und Praxis mit sich bringt. „Politischer Extremismus" wird in der Forschung mit Vorliebe als „Antidemokratie" bestimmt, d.h. die Definition erfolgt über den Demokratie-Begriff. Dies ist sicherlich nicht der Weisheit letzter Schluß, ebensowenig wie es befriedigen kann, „Leben" per definitionem lediglich mit „Abwesenheit von Tod" zu bestimmen. Die Negativ-Definition hat jedoch zwei Vorzüge: Sie wendet erstens die klassische Formel „definitio fit per genus proximum et differentiam specificam" lediglich auf den Demokratie-Begriff an, überbrückt somit eine Lücke der Extremismus-Forschung, die sich bislang um eine materielle Anreicherung von „Extremismus" kaum systematisch bemüht hat. Zweitens entspricht diese Vorgehensweise dem Blickwinkel der „streitbaren Demokratie", der an einer möglichst eindeutigen Abgrenzung von Demokratie und Extremismus gelegen sein muß.

Auf den ersten Blick scheint aber auch die vielgebrauchte und -mißbrauchte Vokabel „Demokratie" für eine theoretisch einwandfreie Scheidung der Antagonisten wenig geeignet. In der parteipolitischen Arena streiten „konservative", „christliche", „liberale", „soziale", „sozialistische" und „radikale" Demokraten um die Auslegung des Begriffs. In wissenschaftlichen Diskussionen[20] besteht ebensowenig Einigkeit über die angemessene Verwendung von „Demokratie". Soll der Begriff lediglich eine „Staatsform" bezeichnen, oder ist er mehr: „Gesellschaftsform", „Lebensform"? Stehen demokratische Spielregeln und Ordnungsvorstellungen oder Werte und Zielkonzeptionen im Vordergrund? Ist eine „Demokratisierung" aller Lebensbereiche erforderlich, möglich oder unsinnig? Weitere Streitpunkte ließen sich mühelos hinzufügen. Aufgrund der außerordentlichen Komplexität der Materie erstaunt dieser Sachverhalt nicht.

19 Vgl. dazu S. 30 dieser Arbeit.
20 Die Diskussionen und Streitobjekte sind ausführlich dokumentiert bei: Hans Vorländer, Verfassung und Konsens. Der Streit um die Verfassung in der Grundlagen- und Grundgesetzdiskussion der Bundesrepublik Deutschland. Untersuchungen zu Konsensfunktion und Konsenschance der Verfassung in der pluralistischen und sozialstaatlichen Demokratie, Berlin 1981. Weiterhin: Werner Becker, Die Freiheit, die wir meinen. Entscheidung für die liberale Demokratie, 2. Aufl., München 1984; Fritz Scharpf, Demokratietheorie zwischen Utopie und Anpassung, Konstanz 1970.

Politische Extremismen eint der Kampf gegen jegliche Form der Demokratie westlichen Typs. Diese prinzipielle Frontstellung bedeutet allerdings nicht, daß hinsichtlich der zu erstrebenden Ziele und der Wahl der Mittel ebenfalls Einigkeit besteht. Es lassen sich grundlegende Unterschiede, aber ebenso fundamentale Gemeinsamkeiten feststellen. Vergleicht man etwa traditionell als typisch „rechts" mit landläufig als typisch „links" geltenden Gruppierungen, so ergeben sich diametrale Gegensätze bezüglich der zu erstrebenden Endziele. Kommunisten unterschiedlicher Observanz glauben (vorgeblich?) an die langfristige Realisierbarkeit einer „klassenlosen Gesellschaft", die der Menschheit ein Leben in Frieden, Freiheit und Wohlstand ermöglichen soll. Organisationen neonazistischer Prägung orientieren sich dagegen an Leitbildern, welche die Versklavung eines Teils der Menschen zugunsten der Diktatur einer „Herrenrasse" vorsehen. Mögen solche ideologischen Konzeptionen für Extremisten in freiheitlichen Demokratien noch eine gewichtige Rolle für den Gruppenzusammenhalt, das Selbstverständis von Gruppe und Mitgliedern, die Mobilisation neuer Anhänger spielen, so gewinnen Machterwerb und Machterhalt in diktatorischen Regimen eine Eigendynamik. Die Methoden der Herrschaftsausübung weisen auch zwischen ideologisch stark divergierenden Machthabern zahlreiche Parallelen auf. Dem entspricht die Tatsache, daß in Demokratien agierende, ideologisch einander entgegengesetzte Extremismen bei der Bekämpfung des demokratischen Gemeinwesens ähnliche Mittel gebrauchen. Gewaltanwendung ist ein unverzichtbarer Bestandteil des extremistischen Waffenarsenals.

Für die im nationalistischen Deutschland und im stalinistischen Rußland lebenden Menschen konnte es kein Trost sein, von einem Regime geknechtet und unterdrückt zu werden, das ein Himmelreich auf Erden bzw. die Weltherrschaft einer Herrenrasse anstrebte. Diese elementare Erfahrung ist von bleibender Bedeutung. Die Geschichte läßt sich als ein „ewiger Kampf" der „offenen" gegen die „geschlossene Gesellschaft" darstellen.[21] Die freiheitlichen Demokratien mußten sich ihr Existenzrecht gegen unterschiedlichste Formen der Willkürherrschaft bitter erkämpfen. Überblickt man die derzeitige Weltsituation, so sind auch heute die Demokratien in der Minderheit. Dies darf freilich nicht den analytischen Blick für Gemeinsamkeiten und Unterschiede der Extremismen trüben.

---

21 Das Begriffspaar der „offenen" und der „geschlossenen Gesellschaft" geht zurück auf den französischen Philosophen Henri Louis Bergson. Karl. R. Popper hat die Terminologie von dort übernommen: Karl. R. Popper, Die offene Gesellschaft und ihre Feinde, Bd. I: Der Zauber Platons (1944), 6. Aufl., München 1980, S. 174 f.

In diesem Zusammenhang sind extremistische Gruppierungen, die in Demokratien ihre subversive Tätigkeit entfalten, eher zum Untersuchungsobjekt prädestiniert als autoritäre und totalitäre Herrschaftssysteme, wo die Praxis des Machterhalts zu einer beständigen Anpassung der Wirklichkeitsdeutungen an die herrschende Lehre zwingt. Rechts- und Linksextremismus, die häufig als die entgegengesetzten Extrempunkte einer linear gedachten politischen Rechts-Links-Topographie präsentiert werden[22], weisen über vordergründige programmatische Einzelfragen und strategisch-taktische Kalküle hinaus strukturelle Gemeinsamkeiten auf. So ordnen alle Extremismen ihr politisches Handeln und die Wahrnehmung der Wirklichkeit in den Rahmen einer „Weltanschauung" ein, die tendenziell für sämtliche Probleme Lösungen bietet und in sich mehr oder weniger systematisch aufgebaut ist. Extremistische Ideologien sind typischerweise so strukturiert, daß sie sich einer Verifikation zumindest teilweise entziehen. Extremistisches Denken ist daher cum grano salis dogmatisches Denken. Zweifellos kommt ideologischen Konzepten nicht für alle Extremismen die gleiche Bedeutung zu. Intellektuelle Zirkel oder sektenähnliche Vereinigungen legen einen größeren Wert auf weltanschauliche Fragen als etwa extremistische Sammelbewegungen. Aufgrund des intellektuellen Gefälles zwischen rechts- und linksextremen Formationen neigen jedoch manche Beobachter fälschlicherweise dazu, Rechtsextremismus mit purer Machtgier oder Nihilismus zu identifizieren.[23] Weder „Hitlers Weltanschauung"[24] noch etwa der DDR-offizielle

22 Vgl. Wilhelm P. Bürklin, Konzept und Fakten: Zur Notwendigkeit der konzeptionellen Fundierung der Diskussion der politischen Richtungsbegriffe „Links" und „Rechts", in: PVS 23 (1982), S. 339-345; Wolfgang Gibowski, Die Bedeutung der Links-Rechts-Dimension als Bezugsrahmen für politische Präferenzen, in: PVS 18 (1977), S. 600-626; Hans D. Klingemann, Fakten oder Programmatik?, in: PVS 23 (1982), S. 214-224; J. A. Laponce, Left and Right. The Topography of Political Perceptions, Toronto/Buffalo/London 1981; Johann Baptist Müller, Politische Attitüden links und rechts, in: Civitas 16 (1979), S. 154-170; Detlef Murphy u. a., Haben „links" und „rechts" noch Zukunft? Zur aktuellen Diskussion über die politischen Richtungsbegriffe, in: PVS 22 (1981), S. 398-414; ders. u. a., Programmatik oder analytisches Konzept. Eine Antwort auf die Kritiken von Klingemann und Bürklin, in: PVS 23 (1982), S. 460-465.
23 Exemplarisch: Hermann Rauschning, Die Revolution des Nihilismus, Zürich/New York 1938.
24 Vgl. Eberhard Jäckel, Hitlers Weltanschauung. Entwurf einer Herrschaft, erw. und überarb. Neuausgabe, Stuttgart 1981; Ernst Nolte, Der Faschismus in seiner Epoche. Die Action française – Der italienische Faschismus – Der Nationalsozialismus, 5. Aufl., München/Zürich 1979.

Marxismus-Leninismus[25] ist freilich ideologisch „geschlossen". „Ideologien" bestimmen das Denken und Handeln rechts- wie linksextremer Gruppierungen. Entsprechend lassen sich bei allen extremistischen Varianten, seien sie in ihren konkreten programmatischen Forderungen auch noch so sehr voneinander entfernt, ähnliche Stereotype des Denkens und Handelns feststellen. Dies beginnt mit der Verabsolutierung bestimmter Grundvorstellungen („kapitalistische Klassengesellschaft", Rassenlehren, denen zur Weltinterpretation und Problemlösung universelle Bedeutung beigemessen wird. Mit Kompromißlosigkeit und Rigorismus werden einmal als richtig erkannte Vorstellungen unerbittlich vertreten. Extremisten wähnen sich im Besitz der alleinigen Wahrheit, die ihr Handeln prinzipiell mit einer höheren Legitimität ausstattet. Die Menschheit teilt sich entsprechend in Anhänger und Anbeter, Kritiker und Gegner ihrer chiliastischen Zukunftsverheißungen, in Gut und Böse, Freunde und Feinde, Himmel und Hölle.[26]

Derartige strukturelle Gemeinsamkeiten und Zusammenhänge sind in der Extremismusforschung bisher vernachlässigt worden; einerseits weil man vielfach von totalitarismustheoretischen Konzepten Abschied genommen hatte, Rechts- und Linksextremismus entsprechend streng separierte, andererseits weil die Frage der Ursachen von Extremismus in freiheitlichen Demokratien im Vordergrund stand. Sicherlich ist die Ursachen-Problematik nicht von den Erscheinungsformen selber zu trennen; es war jedoch die Gesamtheit der Extremismen und ihre strukturellen Gemeinsamkeiten, die aus dem Blick geriet. Dem allgemeinen Trend zur Spezialisierung und Hyperspezialisierung folgend, zersplitterte sich auch der Objektbereich einer als solcher in der Bundesrepublik kaum existenten Extremismusforschung in einzelne, streng begrenzte Untersuchungsbereiche. So wurden je nach konjunktureller Situation bestimmte extremistische Organisationen exemplarisch analysiert, Wählerpotentiale, Anhänger, Mitglieder etwa der NPD untersucht, Inhaltsanalysen extremistischer Publikationen durchgeführt.[27]

Die älteste Forschungslinie stellt die von Promotoren der „Frank-

---

25 Vgl. Wolfgang Leonhard, Die Dreispaltung des Marxismus. Ursprung und Entwicklung des Sowjetmarxismus, Maoismus und Reformkommunismus, Düsseldorf/Wien 1971.
26 Vgl. Bracher (FN 15); Milton Rokeach, The Open and Closed Mind. Investigations into the Nature of Belief Systems and Personality, New York 1960.
27 Wesentliche Anstöße zur weiteren Forschung dürften in dieser Beziehung von folgendem voluminösen Werk ausgehen: Richard Stöss (Hrsg.), Parteien-Handbuch. Die Parteien der Bundesrepublik Deutschland 1945-1980, Bd. I: AUD bis EFP, Opladen 1983; Bd. 2 erscheint 1984.

furter Schule" inaugurierte Autoritarismus-Forschung dar, die sich vor dem Hintergrund der Erfahrungen mit dem Nationalsozialismus auf die Suche nach „autoritären" Persönlichkeitsmerkmalen begab.[28] Dieser Ansatz erwies sich jedoch als nicht haltbar.[29] An seine Stelle traten Untersuchungen über antidemokratische Einstellungsmuster in der Bevölkerung.[30] Abgesehen davon, daß Studien dieser Art beträchtliche methodische Probleme aufwerfen, die aber wohl lösbar sein dürften, werden deren Resultate häufig interpretatorisch überdehnt. Es ist hingegen gar nicht so selbstverständlich, von sogenannten „antidemokratischen" Einstellungs-Stereotypen auf extremistische Potentiale zu schließen. Scheuch hat auf den entscheidenden Faktor „Schulbildung" verwiesen: „Höhere Schulbildung ist teilweise ein Training im Vermeiden solcher Klischees wie 'Unrecht Gut gedeihet nicht', selbst wenn der Inhalt solcher Klischees durchaus akzeptiert wird. Und höhere Bildung ist in ihren praxisfernen Teilen stark beeinflußt durch einen aufklärerischen Protestantismus, auf den wichtige Elemente der gegenwärtig mit 'linkem'Vokabular vorgetragenen Kulturkritik zurückgehen".[31]

An dieser Stelle ist von besonderer Bedeutung, daß Einstellungsanalysen zum Teil einen Rechts-Links-übergreifenden Ansatz wählen, trotz ihrer spezifischen Fragestellung allerdings glauben, für den gesamten Objektbereich geltende terminologisch-konzeptionelle Paradigmata entwickeln zu können. Franz U. Pappi und Hans D. Klingemann etwa rekurrieren in ihrer bedeutenden empirischen

---

28 Vgl. Theodor W. Adorno, Studien zum autoritären Charakter, Frankfurt a. M. 1973.
29 Vgl. Wolfgang Gessenharter, Art. „Autoritarismus", in: Ekkehart Lippert/Roland Wakenhut (Hrsg.), Handwörterbuch der Politischen Psychologie, Opladen 1983, S. 39-48; Gerda Lederer, Jugend und Autorität. Über den Einstellungswandel zum Autoritarismus in der Bundesrepublik Deutschland und den USA, Opladen 1983, S. 36-47.
30 Im weiteren Sinne gehören hierzu aus neuester Zeit: 5 Millionen Deutsche, „Wir sollten wieder einen Führer haben . . ." Die SINUS-Studie über rechtsextremistische Einstellungen bei den Deutschen, Reinbek bei Hamburg 1981; Infratest Wirtschaftsforschung GmbH, Politischer Protest in der Bundesrepublik Deutschland. Beiträge zur sozialempirischen Untersuchung des Extremismus, Stuttgart u. a. 1980; Gerhard Schmidtchen, Jugend und Politik. Übergänge von der Bürger-Aktivität zur Illegalität. Eine empirische Untersuchung zur Sozialpsychologie der Demokratie, in: Ulrich Matz/Gerhard Schmidtchen, Gewalt und Legitimität, Opladen 1983, S. 106-437; Alphons Silbermann, Sind wir Antisemiten? Ausmaß und Wirkung eines sozialen Vorurteils in der Bundesrepublik Deutschland, Köln 1982.
31 Scheuch (FN 13), S. 434.

„Radikalismus"-Studie[32] auf die zweidimensionale Darstellungsweise des politischen Raumes nach Hans Jürgen Eysenck[33] und verbinden das Konzept mit der allein vom spezifischen Erkenntnisinteresse ihrer Arbeit diktierten Unterscheidung zwischen einem wert- und einem normorientierten Demokratiebegriff. Die terminologische Konsequenz: Extremismus soll Extrempositionen der Rechts-Links-Dimension kennzeichnen, d. h. im Sinne des Wert- oder Ziel-Aspektes mit der Befürwortung bzw. Ablehnung einer Erweiterung demokratischer Partizipation korrelieren. Radikalismus bezeichnet nach diesem Konzept lediglich die Ablehnung demokratischer Normen, z. B. das Eintreten für die Anwendung von Gewalt.

Gewiß kann eine solche Differenzierung fruchtbar sein. Es ist allerdings wenig sinnvoll, den Extremismusbegriff derart zu spezifizieren, daß er sich zur umfassenden Bezeichnung antidemokratischer Bestrebungen nicht mehr eignet. Solche Definitionen zeugen von Betriebsblindheit und führen zur Begriffsverwirrung. Die sozialwissenschaftliche Forschung hätte sich zweckmäßigerweise am bereits vorhandenen juristischen Sprachgebrauch[34] orientieren können. Die Unterschiede zwischen juristischer und sozialwissenschaftlicher Begriffsbildung sind konstruiert und entbehren jeder Grundlage.[35]

---

32 Vgl. Hans D. Klingemann/Franz U. Pappi, Politischer Radikalismus. Theoretische und methodische Probleme der Radikalismusforschung, dargestellt am Beispiel einer Studie anläßlich der Landtagswahl 1970 in Hessen, München/Wien 1972. Der Wortgebrauch wurde übernommen bei: Infratest Wirtschaftsforschung GmbH (FN 30); siehe auch: Max Kaase/Hans D. Klingemann, Art. „Radikalismus", in: Martin Greiffenhagen/Sylvia Greiffenhagen/Rainer Prätorius (Hrsg.), Handwörterbuch zur politischen Kultur der Bundesrepublik Deutschland, Opladen 1981, S. 393-395; jetzt aber Max Kaase, Art. „Linksextremismus", in: Dieter Nohlen (Hrsg.), Pipers Wörterbuch zur Politik, Bd. 2: Westliche Industriegesellschaften. Wirtschaft-Gesellschaft-Politik, hrsg. von Manfred G. Schmidt, München/Zürich 1983, S. 218–222.
33 Vgl. Hans Jürgen Eysenck, The Psychology of Politics (1954), 5. Aufl., London 1969, S. 111.
34 Vgl. etwa: Werner Maihofer, Politische Kriminalität, in: Manfred Funke (Hrsg.), Extremismus im demokratischen Rechtsstaat. Ausgewählte Texte und Materialien zur aktuellen Diskussion, Bonn 1978, S. 237-334.
35 Für eine sowohl empirisch als auch normativ befriedigende Begriffsverwendung vgl. Scheuch (FN 13), S. 459.

## 2. Die Konzeption der streitbaren Demokratie

Die Bundesrepublik Deutschland begreift sich als eine wertgebundene und streitbare Demokratie. Das Grundgesetz ist nur zu verstehen vor dem Hintergrund des Untergangs der ersten deutschen Demokratie, der Weimarer Republik.[36] Sie war zu schwach, als daß sie sich auf Dauer erfolgreich der extremistischen Kräfte hätte erwehren können. So komplex das Ursachenbündel[37] für ihr Ende auch ist – die halbherzigen Abwehrmaßnahmen zum Schutz der Demokratie haben zu ihrem Untergang beigetragen.[38]

Wertgebunden ist das Grundgesetz insofern, als es in Art. 79,3 Fundamentalprinzipien einer Mehrheitsentscheidung des Parlaments entzieht. So ist eine Revision der in den Artikeln 1 und 20 niedergelegten Grundsätze unzulässig: Art. 1 postuliert die Unantastbarkeit der Menschenwürde, und Art. 20 erwähnt die Staatsstrukturprinzipien Demokratie, Bundesstaat, Rechtsstaat, Sozialstaat. Die wertrelativistisch angelegte Weimarer Verfassung kannte einen solchen Verfassungskern nicht. Gemäß Art. 76 stand jede Bestimmung zur Disposition des Gesetzgebers. Das Ermächtigungsgesetz vom 24. März 1933, mit dem der Reichstag sich selbst ausschaltete, kam dann auch legal (oder doch zumindest quasi-legal) zustande. Diese Legalitätstaktik der Nationalsozialisten erleichterte ihnen die Befestigung der Machtpositionen.

Abwehrbereit ist das Grundgesetz insofern, als es Vorkehrungen zum Schutz der Demokratie trifft[39]: Gemäß Art. 9,2 GG sind gegen die verfassungsmäßige Ordnung sich richtende Vereinigungen

---

36 Vgl. Friedrich Karl Fromme, Von der Weimarer Verfassung zum Bonner Grundgesetz. Die verfassungspolitischen Folgerungen des Parlamentarischen Rates aus Weimarer Republik und nationalsozialistischer Diktatur, 2. Aufl., Tübingen 1962; Karlheinz Niclauß, Demokratiegründung in Westdeutschland. Die Entstehung der Bundesrepublik von 1945-1949, München 1974.
37 Vgl. das Standardwerk von Karl Dietrich Bracher, Die Auflösung der Weimarer Republik (1955), 6. Aufl., Königstein/Düsseldorf 1978; siehe auch Karl Dietrich Erdmann/Hagen Schulze (Hrsg.), Weimar. Selbstpreisgabe einer Demokratie. Eine Bilanz heute, Düsseldorf 1980.
38 Vgl. Gotthard Jasper, Der Schutz der Republik. Studien zur Sicherung der Demokratie in der Weimarer Republik 1922-1930, Tübingen 1963; Hans Fenske, Radikale im öffentlichen Dienst. Drei Kapitel zur Geschichte des Problems in Deutschland, in: Civitas 14 (1976), insbes. S. 111-129.
39 Auf die „Treueklausel" (Art. 5,3 GG), die Verwirkung von Grundrechten (Art. 18 GG) und das Widerstandsrecht (Art. 20,4 GG) wird hier nicht eingegangen, weil diese Bestimmungen bisher keine Anwendung gefunden haben.

verboten; und nach Art. 21,2 GG werden Parteien, die die freiheitliche demokratische Grundordnung bekämpfen, auf Antrag des Bundestages, des Bundesrates oder der Bundesregierung vom Verfassungsgericht verboten. Die Weimarer Verfassung sah keine entsprechenden Bestimmungen vor, mag auch die eine oder andere Organisation zeitweilig aufgelöst worden sein.

In der Bundesrepublik sind bisher – im Jahre 1951 – Verbotsanträge gegen zwei Parteien gestellt worden – jeweils mit Erfolg. 1952 wurde die Sozialistische Reichspartei aufgelöst[40], 1956 die Kommunistische Partei Deutschlands.[41] Später gab es wohl einige Verbotsdiskussionen – in den sechziger Jahren über die NPD, in den siebziger Jahren über die K-Gruppen –, doch letztlich setzte sich die Auffassung durch, es sei sinnvoller, diese Parteien politisch zu bekämpfen. Insbesondere die Zweckmäßigkeit des KPD-Verbots wurde zunehmend bezweifelt[42]. Angesichts der vielen (wenn auch einflußlosen) rechts- und linksextremen Parteien in der Geschichte der Bundesrepublik[43] ist vom Institut des Parteienverbots zurückhaltend Gebrauch gemacht worden.

Diese Feststellung trifft nicht im selben Maße für die Vereine zu. Bis zum Inkrafttreten des Vereinsgesetzes im Jahre 1964 sind von den Landesbehörden insgesamt 328 Verbotsverfügungen erlassen worden.[44] Die hohe Zahl der Verbote hat insbesondere zwei Gründe. Zum einen wurden die Organisationen landesweit oder sogar auf der Ebene der Regierungspräsidien verboten (die Verbote betrafen 119 Organisationen), zum andern wurde diese Bestimmung lange im Sinne des Legalitätsprinzips ausgelegt. Vereinigungen, die sich gegen die in Art. 9,2 verankerten Prinzipien richten, sind in jedem Fall verboten worden. Seit dem Vereinsgesetz von 1964 können Vereine, die „länderübergreifend" auftreten, nur noch durch das Bundesinnenministerium aufgelöst werden. Dieses hat in den zwei Jahrzehnten zwölfmal davon Gebrauch gemacht. Die Verbotsverfügungen betrafen sieben ausländische Ver-

40 Vgl. BVerfGE 2, 1-78.
41 Vgl. BVerfGE 5, 85-593.
42 Vgl. z. B. Alexander von Brünneck, Politische Justiz gegen Kommunisten in der Bundesrepublik Deutschland 1949-1968, Frankfurt a. M. 1978.
43 Richard Stöss führt 23 „antidemokratische Parteien" auf. Da Stöss aber die „antikapitalistischen Parteien" wie die DKP gesondert auflistet, hat es bisher 41 antidemokratische Parteien gegeben. Vgl. ders., Struktur und Entwicklung des Parteiensystems der Bundesrepublik – Eine Theorie, in: Ders. (FN 27), S. 242 f., S. 254 f.
44 Vgl. „Bekanntmachung der vor dem Inkrafttreten des Vereinsgesetzes ergangenen Vereinsverbote", in: Gemeinsames Ministerialblatt 17 (1966), S. 1-26.

einigungen (exilkroatische, palästinensische und türkische), vier rechtsextreme Gruppierungen – den „Bund Deutscher Nationalsozialisten" (1969), die „Wehrsportgruppe Hoffmann" (1980), die „Volkssozialistische Bewegung Deutschlands/Partei der Arbeit" (1982), die „Aktionsfront Nationaler Sozialisten/Nationale Aktivisten" (1983) – sowie die kriminelle Vereinigung „Hell's Angels Motor-Club" (1983).[45]

Parteien und Vereine können, wie gezeigt, dann verboten werden, wenn sie sich gegen die freiheitliche demokratische Grundordnung richten. Der Schlüsselbegriff der freiheitlichen demokratischen Grundordnung ist, um mit dem Staatsrechtler Klaus Stern zu reden, „die Wegscheide, die Verfassungsfeindschaft von Verfassungstreue trennt".[46] Im Urteil gegen die SRP hat das Bundesverfassungsgericht diesen Begriff das erste Mal umschrieben: „So läßt sich die freiheitliche demokratische Grundordnung als eine Ordnung bestimmen, die unter Ausschluß jeglicher Gewalt und Willkürherrschaft eine rechtsstaatliche Herrschaftsordnung auf der Grundlage der Selbstbestimmung des Volkes nach dem Willen der jeweiligen Mehrheit und der Freiheit und Gleichheit darstellt. Zu den grundlegenden Prinzipien dieser Ordnung sind mindestens zu rechnen: die Achtung vor den im Grundgesetz konkretisierten Menschenrechten, vor allem vor dem Recht der Persönlichkeit auf Leben und freie Entfaltung, die Volkssouveränität, die Gewaltenteilung, die Verantwortlichkeit der Regierung, die Gesetzmäßigkeit der Verwaltung, die Unabhängigkeit der Gerichte, das Mehrparteienprinzip und die Chancengleichheit für alle politischen Parteien mit dem Recht auf verfassungsmäßige Bildung und Ausübung einer Opposition".[47]

Ein kurzer Blick auf die einzelnen Elemente genügt zur Feststellung, daß sich die Begriffsbestimmung nicht durch eine besondere Rigorosität auszeichnet. Der Rahmen ist weit genug, um unterschiedlichen politischen Richtungen Raum für Entfaltung zu geben.[48] Nur Kräfte, die diese Prinzipien ablehnen, sind Gegner der

45 Die Verbotsverfügungen finden sich einschließlich ihrer Begründungen in dem vom Bundesministerium des Innern herausgegebenen Informationsdienst „Innere Sicherheit".
46 Klaus Stern, Das Staatsrecht der Bundesrepublik Deutschland, Bd. 1, München 1977, S. 426.
47 BVerfGE 2, 12 f.
48 Andererseits läßt diese Begriffsbestimmung mangelnde Konsistenz erkennen. So wird die Volkssouveränität ja gerade durch Art. 79,3 GG begrenzt. Vgl. Christoph Gusy, Die „freiheitliche demokratische Grundordnung" in der Rechtsprechung des Bundesverfassungsgerichts, in: AöR 105 (1980), S. 279-310.

Demokratie. „Das Grundgesetz hat also bewußt den Versuch einer Synthese zwischen dem Prinzip der Toleranz gegenüber allen politischen Auffassungen und dem Bekenntnis zu gewissen unantastbaren Grundwerten der Staatsordnung unternommen".[49] Die Wesensmerkmale der freiheitlichen demokratischen Grundordnung stehen folgerichtig in einem engen Zusammenhang zu den in Art. 79,3 GG für unabänderbar erklärten Prinzipien, zeigt sich doch hier die Verknüpfung der Wertbezogenheit mit der Abwehrbereitschaft.[50]

Der Komplex der streitbaren Demokratie wird in der Wissenschaft wie in der Publizistik kontrovers bewertet.[51] Dabei haben die Kritiker unterschiedliche Ausgangspunkte, verfolgen verschiedenartige Intentionen und machen sich divergierende Argumentationsmuster zu eigen. Das Spektrum reicht von Fundamentalkritik bis zu Einwänden, die das Prinzip selbst nicht tangieren.

Anhänger des Marxismus-Leninismus interpretieren das Grundgesetz als eine antifaschistische Wertordnung. Es sei notwendig, entschieden gegen faschistische und militaristische Kreise vorzugehen. Dies entspreche einer konsequenten Umsetzung der Schutzmechanismen des Grundgesetzes. Eine solch einäugige Interpretation ist nicht haltbar — der Parlamentarische Rat war sich in seiner überwiegenden Mehrheit darin einig, daß die Demokratie gegen Extremisten jeglicher Couleur zu verteidigen sei. Eine ausschließlich „antifaschistische Frontstellung"[52] des Grundgesetzes ist eine Chimäre. Befürworter des Marxismus maoistischer Prägung hingegen interpretieren die freiheitliche demokratische Grundordnung als Synonym für die Zwangsordnung der kapitalistischen Klassengesellschaft, die mit Gewalt zu beseitigen sei. Auf die dem Extre-

---

49 BVerfGE 5, 139.
50 Allerdings decken sich die Wesensmerkmale der freiheitlichen demokratischen Grundordnung nicht völlig mit den „Ewigkeitswerten" von Art. 79,3 GG. Anhänger einer parlamentarischen Monarchie und eines Einheitsstaates verstoßen nicht gegen die freiheitliche demokratische Grundordnung, können aber die Verfassung nicht zugunsten der von ihnen propagierten Strukturelemente ändern.
51 Vgl. hierzu Erhard Denninger (Hrsg.), Freiheitliche demokratische Grundordnung. Materialien zum Staatsverständnis und zur Verfassungswirklichkeit in der Bundesrepublik, zwei Teile, Frankfurt a. M. 1977.
52 So Martin Kutscha, Verfassung und „streitbare Demokratie". Historische und rechtliche Aspekte der Berufsverbote im öffentlichen Dienst, Köln 1979; ebenso Kutschas „Doktorvater" Gerhard Stuby, Das Berufsverbot als Waffe gegen die verfassungsrechtlichen Grundlagen der Demokratie, in: Udo Mayer/Gerhard Stuby (Hrsg.), Das lädierte Grundgesetz. Beiträge und Dokumente zur Verfassungsgeschichte 1949-1976, Köln 1977, S. 235-279.

mismus der Moskauer Richtung eigene Verschleierung verzichtet diese Richtung.

Andere Argumentationsmuster sind differenzierter.[53] Sie gehen beispielsweise in die Richtung, daß eine pluralistische Demokratie keine Freiheiten einschränken dürfe. Demokratie sei eben Volkssouveränität. Diese Auffassung entspricht dem in der Weimarer Republik verbreiteten Wertrelativismus, wie ihn etwa Anschütz, Kelsen und Thoma vertraten. Das Grundgesetz nimmt ganz bewußt Abschied von der Verabsolutierung der Volkssouveränität als einziger Richtschnur, weil auch Mehrheiten kein Recht haben, grundlegende Prinzipien der Verfassung zu beseitigen. Die Verletzung der Menschenrechte ist nicht weniger schlimm dadurch, daß sie mehrheitlich „abgesegnet" wird.

Die Festschreibung bestimmter Prinzipien erschwere, so wird weiterhin argumentiert, den gesellschaftlichen Wandel. Günstigenfalls sei sie überflüssig, da antidemokratische Kräfte sich nicht daran gebunden fühlten. Tatsächlich aber leisten die in Art. 79,3 GG festgeschriebenen Prinzipien Starrheit keinerlei Vorschub. Über diese Schutzvorkehrungen können antidemokratische Gruppierungen sich in der Tat hinwegsetzen, doch begehen sie dann einen offenen Verfassungsbruch. Ein raffinierter Legalitätskurs à la Hitler ist nicht mehr möglich.

Das Streitbarkeitsprinzip, wird ferner eingewandt, höhle die verfassungsrechtliche Legalität aus, wenn etwa Mitgliedern einer nicht verbotenen Partei der Zugang zum öffentlichen Dienst versperrt bleibt. Tatsächlich hat die Abkehr vom Legalitätsprinzip die Konsequenz, daß sich zwischen „Verfassungstreue" und „Verfassungswidrigkeit" ein Bereich der „Verfassungsfeindlichkeit" ansiedelt. Aber soll man denn alles verbieten, was gegen fundamentale Prinzipien der Verfassung verstößt? Richtig ist der Gedanke, daß der Grundsatz der streitbaren Demokratie nicht einem Abbau der Rechtsstaatlichkeit Vorschub leisten und die streitbare Demokratie nicht als das Deckmäntelchen für illegale oder auch nur autoritäre Praktiken herhalten darf. Der mögliche Mißbrauch eines Prinzips sagt freilich noch nichts über seinen Wert aus.

---

53 Um nur die wichtigsten Publikationen zu nennen: Johannes Lameyer, Streitbare Demokratie. Eine verfassungshermeneutische Untersuchung, Berlin 1978; Jürgen Seifert, „Innere Sicherheit": Risiko für die Demokratie, in: Arno Klönne u. a., Lebendige Verfassung – das Grundgesetz in Perspektive, Neuwied/Darmstadt 1981, S. 145-189; Ulrich K. Preuß, Legalität und Pluralismus. Beiträge zum Verfassungsrecht der Bundesrepublik Deutschland, Frankfurt a. M. 1973, insbes. S. 7-113; Erhard Denninger, Verfassungstreue und Schutz der Verfassung, in: VVDStRL 37 (1979), S. 7-51.

Allerdings wohnt der streibaren Demokratie eine Gefahr inne. Die Schutzmechanismen könnten eine Eigendynamik gewinnen und sich so letzten Endes gegen die Demokratie selbst richten. Wer vor dieser Gefahr warnt, ist ebensowenig ein Gegner der demokratischen Ordnung wie derjenige, dem die Sicherungsmaßnahmen des Staates nicht weit genug gehen. Schließlich gibt es zahlreiche Gruppierungen, die fundamentale Prinzipien der Verfassung wie das Recht auf Opposition offenkundig negieren, gleichwohl aber nicht verboten werden. Wie auch immer — „von der Idee der Freiheit her ist es legitim, wenn eine Gesellschaft Vorkehrungen dagegen trifft, daß die Freiheit zerstört wird. Die Konzeption der 'streitbaren Demokratie' ist ein Versuch hierzu, gefährdet und gebrechlich wie alle menschlichen Entwürfe".[54] Die streitbare Demokratie, so wie sie vom Grundgesetz aufgrund der historischen Erfahrungen verankert worden ist, sollte zu einem festen Bestandteil des demokratischen Konsensus und der politischen Kultur gehören.[55] Sie darf kein Berufungstitel für eine einzige politische Richtung sein.

Es kann nicht oft genug betont werden: Diese Konzeption zementiert keineswegs die „kapitalistische" Ordnung. Aus diesem Mißverständnis heraus ist es erklärbar, daß sich eher „rechte" als „linke" Richtungen zu ihr bekennen. Dabei schiebt die streitbare Demokratie nicht nur antidemokratischen Aktionen von Individuen einen Riegel vor; sie verbürgt vielmehr auch, worauf Eckart Bulla als erster nachhaltig hingewiesen hat, daß die Staatsgewalt die Rechte der Bürger wahrt.[56] Diese Doppelfunktion — die legitimierende (Schutz vor dem Staat) und die limitierende Seite (Schutz vor der Gesellschaft) — wird vielfach verkannt.

Extremisten lehnen die streitbare Demokratie verständlicherweise ab bzw. interpretieren diese so, als ob die Schutzmechanismen

54 Helmut Steinberger, Konzeption und Grenzen freiheitlicher Demokratie. Dargestellt am Beispiel des Verfassungsrechtsdenkens in den Vereinigten Staaten von Amerika und des amerikanischen Antisubversionsrechts, Berlin u. a. 1974, S. 600.
55 Vgl. Andreas Sattler, Die rechtliche Bedeutung der Entscheidung für die streitbare Demokratie. Untersucht unter besonderer Berücksichtigung der Rechtsprechung des Bundesverfassungsgerichts, Baden-Baden 1982; Eckhard Jesse, Streitbare Demokratie. Theorie, Praxis und Herausforderungen in der Bundesrepublik Deutschland, 2. Aufl., Berlin 1981; Bundesministerium des Innern (Hrsg.), Verfassungsschutz und Rechtsstaat. Beiträge aus Wissenschaft und Praxis, Köln u. a. 1981.
56 Eckart Bulla, Die Lehre von der streitbaren Demokratie. Versuch einer kritischen Analyse unter besonderer Berücksichtigung der Rechtsprechung des Bundesverfassungsgerichts, in: AöR 98 (1973), S. 340-360; ausführlich in diesem Sinne Lameyer (FN 53).

nur für das antidemokratische Pendant geeignet sind. Kämen sie jedoch an die Macht, dann würden sie keine Skrupel kennen, ihr System vor Andersdenkenden zu schützen und alle ihnen zur Verfügung stehenden Mittel einzusetzen. Insofern sind die Einwände von Extremisten gegenüber dem Gebot der streitbaren bzw. wehrhaften Demokratie nicht eben ein Indiz für Glaubwürdigkeit.

Die Bundesrepublik Deutschland ist keine „Schönwetterdemokratie" mehr.[57] Auch wenn sie ein — alles in allem gesehen — gefestigtes Staatswesen darstellt, besteht kein Grund, von den Prinzipien der wertgebundenen Ordnung und der streitbaren Demokratie Abschied zu nehmen, ist doch die streitbare Demokratie nicht nur ein Notbehelf für schwache Staaten, sondern aufgrund historischer Erfahrungen auch konstitutiv für Demokratien, die sich ihrer Prinzipien bewußt sind. „Toleranz ist nicht notwendigerweise Gleichgültigkeit. Die pluralistische Ordnung baut sich offenkundig auf der Anerkennung bestimmter Werte auf. Sie ist nicht 'wertfrei' oder neutral. Auch setzt die Gleich-Gültigkeit der Gesetze keine Wertneutralität voraus, sie ist vielmehr in einer Sozialphilosophie verankert. Die pluralistische Ordnung soll diese Werte unaufhörlich und laut aussprechen. Es ist nichts Erstaunliches und Empörendes daran, daß innerhalb einer pluralistischen Gesellschaft die Verteidiger und die Feinde ihrer Grundwerte nicht mit der peinlichsten Gleichgültigkeit behandelt werden. Ein Unterschied in der Behandlung ist wohl möglich, ohne daß das Toleranzprinzip und die Bürgerrechte verletzt werden".[58]

---

57 Vgl. die Forschungen zur politischen Kultur. Siehe David P. Conradt, Changing German Political Culture, in: Gabriel A. Almond/Sidney Verba (Hrsg.), The Civic Culture Revisited. An Analytic Study, Boston 1980, S. 212-272; ferner Heinz Rausch, Politisches Bewußtsein und politische Einstellungen im Wandel, in: Werner Weidenfeld (Hrsg.), Die Identität der Deutschen, München 1983, S. 119-153.
58 Leszek Kolakowski, Selbstgefährung der offenen Gesellschaft, in: Willy Lindner/Hanns Helbing/Hugo Büttler (Hrsg.), Liberalismus — nach wie vor. Grundgedanken und Zukunftsfragen, Zürich 1979, S. 167 f.

## 3. Extremismus und öffentlicher Dienst

Als Musterbeispiel für die Problematik der streitbaren Demokratie gelten vielen Kritikern die Regelungen gegen politische Extremisten, die in den öffentlichen Dienst streben. Die Literatur hierzu ist Legion[59], die Zahl der Pamphlete nicht eben gering. Anlaß für die Proteste war der Beschluß der Ministerpräsidenten der Bundesländer vom 28. Januar 1972.[60] Im Jahre 1978 fand sogar − auf dem Boden der Bundesrepublik − das III. Internationale Russell-Tribunal statt, das sich insbesondere des Reizthemas „Berufsverbote" annahm.[61] Die Aufregung in den siebziger Jahren stand in einem merkwürdigen Kontrast zu der Ruhe in den fünfziger und sechziger Jahren, obwohl es damals auch schon entsprechende, ja schärfere Regelungen und Maßnahmen gegeben hat.

Im Jahre 1950 bestimmte die Bundesregierung, daß alle im Bundesdienst stehenden Personen sich durch ihr gesamtes Verhalten zur demokratischen Ordnung zu bekennen haben. Es wurden dreizehn rechts- und linksextreme Organisationen aufgezählt, deren Unterstützung mit den Dienstpflichten unvereinbar sei. Der Erlaß des Innenministers Heinemann vom selben Tag stellte fest, daß jede „Teilnahme, Betätigung oder Unterstützung" untersagt sei. Auch die „bloße" Mitgliedschaft in diesen Organisationen galt nicht mehr als tolerabel.[62] Die Landesregierungen erließen entsprechende Richtlinien. Diese Regelungen lösten ebensowenig Proteste aus wie die Verabschiedung des Bundesbeamtengesetzes aus dem Jahre 1953 und des Beamtenrechtsrahmengesetzes von

---

59 Vgl. aus unterschiedlichen Perspektiven: Horst Bethge u. a. (Hrsg.), Die Zerstörung in der BRD durch Berufsverbote, Köln 1976; Peter Frisch, Extremistenbeschluß, 4. Aufl., Leverkusen 1977; Funke (FN 34); Komitee für Grundrechte und Demokratie (Hrsg.), Ohne Zweifel für den Staat. Die Praxis zehn Jahre nach dem Radikalenerlaß, Reinbek bei Hamburg 1982; Wulf Schönbohm (Hrsg.), Verfassungsfeinde als Beamte? Die Kontroverse um die streitbare Demokratie, München 1979; Hagen Weiler, Verfassungstreue im öffentlichen Dienst. Dokumentation und Kritik politischer Justiz und Rechtslehre zur politischen Meinungsfreiheit der Beamten, Königstein/Ts. 1979.

60 Vgl. Ministerialblatt für das Land Nordrhein-Westfalen 1972, S. 342.

61 Vgl. Deutscher Beirat und Sekretariat des 3. Internationalen Russell-Tribunals (Hrsg.), Zur Situation der Menschenrechte in der Bundesrepublik Deutschland, Bd. 1 und 2, Berlin 1978. Siehe dazu Freimut Duve/Wolf-Dieter Narr (Hrsg.), Russell-Tribunal − Pro und Contra. Dokumente zu einer gefährlichen Kontroverse, Reinbek bei Hamburg 1978.

62 Beschluß und Erlaß sind wiedergegeben bei Denninger (FN 51), Bd. 2, S. 507-510.

1957, die den Beamten auf die freiheitliche demokratische Grundordnung verpflichteten.

Erst mit dem einschlägigen Ministerpräsidentenbeschluß von 1972 schwoll die Zahl der Proteste schlagartig an. Diese Vereinbarung — und das gilt auch für die „Gemeinsame Erklärung des Bundeskanzlers und der Ministerpräsidenten"[63] vom selben Tage — bestätigte lediglich die geltenden Beamtengesetze. Eine Erinnerung wurde als notwendig angesehen, da seit dem Ende der sechziger Jahre im Zuge der Studentenbewegung politisch extrem eingestellte Kräfte unter den Jungakademikern beträchtlich zugenommen hatten („Marsch durch die Institutionen"). Das Neue lag lediglich in der Einführung der sogenannten Regelanfrage beim Verfassungsschutz. Sie ist von den SPD/FDP-regierten Bundesländern[64] Anfang 1979 abgeschafft und von den unionsregierten eingeschränkt worden. Gesetzliche Regelungen scheiterten, weil sich SPD und FDP einerseits und CDU/CSU andererseits nicht einigen konnten, obwohl die faktischen Unterschiede viel geringer sind, als es rhetorische Übertreibungen beider Seiten nahelegen.[65]

Gegen die Regelungen setzte eine Kampagne ein, die nicht annähernd in einem angemessenen Verhältnis zu den Auswirkungen stand. Befanden sich Ende 1972 2720 Extremisten im öffentlichen Dienst, so waren es Ende 1983 2579.[66] Der Unterschied besteht darin, daß jetzt über 1000 Rechtsextremisten weniger dem öffentlichen Dienst angehören (280 gegenüber 1413), dafür aber 1000 Linksextremisten mehr (2299 gegenüber 1307). Offiziellen Angaben zufolge wurden bis etwa 1980 1102 Bewerber wegen mangelnder Verfassungstreue abgelehnt — in erster Linie Linksextremisten. Die Quote der Ablehnungen liegt damit im Vergleich zu den Einstellungen deutlich unter 0,1 Prozent. Für Gegner der „Berufsverbote" — dieses Wort hat längst Eingang in andere Sprachen gefunden — stellen diese Auswirkungen nur die Spitze des Eisberges dar. Nach Helmut Ridder etwa handelt es sich um einen Skandal bei den „Berufsverboten", „bei denen es um die konkret verhängten Berufsverbote nur genau so beiläufig geht wie seinerzeit beim

---

63 Vgl. Bulletin des Presse- und Informationsamtes der Bundesregierung, Nr. 15 v. 3. Feburar 1972, S. 142.

64 Vgl. Bulletin des Presse- und Informationsamtes der Bundesregierung, Nr. 6. v. 19. Januar 1979, S. 45 f.

65 Bezeichnenderweise hat die christlich-liberale Koalition bisher die Richtlinien der SPD-FDP-Regierung für den Bund von Anfang 1979 nicht revidiert.

66 Die Zahlen entstammen den Verfassungsschutzberichten des Bundes. Dort wird darauf hingewiesen, daß eine gewisse Dunkelziffer in Rechnung zu stellen ist.

KPD-Verbot um das konkrete Verbot eben dieser schon schwer angeschlagenen und dezimierten Partei, umso mehr aber um das psychoterroristische Anhalten der ganzen Bevölkerung zur Aneignung und Verinnerlichung staatlich formulierter und inhaltlich mit den vorherrschenden politischen, ideologischen und juristischen Strukturen und Verhältnissen bepackter ‚Grundwerte'."[67] Der tiefere Sinn des Extremistenbeschlusses soll also darin liegen, daß die „ganze" (!) Bevölkerung „psychoterroristisch" (!) angehalten wird, sich „staatlich formulierte(r)" (!) und mit den vorherrschenden politischen Strukturen übereinstimmende Grundwerte anzueignen. Unterliegt Ridder hier nicht einer grotesken Überschätzung der Bedeutung des Extremistenbeschlusses? Gewiß, ein Teil der jungen Generation ist verunsichert worden, freilich weniger durch die Praxis als vielmehr durch Überzeichnungen, die ein geradezu klassisches Beispiel für „selffulfilling prophecy" darstellen, nimmt man etwa jüngste Äußerungen für bare Münze: „Die staatlich-administrative Überprüfungspraxis gegenüber 2 Millionen Anwärtern für den öffentlichen Dienst mit 80 000 Einzelbefragungen gilt als Zeichen des Mißtrauens gegenüber einer jungen Generation".[68] Natürlich wird die „Überprüfungspraxis" gegenüber den 2 Millionen Anwärtern nicht ausgeführt (es handelt sich um Anfragen beim Verfassungsschutz, ob „Erkenntnisse" wegen mangelnder Verfassungstreue vorliegen), und die „80 000 Einzelbefragungen" sind schlicht erfunden. Schließlich wurden den Einstellungsbehörden ungefähr in 8000-10000 Fällen „Erkenntnisse" übermittelt,[69] wobei nur zu einem Teil Anhörungsverfahren, in denen der Bewerber die Möglichkeit hat, die Vorwürfe auszuräumen, die Folge waren.

Die Debatte um das Problem „Extremismus und öffentlicher Dienst", die in den achtziger Jahren — angesichts der Arbeitsmarktsituation — übrigens abgeflaut ist, während sie in den siebziger ein „Dauerbrenner" war, litt unter zwei Defiziten: Zum einen wurden schiefe historische Vergleiche gezogen, zum andern blieben Gegenüberstellungen zum westlichen Ausland weitgehend aus. Die historischen Verweise bezogen sich darauf, daß sich die Bundesrepublik damit auf eine Stufe zu deutschen Obrigkeitsstaaten der Vergangenheit stelle. Walter Jens[70] etwa erinnerte an die Karlsbader

67 Helmut Ridder, Zur Ideologie der „streitbaren Demokratie", Berlin 1979, S. 2.
68 Wolfgang Behr, Jugend in der Bundesrepublik — Herausforderung für Demokratie und Staat, in: Politische Bildung 16 (1983), Heft 2, S. 24.
69 Vgl. Komitee für Grundrechte und Demokratie (FN 59), S. 127.
70 Vgl. Walter Jens, Wider die Isolation, in: Ders., Republikanische Reden, München 1976, S. 139-146.

Beschlüsse zu der Zeit Metternichs, an die Sozialistengesetzgebung Bismarcks und an die Judenverfolgung des nationalsozialistischen Systems. Dabei wird jedoch der grundlegende Unterschied übersehen, daß heute der demokratische Staat die Beschäftigung verfassungsloyaler (nicht: staats- oder gar parteiloyaler) Beamten auf sein Panier geschrieben hat. Auffälligerweise gehen viele derer, die den Extremistenbeschluß befehden, kaum auf die fünfziger und sechziger Jahre ein. Dann ließe sich nämlich der Vorwurf der Illiberalisierung, die seit 1972 eingekehrt sein soll, nicht aufrechterhalten.

Nicht sonderlich überzeugend ist auch das Argument, die Bundesrepublik weise gegenüber den anderen westlichen Demokratien schwere Defizite auf.[71] Diese Behauptung stand in einem merkwürdigen Kontrast zu den dürftigen Informationen, die über die Regelungen und die Praxis im Ausland zur Fernhaltung antidemokratischer Kräfte vom öffentlichen Dienst bekannt sind. Nun liegen seit Anfang der achtziger Jahre zwei dickleibige Sammelbände vor.[72] Wenn damit auch nicht alle Unklarheiten beseitigt sind, zumal der Tenor in den Bänden voneinander abweicht (der Doehring-Band präferiert die Regelungen in der Bundesrepublik, in dem anderen Reader dominiert eher die gegenteilige Auffassung), so läßt sich doch sagen, daß die westlichen Demokratien auf Schutzvorkehrungen keinesfalls verzichten.[73] Gewiß sind diese Staaten großzügiger bei der Einstellung in den öffentlichen Dienst, insbesondere im gesamten Erziehungsbereich. Aber hinsichtlich des Rechtsschutzes und des Begründungszwangs bei Ablehnungen hat die Bundesrepublik deutliche Vorteile. In der Tat mag der für die politische Kultur der Bundesrepublik typische Formalismus zu bürokratischem Perfektionismus geführt haben. Diese Übertreibungen rechtfertigen jedoch noch längst nicht das pauschale Verdikt, die Bestimmungen seien illiberal oder verstießen gegen das Prinzip des Rechtsstaates. Im westlichen Ausland — insbesondere in Frank-

---

71 Statt vieler Helga Bories, „Liberté's" und öffentlicher Dienst in Frankreich, in: Blätter für deutsche und internationale Politik 21 (1976), S. 23-37.
72 Einerseits: Karl Doehring u. a., Verfassungstreue im öffentlichen Dienst europäischer Staaten, Berlin 1980; andererseits: Ernst-Wolfgang Böckenförde/Christian Tomuschat/Dieter C. Umbach (Hrsg.), Extremisten und öffentlicher Dienst. Rechtslage und Praxis des Zugangs zum und der Entlassung aus dem öffentlichen Dienst in Westeuropa, USA, Jugoslawien und der EG, Baden-Baden 1981.
73 Vgl. Gregor Boventer, Grenzen politischer Freiheit im demokratischen Staat — das Konzept der streitbaren Demokratie in einem internationalen Vergleich, Diss., Bonn 1984.

reich — sind die einschlägigen Regelungen mit Argwohn betrachtet worden. Selbst in der Wolle gefärbte Liberale wie David P. Conradt oder Gordon Smith, die das politische System in der Bundesrepublik Deutschland eher wohlwollend betrachten, wenn nicht gar bewundern, melden Kritik am „Radikalenerlaß" an,[74] so die im Ausland übliche Bezeichnung.

Für Kenneth H. F. Dyson ist der Extremistenbeschluß Ausdruck mangelnden Selbstvertrauens, bedingt durch die „traumatic political history".[75] Das Argument ist nicht völlig von der Hand zu weisen, doch bleibt zu bedenken, daß die Erfahrungen der Vergangenheit (in Form des Nationalsozialismus) und der Gegenwart (das Beispiel der DDR) von prägender Natur sind. „Trauma" ist hierfür wohl nicht der geeignete Ausdruck. Wie sähen die Reaktionen aus, wenn eine beträchtliche Anzahl von Rechtsextremisten in den öffentlichen Dienst drängte? Als die NPD zwischen 1966 und 1968 Achtungserfolge erzielte, war die Befürchtung im Ausland groß, eine Renaissance des Nationalsozialismus stehe bevor.[76] Der Bundesrepublik wurde damals eher ihre Passivität gegenüber der NPD vorgeworfen.

Tatsächlich aber darf es überhaupt keine Rolle spielen, ob Rechts- *oder* Linksextremisten der Zugang zum öffentlichen Dienst versperrt bleibt. Bei der Forderung nach Abschaffung des Extremistenbeschlusses und der entsprechenden Regelungen wurde jedoch selten darauf hingewiesen, daß Rechtsextremisten auch in den öffentlichen Dienst gelangen sollen. Im Gegenteil: Viele derjenigen, die befürworten, daß „Linken" nicht der Zugang zum öffentlichen Dienst verbaut wird, sehen Schutzvorkehrungen gegenüber dem Rechtsextremismus als Selbstverständlichkeit an. Offenbar ist man gewillt, mit zweierlei Maß zu messen. Mit antitotalitärem Denken ist eine solche Auffassung jedoch nicht vereinbar.

---

74 Vgl. die im übrigen vorzüglichen Studien von David P. Conradt, The German Polity, New York 1978, insbes. S. 59-65 und Gordon Smith, Democracy in Western Germany. Parties and Politics in the Federal Republic, 2. Aufl., London 1982, insbes. S. 204-211.
75 Kenneth H. F. Dyson, Left-wing Political Extremism and the Problem of Tolerance in Western Germany, in: Government and Opposition 10 (1975), S. 330; siehe auch ders., Anti-Communism in the Federal Republic of Germany: the Case of the Berufsverbot, in: Parliamentary Affairs 28 (1975), S. 51-67.
76 Vgl. statt vieler R. J. C. Preece, Aspects of Totalitarianism. The Case of the NPD, in: Parliamentary Affairs 21 (1968), S. 246-254.

## 4. Friedensbewegung und politischer Extremismus

Den „Neuen sozialen Bewegungen", die seit den Jahren des studentischen Protestes einen Bestandteil der politischen Szenerie in der Bundesrepublik Deutschland bilden, entwuchs zu Beginn der achtziger Jahre eine weitere Formation: Die Friedensbewegung entstand vor dem Hintergrund einer massiven Verschlechterung des Ost-West-Verhältnisses, insbesondere von dem Motiv geleitet, den Nato-Doppelbeschluß zu verhindern und auf eine Beseitigung der nuklearen Bedrohung hinzuarbeiten. Zwar können tragende Organisationen der Bewegung bereits auf ein längeres Wirken zurückblicken; erst die innen- und weltpolitische Situation zu Beginn dieses Jahrzehnts jedoch verhalf dem locker gefügten organisatorischen Geflecht dazu, aus der Mitte der Zwerg-„Bewegungen" zu einer Formation emporzusteigen, die diesen Namen verdient. Mehrere hunderttausend Demonstranten auf Großkundgebungen im Herbst 1983,[77] über zwei Millionen Unterzeichner des „Krefelder Appells"[78] zeigen, daß die Forderungen der Friedensbewegung in breiteren Bevölkerungskreisen Anklang gefunden haben.

Die Friedensbewegung wurde zu einem politischen Faktor und stand bald im Mittelpunkt der öffentlichen Diskussion. „Etablierte" Kräfte konstatierten zwar eine „Unterwanderung" durch antidemokratische „Elemente", die Friedensbewegung erweise sich als „Sicherheitsrisiko". Derartige Vorwürfe sind mittlerweile zu Stereotypen geronnen, die seit der Studentenbewegung Ende der 60er Jahre auf ähnliche Erscheinungen angewandt wurden. Gegenüber einer Bewegung geäußert, die sich dem Frieden in der Welt verschrieben hat, erhalten sie jedoch eine schärfere Note. Denn wer Frieden will, kann eigentlich nichts mit Extremisten im Sinn ha-

---

77 Vgl. Innere Sicherheit Nr. 70 v. 23. Dezember 1983, S.11: „An den ‚Volksversammlungen für den Frieden' am 22. Oktober 1983 beteiligten sich in Bonn, Hamburg, Stuttgart, Neu-Ulm und Berlin zusammen ca. 650 000 Personen."

78 Vgl. Karl-Werner Brand/Detlef Büsser/Dieter Rucht, Aufbruch in eine andere Gesellschaft. Neue soziale Bewegungen in der Bundesrepublik, 2. Aufl., Frankfurt a. M./New York 1984, S. 215. Nach Angaben aus dem Initiatorenkreis des „Krefelder Appells" soll die Zahl der Unterschriften im September 1983 fünf Millionen betragen haben. Das Bundesamt für Verfassungsschutz kommt jedoch zu dem Ergebnis: „Nach vorliegenden Erkenntnissen der Sicherheitsbehörden dürfte die Zahl der Unterschriften ganz erheblich unter der offiziell genannten Zahl liegen. Dabei sind Mehrfach- oder ‚Phantasie'-Unterschriften nicht auszuschließen." Vgl. Verschleierungstaktik der „Krefelder Initiative" hinsichtlich der Unterschriftenzahl zum „Krefelder Appell", in: Innere Sicherheit Nr. 69 v. 14. Oktober 1983, S. 18.

ben, deren Aktivitäten auf den Sturz des freiheitlichen demokratischen Gemeinwesens abzielen — einer Form politischer Ordnung, die dem Streben nach einem dauerhaften Frieden erst die Grundlage verschafft.

Die Friedensbewegung insgesamt ist gewiß nicht antidemokratisch. Die Mehrheit ihrer Anhänger wird von Friedenssehnsucht in einer auf mancherlei Weise bedrohten Welt getrieben. Das demokratische Engagement zahlreicher Gruppierungen steht außer Zweifel. Auch kann der Bewegung ein gewisser Erfolg, der schon darin besteht, daß „Frieden" wieder öffentlich thematisiert worden ist und verantwortliche Politiker sich zu verstärkten Bemühungen um die Erhaltung und Verbesserung des Friedens angehalten sahen, nicht abgesprochen werden. Andererseits aber gehen die Meinungen darüber, worin „echter" Friede eigentlich bestehe, innerhalb der Friedensbewegung so weit auseinander wie die Vorschläge für eine erfolgversprechende Friedenspolitik.[79] Das äußerst vielgestaltige, auch zwiespältige Erscheinungsbild der Friedensbewegung läßt globale Aussagen kaum zu.[80] So finden sich bundesweit vertretene neben regional und lokal begrenzt agierenden Gruppierungen. Zentralisierte Vereinigungen wie die „Deutsche Friedens-Union" (DFU) oder die „Aktion Sühnezeichen/Friedensdienste" (ASF) kontrastieren mit dezentralen „Basisgruppen" etwa der „Graswurzler". „Traditionelle" Organisationen, die bereits seit längerer Zeit friedenspolitisch tätig sind oder wie die „Deutsche Friedensgesellschaft/Vereinigte Kriegsdienstgegner" (DFG/VK) sogar an historische Vorläufer anknüpfen können, stehen erst seit Beginn der Friedens-Hochkonjunktur aktiven Gruppen gegenüber. Teile der Bürgerinitiativ- und Umweltbewegung, gewerkschaftliche, kirchliche und feministische Gruppen engagieren sich nun ebenfalls in der Friedensbewegung. Dieser Heterogenität entspricht die Stellung

---

79 Zu den unterschiedlichen Positionen innerhalb der Friedensbewegung vgl. Wilfried von Bredow, Friedensbewegung und Deutschlandpolitik, in: APuZG, B 46/1983, S. 34-46; Kirchenkanzlei der Evangelischen Kirche in Deutschland (Hrsg.), Frieden wahren, fördern und erneuern. Eine Denkschrift der Evangelischen Kirche in Deutschland, 5. Aufl., Gütersloh 1982; Günther Schmid, Sicherheitspolitik und Friedensbewegung. Der Konflikt um die „Nachrüstung", 3. Aufl., München 1983; Sekretariat der Deutschen Bischofskonferenz zum Frieden, Bonn 1983; Reiner Steinweg (Red.), Die neue Friedensbewegung. Analysen aus der Friedensforschung, Frankfurt a. M. 1982.
80 Vgl. überblicksartig: Aktion Sühnezeichen/Friedensdienste — Aktionsgemeinschaft Dienst für den Frieden (Hrsg.), Handbuch der Friedensarbeit, Wuppertal/Gelnhausen 1982; Brand/Büsser/Rucht (FN 78), S. 206-240; Annette Schaub/Rüdiger Schlaga, Verbände, Gruppen und Initiativen der westdeutschen Friedensbewegung, in: Steinweg (FN 79), S. 377-400.

hinsichtlich der zentralen Koordinaten „Demokratie" und „Extremismus". Extremisten wirken erwiesenermaßen in der Friedensbewegung mit, teils verdeckt, teils offen, teils mit, teils ohne entsprechenden organisatorischen Hintergrund. Zudem werden aus der Friedensbewegung heraus Alternativkonzeptionen, Veränderungsstrategien und Wirklichkeitsdeutungen präsentiert, die es auf ihre Vereinbarkeit mit Spielregeln und Werten freiheitlicher Demokratie zu überprüfen gilt.

Extremisten unterschiedlicher Couleur haben den Versuch unternommen, Einfluß auf Programmatik und Aktivitäten der Friedensbewegung zu gewinnen. Die moskautreue DKP einschließlich ihrer Nebenorganisationen SDAJ und MSB Spartakus war hierbei mit Abstand am erfolgreichsten.[81] So wurde die DFU bereits 1960 als Volksfront-Organisation mit maßgeblicher Beteiligung von Kommunisten gegründet.[82] Die führenden Gremien sind auch heute zu einem beachtlichen Prozentsatz von Kommunisten besetzt. Die DFU ist Mitglied des prosowjetischen „Weltfriedensrates" (WFR).[83] Die Unterschriftenaktionen zum „Krefelder Appell", der im November 1980 von einer „Krefelder Initiative" formuliert worden war und mit seiner Ablehnung gegenüber der Stationierung von Mittelstreckenwaffen und Marschflugkörpern in Mitteleuropa eine Art Minimalkonsens der Friedensbewegung bis zum Vollzug der Stationierung bildete, wurde größtenteils von der DFU durchgeführt.[84] Gerd Bastian und Petra Kelly haben inzwischen den Initiatorenkreis des „Krefelder Appells" verlassen. Beträchtlich ist auch der Einfluß der DKP auf eine zweite „traditionelle" Vereinigung der Friedensbewegung: die DFG/VK, die mit ihren zahlreichen Untergliederungen über einen breiten Mitgliederstamm verfügt.[85] Zu den DKP-beeinflußten Organisationen gehören ebenfalls: die „Vereinigung der Verfolgten des Naziregimes – Bund der Antifaschisten" (VVN-BdA), das „Komitee für Frieden, Abrüstung und Zusammenarbeit" (KFAZ) in Köln, die „Demo-

---

81 Vgl. VSB 1982, S. 48-54; Innere Sicherheit Nr. 68 v. 12. August 1983, S. 4-14; Innere Sicherheit Nr. 69 v. 14. Oktober 1983, S. 12-19; Peter Meier-Bergfeld, Die Bewegung und das Ziel. Im Hintergrund vieler Friedensaktionen lauert die Gefahr, in: Die Politische Meinung 27 (1982), H. 201, S. 31-41; Emil-Peter Müller, Heimliche Bündnisse. Die DKP souffliert der „Friedensbewegung", in: Die Politische Meinung 28 (1983), H. 210, S. 34-41.
82 Vgl. (freilich sehr vorsichtig): Rolf Schönfeldt, Die Deutsche Friedens-Union, in: Stöss (FN 27), S. 848-876.
83 Vgl. VSB 1982, S. 50 f.
84 Ebd., S. 51; Innere Sicherheit Nr. 69 v. 14. Oktober 1983, S. 18.
85 Vgl. VSB 1982, S. 52 f.

kratische Fraueninitiative" (DFI), die „Vereinigung Demokratischer Juristen in der Bundesrepublik und Berlin (West) e. V." (VDJ), die Initiative „Pädagogen gegen Rüstungswahnsinn"[86] etc.

Neben den orthodox-kommunistischen Organisationen engagieren sich auch zahlreiche (ehemalige) Mitglieder von K-Gruppen sowie trotzkistischer Zirkel in der Friedensbewegung.[87] Dies gilt insbesondere für die autonomen/unabhängigen Gruppen, die sich im „Bundeskongreß autonomer Friedensinitiativen" (BAF) zusammengeschlossen haben.[88] Ihr Einfluß ist jedoch im Verhältnis zu dem der DKP gering. Dabei sind freilich lokale und regionale Schwerpunkte zu berücksichtigen, die einfach dadurch entstehen, daß politisch geschulte Aktivisten eine dominierende Wirkung ausüben. Erwähnenswert ist auch die anarchistische „Graswurzel-Bewegung", ein locker verbundenes, weitmaschiges Netz örtlicher Kollektive. Teile der „Graswurzler" haben 1980 die „Föderation gewaltfreier Aktionsgruppen" (FÖGA) ins Leben gerufen.[89] Der Vollständigkeit halber seien noch die sogenannten „antiimperialistischen Gruppen" angeführt, die sich der selbst von den pazifistisch engagierten Anarchisten akzeptierten Beschränkung auf gewaltfreie Aktionen nicht unterwerfen.[90] Entsprechend gering ist ihre Resonanz.

An Versuchen, die Friedensbewegung zu unterwandern, mangelt es also nicht. Ist „die" Friedensbewegung aber deshalb schon unterwandert, „souffliert"[91] die DKP ihr die Parolen? Wohl kaum! Dazu ist ihr organisatorisches Flechtwerk zu verzweigt und verworren. Beherrschen oder steuern kann man zentralisierte Organisationen, nicht aber eine Vielzahl regional und lokal verankerter Friedensinitiativen, die sich − wie ein Sack voller Flöhe − Disziplinierungsversuchen widersetzen. Dennoch hat selbst Heinrich Böll als in der Friedensbewegung Engagierter darauf hingewiesen, daß insbesondere die DKP auf Teile der Bewegung einen Einfluß ausübt, der in einem Mißverhältnis zu ihrem sonstigen politischen (Fliegen-)Gewicht steht.[92] Offenbar mangelt es den meisten Demokraten in der Friedensbewegung an Bewußtsein und Mut, um sich von Extremisten zu distanzieren. Die − scheinbaren − Gemeinsamkeiten in der Vertretung sicherheitspolitischer Positionen verstellen den

---

86 Vgl. Innere Sicherheit Nr. 71 v. 27. Februar 1984, S. 4.
87 Vgl. Innere Sicherheit Nr. 69 v. 14. Oktober 1983, S. 17.
88 Vgl. Brand/Büsser/Rucht (FN 78), S. 221 f.
89 Vgl. Steinweg (FN 79), S. 389-391.
90 Vgl. Brand/Büsser/Rucht (FN 78), S. 223.
91 Müller (FN 81).
92 Vgl. FAZ v. 18. Oktober 1983, S. 3.
93 Vgl. taz v. 28. Januar 1984, S. 7.

Blick für den Antagonismus zwischen freiheitlicher Demokratie und politischem Extremismus. Es wäre daher zu begrüßen, wenn weitere demokratische Friedensgruppen dem Beispiel einiger ihrer südwestdeutschen Kollegen folgen und sich von Organisationen wie der DKP trennen würden.[93] Solche Schritte förderten die Glaubwürdigkeit der Friedensbewegung.

Möglicherweise ist diese Erwartung aufgrund eines vielfach mangelhaft ausgeprägten Demokratieverständnisses in der Friedensbewegung überspannt. Orthodoxe Kommunisten lassen keine Gelegenheit verstreichen, sich als die „wahren" Demokraten zu produzieren und die „bürgerliche Demokratie" ins Zwielicht zu rücken. So mutet es befremdlich an, wenn DKP-nahe Organe die „Verteufelung der Friedensbewegung als ‚kommunistisch gesteuert'"[94] geißeln. Geschulte Kommunisten wissen eben zwischen Strategie und Taktik zu unterscheiden! Wen wunderte es, wenn sich zahlreiche der meist jugendlichen Friedensidealisten vom Gesang der moskauhörigen Sirenen verzücken ließen? Fest steht, daß große Teile der Friedensbewegung Methoden und Ideen kultivieren, die eine Gefahr für die freiheitliche Demokratie bedeuten könnten. Bedrohlicher noch als Konzepte des „zivilen Ungehorsams" und des „gewaltfreien Widerstands"[95] erscheinen einige Stereotype der Wirklichkeitsdeutung und Zukunftsgestaltung, wie sie nicht nur in der Friedensbewegung verbreitet sind.

Die Ideologie eines grenzenlosen Wachstums und Fortschritts ist in ihr Gegenteil umgeschlagen. Ein tiefer Kulturpessimismus hat sich besonders Teilen der Jugend bemächtigt. Der Film „The day after", der die verheerenden Folgen einer atomaren Auseinandersetzung zeigt, füllte über Monate hinweg die Kinosäle. Eine gewisse Lust an apokalyptischen Visionen ist nicht wegzuleugnen.[96] Diese Endzeitstimmung verstellt jedoch häufig die Sicht für Werte und Tugenden. Vor die Alternative „Leben oder Sterben" gestellt, erscheint jede Form des Überlebens begehrenswert. So formuliert Franz Alt in seinem Bestseller „Frieden ist möglich": „Der bisher zwischen Ost- und Westdeutschland für so wichtig gehaltene Systemgegensatz ist unwichtig geworden. Hauptfeind ist nicht der

---

94 Ulrike Hörster-Philipps/Erich Roßmann, Rechtsstaat auf schwachen Beinen. Berufsverbote, Demonstrationsrecht, Überwachungsstaat und Perspektiven der Gegenwehr, in: Blätter für deutsche und internationale Politik 28 (1983), S. 1485-1506, 1491.
95 Vgl. zur Diskussion etwa: Peter Glotz (Hrsg.), Ziviler Ungehorsam im Rechtsstaat, Frankfurt a. M. 1983.
96 Vgl. Wolfgang Leuschner, Über „neurotischen" Pazifismus, in: Klaus Horn/Eva Senghaas-Knobloch (Hrsg.), Friedensbewegung – Persönliches und Politisches, Frankfurt a. M. 1983, S. 19-30.

‚Sozialismus' oder der ‚Kapitalismus'. Hauptfeinde diesseits und jenseits der Blockideologien sind die *alle* gemeinsam bedrohenden Vernichtungswaffen."[97] Die Vorstellung der herannahenden Katastrophe führt zur scheinbar zwingenden Lösung: der „Überwindung" der Blockgegensätze, die aller realistischen Einschätzung zufolge nur auf Kosten der Demokratien gehen könnte. Diktaturen sind jedoch am wenigsten imstande, einen dauerhaften Frieden zu sichern. Alts Vorschlag gleicht dem Versuch, den Teufel mit dem Beelzebub auszutreiben! Parallel dazu haben wieder einmal national-neutralistische Träumereien an Boden gewonnen, auf Chimären basierende politische Lösungsansätze, die den Antagonismus zwischen Ost und West systematisch herunterspielen.

Dämonisierung westlicher Verteidigungskonzepte und Bagatellisierung des Systemgegensatzes charakterisieren eine neue „Gesinnungspolitik"[98], die den Kompromiß als zentrales Mittel der Konfliktlösung in freiheitlichen Demokratien mißachtet. In der pluralistischen Demokratie kann es „einen Monopolanspruch von einzelnen oder Gruppen auf das Gute und Wahre schlechthin, einen Alleinvertretungsanspruch des Gemeinwohls"[99] nicht geben. Das Elitedenken einer „friedensbewegten" Minderheit stellt die prinzipielle Geltung des Mehrheitsprinzips in Frage. Wo aber die Entscheidungen der Mehrheit nicht mehr respektiert werden, weil man sich selber ein „höheres" Bewußtsein attestiert, da hält ein neuer Absolutheitsanspruch mit wahrhaft systemsprengenden Dimensionen Einzug in die Politik. Es bleibt zu hoffen, daß sich Vertreter der Friedensbewegung dieser letzten Konsequenzen ihrer Bedingungslosigkeit nicht bewußt waren.

Ob halsbrecherische Alternativvorstellungen mancher „Friedensfreunde" bereits „extremistisch" genannt werden können, steht freilich auf einem anderen Blatt. Aller Voraussicht nach würde ihre Verwirklichung das Ende stabiler politischer Verhältnisse, mit einiger Wahrscheinlichkeit auch den Untergang der Demokratie bedeuten. Reicht dies aber aus, um die „Väter des Gedankens" des politischen Extremismus zu bezichtigen? Diese Frage kann nur mit einem Nein beantwortet werden. Das Beispiel zeigt: Der Demokratie drohen nicht allein aus dem Lager ihrer erklärten Feinde

---

97 Franz Alt, Frieden ist möglich. Die Politik der Bergpredigt, 13. Aufl., München/Zürich 1983, S. 99 (Hervorhebung von Alt). Vgl. dazu: Manfred Hättich, Weltfrieden durch Friedfertigkeit? Eine Antwort an Franz Alt, 5. Aufl., München 1983.
98 So treffend Kurt Sontheimer, Zeitenwende? Die Bundesrepublik zwischen alter und alternativer Politik. Hamburg 1983, S. 241-243.
99 Christian Graf von Krockow, Gewalt für den Frieden? Die politische Kultur des Konflikts, 2. Aufl., München/Zürich 1983, S. 13.

existentielle Gefahren. Allerdings sollten Demokraten im Unterschied zu Extremisten mit guten Argumenten von der Waghalsigkeit ihrer Konzepte zu überzeugen sein. Hier offenbart sich der unschätzbare Wert eines geregelten Prozesses politischer Meinungsbildung und Entscheidungsfindung in der Demokratie.

Wo protestiert wird, treten Extremisten auf den Plan, versuchen auf den bereits „fahrenden Zug aufzuspringen" und das Steuer zu übernehmen. Demokratische Protestler tun daher gut daran, sich beizeiten von derartigen Tendenzen zu trennen bzw. abzugrenzen. Das politische System muß wachsam gegenüber der Bedrohung durch seine Feinde, aber ebenso offen für potentielle Veränderung in den Grenzen seiner fundamentalen Werte und Spielregeln sein. Abweichende Meinungen von heute sind möglicherweise herrschende Auffassungen von morgen. Es ist ein gangbarer Weg zwischen der Scylla der Erstarrung und der Charybdis der Labilität zu finden.

# Totalitarismus:
Renaissance eines strittigen Begriffs?

*Walter Schlangen,* Die Totalitarismus-Theorie. Entwicklung und Probleme, Stuttgart—Berlin—Köln—Mainz 1976, 176 S. (Verlag W. Kohlhammer).
*Manfred Funke (Hrsg.),* Totalitarismus. Ein Studien-Reader zur Herrschaftsanalyse moderner Diktaturen (= Bonner Schriften zur Politik und Zeitgeschichte, Bd. 14), Düsseldorf 1978, 195 S. (Droste Verlag).
*Ernest A. Menze (Hrsg.),* Totalitarianism Reconsidered, Port Washington, N.Y./London 1981, 272 S. (Kennikat Press).
*Michael Curtis,* Totalitarianism, 2. Aufl., New Brunswick/N.J. 1980, 128 S. (Transaction Books).
*Angelika Stoll,* Die Totalitarismuskonzeption von C.J. Friedrich in Kritik und Gegenkritik (= Diss. Bayreuth), Bayreuth 1980, 457 S. (Dissertationsdruck).
*Gert-Joachim Glaeßner,* Sozialistische Systeme. Einführung in die Kommunismus- und DDR-Forschung (= Studienbücher zur Sozialwissenschaft, Bd. 44), Opladen 1982, 315 S. (Westdeutscher Verlag).
*Volker Gransow,* Konzeptionelle Wandlungen der Kommunismusforschung. Vom Totalitarismus zur Immanenz (= Campus Forschung, Bd. 177), Frankfurt a.M./New York 1980, 234 S. (Campus Verlag).
*Hans-Georg Herrnleben,* Totalitäre Herrschaft. Faschismus—Nationalsozialismus—Stalinismus (= Ploetz-Arbeitsmaterialien), Freiburg/Würzburg 1978, 100 S. (Verlag Ploetz).
*Totalitarismus und Faschismus.* Eine wissenschaftliche und politische Begriffskontroverse, München 1980, 89 S. (R. Oldenbourg Verlag).
*Karl Dietrich Bracher,* Zeitgeschichtliche Kontroversen. Um Faschismus, Totalitarismus, Demokratie (= Serie Piper, Bd. 142), 4.

Aufl., München 1980, 159 S. (R. Piper Verlag).
*Karl Dietrich Bracher,* Schlüsselwörter in der Geschichte. Mit einer Betrachtung zum Totalitarismusproblem, Düsseldorf 1978, 123 S. (Droste Verlag).
*Jean-François Revel,* Die totalitäre Versuchung, Frankfurt a.M. u.a. 1976, 302 S. (Ullstein Verlag).

„Der Begriff ‚Totalitarismus' ist weit verbreitet, obwohl Politologen inzwischen zögern, ihn zu benutzen."[1] Dieses die Forschungslage charakterisierende Diktum des im Oktober 1983 verstorbenen Soziologen und Publizisten Raymond Aron entstammt einem 1981 erschienenen Beitrag der wieder ins Leben gerufenen Zeitschrift „Der Monat" — einem Periodikum, das einst nicht zufällig wegweisende Arbeiten zu dieser Problematik geliefert hat[2], weil seine Gründer — im Jahre 1948 — von antitotalitärem Engagement beseelt waren. Die Konzeption der Totalitarismustheorie verdiene es nicht, so das Resümee Arons, zum alten Eisen geworfen zu werden und habe keineswegs an Bedeutung verloren.

Steht Aron mit dieser Auffassung isoliert da? Man kann das beinahe glauben, wenn selbst eine prinzipielle Befürworterin des Totalitarismusbegriffes wie Hella Mandt kürzlich nahezu resignativ festgestellt hat: „Aus der ‚herrschenden Lehre' von einst ist in den vergangenen anderthalb Jahrzehnten eine politisch-wissenschaftliche Häresie geworden. Von der jüngeren Wissenschaftlergeneration wird das Konzept kaum noch ernstgenommen ... Jedenfalls ist sie überzeugt, daß das Konzept totalitärer Herrschaft im politischen Liberalismus der Gegenwart ebenso fehl am Platze ist wie es einem ge-

---

[1] Raymond Aron, Noch einmal: Hitler. Wie haltbar ist die Totalitarismus-Theorie?, in: Der Monat, Heft 1/1981, Nr. 281, S. 53. Beschränkt sich dieser Beitrag (S. 42-55) insbesondere auf den Nationalsozialismus, so geht ein anderer vor allem auf den Sowjetkommunismus ein: Ideology and Totalitarianism, in: Survey 23 (1977/78), Nr. 3, S. 81-86. Vgl. auch ders., Demokratie und Totalitarismus (1965), Hamburg 1970.

[2] Vgl. etwa Hannah Arendt, Totalitäre Propaganda, in: Der Monat 3 (1950/51), S. 241-262; Jacob L. Talmon, Totalitäre Demokratie, in: Der Monat 4 (1951/52), S. 155-164. Siehe auch das Doppelheft, das die Reden auf dem „Kongreß für Kulturelle Freiheit in Berlin" wiedergibt: 2 (1949/50), Nr. 22/23 (u.a. von Trevor-Roper, Sternberger, Nabokow, Jaspers, Borkenau, Kogon, Koestler, Löwenthal, Aron). Die Beiträge, zumeist mit dem Pathos der Freiheit durchtränkt, vermitteln ein anschauliches Bild der damaligen Atmosphäre.

nuin demokratischen Sozialismus widerstreitet".[3] Und in den beiden einschlägigen Literaturberichten der „Neuen Politischen Literatur" aus den siebziger Jahren wurde das Totalitarismuskonzept gleichsam zu Grabe getragen: Hans Kaiser sah das „Totalitarismus-Modell in der Agonie"[4], Eike Hennig konstatierte einen „Konsens der neueren Totalitarismusdiskussion" hinsichtlich der „Kritik der identifizierenden Totalitarismustheorie".[5] Eine Konzeption, die als längst widerlegt gilt, brauchte ja hinfort nicht mehr attackiert zu werden – es sei denn, man betriebe „Leichenfledderei". Beschränkt sich die seit Mitte der siebziger Jahre erschienene Literatur tatsächlich auf eine Fundamentalkritik? Oder ist nicht vielmehr eine Renaissance der Konzeption des Totalitarismus auszumachen? Warum ist die Totalitarismusdoktrin doch nicht obsolet? Welche Kritik ist einleuchtend, welche problematisch? Bieten sich Forschungsperspektiven an? Bei der Sichtung der neueren Totalitarismusforschung[6] geht es insbesondere um die Beantwortung solcher Hauptfragen.[7]

## Übersichtsdarstellungen

Schon in den zwanziger Jahren wurden politische Systeme wie der italienische Faschismus und der Bolschewismus als totalitär bezeichnet – im Unterschied zum Typus der konstitutionellen Demokratie und des autoritären Staates, aber auch zu früheren Formen

3 Hella Mandt, Ist der Totalitarismusbegriff überholt? Überlegungen zu einem Problem politikwissenschaftlicher Theoriebildung, in: Trierer Beiträge, Heft 11/1982, S. 39. In diesem Sinne auch – freilich aus einer ganz anderen Position – Reinhard Kühnl, Zur politischen Funktion der Totalitarismustheorien in der BRD, in: Martin Greiffenhagen/Reinhard Kühnl/Johann Baptist Müller, Totalitarismus. Zur Problematik eines politischen Begriffs, München 1972, S. 7 f.
4 Hans Kaiser, Vom „Totalitarismus"- zum „Mobilisierungs"-Modell, in: NPL 18 (1973), S. 143.
5 Eike Hennig, Zur Kritik der Totalitarismustheorien. Oder: Anmerkungen zum Nimbus eines politischen Begriffs, in: NPL 21 (1976), S. 25. Die Kritik am terminologischen Kunstgriff („identifizierende Totalitarismustheorie") erfolgt weiter unten (vgl. S. 55 f. und S. 71 f.).
6 Manch ein Titel ist mißverständlich. Vgl. etwa Andreas Lindt, Das Zeitalter des Totalitarismus und ökumenischer Aufbruch, Stuttgart 1981. Das Buch befaßt sich fast ausschließlich mit der Rolle der evangelischen und katholischen Kirche zwischen den beiden Weltkriegen.
7 Der Beitrag ist die etwas erweiterte und überarbeitete Fassung folgenden Literaturberichts: Eckhard Jesse, Renaissance der Totalitarismuskonzeption? Zur Kontroverse um einen strittigen Begriff, in: NPL 28 (1983), S. 459-492.

der Autokratie (wie etwa der Despotie).[8] „Der totale Staat ist", so statt vieler Gerhard Leibholz, „*das* politische Phänomen des 20. Jahrhunderts".[9] Der Totalitarismus gilt als eine Erscheinung der Moderne wegen der Ungeheuerlichkeit und Neuartigkeit der Verbrechen (z.B. politische Massenmorde), der pseudodemokratischen Legitimierung (z.B. Akklamation), der Einbeziehung der Massen, des geschichtlichen Auftrages, den die Herrschenden — angeblich — auszuführen haben, und — last not least— der totalen Kontrolle, die durch die moderne Technik überhaupt erst möglich wurde. Freilich legen die einzelnen Repräsentanten totalitarismustheoretischer Modelle bei der Klassifizierung eines Regimes unterschiedliche Kriterienkataloge zugrunde.

Um die Spannweite nur an drei Interpretationen zu verdeutlichen: Für Hannah Arendt[10] etwa konstituiert der Terror ein totalitäres System, er ist neben der Ideologie „das eigentliche Wesen der totalitären Herrschaft".[11] Terror sei kein Mittel zum wie immer gearteten Zweck, sondern Selbstzweck. Erst nach Beseitigung jeglicher oppositioneller Bestrebungen könne die Herrschaft des Terrors Platz greifen. Es muß einleuchten, daß ein solcher Totalitarismusbegriff viel zu eng gefaßt ist. Dann wäre wohl kein politisches System eine längere Zeit als totalitär zu bezeichnen. Unabhängig davon, daß Arendt ein wichtiges philosophie-geschichtliches Werk zum Totalitarismus verfaßt hat: Eine Theorie, die den Terrorismus derart verabsolutiert und ihn nur als irrational zu betrachten in der Lage ist, besitzt kaum einen analytischen Wert. Das gilt mindestens ebenso für die von Teilen der „Neuen Linken" in den sechziger und siebziger Jahren vertretene Auffassung, die modernen Industriegesellschaften seien im Grunde totalitär. Hier ist besonders Herbert Marcuse zu nennen, der diesen Terminus sowohl für die westlichen

---

8 Zur Entwicklung der Forschung bis Ende der sechziger Jahre noch immer unentbehrlich: Bruno Seidel/Siegfried Jenkner (Hrsg.), Wege der Totalitarismus-Forschung (1968), 3. Aufl., Darmstadt 1974. Siehe zuletzt zum Forschungsstand Siegfried Jenkner, Totalitarismus, in: Wolfgang W. Mickel (Hrsg.), Handlexikon zur Politikwissenschaft, München 1983, S. 521-524.
9 Gerhard Leibholz, Das Phänomen des totalen Staates (1954), in: Seidel/ Jenkner (FN 8), S. 123 (Hervorhebung von Leibholz).
10 Vgl. Hannah Arendt, Elemente und Ursprünge totaler Herrschaft, Frankfurt/M. 1955. Kein Buch zum Totalitarismus hat annähernd eine solch hohe Auflage erzielt wie das von Arendt.
11 Dies., Ideologie und Terror: Eine neue Staatsform, in: Seidel/Jenkner (FN 8), S. 143 (ebenso S. 149). Der Aufsatz entspricht dem Kapitel 13 des in FN 10 genannten Werkes.

als auch für die östlichen Staaten verwendet.[12] Wenn Marcuse von einer „politischen und geistigen Gleichschaltung"[13] im Westen spricht, hervorgerufen durch Konsumbefriedigung, Manipulationsmechanismen, überschätzt er die Praktizierbarkeit perfekter Manipulation.[14] Damit wird der tatsächliche Totalitarismus bagatellisiert, das westlich-demokratische System aber perhorresziert.[15] Wer wie Wolf-Dieter Narr heute einen „rechtsstaatlichen Totalitarismus"[16] auszumachen meint, verwendet eine krude Begrifflichkeit, vergleichbar der Rabulistik Marcuses, wonach im Westen „Konsumterror" und „repressive Toleranz" herrschten.[17] Verabsolutiert die Theorie Hannah Arendts historische Momentaufnahmen, was implizit zu einer Beschränkung der Anwendbarkeit des Totalitarismusbegriffs führen muß, so nimmt Marcuse eine ungebührliche Ausuferung des Konzepts vor. Die Totalitarismusversion Leonard Schapiros meidet solch simple Kategorien.[18] Ein totalitäres Syn-

12 Vgl. Herbert Marcuse, Der eindimensionale Mensch. Studien zur Ideologie der fortgeschrittenen Industriegesellschaft, 2. Aufl., Neuwied/Berlin 1967.
13 Ebd., S. 21.
14 In diesem Sinne (aus der Sicht eines Psychologen): Hans Jürgen Eysenck, Psychologie im Dienst des ‚Großen Bruders', in: Der Monat, Neue Folge, Heft 289/1983, S. 137-145.
15 Vgl. die schillernde Kritik von Reinhard Kühnl an Marcuse, dem er einerseits attestiert, „einen beachtlichen Beitrag zur Analyse des Faschismus geleistet und auch zum Verständnis gewisser totalitärer Tendenzen der gegenwärtigen hochindustriellen Gesellschaft beigetragen (zu) haben", andererseits aber vorwirft, „vom sozialen Inhalt (zu) abstrahieren und kapitalistische und sozialistische Gesellschaften als gleichermaßen totalitär (zu) bezeichnen". Vgl. ders., „Linke" Totalitarismusversionen, in: Greiffenhagen/Kühnl/Müller (FN 3), S. 118f.
16 Wolf-Dieter Narr, Die Bundesrepublik – Kontur einer Versicherungsgesellschaft, in: Ders. (Hrsg.), Wir Bürger als Sicherheitsrisiko – Berufsverbot und Lauschangriff – Beiträge zur Verfassung unserer Republik, Reinbek bei Hamburg 1977, S. 56.
17 Vgl. den einflußreichen Essay von Herbert Marcuse, Repressive Toleranz, in: Robert Paul Wolff/Barrington Moore/Herbert Marcuse, Kritik der reinen Toleranz, Frankfurt/M. 1966; siehe hierzu die ätzende Kritik von Erwin K. Scheuch, Das Gesellschaftsbild der „Neuen Linken", in: Ders. (Hrsg.), Die Wiedertäufer der Wohlstandsgesellschaft. Eine kritische Untersuchung der „Neuen Linken" und ihrer Dogmen, 2. Aufl., Köln 1968, S. 104-149. Erstaunlicherweise hat Hans Karl Rupp jüngst die Totalitarismusversion Marcuses reaktiviert. Vgl. ders., Einige Bemerkungen zum Totalitarismusbegriff, in: Liberal 24 (1982), S. 179 bis 186.
18 Vgl. Leonard Schapiro, Totalitarianism, London 1972. Siehe auch ders., Art. Totalitarismus, in: Claus D. Kernig (Hrsg.), Sowjetsystem und Demokratische Gesellschaft, Bd. 6, Freiburg u.a. 1972, Sp. 465-490.

drom umfaßt folgende Charakteristika: Führer, Beseitigung der Rechtsordnung, Kontrolle der Privatsphäre, Mobilisierung, Massenlegitimation. Diese Wesensmerkmale glaubt Schapiro beim italienischen Faschismus, beim Nationalsozialismus und beim Stalinismus nachweisen zu können. Ihnen gesellen sich drei Säulen („pillars") hinzu: Ideologie, Partei und Apparat. Zwar ist dieses Schema ungleich differenzierter[19], aber es bleiben mindestens zwei Einwände: Ist für ein totalitäres System tatsächlich ein „Leader" unabdingbar? Und bildet die Ideologie wirklich kein Kennzeichen eines totalitären Systems, sondern „nur" eine Stütze?

Schon diese wenigen Beispiele zeigen, daß es angesichts der Vielfalt, ja der Widersprüchlichkeit der Konzeptionen *die* Totalitarismustheorie schlechthin nicht gibt.[20] Ihre Bedeutung steht in einem engen Zusammenhang zur allgemeinen politischen Entwicklung. Martin Jänicke hat — wie schon zuvor Klaus Hildebrand[21] — in seiner Dissertation über „Totalitäre Herrschaft"[22] die Abhängigkeit der Totalitarismustheorie von politischen Konstellationen herausgearbeitet. Cum grano salis gilt: Vor dem Zweiten Weltkrieg wurde ein totalitarismustheoretischer Ansatz zunächst vornehmlich auf „faschistische" Systeme, dann auch — besonders seit dem Hitler-Stalin-Pakt — auf die Sowjetunion angewandt; 1941 kam es durch den Überfall Nazideutschlands auf die Sowjetunion zu einer „Wende"; nach dem Ende des Zweiten Weltkrieges erfolgte eine „Wende der Wende". Angesichts der als hegemonial und aggressiv empfundenen sowjetischen Politik hatte die Totalitarismusdoktrin in den fünfziger Jahren ihre Blütezeit. In den sechziger Jahren wurde sie vielfach durch andere Konzeptionen ersetzt. Sie schien mit der Entspannungspolitik nicht im Einklang zu stehen. Seit Mitte der siebziger Jahre schlägt das Pendel zum Teil — wie noch zu zeigen sein wird — wieder zurück. An der politischen Instrumentalisierbarkeit totalitarismustheoretischer Konzeptionen läßt sich da-

19 Bezeichnenderweise ignoriert Eike Hennig in seinem Literaturbericht (FN 5) die Arbeit Schapiros völlig. Offenbar hätte sich dann Hennigs These von der Überholtheit des Totalitarismuskonzepts nicht so schlüssig belegen lassen.
20 Insofern hat Eike Hennig durchaus recht, wenn er, wie auch der eine oder andere Autor, von „Totalitarismustheorien" spricht. Vgl. ders. (FN 5), S. 2. Hier wird jedoch keineswegs sprachlichem Purismus gehuldigt. Die Notwendigkeit typologischer Differenzierung steht freilich außer Frage.
21 Vgl. Klaus Hildebrand, Stufen der Totalitarismus-Forschung, in: PVS 9 (1968), S. 397-422.
22 Vgl. Martin Jänicke, Totalitäre Herrschaft. Anatomie eines politischen Begriffes, Berlin 1971, insbes. S. 61-92. Zur Kritik an Jänicke vgl. Hennig (FN 5), S. 11-16.

mit wohl nichts deuteln; dies muß freilich keineswegs ihre Plausibilität in Frage stellen. Jedenfalls ist der Zusammenhang von geschichtlicher Entwicklung, politischen Konjunkturen und wissenschaftlichen Lehrmeinungen offenkundig — wie das auch am Beispiel des „Kalten Krieges" gezeigt worden ist.[23]


Aus deutscher Sicht . . .

Der (wohlfeile, wenngleich keineswegs überflüssige) Hinweis darauf, daß sich totalitarismustheoretische Konzeptionen nicht im luftleeren Raum entwickelt haben, findet sich auch in der Darstellung von *Walter Schlangen*[24], einer von Karl Dietrich Bracher betreuten Bonner Dissertation, die schon 1972[25] in modifizierter Form erschienen ist. Die Arbeit des Autors, der mehrere Studien zu dieser Thematik verfaßt hat[26], ist entwicklungsgeschichtlich angelegt. Zunächst wird auf die Totalitarismuskonzeption im italienischen Faschismus und im Nationalsozialismus eingegangen, wo sich etatistische und aktionistische Elemente zusammenfügten. Schlangen analysiert im zweiten Kapitel Totalitarismuskonzeptionen in der Analyse des Faschismus, im dritten, wie sich der Totalitarismusansatz von der frühen Faschismusanalyse auf die moderne Diktatur insgesamt verlagert hat (von der zweiten Hälfte der dreißiger Jahre bis zur ersten der fünfziger). Schlangen befaßt sich dabei insbesondere mit Sigmund Neumann, Hannah Arendt und Carl J. Friedrich. Die Totalitarismus-Forschung läßt sich nach Schlangen nicht durch eine Kritik politischer Prämissen legitimieren — entscheidend sei vielmehr die Begriffs- und Theoriebildung, deren Stimmigkeit zu wünschen übrig lasse. Das versucht Schlangen im vierten Kapi-

23 Vgl. Michael Wolffsohn, Die Debatte über den Kalten Krieg. Politische Konjunkturen — historisch-politische Analysen, Opladen 1982.
24 Walter Schlangen, Die Totalitarismus-Theorie. Entwicklung und Probleme, Stuttgart/Berlin/Köln/Mainz 1976, 176 S. (Verlag W. Kohlhammer).
25 Vgl. ders., Theorie und Ideologie des Totalitarismus. Möglichkeiten und Grenzen einer liberalen Kritik politischer Herrschaft, Bonn 1972 („Schriftenreihe" der Bundeszentrale für politische Bildung, Heft 92). Diese Arbeit ist von Hennig ausführlich, wenngleich einseitig, besprochen worden. Siehe ders. (FN 5), S. 16-20.
26 Vgl. Walter Schlangen, Der Totalitarismus-Begriff. Grundzüge seiner Entstehung, Wandlung und Kritik, in: APuZG, B 44/70, S. 3-46; ders., Der Begriff totalitärer Herrschaft und seine politisch-theoretischen Bezüge. Anmerkungen zur Methodik der Analyse eines sozialwissenschaftlichen Begriffs, in: PVS 13 (1972), S. 429-448.

tel hinsichtlich der Wandlungen der Totalitarismustheorie in der Kommunismusanalyse nachzuweisen. Die Beiträge von Stammer, Brzezinski, Löwenthal, Meissner, Tucker, auf die Schlangen insbesondere abstellt, seien Modifikationen traditioneller totalitarismustheoretischer Ansätze. Der Kern der Totalitarismuskonzeption, daß es angängig sei, Rechts- und Linksdiktaturen als totalitär zu bezeichnen, werde von diesen Autoren nicht angezweifelt. Sie wählten entweder einen strukturtheoretischen Ansatz (wie Meissner) oder einen konflikttheoretischen (wie Löwenthal).

Die „Rezeption und Kritik der Totalitarismus-Theorie in der Kommunismus- und Faschismus-Forschung" bildet den fünften Teil, der in der Ausgabe von 1972 so nicht enthalten ist und insofern ausführlicher besprochen wird. In den sechziger Jahren begnügten sich zahlreiche Totalitarismusforscher nicht mehr mit einer Weiterentwicklung der Totalitarismuskonzeption. Dies gilt etwa für Peter Christian Ludz, der aufgrund des technischen Fortschritts und der Ausdifferenzierung von Führungsgruppen zu der These gelangte, die DDR sei nicht mehr totalitär, sondern nur noch autoritär.[27] Schlangen geht auch auf die (dürftigen) Interpretationen von Reinhard Kühnl[28] ein, der den Totalitarismusbegriff – sowohl ideologie- als auch methodenkritisch – für obsolet erklären will. Der ideologiekritische Argumentationsstrang liegt darin, daß die Totalitarismustheorie nach dem Zweiten Weltkrieg den Produktionsmittelbesitzern zur Aufrechterhaltung ihrer Privilegien und damit als Rechtfertigung des Kapitalismus gedient habe. Da der Nationalsozialismus keine Rolle mehr spielte, habe sich die Totalitarismustheorie in der Zeit des Kalten Krieges vornehmlich gegen den Marxismus gerichtet. Dieser Ansatz wird durch einen methodenkritischen ergänzt, denn Kühnl räumt ein: „Mit dem Nachweis, daß eine politische Theorie bestimmten gesellschaftlichen Interessen nützt, ist über ihren wissenschaftlichen Wert noch nichts ausgesagt".[29] Nach Kühnl liegt der methodische „Trick" der Totalitarismustheorie darin, „die Form für das Wesen der Sache auszugeben und den Inhalt zu verschweigen: Man weist auf Gemeinsamkeiten im

---

27 Vgl. insbesondere: Peter Christian Ludz, Offene Fragen in der Totalitarismus-Forschung, in: PVS 2 (1961), S. 319-348; ders., Entwurf einer soziologischen Theorie totalitär verfaßter Gesellschaft, in: Ders. (Hrsg.), Soziologie der DDR. Studien und Materialien zur Sozologie der DDR, Köln/Opladen 1964, S. 11-58 (beide Aufsätze sind abgedruckt bei Seidel/Jenkner [FN 8], S. 466-512 und 532-599); ders., Parteielite im Wandel. Funktionsaufbau, Sozialstruktur und Ideologie der SED-Führung. Eine empirisch-systematische Untersuchung, Köln/Opladen 1968.
28 Vgl. Kühnl (FN 3), S. 7-21.
29 Ebd., S. 15.

Agitationsstil hin (Massenpropaganda, Massenaufmärsche) und verschweigt, daß dieser nur Mittel zu einem politischen Zweck und also nur von ihm her richtig einzuschätzen ist."[30] Tatsächlich aber seien die politischen Ziele völlig entgegengesetzt. Schlangen unterschlägt zwar nicht Kühnls politische Implikationen und Zirkelschlüsse, bleibt aber mit seiner Kritik im übrigen recht zurückhaltend.

Weder der ideologiekritische noch der methodenkritische Ansatz ist stimmig. Der Zusammenhang zwischen der Totalitarismustheorie, die übrigens schon lange vor dem Kalten Krieg — maßgeblich von deutschen Emigranten entwickelt — eine Rolle spielte, und der Restauration des Kapitalismus ist so offenkundig nicht. Der methodische „Trick", den Kühnl den Verfechtern der Totalitarismuskonzeption vorwirft, fällt auf ihn zurück. Denn die Kritik an der „formalistischen" Argumentation ist selbst „formal". Ist die „Form" wirklich nur sekundär und das politische Ziel entscheidend? Lassen sich „Form" und „Inhalt" überhaupt trennen? Häufig fallen Mittel und Ziele bei Diktaturen zusammen. Für das Opfer spielt es nicht die geringste Rolle, mit welcher ideologischen Rechtfertigung es verurteilt wird.[31] Die Verabsolutierung von Zielen führt letztlich zur Rechtfertigung größten Unrechtes. Der Zweck heiligt eben nicht die Mittel. Ferner entwickelt sich eine Eigendynamik der Mittel.[32] Nur allzu offenkundig wird das Bestreben von Kühnl, die tiefen Gegensätze zwischen dem Nationalsozialismus und dem Kommunismus herauszukehren. Aber beide Systeme stellen, und das ist entscheidend, die pluralistische Demokratie in Frage. Wendet man sich derart entschieden gegen einen Vergleich, wird implizit ein Denkverbot ausgesprochen. Im übrigen macht Kühnl es sich sehr einfach, wenn er immer wieder aufzuzeigen versucht, daß „rot nicht gleich braun" ist, baut er doch einen Popanz auf: Zum einen wurde und wird in der ernsthaften wissenschaftlichen Literatur niemals eine „Identität" oder „Konvergenz" rechter und linker politi-

30 Ebd., S. 18.
31 In diesem Sinne ebenfalls Dieter Albrecht, Zum Begriff des Totalitarismus, in: GWU 26 (1975), S. 135-141.
32 Diesen Gesichtspunkt ignoriert auch Martin Greiffenhagen, Totalitarismus rechts und links. Ein Vergleich von Nationalsozialismus und Kommunismus, in: Gesellschaft — Staat — Erziehung 12 (1967), S. 293. Er betont die unterschiedlichen Funktionen des Terrors im Nationalsozialismus und im Kommunismus: „Der wichtigste Unterschied liegt darin, daß der Terror für den Kommunismus ein Mittel, nicht Selbstzweck ist. Der Terror läßt sich deshalb durch andere Mittel, etwa durch Prämien ersetzen. Der Terror steht ... im Dienste einer pädagogisch-moralischen Zielvorstellung. Er ist ein Erziehungsmittel ..." Das mag in der Theorie so sein — aber in praxi ...?

scher Systeme behauptet. Zum andern basiert die Totalitarismustheorie ja auf einem Vergleich der *Herrschaftsmethoden*. Kühnl vereinfacht die Totalitarismuskonzeption also und „widerlegt" sie dann. Auffallenderweise scheint auch Schlangen von dieser Ungenauigkeit nicht frei zu sein. Kühnl kritisiere die Totalitarismuskonzeption, „mit der die totalitäre Identität von faschistischer wie kommunistischer Herrschaft behauptet wird" (S. 122). An anderer Stelle bescheinigt er der Totalitarismustheorie „die analytische Identifizierung faschistischer und kommunistischer Herrschaft" (S. 57f.), redet er von einer „analytische(n) Gleichsetzung der faschistischen und kommunistischen Diktaturen" (S. 60) oder von ihrer „Wesensgleichheit" (S. 61).

In einem weiteren Abschnitt des fünften Kapitels informiert Schlangen über die Aktualisierung des Totalitarismusansatzes durch die Bewertung des Rechts- und Linksextremismus. Während die eine Richtung — Schlangen geht hier auf Sontheimer ein[33] — das Totalitarismuskonzept nutzbar zu machen sucht, weil extremistische Bewegungen von links und rechts zahlreiche Gemeinsamkeiten aufweisen, geht die andere Position davon aus — Schlangen analysiert pars pro toto eine Schrift von Helga Grebing[34] —, die Unterschiede zwischen rechts und links seien zu wesentlich, als daß gemeinsame Kategorien gebildet werden können. Auch in diesem Abschnitt begnügt sich Schlangen weitgehend mit einer Referierung der unterschiedlichen Positionen. Das hängt vermutlich damit zusammen, daß er die Kontroversen in erster Linie wohl auf unvereinbare politisch-wissenschaftliche Prämissen zurückzuführen meint. Leider berücksichtigt Schlangen nicht die Arbeit von Klingemann/ Pappi über „Politischen Radikalismus".[35] Die Autoren gelangen in einem Forschungsbericht über Wahlverhalten aufgrund von Umfragen zu dem Ergebnis, es sei sinnvoll, zwischen einem wert- und

---

33 Vgl. Kurt Sontheimer, Gefahr von rechts — Gefahr von links, in: Ders. u.a., Der Überdruß an der Demokratie. Neue Linke und alte Rechte — Unterschiede und Gemeinsamkeiten, Köln 1970, S. 9-42. In diesem Sinne auch Gerhard A. Ritter, Der Antiparlamentarismus und Antipluralismus der Rechts- und Linksradikalen, in: Ders., Arbeiterbewegung, Parteien und Parlamentarismus. Aufsätze zur deutschen Sozial- und Verfassungsgeschichte des 19. und 20. Jahrhunderts, Göttingen 1976, S. 259 bis 291, S. 383-389.
34 Vgl. Helga Grebing, Linksradikalismus gleich Rechtsradikalismus. Eine falsche Gleichung, Stuttgart 1971.
35 Vgl. Hans D. Klingemann/Franz U. Pappi, Politischer Radikalismus. Theoretische und methodische Probleme der Radikalismusforschung, dargestellt am Beispiel einer Studie anläßlich der Landtagswahl 1970 in Hessen, München 1972. Siehe dazu auch Eike Hennig (FN 5), S. 24f.

einem normgebundenen Denken zu unterscheiden: Geht man von einem wert- oder zielorientierten Demokratiebegriff aus, finden sich die Ansichten der Wählerschaft von SPD und DKP relativ nahe beisammen. Bei Fragen nach demokratischen Spielregeln hingegen zeigen sich Ähnlichkeiten zwischen der Wählerschaft von NPD und DKP. Je nachdem, ob nach demokratischen Normen oder Werten gefragt wird, kommt man zu unterschiedlichen Ergebnissen. Bezieht man die Erkenntnisse von Klingemann/Pappi auf Sontheimer und Grebing, so bewertet Sontheimer die Normen höher, Grebing dagegen die Ziele. Im letzten Abschnitt „Theorie und Ideologie" zieht Schlangen ein Resümee, das sowohl die Entwicklungsstufen der Totalitarismuskonzeption als auch deren Möglichkeiten und Grenzen berücksichtigt. Bei allen Bemühungen des Autors um eine Erfassung der diffizilen Problematik bleibt anzumerken, daß gerade ein verzwicktes Thema der politischen Theorie keines hermetischen Sprachduktus bedarf, wie ihn Schlangen bisweilen pflegt.

Auch in dem von *Manfred Funke* herausgegebenen Sammelband über Totalitarismus[36] ist ein Beitrag *Schlangens* enthalten, der auf seinen früheren Studien fußt. Hier ist Schlangen „meinungsfreudiger". Zu Recht weist er auf die Blickverengung hin, wenn die Totalitarismustheorie mit dem Argument erledigt werden soll, sie sei im politisch-ideologischen Wettbewerb mißbraucht worden.[37] Schlangen glaubt zwei Formen der Kritik an der Totalitarismuskonzeption herauspräparieren zu können — die nicht-marxistische und die marxistische. Die letztere akzeptiere überhaupt nicht die Prämissen der Totalitarismusdoktrin (Ausrichtung an einem pluralistischen Demokratieverständnis). Die Theoriebildung sei nach marxistischer Auffassung analytisch unzugänglich, sie führe, so heißt es, nur zu einem formalen und oberflächlichen Vergleich. Die Nähe der bürgerlichen Demokratie zum faschistischen Staat gerate nicht in den Blick, obwohl doch die sozioökonomischen Bedingungen im wesentlichen gleich seien. In der Tat ist ein solcher Ansatz der Kritik „transzendent". Die Kritiker bleiben den Beweis dafür schuldig, daß die sogenannten „inhaltlichen" Unterschiede (etwa Verstaatlichung der Produktionsmittel) die entscheidenden sind. Eine antifaschistische Ausrichtung ist ebenso einseitig wie eine antikommunistische. Schlangen betont zu Recht die „Unverzichtbarkeit der totalitarismustheoretischen Perspektive" (S. 60).

36 Manfred Funke (Hrsg.), Totalitarismus. Ein Studien-Reader zur Herrschaftsanalyse moderner Diktaturen (= Bonner Schriften zur Politik und Zeitgeschichte, Bd. 14), Düsseldorf 1978, 195 S. (Droste Verlag).
37 Allerdings ist es unangemessen, hierfür als Prototyp Reinhard Kühnl anzuführen. Denn Kühnl ergänzt, wie gezeigt, seine ideologiekritische Argumentation durch eine methodenkritische.

Bei der Kritik der „transzendenten" Tendenzen der Totalitarismuskritik hätte er Bezug auf ihre Widersprüchlichkeit nehmen können. Denn gerade aus dieser Perspektive wurde immer wieder die Notwendigkeit einer immanenten Vorgehensweise hervorgehoben: Man könne den Marxismus nicht angemessen erfassen, werden westliche Wertprämissen zur Beurteilung herangezogen. Ist dies richtig, so muß umgekehrt natürlich dasselbe gelten. Die „transzendente" Totalitarismuskritik läßt sich jedoch überhaupt nicht auf die normativen Orientierungen totalitarismustheoretischer Ansätze ein.

Der Aufsatz von Schlangen gehört zum ersten Teil des Bandes, in dem die Autoren sich mit der Theorie und Methodik des Totalitarismuskonzepts auseinandersetzen. Dabei wehren sich alle Autoren — freilich mit unterschiedlicher Gewichtung — auffallenderweise dagegen (neben Schlangen: Uwe Dietrich Adam, Peter Graf Kielmansegg, Karl Dietrich Bracher[38]), die Totalitarismustheorie ad acta zu legen. Sie eigne sich vielmehr zur Kennzeichnung diktatorischer Herrschaftsmethoden. Die stärksten Vorbehalte meldet *Uwe Dietrich Adam* an, für den Begriffe wie Faschismus und Totalitarismus überdient sind. Die historischen Phänomene, die sie zu erfassen vorgeben, seien derart unterschiedlich, daß der Abstraktionsgrad solcher Begriffe notwendigerweise sehr hoch sein müsse. „Die Bemühungen, entweder Kuba als totalitär oder Spanien als faschistisch zu kennzeichnen, stoßen an eine sowohl empirische, methodologische und erkenntnistheoretische Grenze" (S. 48).[39]

Eine deutliche Verteidigung des Totalitarismuskonzepts stammt von *Peter Graf Kielmansegg* (S. 61-79). Er leugnet weder die Ideologieanfälligkeit des Begriffs „Totalitarismus" noch die Abhängigkeit seiner Verwendung von politischen Konstellationen. Entscheidend sei für die Einschätzung wissenschaftlicher Ansätze wie die der Totalitarismustheorie jedoch zweierlei: Ist eine eindeutige Definition möglich, so daß der Anwendungsbereich genau ein- und abgrenzbar bleibt? Eignet sich die Konzeption zur Beschreibung und Erklärung der Realität? Der Autor kommt zu dem Ergebnis, beide Fragen seien für die Totalitarismustheorie zu bejahen. Er setzt sich mit vier Haupteinwänden auseinander:

(1) Mit dem Totalitarismuskonzept werde das neue Wesen neuer Phänomene nicht wirklich erfaßt, da der Maßstab das Selbstverständnis der westlichen Demokratien sei. Graf Kielmansegg wendet

38 Auf diesen Beitrag Brachers wird an anderer Stelle eingegangen. Vgl. S. 87-90.
39 Vgl. ähnlich Gerhard Schulz, Phänomenologie und Theorie des Totalitarismus, in: Ders., Faschismus — Nationalsozialismus. Versionen und theoretische Kontroversen 1922-1972, Frankfurt a.M. u.a. 1974, S. 138-147.

sich gegen die Forderung nach immanenter Analyse, weil das eigene Erkenntnisinteresse eingeschränkt wird, wenn man sich am Selbstverständnis des zu untersuchenden Staates orientiert. Die Möglichkeit des Vergleichs werde reduziert. Hinzuzufügen wäre, daß sich bei immanenter Analyse das dortige Selbstverständnis gar nicht mehr in Frage stellen läßt, das System also vor Kritik immunisiert wird. Ferner bleibt die Frage: Spielt die Ideologie wirklich eine wesentliche Rolle, oder dient sie lediglich der Drapierung diktatorischer Bestrebungen? (2) Die Totalitarismustheorie befasse sich im Prinzip nur mit der Herrschaftstechnik, sie ignoriere die Ziele, die sich das System zu eigen mache. Hier wendet der Autor ein, daß die Herrschaftsstruktur wesentlich sei. In ihr zeige sich letztlich der „Inhalt" der Politik des Staates. In der Tat: „Die für das System konstitutiven Herrschaftsziele begegnen uns in den Konstanten der Herrschaftspraxis, das heißt, sie gehen in die Struktur ein" (S. 67). Mißt man ein politisches System ausschließlich an dessen proklamierter Zielsetzung, so käme man zu dem Ergebnis, daß die Sowjetunion den Aufbau einer kommunistischen Gesellschaft anstrebt. Die Herrschaftspraxis müßte demnach als sekundär gelten — „ein unbestreitbar unsinniges Resultat" (S. 68). Graf Kielmansegg betont, daß die Totalitarismustheorie nicht bei der Beschreibung einer totalitären Struktur stehen bleiben dürfe, sie müsse auch die totalitäre Herrschaft erklären. Wird damit nicht das Totalitarismuskonzept überfordert? Vermag es wirklich die Entstehung, den Wandel und den Niedergang totalitärer Systeme zu erklären?[40] (3) Die Totalitarismustheorie könne das Phänomen des Konfliktes und des sozialen Wandels nicht angemessen erfassen. Graf Kielmansegg räumt ein, viele Totalitarismustheorien trügen diesem Umstand in der Tat nicht Rechnung. Seinen richtigen Gedanken, das Konzept totalitärer Herrschaft sei keine „Theorie totalitärer Systeme von universaler Erklärungskraft" (S. 69), verspielt er aber teilweise wieder, da er zuvor die Notwendigkeit betont „eine Theorie totalitärer Herrschaft zu entwickeln" (S. 68). Der Anspruch muß wohl bescheidener sein. Das Totalitarismuskonzept wird nämlich überfrachtet, erwartet man von ihm eine „Erklärung der widersprüchlichen Dynamik sozialer Prozesse in totalitären Systemen" (S. 70). Im übrigen bleibt dem Autor darin zuzustimmen, daß einst als totalitär angesehene Staaten sich nicht eben durch ein hohes Maß an sozialem Wandel und einer Fülle sozialer Konflikte auszeichnen. (4) Das Totalitarismuskonzept sei angesichts mannigfacher Schwächen aus der Herrschaftsformenlehre zu eliminieren. Diesem Vorschlag,

---

40 Vgl. unten S. 101.

den etwa Martin Jänicke[41] unterbreitet hat, schließt sich Graf Kielmansegg mit guten Gründen nicht an: Die politischen Entwicklungen im 20. Jahrhundert haben zu einer Erweiterung der überlieferten Typologie in der Staatsformenlehre gezwungen. Angesichts der Vielfalt der Herrschaftssysteme wäre eine Reduzierung der Kategorien für die Lehre von den Staatsformen wenig sinnvoll.

Graf Kielmansegg begnügt sich nicht nur mit einer Widerlegung wichtiger Kritikpunkte am Totalitarismuskonzept, sondern versucht auch Grundzüge einer Theorie anzudeuten, um ihre Unverzichtbarkeit in der Staatsformenlehre zu belegen. Dabei kritisiert er zunächst frühere Versuche von Totalitarismustheoretikern, die bestimmte Entwicklungsphasen in Diktaturen zu einer „Theorie" glaubten verallgemeinern zu können, später jedoch gezwungen waren, ihr Konzept der veränderten Wirklichkeit anzupassen. Er will diese Form der Typisierung durch eine andere ablösen, indem er ein Konzept entwickelt, das auf allgemeinen Kategorien fußt und sich nicht an ein existierendes System anlehnt. Graf Kielmansegg hält für wesentlich „die Frage nach der Verteilung der Chancen der Einflußnahme in die Entscheidungsprozesse, die Frage nach der Reichweite der Entscheidungen und die Frage nach dem Sanktionsinstrumentarium, mit dessen Hilfe die Geltung der Entscheidungen gesichert wird" (S. 75). Totalitär ist für den Autor ein politisches System, in dem die Einflußnahme auf Entscheidungen sich auf ein Führungszentrum konzentriert und weder die Intensität der Sanktionen noch die Reichweite der Entscheidungen begrenzt ist, sich also im Grundsatz auf alle Sphären des gesellschaftlichen Lebens bezieht. Graf Kielmansegg verabsolutiert diese Kriterien nicht und konzediert, daß tatsächlich nicht jede Entscheidung im Führungszentrum zu fallen braucht, maßgeblich sei vielmehr dessen Fähigkeit, jede Entscheidung an sich zu ziehen.

Der Vorschlag ist gewiß diskussionswürdig. Der deduktive Ansatz vermeidet ein hohes Maß an Subjektivismus, wenngleich er zu Empirieferne führen kann. Zwei weitere Einwände lassen sich vielleicht geltend machen: Zum einen wird durch die relativierenden Zusätze Graf Kielmanseggs nicht so recht deutlich, ob es sich bei seinen Kriterien um Ideal- oder Realtypen handelt. Relativiert Graf Kielmansegg etwa das Kriterium des Entscheidungsmonopols nicht, wenn er konzediert, auf die Entscheidung des Führungszentrums könne von außen – offenbar erfolgreich – eingewirkt werden? Handelt es sich dann noch um ein Entscheidungsmonopol? Wo ist

41 Jänicke befürwortet allerdings den Begriff „totalitär" als dynamisch-konflikttheoretische Variante. Vgl. ders. (FN 22), insbes. S. 216-233. Siehe ferner ders., Aspekte einer Theorie des totalen Konflikts, in: PVS 11 (1970), S. 162-185.

die Grenze? Bei allen Kriterien gebraucht der Verfasser das Adjektiv „prinzipiell". Offenbar ist er sich der Tatsache bewußt, diese Einschränkung sei zur Erfassung totalitärer Systeme nötig. Sinnvoll wäre auch ein Hinweis darauf, daß das Führungszentrum keineswegs monolithischer Natur sein muß. Aufgrund differierender Interessen und sich wechselseitig blockierender Rivalitäten kann eben nicht jede Maßnahme von einem Führungszentrum aus autoritativ entschieden werden. Die Debatte um den „polykratischen Charakter" des Dritten Reiches mag das Problem verdeutlichen. Zum andern wird nicht so recht klar, wo für Graf Kielmansegg die Trennungslinie zwischen autoritären und totalitären Staaten ist. Da er seine Kriterien selbst abschwächt, können unter die Kategorien unter Umständen auch autoritäre Systeme subsumiert werden. Denn das, was ein totalitäres System auszeichnet (Massenmobilisierung, Zwang zur Dauerpolitisierung, ideologische Indoktrination, terroristische Maßnahmen, chiliastische Verheißungen), kommt bei dem Verfasser nicht ausreichend zur Geltung. Im Grunde arbeitet Graf Kielmansegg eher den Unterschied zwischen einem pluralistischen und einem nicht-pluralistischen politischen System heraus.

Bei aller Kritik en détail: Der knapp zwanzigseitige Beitrag Graf Kielmanseggs ist einer der wichtigsten einschlägigen Abhandlungen aus dem letzten Jahrzehnt. Das Verdikt gilt sowohl für seine Auseinandersetzungen mit Argumenten von Kritikern totalitarismustheoretischer Konzeptionen als auch für die Skizzierung einer neuen Typologie, die über gängige Kategorisierungen hinausführt.

Die Aufsätze zur Herrschaftsanalyse moderner Diktaturen im zweiten Teil kontrastieren auffallend mit dem ersten, weil die meisten Autoren das Totalitarismuskonzept nicht übernehmen. Beispielsweise macht *Georg Brunner* in den heutigen osteuropäischen Staaten gegenüber der stalinistischen Zeit so beträchtliche Wandlungen aus, daß das klassische Totalitarismusmodell Friedrichs kaum mehr anwendbar sei.[42] Und *Oskar Weggel* sieht das kommunistische China keineswegs als totalitär an, da sich westliche Vorstellungen von individueller Freiheit und Menschenwürde nur

---

42 An anderer Stelle kommt Brunner jedoch zu dem Ergebnis, daß das Totalitarismuskonzept nach wie vor das angemessene Instrumentarium zur Erfassung der DDR-Gesellschaft sei. Vgl. Georg Brunner, Das politische System in der DDR, in: Ders. u.a., Politische Systeme in Deutschland, Berlin 1980, S. 41-57. Insbesondere ebd., S. 57: „Dies bedeutet aber nichts anderes, als daß das politische System der DDR ... nach wie vor eine totalitäre Diktatur darstellt". Der Widerspruch mag darin begründet liegen, daß der Aufsatz im Sammelband von Funke eine überarbeitete Fassung aus dem Jahre 1970 ist. Vgl. ders., Abkehr vom Totalitarismus? Wandlungen im Herrschaftssystem osteuropäischer Staaten, in: Politische Bildung 3 (1970), Heft 4, S. 49-63.

schwer auf ein Land übertragen ließen, in dessen politischer Kultur das Individuum jahrtausendelang nur einen geringen Stellenwert eingenommen habe. Gewiß gehört Weggel nicht zu jenen China-Forschern, die jahrelang systematisch das Bild dieses fernen Staates geschönt haben[43], unterstützt von unterschiedlich ausgerichteten politischen Gruppierungen[44], doch muten einige seiner Äußerungen ausgesprochen apologetisch an: „Ob es nun um die Volksschulorganisation, die Lehrerbesoldung, ja sogar um die Schulbuchgestaltung geht: überall haben die ‚Arbeiter und Bauern' freie Hand, soweit sie sich dabei in dem eifersüchtig gehüteten ideologischen Rahmen halten" (S. 156). Eben! Der Relativsatz widerspricht doch dem zuvor Gesagten. Die Methapher von der „freien Hand" ist demnach völlig deplaziert – ebenso wie der vorherige Euphemismus, daß „ein Pluralismus (sic!) der Handlungsalternativen entstehen konnte, wie er in westlich-demokratischen ‚Verwaltungsakt'-Kulturen, aber auch in der Sowjetunion, undenkbar wäre" (S. 156). Wenige Zeilen später heißt es dagegen: „Wer nicht dafür ist, hat sich . . . bereits dagegen ausgesprochen" (S. 156). Ist ein solches Eingeständnis Weggels nicht ein Indiz für Totalitarismus, der sich eben keineswegs mit der passiven Hinnahme von Maßnahmen begnügt, sondern deren gläubige Befürwortung verlangt! Weggel konzediert auch, daß in der Volksrepublik China eine „umfassende Politisierung aller Lebensbereiche" (S. 157) besteht. Es mutet zynisch an, wenn der Autor diese „strenge politische Ausrichtung . . . nur (als) das Korrelat für eine sonst unbeschränkte Freiheit bei der Ausfüllung dieses Rahmens" (S. 157) ansieht. Bei dieser Rabulistik verwundert dann Weggels Behauptung nicht mehr, in der Volksrepublik China existiere eine „Partizipations"-, keine „Untertanen"-Kultur (vgl. S. 157).

Ein letztes Beispiel für Weggels Diskrepanz zwischen präziser Beschreibung und irritierender Interpretation: „Solange es der chinesischen KPD gelingt, die objektiven Interessen der ‚Massen' in vollem Umfange wahrzunehmen, die Handlungsfreiheit innerhalb der ‚politischen', streng definierten Handlungsräume sicherzustellen und die umfassende Partizipation der ‚Massen' an den wichtigsten Entscheidungen zu gewährleisten, kann von einem Negativzustand, wie er durch den liberal-normativen ‚Totalitarismus'-Begriff assozi-

---

43 Jürgen Domes ist wohl *der* westdeutsche China-Forscher, der den Mythos vom „Entwicklungsmodell" besonders nachhaltig zerstört hat. Vgl. zuletzt ders., Politische Landeskunde der Volksrepublik China, Berlin 1982, insbes. S. 7-12.
44 Das Spektrum reichte von K-Gruppen, die schwärmerisch China glorifizierten, bis hin zu dezidierten Antikommunisten, die sich offenbar an dem Motto orientierten: „Der Feind meines Feindes ist mein Freund".

iert wird, wohl kaum die Rede sein, zumal ja Begriffe wie individuelle Freiheit, Rechtsstaat, Parlamentarismus, Gewaltenteilung, Pluralismus und Tarifautonomie, von deren Verletzung her der ‚Totalitarismus'-Begriff erst sein Leben erhält, in China nie ‚gelebt' haben" (S. 158). Offenbar geht Weggel von der Idee eines vorgegebenen Gemeinwohls aus, wenn er die Identität der chinesischen KP und der „Massen" hinsichtlich ihrer „objektiven Interessen" beschwört.

Tatsächlich spielt es keine Rolle, ob zu einem bestimmten Zeitpunkt die Interessen der Herrschenden und Beherrschten zusammenfielen. Entscheidend ist vielmehr, daß es für die „Massen" überhaupt keine Möglichkeit der Einflußnahme in wichtigen politischen Fragen gibt. Ebenfalls nicht triftig ist das Argument, China könne schon deshalb keineswegs als totalitär klassifiziert werden, weil sich Pluralismus und individuelle Freiheit hier niemals entfaltet haben. Abgesehen davon, daß dies für Rußland bzw. die Sowjetunion im Prinzip ebenfalls gilt, muß bedacht werden: Totalitarismus ist eine Kategorie der Staatsformenlehre, die eben nicht nur für den westlichen Kulturkreis gilt. Zwangspolitisierung und Unterdrückung des Individuums sind überall gleich schlimm — ob in Westeuropa oder im Iran. Schließlich handelt es sich, beispielsweise, bei der individuellen Freiheit und der Menschenwürde um Werte, deren Unantastbarkeit in jedem System anzustreben ist. Ansonsten leistet man jenen Vorschub, die Diktaturen anderer Kulturkreise weniger scharf zu beurteilen geneigt sind. Die anzulegenden Maßstäbe müssen die gleichen sein. Wer hier eine Differenzierung nach „Zeit und Ort"[45] vorzunehmen gewillt ist, grenzt die Anwendung des Totalitarismusbegriffes ohne Not ein.

Weggel glaubt, statt Totalitarismus einen „neutraleren Begriff" (S. 158) heranziehen zu müssen. Er greift die Autoritarismus-Skala von Alfred (bei Weggel: „Arnold") G. Meyer auf und präferiert für die sinokommunistische Gesellschaft den Terminus „partizipativer Autoritarismus". Erstens ist der Begriff für die Staatsformenlehre wohl kaum fruchtbar zu machen, zweitens verhüllt Weggel damit die chinesische Realität (warum nicht „Ausbeutungs-Autoritarismus" oder wenigstens „konsultativer Autoritarismus", um die anderen Kategorien zu nennen?), drittens entstammt der Autoritarismus-Begriff ebenfalls nicht der chinesischen Ideenwelt. Gewonnen ist damit also nichts. Schließlich schlägt Weggel noch die Begriffe „Massenlinismus" und „populistischer Universismus" vor. Dabei verliert der Wortschöpfer völlig aus dem Auge, daß der aus der Staatsformenlehre stammende Totalitarismusbegriff wegen der andersartigen Vergleichsebene nicht durch die genannten Termini zu

---

45 In diesem Sinne Mandt (FN 3), S. 41.

ersetzen ist — von der inhaltlichen Fragwürdigkeit ganz abgesehen. Wer „Populismus" als eine angemessene Charakterisierung für die chinesische Wirklichkeit empfindet und die „unstalinistische" „Methode der ‚Umerziehung' (statt ‚physischer Liquidation')" (S. 160) hervorhebt, sollte seinen Lesern nicht verschweigen, „daß auch bei äußerst zurückhaltender und vorsichtiger Schätzung von 1949/50 bis 1980 in China mindestens 15 Mill. Menschen als politische Opfer des Einparteisystems starben".[46]

*Dieter Schneider* kommt zu dem Ergebnis, das Totalitarismussyndrom von Friedrich habe im Peronismus keine so ausreichende Verankerung gefunden, als daß das Etikett „totalitär" zu rechtfertigen sei. *Jens Petersen* kann in einer begriffsgeschichtlichen Analyse — insofern hätte der Beitrag eigentlich in den ersten Teil gehört, schließlich wird nicht der italienische Faschismus analysiert — den Beweis antreten, daß entgegen der communis opinio der Ausdruck „Totalitarismus" zuerst von den liberalen Gegnern des italienischen Faschismus geprägt worden ist. Die italienischen Faschisten haben diesen Begriff erst später usurpiert. Der Nachweis gelingt Petersen einwandfrei. Damit muß die Geschichte der Entstehung des Totalitarismusbegriffes umgeschrieben werden. Allerdings lassen sich für die Interpretationen des Totalitarismuskonzeptes daraus keine Konsequenzen ziehen. Denn es spielt keine Rolle, ob der Begriff — wie früher angenommen — originär dem italienischen Faschismus entstammt oder nachträglich von ihm benutzt worden ist.

Herausgeber *Manfred Funke* selber beschäftigt sich mit dem wenig „planvollen" Totalitarismus des Nationalsozialismus, dessen Untergang aufgrund der fehlenden Synchronisation von Politik, Strategie und Wirtschaft programmiert gewesen sei. Hier wäre vielleicht auch an die Kontroverse um polykratische und totalitäre Elemente im Nationalsozialismus anzuknüpfen gewesen. Der teils Nachdrucke, teils Originalbeiträge enthaltende Sammelband Funkes gibt einen guten Überblick zur Totalitarismuskonzeption. Dem wissenschaftlichen Pluralismusgebot hätte man vielleicht noch stärker Rechnung tragen können, wäre im theoretischen Teil die Kritik am Totalitarismuskonzept ausführlicher berücksichtigt worden, im zweiten hingegen mehr die Richtung, die bestimmte Staaten der Gegenwart als totalitär ansieht. Wo schlägt ein autoritäres Regime in ein totalitäres um? Was sind die entscheidenden Unterschiede? Fragen, die hier — wie auch in anderen Abhandlungen — nicht befriedigend beantwortet werden.

---

46 So Domes (FN 43), S. 10. Nach Domes sind der „Kulturrevolution" mindestens drei Millionen zum Opfer gefallen (vgl. ebd., S. 107).

## ... und aus internationaler Perspektive

Gibt Funkes Band eine Bestandsaufnahme für den (west)deutschen Leser, so beabsichtigt das *Ernst A. Menzes* Reader für den amerikanischen.[47] Das auf ein Treffen der „American Historical Association" in Dallas zurückgehende Werk enthält ebenso wie das Funkes Originalbeiträge und Nachdrucke. Bemerkenswerterweise stammen von den insgesamt vierzehn Aufsätzen fünf aus deutscher Feder — wohl ein Indiz dafür, daß die internationale Forschung — im Gegensatz zu vielen anderen Zweigen — die deutsche in diesem Bereich zur Kenntnis nimmt.

Neben einer Einführung des Herausgebers, der in der Bundesrepublik übrigens durch eine Landeskunde über die USA bekanntgeworden ist[48], besteht der Band aus drei Teilen, wobei die Grenzen zwischen den ersten beiden fließend sind. Im ersten Abschnitt geht es insbesondere um die historischen Dimensionen der Totalitarismuskonzeption, im zweiten um ihre Bewertung und im dritten um Beiträge von Verhaltenswissenschaftlern, die hier ignoriert werden, weil sie den politologisch-historischen Aspekt allenfalls am Rande berühren. Auf die anderen soll — mit Ausnahme der von *Karl Dietrich Bracher* und *Michael Curtis*[49] — eingegangen werden, um danach die Frage des Herausgebers in der Einleitung zu beantworten: „Totalitarianism: An outmoded Paradigm?" (S. 3).

*Martin Greiffenhagen* verficht in seinem erstmals 1968 erschienenen Aufsatz[50] die Meinung, totalitäre Regime seien stets revolutionär, weil sie bestimmte Wertungssysteme durchsetzen wollten[51]. Im Gegensatz zum Stalinismus habe der Nationalsozialismus keine Umformung der Gesellschaft vorgenommen — er sei

---

47 Ernest A. Menze (Hrsg.), Totalitarianism Reconsidered, Port Washington, N.Y./London 1981, 272 S. (Kennikat Press).
48 Vgl. ders., Land der begrenzten Möglichkeiten. Eine Amerikakunde, Heidelberg 1975.
49 Vgl. dazu die Ausführungen auf den S. 68-70 und 86-93.
50 Vgl. Martin Greiffenhagen, Der Totalitarismusbegriff in der Regimenlehre, in: PVS 9 (1968), S. 372-396 — wiederabgedruckt in: Ders./Kühnl/Müller (FN 3), S. 23-59, S. 122-134.
51 Greiffenhagen orientiert sich hier an der Totalitarismusversion von Martin Drath. Vgl. ders., Totalitarismus in der Volksdemokratie, in: Seidel/Jenkner (FN 8), S. 310-358. Allerdings hebt die Forschung zunehmend den revolutionären Charakter des Nationalsozialismus hervor. Vgl. als einer der ersten David Schoenbaum, Die braune Revolution, Köln/Berlin 1968. Die revolutionären Elemente im Dritten Reich betont jüngst auch Horst Möller, Die nationalsozialistische Machtergreifung. Konterrevolution oder Revolution, in: VHfZG 31 (1983), S. 25-51.

lediglich autoritär gewesen. Der Totalitarismus stelle grundsätzlich eine Übergangsphase dar, er bedürfe der demokratischen Legitimierung. Greiffenhagens Auffassung ist problematisch. Er argumentiert im Grunde formal, wenn er seine Betrachtungsweise nur auf die sozio-ökonomischen Bedingungen beschränkt. Seine Charakterisierung des Nationalsozialismus als „autoritär" verharmlost damit de facto ein System, dessen Verbrechen in der Vernichtung des Judentums kulminierten, wird es doch auf eine Ebene mit „gewöhnlichen" autoritären Staaten gestellt. In einem Beitrag über „Bolshevism and Stalinism" verwirft *Stephen F. Cohen* die These, daß eine Kontinuität zwischen dem keineswegs als unvermeidlich anzusehenden Stalinismus und der heutigen Zeit besteht.[52] Nach *Alberto Aquarone*, einem Verfechter des Totalitarismuskonzepts, konnte der italienische Faschismus die Gesellschaft nicht völlig umgestalten. Speziell Monarchie und katholische Kirche waren Hindernisse auf dem Weg zu einer totalitären Gesellschaft. Merkwürdigerweise wird neben dem Stalinismus und dem Nationalsozialismus immer wieder der italienische Faschismus als Musterfall totalitärer Regierungsweise angeführt. Die Genese des Begriffs „Totalitarismus" in Italien rechtfertigt einen solchen Bezug noch längst nicht.

*William S. Allen* versucht ebenfalls den Beweis dafür anzutreten, daß den Nationalsozialisten – bei allem terroristischen Durchsetzungswillen – eine totale Umgestaltung der Gesellschaft nicht gelungen ist. Ungeachtet der Diskrepanz von Realität und Theorie betont der Autor den totalitären Anspruch der Nationalsozialisten. Er wendet sich – trotz seiner Kritik am Totalitarismuskonzept – gegen Herbert J. Spiro, der in der zweiten Auflage der „Internatio-

---

52 Der Aufsatz ist entnommen dem Sammelwerk von Robert C. Tucker (Hrsg.), Stalinism: Essays in Historical Interpretation, New York 1977, S. 3-29. In diesem Band, der aus einem internationalen Symposium in Italien hervorgegangen ist, finden sich auch gegenteilige Auffassungen. So stieß Cohens These auf den Widerspruch von Leszek Kolakowski (ebd., S. 283-298). Kolakowski kommt zum Ergebnis, daß sich die Geschichte des sowjetischen Kommunismus, von Lenin angefangen, durch ein hohes Maß an Kontinuität auszeichnet. Der Beitrag ist ebenfalls erschienen in dem Sammelband von Leszek Kolakowski, Leben trotz Geschichte. Lesebuch, München 1980, S. 257-281 (unter dem Titel: „Marxistische Wurzeln des Stalinismus"). Vgl. ebd., S. 261f.: „Ich bin mir darüber klar, daß die Anwendung des Konzepts des Totalitarismus und die Gültigkeit dieses Konzepts in letzter Zeit zunehmend als ‚überholte' oder ‚widerlegte' Theorie bezeichnet wurden. Mir ist aber weder eine begriffliche noch historische Analyse bekannt, die sie tatsächlich widerlegt . . .". Noch deutlicher ders., Der Totalitarismus und das Orwellsche System. Wenn Lügen Wahrheit werden, in: Der Monat, Neue Folge, Heft 289/1983. S. 62-77.

nal Encyclopedia of the Social Sciences" die Vermutung geäußert hatte, der Terminus „Totalitarismus" werde in der dritten ebenso fehlen wie in der ersten[53]. Ein totalitäres System unterscheide sich von einem autoritären vor allem durch den prahlerisch-totalitären Selbstanspruch des Diktators („boast of a dictator", S. 106). Diese Variante des Totalitarismuskonzepts ist wegen ihrer mangelnden Systematisierung problematisch und wenig hilfreich. Für eine zu verallgemeinernde Theorie kann es nicht entscheidend sein, ob die Herrscher ihr System selbst als totalitär verstanden haben.

Auch *A. James Gregor,* Politikwissenschaftler an der Berkeley-Universität, hält am Konzept des Totalitarismus fest, dem er eine „remarkable vitality" (S. 131) bescheinigt. Wohl bestreitet er nicht den (politischen) Mißbrauch, der mit dieser Doktrin zum Teil betrieben wurde, aber dies gelte auch für andere Schlüsselbegriffe wie „Klasse" oder „Demokratie", ohne daß es Vorschläge gibt, auf sie in der Wissenschaft zu verzichten. Das Konzept habe beträchtlichen Erkenntniswert — „it can serve a didactic, heuristic, and classificatory purpose, quite independent of whatever its evident emotive uses" (S. 132). Mit Hilfe des Totalitarismuskonzepts, das allerdings nicht auf den italienischen Faschismus anwendbar sei, lasse sich die politische Wirklichkeit im 20. Jahrhundert besser erfassen. Ganz anderer Ansicht ist demgegenüber *Hans Mommsen,* der den Begriff „Faschismus" präferiert.[54]

Hingegen kommt *Ernst Nolte,* vielleicht *der* Faschismusforscher, „often considered to be the scholar most responsible for breaking the exclusive hold of the concept of ‚totalitarianism' over contemporary political theory" (S. 167), zu einem gegenteiligen Ergebnis. Er wird in der Einleitung von Menze mit Vorschußlorbeeren bedacht: „If a ‚breakthrough' in the apparent stalemate of scholary contention regarding the concept of totalitarianism is to come out, it might likely come from the pen of Ernst Nolte" (S. 7). Dieser stellt in seinem Essay[55] „Despotism — Totalitarianism — Freedom-oriented Society" vier Thesen auf: (1) Eine liberale Gesellschaft kommt nicht ohne den Begriff des Despotismus oder des Totalitarismus aus, um den Gegensatz zur eigenen Gesellschaftsordnung bezeichnen zu können. (2) Die Kritik am Totalitarismuskonzept seit Anfang der sechziger Jahre basierte auf verschiedenen Ur-

---

53 Vgl. Herbert J. Spiro, Art. „Totalitarianism", in: International Encyclopedia of the Social Sciences, 2. Aufl., Bd. 15, New York 1967, S. 112.
54 Zu Hans Mommsen vgl. unten S. 83f.
55 Er ist auch erschienen unter dem Titel Despotismus — Totalitarismus — Freiheitliche Gesellschaft. Drei Grundbegriffe im westlichen Selbstverständnis, in: Ernst Nolte, Was ist bürgerlich?, Stuttgart 1979, S. 114 bis 133.

sachen (insbesondere: Wandlungen im Sowjetblock, Schwinden des Kalten Krieges, „Renaissance der Linken"). (3) Die Kritik lief nicht in jedem Punkt auf eine völlige Zurückweisung des Konzepts hinaus. Es ist ein Mißverständnis, daß Noltes „Der Faschismus in seiner Epoche" den Totalitarismusbegriff völlig habe überwinden wollen. (4) Der Westen kann auf Dauer nur dann bestehen, wenn er am Totalitarismusbegriff festhält. Wird die Selbstkritik im Westen verabsolutiert, so ist er dem Untergang geweiht. — Gewiß hat Nolte seine Thesen provokativ zugespitzt; es fällt auf, daß der Historiker Nolte insbesondere *politisch* argumentiert. Das Problem ist freilich, ob der Terminus „totalitär" wissenschaftlich „trägt".

Der Band „Totalitarianism Reconsidered" belegt nachdrücklich, daß keine Rede davon sein kann, das Konzept des Totalitarismus sei obsolet. Nach einer Hochphase der Kritik etwa zwischen Mitte der sechziger und Mitte der siebziger Jahre scheint sich bei zahlreichen Wissenschaftlern die Ansicht durchzusetzen, totalitarismustheoretische Ansätze seien nach wie vor brauchbar, wenn nicht sogar unverzichtbar. Leider ist im Sammelband in erster Linie die Forschung aufgearbeitet, weniger die eine oder andere neue These zur Diskussion gestellt worden.

*Michael Curtis* hatte 1969 dem Totalitarismuskonzept eine Absage erteilt[56]. Auf sie nimmt er ein Dezennium später in seiner neuen Analyse[57], die differenzierter ausfällt, eigentümlicherweise keinen Bezug. Auf gut einhundert Seiten liefert er einen konzisen Gesamtüberblick: Er gibt eine Begriffsbestimmung, erörtert die Entstehung und Entwicklung des Totalitarismus, die Merkmale eines totalitären Systems wie die Bedeutung des Diktators und die Totalität der Kontrolle. Curtis befaßt sich auch mit den staatlichen Eingriffen im Bereich der Wirtschaft und der Frage, inwiefern es sich bei totalitären Systemen um monolithische Einheiten handelt. Schließlich geht er auf die Unterschiedlichkeit der Ideologien, der Ziele und der Nutznießer ein. Abschließend untersucht er die Frage, ob die Charakterisierung der Sowjetunion in der Nach-Stalin-Ära als totalitär angemessen ist.

Curtis betont mehrfach die Schwierigkeit von Klassifizierungen im Bereich des Totalitarismus: Sind die Ähnlichkeiten zwischen der stalinistischen Sowjetunion, dem faschistischen Italien und dem nationalsozialistischen Deutschland so groß genug, daß sich eine gemeinsame Bezeichnung rechtfertigen läßt? Hat sich die Sowjet-

56 Vgl. Michael Curtis, Retreat from Totalitarianism, in: Carl J. Friedrich/Michael Curtis/Benjamin R. Barber, Totalitarianism in Perspective: Three Views, New York/Washington/London 1969, S. 53-121.
57 Ders., Totalitarianism, 2. Aufl., New Brunswick/N.J. 1980, 128 S. (Transaction Books).

union gegenüber der Stalin-Ära grundlegend gewandelt? Gibt es neben den drei genannten politischen Systemen andere Staaten, die in die Kategorie „Totalitarismus" gehören?

Die wichtigsten Kennzeichen eines totalitären Systems sind für Curtis der Terror und die Rolle des Diktators. Die anhand zahlreicher Beispiele untermauerte Feststellung von Curtis, daß es sich beim Nationalsozialismus, dem faschistischen Italien und der stalinistischen Sowjetunion nicht um monolithische Einheiten gehandelt habe, braucht nicht zu verwundern. Gerade zum Nationalsozialismus liegt eine Vielzahl von Studien vor, welche die These belegen, es habe keine perfekte Gleichschaltung bestanden – wie dies in den fünfziger Jahren[58] häufig behauptet oder vorausgesetzt worden ist –, sondern ein Kompetenzwirrwarr.[59] Die Rivalitäten einzelner Parteiführer führten zu einem Neben- und Gegeneinander verschiedener Gruppierungen.[60] Daß der Nationalsozialismus weder auf allen Ebenen planmäßig vorgegangen noch der Prozeß der Zentralisierung im Bereich der politischen Willensbildung voll ausgeprägt gewesen sei, bedeutet jedoch keine Relativierung des Totalitarismuskonzepts, wie dies Curtis tendenziell meint. „Polykratie" und „Totalitarismus" sind nicht notwendigerweise Gegensätze. Schließlich haben die Auseinandersetzungen im Dritten Reich nichts mit der gewollten Vielfalt unterschiedlichster Interessen und deren Wahrnehmung zu tun. Insofern sollte man Polykratie und Totalitarismus nicht gegeneinander ausspielen. Wer wie Eike Hennig

58 Allerdings hat Karl Dietrich Bracher schon sehr früh auf die keineswegs durchgehende monolithische Herrschaftsstruktur im Dritten Reich hingewiesen. Vgl. ders., Stufen totalitärer Gleichschaltung: Die Befestigung der nationalsozialistischen Herrschaft 1933/34, in: VHfZG 4 (1956), S. 30-42.
59 Zum Forschungsstand (aus der Sicht eines „Totalitaristen"): Klaus Hildebrand, Monokratie oder Polykratie? Hitlers Herrschaft und das Dritte Reich, in: Gerhard Hirschfeld/Lothar Kettenacker (Hrsg.), Der „Führerstaat": Mythos und Realität. Studien zur Struktur und Politik des Dritten Reiches, Stuttgart 1981, S. 73-97; der Beitrag erschien auch in dem Reader von Karl Dietrich Bracher/Manfred Funke/Hans-Adolf Jacobsen (Hrsg.), Nationalsozialistische Diktatur 1933-1945. Eine Bilanz, Düsseldorf 1983, S. 73-96. Die beiden Bände geben einen guten Einblick in die Kontroversen. Während im ersten der „Polykratie"-Ansatz dominiert, herrscht im letztgenannten die Totalitarismusversion vor.
60 Vgl. etwa Peter Diehl-Thiele, Partei und Staat im Dritten Reich, München 1969; Martin Broszat, Der Staat Hitlers. Grundlegung und Entwicklung seiner inneren Verfassung, 10. Aufl., München 1982; Reinhard Bollmus, Das Amt Rosenberg und seine Gegner. Zum Machtkampf im nationalsozialistischen Herrschaftssystem, Stuttgart 1970; Hans Mommsen, Beamtentum im Dritten Reich, Stuttgart 1966; Peter Hüttenberger, Nationalsozialistische Polykratie, in: GG 2 (1976), S. 417-442.

die Auffassung vertritt, der „Nationalsozialismus (werde) heute ‚quasi-pluralistisch' begriffen"[61], verkennt die Idee und den Sinn des Pluralismus.

Wohl verweist Curtis eingehend auf die Unterschiede zwischen den ideologischen Überzeugungen und den Zielen des Nationalsozialismus, des italienischen Faschismus und des Stalinismus, doch kommt er zu folgendem Ergebnis: „Nevertheless, even admitting all this, there does remain sufficiently similar political experience and style, particularly in the use of terror, the role of the dictator, and the mobilization of the population, to allow the three systems to be placed in a common classification" (S. 12). So differenziert Curtis auch die drei Systeme abhandelt, so ist die weitgehende Fixierung auf die Vergangenheit eine unverkennbare Schwäche der Arbeit. Die These, daß Militärdiktaturen der Gegenwart oder andere Tyranneien wie Uganda unter Idi Amin nicht als totalitär charakterisiert werden können, hätte einer ausführlichen Begründung bedurft.

Diese bleibt er nicht schuldig bei dem Problem, wieso die Sowjetunion der Gegenwart nicht mehr wesentlich totalitär, sondern autoritär sei: „The view that the regime has changed to a kind of authoritarianism is based on the diminution of arbitrary terror as a means of obtaining complience, the ability of nonparty groups to make their voice heard in decision making, and the logical prerequisites of an industrial society that has experienced the growth of a managerial group and of consumer interests as well as educational advancement and scientific accomplishment" (S. 107). Die Sowjetunion befinde sich auf dem Wege vom Totalitarismus zum Autoritarismus.[62] Doch Curtis relativiert selbst immer wieder die Argumente, wonach es sich bei der Sowjetunion um ein autoritäres System handelt. So verweist er auf die Einrichtung von Nervenheilanstalten zwecks Unterdrückung politischer Opposition ebenso wie auf die Zunahme des Einflusses der Geheimpolizei. Daher ist wenig einleuchtend, weshalb es nicht hilfreich sein soll, ein System als „ ‚more' or ‚less' totalitarian" (S. 115) zu bezeichnen, wie dies auch Leonard Schapiro vorgeschlagen hat.

61 Hennig (FN 5), S. 14.
62 Die Argumentation ähnelt der von Richard Löwenthal, Entwicklung kontra Utopie. Das kommunistische Dilemma, in: Der Monat 22 (1970), Heft 266, S. 60-84. Siehe auch jüngst ders., Nachwort des Verfassers, in: Ders., Weltpolitische Betrachtungen. Essays aus zwei Jahrzehnten, Göttingen 1983, S. 309-311. Vgl. ferner ders., Die Auflösung des Leninistischen Totalitarismus, in: Dieter Hasselblatt (Hrsg.), Orwells Jahr – Ist die Zukunft von gestern die Gegenwart von heute? Frankfurt a.M. u.a. 1983, S. 204-269.

## Die Totalitarismuskonzeption Carl Joachim Friedrichs

Die Totalitarismustheorie Carl Joachim Friedrichs steht im Mittelpunkt der bisher ungedruckt gebliebenen Dissertation *Angelika Stolls*[63], die bei Konrad Löw in Bayreuth angefertigt worden ist. Stoll entschied sich für die Konzeption Friedrichs, weil diese im wissenschaftlichen Bereich wohl die größte Breitenwirkung erzielt habe. Dessen erste einschlägige Arbeiten gehen bis auf die dreißiger und vierziger Jahre zurück. Im Jahre 1953 leitete er eine wissenschaftliche Arbeitstagung, deren Referate bald veröffentlicht wurden.[64] Friedrichs Standardwerk „Totalitarian Dictatorship" von 1956 entstand in Zusammenarbeit mit *Zbigniew K. Brzezinski*.[65] Für die deutsche Fassung zeichnete Friedrich alleine verantwortlich[66], ebenso für die Überarbeitung der zweiten Auflage von 1965.[67] Später hat Friedrich weitere Studien vorgelegt, welche die Autorin nur zum Teil heranzieht.[68] Die Bedeutung der Konzeption Friedrichs rechtfertigt das Vorhaben der Autorin, sie auf ihre Stimmigkeit hin zu überprüfen. Zu Recht stellt Stoll zunächst die Konzeption dar, da Kritiker sie häufig verzerrt wiedergeben. Sie verweist auf das „basically alike"-Prinzip von Friedrich, wonach „die totalitäre Diktatur historisch einzigartig und sui generis ist und daß die faschistischen und kommunistischen totalitären Diktaturen in

63 Angelika Stoll, Die Totalitarismuskonzeption von C.J. Friedrich in Kritik und Gegenkritik, Bayreuth 1980, 457 S. (Dissertationsdruck).
64 Vgl. Carl J. Friedrich (Hrsg.), Totalitarianism. Proceedings of a Conference held at the American Academy of Arts and Sciences, Cambridge/Mass. 1954 (siehe insbesondere dessen Beitrag: „The Unique Character of Totalitarian Society", S. 47-60).
65 Vgl. Carl J. Friedrich/Zbigniew K. Brzezinski, Totalitarian Dictatorship and Autocracy, Cambridge/Mass. 1956.
66 Vgl. Carl J. Friedrich, Totalitäre Diktatur (unter Mitarbeit von Zbigniew K. Brzezinski), Stuttgart 1957.
67 Vgl. Carl J. Friedrich/Zbigniew K. Brzezinski, Totalitarian Dictatorship and Autocracy, 2. Aufl., revised by Carl J. Friedrich, Cambridge 1965. Diese Studie ist in toto nicht mehr ins Deutsche übersetzt worden. Übersetzungen wichtiger und neuer Passagen liegen jedoch vor: So die Kapitel 2 („The General Characteristics of Totalitarian Dictatorship") und 28 („The Stages of Development and the Future"), in: Seidel/Jenkner (FN 8), S. 600-617 und S. 618-634.
68 Vgl. Carl J. Friedrich, The evolving Theory of Totalitarian Regimes, in: Ders. u.a. (FN 56), S. 123-164; ders., Totalitarianism: Recent Trends, in: Problems of Communism 17 (1968), S. 32-43; Ders., The Changing Theory and Practice of Totalitarianism, in: Il Politico 33 (1968), S. 53-76. Auch viele Arbeiten Friedrichs aus den dreißiger und vierziger Jahren werden nicht berücksichtigt. So erfährt man nicht, wie sich die Totalitarismuskonzeption bei Friedrich allmählich ausgeformt hat.

ihren wesentlichen Zügen gleich sind, d.h. daß sie sich untereinander mehr ähneln als anderen Systemen staatlicher Ordnung, einschließlich älterer Formen der Autokratie".[69]

Dieses „basically alike"-Prinzip zieht sich durch das Werk von Friedrich. Friedrich identifiziert eben nicht Links- und Rechtsdiktaturen miteinander[70] — er betont vielmehr, daß sie in wesentlichen Zügen gleich sind. Friedrich nannte bekanntlich sechs zum Teil technologisch bedingte Merkmale, durch die sich totalitäre Staaten auszeichnen — eine Ideologie, eine Partei, terroristische Geheimpolizei, Nachrichtenmonopol, Waffenmonopol und zentralisierte Wirtschaft. Dieses klassische Sechspunkte-Syndrom ist in der Forschung immer wieder kritisiert worden — sei es wegen der Formalität der Kriterien (das Wirtschaftssystem in der Sowjetunion weise beträchtliche Unterschiede zu dem im Dritten Reich auf), sei es wegen der Statik des Modells (Wandlungen könnten nicht erklärt werden). Friedrich selber hat später hinsichtlich des Terrors eine Modifizierung vorgenommen. Behauptete er in den fünfziger Jahren[71], das totalitäre Regime werde immer totalitärer und setze zunehmend größeren Terror ein, so gelten in den sechziger Jahren terroristische Diktaturen von Hitler und Stalin nicht mehr als Prototypen totalitärer Diktaturen, sondern als „rather extreme aberrations".[72] Vielmehr seien die Herrscher in einer totalitären Diktatur gezwungen, sich den veränderten Gegebenheiten anzupassen. Angelika Stoll pflichtet Friedrich mit dieser Interpretation bei, geht aber nicht auf das Kuriosum ein, daß Systeme wie der Nationalsozialismus und der Stalinismus, welche einst bei der Theoriebildung Pate gestanden haben, heute „extreme aberrations" darstellen sollen.

Nach der Referierung der Konzeption Friedrichs behandelt die Autorin die an Friedrich geübte Kritik. An diese schließt der eigentliche Hauptteil der Arbeit an, die „Gegenkritik". Stoll nennt einige der wichtigsten Kritikpunkte (u.a. Totalitarismustheorie als Instru-

69 Ders. (FN 66), S. 15.
70 Zum Teil geben dies selbst marxistisch-leninistische Kritiker zu, wenn auch mit merkwürdiger Begründung. Einerseits würde eine simple Gleichsetzung die Geschichtsklitterung zu offensichtlich machen, andererseits sei eine Differenzierung notwendig, „um den Sozialismus für die Gegenwart als die Hauptbedrohung der Freiheit und Menschlichkeit hinstellen zu können". So Gerhard Lozek, Genesis, Wandlung und Wirksamkeit der imperialistischen Totalitarismus-Doktrin, in: ZfG 14 (1966), S. 525, Anm. 2. Der Hinweis darauf, daß im Gegensatz zu faschistischen Systemen der real existierende Sozialismus zum Teil Mehrparteiensysteme kennt (vgl. ebd., S. 529), ist allerdings aus dieser Sicht zweischneidig.
71 Vgl. Friedrich (FN 66), S. 124 und 264.
72 Ders., Totalitarianism: Recent Trends (FN 68), S. 34.

ment der Kapitalistenklasse, Kritik am „basically alike", Unterschiedlichkeit von Hitlers und Stalins Terror, Verschiedenartigkeit der Wirtschaftsform dieser beiden Diktaturen, Enge des strukturellen Ansatzes), die sie ihrerseits der Kritik unterzieht. Dabei holt die Autorin weit aus, sie beschränkt sich keineswegs auf die Theorie, bezieht vielmehr die Entwicklung des Dritten Reiches und der Sowjetunion in ihre Analyse ein. Ihre Kernthese, die sie anhand zahlreicher Beispiele zu untermauern sucht, läuft darauf hinaus, daß die beiden Systeme verwandt und ähnlich seien. Dies versucht sie am „roten" und „braunen" Terror wie am politischen Herrschaftssystem insgesamt zu zeigen. Sie hält daran fest, daß die Sowjetunion und die DDR nach wie vor totalitär und keinesfalls autoritär sind. Autoritär ist für sie ein System, das „den privaten Bereich von Mensch und Gesellschaft unangetastet" (!) läßt „und sich mit der Ausschaltung der Bürger von der politischen Macht" (S. 398) begnügt. Ob das diffizile Problem der Abgrenzung zwischen einem autoritären und einem totalitären System so einfach zu lösen ist, mag bezweifelt werden. Die Autorin kritisiert insbesondere Peter Christian Ludz wegen seiner Einschätzung des DDR-Systems.[73] Der Wandel in der DDR habe sich nur mit Zustimmung der Sowjetunion vollzogen. Das Monopol der SED bleibe letztlich unangefochten, der Einfluß technischer und wirtschaftlicher Fachleute begrenzt.

Das Verdienst der Arbeit von Stoll liegt darin, daß sie das Totalitarismuskonzept mit der Wirklichkeit konfrontiert. Theorie und Empirie werden also zusammengeführt. Allerdings erheben sich Zweifel, ob die Durchführung differenziert genug erfolgt ist. So fällt die häufig simplizistische Form der Argumentation auf. Bezeichnenderweise setzt sich die Autorin mit eher oberflächlichen Kritikern der Totalitarismustheorie (wie etwa Kühnl) mehr auseinander als mit jenen, die subtiler argumentieren (z.B. Jänicke). Selbst dabei verwickelt sie sich mitunter in Widersprüche. Nimmt sie auf S. 137 Friedrich gegen den von Kühnl erhobenen Vorwurf in Schutz, die Totalitarismustheorie sei auch ein Instrument zur Abwehr des Sozialismus und der Sozialisierung gewesen, so heißt es wenige Sätze später, Sozialisierung und Sozialismus führten direkt zur Unfreiheit und stellten einen „Schritt zum Totalitarismus" (S. 146) dar. Zustimmend zitiert sie das Diktum des schweizeri-

[73] Überhaupt nicht berücksichtigt wird das Standardwerk von Ludz über „Parteielite im Wandel" (FN 27). Hier charakterisiert Ludz das System der DDR als „konsultativen Autoritarismus". Vgl. ferner dessen Sammelband: Die DDR zwischen Ost und West. Politische Analysen 1961 bis 1976, München 1977. Auch sonst fällt die recht schmale Literaturbasis der Arbeit auf.

schen Theologen Emil Brunner: ,,Ohne Privateigentum ist wahrhafte Freiheit des Handelns nicht möglich" (S. 149). Stoll verbleibt also implizit in den Argumentationsbahnen Kühnls, für den der entscheidende Gegensatz zwischen Kapitalismus und Sozialismus liegt.[74] Unkritisch bejaht sie die Position Friedrich A. Hayeks. Daher verwundert auch nicht ihr Fazit, daß zwischen den Wirtschaftssystemen unter Stalin und Hitler ,,keine wesentlichen Differenzen" (S. 353) festzustellen seien. Auch sonst neigt Angelika Stoll — im Bestreben, die Totalitarismusversion Friedrichs um jeden Preis zu verteidigen, — zur Einebnung der Unterschiede zwischen dem Nationalsozialismus und dem Stalinismus. Eine Problematisierung der Position Friedrichs bleibt aus.[75] So setzt sie sich nicht mit dem Argument auseinander, daß es zweifelhaft sei, einfach die Entwicklung eines kurzlebigen totalitären Systems zu ,,extrapolieren". Friedrich meint nämlich, auch im Dritten Reich wäre es bei längerer Existenz zu systematischen Säuberungen gekommen. Ebenfalls vernachlässigt sie das Problem, ob es angängig ist, den ,,Totalitarismus" als Realtypus aufzufassen, wie das Friedrich tut. Insgesamt muß das Urteil über die teilweise eklektische Arbeit von Stoll daher ambivalent ausfallen — wohl eine mehr politische als politikwissenschaftliche Verteidigung des Totalitarismuskonzepts.

## Kommunismusforschung

Speziell in den fünfziger und sechziger Jahren war die Kommunismusforschung stark auf totalitarismustheoretische Konzeptionen fixiert.[76] Inzwischen ist die Vielfalt der Ansätze im Rahmen der Kommunismusforschung fast schon unübersehbar geworden. Insofern ist es prinzipiell begrüßenswert, wenn *Gert-Joachim Glaeß-*

---

74 Andererseits widerspricht sie sich selbst, wenn sie zu Recht betont, Sozialismus und Kommunismus seien auseinanderzuhalten (vgl. S. 138).
75 Sie bemängelt lediglich, daß Friedrich nicht schon Lenins Herrschaft als totalitär bezeichnet hat.

ner[77] — West Berliner DDR-Spezialist[78] — in seinem Buch zum einen die zahlreichen Ansätze der Kommunismusforschung resümierend vorstellt und bewertet, zum andern neue Überlegungen zur Analyse des „real existierenden Sozialismus" präsentiert. Während der Autor im ersten Teil bei aller problematischen Wertung im einzelnen eine insgesamt gelungene Übersicht bietet (unter Auf- und Einarbeitung der angelsächsischen Forschung), bleibt der eigene Ansatz seltsam blaß und abstrakt.

Im ersten Teil wird die Vielfalt der Ansätze bewertet und kritisiert. Dabei kommt die jeweilige Position durch charakteristische und ausführliche Zitate zu Wort. Seine Auffassung, die Ansätze der Kommunismusforschung stünden in einem engen Zusammenhang zur politisch-gesellschaftlichen Entwicklung, ist prinzipiell richtig. Freilich muß nicht in jedem Fall eine direkte Wechselbeziehung vorliegen. So sehr Glaeßner zu Recht vor den „Versuchungen zur Schwarz-Weiß-Malerei" warnt, „die im Zuge der Systemauseinandersetzung wieder als wissenschaftliche Tugend und staatsbürgerliche Pflicht hingestellt" (S. 15) worden sein soll (von wem eigentlich?), so sehr fällt dieser Vorwurf auf ihn zurück, wenn er etwa einen Beitrag von Detlef Herrmann[79] mit dem Argument zu „erledigen" trachtet, es handle sich um die „Äußerung eines aus der DDR in die Bundesrepublik übergewechselten Ideologieproduzenten" (S. 23). Damit suggeriert er nämlich, die Kritik Herrmanns am immanenten Vorgehen zahlreicher DDR-Forscher sei ähnlich un-

---

76 Als einer der ersten hat dies kritisiert Hartmut Zimmermann, Probleme der Analyse bolschewistischer Gesellschaftssysteme. Ein Diskussionsbeitrag zur Frage der Anwendbarkeit des Totalitarismusbegriffs, in: GM 12 (1961), S. 193-206.
77 Gert-Joachim Glaeßner, Sozialistische Systeme. Einführung in die Kommunismus- und DDR-Forschung (= Studienbücher zur Sozialwissenschaft, Bd. 44), Opladen 1982, 315 S. (Westdeutscher Verlag).
78 Vgl. ders., Herrschaft durch Kader. Leitung der Gesellschaft und Kaderpolitik in der DDR am Beispiel des Staatsapparats, Opladen 1977; ders./ Irmhild Rudolph, Macht und Wissen. Zum Zusammenhang von Bildungspolitik, Bildungssystem und Kaderqualifizierung in der DDR. Eine politisch-soziologische Untersuchung, Opladen 1980.
79 Vgl. Detlef Herrmann, „Verunsicherte" DDR-Forschung. Bemerkungen zu einem Aufsatz von C. Burrichter und E. Förtsch, in: DA 9 (1976), S. 27-30. Die forsche Attacke von Herrmann löste immerhin eine Reihe von Repliken aus. Vgl. dazu die Bewertung aus einer orthodox-marxistischen Sicht Olaf Cless, Sozialismusforschung in der BRD. Das herrschende DDR-Bild und seine Dogmen, Köln 1978, S. 36-50. Eine dezidierte Verteidigung von Herrmann (und eine überzogene „Abrechnung" mit der systemimmanenten Forschung) findet sich bei Jean-Paul Picaper, DDR-Bild im Wandel, Berlin 1982, insbes. S. 196-238.

wissenschaftlich und propagandistisch wie gebetsmühlenartig vorgetragene SED-Phrasen.[80]

Glaeßner widmet sich eingehend den Totalitarismustheorien, den Modernisierungs- und Industriegesellschaftstheorien sowie der marxistischen Kritik des „real existierenden Sozialismus". Zu Recht wird die Heterogenität dieser Ansätze betont. So redet Glaeßner nicht von „der" Totalitarismustheorie, sondern berücksichtigt ihre zahlreichen Versionen. Glaeßner kritisiert und interpretiert die Totalitarismusmodelle von Franz L. Neumann, Sigmund Neumann, Hannah Arendt, Carl Joachim Friedrich, Raymond Aron und Karl W. Deutsch. Bei aller Kritik an diesen Konzepten hält Glaeßner es angesichts der stalinistischen Exzesse für verständlich, daß sich auch, so die Terminologie, „sozialistische Wissenschaftler" (S. 64) das Totalitarismuskonzept zu eigen machten. Eingehend schildert der Autor die Ursachen, weswegen es gegenüber den fünfziger Jahren ins Hintertreffen gedrängt worden ist (z.B. durch die Liberalisierung des Ostblocks). Die Revitalisierung des Totalitarismuskonzepts will Glaeßner ausschließlich „in der politischen und geistigen Entwicklung in der Bundesrepublik seit Mitte der 70er Jahre" (S. 78 f.) sehen. Unterliegt Glaeßner hier nicht einer provinziellen „Nabelschau", wenn er die Ursachen nur auf die Entwicklung in der Bundesrepublik bezieht? Schließlich gibt es im Ausland — wie gezeigt — ähnliche Tendenzen. Ferner läßt sich die Wissenschaft nicht von der politischen Entwicklung abkoppeln. Auf diese reagiert jene! Verwundern muß, daß Glaeßner ausgerechnet Karl Dietrich Bracher „eine verkürzte Wiederauflage alter Argumentationslinien" (S. 81) vorwirft und dessen Ausführungen „eher dem Bereich politisch-publizistischer Auseinandersetzungen" (S. 82) zurechnet. Glaeßner kann jedenfalls die Hinfälligkeit der Totalitarismustheorie nicht deutlich machen. Bezeichnenderweise ignoriert er osteuropäische Dissidenten, die nachhaltig den sowjetischen Totalitarismus gegeißelt haben (z.B. Amalrik, Bukowski, Medwedew, Solschenizyn). Auch wenn sich kommunistische Systeme im Vergleich zur Stalinzeit gewandelt haben, bleibt jedenfalls der totalitäre Anspruch bestehen. Die gewaltsame Unterbindung des Reformkommunismus in der CSSR 1968 ist ein Beispiel, die Niederschlagung einer unabhängigen Gewerkschaftsbewegung in Polen 1981 ein anderes.

---

80 Ähnlich argumentiert Volker Gransow, wenn er Werner Rossade vorhält, er habe in der DDR die Krise des westlichen Systems beschworen; nach seinem Übertritt in die Bundesrepublik sehe er eine Systemkrise in der DDR. „Man fragt sich, ob das Diagnostizieren von Krisen zur Gewohnheit werden kann". So ders. (FN 82), S. 107.

Die Auseinandersetzung mit dem Konzept der Modernisierung bzw. der Industriegesellschaft wird dagegen ebenso recht differenziert geführt wie die mit der marxistischen Kritik am „realen Sozialismus". Allerdings kann bezweifelt werden, ob diese innermarxistischen Kontroversen von sonderlicher Bedeutung sind. Glaeßner gelangt — bezogen auch auf die marxistischen Analysen — zu folgendem Ergebnis: „Die globalen Erklärungsmodelle haben sich als brüchig erwiesen, und neue Konzepte stehen nicht bereit". Es sei notwendig, „mit Fragen mittlerer Reichweite einen Teil des Schleiers zu lüften, der die Systeme des ‚realen Sozialismus' nach wie vor umgibt" (S. 197).

Diesem ambitiösen Ziel dient der zweite Teil des Bandes. In der Tat bleibt „eine empirisch fundierte und theoretisch reflektierte politische Soziologie des ‚realen Sozialismus'" (S. 204) anzustreben. Doch diesen Anspruch löst der Autor nicht ein. Er befaßt sich im zweiten Teil zunächst mit methodischen Problemen, berücksichtigt hier u.a. das Selbstverständnis der marxistisch-leninistischen Wissenschaften, wobei er vor einer Überschätzung der offiziellen Verlautbarungen wegen ihres mangelnden Realitätsgehaltes warnt. An das methodische Unterkapitel schließen sich Ausführungen über „Konstitutionsbedingungen der sozialistischen Systeme" an, in denen das Verhältnis von Politik und Wirtschaft problematisiert und das ungezügelte ökonomische Wachstum etwa in der DDR kritisiert wird.

Die überscharfe Abrechnung mit dem Totalitarismuskonzept erklärt sich aus den Voraussetzungen, die Glaeßner für die eigene Analyse zugrundelegt. Die sowjetsozialistische Gesellschaft könne nur von der proklamierten Zielsetzung her beurteilt werden: „Die Vollendung der Revolution von 1789 und die Verwirklichung ihrer über die bürgerliche Gesellschaft hinausweisenden, ja ihre Überwindung voraussetzenden Prinzipien Freiheit, Gleichheit, Brüderlichkeit. Erst vor dieser Zielprojektion ist eine adäquate Einordnung und Bewertung der gewählten Mittel möglich" (S. 226f.). Wirklich? Rechtfertigt man damit nicht implizit inhumane Mittel zwecks Erreichung hehrer Ziele? Auch Glaeßner sieht diese Gefahr und warnt daher vor einer Immunisierungsideologie. Aber er wird nicht genauer, in welchem Verhältnis Ziele (sie werden übrigens überhaupt nicht mehr „hinterfragt", um den Jargon des Autors aufzugreifen) und Mittel stehen müssen.

Für die Aufhebung der Herrschaft sei die Abschaffung des Privateigentums wohl notwendig, jedoch keineswegs hinreichend. Glaeßner kritisiert daher zu Recht solch euphemistische Verschleierungen Werner Hofmanns wie „Auftragsgewalt" (S. 235).[81] Die in der DDR bestehenden Formen der Mitbeteiligung und Kontrolle könnten nicht als Partizipation bezeichnet werden. So unverblümt hier Kritik an den Herrschaftsverhältnissen in den Staaten des „real existierenden Sozialismus" anklingt, so muß doch der idealisierte Maßstab verwundern — die „Vorstellung von einer Gesellschaft der Freien und Gleichen, in der Herrschaft obsolet wird" (S. 239). Im Unterabschnitt über „Politisch-gesellschaftliche Konflikt- und Problemlagen", der den eigentlichen Ansatz enthält, bleibt der Verfasser ausgesprochen vage. Er stellt vier Hauptaspekte heraus, die die „sowjet-sozialistischen" (manchmal heißt es ungenau: „sozialistischen") Systeme prägen, und erörtert sie eingehend: Institutionalisierung und Formalisierung — Differenzierung und Spezialisierung — Rationalisierung und Effektivierung — Verrechtlichung. Diese Charakteristika schlügen sich jeweils auf der strukturellen Ebene, der Verfahrens- und Legitimationsebene nieder (vgl. die Übersicht auf S. 249). Das bleibt alles blaß, blutleer und nicht so recht vorstellbar. Die notwendige empirische Kärrnerarbeit fehlt. Stattdessen verweist Glaeßner auf eine „vertiefte empirische Analyse dieser Erscheinungen", bei der die „spezifischen nationalen und historischen Besonderheiten der einzelnen Staaten einzubeziehen" (S. 274) seien. Man wird also vertröstet.

Der Autor hätte am Beispiel der DDR exemplarisch einige seiner theoretischen Aussagen über die Konflikt- und Problemlagen, und sei es nur an einem Teilbereich, darlegen sollen. Zumindest ließe sich so der heuristische Wert des Ansatzes beurteilen. Vielleicht holt Glaeßner dies in einer weiteren Studie nach. Kann er dann auch seine These belegen, daß die Konfliktlagen in den Systemen des „real existierenden Sozialismus" denen der westlichen Demokratien (in der Terminologie Glaeßners: „bürgerlich-kapitalistische Gesellschaften") ähnlich sind? Allerdings will der Rezensent seine Skepsis nicht verhehlen, daß Glaeßners Ansatz, die kommunistischen Systeme seien von ihren Zielen her zu beurteilen, leicht in eine Sackgasse münden kann. Glaeßner selbst betont, es sei nicht angängig, die „eigenen Wertvorstellungen hintan (zu) stellen oder (zu) ignorieren" (S. 276). Dem bleibt nichts hinzuzufügen — allenfalls die Anmerkung, daß diese sich nicht mit kommunistischen Zielen zu decken brauchen.

81 Glaeßner bezieht sich auf ein Werk von Werner Hofmann (Stalinismus und Antikommunismus. Zur Soziologie des Ost-West-Konflikts. Frankfurt/M. 1968), das während der Studentenbewegung eine beträchtliche Publizität erzielte. In diesem Band entwickelt Hofmann — unter scharfer Abrechnung mit der Lehre des Totalitarismus — den seiner Meinung nach fundamentalen Unterschied zwischen einer Erziehungs- und einer Beharrungsdiktatur. Vgl. ebd., S. 13-20.

Angesichts des hohen Abstraktionsniveaus — der Begriff „Einführung" im Untertitel ist verfehlt — fällt das Bemühen des Autors auf, sich prägnant auszudrücken und schwierige theoretische Fraggen, etwa zur marxistischen Staatsdiskussion, nicht noch durch einen sperrigen Duktus zu verdunkeln. Glaeßner berücksichtigt bei seiner Darstellung der schillernden Ansätze zur Kommunismusforschung nicht die einschlägige Arbeit von *Volker Gransow*[82], die im Jahre 1980 publiziert worden ist. Sie taucht lediglich im Literaturverzeichnis auf. Das überrascht deshalb etwas, weil sich Gransow mit dieser Schrift an der Freien Universität habilitiert hat — eben an jener Universität, an der Glaeßner tätig ist. Gransows Arbeit ist ähnlich angelegt wie die von Glaeßner. Auch in den Wertungen finden sich Parallelen.

Gransow befaßt sich in seiner Studie, in der er übrigens das Ritual der Vorworte ironisiert[83], mit drei Ansätzen der Kommunismusforschung — der Totalitarismustheorie, dem Modell „Industrielle Gesellschaft", dem „Immanenz"-Konzept. Diesen Passagen ist ein Kapitel über Kommunismusforschung vor- und eines über „Thesen zum Zerbröseln" nachgeschaltet. Der Verfasser konzentriert sich auf die Kommunismusforschung in den USA, in Großbritannien und in der Bundesrepublik Deutschland. Beabsichtigt ist, die Vielfalt der Ansätze einzuordnen und zu bewerten. Im Vordergrund stehen folgende Fragen. „(1) Liegen Ansätze vor, die eine Integration der Kommunismusforschung ermöglichen könnten? . . . (2) Sind die Ansätze in sich konsistent? (3) Was sind heuristische Vor- und Nachteile? (4) Lassen sich Hypothesen für die politischen Hintergründe und Funktionen der einzelnen Ansätze formulieren?" (S. 11). Gewiß ein anspruchsvolles Unterfangen!

Bei der Auseinandersetzung mit dem Totalitarismusansatz bleibt Gransow zunächst in eingefahrenen Bahnen. Er geht auf seine Entstehung ein, arbeitet die enge Wechselbeziehung zur Politik heraus und behandelt speziell die Konzeption in der Version Friedrichs. Er macht ihr gegenüber beträchtliche Bedenken geltend: Die Analogien zwischen dem Stalinismus und dem Faschismus würden überschätzt; die Kriterien für die Erfassung eines totalitären Systems

---

82 Volker Gransow, Konzeptionelle Wandlungen der Kommunismusforschung. Vom Totalitarismus zur Immanenz (= Campus Forschung, Bd. 177), Frankfurt/New York 1980, 234 S. (Campus Verlag).
83 Vgl. ebd., S. 7: „Vorbemerkungen dokumentieren häufig, daß der Verfasser (seltener: Die Verfasserin) über ein harmonisches Familienleben und entfaltete Kommunikationen verfügt. Dem Brauch möchte ich mich anschließen" — in extenso, wie man hinzuzufügen geneigt ist, denn Gransow nennt die Namen von über zwanzig Personen, denen er sich zu Dank verpflichtet weiß.

blieben diffus. Gransow hat darin Recht, daß es — bei immanenter Betrachtung — wenig einleuchtend sei, die Sowjetunion erst ab 1936 als totalitär zu bezeichnen, nicht aber schon vorher. Der Totalitarismusdoktrin wirft er eine unkritische Konfrontation von Demokratie und Diktatur vor. Es ist — wegen des Fehlens eines tertium comparationis — in der Tat richtig, daß die Ebene des Vergleichs identisch sein muß. So ist es nicht angängig, die (idealisierten) Prinzipien der westlichen Demokratie mit der (perhorreszierten) Praxis kommunistischer Staaten zu vergleichen. In den fünfziger und sechziger Jahren seien von der Forschung zunehmend „Risse im Monolith" (S. 40) konstatiert worden. Laut Gransow ist das ein Indiz für die Unstimmigkeit der Totalitarismustheorie. Freilich schließt die Konzeption Friedrichs Konflikte im Kommunismus per se keineswegs aus. Nach Gransow schien Ende der sechziger, Anfang der siebziger Jahre ein weitgehender Konsens in der Ablehnung der Totalitarismuskonzeption zu bestehen. Diese Feststellung relativiert er dadurch, daß er seit Mitte der siebziger Jahre drei Strömungen zu erkennen glaubt, die sich auf Lehren des Totalitarismus berufen — Theoretiker in der Tradition von Marx, die französischen „Neuen Philosophen" und Repräsentanten traditioneller Totalitarismusforschung. Zur ersten Kategorie rechnet der Autor u.a. Elleinstein, Brus, Dutschke. Zur zweiten Kategorie zählen Benoist und Glucksmann, für die im Westen wie im Osten totalitäre Tendenzen bestünden. Gransow gibt die „Erweiterung des Totalitarismus-Bildes um die totalitären Elemente im Kapitalismus" als „relativ neu" (S. 55) aus. Diese Feststellung muß erstaunen, hat doch schon ein Teil der „Neuen Linken" im Gefolge Marcuses solche Thesen vertreten.

Wenig plausibel ist seine Kritik an den Repräsentanten herkömmlicher Totalitarismustheorien. So meint er den Einwand Graf Kielmanseggs, totalitäre Gesellschaften seien nicht eben durch ein hohes Maß an Konflikten geprägt, mit dem Verweis auf die „tiefen Konflikte etwa in China oder auch in Polen" (S. 57) entkräften zu können. Der mangelnde Konsens der Beherrschten mit dem System soll ein Indiz für die unzureichende Tragfähigkeit des Totalitarismusansatzes sein? Dieser ist schließlich nicht in dem Sinne zu verstehen, als könnten sich seine Vertreter einen totalitären Staat nur als monolithisch vorstellen. Lassen sich die Bestrebungen in Polen gegen das Monopol der Partei (und die Reaktionen des Staates) nicht eher als eine Bestätigung des Totalitarismusansatzes deuten? Obwohl Gransow zugestehen muß, daß das Totalitarismuskonzept keinesfalls ein Schattendasein fristet und sogar zunehmend wieder Bedeutung erlangt, will er eine Renaissance des Totalitarismusansatzes entsprechend der bekannten Morgenstern'schen „Logik" nicht wahrhaben (vgl. S. 58). Der Autor hält das Konzept für überholt. Das ist sein gutes Recht, doch macht er es sich zu einfach, wenn er seinen Befürwortern unterstellt, sie wünschten eine „Politik gegen die Entspannung" (S. 56), ohne den Beweis dafür anzutreten.

Größeren Erkenntniswert als dem Totalitarismusmodell kann er den Konzepten der „industriellen Gesellschaft" abgewinnen, die Mitte bis Ende der sechziger Jahre an Einfluß gewonnen haben. Sie basieren auf der Herausarbeitung ähnlicher Grundtendenzen im Bereich der Wirtschaft, Gesellschaft und der Kultur — unabhängig vom jeweiligen politischen System. Bestimmten Entwicklungen in einer Industriegesellschaft könne sich kein politisches System entziehen. Dabei unterscheidet Gransow innerhalb dieser Kategorie die Konvergenztheorie, nach der sich westliche und östliche Gesellschaften immer mehr annäherten (sei es insgesamt, sei es in Teilbereichen), die Modernisierungstheorie, welche auch auf der Annahme gründet, daß bestimmte Entwicklungen zu sozialen Wandlungen führen, sowie neuere komplexe Ansätze (bürokratische Organisation; Interessengruppen; politische Kultur). Er stellt das Für und Wider dieser Ansätze dar und betont das hohe Maß an Versachlichung, das mit ihnen verbunden sei. Waren Totalitarismustheorie und die Konzeptionen von der Industriegesellschaft transzendente Ansätze, weil der Kommunismus nicht aus sich heraus interpretiert wird, so berücksichtigt Gransow im nächsten Abschnitt immanente — jene also, die von den Zielen der Klassiker oder von denen der kommunistischen Regierungen ausgehen. So werde der historischen Eigenständigkeit dieser Systeme besser Rechnung getragen. Es handelt sich hier u.a. um Theorien der Übergangsgesellschaft, Modelle des Stalinismus und des Eurokommunismus.

Im letzten Kapitel faßt Gransow seine Ergebnisse zusammen. Er bestreitet die heuristische Fruchtbarkeit des Totalitarismuskonzeptes. Das spezifisch kommunistische Staatsverständnis würde nicht erkennbar. Dieser Einwand trifft allerdings ebenso auf die Industriegesellschaftstheorien zu. Der Autor begnügt sich mit einer Darstellung und Bewertung der einzelnen Ansätze, ohne ein eigenes Konzept zu präsentieren: „Ich habe das unterlassen, weil ich mich frage, ob nicht in den Ansätzen der Kommunismusforschung ein Zerbröseln beobachtbar ist, das nicht nur auf Veränderungen im Untersuchungsgegenstand selbst zurückzuführen ist" (S. 205). Die Tatsache, daß die Kommunismusforschung „zerbröselt", braucht doch aber nicht notwendigerweise den Verzicht auf ein eigenes Konzept zu implizieren. Hier macht es sich Gransow wohl etwas zu einfach — ähnlich wie bei seiner Kritik an der Totalitarismustheorie, deren Wert er nicht erkennt, weil er das Gebiet der Staatsformenlehre überhaupt nicht in Erwägung zieht. Schließlich tragen die einzelnen Ansätze überhaupt keinen Ausschließlichkeitscharakter. Man kann durchaus für das politische System den Totalitarismusansatz favorisieren, für den sozialen und wirtschaftlichen Bereich dagegen Ansätze der Industriegesellschaftstheorien.[84] Auch suggeriert Gransow mit dem Untertitel „Vom Totalitarismus zur Immanenz" eine zeitliche Abfolge einzelner Ansätze, die in dieser Vereinfachung nicht stimmt. Insgesamt ist die Darstellung Gransows nicht ganz so übersichtlich wie die von Glaeßner, der daher wohl der Vorzug gebührt.[85]


## Totalitarismus und Faschismus

Der Begriff Totalitarismus ist bekanntlich zuerst auf den italienischen Faschismus angewandt worden. Zu dem Problemkreis Faschismus und Totalitarismus liegt eine knappe Materialiensammlung vor, die *Hans-Georg Herrnleben* zusammengestellt hat.[86] In der Einführung gibt der Herausgeber einen gedrängten Überblick zum Nationalsozialismus, zum Stalinismus, zum Totalitarismus und zu Faschismustheorien. Diesen Bereichen werden entsprechende „Materialien" zugeordnet, ergänzt durch „Arbeitsfragen", Literaturhinweise und Erklärung von Fachwörtern. Die Auswahl der Materialien trägt unterschiedlichen Richtungen Rechnung. Freilich wären längere Auszüge wohl sinnvoller gewesen, selbst wenn man in Betracht zieht, daß der Band wohl in erster Linie für Schüler und Studenten bestimmt ist. Zu bemängeln bleibt einerseits, daß das Herrschaftssystem des italienischen Faschismus nicht oder nur ganz am Rande Berücksichtigung findet, zumal der Bearbeiter vergleichs-

---

84 Gelegentlich klingt dieser Gesichtspunkt an. Vgl. ebd., S. 60.
85 Eine ganz ähnliche Studie wie Gransow und Glaeßner ist 1979 von Gerd Meyer vorgelegt worden. Sie braucht den Vergleich weder in didaktischer Präsentierung noch im Reflexionsniveau zu scheuen. Vgl. ders., Sozialistische Systeme. Theorie- und Strukturanalyse. Ein Studienbuch, Opladen 1979. Zudem präsentiert der Verfasser einen eigenen Ansatz – die „Theorie bürokratischer Herrschaft". Siehe ebd., S. 263 bis 286. Ausführlicher ders., Bürokratischer Sozialismus. Eine Analyse des sowjetischen Herrschaftssystems, Stuttgart 1977.
86 Hans-Georg Herrnleben, Totalitäre Herrschaft. Faschismus – Nationalsozialismus – Stalinismus (= Ploetz-Arbeitsmaterialien), Freiburg/Würzburg 1978, 100 S. (Verlag Ploetz).

weise ausführlich Faschismustheorien[87] erwähnt, und andererseits ist der Verzicht auf die Kommunismusforschung kritikbedürftig, gerade weil eingehend auf den Stalinismus verwiesen wird.

Einen beträchtlich höheren Anspruch erhebt der Band „Totalitarismus und Faschismus".[88] In ihm sind sechs Thesenreferate einer Veranstaltung des „Instituts für Zeitgeschichte" (vom 24. November 1978) ebenso abgedruckt wie die Beiträge der folgenden Diskussion. Im Vordergrund der Auseinandersetzung steht die Kontroverse um eine angemessene Begriffsbildung. Wie tauglich ist der Totalitarismus-, wie sinnvoll der Faschismusbegriff? Die Referenten *Karl Dietrich Bracher, Hans Mommsen, Ernst Nolte*[89], *Martin Broszat, Jürgen Kocka* und *Wolfgang Schieder* kommen zu unterschiedlichen, teilweise sogar gegensätzlichen Ergebnissen. Im Einführungsbeitrag weist *Günter Plum* (vom „Institut für Zeitgeschichte") auf die politische Wertgeladenheit der Begriffe „Totalitarismus" und „Faschismus" hin; dies habe die wissenschaftliche Auseinandersetzung erschwert.

Karl Dietrich Bracher wendet sich einerseits gegen die Diskreditierung des Totalitarismuskonzeptes und verwirft andererseits einen allgemeinen Faschismusbegriff.[90] Gegenteiliger Ansicht ist demgegenüber Hans Mommsen. Seiner Meinung nach hängt die Option für ein bestimmtes Modell davon ab, ob dieses fruchtbare Fragestellungen ermöglicht und die Spezialforschung fördert. Nach Mommsen geht die Totalitarismustheorie von einer monolithischen Herrschaftsstruktur des zu untersuchenden Systems aus. Tatsächlich aber sei das „polykratische Chaos" für den Nationalsozialismus durch die Forschung bewiesen. Diese Interpretation, keineswegs eine Bagatellisierung des Nationalsozialismus, diene der Erfassung der sich im Dritten Reich vollziehenden Willensbildungsprozesse. Der aufgrund der Einbeziehung von Links- und Rechtsdiktaturen notwendigerweise allgemein gehaltenen Totalitarismustheorie komme hier kein Erklärungswert zu. Die Unterschiede zwischen einem kommunistischen und einem faschisti-

---

87 Eine nützliche und ausgewogene Übersicht stammt von Wolfgang Wippermann. Faschismustheorien. Zum Stand der gegenwärtigen Diskussion, 4. Aufl., Darmstadt 1980. Zum neuesten Forschungsstand vgl. Wolfgang Schieder, Vorwort zur 2. Auflage, in: Ders. (Hrsg.), Faschismus als soziale Bewegung. Deutschland und Italien im Vergleich, 2. Aufl., Göttingen 1983, S. 5-10.
88 Totalitarismus und Faschismus. Eine wissenschaftliche und politische Begriffskontroverse, München 1980, 89 S. (R. Oldenbourg Verlag).
89 Der Beitrag von Nolte ist eine stark gekürzte Fassung seiner Ausführungen im Sammelband von Menze (FN 47).
90 Zu Bracher vgl. ausführlich unten S. 86-93.

schen System zeigten sich beispielsweise am Parteitypus. Während in der faschistischen Partei keinerlei institutionelle Vorkehrungen bestünden, so daß sich Konflikte in persönlichen Rivalitäten äußerten, ermögliche das Prinzip des demokratischen Zentralismus eine andere Form des Konfliktaustrags. Eine kollektive Führung sei bei faschistischen Parteien nicht denkbar. „Indem faschistische Politik per definitionem institutionalisierte Konfliktlösungen ablehnt, da mit der Fiktion des einheitlichen Wollens und der Versöhnung gesellschaftlicher Gegensätze in der ‚Volksgemeinschaft' die Existenz von Interessenkonflikt(en) in Abrede gestellt wird, ist das faschistische System zu mittelfristiger politischer Stabilisierung, die die Bereitschaft zum Kompromiß voraussetzt, nicht in der Lage" (S. 24). Allerdings könnten autoritäre und terroristische Militärdiktaturen – Mommsen nennt das Franco-Regime als Beispiel – eine Stabilisierung herbeiführen. Es sei die Schwäche der Totalitarismustheorie, daß sie die unumgängliche Radikalisierung faschistischer Diktaturen nicht zu erklären vermag. Auch heutige westliche Industriegesellschaften seien vor einem Umschlag in eine Rechtsdiktatur nicht gefeit. Der Gebrauch des Terminus „Faschismus" bedeute keine Verharmlosung diktatorischer Bestrebungen; das faschistische System beschönigten vielmehr jene, welche die Rolle der traditionellen Eliten vernachlässigten und stattdessen die des Führers bei weitem überschätzten.

Martin Broszat verweist auf die politische Instrumentalisierbarkeit der Begriffe „Faschismus" und „Totalitarismus", kommt allerdings zum Ergebnis, daß noch ein wissenschaftlicher Erkenntniswert vorhanden ist. Beide Begriffe sind nach Broszat – in Grenzen – sinnvoll. Er glaubt aber eine rigide zeitliche Einschränkung vornehmen zu müssen (beim Faschismus: Zwischenkriegszeit; beim Totalitarismus: Nationalsozialismus – insbesondere ab 1937/38 – und Stalinismus).

Jürgen Kocka wendet sich auch dagegen, daß der Gebrauch des einen Begriffes den des anderen ausschließt. Allerdings konstatiert er eine „wissenschaftliche und politische Überlegenheit eines sorgsam definierten Faschismusbegriffs" (S. 39). Der Begriff des Faschismus betone die sozialgeschichtlichen Implikationen dieser Bewegung (z.B. Entstehung durch Krisenerscheinungen der kapitalistischen Systeme, Unterstützung durch traditionelle Führungsgruppen).

Wolfgang Schieder gibt ebenfalls einer Faschismustheorie gegenüber einer Totalitarismustheorie den Vorzug. Freilich grenzt sich Schieder deutlich von marxistischen Faschismusforschern wie Kühnl, Opitz und Saage ab. Er kategorisiert drei Typen von Faschismus: einen Faschismus, der nicht zur Macht gekommen ist (wie in England); einen Faschismus, der nach der Machtergreifung in einen autoritären Staat mündete (wie in Spanien); schließlich einen Faschismus, der voll zum Durchbruch gelangt ist (Italien/ Deutschland). Nach Schieder spielte dieser dort eine wesentliche Rolle, wo Nationenwerdung, Verfassungsbildung und Industrialisierung gleichzeitig geleistet werden mußte.

Von den Referenten verwarf Bracher den Faschismusbegriff[91] wie Mommsen den des Totalitarismus. Broszat und Nolte hielten eine Verwendung beider Termini gleichermaßen für sinnvoll, während Kocka und Schieder eine Faschismustheorie präferierten, ohne den Totalitarismusbegriff in toto ad acta zu legen. In der Diskussion übte Sontheimer Kritik daran, daß „Großbegriffe" wie Faschismus und Totalitarismus den Blick auf die spezifische Eigenart des jeweiligen Systems verstellen. In der Tat kann die Kontroverse unfruchtbar werden, wenn vor lauter Theorien der Bezug zur historischen Wirklichkeit verlorengeht. Die Kategorien etwa, die Kocka für einen Faschismusbegriff entwickelt hat (S. 40f.), beziehen sich fast alle auf den Kapitalismus. Der „Faschismus" hatte aber nicht nur eine „antisozialistische, antikommunistische Stoßrichtung" (S. 41), sondern eben auch eine antiliberale. Außerdem kam der „Faschismus" gerade dort zur Macht, wo der „Kapitalismus" nicht eben ausgeprägt war. Die „Ankoppelung" des Faschismus an das kapitalistische System ist also nicht zwingend.[92] Zu Recht wies Peter Diehl-Thiele auf das Manko hin, daß Kocka das antisemitische Syndrom überhaupt nicht erwähnt habe. Kocka sei dazu gezwungen, weil der italienische Faschismus keinen dezidierten Antisemitismus verfocht. Für den Nationalsozialismus ist der Antisemitismus aber konstitutiv gewesen. Wie sinnvoll kann denn dann ein allgemeiner Faschismusbegriff überhaupt sein? In der Diskussion jedenfalls ist die differentia specifica eines Faschismusbegriffs nicht deutlich geworden. Soll Faschismus nur ein Epochenbegriff sein, wie es Schieder vorschlug?

Häufig wurden bei der Diskussion falsche Fronten aufgebaut, wenn etwa Hans Mommsen Brachers Grundkategorie „liberaldemokratisch" so interpretierte, als ob sie demokratisch-sozialistische Strömungen ausschließe (vgl. S. 56 und S. 65). „Liberaldemokra-

---

91 In der Diskussion machte sich auch Klaus Scholder dafür stark, auf die Verwendung des Begriffs „Faschismus" völlig zu verzichten. Vgl. Totalitarismus und Faschismus (FN 88), S. 66. Ganz anders Reinhard Kühnl, Der deutsche Faschismus in der neueren Forschung. Beiträge zur Kausalfrage und zum Herrschaftssystem, in: NPL 28 (1983), S. 57-84.
92 Kocka weist an anderer Stelle selbst auf den Zusammenhang zwischen Faschismus und vorkapitalistischen Traditionen hin. Totalitarismus und Faschismus (FN 88), S. 71f.

tisch" ist natürlich nur ein Gegenbegriff zu totalitär; selbstverständlich sind damit demokratisch-sozialistische Positionen inbegriffen (wie übrigens auch solche demokratisch-konservativer Couleur). Und der Vorwurf Mommsens, das Totalitarismuskonzept stehe einer „sozialgeschichtlichen Erklärung im Wege" (S. 65), ist nun einmal, bei Licht besehen, keineswegs ein Einwand gegen den Totalitarismusansatz, der auf die Erfassung der Herrschaftstechniken abzielt. Außerdem ist der (zutreffende) Sachverhalt, daß die „Gleichschaltung" nicht total war, keineswegs eine Widerlegung des Totalitarismuskonzepts — ebensowenig wie der Hinweis Mommsens auf ein Diktum von Paul Levi, wonach selbst „in der pervertiertesten Form der kommunistischen Bewegung der elementare Wunsch nach sozialer Gerechtigkeit enthalten ist" (S. 55). Daß über den Totalitarismusbegriff so heftig diskutiert wird, straft all jene Lügen, die behaupten, das Konzept sei von zahlreichen Forschern „einfach ad acta gelegt worden".[93]

## Die Beiträge Karl Dietrich Brachers

*Karl Dietrich Bracher* nimmt in der Auseinandersetzung um den Begriff des Totalitarismus eine herausragende Position ein, und zwar insofern, als er — von den Moden der Zeit nahezu unberührt — mit gewichtigen Argumenten stets am Totalitarismusbegriff festgehalten hat. Bracher, kürzlich als „Nestor der Zeitgeschichtswissenschaft in der Bundesrepublik"[94] gefeiert, ist wohl derjenige Autor, der am gründlichsten das Scheitern der Weimarer Republik und den Aufstieg der nationalsozialistischen Bewegung analysiert hat.[95] Sein

---

93 Gransow (FN 82), S. 58.
94 So Martin Broszat, Karl Dietrich Bracher 60 Jahre, in: VHfZG 30 (1982), S. 360.
95 Vgl. Karl Dietrich Bracher, Die Auflösung der Weimarer Republik. Eine Studie zum Problem des Machtverfalls in der Demokratie (1955), 5. Aufl., Villingen 1971; ders./Wolfgang Sauer/Gerhard Schulz, Die nationalsozialistische Machtergreifung. Studien zur Errichtung des totalitären Herrschaftssystems (1960), 3. Aufl., Frankfurt a.M. 1979; ders., Die deutsche Diktatur. Entstehung, Struktur, Folgen des Nationalsozialismus (1969), 6. Aufl., Frankfurt a.M. 1979.

stetes Plädoyer für die Verwendung des Totalitarismusbegriffs[96] speist sich also nicht in erster Linie aus einer Beschäftigung mit theoretischen Paradigmen.[97] Obwohl Bracher zahlreiche Beiträge zur Totalitarismusproblematik vorgelegt hat, fehlt eine systematische Abhandlung aus seiner Feder. Die zwei wohl bedeutendsten einschlägigen Beiträge sollen hier vorgestellt werden.

Seine erstmals 1976 erschienenen „Zeitgeschichtlichen Kontroversen"[98] kamen 1980 in vierter Auflage heraus. Die Beiträge, im Grenzgebiet von Geschichts- und Politikwissenschaft angesiedelt, analysieren den Faschismus- und Totalitarismusbegriff, die Bedeutung der Elemente von „Tradition" und „Revolution" im Nationalsozialismus und bewerten die Diskussion um die Einschätzung der Person Hitlers für das nationalsozialistische Herrschaftssystem. Im zweiten Teil geht Bracher darauf ein, wie sich die Demokratie in der Bundesrepublik bewährt und welche Herausforderungen sie bestanden hat. Brachers Tenor: Die Bundesrepublik habe sich in ihrer bisherigen Geschichte als freiheitlicher Staat erwiesen, müsse aber die Bedrohung durch antidemokratische Tendenzen unterschiedlichster Richtung ernst nehmen.

Der hier besonders interessierende Beitrag „Der umstrittene Totalitarismus: Erfahrung und Aktualität" ist in den einschlägigen Sammelbänden von Funke und Menze nachgedruckt — wohl ein Indiz für die Gewichtigkeit und Breitenwirkung der Analyse Bra-

---

96 Davon zeugt beispielsweise, daß er zahlreiche Lexikonartikel zu diesem Stichwort verfaßt hat. Vgl. ders., Art. „Totalitarismus", in: Ernst Fraenkel/Karl Dietrich Bracher (Hrsg.), Staat und Politik, Neuausgabe, Frankfurt a. M. 1964, S. 328-330; ders., Art. „Totalitarismus", in: Peter Gutjahr-Löser/Klaus Hornung (Hrsg.), Politisch-Pädagogisches Handwörterbuch, München 1980, S. 315-320; ders., Art. „Totalitarismus", in: Alfred Klose/Wolfgang Mantl/Valentin Zsifkovitis (Hrsg.), Katholisches Sozialexikon, 2. Aufl., Innsbruck u. a. 1980, Sp. 3065-3074.
97 Vgl. auch seine Darstellung: Die Krise Europas 1917-1975, Frankfurt a.M. 1976. Die weitausgreifende Studie ist von der Auseinandersetzung zwischen den Demokratien und Diktaturen in der Zwischenkriegszeit bestimmt.
98 Ders., Zeitgeschichtliche Kontroversen. Um Faschismus, Totalitarismus, Demokratie (= Serie Piper, Bd. 142), 4. Aufl., München 1980, 159 S. (R. Piper Verlag). — Inzwischen ist eine 5., veränderte und erweiterte Auflage erschienen (München 1984, 184 S.). Der bisherige zweite Teil „Deutsche Konsequenzen", der sich mit der Demokratie in der Bundesrepublik befaßt hat, ist durch vier Beiträge über totalitäre Ideen und Ideologien ersetzt worden. Dies kommt der Homogenität des Bandes zugute. Im Vordergrund der neu aufgenommenen Abhandlungen steht — Brachers Forschungsschwerpunkt gemäß — der Nationalsozialismus, dessen (vielfach unterschätzte) totalitäre Dynamik facettenreich erhellt wird.

chers. Wie begründet Bracher seine Auffassung, daß weder der Totalitarismus noch die Totalitarismustheorie an Bedeutung verloren hat? Bracher versucht eine „Bestandsaufnahme der historisch-politischen Diskussion" und auch eine „wissenschaftstheoretische Klärung der Möglichkeit systematisch vergleichender Analyse und Begriffsbildung" (S. 33 f.). Er konzediert, die Totalitarismuskonzeption sei in den fünfziger und sechziger Jahren vom Ost-West-Konflikt beeinflußt und zum Teil beeinträchtigt worden. Ungeachtet dessen müßten sich Wissenschaftler die Frage stellen, inwiefern sich die totalitären Regime der Moderne von früheren Formen der Diktatur unterscheiden. Moderne Technologien böten diktatorischen Systemen ungeahnte Möglichkeiten der Mobilisierung und Gleichschaltung der „Massen". Die pseudodemokratische Legitimierung sei konstitutiv für totalitäre Systeme, die Idee der Volkssouveränität damit eine Voraussetzung für sie. Die Unterschiede zwischen totalitären Bewegungen von rechts und links (z.B. in der Ideologie) verblassen gegenüber dem fundamentalen Gegensatz zur freiheitlichen Demokratie: „Diktatur der Monopolpartei und ideologischdoktrinäre Unterdrückung der Menschenrechte beweisen, daß die demokratischen Prinzipien der Toleranz, der freien Entfaltung der Person, der Autonomie verschiedener Bereiche des Lebens und der Kultur für totalitäre Systeme eine *contradictio in adjecto* bedeuten" (S. 38, Hervorhebung im Original).

Bracher benennt ein Syndrom von vier Merkmalen, durch die sich ein totalitäres System auszeichnet: offizielle Ideologie mit Ausschließlichkeitscharakter, zentralisierte und hierarchisch organisierte Massenbewegung, Kontrolle aller Massenkommunikationsmittel zwecks Indoktrination, Kontrolle der Ökonomie und der sozialen Beziehungen. Bracher betont den Doppelcharakter totalitärer Politik – einerseits die etatistisch-absolutistische, andererseits die dynamisch-revolutionäre Seite. Er will den Totalitarismus nicht nur als Phänomen der Zwischenkriegszeit, sondern auch als ein solches der Gegenwart verstanden wissen. Dazu bedürfe es einer Fortführung bisheriger Arbeiten zur Diktaturforschung.

Bracher hat völlig zu Recht sein Augenmerk auf den Unterschied zwischen Demokratie und Diktatur gelegt. Das ist – von einer liberal-demokratischen Perspektive aus – in der Tat der entscheidende Gegensatz und nicht der zwischen Sozialismus und Kapitalismus. So stimmig der Hinweis auf die Parallelität in der Herrschaftstechnik rechter und linker Diktaturen auch ist, so kann man in Einzelheiten nichtsdestotrotz Einwände geltend machen. Steht und fällt der Totalitarismus wirklich mit der Führergestalt, wie dies Bracher in Anlehnung an Schapiro annimmt? Spielen Partei und Ideologie demgegenüber tatsächlich nur eine sekundäre Rolle? Ist ein System, das auf „kollektiver Führung" basiert, denn notwendigerweise nicht mehr totalitär? Obwohl Bracher eigens die Aktualität des Totalitarismusbegriffes beansprucht, sind seine Beispiele fast ausschließlich dem Nationalsozialismus, dem italienischen Faschismus und dem Stalinismus entnommen. Insofern ergibt sich eine gewisse Diskrepanz zwischen der eigenen Analyse und der von ihm eindringlich beschworenen totalitären Vision, die „noch nicht überholt" (S. 59) sei. Wichtig ist Brachers Hinweis auf „rudimentäre Formen totalitärer Politik" (S. 53). Hier hat die Forschung anzusetzen, um den Übergang von einem autoritären zu einem totalitären System besser erfassen zu können. Inzwischen liegt auch ein wichtiger, allerdings in der Bundesrepublik bisher kaum rezipierter Versuch aus der Feder von Juan J. Linz vor.[99]

Nach Linz ist die Grenzlinie zwischen Demokratie und Diktatur leichter zu ziehen als die zwischen einem autoritären und einem totalitären System. Vor allem drei Hauptdimensionen unterscheiden totalitäre von autoritären Systemen: Grad des politischen Pluralismus, Grad der ideologischen Ausrichtung und Grad der Mobilisierung der Bevölkerung. Ein totalitäres System zeichne sich durch ein monistisches Machtzentrum aus („monism"), während ein autoritäres Regime begrenzten Pluralismus kennt („limited pluralism"); ein totalitäres System macht sich eine exklusive und ausgearbeitete Idologie zu eigen („centrality of ideology"), ein autoritäres hingegen beruht auf einer traditionellen, nicht fest gefügten Geisteshaltung („mentality"); ein totalitäres System forciert die Mobilisierung der Massen („mobilization"), ein autoritäres hingegen verzichtet auf gelenkte politische Partizipation, begnügt sich also mit politischer Apathie („depoliticization"). In einem weiteren Schritt sucht Linz nach systematischen und geeigneten Indikatoren für diese drei Dimensionen. Die jeweiligen Länder können dann in das dreidimensionale Schema eingeordnet werden.[100] Ungeachtet der Schwierigkeiten, die Linz selbstkritisch betont (z.B.: Wie mißt man das jeweilige Ausmaß des begrenzten Pluralismus?), bietet ein solches Modell die systematische Möglichkeit einer Abgrenzung, ohne daß dadurch die Elastizität verlorengeht. Eben diesen Gesichtspunkt betont Bracher auch, indem er fordert, das jeweilige Maß an totalitären Bestrebungen in modernen Staaten herauszuarbeiten und die Fixierung auf das Hitler- und Stalinregime zu verlassen: „Mit dieser

---

99 Vgl. Juan J. Linz, Totalitarian and Authoritarian Regimes, in: Fred I. Greenstein/Nelson W. Polsby (Hrsg.), Handbook of Political Science, Bd. 3: Macropolitical Theory, Reading/Mass. 1975, S. 175-411 (Bibliographie: S. 371-411).
100 Vgl. die Graphik ebd., S. 278. Siehe auch S. 362 f. dieses Buches.

größeren Elastizität können ‚typische' Züge des Totalitären herausgearbeitet werden". (S. 53).

Brachers differenziertes Argumentationsgebäude (der Autor wendet sich explizit gegen vergröbernde Sichtweisen, die in der Vergangenheit mitunter ein Ausfluß politischer Konstellationen waren) steht in einem seltsamen Kontrast zu manch grobschlächtiger Kritik, der sich Bracher, wie am Beispiel von Gert-Joachim Glaeßner gezeigt, ausgesetzt sieht. Offenbar hat er für bestimmte Kreise an einem Tabu gerührt und politische Illusionen desavouiert.

In dem Band „Schlüsselwörter in der Geschichte"[101] wird *Bracher* noch deutlicher. Die Studie kreist um die Verführungskraft politischer und politikwissenschaftlicher Begriffe. Welchen Einfluß haben sie auf geschichtliche Ereignisse und ihre Interpretation? Wie abhängig ist die Darstellung der Geschichte von dem Begriffsapparat der Historiker? Können Worte die Geschichte uminterpretieren? Zwar haben nach Bracher Gegner der Demokratie „einen Marsch durch die Wörter" (S. 94) angetreten, um ihnen eine andere Bedeutung zu verleihen. Doch kann der ursprüngliche Inhalt von Diktaturen nicht völlig vereinnahmt werden. Bracher fordert, der „Pervertierung der Schlüsselworte" (S. 99) sei Einhalt zu gebieten. Vielleicht hätte er geeignete Wege zur Beschränkung der Macht von Schlagwörtern und Ideologien aufzeigen können. Der „Kampf um Worte"[102], und insofern bleibt Bracher zuzustimmen, ist mehr als eine Frage der Nomenklatur.[103] Speziell die Sprachstrategien der „Neuen Linken" sind nicht ohne Erfolg geblieben.[104]

Gerade sie, die immer wieder auf die Macht der Sprache als manipulatorische Verführungskraft hinwies, hat sich nicht gescheut, die Sprache als politische Waffe einzusetzen. Mit dem Begriff „Konsumterror" beispielsweise ist beabsichtigt, die Wohlstandsgesellschaft in den westlichen Demokratien zu denunzieren. Und durch die „puristische Überforderung von Begriffsinhalten"[105] soll die Wirklichkeit diskreditiert werden. Wenn man — wie die

---

101 Karl Dietrich Bracher, Schlüsselwörter in der Geschichte. Mit einer Betrachtung zum Totalitarismusproblem, Düsseldorf 1978, 123 S. (Droste Verlag).
102 Vgl. Martin Greiffenhagen (Hrsg.), Kampf um Wörter? Politische Begriffe im Meinungsstreit, München 1980; siehe auch Wolfgang Bergsdorf, Politik und Sprache, München 1978.
103 Vgl. auch — unter Bezugnahme auf Bracher — Gregor Schöllgen, Die Begriffe und ihre Wirklichkeit. „Zeitgeschichtliche Kontroversen" um Faschismus und Totalitarismus, in: HJb 103 (1983), S. 193-198.
104 Vgl. die Auflistung bei Dorothee Buchhaas, Die Volkspartei. Programmatische Entwicklung der CDU 1950-1973, Düsseldorf 1981, S. 277f.
105 Hans Maier, Sprache und Politik, Zürich 1977, S. 15.

„Neue Linke" — Demokratie als „Selbstbestimmung" von Menschen definiert, fällt der Beweis leicht, daß die repräsentative Demokratie, die auf der Unterscheidung von Regierenden und Regierten beruht, diesen Anspruch nicht erfüllt. Mit dem Begriff der „strukturellen Gewalt" läßt sich der grundsätzliche Unterschied zwischen Demokratien und Diktaturen einebnen. Demzufolge hat die „Neue Linke" den Totalitarismusbegriff entschieden verworfen.[106]

Den Ausführungen über Schlagworte und Schlüsselbegriffe ist eine Betrachtung über „Terrorismus und Totalitarismus" angefügt.[107] Bracher hebt hier einerseits die Notwendigkeit eines Demokratieverständnisses hervor, das jedweder totalitären Bedrohung widersteht, und beklagt andererseits den allmählichen Verzicht auf den Totalitarismusbegriff in den sechziger und siebziger Jahren. „Es war ein Politikum von erstrangiger psychologischer Bedeutung, und es konnte einer Verschiebung der politischen Maßstäbe und Werte, einer wahrhaften Systemveränderung Vorschub leisten" (S. 104). Ein antitotalitäres Demokratieverständnis sei zum Teil durch ein antifaschistisches ersetzt worden. Durch die „Tabuisierung des Totalitarismusbegriffs" (S. 105) wurde suggeriert, als gehe die Gefahr für die Demokratie nur von einer politischen Strömung aus. Die Verkürzung einer solchen Sichtweise liegt auf der Hand. So ist die Metapher von Hella Mandt wohlbegründet: „Eine Politikwissenschaft, die hier die einzige Gefährdung der Demokratie sieht, ist so wenig mehr eine Wissenschaft wie eine Medizin, die behauptet, daß es nur eine tödliche Krankheit gäbe und alle anderen ignoriert: denn ihren Wissenschaftscharakter gefährdet eine Disziplin ja nicht alleine dadurch, daß sie es an Methodenbewußtsein fehlen läßt, sondern gleichermaßen dadurch, daß sie Realität nur noch selektiv erfaßt".[108]

Zudem konnte mit der Ausuferung des Faschismusbegriffs jede kapitalistische Ordnung tendenziell als „faschistoid" apostrophiert werden. Ursachen für diesen Wandel sind nach Bracher vor allem die Studentenbewegung, die in vielfacher Hinsicht einen Umbruch bedeutete, die Schwäche des Westens, dessen Modellwirkung und

---

106 Vgl. besonders emphatisch Gert Schäfer, Demokratie und Totalitarismus (1969), in: Gisela Kress/Dieter Senghaas (Hrsg.), Politikwissenschaft. Eine Einführung in ihre Probleme, Frankfurt/M. 1972, S. 93-134.
107 Sie ist auch in dem Sammelband von Menze (FN 47) abgedruckt und erstmals erschienen in: Heiner Geißler (Hrsg.), Der Weg in die Gewalt. Geistige und gesellschaftliche Ursachen des Terrorismus und seine Folgen, München 1978, S. 201-219.
108 Mandt (FN 3), S. 46.

Glaubwürdigkeit insbesondere durch den Vietnamkrieg und die Kooperation mit Rechtsdiktaturen verlorenging, die Vielfalt der Befreiungsbewegungen in der Dritten Welt, deren zum Teil totalitär-nationalistischer Charakter nicht erkannt wurde, aber auch die Entspannungspolitik, die der Autor im übrigen als „wohl unumgänglich" (S. 197) charakterisiert. Damit widerlegt Bracher implizit jene, welche die Verteidiger des Totalitarismuskonzepts zu Entspannungsfeinden stilisieren. Er betont geradezu, daß eine Befürwortung der Entspannungspolitik nicht notwendigerweise eine Erosion des westlichen Demokratiebegriffs implizieren muß. Die Verwendung des Begriffs „Totalitarismus" ist nicht automatisch „entspannungsfeindlich".[109] Bei der Kooperation mit Diktaturen dürfen die dortigen undemokratischen Strukturen nicht salonfähig gemacht werden. Außen- und Innenpolitik müssen nicht zwingend parallel laufen.[110]

Der Bonner Politologe und Historiker stellt einen zweifachen Zusammenhang zwischen der Anfeindung des Totalitarismuskonzepts und der Verbreitung von Gewaltlehren her: Erstens sei die Abwehrbereitschaft des als „Formaldemokratie" denunzierten Verfassungsstaates relativiert, zweitens die Rechtfertigung des Gewaltkults im Namen der Einheit von Theorie und Praxis forciert worden. Bracher hält den Terrorismus der siebziger Jahre bei allen Modifikationen en détail für marxistisch-leninistisch orientiert. In der Tat können die Einwände, die Terroristen seien eigentlich Faschisten oder sie hätten überhaupt keine Ziele, nicht verfangen. Ohne simple Schuldzuweisungen auszusprechen: Bezeichnenderweise wollten sich gerade linke Autoren auf diese Weise vom Terrorismus distanzieren. Bracher erinnert an die Parallele, daß nach 1945 betont Konservative wie von Papen den Nationalsozialismus als „links" apostrophierten, um ihre Richtung damit weißzuwaschen. Außerdem: Räumen diejenigen, die die „RAF" als „rechts" einschätzen, damit nicht implizit die partielle Austauschbarkeit linker und rechter antidemokratischer Bewegungen ein? Liefern sie auf diese Weise nicht unfreiwillig ein Argument für das Totalitarismuskonzept?

Gewiß war es im Rahmen eines kürzeren Beitrages für Bracher nicht möglich, den Zusammenhang zwischen dem Verzicht auf das

---

109 Vgl. auch Hermann Lübbe, Totalitarismus – ein entspannungsfeindlicher Begriff?, in: Ders., Endstation Terror. Rückblick auf lange Märsche, Stuttgart 1978, S. 119-122.
110 Vgl. in diesem Sinne ebenfalls Martin Kriele, Legitimationsprobleme der Bundesrepublik, München 1977, insbes. S. 251-273 („Wo irrt Solschenyzin?", „Menschenrechte, Einmischung und Entspannung", „Die Menschenrechte in der Außenpolitik").

Totalitarismuskonzept und bestimmten Demokratietheorien einerseits und der Theorie und Praxis des Terrorismus andererseits detailliert darzulegen. Man braucht vielleicht gar nicht so weit wie Bracher zu gehen. Verhängnisvoll war weniger die Absage an das Totalitarismuskonzept als vielmehr die Verwischung der Grenzen zwischen Demokratie und Diktatur, was nicht im Sinne jener Kritiker des Totalitarismuskonzepts wie Ludz gewesen sein dürfte.

Bracher hat den „Zeitgeschichtlichen Kontroversen" und den „Schlüsselwörtern in der Geschichte" weitere Studien[111] folgen lassen, in denen er nicht nur am Rande Argumente zur Verteidigung des Totalitarismuskonzepts liefert. Eine einschlägige Totalitarismusstudie steht von ihm, „dem bedeutendste(n) westdeutsche(n) Zeithistoriker"[112] der letzten zwei Jahrzehnte, allerdings noch aus. Gerade er wäre dazu prädestiniert, weil sich bei ihm politologische und historische Perspektiven zusammenfügen.[113] Eine angemessene Arbeit zum Totalitarismus muß sowohl die theoretische Ebene als auch die historische Analyse des als totalitär verstandenen politischen Systems berücksichtigen.

## Verteidigung des Totalitarismuskonzepts aus demokratisch-sozialistischer Perspektive

Bracher erwähnt des öfteren die verführerische Sehnsucht der Menschen nach einer totalitären Ordnung. Dabei beruft er sich u.a. auf *Jean-François Revel,* einen der Sozialistischen Partei Frankreichs angehörenden Philosophieprofessor, der Mitte der siebziger Jahre ein Werk vorgelegt hat, das monatelang auf den Bestsellerlisten Frankreichs stand und bald auch ins Deutsche übertragen wurde.

---

111 Vgl. Karl Dietrich Bracher, Geschichte und Gewalt. Zur Politik im 20. Jahrhundert, Berlin 1981, insbes. S. 51-65; ders., Zeit der Ideologien. Eine Geschichte politischen Denkens im 20. Jahrhundert, Stuttgart 1982, insbes. S. 253-267.
112 So Hans-Ulrich Wehler, Geschichtswissenschaft heute, in: Jürgen Habermas (Hrsg.), Stichworte zur ‚Geistigen Situation der Zeit', 2. Band: Politik und Kultur, Frankfurt/M. 1979, S. 722.
113 Freilich hat er sich in erster Linie mit dem nationalsozialistischen Totalitarismus befaßt. Vgl. zuletzt Karl Dietrich Bracher, Die totalitäre Verführung. Probleme der Nationalsozialismusdeutung, in: Dieter Albrecht/Hans Günter Hockerts/Paul Mikat/Rudolf Morsey (Hrsg.), Politik und Konfession. Festschrift für Konrad Repgen zum 60. Geburtstag, Berlin 1983, S. 341-358. Der Beitrag ist wiederabgedruckt in der 5. Auflage der „Zeitgeschichtlichen Kontroversen" (FN 98), S. 119-138.

In der Studie über die „totalitäre Verführung"[114] geißelt Revel den kommunistischen Totalitarismus. Er wirft demokratischen Sozialisten vor, sie grenzten sich nicht deutlich genug von den im Osten praktizierten Systemen des Marxismus-Leninismus ab. Im Gegenteil: Es gäbe ein Verlangen nach Totalitarismus, dem sich viele Intellektuelle nicht entziehen könnten. Diese These bildet gleichsam das Leitmotiv des Buches.

Man fühlt sich beim Lesen des Buches nachhaltig an das schon in den fünfziger Jahren erschienene Werk *Raymond Arons* „Opium für Intellektuelle" erinnert.[115] Aron versuchte damals folgende Fragen zu beantworten: „Warum kommt der Marxismus in einem Frankreich wieder in Mode, dessen wirtschaftliche Entwicklung die Voraussagen des Marxismus widerlegt hat? Warum haben die Ideologien des Proletariats und der Partei einen um so größeren Erfolg, je kleiner die Zahl der der Arbeiterklasse Angehörenden ist? Welche Umstände beeinflussen Sprechweise, Gedanken und Handlungen der Intellektuellen in den verschiedenen Ländern?"[116] Die Ähnlichkeit der Fragestellungen wie die Argumentationsstruktur ist verblüffend, mag Revel auf Aron auch nicht verweisen.

Revel geht nur unzureichend auf die Ursachen ein, wie sich die Attraktivität totalitärer Ideologien erklären läßt. Insofern bleibt die Studie vorwiegend phänomenologisch. Zum einen beruhe die Sehnsucht nach Totalitarismus einfach auf dem Wunsch nach sozialer Gerechtigkeit, ohne daß man sich Rechenschaft darüber ablege, zu welchen Konsequenzen Klassenkampf führen könne. Zum andern basiere das Verlangen nach Totalitarismus auf der Erkenntnis, daß ein Totalitarismus, der nur als vorübergehende Erscheinung angesehen wird, noch immer besser sei als die gegenwärtige Gesellschaft.

Tatsächlich aber sei der Glaube an eine Wandlung des Kommunismus eine Illusion. Dieser bleibe immer Stalinismus: „Nicht das stalinistische System variiert, sondern die mehr oder weniger große Rigidität, mit der es angewandt wird. Man kann nicht ständig alle Leute erschießen oder internieren . . . Chruschtschow und Breschnew sind nicht weniger stalinistisch als Stalin, und zwar in dem Sinne, daß sie eine Ordnung aufrechterhalten haben . . . der Polizeiapparat, die willkürlichen Verhaftungen, die Lager, das ganze totalitäre System der Kontrolle über Personen und Gedanken dau-

---

114 Jean-François Revel, Die totalitäre Versuchung (Originalausgabe: „La tentation totalitaire", Paris 1975), Frankfurt a.M. u.a. 1976, 302 S. (Ullstein Verlag).
115 Vgl. Raymond Aron, Opium für Intellektuelle oder Die Sucht nach Weltanschauung, Köln/Berlin 1957.
116 Ebd., S. 9.

ert fort" (S. 25). Hier wird man — jedenfalls teilweise — Widerspruch anmelden müssen. Wer zwischen dem Stalinismus und der Chruschtschow- und Breschnew-Ära keine Unterschiede sieht, läßt wohl mangelndes Differenzierungsvermögen erkennen. Kann man wirklich sagen, in der Geschichte der kommunistischen Systeme sei nicht der „geringste Keim einer angeborenen Tendenz zur Liberalisierung" (S. 43) auszumachen? Vielleicht nicht „angeborene", aber aufgrund innerer und äußerer Umstände „erzwungene" Tendenzen. In der Tat hat Milovan Djilas, einst enger Mitarbeiter von Tito, nicht Unrecht, wenn er konstatiert: „In keinem einzigen osteuropäischen Staat ist mehr ein leninistischer Totalitarismus in *Reinkultur* zu finden, auch wenn alle noch starke totalitäre Elemente aufweisen"[117]. Und auch über die Sowjetunion kommt er zu dem Ergebnis, daß sie weiterhin danach strebt, „anderen Völkern den Totalitarismus aufzunötigen, zumindest jenen, die sie in ihren militärischen Machtbereich gezwungen hat. Doch selbst in der Sowjetunion hat sich die Zahl der Konzentrationslager stalinistischer Prägung (Gulag) verringert . . . Sicher, die Menge der politischen Delinquenten kann in Zehntausenden gezählt werden, und die Verhältnisse in den ‚Umerziehungs'-Arbeitslagern sind mit westlichen Gefängnissen kaum zu vergleichen. Dennoch haben sich die Verhältnisse, gemessen an stalinistischen Zeiten, in denen Millionen Lagerinsassen den Kugeln willkürlicher Funktionäre oder dem Hunger- oder Erschöpfungstod ausgeliefert waren, beträchtlich geändert"[118].

Revel definiert Totalitarismus im Prinzip nicht und sieht ihn als Widerpart zu Demokratie. Er kehrt nachdrücklich die Unterschiede zwischen demokratischen und diktatorischen Systemen heraus. Ein „liberaler Kommunist" sei ein „Fabeltier" (S. 35). Bei Revel fällt häufig eine unbestimmte und generalisierende Form der Argumentation auf. Die Fügsamkeit nichtkommunistischer Länder hatte zur Folge, daß „man (!) sich allmählich daran gewöhnt, die grundlegenden Merkmale des Totalitarismus für sekundär und episodisch zu halten und auf jeden Fall für sehr viel weniger ernst als die Unzulänglichkeiten des Kapitalismus" (S. 34). Wer ist „man"? Offenkundig zielt Revels Buch auf die nichtkommunistische Linke in Frankreich, die der Autor vor einem Bündnis mit den Kommunisten warnt. Stattdessen empfiehlt er ihr den sozialdemokratischen

---

117 Milovan Djilas, Die Auflösung des Leninistischen Totalitarismus, in: Hasselblatt (FN 62), S. 189 (Hervorhebung von Djilas). Allerdings widerspricht sich Djilas wenig später selbst, da der Totalitarismus Albaniens heutzutage „in einigen seiner Erscheinungsformen . . . sogar noch ‚totaler' (ist) als der sowjetische zu Zeiten Stalins" (ebd., S. 195).
118 Ebd., S. 189.

Weg. Das Buch des Sozialisten Revel ist durch und durch antikommunistisch. Seine Kritik an den französischen Kommunisten hat sich nach mehr als einem halben Jahrzehnt im Kern als richtig erwiesen. Dagegen ist manch ein anderer Beitrag zum französischen „Eurokommunismus" inzwischen Makulatur geworden.

So scharfsinnig Revels Analyse in vielen Teilen auch ist (man denke etwa an seine Kritik gegenüber undifferenziertem Antiamerikanismus, so merkwürdig unhistorisch nimmt sich sein Ausblick an: Die Demokratie könne auf Dauer dem Kommunismus wohl nicht standhalten. Mag sein, daß Revel hier eine Funktion als advocatus diaboli wahrnimmt. Jedenfalls überbewertet er die Stärke des Kommunismus (es ist auffallend wenig von den dortigen Krisenerscheinungen die Rede) und unterschätzt die Widerstandsfähigkeit westlicher Systeme.[119] Offenbar ist Revel zu sehr auf die französischen Verhältnisse fixiert. Bei Revels Arbeit handelt es sich weniger um eine wissenschaftliche, als vielmehr um eine politische Studie. Sie ist insbesondere zwei Typen von Lesern zu empfehlen: Denjenigen, die noch immer glauben, der Marxismus-Leninismus sei im Kern human, eine innenpolitische Zusammenarbeit mit ihren Repräsentanten also erstrebenswert — aber auch jenen, die sehr schnell dabei sind, die Grenzen zwischen demokratischem Sozialismus und Kommunismus zu verwischen.


## Fazit und Perspektiven der Forschung

Mustert man die Literatur der letzten Jahre durch, so läßt sich die weitverbreitete Meinung, die Totalitarismustheorie werde in der Forschung überwiegend abgelehnt, nicht (mehr) aufrechterhalten. Die Tendenzen, den Totalitarismusbegriff aus dem wissenschaftlichen Sprachgebrauch zu streichen, sind rückläufig. Totalitarismus ist kein polemischer „Kampfbegriff" zur Diskreditierung anderer Anschauungen, Interessen und Ideologien. So braucht es nicht zu verwundern, wenn renommierte Forscher wie Karl Dietrich Bracher, Bernard Crick, Ossip K. Flechtheim[120], Leszek Kola-

---

119 Vgl. jüngst auch das Werk von Jean-François Revel, Comment les democraties finissent, Paris 1983; siehe ebenfalls André Glucksmann, La force du vertige, Paris 1983 (jetzt auf deutsch erschienen: Philosophie der Abschreckung, Stuttgart 1984). Immer mehr (ehemalige) Sozialisten greifen in Frankreich das Totalitarismuskonzept auf.
120 Vgl. Bernard Crick, Grundformen politischer Systeme. Eine historische Skizze und ein Modell, München 1975, S. 87-92; Ossip K. Flechtheim, Faschismus, Nationalsozialismus, Kommunismus und Stalinismus, in: Vorgänge 16 (1977), Nr. 26, S. 70-78.

kowski, Juan Linz, Ernst Nolte, Leonard Schapiro den Totalitarismusbegriff nicht verwerfen.[121] Daß diese Auffassung geteilt wird, ist kein Kotau vor Autoritäten.

Vornehmlich folgende Argumente sprechen dafür, an diesem vielgescholtenen Begriff festzuhalten: (1) Der Totalitarismus stellt nach wie vor eines der bedrohlichsten Phänomene der Gegenwart dar. Bei aller Wandlungsfähigkeit kommunistischer Systeme — der Anspruch der Sowjetunion, ihren Herrschaftsbereich mit Gewalt zusammenzuhalten (z.B. CSSR, Polen) und sogar auszudehnen (z.B. Angola, Äthiopien, Afghanistan), ist offenkundig. Mögen gegenwärtig auch terroristische Wesensmerkmale zurückgedrängt worden sein, so wird auf den Versuch der Internalisierung des kommunistischen Wertsystems nicht verzichtet, nicht auf die Monopolisierung der politischen Willensbildung, nicht auf die Propagierung des „neuen Menschen" und auch nicht auf die Pflicht der Bürger zur „massenhaften" Akklamation — Kriterien, die ein politisches System als totalitär ausweisen. (2) Der Totalitarismusbegriff gehört in den Bereich der Staatsformenlehre. Der Begriff stellt auf die Herrschaftstechnik und -struktur ab. Er ist daher durch andere Konzepte wie das der Industriegesellschaft oder durch immanente Theorien nicht zu ersetzen (wohl aber zu ergänzen). Der Begriff „Autoritarismus" ist unzureichend, um alle Abstufungen der Diktaturen erfassen zu können.[122]

Die vielfach zu beobachtende Abkehr vom Totalitarismuskonzept in den sechziger und siebziger Jahren beruhte nicht nur auf der Perzeption von Wandlungen im kommunistischen Machtbereich und den damit im Zusammenhang stehenden Tendenzen der Entspannungspolitik. Wichtig hierfür war auch eine Überbewertung soziologisch-ökonomischer und eine Unterschätzung institutioneller Ansätze. So haben Theorien der Industriegesellschaft durchaus einen heuristischen Wert, wenn man sich über ihre Reichweite Rechenschaft ablegt. Der eine Ansatz schließt den anderen nicht aus.

Die Kritik an der Reichweite des Ansatzes gilt natürlich auch für das Totalitarismuskonzept. Im Hinblick auf eine differenzierte Verwendung sollte dieser Einschränkung Rechnung getragen werden.

---

121 Vgl. etwa auch Maurice Cranston, Should we cease to speak of Totalitarianism?/Patric O'Brien, Constitutional Totalitarianism, jeweils in: Survey 23 (1977/78), Nr. 3, S. 62-69 und S. 70-80. Beide Autoren verteidigen prinzipiell die Konzeption des Totalitarismus.
122 Für die Analyse der Einparteiensysteme glauben die meisten Autoren in folgendem Standardwerk allerdings ohne den Totalitarismusansatz auskommen zu können: Samuel P. Huntington/Clement H. Moore (Hrsg.), Authoritarian Politics in Modern Society. The Dynamics of Established One-Party Systems, New York/London 1970.

Der Totalitarismusansatz kann nämlich schwerlich die Entstehung, die Entwicklung und den Verfall totalitärer Staaten erklären. Bracher glaubt den Nutzen der Totalitarismustheorie u.a. damit zu rechtfertigen, daß sie Antworten auf die Frage nach der Entstehung, der Selbstinterpretation und der Wandlung von Diktaturen liefert.[123] Sollte der Anspruch des Ansatzes nicht begrenzter sein?[124] Wird dieser ansonsten nicht überfrachtet? Die Stärke des Totalitarismuskonzepts liegt darin, Ähnlichkeiten und Parallelen im Herrschaftsaufbau und -anspruch von Diktaturen unterschiedlichster Couleur aufzuzeigen. Dabei spielt es überhaupt keine Rolle, welche Ziele diese Diktaturen verfolgen oder zu verfolgen vorgeben. Mit den Prinzipien eines demokratischen Verfassungsstaates haben sie nichts gemein. Rechte und linke Diktaturen sind einerseits weit voneinander entfernt und andererseits doch benachbart — wie die Enden eines Hufeisens.

Das Totalitarismuskonzept kann durch den Rekurs auf die unterschiedliche Ideologie rechter und linker Systeme nicht erschüttert werden. Abgesehen davon, daß es sich ohnehin auf Herrschaftsstrukturen beschränkt, fällt ein bezeichnender Widerspruch auf: Einerseits unterscheidet sich für einen Teil der Kritik die Ideologie des Marxismus-Leninismus von der des Nationalsozialismus beträchtlich. Schon von daher verbietet sich ein Vergleich oder gar eine Identifizierung. Andererseits ist von einigen Kritikern wie etwa Peter Christian Ludz ins Feld geführt worden, die kommunistische Ideologie sei längst zu einer Leerformel degeneriert, besitze vor allem eine Rechtfertigungsfunktion. Die These von der Relevanz der Ideologie sei aufgrund der Veränderung des sozialen Prozesses eine Schimäre. Wenn dem so ist, dann kann das Argument der „hehren Ziele" nicht mehr „greifen".[125]

Es ist natürlich ebenso legitim, sich ausschließlich auf „linke" („Kommunismusforschung") oder nur auf „rechte" Systeme („Faschismusforschung") zu konzentrieren.[126] Problematisch aber wird es, wenn eine „schiefe Schlachtordnung" aufgestellt und die

123 Vgl. Bracher (FN 98), S. 39-41.
124 Im Jahre 1969 hatte dies Bracher noch eingeräumt, indem er eigens „die Grenzen ihrer Anwendbarkeit" (der Totalitarismustheorie wie der Faschismustheorie) betont hat. So ders., Die deutsche Diktatur (FN 95), S. 533.
125 Bezeichnenderweise wird Ludz von einer orthodox-marxistischen Position aus heftig kritisiert. Vgl. etwa Cless (FN 79), S. 104-115.
126 Das Problem, ob „Faschismus" ein angemessener Terminus ist, soll hier ausgeblendet bleiben. Für eine gleichzeitige Verwendung der Begriffe „Faschismus" und „Totalitarismus" plädiert Karl Dietrich Erdmann, Nationalsozialismus — Faschismus — Totalitarismus, in: GWU 27 (1976), S. 457-469.

Grenze zwischen Demokratie und Diktatur verwischt wird. Diese Interpretation gilt etwa für diejenigen, welche einen engen Zusammenhang zwischen dem Liberalismus und Faschismus konstruieren.[127] Sie trifft aber auch für jene zu, die im demokratischen Sozialismus totalitäre Elemente auszumachen meinen oder die sozialistischen Elemente im Nationalsozialismus überbetonen.[128]

Bei diesen mit zweierlei Maß messenden Interpretationen geht der bedeutsame Gedanke verloren, daß der Totalitarismus keineswegs ausschließlich auf einer Seite des politischen Spektrums zu suchen ist — ein Fehler, der nicht nur bei Politikwissenschaftlern, sondern auch bei Politikern der Vergangenheit und Gegenwart gang und gäbe war. So wurde der „Preußen-Schlag" im Juli 1932 von Reichskanzler Papen verhängnisvollerweise u.a. damit begründet, daß die bisherige Regierung die NSDAP in Preußen ebenso bekämpft habe wie die KPD: „Weil man sich in maßgebenden politischen Kreisen nicht dazu entschließen kann, die politische und moralische Gleichsetzung von Kommunisten und Nationalsozialisten aufzugeben, ist jene unnatürliche Frontenbildung entstanden, die die staatsfeindlichen Kräfte des Kommunismus in eine Einheits-

---

127 Typisch hierfür Reinhard Kühnl, Formen bürgerlicher Herrschaft. Liberalismus — Faschismus, Reinbek bei Hamburg 1971; siehe auch ders., Rechts und links als politische Grundkategorien, in: Blätter für deutsche und internationale Politik 12 (1967), S. 1166-1176. Es braucht nicht zu erstaunen, daß aus dieser Richtung der „real existierende Sozialismus" gänzlich unkritisch „analysiert" wird. Vgl. etwa Peter Brokmeier/Rainer Rilling (Hrsg.), Beiträge zur Sozialismusanalyse, Bd. 1-3, Köln 1978-1981. Die Herausgeber gehen von der Entwicklung „eines einheitlichen Geschichtsprozesses (aus): der Ablösung des Kapitalismus durch den Sozialismus" (ebd., Bd. 1, S. 7). Siehe auch Reinhard Opitz, Zur Entwicklungsgeschichte der Totalitarismustheorie, in: Frank Deppe/Willi Gerns/Heinz Jung (Hrsg.), Marxismus und Arbeiterbewegung. Josef Schleifstein zum 65. Geburtstag, Frankfurt a.M. 1980, S. 106-122. Der Autor bringt es fertig, die Diskussion um den „polykratischen Charakter" des Dritten Reiches so zu verzeichnen, daß sie bei ihm zu „praktischer Faschismusrehabilitierung" gerinnt. Da die westliche Forschung „Pluralismus" im Faschismus nachgewiesen habe, sei „tendenziell der Sozialismus als einziger ,Totalitarismus' übrig (ge)blieb(en)" (ebd., S. 117).
128 Von dieser Gefahr ist nicht ganz frei Georg Stadtmüller, Sozialismus — National-Sozialismus — Faschismus, hrsg. von der Hanns-Seidel-Stiftung, o.O. 1981. Maßgebliche Persönlichkeiten der CSU wie Stoiber haben 1979/80 recht plakativ die sozialistischen Züge im Nationalsozialismus herausgestellt.

front gegen die aufstrebende Bewegung der NSDAP einreiht.[129]

Die Politikwissenschaft gerät in eine Sackgasse, wenn sie Theorien abstrakt erörtert — sei es, daß sie sie verteidigt, sei es, daß sie sie verwirft. Denn deren Plausibilität muß sich an der politischen Wirklichkeit verifizieren oder falsifizieren lassen, artet doch der Streit um den Totalitarismusansatz sonst letztlich in einer bloßen Glaubensfrage aus. Es ist eine Schwäche der gegenwärtigen Forschung, daß die Diskussion über den Totalitarismus, sofern sie ohnehin nicht bloß im Bereich der politischen Theorie bleibt, häufig nur am Beispiel des Nationalsozialismus, des Faschismus und des Stalinismus geführt wird. Wenn es aber stimmt, daß der Totalitarismus nach wie vor vorhanden ist, müßten Studien über derartige Systeme vorgelegt werden. Dabei darf sich der Untersuchungsgegenstand nicht auf den kommunistischen Herrschaftsbereich[130] beschränken.[131] Inwiefern weisen, beispielsweise, Iran und Chile totalitäre Syndrome auf? Theoretisch anspruchsvolle Studien über einzelne Diktaturen sind ein Desiderat der Forschung.[132]

129 Zitiert nach Michaelis/Schraepler (Hrsg.), Ursachen und Folgen. Vom deutschen Zusammenbruch 1918 und 1945 bis zur staatlichen Neuordnung Deutschlands in der Gegenwart. Eine Urkunden- und Dokumentensammlung zur Zeitgeschichte, Bd. 8, Berlin o. J., S. 575.
130 Vgl. den Literaturbericht von Werner Cohn, Perspectives on Communist Totalitarianism, in: Problems of Communism 29 (1980), Nr. 5, S. 68-73. Der Autor konstatiert, daß die Sowjetunion und andere osteuropäische Staaten nach wie vor zu Recht als „totalitär" klassifiziert werden. Er meldet allerdings Zweifel an, ob es richtig sei, wie das in zahlreichen Arbeiten geschieht, die Volksrepublik China von dieser Kategorisierung auszunehmen. Siehe dagegen Peter R. Moody, Law and Heaven: The Evolution of Chinese Totalitarianism, in: Survey 24 (1979), S. 116-132. Moody interpretiert die Entwicklung in der Volksrepublik China nach Maos Tod in dem Sinne, daß sich die totalitäre Struktur immer mehr auflöst.
131 Insofern sehr fragwürdig: Helmut L. Müller, George Orwell war nicht allein. Eine literarische Totalitarismustheorie, in: Die Politische Meinung 28 (1983), Heft 210, S. 94: „In der Wissenschaft wird heute allgemein anerkannt, daß man den Begriff des Totalitarismus nur mit einer gewissen Vorsicht auf die sowjetischen Systeme anwenden kann". Wenn das richtig wäre, gäbe der nächste Satz keinen Sinn: „Aber politisch bleibt für den Anhänger der freiheitlichen Demokratie der Totalitarismus jeglicher (!) Couleur das Gegenbild zum liberalen politischen System, das er bewahren will" (ebd., S. 94).
132 Vgl. etwa den Vergleich der drei größten totalitären Bewegungen des zwanzigsten Jahrhunderts durch V.W. Cassinelli, Total Revolution. A Comparative Study of Germany under Hitler, the Soviet Union under Stalin, and China under Mao, Santa Barbara/Oxford 1976.

Mittels interpretatorischer Überdehnung verliert der Totalitarismusansatz an Trennschärfe. Diesen Vorwurf muß sich etwa *Hans Karl Rupp* gefallen lassen, der auf totalitäre Tendenzen (wie etwa Manipulationsmechanismen) in westlichen Gesellschaften verweist und damit die Aktualität des Totalitarismusbegriffs belegen will.[133] So aber zeichnet sich der Begriff durch denunziatorische Vagheit aus und eignet sich zur nichtssagenden verbalen „Allzweckwaffe".

Für eine Typologie der Herrschaftsformen bleibt der Unterschied zwischen Demokratie und Diktatur nach wie vor ausschlaggebend.[134] Aber angesichts der Vielfalt der Formen von Diktaturen bedarf es einer Differenzierung.[135] Dabei sind etwa die Kategorien nützlich, die Juan Linz zur Unterscheidung autoritärer und totalitärer Staaten gebildet hat. Natürlich sind die Grenzen fließend, strenge Scheidelinien schwerlich möglich. Eine empirische Analyse wird dabei ergeben, daß der technische Fortschritt für die Entwicklung des Totalitarismus ambivalenter Natur ist. Einerseits schafft er für ihn die Voraussetzung (durch Massenpropaganda beispielsweise), andererseits mag er eine Abkehrung von ihm begünstigen (z.B. durch die zunehmende Orientierung an wissenschaftlichen Erkenntnissen).[136]

Das Totalitarismuskonzept ist in erster Linie ein phänomenologischer Ansatz. Es kann jedenfalls keine eindeutigen Aussagen über die weitere Entwicklung liefern. Daß die totalitären Staaten immer totalitärer werden, war ja eine jener fragwürdigen (und später revidierten) Thesen Friedrichs. Und ein totalitäres System muß nicht notwendigerweise, wie dies Peter Christian Ludz meinte, in ein autoritäres münden. Ein „Gesetz der Veralltäglichung der Revolution"[137] gibt es wohl nicht. Auch andere Historizismen — sei es, daß sie kulturpessimistischer Natur sind und eine „Dekadenz des Westens" konstatieren, sei es, daß sie den fortschreitenden „Zerfall des Ostens" auszumachen meinen — sind nicht empirisch abge-

133 Vgl. Rupp (FN 17), S. 179-186.
134 Vgl. auch Paul Kevenhörster, Eine unbequeme Alternative. Demokratische und totalitäre Herrschaft. Zur Kongruenz von linkem und rechtem Totalitarismus, in: ZfP 21 (1974), S. 61-67.
135 Daher wird hier auch der Vorschlag von Hans Kremendahl verworfen, „Totalitarismus" durch den weniger emotionsgeladenen Begriff „Monismus" zu ersetzen, der „totalitäre" und „autoritäre" Systeme abdecken soll. Vgl. Hans Kremendahl, Pluralismustheorie in Deutschland. Entstehung, Kritik, Perspektiven, Leverkusen 1977, S. 218 f.
136 Vgl. Zbigniew Brzezinski, Dysfunctional Totalitarianism, in: Klaus von Beyme (Hrsg.), Theory and Politics. Festschrift zum 70. Geburtstag für Carl Joachim Friedrich, Den Haag 1971, S. 375-389.
137 So Jänicke (FN 22), S. 233.

sichert: ,,Noch ist der Kampf zwischen den Weltprinzipien Freiheit und Knechtschaft (Tocqueville) unentschieden, nicht mehr und nicht weniger. Sein Ausgang hängt jedesmal an der Bereitschaft, der ideologischen Verführung zum Totalitären zu widerstehen, und an der Fähigkeit, die Fehlbarkeit des Menschen und seiner Welt durch das immer erneute Bemühen um eine Ordnung der friedlichen Kompromisse auszugleichen – und darin nicht nur ein notwendiges Übel, sondern einen höheren Wert zu erkennen, als in jenen Verheißungen eines Paradieses auf Erden, mit denen seit je menschenwürdige Gewalt gerechtfertigt und freie Gemeinwesen zerstört werden".[138] Es ist weder eine manichäistische Vereinfachung noch eine ideologieträchtige Idealisierung der ,,freien Welt", wenn immer wieder darauf hingewiesen wird, wodurch sich die ca. dreißig Demokratien[139] von der Vielzahl der Diktaturen unterscheiden, mag zuweilen auch in der Vergangenheit der Kommunismus simpel als ,,roter Faschismus" bezeichnet worden sein.[140]

---

138 Bracher, Zeit der Ideologien (FN 111), S. 396.
139 Vgl. hierzu Georg Brunner, Vergleichende Regierungslehre. Ein Studienbuch. Bd. 1, Paderborn 1979, S. 89-99.
140 Vgl. die Belege bei Les K. Adler/Thomas G. Paterson, Red Fascism: The Merger of Nazi Germany and Soviet Russia in the American Image of Totalitarianism, 1930's-1950's, in: AHR 75 (1970), S. 1046-1064. Allerdings kommt hier zu kurz, daß damals auch differenziertere Sichtweisen vertreten wurden.

# Rechtsextremismus:

Neuere Tendenzen und Diskussionen

*Hein Stommeln,* Neonazismus in der Bundesrepublik Deutschland. Eine Bestandsaufnahme (= Reihe Demokratische Verantwortung, Bd. 1), Bonn 1979, 93 S. (Hohwacht Verlag).
*Hartmut Herb/Jan Peters/Mathias Thesen,* Der Neue Rechtsextremismus. Fakten und Trends, Lohra-Rodenhausen 1980, 194 S. (Winddruck Verlag).
*Rudolf Schneider,* Die SS ist ihr Vorbild. Neonazistische Kampfgruppen und Aktionskreise in der Bundesrepublik, mit Beiträgen von Heinz Brüdigam, Max Oppenheimer und Helmut Stein, hrsg. vom Präsidium der VVN-Bund der Antifaschisten, Frankfurt a.M. 1981, 208 S. (Röderberg Verlag).
*Heinz-Werner Höffken/Martin Sattler,* Rechtsextremismus in der Bundesrepublik. Die „Alte", die „Neue" Rechte und der Neonazismus, völlig neu überarbeitete Ausgabe, Opladen 1980, 117 S. (Leske Verlag & Budrich GmbH).
*Wolfgang Benz (Hrsg.),* Rechtsradikalismus: Randerscheinung oder Renaissance?, Frankfurt a.M. 1980, 283 S. (Fischer Taschenbuch Verlag).
*Paul Lersch (Hrsg.),* Die verkannte Gefahr. Rechtsradikalismus in der Bundesrepublik, Hamburg 1981, 288 S. (Rowohlt Taschenbuch Verlag).
*Gewalt von rechts.* Beiträge aus Wissenschaft und Publizistik, hrsg. vom Referat „Öffentlichkeitsarbeit gegen Terrorismus" im Bundesministerium des Innern, Bonn 1982, 304 S. (Verlag, Druck- und Offsetdruckerei A. Bernecker).
*PDI (Hrsg.),* Bericht über neonazistische Aktivitäten 1978. Eine Dokumentation (= PDI-Taschenbuch 1), München 1979, 208 S. (Information Verlagsgesellschaft).
*PDI (Hrsg.),* Bericht über neonazistische Aktivitäten 1979. Eine Dokumentation (= PDI-Taschenbuch 6), München 1980, 239 S. (Information Verlagsgesellschaft).
*Franz Greß/Hans-Gerd Jaschke,* Rechtsextremismus in der Bundesrepublik nach 1960. Dokumentation und Analyse von Verfassungsschutzberichten (= PDI-Sonderheft 18), München 1982, 78 S. (Information Verlagsgesellschaft).

*Peter Dudek/Hans-Gerd Jaschke,* Die Deutsche Nationalzeitung. Inhalt, Geschichte, Aktionen (= PDI-Taschenbuch 8), Vorwort von MdB Ernst Waltemathe, München 1981, 255 S. (Information Verlagsgesellschaft).

*PDI (Hrsg.),* Die Volkssozialistische Bewegung Deutschlands — Sammelbecken militanter Rechtsradikaler (= PDI-Sonderheft 17), München 1981, 80 S. (Information Verlagsgesellschaft).

*Michael Bosch (Hrsg.),* Antisemitismus, Nationalsozialismus und Neonazismus, Düsseldorf 1979, 152 S. (Pädagogischer Verlag Schwann).

*Peter Dudek/Hans-Gerd Jaschke,* Jugend rechtsaußen. Essays, Analysen, Kritik, Bensheim 1982, 165 S. (päd. extra buchverlag).

*Arno Winkler,* Neofaschismus in der BRD. Erscheinungen, Hintergründe, Gefahren, Berlin (Ost) 1980, 160 S. (Dietz Verlag).

*5 Millionen Deutsche:* „Wir sollten wieder einen Führer haben...". Die SINUS-Studie über rechtsextremistische Einstellungen bei den Deutschen, mit einem Vorwort von Martin Greiffenhagen, Reinbek bei Hamburg 1981, 140 S. (Rowohlt Taschenbuch Verlag).

*Werner Habermehl,* Sind die Deutschen faschistoid? Ergebnisse einer empirischen Untersuchung über die Verbreitung rechter und rechtsextremer Ideologien in der Bundesrepublik Deutschland, Hamburg 1979, 253 S. (Hoffmann und Campe Verlag).

*Klaus Sochatzy und Mitarbeiter,* Parole: rechts! Jugend, wohin? Neofaschismus im Schülerurteil. Eine empirische Studie, Frankfurt a.M. 1980, 304 S. (R.G. Fischer Verlag).

*Jürgen Pomorin/Reinhard Junge,* Vorwärts, wir marschieren zurück. Die Neonazis, Teil 2, Dortmund 1979, 199 S. (Weltkreis Verlag).

*Friedrich-Wilhelm Haack,* Wotans Wiederkehr. Blut-, Boden- und Rasse-Religion, München 1981, 255 S. (Claudius Verlag).

*Günther Bernd Ginzel,* Hitlers (Ur-)enkel. Neonazis: ihre Ideologien und Aktionen, 3. Aufl., Düsseldorf 1983, 155 S. (Droste Verlag).

*Werner Filmer/Heribert Schwan,* Was von Hitler blieb. 50 Jahre nach der Machtergreifung, Frankfurt a.M./Berlin/Wien 1983, 240 S. (Verlag Ullstein GmbH).

*Gerhard Paul/Bernhard Schoßig (Hrsg.),* Jugend und Neofaschismus. Provokation oder Identifikation?, Frankfurt a.M. 1979, 232 S. (Europäische Verlagsanstalt).

*Alwin Meyer/Karl-Klaus Rabe,* Unsere Stunde, die wird kommen. Rechtsextremismus unter Jugendlichen, Bornheim-Merten 1979, 286 S. (Lamuv Verlag).

*Karl-Klaus Rabe (Hrsg.),* Rechtsextreme Jugendliche. Gespräche mit Verführern und Verführten, Bornheim-Merten 1980, 252 S. (Lamuv Verlag).

*Peter Dudek/Hans-Gerd Jaschke,* Revolte von Rechts. Anatomie einer neuen Jugendpresse, Frankfurt a.M./New York 1981, 191 S. (Campus Verlag).
*Ekkehard Launer/Eckhart Pohl/Eckhard Stengel (Hrsg.),* Rechtsum zum Abitur oder: Wie braun dürfen Lehrer sein? Dokumentiert am Beispiel des Grotefend-Gymnasiums Hannoversch-Münden, 2. Aufl., Göttingen 1979, 191 S. (Steidl Verlag).
*Gerald Wagener,* Ein rechtsradikaler Jugendlicher berichtet: „... Ich heiße Gerald Wagener ... ". Vorwort von Horst Richter, Berlin 1981, 94 S. (dvk-Verlag).
*Karl-Heinz Pröhuber,* Die Nationalrevolutionäre Bewegung in Westdeutschland, Hamburg 1980, 288 S. (Verlag Deutsch-Europäischer Studien).
*Jan Peters (Hrsg.),* Nationaler „Sozialismus" von rechts, Berlin 1980, 269 S. (Verlag Klaus Guhl).

## Zur Entwicklung des Rechtsextremismus und der Rechtsextremismus-Literatur in der Bundesrepublik Deutschland

Nach einem langen Zeitraum relativer Ruhe haben die gewalttätigen Aktionen rechter Extremisten vor allem während der letzten fünf Jahre bedenkliche Formen angenommen. Eine Serie von Attentaten mit zum Teil tödlicher Wirkung gipfelte in der Detonation einer Bombe auf dem Münchener Oktoberfest 1980, die 12 Menschen auf der Stelle tötete und zahlreiche, teilweise lebensgefährlich Verletzte forderte. Der Mord an zwei Schweizer Grenzbeamten im Dezember 1980 geht ebenfalls auf das Konto eines rechtsextremen Täters.[1] Im November 1981 erregte der Fund eines umfangreichen rechtsextremen Waffendepots großes Aufsehen. Auch in den Jahren 1982 und 1983 hat die Polizei nicht unerhebliche Mengen an Waffen, Sprengstoff und Munition aus neonazistischen Beständen sicherstellen können.[2] Im Juni 1982 erschoß der Neonazi Helmut Oxner drei Ausländer, drei weitere Ausländer wurden durch Schüsse zum Teil schwer verletzt. Unmittelbar nach der Tat beging Oxner Selbstmord.[3] Im Februar 1983 verhaftete die Polizei eine Gruppe mutmaßlicher Rechtsterroristen, denen unter anderem Sprengstoffanschläge gegen amerikanische Soldaten zur Last gelegt werden.[4]

---

1 Eine ausführliche Aufstellung rechtsextremer Gewalttaten im Jahre 1980 bietet der VSB 1980, S. 43-50. Der Bericht nennt für dieses Jahr 113 Gewalttaten (1979: 97).
2 Vgl. VSB 1982, S. 125.
3 Vgl. ebd., S. 122-124.
4 Vgl. „Polizei entdeckt Waffendepot", in: SZ v. 23. Februar 1983, S. 1f.

Während noch vor wenigen Jahren eine extremistische Gefahr mit Linksextremismus nahezu identifiziert und der Rechten vielfach Handlungsunfähigkeit attestiert wurde[5], hat sich diese Einschätzung heute gewandelt. Die Wahlergebnisse rechtsextremer – wie auch linksextremer – Organisationen sind seit Jahren so gering, daß sie durchaus vorhandene Gefahren nicht widerzuspiegeln vermögen. Die Mitgliederzahlen rechtsextremer Jugendorganisationen erreichten jedoch in den 70er Jahren ein höheres Niveau als im vorhergehenden Jahrzehnt.[6] Dies ist deshalb eine beachtenswerte Tatsache, da gleichzeitig die Gesamtzahl organisierter Rechtsextremisten abnahm. Zwar sind die Zahlen neonazistischer Aktivisten keineswegs spektakulär; zudem konnte für 1983 – nach dem Höhepunkt von 1850 im Jahre 1981 – nur mehr 1400 Personen

---

5 Vgl. z.B. Erwin K. Scheuch, Politischer Extremismus in der Bundesrepublik, in: Richard Löwenthal/Hans-Peter Schwarz (Hrsg.), Die zweite Republik. 25 Jahre Bundesrepublik Deutschland – eine Bilanz, Stuttgart-Degerloch 1974. Scheuch äußert sich folgendermaßen: ,,Sozialstrukturelle Betrachtungen lassen erwarten, daß tendenziell die Neigung zu rechtsextremistischen Protestbewegungen im Vergleich zu linksextremistischen Bewegungen zurückgehen müßte" (S. 451). Hans Günther Merk konnte die Presseberichterstattung – mit Recht – noch als Überreaktion deuten: Hans Günther Merk, Was ist heute Extremismus? Die Bedrohung des Staates von links und rechts, in: Manfred Funke (Hrsg.), Extremismus im demokratischen Rechtsstaat. Ausgewählte Texte und Materialien zur aktuellen Diskussion, Bonn 1978, S. 127-146, 134. Ebenso: Hans Josef Horchem, Der Rechtsextremismus in der Bundesrepublik Deutschland. Stationen, Situationen und Ausblick, in: BzK 9 (1979), H. 3, S. 85-97, 96. Die VSB der Jahre 1975-1979 verneinten eine Gefahr von rechts klar: VSB 1975, S. 4; VSB 1976, S. 4; VSB 1977, S. 4; VSB 1978, S. 4; VSB 1979, S. 3. Der VSB 1980 weist erstmals nachdrücklich auf die Gefahr einer ,,gestiegenen Gewaltbereitschaft" hin (S. 3).
6 Vgl. die verdienstvolle Datenzusammenstellung bei Greß/Jaschke (FN 58), S. 9.

entsprechende Aktivitäten nachgewiesen werden[7]: Aber jugendliche Neonazis zeichneten sich in den letzten Jahren durch verstärkten Tatendrang und die Bereitschaft zur offenen Gewaltanwendung aus. Vereinzelte Aktionen hatten geradezu terroristischen Charakter — die Gefahr eines Terrorismus mit rechtsextremen Zielsetzungen ist nicht von der Hand zu weisen.

Im historischen Vergleich treten diese Kennzeichen deutlicher hervor. Bereits 1946 hatte die autoritär-konservative „Deutsche Konservative Partei/Deutsche Rechtspartei" eine Lizenz erhalten. Weitere rechtsextreme Gruppierungen waren als Flügelgruppen national-konservativer Splitterparteien, aber auch innerhalb der „Deutschen Partei" (DP) und einzelner Landesverbände der FDP vorzufinden. Einen ersten Höhepunkt erreichte der bundesdeutsche Rechtsextremismus in der Gründung der neonazistischen „Sozialistischen Reichspartei" (SRP) im Oktober 1949, die zum Sammelbecken ehemaliger Nationalsozialisten wurde.[8] Über die ca. zwei Millionen nicht wiederverwendeter ehemaliger NS-Beamten, NSDAP-Angestellten und Berufssoldaten hinaus bot sich

---

[7] Den Verfassungsschutzämtern bekannt gewordene neonazistische Aktivisten und Gruppen, 1980-1983:

|  | 1980 | 1981 | 1982 | 1983 |
|---|---|---|---|---|
| Aktivisten in Gruppen | 800 | 850 | 850 | 1.130 |
| Einzelaktivisten | 600 | 600 | 250 | 270 |
| Unterstützerkreis | 400 | 400 | 200 | — |
| Zahl der Neonazis insgesamt | 1.800 | 1.850 | 1.300 | 1.400 |
| davon militante Aktivisten | 150 | 170 | 212 | 227 |
| Zahl der Gruppen | 22 | 18 | 21 | 16 |

Zusammengestellt nach den VSB 1980-1983.

[8] Vgl. Manfred Jenke, Verschwörung von rechts? Ein Bericht über den Rechtsradikalismus in Deutschland nach 1945, Berlin 1961. In gestraffter und aktualisierter Form: Ders., Die Nationale Rechte. Parteien — Politiker — Publizisten, Berlin 1967. Ebenso materialreich und minuziös: Kurt P. Tauber, Beyond Eagle and Swastika. German Nationalism since 1945, 2 Bde., Middletown/Conn. 1967. Zur SRP: Rechtsradikalismus im Nachkriegsdeutschland. Studien über die „Sozialistische Reichspartei" (SRP). Erste Studie: Otto Büsch, Geschichte und Gestalt der SRP. Zweite Studie: Peter Furth, Ideologie und Propaganda der SRP, mit einer Einleitung von Eugen Fischer-Baling, 2. Aufl., Köln/Opladen 1967. Vgl. dazu den Literaturbericht von: Hans-Helmuth Knütter, Der Rechtsradikalismus, in: NPL 12 (1967), S. 86-95.

rechtsextremen Parteien ein gewissermaßen „natürliches" Rekrutierungspotential im Millionenheer der Flüchtlinge und Vertriebenen sowie der 2,5 Millionen Kriegshinterbliebener, Schwerbeschädigter, Spätheimkehrer, Bombengeschädigter und Arbeitsloser.[9] Politische Stabilisierung, „Wirtschaftswunder" und die Integration der Flüchtlinge bewirkten jedoch im Laufe der 50er Jahre einen langsamen Zerfall der Splitterparteien – der „Block der Heimatvertriebenen und Entrechteten" konnte bereits bei der Bundestagswahl 1957 die Fünfprozent-Hürde nicht mehr überwinden. Die rechtsextreme „Deutsche Reichspartei" (DRP) vermochte trotz ihres gemäßigteren Habitus nicht an die Landtagswahlerfolge der 1952 verbotenen SRP (Bremen 1951: 7,7%; Niedersachsen 1951: 11,0%) anzuknüpfen.[10]

Neue Perspektiven eröffneten sich dem bundesdeutschen Rechtsextremismus mit der Gründung der „Nationaldemokratischen Partei Deutschlands" (NPD) im Jahre 1964, welche die alte DRP (neben anderen Gruppierungen) organisatorisch und personell größtenteils integrierte. Der gewaltige Wirtschaftsaufschwung und die beschleunigte Herausbildung einer hochtechnisierten Industriegesellschaft stellten zahlreiche gesellschaftliche Gruppen vor schwerwiegende Orientierungsprobleme; die politischen und ökonomischen Krisensymptome Mitte der 60er Jahre, das gebrochene nationale Selbstverständnis der Westdeutschen und das Fortleben obrigkeitsstaatlicher Einstellungsmuster in der Bevölkerung erklären zu einem Gutteil die sensationellen Wahlerfolge der NPD in den Jahren 1966-1968.[11] Mit 4,3 Prozent verfehlte die Partei den Einzug in den Bundestag nur knapp. Wie sehr die NPD ihre Erfolge unsicheren Proteststimmen verdankte, zeigte jedoch der jähe Verfall in den Folgejahren. Nach weiteren Niederlagen in den Landtagswahlen 1970 und 1971 erreichte die NPD bei der Bundestagswahl 1972 noch lediglich 0,6 Prozent der Zweitstimmen.

Der Niedergang der NPD seit den siebziger Jahren (Bundestagswahl 1976: 0,3 Prozent; 1980: 0,2 Prozent; 1983: 0,2 Prozent), der auch durch zunehmende Mitgliederverluste gekennzeichnet war, löste Nachfolgekämpfe im national-konservativen Lager aus. Radikalisierte Flügelgruppen sagten sich von der Mutterpartei los.

9 Zahlen bei Jenke (FN 8).
10 Vgl. Manfred Rowold, Im Schatten der Macht. Zur Oppositionsrolle der nicht-etablierten Parteien in der Bundesrepublik, mit einem Vorwort von Karl Dietrich Bracher, Düsseldorf 1974, S. 30f., 209-213. Im Anhang des Werkes findet sich eine Zusammenstellung der Landtags- und Bundestagswahlergebnisse von Splitterparteien.
11 Vgl. etwa: Lutz Niethammer, Angepaßter Faschismus. Politische Praxis der NPD, Frankfurt a. M. 1969, S. 25-31.

All diesen Versuchen war jedoch kein nachhaltiger Erfolg beschieden.[12] Am ehesten noch profitierte Dr. Gerhard Frey, der geschäftstüchtige Manager „national-freiheitlicher" Vereinigungen, vom Auflösungsprozeß der NPD. Seine „Deutsche Volksunion" (DVU) konnte jedoch bisher keine nennenswerten politischen Feldgewinne verbuchen. Allerdings gelang der DVU die Integration gemäßigterer Gruppen; eine Tatsache, die sich zugunsten der Mitgliederzahlen niederschlug.[13]

Entscheidender und charakteristischer für die heutige Situation des Rechtsextremismus in der Bundesrepublik sind die relativ hohen Mitgliederzahlen von Jugendorganisationen, das Ansteigen neonazistischer Umtriebe und die gewachsene Gewaltbereitschaft Jugendlicher bis hin zu Terrorakten. Auch das Phänomen rechtsextremer Aktivitäten von Jugendlichen hat Tradition. Neben rechtsextremen Parteien, Wählergruppen und Kulturbünden gab es seit Bestehen der Bundesrepublik auch immer Vereinigungen, die sich bevorzugt an ein jugendliches Publikum wandten bzw. von Jugendlichen auf eigene Initiative hin gegründet wurden.[14] Einige dieser Organisationen und Gruppierungen machten kein Hehl aus ihren (rechtsextremen) Überzeugungen und zeigten sich auch in der Öffentlichkeit betont militant. Ein nicht unbeträchtlicher Teil rechtsextremer Ausschreitungen (Schändung jüdischer Friedhöfe, Gewaltandrohung und -anwendung, Terroranschläge), die seit 1949 alljährlich zu verzeichnen waren[15], dürfte auf das Konto derartiger Jugendgruppen gehen. Weder rechtsextreme Umtriebe noch jugendliche Rechtsextremisten sind also ein Novum. Die heutige Situation hebt sich jedoch durch die Zahl jugendlicher Aktivisten, neonazistischer Ausschreitungen und deren Bedrohlichkeit von früheren Jahren ab.

Parallel zur Entwicklung des Rechtsextremismus in der Bundesrepublik läßt sich auch im einschlägigen Schrifttum – grob gesprochen – ein Drei-Phasen-Prozeß rekonstruieren. Während die Splitterparteien der unmittelbaren Nachkriegsjahre mit Ausnahme allgemeiner angelegter Darstellungen eine mäßige Beachtung in der wissenschaftlichen Literatur fanden[16], lösten die NPD-Wahlerfol-

---

12 Vgl. Hans Josef Horchem, Der Rechtsextremismus in der Bundesrepublik Deutschland. Stationen, Situationen und Ausblick, in: BzK 5 (1975), H. 2, S. 59-85, insbes. 68-71.
13 Der VSB 1980 verzeichnet eine wesentliche Vergrößerung der Mitgliedschaft der DVU (1980: 10.000 Personen, dagegen 1979: 6.000 Personen).
14 Vgl. Dudek/Jaschke, Organisierte Verwirrung. Eine Skizze über jugendlich-rechtsextreme Subkulturen in der Bundesrepublik und ihre Geschichte, in: Dies. (FN 73), S. 53-81.
15 Greß/Jaschke (FN 58), S. 45-48.
16 Vgl. die vorzügliche Bibliographie bei: Tauber (FN 8), S. 1456-1483.

ge eine wahrhaftige Publikations-Lawine aus.[17] Auch das Ausland verfolgte die Ereignisse mit Besorgnis und großer Aufmerksam-

---

17 Dazu Reinhard Kühnl, Der Rechtsradikalismus in der Bundesrepublik. Ein Literaturbericht, in: PVS 9 (1968), S. 423-442. Im folgenden nur die wichtigsten Publikationen der Jahre 1966-1971 zur NPD: Lorenz Bessel-Lorck/Heinrich Sippel/Wolfgang Götz, National und radikal? Der Rechtsradikalismus in der Bundesrepublik Deutschland, 2. erw. Aufl., Mainz 1966; Christian Bockemühl, Gegen die NPD. Argumente für die Demokratie, unter Mitarbeit von Günter Bröhl, Adolf Noll, Werner Plitt, Winfried Ridder, Bielefeld 1969, Iring Fetscher (Hrsg.), Rechtsradikalismus, 2. Aufl., Frankfurt a.M. 1967; Willibald Fink, Die NPD bei der bayerischen Landtagswahl 1966. Eine ökologische Wahlstudie, München 1969; Vera Gemmecke/Werner Kaltefleiter, Die NPD und die Ursachen ihrer Erfolge, in: VuV 2 (1967), S. 23–45; Hans D. Klingemann, Politische und soziale Bedingungen der Wählerbewegungen zur NPD. Fallstudie Baden-Württemberg, in: SJP 2 (1971), S. 563-601; Reinhard Kühnl/Rainer Rilling/Christine Sager, Die NPD. Struktur, Ideologie und Funktion einer neofaschistischen Partei, 2. Aufl., Frankfurt a.M. 1969; Klaus Liepelt, Anhänger der neuen Rechtspartei. Ein Beitrag zur Diskussion über das Wählerreservoir der NPD, in: PVS 8 (1967), S. 237-271; Hans Maier/ Hermann Bott, Die NPD. Struktur und Ideologie einer „nationalen Rechtspartei", 2. erw. Aufl., München 1968; Lutz Niethammer, Die NPD. Führer, Anhänger, Wähler, in: Der Monat 19 (1967), H. 223, S. 21-35; ders. (FN 11); Adolf Noll/Werner Plitt/Winfried Ridder, Die NPD. Programmatik und politisches Verhalten, Bonn-Bad Godesberg 1970; Werner Smoydzin, NPD. Geschichte und Umwelt einer Partei. Analyse und Kritik, Pfaffenhofen 1967; Erwin K. Scheuch, Die NPD als rechtsextreme Partei, in: Hamburger Jahrbuch für Wirtschafts- und Gesellschaftspolitik 15 (1970), S. 321-333; Klaus Peter Wallraven, Nationalismus und Rechtsradikalismus, in: NPL 14 (1969), S. 321-343.

keit.[18] Nicht selten wurden Parallelen zu den Erfolgsjahren der NSDAP gezogen.[19] Demgegenüber wurde der Niedergang der Partei nach 1969 und ihre Situation in den 70er Jahren nur sehr spärlich kommentiert.[20] Ein ähnliches, vielleicht sogar ein noch gewaltigeres Echo fanden die zunehmenden neonazistischen Ak-

[18] Fritz René Allemann, The NPD in perspective, in: The Wiener Library Bulletin 21 (1966/67), Nr. 1, S. 1-9; Lowell Dittmer, The German NPD. A Psychosociological Analysis of „Neo-Naziism", in: Comparative Politics 2 (1969/70), S. 79-110; A. Efremov, The true face of the West German National-Democrats, in: International Affairs 43 (1967), Nr. 4, S. 69-73; Paula Sutter-Fichtner, NPD-NDP. Europe's new nationalism in Germany and Austria, in: The Review of Politics 30 (1968), S. 308-315; Paula Sutter-Fichtner, Protest on the right: The NPD in Recent German Politics, in: Orbis 12 (1968), S. 185-199; H. Jaeger, The National Democratic Party of Germany, in: The Wiener Library Bulletin 20 (1966), Nr. 3, S. 5-8; Friedrich Frhr. von Lersner, Post- and Neo-fascists in Germany's NPD, in: The Wiener Library Bulletin 24 (1970), Nr. 1, S. 18-23; V. Lomeiko, Right-wing radicalism in the FRG, in: International Affairs 43 (1967), Nr. 6, S. 17-22; W. Ling, The New Nazis of Germany, Philadelphia 1968; R.J.C. Preece, Aspects of totalitarianism. The case of the NPD, in: Parliamentary Affairs 21 (1968), S. 246-254; R.J.C. Preece, A resurgence of nazism in Western Germany?, in: Contemporary Review 210 (1967), Nr. 1214, S. 132-136; Hans-Jürgen Sturm, Eléments sociologiques et géographiques de la NPD, in: Revue d'Allemagne 1 (1969), S. 484-501.
[19] Vgl. Kurt Hirsch, Kommen die Nazis wieder? Gefahren für die Bundesrepublik, München 1967; Jürgen Willbrand, Kommt Hitler wieder? Rechtsradikalismus in Deutschland, Donauwörth 1966.
[20] Zu den wenigen Darstellungen gehören: Klaus R. Allerbeck/Thomas A. Herz, Nationaldemokratische Partei Deutschlands. Zum Aufstieg und Fall einer rechtsextremen Partei, vervielfältigtes Manuskript, Köln 1972; Thomas A. Herz, Soziale Bedingungen für Rechtsextremismus in der Bundesrepublik Deutschland und in den Vereinigten Staaten. Eine vergleichende Analyse der Anhänger der Nationaldemokratischen Partei Deutschlands und der Anhänger von Georg C. Wallace, Meisenheim am Glan 1975; Eugen Lupri, Statuskonsistenz und Rechtsradikalismus in der Bundesrepublik, in: KZSS 23 (1972), S. 265-281; Timothy Alan Tilton, Nazism, and the Peasantry, Bloomington/London 1975, insbes. S. 110-143; Steven Warnecke, The Future of Rightist Extremism in West Germany, in: Martin Kolinsky/William E. Paterson (Hrsg.), Social and Political Movements in Western Europe, London 1976, S. 67-90.

tivitäten Ende der 70er Jahre vor allem aus linker Warte.[21] Vor diesem Hintergrund erscheint eine Sondierung und Bewertung der Literatur umso notwendiger.[22] Das selbständige Schrifttum der Jahre 1979-1983 wird dabei größtenteils erfaßt.

21 Unter anderem folgende Veröffentlichungen seit 1977: Angst vor Neonazis?, in: päd. extra 1980, S. 7/8, S. 27-34; Gerd Battmer/Werner Rischmüller/Gerhard Voigt, Faschismus in Deutschland und Neonazismus. Oder: Warum die „Holocaust"-Diskussion nicht ausreicht. Unterrichtseinheiten und Materialien für die Sekundarstufe I und II (= „Neonazismus-Projekt" des Verbandes der Politiklehrer: Ergebnisse I), 2. Aufl., Hannover 1979; Georg Biemann, Rechtsradikalismus-Report. Jahresübersicht 1981/82 über Tendenzen im bundesdeutschen Neofaschismus und seinem Umfeld, in: Blätter für deutsche und internationale Politik 27 (1982), S. 471-490; Christian Bockemühl, Demokraten gegen rechts. Argumente für die Auseinandersetzung mit rechtsextremen Einstellungen, Dortmund 1983; F. J. Bröder, Neonazistische Bewegung, in: Tutzinger Studien 1979, H. 2, S. 57-62; Peter Dudek, Rechts um zum Vaterland. Erinnerungen aus gegebenem Anlaß, in: Links 1980, H. 12; Dirk Gerhard, Die Neofaschisten, in: Rote Blätter 7 (1977), H. 11, S. 18-21, H. 12, S. 22-25; 8 (1978), H. 1, S. 25-28, H. 2/3, S. 14-17, H.4, S. 28-30; Rolf Bringmann/ Dirk Gerhard, Sie kamen mit Knüppeln und mit Messern! Von der Antriebskraft rechter Parolen, in: Claus Richter (Hrsg.), Die überflüssige Generation. Jugend zwischen Apathie und Aggression, Königstein/Ts. 1979, S. 162-179; Dierk Joachim/Bernhard Keller/Gudrun Ullrich-Hadeler/Volker Ullrich, Nazi-Schwärmerei und Rechtsextremismus unter Jugendlichen in der Bundesrepublik, in: Blätter für deutsche und internationale Politik 25 (1980), S. 701-716; Hans-Helmuth Knütter, Hat der Rechtsradikalismus in der Bundesrepublik eine Chance?, in: Bundesministerium des Innern (Hrsg.), Verfassungsschutz und Rechtsstaat. Beiträge aus Wissenschaft und Praxis, Köln/Berlin/Bonn/München 1981, S. 237-253; Wolfgang Kreutzberger, Rechtsradikalismus in der Bundesrepublik. Versuch einer Zwischenbilanz, Frankfurt a.M. 1983; Rainer Lehmann, Neofaschismus oder sprachlose Rebellion? Klärungsversuche einer Frankfurter Tagung, in: FH 25 (1980), H. 3, S. 6-8; Peter Meier-Bergfeld, Hitlers späte Erben. Die rechte Vegetation in der Bundesrepublik, in: Die Politische Meinung 26 (1981), H. 199, S. 54-62; Gerhard Paul, „Irgendwie hat jeder seinen Platz". Zur Faszination des Faschismus bei Jugendlichen, in: Medien und Erziehung 25 (1981), H. 1, S. 2-8; Hans Robinsohn, Über Rechtsextremismus, in: Vorgänge 17 (1978), Nr. 31, S. 41-54; ders., Kein Weimarer Urteil? Zum Bückeburger Prozeß gegen sechs Neonazis, in: Vorgänge 18 (1979), Nr. 42, S. 23; ders., Der Fall Kappler und die Gefahr des Rechtsradikalismus, in: Vorgänge 16 (1977), Nr. 29, S. 11-14; Rainer Rotermundt, Verkehrte Utopien, Nationalsozialismus – Neonazismus – Neue Barbarei. Argumente und Materialien, Frankfurt a.M. 1980; Renate Schäfer, Umfang und Struktur der neonazistischen Propaganda in der Bundesrepublik, in: Blätter für deutsche und internationale Politik 24 (1979), S. 687-705; Gerda v. Staehr, Entwicklungen und Erklärungsversuche neonazistischer Tendenzen von Jugendlichen, in: Gegenwartskunde

30 (1981), S. 329-344; Horst Stuckmann, Rechtsentwicklung und Neofaschismus in der BRD, in: Kurt Gossweiler (Hrsg.), Faschismus und antifaschistischer Kampf, Frankfurt a.M. 1978, S. 48-64; Hans Ulrich Thamer/ Wolfgang Wippermann, Faschistische und neofaschistische Bewegungen, Darmstadt 1977. Weitere Literatur ist in den Bericht eingeflossen. Inzwischen liegen bereits einige Forschungsberichte vor: Eike Hennig, Rechtsextremismus und Populistische Protestbewegung in der Bundesrepublik. Noten zur Literatur und Problematik, in: Soziologische Revue 6 (1983), S. 355-368; ders./Hans-Gerd Jaschke, Die neue Diskussion über den Rechtsextremismus. Ausgewählte und kommentierte Literaturhinweise, in: Reiner Steinweg (Red.), Faszination der Gewalt. Politische Strategie und Alltagserfahrung, Frankfurt a.M. 1983, S. 156-160; Dierck Joachim/ Uwe Naumann, Neofaschismus in der BRD. Ein Literaturbericht, in: Das Argument 22 (1980), S. 395-402.

22 Der vorliegende Bericht ist die teils stark gekürzte, teil erheblich erweiterte und aktualisierte Fassung folgender Sammelbesprechung: Uwe Backes, Der neue Rechtsextremismus in der Bundesrepublik Deutschland, in: NPL 17 (1982), S. 147-201. Folgende Titel wurden in den Literaturführer nicht mehr aufgenommen: Peter Dudek (Hrsg.), Hakenkreuz und Judenwitz. Antifaschistische Jugendarbeit in der Schule, Bensheim 1980; Evangelische Jugendakademie Radevormwald (Hrsg.), Rechtsextremismus unter Jugendlichen. Möglichkeiten Antifaschistischer Jugendarbeit. Eine Dokumentation für die praktische Jugendarbeit, Radevormwald 1980; Gewerkschaft Erziehung und Wissenschaft, Landesverband Berlin/Bund politisch, rassisch und religiös Verfolgter/Jan Peters (Hrsg.), Neofaschismus. Die Rechten im Aufwind, Berlin 1979; Badi Panahi, Vorurteile. Rassismus. Antisemitismus. Nationalismus . . . in der Bundesrepublik heute. Eine empirische Untersuchung, Frankfurt a.M. 1980; PDI (Hrsg.), Rechtsradikale Jugendorganisationen. Beiträge und Dokumentation, München 1979; Jürgen Pomorin/Reinhard Junge/Georg Biemann/Hans-Peter Bordien, Blutige Spuren. Der zweite Aufstieg der SS, Dortmund 1980; dies., Geheime Kanäle. Der Nazi-Mafia auf der Spur, Dortmund 1981; Rainer Rotermundt, Verkehrte Utopien. Nationalsozialismus – Neonazismus – Neue Barbarei. Argumente und Materialien, Frankfurt a.M. 1980; Hermann Vinke, Mit zweierlei Maß. Die deutschen Reaktionen auf den Terror von rechts. Eine Dokumentation, Reinbek bei Hamburg 1981.

### Gesamtdarstellungen

Gesamtdarstellungen zum Thema Rechtsextremismus sind Mangelware. Das mag mit den Schwierigkeiten eines derartigen Unternehmens zusammenhängen, muß doch ein gangbarer Weg zwischen detaillierter Deskription und strukturorientierter Interpretation gefunden werden. In der Reihe „Demokratische Verantwortung" ist ein für die politische Bildung bestimmtes Bändchen zum „Rechtsextremismus in der Bundesrepublik Deutschland"[23] erschienen. Die Publikation zeichnet sich durch eine allgemeinverständliche Ausdrucksweise und große Anschaulichkeit der Darstellung aus. Verschiedenartige Schrifttypen, Fettdruck zur Hervorhebung besonders wichtiger Passagen und eine übersichtliche Gliederung erleichtern den Zugang zum Text.

Da der Band breite Leserschichten ansprechen will, hat der Autor *Hein Stommeln* großen Wert auf eine klare Begrifflichkeit gelegt. So werden die Begriffe „Nationalsozialismus", „Neonazismus", „Extremismus", „Faschismus" und „Neofaschismus" in überzeugender Weise eingegrenzt. Wie das Bundesverfassungsgericht im SRP-Urteil 1952[24] bestimmt Stommeln „Extremismus" anhand des Demokratie-Begriffes. Damit ist „Extremismus" bzw. „Rechtsextremismus" jedoch noch nicht materiell definiert. Hierbei tut sich Stommeln verständlicherweise schwer — eine derartige Aufgabe zu lösen, kann wohl auch nicht Zweck einer Darstellung für die politische Bildung sein. Entsprechend dürftig fällt die vom Autor gewählte Rechtsextremismus-Definition aus: „Rechtsextremismus ist die konkrete Bestrebung gegen die freiheitlich-demokratische Grundordnung mit nationalistischer Ausrichtung. Diese Definition muß auf die Bundesrepublik beschränkt bleiben, weil es im Ausland auch nationalistische linksextremistische Bestrebungen gibt" (S. 14). „Rechtsextremismus" lediglich mit dem Merkmal „Nationalismus" bestimmen zu wollen, ist sehr problematisch. So waren Rassismus und Antikommunismus ebenfalls Kennzeichen rechtsextremer Organisationen in der Vergangenheit. Ein Phänomen wie der „Nationalbolschewismus" eines Ernst Niekisch[25] etwa muß diese eingleisige Definition vollends in Frage stellen.

---

23 Hein Stommeln, Neonazismus in der Bundesrepublik Deutschland. Eine Bestandsaufnahme (= Reihe Demokratische Verantwortung, Bd. 1), Bonn 1979, 93 S. (Hohwacht Verlag).
24 Vgl. BVerfGE 2, 12f.
25 Siehe dazu: Ernst Niekisch, Das Reich der niederen Dämonen. Eine Abrechnung mit dem Nationalsozialismus (1953), Berlin 1980.

Im zweiten Abschnitt beleuchtet der Autor die „Ideenwelt und Mentalität der Neonazis" ausführlich und mit zahlreichen aktuellen Bezügen. Treffend bezeichnet der Verfasser den rechtsextremen Gedankenhorizont als ein „bruchstückhaftes Sammelsurium, ein Wirrwarr an Rassismus, Antisemitismus, Nationalismus, Fremdenfeindlichkeit, Deutschtümelei, Imperialismus, Chauvinismus, Antipluralismus, völkischem Kollektivismus, Antiparlamentarismus, Parteienfeindlichkeit, Totalitarismus, Autoritarismus, Kultur- und Zivilisationspessimismus usw" (S. 25). Zwei weitere Kapitel führen in die verwirrende Vielfalt rechtsextremer Grüppchen und Gruppierungen ein, deren Aktionsradius von gewaltverherrlichender Polemik bis zu terroristischen Aktionen reicht. Stommeln kommt zu dem Ergebnis, der Rechtsextremismus sei derzeit zwar keine akute Gefahr für die Demokratie, die steigende Aggressivität der neonazistischen Gruppen gebe aber zu denken.

Gegenstand des von *Hartmut Herb, Jan Peters* und *Mathias Thesen* 1980 publizierten Bandes ist zwar „Der Neue Rechtsextremismus"[26]; dennoch erschien eine Einordnung unter das Kapitel „Gesamtdarstellungen" angesichts der breiten Anlage des ersten Teils angebracht. Die Veröffentlichung zerfällt in zwei separate Darstellungen, die ohne Bezug nebeneinander stehen. Hartmut Herb gibt im ersten Teil einen ausführlichen Überblick über „Die westdeutsche NS-Szene". Auf knappem Raum sind „Ultrarechte Aktivitäten und Trends in der Umweltschutzbewegung" Thema des von Peters und Thesen verfaßten zweiten Teils. Da dieser zweite Teil einen bereits bei Herb angeschnittenen Komplex vertieft und mit einer Fülle neuerer Informationen angereichert ist, ergibt sich auch aufgrund der Aktualität der Darstellung ein sinnvolles Arrangement.

Wie ein Vorabdruck erkennen läßt, ist die Darstellung Hartmut Herbs aus einer Diplomarbeit (April 1980) mit dem Titel „Neonazismus in der Bundesrepublik Deutschland und staatliche Reaktionen" hervorgegangen.[27] In einem ersten Teil charakterisiert Herb die aktuelle Situation des Neonazismus — steigende Mitgliederzahlen neonazistischer Aktionsgruppen, hohe Zahlen jugendlicher Mitglieder, sprunghafter Anstieg der Ausschreitungen; wachsende Gewalttätigkeit seien vom Bundesministerium des Innern lange Zeit nicht als Gefahr erkannt worden. Diesen Tatsachen hat der VSB

26 Hartmut Herb/Jan Peters/Mathias Thesen, Der Neue Rechtsextremismus. Fakten und Trends, Lohra-Rodenhausen 1980, 194 S. (Winddruck-Verlag).
27 Die Diplomarbeit liegt als Veröffentlichung vor: Hartmut Herb, Neonazismus in der Bundesrepublik Deutschland und staatliche Reaktionen = Exklusiv-Bericht Nr. 211, hrsg. von Armin H. Neliba, Wiesbaden 1980.

1980 inzwischen Rechnung getragen. Für das Zögern der Verfassungsschutzämter entscheidend war sicherlich die permanente Beschwörung rechtsextremer Gefahren von links und deren Vorgehensweise, die sich mehr an juristisch-institutionellen Gegebenheiten denn an rechtsextremen Potentialen orientiert.

Teil 2 bietet eine Auseinandersetzung mit der Entwicklung des Rechtsextremismus in den 70er Jahren. Nachdem der Einzug in den Bundestag 1969 mißlungen war, setzte der beginnende Niedergang der NPD radikalere Kräfte frei und ließ in der „Aktion Neue Rechte" (ANR) ein Konglomerat unterschiedlicher rechter Formationen entstehen, deren heterogene Zusammensetzung der Organisation jedoch kein langes Leben bescherte. Fortwährende Spaltungen und Neubildungen waren in der Folgezeit von einem Anwachsen des rechtsextremen Gewaltpotentials begleitet. Herb analysiert die Entstehung neonazistischer Gruppen in den 70er Jahren und gibt in Teil 3 einen detaillierten Überblick über die Vielzahl meist jugendlicher Aktions- und Kampfbünde. Hier spielen nicht selten Verbindungen zu unverbesserlichen Altnazis der sich gemäßigt präsentierenden Organisationen wie NPD oder DVU eine wichtige Rolle.

Die staatlichen Reaktionen auf die gesteigerten Aktivitäten der NS-Szene untersucht der Autor im 4. Teil seiner Arbeit. Die Grundlage hierzu bilden die an Zahl zunehmenden Strafprozesse gegen neonazistische Vergehen und besonders spektakuläre Einzelfälle wie der Manfred Roeders oder Wolf-Dieter Eckarts. Herb zieht das Fazit, Justiz und Strafverfolgungsbehörden hätten sich — zumindest bis 1978 — zu nachsichtig gegenüber NS-Straftätern gezeigt und es versäumt, einem weiteren Ansteigen des Neonazi-Unwesens einen Riegel vorzuschieben. Zwar sei seit 1978 ein verschärftes Vorgehen festzustellen, die Justizbehörden beschränkten sich jedoch auf „einen formalen Nachweis der Erfüllung von Straftatbeständen". Von „antifaschistischen" Rechtsvorschriften werde kein Gebrauch gemacht: „Aufgrund des Fehlens einer antifaschistischen Rechtsprechung kann die Justiz der aktuellen Gefahr des Neonazismus, der undemokratische und autoritäre Tendenzen in der westdeutschen Gesellschaft fördert, nicht entgegenwirken. Und dies umso weniger, als die Justiz von geringen Ausnahmen abgesehen auf neonazistische Vorfälle zu gleichgültig, langsam und nachsichtig reagierte" (S. 115). Der Autor beruft sich in diesem Punkt auf Art. 139 GG: „Die zur ‚Befreiung des deutschen Volkes vom Nationalsozialismus und Militarismus' erlassenen Rechtsvorschriften werden von den Bestimmungen dieses Grundgesetzes nicht berührt". Art. 139 nimmt Bezug auf die „Säuberungsvorschriften" der Alliierten, insbesondere die Kontrollrats-Direktiven

Nr. 24 vom 12.1.1946 und Nr. 38 vom 12.10.1946. Bereits im Parlamentarischen Rat war man sich jedoch einig, daß die in Art. 139 formulierten Rechtsvorschriften teilweise „in schroffem Widerspruch zu den Grundrechten standen und darüber hinaus mit gewissen Beamtenrechten kollidierten".[28] Art. 139 ist Produkt einer historischen Ausnahmesituation und besitzt heute keine Geltung mehr. Die Forderung nach einer „antifaschistischen" Gesetzgebung und Rechtsprechung wäre entsprechend zu problematisieren.[29] Den Herausforderungen des Linksterrorismus waren die staatlichen Sicherheitsorgane bisher ohne entsprechende Bestimmungen gewachsen — weshalb sollte Gleiches nicht auch für neonazistische Umtriebe gelten? Oder verbirgt sich hinter Herbs Befürchtungen eine ganz andere „Philosophie"? Der vorliegende Beitrag bietet keine Erklärungen für die derzeitige Situation. Er stellt sich lediglich die Aufgabe, Entwicklungen und gegenwärtige Ausprägungen des Neonazismus sowie die Reaktionen des Staates zu untersuchen. Dies ist — trotz der vorgetragenen Einwände — recht gut gelungen.

Peters und Thesen haben in dem von ihnen verfaßten zweiten Themenkomplex völlig auf Anmerkungen verzichtet, am Schluß der Darstellung wird lediglich auf einige wenige Quellen verwiesen. Dies ist sehr bedauerlich, da der Leser so keine Möglichkeit hat, die interessanten Informationen zu überprüfen. Neben bereits einschlägig bekannten Kreuz-und-quer-Verbindungen zwischen rechtsextremen und ökologisch orientierten Gruppierungen, die man quantitativ allerdings nicht überschätzen sollte, berichten die Autoren über die „korporativistische ‚Unabhängige Arbeiter-Partei'" (UAP), die in Nordrhein-Westfalen an Stärke mit der NPD gleichkommt. Die UAP sei „als Spaltprodukt aus der von Otto Strasser gegründeten ‚Deutsch-Sozialen Union'" entstanden, betrachte sich „als ‚linksnationale Arbeiterpartei im sozialrevolutionären Geist Lassalles und im nationalrevolutionären Geist Strassers'" (S. 158) und sei in der Anti-AKW-Szene aktiv. Darüberhinaus hatte sie Verbindungen zu solidaristischen, neonazistischen und NPD-Kreisen.

28 E. Jess, Art. 139, in: Bonner Kommentar, S. 3 f.
29 Hecker äußert dazu: „Art. 139 ist eine — zeitlich und ideologisch beschränkte — antidemokratische Ausnahme-Vorschrift in einer demokratischen Verf. Als solche ist jede analoge Anwendung gegenüber Faschisten, Kommunisten und sonstigen Feinden der parlamentarischen Demokratie ausgeschlossen". Hellmuth Hecker, Art. 139 (Entnazifizierungsvorschriften), in: Ingo von Münch (Hrsg.), Grundgesetz-Kommentar, Bd. 3, München 1978, S. 1085-1092, 1088. Anderer Auffassung aus marxistisch-leninistischer Sicht: Martin Kutscha, Verfassung und „streitbare Demokratie". Historische und rechtliche Aspekte der Berufsverbote im öffentlichen Dienst, Köln 1979, S. 58 f., 110 f.

Die sich heutzutage „progressiv" verstehende „grüne" und „alternative" Jugendszene sprengt überlieferte Rechts-Links-Dimensionen — dies zeigen nicht allein — im herkömmlichen Sinne — linke und rechte Gruppen, die hier partizipieren. Peters und Thesen behaupten überdies Verbindungen maoistischer Organisationen wie der inzwischen aufgelösten „Kommunistischen Partei Deutschlands" (KPD) und den „Marxisten-Leninisten Deutschlands" (MLD) zur NS-Szene. Die verwirrende und verworrene Begrifflichkeit („rechtslastig", „neofaschistisch") ist gewiß keineswegs ein Manko speziell der Arbeit von Herb/Peters/Thesen, sondern charakteristisch für große Teile der neueren Rechtsextremismus-Literatur.

Die Publikation *Rudolf Schneiders*[30], von Beiträgen *Heinz Brüdigams, Max Oppenheimers* und *Helmut Steins* umrahmt, treibt die Begriffskonfusion auf die Spitze. Laut Untertitel handelt es sich um ein Werk über „Neonazistische Kampfgruppen und Aktionskreise"; die alphabetisch angeordneten Organisations-Charakteristiken des Bandes verzeichnen jedoch x-beliebige rechtsextreme Gruppen, einschließlich NPD und DVU. Das mangelnde Differenzierungsvermögen des Autors trägt so nicht nur wenig zur phänomenologischen Aufhellung des Rechtsextremismus bei, sondern leistet auch einer Verharmlosung des historischen Nationalsozialismus Vorschub.

Dies war sicherlich nicht intendiert. Wenn nicht beabsichtigt, so doch gefördert wird allerdings eine Dämonisierung des Rechtsextremismus, die weder zur Aufklärung noch zur Bekämpfung derartiger Bestrebungen beizutragen vermag. Die vorliegende Publikation entstammt dem Röderberg-Verlag, der bekanntlich dem orthodoxen Kommunismus nahesteht. Im Anhang findet sich so neben einer Erklärung des DKP-Präsidiums auch eine Deklaration des Generalsekretärs der „Vereinigung der Verfolgten des Naziregimes — Bund der Antifaschisten", Hans Jennes, zum Münchener Oktoberfest-Anschlag von 1980. Hans Jennes ist „Altkommunist und Träger der sowjetischen Lenin-Medaille", die VVN-BdA darüberhinaus „Mitglied des prosowjetischen Dachverbandes ‚Internationale Föderation der Widerstandskämpfer' (FIR) und ... dem sowjetisch gelenkten ‚Weltfriedensrat' (WFR) angeschlossen".[31] Überaus zahlreich sind die Quellenverweise auf linksextreme oder zumindest massiv

---

30 Rudolf Schneider, Die SS ist ihr Vorbild. Neonazistische Kampfgruppen und Aktionskreise in der Bundesrepublik, mit Beiträgen von Heinz Brüdigam, Max Oppenheimer und Helmut Stein, hrsg. vom Präsidium der VVN-Bund der Antifaschisten, Frankfurt a. M. 1981, 208 S. (Röderberg Verlag).
31 VSB 1980, S. 87.

kommunistisch beeinflußte Organe: „progressiv-press-agentur" (DKP); „die tat" (VVN-BdA); „elan" (SDAJ); „rote blätter" (MSB Spartakus).

Diese Hintergründe werden an dieser Stelle wohlgemerkt nicht aufgezeigt, um eine Art Vorabzensur gegenüber linksextremen Veröffentlichungen zum Rechtsextremismus auszuüben. Bei einer Publition, die offensichtlich primär zum Zwecke der Agitation produziert wurde, ist dies jedoch notwendig. So enthält der Teil „Kampfgruppen, Aktionskreise und Organisationen von A - Z" nicht nur rechtsextreme Organisationen jeglicher Couleur, sondern verzeichnet auch solche Zusammenschlüsse, die schon einige Zeit vor Redaktionsschluß des Bandes gar nicht mehr aktiv waren (z. B. „Aktionsgemeinschaft Nationales Europa", „Antikominternjugend"). Dies wird dem Leser jedoch unterschlagen. Daß die „Aktionsgemeinschaft Nationales Europa" auch deshalb auseinanderfiel, weil ihr Manager Erwin Schönborn 1979 zu eineinhalb Jahren Gefängnis ohne Bewährung verurteilt worden war[32], erfährt man ebenfalls nicht. Einerseits fehlen wichtige Informationen, andererseits zitiert der Autor unzählige Nichtigkeiten. Pars pro toto: „In einem Leserbrief an die US-Zeitschrift ,Playboy' lobte der Chefredakteur des offiziellen Organs der faschistischen Partei in den USA ,White Power' das ,Vordringen des Neofaschismus in der Bundesrepublik'" (S. 118). Weite Passagen der Agitationsschrift bestehen aus mosaikartig aneinandergereihten Zitaten. Mit eigenen Kommentaren hält sich der Autor zurück. So erfolgt auch keine Einordnung einzelner Gruppierungen in den Gesamtzusammenhang. Vor allem scheinen Schneider reale Bedrohungspotentiale wenig zu interessieren. Die Vielfalt aufgeführter Organisationen suggeriert eine akute Gefährdung. Dies ist aber ganz im Interesse rechtsextremer Kreise, die ihren eigenen Einfluß durch wuchernde Organisations-Neugründungen öffentlichkeitswirksam zu unterstreichen trachten.

Die Rahmenbeiträge Brüdigams, Steins und Oppenheimers lohnen eine nähere Auseinandersetzung nicht. Mit ihrer Mischung geschickt komponierter Wahrheiten, Halbwahrheiten und Unwahrheiten sind sie vorwiegend Instrumente im ideologischen Kampf gegen alle „Rechtskräfte", insbesondere die Vertreter der Unionsparteien. Die Autoren legen an zahlreichen Stellen ein mangelndes Rechtsstaats-Verständnis an den Tag − in der Bekämpfung des „Neofaschismus" erscheint ihnen nahezu jedes Mittel tauglich. Im Zweifelsfall muß Art. 139 GG herhalten.[33] Daß eine freiheitliche Demokratie auch Extremisten begrenzte politische Betätigungsfrei-

---

32 Vgl. VSB 1979, S. 32.
33 Vgl. FN 29.

heit sichert, entzieht sich dem Einsichtsvermögen monistischer Ideologen. So gibt die vorliegende Schrift ein gutes Beispiel dafür, worin ein mit Prokommunismus identischer „Antifaschismus" ausarten kann.

Wie die meisten Publikationen des umfangreichen Rechtsextremismus-Schrifttums der jüngsten Zeit ist auch das Buch *Heinz-Werner Höffkens* und *Martin Sattlers* unmittelbar durch die „Hitler-Welle" der 70er Jahre und das besorgniserregende Ansteigen neonazistischer Aktivitäten motiviert. Das Bändchen ist bereits 1978 bei der Hamburger Landeszentrale für politische Bildung erschienen[34] und liegt seit 1980 in überarbeiteter Fassung vor.[35] Die Neuausgabe ist um ein Kapitel über „Staatliche Maßnahmen gegen Rechtsextremisten" ergänzt; leider ist das Sachregister entfallen.

Die Autoren geben zunächst einen Überblick über Entwicklung und Erscheinungsformen des Rechtsextremismus in der Bundesrepublik. Unter die Kategorie „,Alte' Rechte" faßt Höffken die rechtsextremen Gruppierungen der Nachkriegszeit, die wegen der Lizenzierungspraxis der Besatzungsmächte meist zu einem Bündnis mit national-konservativen Kräften gezwungen waren und sich erst Ende 1949 in der SRP einheitlich organisierten. Dabei kam ihnen die Aufhebung des Lizenzierungsgebotes Anfang 1950 zustatten. Die wirtschaftliche und politische Stabilisierung der 50er Jahre trug zur Auflösung der Splitterparteien bei; die SRP wurde bereits 1952 verboten. Unter „,Alte' Rechte" faßt Höffken weiterhin die DRP sowie deren Nachfolgerin, die NPD, welche nach einer kurzen Periode Aufsehen erregender Wahlerfolge so schnell in ihr Schattendasein zurückfiel, wie sie daraus emporgestiegen war.

Im Gegensatz zu Höffkens sorgfältiger Darstellung der „,Alten' Rechten" weist das von Martin Sattler verfaßte Kapitel zur „,Neuen' Rechten" erhebliche Mängel auf. Die Bezeichnung „,Neue' Rechte" führt den weniger beschlagenen Leser in die Irre angesichts des Titels „Neue Rechte", den intellektuell geprägte rechte Gruppierungen seit Mitte der 60er Jahre als Selbstbezeichnung tragen. Die Überschrift „,Neue' Rechte" drückt nichts mehr als die Banalität einer chronologischen Aufeinanderfolge von „Alter" und „Neuer" Rechten aus. Struktur, Ideologie und Selbsteinschätzung der unter „,Neue' Rechte" subsumierten Gruppierungen sind kategorial von-

---

34 Heinz-Werner Höffken/Martin Sattler, Rechtextremismus in der Bundesrepublik Deutschland. Die „alte", die „neue" Rechte und der Neonazismus, Hamburg 1978.

35 Heinz-Werner Höffken/Martin Sattler, Rechtsextremismus in der Bundesrepublik. Die „Alte", die „Neue" Rechte und der Neonazismus, völlig neu überarbeitete Ausgabe, Opladen 1980, 117 S. (Leske Verlag & Budrich GmbH).

einander verschieden. Denn über „nationalrevolutionäre" Basisgruppen hinaus erfaßt Sattler die DVU des Münchener Verlegers Dr. Gerhard Frey, die der NPD nahesteht. Weiterhin wird unter Bezugnahme auf den VSB 1976 behauptet, neben der „Solidaristischen Volksbewegung" (SVB) und der „Sache des Volkes" (korrekt: Nationalrevolutionäre Aufbauorganisation/Sache des Volkes NRAO/SdV) existierten weitere „12 einzelne Gruppen mit insgesamt 400 Mitgliedern".[36] Ein Blick auf den VSB 1977 hätte die Überholbedürftigkeit dieser Zahlen angezeigt: Dort wird noch lediglich von 9 Organisationen mit insgesamt 200 Mitgliedern gesprochen.[37] Sattler hätte sein Kapitel für die 1980er Ausgabe auf den neuesten Stand bringen müssen. Zur „Neuen Rechten" zitiert er nur die Publikationen von Bartsch[38] und verläßt sich im übrigen größtenteils auf die VSBe. Gerade im Zusammenhang mit der „Neuen Rechten" sind die VSBe jedoch wenig ergiebig — weder die Publikationen des Innenministeriums noch das Buch Bartschs aus dem Jahre 1975 haben — aufgrund ihres institutionellen Ansatzes — eine „Soziologie des Rechtsextremismus" (S. 41) entworfen. Wie Sattler zu der Annahme kommt, „Alle Gruppierungen der Neuen Rechten" seien „seit 1976 in der Solidaristischen Volksbewegung (SVB) zusammengefaßt" (S. 44), bleibt unerfindlich.

Ein weiteres Kapitel behandelt eine Reihe wichtiger neonazistischer Gruppen vor dem Hintergrund der „Hitler-Welle". Der Schwerpunkt liegt dabei auf den Aktivitäten der illegalen NSDAP. Durch die Offenlegung typischer Argumentationsmuster wird dem Leser ein tieferer Einblick in die Denkstrukturen der Neonazis vermittelt. Eine kurze Charakterisierung der rechtsextremen Jugendorganisationen „Bund Heimattreuer Jugend" (BHJ), „Bund Deutscher Mädel" (BDM), „Stahlhelmjugend", „Wikingjugend" und „Junge Nationaldemokraten" (JN) schließt sich an.

Was das Kapitel über die „,Neue' Rechte" anging, so mußte auf inhaltliche Fehler verwiesen werden. Generell zeichnet sich die Publikation Höffken/Sattlers durch einen wenig geschliffenen, manchmal „täppisch" anmutenden Umgang mit der deutschen Sprache aus, der nicht selten Irritationen und Fehldeutungen Vorschub leistet. Wie soll man etwa folgenden Satz interpretieren? „Die Gerichte der Bundesrepublik sind — trotz einiger Verstrickung in die NS-Justiz — anscheinend fähig, die Akteure der neonazistischen Gruppen nach geltenden Gesetzen zu verurteilen" (S. 15). Erst nach einigen Überlegungen kann der Leser der aufgrund des generalisierenden „Die"

---

36 VSB 1976, S. 17.
37 VSB 1977, S. 19.
38 Vgl. das Kapitel „Die 'Neue Rechte' " dieser Abhandlung.

zu absurden Erwägungen Anlaß gebenden syntagmatischen Konstruktion eine sinnhafte Aussage entnehmen: Gemeint ist vermutlich, daß auch das Gerichtswesen der Unrechtspraxis des NS-Regimes erlag. Ebenso unpassend ist die Kapitelüberschrift „Nationalsozialistische Traditionspflege" – soll hier über Trachtenfeste, Feldherrnhallen- und Horst Wessel-Gedenkfeiern, den Geburtstag „des Führers" berichtet oder vielleicht die Verankerung bundesrepublikanischer Sitten und Gebräuche in nationalsozialistischem Gedankengut geargwohnt werden? Keines von beiden! Die Rede ist – eigentlich eher am Rande – von haarsträubenden Gedichten aus dem „Freiwilligen", der Monatsschrift der „Hilfsgemeinschaften auf Gegenseitigkeit" (HIAG) der ehemaligen Angehörigen der Waffen-SS und der Symbolik neonazistischer Gruppen. Vor allem jedoch werden die „Staatlichen Maßnahmen gegen Rechtsextremisten" in aller Ausführlichkeit behandelt – den Bezug zur Kapitelüberschrift kann wohl allerdings nur ein äußerst phantasiebegabter Leser herstellen!

Recht sinnvoll ist die historische Fundierung rechtsextremen Denkens im letzten Kapitel. Mit Ausnahme des Verweises auf den Merkmalkatalog Erwin K. Scheuchs[39] (S. 10f.), der jedoch nicht systematisch in die Darstellung eingeflossen ist, hat der Leser bis zu dieser Stelle (S. 67) der Materialfülle orientierungslos gegenübergestanden. Dies ist natürlich verständlich, da die vorliegende Arbeit primär auf Darstellung von Erscheinungsformen angelegt ist. Insofern sind die straff abgehandelten Abschnitte „Die völkische Bewegung", „Der antidemokratische Dezisionismus", „Autokratischer Militarismus", „Der Übermensch und das Machtstaatsdenken", „Rassismus", „Die Geopolitik" sehr hilfreich. Der Band ist mit einem umfangreichen, analog zum darstellenden Teil gegliederten Materialien-Anhang und einer „Kurzbibliographie" ausgestattet. Seinem Anspruch, Argumentationshilfe für den unbeschlagenen, informationsbedürftigen Bürger zu sein, kann er aufgrund der aufgedeckten inhaltlichen wie formalen Mängel jedoch nur in begrenztem Maße gerecht werden.

*Wolfgang Benz,* wissenschaftlicher Mitarbeiter am Institut für Zeitgeschichte, hat den Band „Rechtsradikalismus: Randerscheinung oder Renaissance?"[40] herausgegeben, der sich – dies sei vorweggenommen – klar für das zweite Wort der titulierten Alternative ausspricht. Die zwölf von Journalisten und Historikern verfaßten

39 Erwin K. Scheuch, Theorie des Rechtsradikalismus in westlichen Industriegesellschaften, in: Hamburger Jahrbuch für Wirtschafts- und Gesellschaftspolitik 12 (1967), S. 11-29.
40 Wolfgang Benz (Hrsg.), Rechtsradikalismus: Randerscheinung oder Renaissance?, Frankfurt a.M. 1980, 283 S. (Fischer Taschenbuch Verlag).

Beiträge decken die Thematik gut ab — kein wesentliches Problemfeld bleibt ausgespart. Einleitend versucht der Herausgeber, auf der Grundlage terminologischer Probleme (Rechtsextremismus/Rechtsradikalismus) charakteristische Bestandteile des rechtsextremen Gedankenhorizontes herauszuarbeiten.[41] Dann stellt Benz die verschiedenen Organisationen der „Alten" und „Neuen" Rechten vor, ihre Propagandatechniken, das gesellschaftliche Rekrutierungspotential sowie ihre Bekämpfung durch die Sicherheitsorgane; die „nationalen und internationalen Verbindungen" analysiert *Gert Heidenreich.*

*Heiner Lichtensteins* Beschreibung der rechtsextremen Publizistik wird durch einen zweiten Beitrag des Herausgebers ergänzt, der die seit einiger Zeit auftretende Vielfalt rechtsextremer „Schüler- und Jugendzeitschriften" behandelt.[42] Die zum Teil grotesken Versuche rechtsextremer Autoren, das Nazi-Regime im nachhinein zu rechtfertigen, stellt *Hermann Graml* in dem Beitrag „Alte und neue Apologeten Hitlers" vor. *Ulrich Mackensen* analysiert mit großer Praxisnähe das Verhältnis „Rechtsradikalismus und Bundeswehr" und kommt zu dem Ergebnis, daß „die krassen Einzelfälle der letzten Jahre nicht symptomatisch für die Bundeswehr sind" (S. 8). Dennoch bleibe die Integration der Streitkräfte in die Gesamtgesellschaft eine dauernde Aufgabe, wenn kein „Nährboden für einen beginnenden Rechtsradikalismus unter den Soldaten entstehen" (S. 97) solle.[43] Sehr differenziert setzt sich *Herbert Riehl-Heyse* mit der „Leidensgeschichte" der NPD auseinander, und *Rudolf Müller* versucht, das Wesen der später verbotenen „Wehrsportgruppe Hoffmann" zu ergründen. „Von den Schwierigkeiten der Justiz im Umgang mit KZ-Schergen und Neonazis" berichtet schließlich *Stefan Klein.*

*Ulrich Chaussy* behandelt die Frage, wie Jugendliche zu Neonazis werden. Er befaßt sich mit den Lebensverhältnissen und politischen Vorstellungen jugendlicher Rechtsextremisten und stellt, gestützt auf Interviews, sieben Thesen auf, die er vielleicht noch etwas prägnanter hätte fassen können. Es ist Chaussy jedoch voll

41 Dieser Beitrag wurde vorabgedruckt: Wolfgang Benz, Die Opfer und die Täter — Rechtsextremismus in der Bundesrepublik, in: APuZG, B 27/1980, S. 29-45.
42 Ein Vorabdruck erschien unter dem Titel „Die seltsamen Alternativ-Blätter an der Schulfront", in: FR v. 21. April 1980, S. 10f.
43 Vgl. zu diesem Problem die empirische Studie von: Wolfgang Gessenharter/Helmut Fröchling/Burkhard Krupp, Rechtsextremismus als normativpraktisches Forschungsproblem. Eine empirische Analyse der Einstellungen von studierenden Offizieren der Hochschule der Bundeswehr Hamburg sowie von militärischen und zivilen Vergleichsgruppen, Weinheim/Basel 1978.

zuzustimmen, wenn er gesellschaftliche Mißstände wie Arbeitslosigkeit und „Verlust sozialer Solidarität" (S. 20), die Jugendliche bei ihrer Suche nach für sie verbindlichen Werten auf gefährliche Irrwege führen können, als wichtige Erklärungsgründe benennt. Auch Fehlverhalten der Eltern (Chaussy unterscheidet verschiedene „Elterntypen") oder mangelndes Engagement der Interessengruppen gegenüber Jugendlichen seien hier anzuführen. Der Autor erklärt die jungen Rechtsextremisten nicht von vornherein für unverbesserlich, wie es heute leider zur klaren Ausbildung eines Feindbildes gang und gäbe ist; im Mittelpunkt seiner Thesen steht vielmehr die Rückführung rechtsextremer Jugendlicher zu demokratischen Einstellungen und Verhaltensweisen. Chaussy warnt davor, junge Neonazis mit den NS-Verbrechern zu identifizieren, ihnen gewissermaßen die Menschenwürde abzusprechen. Der engagierte Bürger solle vielmehr diesen Jugendlichen auf ihrer Suche nach kameradschaftlicher Geborgenheit oder — was der Autor vielleicht übersieht — in ihrer leidenschaftlichen Provokationssucht mit Zivilcourage entgegentreten.

Die Thesen Ulrich Chaussys bilden einen angenehmen Kontrast zu den groben Verzeichnungen des Beitrags von *Claus Heinrich Meyer,* der die „Hitler-Welle" der 70er Jahre — grundsätzlich berechtigt — aufs Korn nimmt, dabei jedoch an allen Ecken und Enden Nazirenaissance wittert. Ob Fest, Trevor-Roper oder Speer[44], ob mit oder ohne wissenschaftliche Fundierung — wer es wagt, die charismatische Person Hitlers und ihre Bedeutung für die nationalsozialistische Bewegung hervorzuheben, wird unter den Verdacht gestellt, den Nazismus wieder salonfähig machen zu wollen. Wer Rechtsextremisten und vermeintliche Förderer rechtsextremer Rechtfertigungstheorien in einen Topf wirft, begeht denselben schweren Fehler wie derjenige, der die „Grenzlinie zwischen Konservativen und Rechtsradikalen" verwischt und „kann ebenso gefährlich für die Demokratie werden wie extreme Bestrebungen jenseits demokratisch-liberaler Übereinstimmung", so die Formulierung von Wolfgang Benz (S. 12).

Für viele Beiträge muß leider auch ein zuweilen etwas leichtsinniger, formelhaft-unkritischer Sprachgebrauch konstatiert werden: Eine unreflektierte Übernahme des gängigen Rechts-Links-Klischees (ansatzweise bei Benz, S. 9; prinzipiell auch Chaussy, dessen Thesen in der Mehrzahl — geringfügig modifiziert — auch auf K-Grup-

44 Joachim C. Fest, Hitler. Eine Biographie (1973), 2 Bde., ungekürzte Ausgabe, Frankfurt a.M./Berlin/Wien 1978; Hugh R. Trevor-Roper, Hitlers letzte Tage (1965), 3. Aufl., Frankfurt a.M./Berlin/Wien 1976; Albert Speer, Erinnerungen (1969), Berlin 1979. Speers „Erinnerungen" firmieren als bloße „Rechtfertigungsliteratur" (S. 44).

pen anwendbar wären), die — zugegebenermaßen selbst in der Fachliteratur weitverbreitete — Gleichsetzung der Vokabeln „Faschismus" und „Nationalsozialismus" oder auch „Neofaschismus" und „Neonazismus" (etwa Meyer, S. 41; Heidenreich, S. 162; Chaussy, S. 184) finden sich neben einer unbefangenen Wiederholung der alten Restaurationslegende (Meyer, S. 42) oder zu legerem Umgang mit dem durch den kommunistischen Sprachgebrauch diskreditierten „Antifaschismus"-Begriff (Heidenreich, S. 146).

Die negative Kritik in Einzelfragen soll jedoch die Verdienste des Sammelbandes nicht überdecken: Das Bemühen um eine verständliche Sprache und die relative Kürze der einzelnen Beiträge, welche die Behandlung einer großen Anzahl von Themenbereichen ermöglicht, erschließen die Thematik einem breiten Leserkreis, bieten aber auch dem Fachkundigen vielfältige Anregungen. Ein Sach- und Personenregister sowie der tabellarische Anhang erleichtern darüber hinaus den Zugang zum Stoff. Die Literaturauswahl am Schluß hätte etwas großzügiger angelegt werden können. Schließlich sei auch die sorgfältig bearbeitete, gerade für den Zeitraum vor 1964 sehr informative „Chronologie des Rechtsradikalismus" erwähnt, die die Historikerin *Ino Arndt* erstellt hat. Ein alles in allem also gelungener Beitrag zur Erhellung der Rechtsextremismus-Problematik.

Als „verkannte Gefahr" tituliert ein in der Reihe der „Spiegel"-Bücher erschienener Band den Rechtsextremismus. Die von *Paul Lersch* herausgegebene Publikation[45] äußert sich vorwiegend zur bundesdeutschen Szene — mit Ausnahme eines Aufsatzes, der Frankreichs „Rechte" behandelt. Im darstellenden Teil befassen sich zunächst acht Autoren mit verschiedenen Aspekten des „Rechtsradikalismus". Ein wohlbestückter, von *Rolf Ritzler* und *Frank Rühmann* bearbeiteter Dokumenten-Teil enthält sodann eine repräsentative Auswahl der einschlägigen Buch- und Flugblatt-Produktion in kommentierter Form, eine Kurzcharakteristik rechtsextremer Organisationen und Verlage, eine „Chronologie des Rechtsradikalismus" sowie eine wohlsortierte Bibliographie. Bereits im voraus kann bemerkt werden, daß dieser im Vergleich zur bisher behandelten Literatur weit überdurchschnittliche Anhang den Wert des Werkes erheblich steigert, da die Aufsätze leider starke Qualitätsunterschiede aufweisen.

In einem einleitenden Beitrag spürt der Herausgeber „Bonner Schwierigkeiten bei der Bewältigung der Vergangenheit" nach. Obrigkeitsstaatliche Gesinnungen hätten den Durchschnittsbürger

---

45 Paul Lersch (Hrsg.), Die verkannte Gefahr. Rechtsradikalismus in der Bundesrepublik, Hamburg 1981, 288 S. (Rowohlt Taschenbuch Verlag).

der jungen Bonner Republik gekennzeichnet; ihre Ausläufer seien aber auch heute noch präsent. Wichtige Beispiele Lerschs belegen dies — von der Ausländerfeindlichkeit bis zu Duckmäusertum, Autoritätshörigkeit und dem Ruf nach dem starken Mann. Jedes dieser Indizien wird das Mißtrauen des überzeugten Demokraten wecken. Dabei tut jedoch Differenzierung Not: Pauschalisierungen, zwielichtige Anschuldigungen und billige Polemik mit der Erörterung solcher Fragen zu verquicken heißt, den Teufel mit dem Beelzebub auszutreiben. Lerschs Hypersensibilität verfehlt ihren Zweck, indem sie Feindbilder innerhalb des demokratischen Lagers aufbaut und den eigentlichen Antagonismus verschleiert: den zwischen Demokraten und Extremisten. Hauptopfer sind dabei die Christdemokraten, die in vielfältigen Variationen als Auffangbecken für ehemalige Nazis (S. 7), ,,Heimat für gescheiterte großdeutsche Träumer" (S. 7), Hort obrigkeitsstaatlicher Residuen[46] usw. dargestellt werden. Sozialdemokraten wird schließlich vorgeworfen, allmählich den Antikommunismus der Adenauer-Zeit übernommen und dabei den eigentlichen Feind, den ,,Faschismus", übersehen zu haben (S. 37). Die Technik der Lerschschen Tiraden besteht in der ausgreifenden Anwendung transitiver Gesetzmäßigkeiten, deren Folgen der Autor wohl auch nicht unterschreiben würde; ihre Suggestivität jedoch ist erdrückend. Äquivalenzreihen wie die folgende sind das — überspitzt formulierte — Resultat derartiger Quer-Beet-Polemiken: CDU = CSU; CSU = national; national = nationalistisch; nationalistisch = rechtsextrem; rechtsextrem = NPD; Folge: CDU = NPD.

Abgewogener und informativer, natürlich aber auch weniger verfänglich ist *Werner Dähnhardts* Beitrag zur ,,Presse und Propaganda der Rechtsradikalen". Insbesondere die auflagenhohe ,,Deutsche National-Zeitung" und ihr nicht zu unterschätzender Einfluß stehen im Mittelpunkt. Daß der gerade in letzter Zeit anschwellende Publikationsfluß ein Ärgernis ersten Ranges und Anlaß zur Besorgnis sein muß, ist unumstritten; es bleibt jedoch zu überlegen, ob eine Illegalisierung solcher Produkte nicht das Gegenteil des Erwünschten zur Folge hat und man dem mündigen Bürger die Auswahl des Angebotes nicht selbst überlassen sollte. Selbstverständlich

---

46 Auf S. 22 heißt es: ,,Autoritätsgläubigkeit und Gefolgschaftstreue, nationale Ressentiments und Großmannssucht, Fremdenhaß und Intoleranz gegenüber Minderheiten, Gewaltpädagogik und Duckmäusertum, Sucht nach Ruhe und Ordnung und nach dem starken Mann wuchern doch nach wie vor — an deutschen Stammtischen wie in Leitartikeln, und wäre hinzuzufügen, auch in manchen Reden, die aus der Union zu vernehmen sind".

kann dies nicht den Verzicht auf Maßnahmen zum Schutze der Jugend bedeuten!

Die Beiträge *Dirk Bavendamms* und *Christian Habbes* setzen sich mit der „Organisation der rechtsradikalen Szene" und den „Auslandsbeziehungen der deutschen Neonazis" auseinander. Besorgniserregend erscheint besonders das Anwachsen des Neonazismus unter Jugendlichen, eine Tatsache, die die Hoffnung auf eine „natürliche Lösung" der NS-Frage zerstört hat. Hinzu kommt die Tendenz einer Ausweitung rechtsextremer Organisationen auf internationaler Basis und der damit verbundenen Verdichtung der bisher ideologisch als diffus eingeschätzten Weltanschauungs-Konzepte. Dies zeigt auch *Michael Hallers* „Ausflug" in die französische Szene, wo soziobiologische Ideen zu einer beachtlichen (Pseudo-)Konsistenz des rechtsextremen Gedankengutes beigetragen haben. Gleichzeitig relativiert der Blick auf Frankreich die Einschätzung bundesdeutscher Verhältnisse.

*Lutz Niethammer* zeichnet in seinen Ausführungen „Zum Wandel der rechtsextremen Szene in der Geschichte der Bundesrepublik" die Entwicklung des Rechtsextremismus vom restaurierten Nationalsozialismus („Postfaschismus") der 1952 verbotenen SRP über den kurzen Höhenflug der 1964 gegründeten NPD zum sich seit Mitte der 70er Jahre verstärkt herausbildenden „Neofaschismus" nach. Die Darstellung weiß, von einigen ideologischen „Temperamentausbrüchen" abgesehen (die CDU/CSU wird in die Nähe der DNZ gerückt [S. 114 und 118]; der „Neofaschismus" sei durch die „Rückkehr des Kapitalismus zu seiner alten Krisenanfälligkeit" gefördert [S. 117], Straußens Vierte-Partei-Projekt „zur Ausschöpfung rechtsextremistischen Potentials" geplant worden [S. 120]), ein differenziertes Bild der Entwicklung zu entwerfen. Der leichtfertige Umgang mit dem „Faschismus"-Begriff ist für ganze Bibliotheken inzwischen symptomatisch — fast geniert man sich, seine Verwendung zu monieren. Es kann jedoch nicht nachdrücklich genug betont werden, „daß es einer Verharmlosung des Nationalsozialismus gleichkommt, wenn der Nationalsozialismus auf die gleiche Stufe mit dem italienischen Faschismus gesetzt wird, dem etwa der radikale Rassismus fremd war", wie Günther Bernd Ginzel treffend bemerkt.[47]

Der durch mehrere Publikationen zum Thema hervorgetretene Westberliner Journalist *Karl-Klaus Rabe* liefert wichtige Eindrücke und Stimmungsbilder zur Ergänzung der bisherigen Beiträge, die aus zahlreichen Gesprächen des Autors mit jungen Anhängern rechtsextremer Gruppierungen entstanden sind: Diesen Jugendli-

---

47 Ginzel (FN 97), S. 19.

chen bedeutet die Suche nach Kameradschaft oft wesentlich mehr, als die in rechtsextremen Gruppen damit eingehandelten Ideen. Den Abschluß der Aufsatzsammlung bildet ein Interview mit dem inzwischen nach Israel ausgewanderten deutschen Juden/jüdischen Deutschen Henryk M. Broder[48], das dem Leser die teils entlarvende, teils überreizte Sensibilität eines „gebrannten Kindes" vor Augen führt.

Unter der Überschrift „Gewalt von rechts"[49] ist ein weiterer Sammelband erschienen, der vom Referat „Öffentlichkeitsarbeit gegen Terrorismus" des Bundesinnenministeriums zusammengestellt worden ist. Das Werk vereinigt Beiträge, die mit einer Ausnahme bereits andernorts erschienen sind — größtenteils jedoch im vergänglichen Medium der Wochen- und Tagespresse, so daß ihre dauerhafte Präsentation — zumal es sich teilweise um scharfsinnige journalistische Analysen handelt — begrüßt werden kann. Die Auswahl und Zusammenstellung der Beiträge überzeugt im großen und ganzen: Einerseits umfaßt der Band eine breite Palette unterschiedlicher und teilweise konträrer Positionen, andererseits artet die Vielfalt der Aspekte und Sichtweisen nicht in Buntscheckigkeit und Uferlosigkeit aus. Für ein Sammelwerk ist die thematische Gliederung relativ straff und übersichtlich. Ein erster Teil enthält Lageanalysen zum Rechtsextremismus, daran schließen sich „Erklärungsversuche" aus unterschiedlicher Warte an. Der Großabschnitt „Rechtsextremistische Einstellungen in der Bevölkerung" bietet insbesondere die Ergebnisse der SINUS-Studie dar und stellt sie zur Diskussion.[50] Daneben wird *Klaus Sochatzy,* der eine empirische Analyse über „Neofaschismus im Schülerurteil" veröffentlicht hat[51], etwas stiefmütterlich behandelt — abgedruckt ist lediglich ein knappes Resümee Sochatzys. Der letzte Teil der Sammlung berichtet über internationale Verbindungen bundesdeutscher Rechtsextremisten. Der Band verfügt außerdem über einen An-

---

48 Vgl. Henryk M. Broder, „Ihr bleibt die Kinder Eurer Eltern". „Euer Jude von heute ist der Staat Israel": Die neue deutsche Linke und der alltägliche Antisemitismus, in: Die Zeit v. 27. Februar 1981, S. 9-11. Broder ist Mitherausgeber eines Sammelbandes, in dem sich in der Bundesrepublik lebende Juden über ihre Erfahrungen in diesem Land äußern: Henryk M. Broder/Michel R. Lang (Hrsg.), Fremd im eigenen Land. Juden in der Bundesrepublik, Frankfurt a. M. 1979.
49 Gewalt von rechts. Beiträge aus Wissenschaft und Publizistik, hrsg. vom Referat „Öffentlichkeitsarbeit gegen Terrorismus" im Bundesministerium des Innern, Bonn 1982, 304 S. (Verlag, Druck- und Offsetdruckerei A. Bernecker).
50 Vgl. dazu S. 147-151 dieser Arbeit.
51 Vgl. dazu S. 151-154 dieser Arbeit.

hang mit einer Chronologie rechtsextremer Gewaltakte (1968-1981), eine knappe Literaturübersicht und ein Verzeichnis einschlägiger Filme.

Die meisten der Beiträge brauchen hier nicht eigens vorgestellt zu werden, da sie bereits an anderer Stelle in dieser Arbeit behandelt worden sind; die verbleibenden verdienen nähere Beachtung. Ein Auszug aus dem VSB 1980 ruft zunächst die seinerzeitige Situation des Rechtsextremismus in Erinnerung: zunehmende Bereitschaft eines verhältnismäßig kleinen Kreises jugendlicher Neonazis zu teilweise terroristischer Gewaltanwendung. *Friedrich Karl Fromme* nimmt diese Situation zum Ausgangspunkt einer vorsichtigen Taxierung extremistischer Bedrohungsgrößen. Zunächst sei festzustellen, daß die Mitgliederzahlen linksextremer Organisationen die rechtsextremer bei weitem übersteigen. Zudem hätten Rechtsextremisten im Gegensatz zu Linksextremisten bisher keinen Einfluß auf Organisationen im weiteren Bereich der politischen Willensbildung nehmen können. Allerdings verfügten sie über ausreichende materielle Ressourcen. Zweifellos haben linksextreme Ideologien für intellektuelle Kreise einen größeren Reiz als rechtsextremes Gedanken-„gut". Aber der Autor sieht auch, daß rechtsextreme Einstellungs-Stereotype vermutlich in der Gesamtbevölkerung weiter verbreitet und teilweise vielleicht auch in politische Aktionen ummünzbar sind. Dieser Gefahr kann mit Methoden politischer Bildungsarbeit entgegengetreten werden. Hilfloser steht die Gesellschaft terroristischen Aktionen gegenüber, gleichgültig, ob von rechts- oder linksextremen Ideologien motiviert. Denn schon ein relativ kleiner Kreis entschlossener terroristischer Gewalttäter kann unsäglichen Schaden anrichten. Terror von rechts wie links hat eine kommunikative Funktion, er ist auf Massenwirkung bedacht. Nicht nur bei der Berichterstattung über extremistische Gewalttäter befinden sich die Medien in einem Dilemma, das Fromme in die weisen Worte kleidet: „Der Rechtsextremismus bedarf der Aufmerksamkeit, aber zuviel davon hilft ihm" (S. 29).

Möglicherweise ist dieses komplexe Verhältnis zwischen Öffentlichkeit, Medien und Terroristen noch wesentlich verwickelter. Denn die Medien sind nicht allein Vermittler, sondern verfügen auch über eine beträchtliche Definitionsmacht. Es ist daher zu fragen, ob der Prozeß des „Umschlagens neonazistischer Militanz in Terrorismus" (S. 123) die Folge einer Grenznutzenabwägung zwischen noch nicht-terroristischer „agressiver *Partizipation*" (S. 123) und terroristischer Aktion sein muß, wie es *Eike Hennig* verstanden wissen will. Die Übergänge zwischen terroristischer und nicht-terroristischer Gewaltsamkeit sind fließend. Vielleicht also wird eine bestimmte Form der Militanz erst durch ihre Etikettierung zum „Terrorismus" — auf dieses Problem verweist *Friedhelm Neidhardt,* der eine Reihe von Gemeinsamkeiten zwischen Rechts- und Linksterroristen ermittelt hat.

Im Rahmen einer Interpretation des Gesamtphänomens „Rechtsextremismus" bietet *Peter Schmitt-Egner* einen psychologisch-faschismustheoretischen Erklärungsversuch an. Der Beitrag verdiente eine exemplarische Analyse, weil er zeigt, wie durchaus interessante und zur Auseinandersetzung reizende Überlegungen und Hypothesen in ein Netz zweifelhafter, undifferenzierter Annahmen, Feststellungen, Voraussetzungen und Schlußfolgerungen eingebettet werden, die jeglichen Wirklichkeitsbezugs entbehren. Interessant, aber nicht unbedingt neu ist die „Kernthese" des Autors, derzufolge „im jugendlichen Rechtsradikalismus das gesamte gesellschaftliche Problemfeld im einzelnen thematisiert wird" (S. 136). Und zwar deshalb, weil er gesellschaftliche Widersprüche „nicht aushält, sondern auflöst" (S. 147). Stattdessen bestehe der „Faschist" auf der Möglichkeit „der Wunscherfüllung im Hier und Jetzt" (S. 150). Diesen hier verkürzt wiedergegebenen Gedankengang umrahmt der Autor mit einer Reihe pauschaler Feststellungen, die den Realitätsbezug seiner Hypothesen insgesamt in Frage stellen. Dies beginnt bei der Einschätzung des Bedrohungspotentials: Schmitt-Egner hält jegliche Katastrophen-Meldung für bare Münze. Die hohe Zahl von Jugendlichen mit autoritär-aggressiver Einstellung sollte der Psychologe eigentlich besser erklären können als mit der Feststellung erschreckender „Faschismus"-Auswüchse. Der strukturierende Forschungsüberblick des Autors ist reichlich undifferenziert: Es gibt weder „die" *„historisch-politische* Sichtweise", noch „die" Soziologie oder „die" „soziologisch-psychologische" Betrachtung. Das Devianz-Phänomen wird irreführend dargestellt; von Konzepten wie „Anomie", „Deprivation", „Wertewandel" erfährt der Leser nichts. Ohne jegliche Begründung und Erklärung werden Elemente des politischen Systems der Bundesrepublik Deutschland beispielsweise wie folgt charakterisiert: „Parteitage werden nur noch zu Akklamationsorganen der politischen Elite" (S. 151); „Zeigt sich der demokratische Schein darin, daß es der Führungselite nur um die Integration der ‚Basis' in den schon vollzogenen Entscheidungsprozeß geht, so erweist sich die rechtsradikale Führungspraxis als ‚ehrliche' Lösung" (S. 152); „Der Rechtsradikalismus stellt sich als *praktische Kritik* an den etablierten Machtstrukturen dar, indem er unbewußt dieselben karikiert — ohne den ideologischen Schleier" (S. 152). Soll man die Liberalität des Bundesministeriums des Innern bewundern oder sein Laisser-faire beklagen?

Den Abschluß des Sammelwerkes bildet eine Reihe kurzer

Schlaglichter zur internationalen Szene aus journalistischer Feder. Während sich vorliegende Arbeiten zum internationalen Rechtsextremismus[52] auf die separate Darstellung der einzelnen Subkulturen oder deren Vergleich konzentrieren, stehen bei den Kurzbeiträgen Verflechtungen rechtsextremer Personenkreise im Mittelpunkt. Nach *Dietrich Strothmann* kann von einem engmaschigen Netz internationaler Beziehungen nicht gesprochen werden. Derartige Kontakte fänden lediglich zwischen ,,Kleinstgruppen" statt, die in der Regel die Sicherheit der einzelnen Staaten nicht gefährdeten. Die sich anschließenden Beiträge (Österreich, Frankreich, Spanien, Italien, Belgien, England) bestätigen diesen Befund.

## Die Publikationen des PDI

Im ,,Dienst für den alltäglichen Kampf gegen Rechts"[53] entfaltete der Münchener ,,Presseausschuß Demokratische Initiative" (PDI), ein sich ,,linksliberal" verstehender Zusammenschluß bekannter Schriftsteller und Journalisten, seit einigen Jahren eine rege Publikationstätigkeit und entwickelte sich zur Bühne für so prominente (SPD-)Politiker wie Willy Brandt, Klaus Thüsing, Karl Heinz Hansen, Ernst Waltemathe und Prof. Wilhelm Hoegner. So gab der PDI seit 1979 eine eigene Taschenbuchserie heraus, in der ,,Berichte über neonazistische Aktivitäten" und umfänglichere thematische Darstellungen im Kampf gegen den Rechtsextremismus und in politischer Auseinandersetzung mit den Unionsparteien erschienen.[54] Dem gleichen Themenkreis waren knapper gefaßte, teils darstellende, teils dokumentierende ,,Sonderhefte" gewid-

---

52 Vgl. insbes.: Patrice Chairoff, Dossier Néo-Nazisme, préface de Beate Klarsfeld, Paris 1977; Michel R. Lang (Hrsg.), 'Straße frei ...'. Die neue Nazi-Internationale, Berlin 1982.
53 So die Überschrift eines Werbeprospektes für den PDI-,,Dienst" ,,Blick nach Rechts".
54 Es sind erschienen (nach Verlagsprospekt): Neonazistische Aktivitäten 1978 (PDI-Tb 1); Rechtstendenzen in der Bundesrepublik (PDI-Tb 2); ,,Landser"-Hefte – Wegbereiter für den Rechtsradikalismus? (PDI-Tb 3); Die SS – ein 4. Wehrmachtsteil? (PDI-Tb 4); F.J. Strauß – Der Kandidat des großen Geldes (PDI-Tb 5); Neonazistische Aktivitäten (PDI-Tb 6); Jugendreligionen und politreligiöse Jugendsekten (PDI-Tb 7); Die ,,Deutsche National-Zeitung" (PDI-Tb 8).

met.⁵⁵ Schließlich existierte bis zur Bundestagswahl 1980 ein „PDI-Hintergrunddienst", der seit dem 1. Januar 1981 vom zweiwöchentlich erscheinenden „Blick nach Rechts" abgelöst wurde. Ende 1983 ist der PDI eingestellt worden.

Von der Vielzahl der PDI-Produkte können an dieser Stelle nur einige wenige eingehendere Beachtung finden, wobei von vornherein solche Publikationen ausgeklammert werden, die vorwiegend der (polemischen) Auseinandersetzung mit dem politischen Gegner und daher mehr den Gesetzen taktisch-strategischen Kalküls als denen wissenschaftlichen Räsonnements dienen. Zunächst sind die im Selbstverständnis alternativer Verfassungsschutzberichte seit 1978 (zum ersten Mal für das Jahr 1977) erscheinenden „Berichte über neonazistische Aktivitäten" — der PDI hat bis zu seiner Auflösung lediglich Berichte für die Jahre 1977-1979 vorgelegt — einer näheren Betrachtung wert.

Dem als PDI-Taschenbuch 1 erschienenen „Bericht über neonazistische Aktivitäten 1978"⁵⁶ sind drei einleitende Beiträge vorangestellt. „Verharmlosung des Rechtsradikalismusses" (sic!) macht *Herta Däubler-Gmelin* besonders den Vertretern der Unionsparteien zum Vorwurf. *Bernt Engelmann* äußert sich besorgt über die weitverbreitete Gleichgültigkeit gegenüber dem Rechtsextremismus. Umfragen hätten einen ansehnlichen Sympathisantenkreis ermittelt. Die noch vergleichsweise geringe Zahl der Ausschreitungen sei vor diesem Hintergrund mit größerem Unbehagen zu betrachten. Für *Gert Lütgert,* der die Situation der Neonazis in seiner Funktion als Gewerkschaftsmitglied anvisiert, stellt die Verhinde-

---

55 Es sind erschienen (nach Verlagsprospekt): „Terroristensympathisanten?" im Weltbild der Rechten (PDI-SH 1); Neonazistische Aktivitäten 1977 (PDI-SH 2); Die nichtbewältigte Gegenwart (PDI-SH 3); Das Urteil von Mannheim: NPD — nicht verfassungsfeindlich? (PDI-SH 4); F.J. Strauß im Zwielicht der Geschichte (PDI-SH 5); Bildungspolitik der CSU (PDI-SH 6); Alfred Seidl: Die Kontinuität einer Gesinnung (PDI-SH 7); Rechtsradikale Jugendorganisationen (PDI-SH 8); Eine Stadt wehrt sich — Antifaschistische Aktivitäten am Beispiel Mannheim (PDI-SH 9); Rechtsradikalismus in Vergangenheit und Gegenwart (PDI-SH 10); Antifaschistisches Projekt der Stadt Rüsselsheim (PDI-SH 11); Jugend gegen Strauß (PDI-SH 12); Die Union und der Neonazismus (PDI-SH 13); Generalmobilmachung gegen Gert Bastian (PDI-SH 14); KOMM: Von Sonthofen 1974 nach Nürnberg 1981 (PDI-SH 15); Die Strategie der CDU/CSU gegenüber den Liberalen (PDI-SH 16); Die Volkssozialistische Bewegung Deutschlands (PDI-SH 17); Rechtsextremismus in der Bundesrepublik nach 1960 (PDI-SH 18); Plädoyer für die Republik (PDI-SH 19).
56 PDI (Hrsg.), Bericht über neonazistische Aktivitäten 1978. Eine Dokumentation (= PDI-Tb 1), München 1979, 208 S. (Information Verlagsgesellschaft).

rung einer neuen „Harzburger Front" der Rechtsradikalen und Konservativen eine Herausforderung dar. Alle drei Vorredner landen wohlgezielte Hiebe auf dem Rücken der Unionsparteien — nicht völlig zu Unrecht, denn auf der „Bonner Bühne" gehört es zum festen Kanon der Politrituale, sich stets am meisten über Extremisten zu echauffieren, die — das kaum auszurottende Rechts-Links-Schema zugrundegelegt — vom eigenen politischen Standpunkt am meisten entfernt zu sein *scheinen.*

Daß bereits 1978 die rechtsextreme Szene, ungeachtet kaum überwundener linksterroristischer Gefahren, genügend Anlaß zur Besorgnis gab, zeigt die umfangreiche Dokumentation des Bandes. In der Tat hat der PDI mit den „Berichten" eine eindrucksvolle Sammlung rechtsextremer Aktionen und Ausschreitungen geschaffen, die einschlägigen Autoren gewiß ein nützlicher „Steinbruch" für ihre Arbeit sein wird. Auf über 40 Seiten sind „Neonazistische Aktivitäten und Exzesse 1978", nach Bundesländern geordnet, zusammengestellt. Dort erfährt man etwa von einer „Gründungsversammlung der DVU — Bezirksverband Karlsruhe" am 13. Januar 1978 (S. 15), von der „Landesaktion der ‚Jungen Nationaldemokraten' (JN) Nordrhein-Westfalens mit Zeltlager" am 1./2. Juli (S. 54) oder von einer Schmieraktion am 20. April: „Zum Jahrestag von Hitlers Geburtstag beschmierte die ‚Ortsgruppe Osterholz-Scharmbeck der NSDAP' das Gymnasium mit antisemitischen Parolen" (S. 33). Beiträge über „Rechtsradikale Jugendlager", „Sonnwendfeiern", „Braune Flecken auf den Grünen Listen" ergänzen den dokumentarischen Teil. Der Abdruck von Zeitungsberichten und Photos macht die aufgelisteten Ereignisse anschaulicher. Verzeichnisse neonazistischer Personen und Organisationen bieten zudem einen guten Überblick über die Vielfalt rechtsextremer Vereinigungen, wenn auch die Charakterisierung der einzelnen Organisationen etwas ausführlicher zu wünschen gewesen wäre. Ein weiterer Teil ist „Antifaschistischen Aktivitäten" gewidmet.

Für den Bericht 1979[57] hat man auf einführende Beiträge verzichtet. Die nach Bundesländern geordneten „Neonazistischen Aktivitäten und Exzesse" erscheinen in gestraffter Form, wobei die Zunahme der Ausschreitungen im Vergleich zu 1978 auffällt. Neu aufgenommen wurde ein Kapitel über „Prozesse und Verfahren gegen Neonazis". Außerdem finden sich nicht nur Organisationen und Personen, sondern jetzt auch rechtsextreme Verlage in alphabetischer Reihenfolge aufgeführt. Entsprechend hat man das Re-

---

57 PDI (Hrsg.), Bericht über neonazistische Aktivitäten 1979. Eine Dokumentation (= PDI-Tb 6), München 1980, 239 S. (Information Verlagsgesellschaft).

gister ergänzt. Gegenüber dem Bericht 1978 sind die einzelnen Darstellungen ausführlicher gehalten.

Das vereinende Band der für den PDI tätigen Autoren ist nicht zuletzt die Einschätzung, die der Demokratie von rechts drohende Gefahr werde in der Bundesrepublik allgemein als zu gering erachtet. In diesem Zusammenhang verweist man nicht nur auf weitverbreitete Haltungen in der Bevölkerung oder auf große Teile an der „Produktion" von Öffentlichkeit teilhabender Politiker, Publizisten und Interessenvertreter, sondern auch auf die Verfassungsschutzbehörden, deren Observationstätigkeit bereits politischen Selektionsmechanismen unterworfen sei. *Franz Greß* und *Hans-Gerd Jaschke* haben daher eine „Dokumentation und Analyse von Verfassungsschutzberichten" (Untertitel) erstellt.[58] Ausgewertet wurden die seit 1961 vorliegenden Berichte des Bundes und einzelner Länder. Die Autoren haben zunächst das darin enthaltene Datenmaterial tabellarisch zusammengestellt. So lassen sich Mitgliederzahlen rechtsextremer Organisationen, die organisatorische Entwicklung, die Zahl im öffentlichen Dienst beschäftigter Rechtsestremisten, Auflagenstärken einschlägiger Publikationen etc., aber auch einige soziale Hintergrund-Daten über die Jahre hinweg verfolgen. Die so entstandene diachronische Übersicht zur Entwicklung des Rechtsextremismus ist sehr nützlich und wirft in der Tat die Frage auf, weshalb nicht auch die Verfassungsschutzberichte längerfristige Vergleichsdaten in dieser Form anbieten.

Greß/Jaschke stellen zahlreiche Ungereimtheiten, aber auch offensichtliche Fehler bei den gemachten Angaben fest: eine Folge häufig wechselnder Maßstäbe, unklarer Begriffe und unaufgehellter Dunkelzonen im extremistischen Bereich. Vermeidbar oder wenigstens aufdeckbar wären derartige Fehlerquellen hinsichtlich der verwendeten Begriffe und Kategorien gewesen. Wenn die Autoren die unzureichende wissenschaftliche Brauchbarkeit der Daten beklagen, so kann dieses Manko allerdings nicht allein den Verfassungsschutzämtern angelastet werden. Die Wissenschaft hat es hier mit Sicherheit an Kooperationsbereitschaft fehlen lassen. Auch der Vorwurf mangelnder Kontinuität wäre gegenüber der Extremismusforschung gleichermaßen angebracht. Die Befürchtung der Autoren, es sei mit erheblichen „Dunkelziffern" (S. 5) im rechtsextremen Bereich zu rechnen, die für die Vergangenheit wohl kaum mehr ans Tageslicht gebracht werden könnten, ist nicht ausreichend begründet. Gewiß gibt es im extremistischen Spektrum zahlreiche Sektie-

---

58 Franz Greß/Hans-Gerd Jaschke, Rechtsextremismus in der Bundesrepublik nach 1960. Dokumentation und Analyse von Verfassungsschutzberichten (= PDI-SH 18), München 1982, 78 S. (Information Verlagsgesellschaft).

rer; sie werden jedoch vielfach gerade ihrer Bedeutungslosigkeit wegen nicht genannt. Es mag sein, daß Gruppen mit konspirativen Betätigungsformen zuweilen unbekannt geblieben sind (z.B. Gruppierungen im Grenzbereich zwischen politischem und religionsähnlichem Engagement). Extremistische Gruppen, die ihre politischen Ziele mit Zähigkeit wie Fanatismus verfolgen und möglicherweise eine Gefahr für das freiheitliche System darstellen könnten, müssen jedoch früher oder später öffentlich aktiv werden − sei es, um Anhänger und Sympathisanten zu gewinnen, sei es, um ihre Ziele in breiteren Kreisen publik zu machen. Ab diesem Moment ist es wenig wahrscheinlich, daß sie unbeachtet bleiben. Dies gilt sicherlich auch für die Vergangenheit, zumindest für den Zeitraum seit 1960, den Greß/Jaschke beobachtet haben. Die Fülle an Publikationen über extremistische Phänomene seit Anfang der 60er Jahre dürfte hierfür ein hinreichendes Indiz sein. Im übrigen gehen die vom PDI herausgegebenen ,,Berichte über neonazistische Aktivitäten'' nur insoweit über die Verfassungsschutzberichte hinaus, als sie eine beachtliche Zahl von Einzelereignissen und -fakten dokumentieren. Im großen und ganzen werden diese Angaben auch nicht in einen aktualitätsübergreifenden Kontext eingeordnet. Zudem suggeriert eine derartige Kompilation zwar erhebliche Bedrohungspotentiale, sagt aber über deren tatsächliche Qualität sehr wenig aus.

In der Reihe der PDI-Taschenbücher ist eine breit angelegte Analyse der ,,Deutschen National-Zeitung'' (DNZ) von *Peter Dudek* und *Hans-Gerd Jaschke* erschienen.[59] Die Autoren haben ihrer Untersuchung einen weitgefächerten Fragenkatalog zugrundegelegt, der möglichst viele Aspekte des Untersuchungsobjektes erfassen soll. So wird zunächst der historischen Entwicklung der heutigen DNZ nachgegangen. Im März 1951 zum ersten Mal als von ehemaligen leitenden NSDAP-Mitgliedern gegründete „Deutsche Soldatenzeitung" erschienen, wurde das Blatt bis Ende 1958 monatlich, danach zweiwöchentlich und ab 1. Januar 1962 wöchentlich vertrieben. Als die Zeitung 1953 in finanzielle Engpässe geriet, unterstützte sie das Bundespresseamt vorübergehend mit monatlich 11.000 DM. Nachdem jedoch die damit intendierte Einflußnahme auf die inhaltliche Gestaltung mißlungen war, wurden die Zahlungen Ende 1954 eingestellt: „Die DSZ firmierte fortan in offziellen Erklärungen (z. B. des Verteidigungsministeriums) als ‚Blatt für Unbelehrbare und Gamaschenknöpfe'" (S. 21). 1959 setzte unter der Regie Gerhard Freys und Erich Kernmayrs jedoch eine Phase der finanziellen Konsolidierung ein, die nicht zuletzt durch eine noch reißerischere und durch spektakuläre Interviews effektvollere Aufmachung erreicht wurde. Für den heutigen Erfolg bürgt die überraschend hohe Auflage[60] des 1963 in „Deutsche National-Zeitung

59 Peter Dudek/Hans-Gerd Jaschke, Die Deutsche Nationalzeitung. Inhalte, Geschichte, Aktionen (= PDI-Tb 8), Vorwort von MdB Ernst Waltemathe, München 1981, 255 S. (Information Verlagsgesellschaft). Dudek/Jaschke haben die sorgfältige, wesentliche Problemfelder bereits behandelnde Arbeit von Günther Paschner, Falsches Gewissen der Nation. Deutsche National-Zeitung und Soldaten-Zeitung, Mainz o.J. nicht in ihre Untersuchung eingearbeitet. Hingewiesen sei auch auf: Hans-Helmuth Knütter, Die Deutsche National-Zeitung und Soldaten-Zeitung 1965/66, hrsg. vom DGB, o.O. o.J. (1966); Heinz-Jochen Krüger, Das Bild der Jugend im Spiegel der rechtsextremen Presse. Deutsche National- und Soldatenzeitung, Deutsche Nachrichten, Nation Europa, Berlin 1968. Vgl. auch die parallelen Beiträge von: Friedrich J. Bröder, Ein Sprachrohr des Rechtsradikalismus: Die Deutschen Nachrichten. Eine Studie zur Propagandatechnik und -methode, Mainz 1969; Wulf D. Hund, Zur Sprache der NPD. Eine Analyse des Parteiorgans „Deutsche Nachrichten", in: Blätter für deutsche und internationale Politik 13 (1968), S. 183-189; Heribert Kohl, Die Deutschen Nachrichten. Eine politologisch-soziologische Analyse des publizistischen Organs der NPD, in: PVS 8 (1967), S. 272-292; Hansjörg Mauch, Zur Ideologie der NPD — dargestellt anhand einer quantitativen systematischen Inhaltsanalyse der Deutschen Nachrichten, in: SJP 2 (1971), S. 603-627.
60 Dudek/Jaschke nennen eine Druckauflage von 120.000 Exemplaren (S. 49). Nach dem VSB 1982 erreichen DNZ und der „etwa zur Hälfte mit ihr inhaltsgleiche" „Deutsche Anzeiger" zusammen eine Auflage von mehr als 100.000 Exemplaren (S. 141). Über die in früheren Jahren hohe Remittendenzahl werden keine Angaben gemacht.

und Soldaten-Zeitung" umbenannten, schließlich nur noch unter der Bezeichnung „Deutsche National-Zeitung" (DNZ) erscheinenden Blattes.

In einem weiteren Schritt erkunden die Autoren den organisatorischen Hintergrund der Zeitung, die von Frey „gemanagten" „National-Freiheitlichen" Organisationen also, deren Strategie in der Bildung möglichst vielfältiger Zusammenschlüsse mit oft schönfärberischen Bezeichnungen wie „Volksbewegung für Generalamnestie", „Aktion Oder-Neiße", „Initiative für Ausländerbegrenzung" besteht. Kapitel 3 enthält eine nach Themen geordnete Inhaltsanalyse der DNZ, die zwar nicht die präzisen Prozentwert-Ergebnisse systematisch-quantifizierender Methoden vorweisen kann, sich jedoch durch eine vielschichtige, aspektreiche Betrachtung auszeichnet. So finden nicht nur Bereiche wie „Nationalsozialismus, 2. Weltkrieg am Beispiel der Holocaust-Berichterstattung oder: die Unfähigkeit zu trauern", „Widerstand und Emigration", „Ausländer", „Jugend", „Gewerkschaften, Sozialisten, Kommunisten", „Unionsparteien" etc. eingehende Beachtung; auch der Sprache der DNZ und — besonders eindrucksvoll und ergiebig — den Rubriken der Zeitung sind eigenständige Abschnitte gewidmet. Die Lesehinweise und Buchempfehlungen, Kleinanzeigen und Leserbriefe zeigen, daß die DNZ ein wichtiges Integrationsinstrument für eine rechtsextreme Randgruppe unserer Gesellschaft darstellt, die sich ihrer Außenseiterrolle wohl bewußt ist, jedoch unbeirrbar und unbelehrbar ihren Weg geht.

Dudek/Jaschke zufolge hat die Berichterstattung der DNZ über andere rechtsextreme Gruppierungen ab Mitte 1979 abgenommen. Die NPD wird dabei zwar grundsätzlich mit einer gewissen Sympathie bedacht, dominierend sind jedoch „Nicht-Zurkenntnisnahme, taktische Differenzen" (S. 162). Gegenüber neonazistischen Jugendgruppen zeigt man sich allerdings betont distanziert. Sie werden entweder als „Spinner" bagatellisiert[61] oder als „antideutsche" Agenten mystifiziert. Eine Ausnahme bildete die „Wehrsportgruppe Hoffmann", der die DNZ-Redakteure offenbar anteilnehmende Aufmerksamkeit entgegenbrachten.

---

61 Auf die niedersächsischen Waffenfunde im November 1981 und die daraufhin eingeleiteten staatlichen Maßnahmen reagierte die DNZ mit einem verniedlichenden Artikel: „Die Moral des Herrn Baum. Antwort auf eine beispiellose Hetze — die 'antifaschistische' Logik bestimmter Linkspolitiker und Meinungsmacher schlägt wieder einmal Purzelbäume: Weil ein durch Selbstmord verschiedener Förstersmann ein paar alte Waffen in der Lüneburger Heide vergraben hatte, soll die Pressefreiheit abgeschafft werden" (DNZ v. 13. November 1981, S. 3).

Der Inhaltsanalyse liegen 67 Ausgaben der DNZ im Zeitraum von Januar 1978 bis Dezember 1980 (S. 50) zugrunde. Durch häufiges Einstreuen einschlägiger Zitate und den Abdruck einzelner Artikel und Titelseiten der DNZ gewinnt die Darstellung an Anschaulichkeit. Das Ergebnis der Autoren ist eindeutig: Es handelt sich um eine offen antisemitische Zeitung, die in reißerisch aufgemachten Beiträgen ein beachtliches Publikum anzusprechen vermag. Da sie weitverbreitete Vorurteile geschickt in ein politisches Kalkül umzumünzen versteht und angesichts der nationalsozialistischen Vergangenheit Deutschlands eine Verhöhnung der NS-Opfer, der Widerstandskämpfer und jedes verantwortungsbewußten Deutschen darstellt, halten die Autoren eine Verbotsdiskussion für sinnvoll. Mit der Arbeit Dudek/Jaschkes liegt eine zuverlässige und insgesamt gelungene Analyse der DNZ vor.

Eine weitere PDI-Publikation verdient schon deshalb Beachtung, weil ihr Gegenstand vor nicht allzu langer Zeit in der Öffentlichkeit stark diskutiert wurde: die „Volkssozialistische Bewegung Deutschlands/Partei der Arbeit" (VSBD/PdA).[62] Wegen ihrer Militanz und des offenen Bekenntnisses zum Nationalsozialismus erregte die Vereinigung Aufsehen. Sie gehört zu den rechtsextremen Organisationen, die von offiziellen Stellen in den letzten Jahren als so gefährlich eingestuft wurden, daß sie der Bundesinnenminister verboten hat: im Januar 1980 die „Wehrsportgruppe Hoffmann"[63], im Januar 1982 besagte VSBD/PdA[64], im Dezember 1983 schließlich die

---

62 PDI (Hrsg.), Die Volkssozialistische Bewegung Deutschlands – Sammelbecken militanter Rechtsradikaler (= PDI-SH 17), München 1981, 80 S. (Information Verlagsgesellschaft).
63 Vgl. Innere Sicherheit, Nr. 52 v. 12. März 1980, S. 19-24; Friedrich Karl Fromme, Struktur und Ziele der Wehrsportgruppe, in: FAZ v. 26. November 1980, S. 4; ders., Streitbar gegen rechts? in: FAZ v. 27. November 1980, S. 12; ders., „Mildere Mittel standen nicht zur Verfügung". Verbot der „Wehrsportgruppe Hoffmann" begründet, in: FAZ v. 9. April 1981, S. 7.
64 Vgl. Innere Sicherheit, Nr. 61 v. 17. Februar 1982, S. 4-11; Günter Bannas, Ein Sammelbecken der gewalttätigen Rechtsextremisten. Für das Verbot der „Volkssozialistischen Bewegung Deutschlands" gab es Anlaß genug, in: FAZ v. 28. Januar 1982, S. 5; Dietrich Strothmann, Die tiefen Wurzeln. Schlag gegen Busses „Bewegung", in: Die Zeit v. 5. Februar 1982, S. 4.

„Aktionsfront Nationaler Sozialisten/Nationale Aktivisten"[65] um den Hamburger Neonazi Michael Kühnen.

Die vorliegende PDI-Broschüre ist noch vor dem Verbot der VSBD/PdA erschienen. Die Verfügung des Bundesinnenministers bestätigt im Grunde den Tenor der Schrift, die nachdrücklich vor der wachsenden Militanz dieser Vereinigung warnt. Das Argument, ein Verbot extremistischer Organisationen sei deshalb abzulehnen, weil es eine partielle Radikalisierung der Mitglieder bewirke[66], kann für die im terroristischen Übergangsbereich anzusiedelnde VSBD/PdA nicht gelten. Von den 18 Neonazis, deren rechtsextreme „Karrieren" am Ende der Publikation kurz skizziert werden, waren allein neun schwerwiegender Straftaten beschuldigte in Haft. Drei Aktivisten sind als tot registriert — eine Folge gewaltsamer Auseinandersetzungen mit Polizei (Uhl, Wolfgramm) bzw. Grenzbeamten (VSBD-Mitglied Frank Schubert beging am 24. Dezember 1980 Selbstmord, nachdem er zuvor zwei Grenzbeamte getötet und einen verwundet hatte). Mehr oder minder schwere kriminelle Delikte wurden zahlreichen VSBD/PdA-Mitgliedern angelastet.

Auch die PDI-Publikation zur VSBD/PdA verzichtet nicht auf polemische Attacken gegen Vertreter der Unionsparteien — in der vorliegenden Schrift hat der Bundestagsabgeordnete Rudolf Schöfberger diese Pflichtübung übernommen. Es finden sich wie in den meisten Publikationen des Münchener Pressedienstes Verzerrungen, einseitige Darstellungen, überzogene Deutungen und Schlußfolgerungen, wie sie häufig dem engagierten Eintreten für eine bestimmte politische Richtung entspringen. So werden sozialistische Ideologie-Elemente der VSBD/PdA von vornherein als Täuschungsmanöver interpretiert — mit dem Hinweis auf das NSDAP-Programm von 1920, dessen antikapitalistische Forderungen später nicht realisiert worden seien. Der historische Vergleich hinkt jedoch insofern, als auch in der NSDAP ein mächtiger linker Flügel existierte, der bis zum 30. Juni 1934 immer wieder für heftige innerparteiliche Aus-

---

65 Vgl. Innere Sicherheit, Nr. 70 v. 23. Dezember 1983; Günter Bannas, Zimmermann verbietet größten neonazistischen Verband. „Aktionsfront Nationaler Sozialisten/Nationale Aktivisten" bekennt sich zu Nazitradition und Führerprinzip, in: FAZ v. 8. Dezember 1983, S. 5; „Rechte verbieten Neo-Faschisten"; Zimmermann verbietet Kühnen-Truppe; ANS/NA-Verbot: Bundesweite Polizeiaktion; Die „Karriere" des Michael Kühnen: Wer ist die ANS/NA?, in: taz v. 8. Dezember 1983, S. 1, 3; Dietrich Strothmann, Mit Kanonen auf Spatzen? Die Verfügung gegen die neonazistische Kühnen-Truppe — Verfassungsschützer warnen, in: Die Zeit v. 9. Dezember 1983, S. 6.
66 So hinsichtlich des ANS/NA-Verbotes: Strothmann (FN 65).

einandersetzungen sorgte.[67] Der Antikapitalismus kann durchaus einen ernstzunehmenden Bestandteil rechtsextremer Ideologien bilden. Über diese Einwände hinaus ist die PDI-Broschüre zur VSBD/ PdA jedoch durchaus empfehlenswert. Sie bietet einen Überblick zur Entwicklung der Neonazi-Organisation bis 1981, beschreibt ihre Aktivitäten und ideologisch-programmatischen Aussagen. Ein gesonderter Abschnitt behandelt die Verbindungen zu ausländischen extremistischen Organisationen — die Dichte und Struktur dieser Kontakte bleibt jedoch vage. Sehr aussagekräftig ist demgegenüber das im Anhang abgedruckte Interview mit Friedhelm Busse, dem einstigen Vorsitzenden und Chefideologen.

## Gesamtinterpretationen

Neben umfassenderen Darstellungen rechtsextremer Erscheinungsformen ist auch eine Reihe von Analysen erschienen, die — unterschiedlich in Perspektiven und Forschungsansätzen — den Rechtsextremismus stärker in einen theoretischen Gesamtzusammenhang einordnen, um so weitergehende Aussagen über Ursachen und Charakteristika rechtsextremer Phänomene zu gewinnen. Die Themen „Antisemitismus, Nationalsozialismus und Neonazismus" behandelt ein von *Michael Bosch* herausgegebener Sammelband.[68] Die Beiträge sind Produkte zweier Tagungen der Evangelischen Akademie Loccum, die zu den Themen „Vorurteil ohne Ende" und „Hitler in der Schule" veranstaltet wurden. „Die politische Dimension von Vorurteilen" ist Gegenstand des ersten Beitrages von *Hans Nicklas*. Mit den „Vorurteilen" stellt sich der Autor in eine lange Tradition sozialpsychologischer Radikalismus-Forschung, die von den ins Exil gedrängten Wissenschaftlern der „Frankfurter Schule" zur Erforschung der Bedingungen des nationalsozialistischen Systems

---

67 Vgl. etwa: Udo Kissenkoetter, Gregor Straßer und die NSDAP, Stuttgart 1978.
68 Michael Bosch (Hrsg.), Antisemitismus, Nationalsozialismus und Neonazismus, Düsseldorf 1979, 152 S. (Pädagogischer Verlag Schwann).

mit großer Intensität betrieben wurde.⁶⁹ Allerdings hat es sich Nicklas nicht zur Aufgabe gemacht, neuere Ergebnisse der Vorurteils-Forschung auszubreiten. Vielmehr versucht er, das Wesen von Vorurteilen möglichst verständlich zu erschließen. Dies gelingt ihm voll und ganz. Anhand eingängiger Beispiele skizziert der Autor die Grundzüge des „Vorurteils", so daß auch der Laie den Ausführungen folgen kann. Nach Nicklas erfüllen Vorurteile drei Funktionen: (1) Sie bewältigen Unsicherheit und Bedrohung seelisch, (2) sie stabilisieren das Selbstwertgefühl, (3) „sie liefern ein gesellschaftlich gebilligtes Objekt für die Aggressionsabfuhr" (S. 17). Die Anwendung dieser Erkenntnis auf die Situation jugendlicher Neonazis liegt auf der Hand. In Zeiten wirtschaftlicher Depression, der „Sinnkrise", übersteigerter Erwartungshaltungen können Vorurteile den Jugendlichen Selbstbestätigung und „Aggressionsabfuhr" geben.

Eine spezielle Ausprägung des „Vorurteils" stellt Hans-Dieter Schmid in den Mittelpunkt des Interesses: den Antisemitismus und seine unheilvolle deutsche Tradition. *Alphons Silbermann*⁷⁰ liefert zur historischen Betrachtung empirisches Material über „Latente(n) Antisemitismus in der Bundesrepublik Deutschland". Seine Daten beruhen auf einer im Herbst 1974 durchgeführten Befragung. Die Struktur des Fragebogens legt Silbermann nur auszugsweise dar — eine Kritik ist daher nicht möglich. Sein Resultat bestätigt die Tendenz anderer empirischer Studien: „Als Resultat der vorliegenden, hier kurz umrissenen repräsentativen Untersuchung kann fest-

---

69 Max Horkheimer und S. H. Flowerman fungierten als Herausgeber der „Studies in Prejudice", die folgende Arbeiten umfassen: Nathan W. Akkerman/Marie Jahoda, Anti-Semitism and Emotional Disorder. A Psychoanalytic Interpretation, New York 1950; Theodor W. Adorno/Else Frenkel-Brunswik/Daniel J. Levinson/R. Nevitt Sanford, The Authoritarian Personality, New York 1950; Bruno Bettelheim/Morris Janowitz, Dynamics of Prejudice. A Psychological and Sociological Study of Veterans, New York 1950; Leo Löwenthal/Norbert Guterman, Prophets of Deceit. A Study of the Techniques of the American Agitator, New York 1949; Paul W. Massing, Rehearsal for Destruction. A Study of Political Anti-Semitism in Imperial Germany, New York 1949; Max Horkheimer/Theodor W. Adorno, Bericht: Vorurteil und Charakter, in: FH 7 (1952), S. 284-291.
70 Alphons Silbermann ist Leiter des Kölner Instituts für Massenkommunikation und hat zu diesem Thema u.a. eine straff gefaßte Überblicksdarstellung sowie eine empirische Studie publiziert: Alphons Silbermann, Der ungeliebte Jude. Zur Soziologie des Antisemitismus, Zürich 1981; ders., Sind wir Antisemiten? Ausmaß und Wirkung eines sozialen Vorurteils in der Bundesrepublik Deutschland, Köln 1982. Siehe auch: Herbert A. Strauss, Antisemitismusforschung als Wissenschaft, in: APuZG, B 30/1983, S. 3-10.

gestellt werden, daß es in der Bevölkerung der BRD einen Bodensatz zwischen 15 % und 20 % mit ausgeprägten antisemitischen Vorurteilen gibt. Bei weiteren 30 % ist Antisemitismus mehr oder weniger stark als Latenz vorhanden. Auf diesem Hintergrund kann vom ‚Ende eines Vorurteils' wohl keine Rede sein" (S. 53).

Einige dubiose Produktionen, die im Zuge der sogenannten Hitler-Welle auf den Markt geworfen wurden, unterzieht *Gerhard Schneider* einer näheren Untersuchung.[71] Die bei Jugendlichen sich großer Beliebtheit erfreuenden „Landser-Hefte"[72] erheben zwar den Anspruch, Ereignisse dokumentarisch aufzubereiten, eine nähere Beschäftigung mit diesen Heften zeigt hingegen, daß zwar angegebene Daten und Fakten in der Regel mit der historischen Wahrheit übereinstimmen, durch geschickte Auswahl, Ausblendung strategischer Gesamtüberblicke und den weitgehenden Verzicht auf die Darstellung ergreifenden menschlichen Elends dem Leser jedoch ein gefiltertes Bild vom Krieg projiziert wird, das nicht dazu angetan ist, Jugendliche im Geiste des Friedens zu erziehen.

Die einzelnen Aufsätze gewinnen durch die ineinander übergehenden Themenkomplexe ein gewisses Maß an Geschlossenheit. Dazu trägt auch die Mischung fachbezogener und geschichtsdidaktisch orientierter Teile bei. Möglichkeiten didaktischer Stoffaufbereitung zeigt der Beitrag *Dieter Riesenbergers* auf. *Joachim Radkau* stellt in seinen Ausführungen über „NS-Historie und Schülersituation" vor allem strukturelle Aspekte des NS-Systems heraus, hält jedoch auch eine Orientierung an der Person Hitlers für fruchtbringend, wenn soziale und ökonomische Bedingungen berücksichtigt und die Schwächen des Führerprinzips beispielhaft herausgestellt werden. *Ulrich Mayer* hat schließlich „Ansätze zu einem Unterrichtsmodell" zur „Entstehung und Wirksamkeit der nationalsozialistischen Herrschaft" ausgearbeitet, das sowohl Lernziele und Themen als auch Materialvorschläge bietet.

Mit den vorangehenden Studien hat die von *Peter Dudek* und *Hans-Gerd Jaschke* vorgelegte, „fragmentarische" (S. 9) Aufsatzsammlung „Jugend rechtsaußen"[73] den nachdrücklichen Hinweis

---

71 Der Beitrag wurde vorabgedruckt: Gerhard Schneider, Geschichte durch die Hintertür. Triviale und populärwissenschaftliche Literatur über den Nationalsozialismus und den Zweiten Weltkrieg, in: APuZG, B 6/1979, S. 3-25.

72 Hingewiesen sei auf: Klaus F. Geiger, Kriegsromanhefte in der BRD, Tübingen 1974; Ernst Antoni, „Landser"-Hefte. Wegbereiter für den Rechtsradikalismus. Eine Dokumentation (= PDI-Tb 3), hrsg. von Wolf Brühan, München 1979.

73 Peter Dudek/Hans-Gerd Jaschke, Jugend rechtsaußen. Essays, Analysen, Kritik, Bensheim 1982, 165 S. (päd. extra buchverlag).

auf die Notwendigkeit historischer Erklärungsmomente gemeinsam. Mehr noch: Dudek und Jaschke halten den „Bezug zu einer ‚sinnvollen Faschismusdefinition'" (im Sinne Eike Hennigs) für die „notwendige, keineswegs hinreichende Prämisse" (S. 13) einer Theorie des Rechtsextremismus. Dies zu behaupten, bedeutet jedoch entweder den Faschismus-Begriff pneumatisch auszudehnen oder das rechtsextreme Spektrum unzulässig einzuschränken. Denn die politischen Richtungsbegriffe „rechts" und „links" entstanden in einer Zeit, als noch niemand etwas mit der Begriffskombination „Nationalsozialismus" anzufangen wußte: Sie entsprangen der Sitzordnung im postrevolutionären französischen Parlament. Rechtsgerichtete und gleichzeitig antidemokratische Bestrebungen gab es etwa in der Weimarer Republik auch außerhalb des nationalsozialistischen Dunstkreises, beispielsweise in Gestalt restaurativer Monarchisten. Sollen derartige Gruppierungen nun aus dem rechtsextremen Spektrum ausgeschlossen oder aber unter einen überstrapazierten Faschismusbegriff gepreßt werden? Dies dürfte wohl auch nicht immer im Sinne der beiden Autoren sein.

Dudek/Jaschke haben sich im einleitenden — ansonsten anschaulich konturierenden — Forschungsbericht in eine theoretische Zwickmühle begeben. Am Ausgangspunkt ihrer phänomenologischen Überlegungen zum Rechtsextremismus stehen faschismustheoretische Interpretationsversuche, welche die Perspektive notwendigerweise verengen. Stattdessen wäre es sinnvoller gewesen, mit demokratietheoretischen Erwägungen zu beginnen. „Extremismus" definiert sich so als Gegenteil von „Demokratie", Rechtsextremismus entsprechend als Teil des antidemokratischen Spektrums.[74] Aber die Autoren haben natürlich Gründe für dieses Vorgehen. Sie scheuen vor einer „*formalen* Definition" des Rechtsextremismus-Begriffs zurück, da das Gesamtphänomen „Rechtsextremismus" historischgenetischen Prozessen unterworfen sei, die eine solche Begriffsbestimmung nicht zuließen. Zweifellos sind extremistische Erscheinungsformen historischen Wandlungen unterworfen, und dies macht sie als Untersuchungsobjekt nicht leichter faßbar; aber lassen sich nicht auch zeitunabhängige Charakteristika herauskristallisieren, so wie auch der vielbemühte „Antifaschismus" zeitunabhängig gedacht wird? Dudek/Jaschke meiden den Demokratiebegriff offensichtlich deshalb, weil sie darunter eine Gemeinschaftsform verstehen, die in westlichen Demokratien nicht realisiert ist — sie begrei-

---

74 Vgl. dazu etwa die Arbeiten Seymour M. Lipsets: Soziologie der Demokratie, Neuwied/Berlin 1962, S. 121-189; ders./Earl Raab, The Politics of Unreason. Right-Wing Extremism in America, 1790-1977, 2. Aufl., Chicago/London 1970, S. 3-33.

fen Demokratie als Zielgröße. Der Extremismusbegriff läßt sich dagegen zunächst nur anhand eines minimalistischen Demokratieverständnisses phänomenologisch eingrenzen. Die so als unverzichtbar anzusehenden Prinzipien hat das Bundesverfassungsgericht anläßlich seiner Urteile zum SRP- und KPD-Verbot fixiert – der Extremismus-Begriff ist damit „relativ klar festgelegt" (S. 11), wie Dudek/Jaschke konzedieren. Dennoch scheinen die Autoren den Kampf gegen Rechtsextremismus nicht als Aufgabe aller Demokraten, sondern vornehmlich „der Linken" (S. 13) anzusehen. „Antifaschismus" gilt als deren Domäne, „Antikommunismus" hingegen als Kennzeichen einer restaurativen Epoche wie etwa der Adenauer-Zeit. Entsprechend identifiziert Jaschke eine „partielle(n) Gemeinsamkeit der Denkstile zwischen Faschismus und Befürwortern der Aufrüstung heute" (S. 136; mit „Aufrüstung" ist der „Nato-Doppelbeschluß" gemeint). Es ist fraglich, ob ein solcher „Ansatz" eine trennscharfe Bestimmung rechtsextremer Phänomene erlaubt. Die gleichzeitige Warnung der Autoren vor einem „inflationären Gebrauch des Faschismus-Begriffs" (S. 21) kann so nur verblüffen!

Jedoch ist das faschismustheoretische Element – wie bereits zitiert – für Dudek/Jaschke zwar eine „notwendige", nicht aber zugleich eine „hinreichende Prämisse" für eine Theorie des Rechtsextremismus. In diesem Sinne plädieren sie für einen systemtheoretischen Subkultur-Ansatz, der sozialpsychologische und soziologische Aspekte integrieren soll. Hierbei wird etwa die rechtsextreme Jugendszene als Subkultur in ihrem Verhältnis zur „Stammkultur" untersucht, die wiederum mit anderen „Stammkulturen" und entsprechenden „Subkulturen" rivalisiert. Die Suche nach einem möglichst umfassenden Untersuchungsansatz ist zwar verständlich, sollte aber nicht dazu führen, daß andersartige Analyseparadigmata auf Gedeih und Verderb in das Konzept aufgenommen werden.

In ihrer „Skizze über jugendlich-rechtsextreme Subkulturen in der Bundesrepublik und ihre Geschichte" gelingt den Autoren nur andeutungsweise die Umsetzung des Subkultur-Konzeptes. Dem Aufsatz kommt jedoch das Verdienst zu, auf die Kontinuität in den Traditionslinien „jugendlich-rechtsextremer Subkulturen" hinzuweisen – eine Tatsache, die in einer stark aktualitätsbezogenen Neonazismus-Diskussion allzu leicht aus dem Blick gerät. Die Darstellung nimmt ihren Ausgangspunkt bei der Formationsphase der 50er Jahre, verfolgt die bündischen und politisch-rechtsextremen Linien in ihrer Entwicklung bis in die 70er Jahre und wendet sich schließlich den Jungen Nationaldemokraten einerseits, der sogenannten „Neuen Rechten" andererseits zu. Die Autoren konzentrieren sich allerdings auf organisationshistorische Abläufe. Ein ausführlicher gehaltener Teil zur „Antifaschistischen Jugendarbeit" zieht das Fazit aus der Holocaust-Diskussion[75] und umreißt Möglichkeiten, rechtsextremen Tendenzen in der Jugend entgegenzutreten. Die Autoren beklagen die Tradition eines „hilflosen Antifaschismus" in der Bundesrepublik, die insbesondere durch Berührungsängste gegenüber rechtsextremen Jugendlichen gekennzeichnet sei. Dudek/Jaschke fordern stattdessen eine offene, tabufreie Auseinandersetzung mit jugendlichen Neonazis. Den in diesem Sinne ausgebreiteten Vorschlägen ist ein breites Publikum zu wünschen. Den Abschluß der Sammlung, deren hermetischer Duktus sie nicht eben lesenswerter macht, bildet ein Beitrag zur französischen „Nouvelle Droite".

Aus orthodox-marxistischer Sicht hat der Ostberliner Staats- und Rechtstheoretiker *Arno Winkler* einen schmalen Band zum „Neofaschismus in der BRD" vorgelegt.[76] In der offiziellen Theorie des Marxismus-Leninismus wird der — global aufgefaßte — „Faschismus" als besondere Entwicklungsstufe kapitalistischer Systeme begriffen; in den „klassischen" Worten Georgi Dimitroffs, gesprochen auf dem VII. Weltkongreß der Komintern: „die offene terroristische Diktatur der reaktionärsten, am meisten chauvinistischen, am meisten imperialistischen Elemente des Finanzkapitals"[77]. Im Gegensatz zur DDR habe man in der Bundesrepublik „die Wurzeln des Faschismus und Neofaschismus, die ökonomische und politische Macht der Monopole, auf dem Territorium dieses Landes niemals ernsthaft angetastet" (S. 33). Bislang könne die „Monopolbourgeoisie" ihre Herrschaft noch „mit den Mitteln der bürgerlich-parlamentarischen Demokratie ausüben" (S. 52), der „Neofaschismus" stehe ihr jedoch stets als mobilisierbares Instrument zur Verfügung, wenn „alle Mittel versagen und ihre Herrschaft mit den Methoden und Instrumenten des bürgerlich-parlamentarischen Systems nicht mehr zuverlässig gesichert werden kann" (S. 57). Pragmatisch äußert sich der Marxist über die Unterschiede „konservativer" und „neofaschistischer" Herrschaftspraxis. Es sei für „die Arbeiterklasse" einfacher, gegen ein parlamentarisches System zu kämpfen, als einem faschistischen Terrorsystem zu widerstehen.

Man erschrickt vor dem Realitätsverlust, den derartige Beschreibungen widerspiegeln. Denn der hier vertretene ökonomische De-

---

75 Vgl. Uwe Backes, „Hitler-Welle" und „Holocaust", in: Ders. (FN 22), S. 185-188.
76 Arno Winkler, Neofaschismus in der BRD. Erscheinungen, Hintergründe, Gefahren, Berlin 1980, 160 S. (Dietz Verlag).
77 Zitiert nach ebd., S. 24. Vgl. auch: Hans Schulze, Art. „Faschismus", in: Georg Klaus/Manfred Buhr (Hrsg.), Marxistisch-leninistisches Wörterbuch der Philosophie, Bd. 1, Reinbek bei Hamburg 1972, S. 403-406.

terminismus war in gewandelter Form (als rassischer Determinismus) auch dem deutschen Nationalsozialismus zu eigen. Daß man ein Gedankengebäude realistisch nicht nach seinen Zielsetzungen — die Ziele realsozialistischer Ideologie entspringen allgemeinen menschlichen Sehnsüchten und sind dem Kampf um deren Realisierung für alle Menschen verpflichtet; den Nationalsozialisten schwebte in ihren kühnsten Träumen die Unterdrückung oder sogar Ausrottung eines großen Teils der Menschheit vor —, sondern nach den Mitteln beurteilen muß, mit denen es diese Ziele zu realisieren gedenkt, zeigen die Verhältnisse in den Staaten des Warschauer Paktes. Den Bundesbürgern ist es eine Selbstverständlichkeit, nach freiem Willen andere Länder zu besuchen, Vereine und Organisationen zu gründen, ihre Interessen offen und frei zu artikulieren und diejenigen politischen Auffassungen zu vertreten, die sie für richtig halten. Die DDR hingegen hat es nötig, ihren Bürgern durch einen ,,antifaschistischen Schutzwall" den Zutritt zur freien Welt zu versperren. Wie ist es möglich, daß orthodoxe Marxisten ständig damit beschäftigt sind, die realen Erscheinungen einer abstrakten Theorie anzupassen, statt die Theorie zu verändern?

Das Bekenntnis zur pluralistischen Demokratie der Bundesrepublik Deutschland bedeutet nicht, die jeweiligen Zustände kritiklos hinnehmen zu wollen. Viele der von Winkler zur Bestätigung der Theorie herangezogenen Zustandsbeschreibungen enthalten einen wahren Kern. Etwa wurde die ,,Entnazifizierung" in den 50er Jahren fahrlässig betrieben, wenn auch die Nazirenaissance-These Winklers in ihrer Pauschalität nicht haltbar ist.[78] So darf man beispielsweise die große Zahl der seit Anfang der 60er Jahre geführten Prozesse nicht außer acht lassen; auch die Massenmedien haben erfolgreiche Kampagnen gegen NS-Verbrecher und -Belastete in der Öffentlichkeit geführt. Gerade was die öffentliche Diskussion bestehender Mißstände betrifft, unterscheidet sich die Bundesrepublik wesentlich von der DDR. Mit Recht stellt Winkler fest, daß die Auseinandersetzungen um Faschismus und Neofaschismus derzeit in der Bundesrepublik auf Hochtouren läuft — aber ist dies nicht gerade ein Indiz für den freiheitlichen Charakter des Gemeinwesens? Wäre eine derartige Debatte in der DDR möglich? Jedenfalls bedarf die Bekämpfung des Neonazismus in der Bundesrepublik nicht der DDR-Unterstützung, wie Winkler meint. Der Neonazismus stellt heute trotz gestiegener Gewaltbereitschaft keine Be-

---

78 Eine differenzierte Beurteilung der Nazi-Strafprozesse in der Bundesrepublik bieten: Adalbert Rückerl, NS-Verbrechen vor Gericht. Versuch einer Vergangenheitsbewältigung, Heidelberg 1982; Peter Steinbach, Nationalsozialistische Gewaltverbrechen. Die Diskussion in der deutschen Öffentlichkeit nach 1945, Berlin 1981.

drohung der Demokratie dar, was nicht heißt, bedenkliche Erscheinungen der letzten Jahre auf die leichte Schulter zu nehmen.
Welchen Wert soll man dem Büchlein Winklers also beimessen? Wer aus erster Hand über die „Neofaschismus"-Interpretation des orthodoxen Marxismus-Leninismus unterrichtet sein möchte, der möge auf Arno Winklers Schrift zurückgreifen. Derjenige jedoch, der an einem wirklichkeitsgetreuen Bild der heutigen Situation des Neonazismus in der Bundesrepublik interessiert ist, sollte die vorliegende DDR-Publikation besser nicht konsultieren.


## Empirische Studien

„13 % aller Wähler in der Bundesrepublik verfügen über ein geschlossenes rechtsextremes Weltbild"[79]. Nicht zuletzt die Fähigkeit, komplexe Sachverhalte durch ein Höchstmaß an Abstraktion und Konzentration, durch einen bloßen Prozentwert auszudrücken, verleiht empirischen Untersuchungen ihre von medialer Macht verbreitete Sensationswirkung. Das Ergebnis der sozialwissenschaftlichen Studie, die 1979 vom Bundeskanzleramt beim SINUS-Institut in Auftrag gegeben wurde, erregte vor dem Hintergrund verstärkter neonazistischer Aktivitäten großes Aufsehen in der Öffentlichkeit.[80] Neben der Vorgehensweise dieser Studie ist daher die Frage von Interesse, ob dieser Wirbel faktisch wohlbegründet war oder ob hier die Schlichtheit der Sachlage einer marktorientierten Sensations-Enthüllungs-Mentalität weichen mußte.

79 5 Millionen Deutsche: „Wir sollten wieder einen Führer haben...". Die SINUS-Studie über rechtsextremistische Einstellungen bei den Deutschen, mit einem Vorwort von Martin Greiffenhagen, Reinbek bei Hamburg 1981, 140 S. (Rowohlt Taschenbuch Verlag).
80 Vgl. FAZ v. 28. März 1981, S. 4. Die Auftraggeberschaft des Bundeskanzleramtes hatte zur Folge, daß sich führende Politiker wie etwa Bundesjustizminister Schmude und der schleswig-holsteinische Innenminister Barschel zur Studie äußerten: vgl. FR v. 22. April 1981, S. 4; siehe auch den Leserbrief von Horst Nowak/SINUS GmbH: „Die Rechtsextremisten herausgefiltert", in: FAZ v. 4. April 1981, S. 6; den Beitrag von Kurt Reumann, Studie über Rechtsextremismus – Fallen statt Fragen. Das SINUS-Institut hat methodisch unsauber überzeichnet, was zu Sorgen Anlaß gibt, in: FAZ v. 21. April 1981, S. 10 sowie die Kritik von Kurt Heissig, Von „links" gesehen ist alles „rechts". Kein Aufruf zur öffentlichen Verbrennung der „SINUS-Studie", in: Criticón 11 (1981), S. 245-248. Heissig weist auf eine Stellungnahme der „Arbeitsgruppe ‚Recht' der CDU/CSU-Bundestagsfraktion" zur SINUS-Studie im Juni 1981 hin (S. 248, Anm. 2).

Das Wissenschaftler-Team des SINUS-Instituts ging von einigen Fragen des Kanzleramtes zu Ideologie, Ausprägungen und Potential des heutigen Rechtsextremismus aus und unterzog ein umfangreiches repräsentatives Schriftenmaterial einer Inhaltsanalyse. Zusätzlich wurden Rechtsextremisten und der Szene nahestehende Personen interviewt. Auf dieser Basis entwickelte man einen umfänglichen Statement-Katalog, wobei die Einzelaussagen möglichst wenig verändert wurden, um ihre Authentizität zu erhalten. Diese Statements unterwarf man einem Pretest (Basis: 200 Personen), der die Trennschärfe des Katalogs überprüfen sollte. Schließlich wurde das gewonnene Zahlenmaterial faktorenanalytisch bearbeitet; dabei ergaben sich wesentliche Einstellungsdimensionen – die „Rechtsextreme Einstellungsskala" (RES) zur Eingrenzung rechtsextremer Ideologie, die „Protestpotentialskala Rechtsextremismus" (PPSR) zur Messung „latenter Gewaltbereitschaft"; die Skala „Regressive Öko-Leitbilder" (SRÖL) zur Identifikation rechtsextremer Ideologeme innerhalb der Ökoszene und die „Autoritäre Einstellungsskala" (AES), die einen zwar nicht-extremen, möglicherweise jedoch für Rechtsextremismus anfälligen Personenkreis erfassen sollte. Das so gewonnene Instrumentarium wurde abschließend auf einen repräsentativen Bevölkerungsquerschnitt von ca. 7.000 Personen angewandt.

Die empirisch-quantifizierende Vorgehensweise der Studie bringt es mit sich, daß die ermittelten Skalen nicht nur Rechtsextremismus-spezifische Aussagen, sondern auch Statements enthalten, die zwar möglicher-, jedoch nicht notwendigerweise ein Indiz für rechtsextremes Denken darstellen. Da dieser Sachverhalt in der Öffentlichkeit nicht selten zur Ablehnung der Studie beitrug, soll hier die gewählte RES ausführlicher dargestellt und problematisiert werden. Die RES setzt sich aus folgenden 23 Statements zusammen (S. 107-109): (1) Wir sollten wieder einen Führer haben, der Deutschland zum Wohle aller mit starker Hand regiert; (2) Die nationalen Kräfte werden heute in der Bundesrepublik unterdrückt; (3) Daß bei uns heute alles drunter und drüber geht, verdanken wir den Amerikanern; (4) Wenn es so weitergeht, steht unserem Volk schon bald eine ungeheure Katastrophe bevor; (5) Das Mitspracherecht der Gewerkschaften in der Wirtschaft sollte ausgebaut werden xx; (6) Der heutige Staat ist kein Beschützer der Volksgemeinschaft mehr; (7) Abtreibung sollte streng bestraft werden, weil wir in Deutschland dringend mehr Kinder brauchen; (8) Der Nationalsozialismus hat dem Deutschen Volk von Anfang an geschadet; (9) Parteien und Gewerkschaften schaden dem Allgemeinwohl; (10) Wir sollten wieder eine einzige starke Partei haben, die wirklich die Interessen aller Schichten unseres Volkes vertritt; (11) Man sollte sich endlich damit abfinden, daß es zwei deutsche Staaten gibt xx; (12) Die Bonner Politiker betreiben den Ausverkauf der deutschen Interessen; (13) Wir sollten streng darauf achten, daß wir das Deutschtum rein erhalten und Völkervermischung unterbinden; (14) Die Bundesregierung ist eine Marionettenregierung von Amerikas Gnaden; (15) Der Einfluß von Juden und Freimaurern auf unser Land ist auch heute groß; (16) Was uns fehlt, ist wieder eine echte Volksgemeinschaft, also weder Kommunismus noch Kapitalismus; (17) Unser Volk wird durch die linken Journalisten in Rundfunk und Fernsehen systematisch irregeführt; (18) Nicht nur unsere Umwelt, sondern auch unsere Rasse muß rein erhalten werden; (19) Der Verrat des deutschen Widerstandes war schuld an unserer militärischen Niederlage im Zweiten Weltkrieg; (20) Es ist richtig, daß man den Kriegsdienst verweigern kann xx; (21) Wenn man vom Krieg absieht, hatte es Deutschland unter Hitler eigentlich besser als heute; (22) Gäbe es bei uns wieder Arbeitslager, kämen Zucht und Ordnung von alleine; (23) Homosexualität ist widernatürlich und sollte streng bestraft werden (xx = negative Polung = gegensinnig im Skalenzusammenhang).

Es sei die These aufgestellt, daß die Statements (2), (3), (4), (5xx), (6), (7), (11), (12), (17), (20xx), (23) nicht notwendigerweise demokratischen Einstellungen widerstreiten, insbesondere dann, wenn man den Kenntnisstand der Durchschnittsbevölkerung und die daraus resultierenden Unschärfen im Umgang mit sozialwissenschaftlichen Termini berücksichtigt. Dies ist nicht weiter erstaunlich, da es der Studie um die Erforschung von Einstellungen geht und daher ein weites Abstecken des relevanten Aussagebereichs notwendig ist. Als eindeutig „rechtsextrem" wurde nur derjenige angesehen, der einen Skalen-Durchschnitt von 2,5 überschritt. Dieser Durchschnitt ergab sich daraus, daß für die völlige Ablehnung eines Statements 1 Punkt, für eine uneingeschränkte Zustimmung 4 Punkte und für die Zwischenwerte 2 bzw. 3 Punkte vergeben wurden. Unterstellt man also, daß ein Befragter alle oben genannten Statements mit 4 Punkten (uneingeschränkte Zustimmung) versieht, die übrigen Aussagen jedoch völlig ablehnt (1 Punkt), so ergibt sich folgende Rechnung:

```
   11 x 4 Punkte
 + 12 x 1 Punkt
 _____
 =  56    Punkte    56 Punkte : 23 Statements = ⌀ 2,43.
```

Folglich würde der Kandidat noch nicht zum rechtsextremen Spektrum gerechnet. Die Bandbreiten scheinen also (oberflächlich betrachtet) nicht zu großzügig bemessen zu sein. Dennoch: Unser

Exempel zeigt, daß ein demokratischem Gedankengut prinzipiell verpflichteter oder unpolitischer Beantworter möglicherweise zu einem Wert hart am Rande des rechtsextremen Bereiches der SINUS-Studie gelangt. Dies wäre belanglos, wenn nicht weitere Mängel die Annahme stützten, die RES weise eine Überproduktion an Rechtsextremisten auf. Es stellt sich beispielsweise die Frage: Ist die gewählte RES zur — eindeutigen — Abgrenzung rechter von linken Extremisten geeignet? Mit ziemlicher Sicherheit würden die Statements (3), (4), (9), (10), (12), (14) auch von Linksextremisten mit 4 Punkten bewertet werden. Offenbar haben die SINUS-Wissenschaftler (bei aller Vorsicht in Sachen totalitarismustheoretischer Erwägung) die Gemeinsamkeiten im Denken linker und rechter Extremisten nicht berücksichtigt. Ganz abgesehen davon, daß — zugegebenermaßen nicht sehr erhebliche, jedoch auch nicht zu vernachlässigende — Übergangserscheinungen existieren; SINUS erwähnt bezeichnenderweise die schwer einzuordnenden Gruppierungen der „Neuen Rechten" nicht, die gerade im von den Wissenschaftlern mit Aufmerksamkeit verfolgten Ökobereich eine gewisse Rolle spielten. Sicherlich wird sich auch dieser Mangel nur geringfügig auf die Rechtsextremismus-Rate auswirken; SINUS erhebt mit der RES jedoch den Anspruch, „eine präzise gefaßte inhaltlichtheoretische Definition des Rechtsextremismus" (S. 27) zu geben. Davon kann jedoch, wie unser Einwand zeigt, keine Rede sein.

Eine empirisch fundierte Inhaltsanalyse hätte weit breiter angelegt werden müssen. Rechtsextreme Aussagen können eben nur eindeutig in Konfrontation mit demokratischem Gedankengut und linksextremen Statements klar definiert werden. Eine Häufigkeitsanalyse ergäbe einen gestuften Kriterienkatalog, der streng zwischen Spezifika rechtsextremen Denkens (notwendige und hinreichende Kriterien) und möglichen, aber nicht notwendigen Indizien für rechtsextremes Denken trennen müßte.

Bei aller Kritik nimmt die SINUS-Studie dennoch einen wichtigen Rang in der Erforschung des Rechtsextremismus ein. Sie präsentiert ein Instrumentarium, das — verfeinert und auf eine breitere analytische Basis gestellt — für die Identifikation rechtsextremer Ideologie fruchtbar gemacht werden kann. Obwohl für die AEL, PPSR, SRÖL Ähnliches wie für die RES eingewendet werden muß, stellen sie doch eine notwendige und sinnvolle Ergänzung der Inhaltsbestimmung des Rechtsextremismus dar. PPSR und SRÖL leisten zudem einen wichtigen Beitrag zur Aufdeckung möglicher Gefahren der jugendlichen, insbesondere ökologisch geprägten Alternativszene. Hinzuzufügen bleibt noch, daß dem Leser auf 32 Prozentwert-Tabellen die detaillierten Ergebnisse der Studie zugänglich gemacht werden. Die faktorenanalytische Methode der

Skalen-Erstellung ist jedoch leider Betriebsgeheimnis der SINUS-Wissenschaftler geblieben.

Recht beachtlich muten die SINUS-Ergebnisse angesichts der dürftigen Untersuchungen an, die *Werner Habermehl* vorgelegt hat.[81] Von 4.000 ausgegebenen Fragebogen wurden insgesamt 847 zurückgeschickt. Um eine gewisse Repräsentativität zu erreichen, wurde dann diese Zufallsauswahl den Geschlechter-, Konfessions- und Altersgruppen-Quoten des Statistischen Jahrbuches 1978 angepaßt. Eine im Vergleich zur SINUS-Studie schmale Datenbasis! Hinzu kommt: Habermehl erhebt nicht den Anspruch, eine brauchbare „Faschismus"-Skala zu erarbeiten; es wird dem Leser daher nicht mitgeteilt, wie die gestellten Fragen zustande kamen. Auch die exakten prozentualen Ergebnisse der Untersuchung bleiben ihm größtenteils verschlossen; es sei denn, er unterzieht sich der Mühe, diese Einzeldaten aufgrund der Fülle vollständig abgedruckter Antworten zu errechnen.

Bereits die provokative Fragestellung Habermehls („Sind die Deutschen faschistoid?") – der Marktwert dieser Formel sei unbestritten – erzeugt Unbehagen. Die kärglich ausgefallene Auseinandersetzung mit *„der* Totalitarismustheorie" steht einer kaum problematisierten Verwendung des „Faschismus"-Begriffs gegenüber. In diesem Zusammenhang nennt Habermehl zwar die Schlüsselbegriffe „Autoritarismus, Militarismus, Ethnozentrismus" (S. 33); die Verwendung des Wortes „faschistoid" macht jedoch diese Abgrenzungsversuche zunichte, insbesondere angesichts des Untertitels („... Verbreitung *rechter und rechtsextremer* Ideologien..."; Hervorhebung d. Verf.), der ganz im Sinne dieses polemischen Vielzweckbegriffes die Grenzen zwischen demokratischem und extremistischem Lager verwischt.

Eindrucksvoll an Habermehls Untersuchung sind daher weniger seine knappen Erläuterungen zu den Themenkomplexen Autoritarismus, Militarismus und Ethnozentrismus, die zu oft in einen Zwiespalt zwischen wissenschaftlicher Erörterung und politischer Alltagspolemik geraten; besorgniserregend sind eher die abgedruckten Antworten, die nicht selten ein mangelndes Demokratieverständnis und das Weiterleben obrigkeitsstaatlicher Traditionen enthüllen. Im Anhang des Bandes finden sich einer der sechs Fragebogen sowie der Orientierung des Lesers dienliche Literaturhinweise.

*Klaus Sochatzy* und sein (studentisches) Mitarbeiter-Team griffen bei der Erarbeitung der Meinungstest-Bogen für ihre empirische

---

81 Werner Habermehl, Sind die Deutschen faschistoid? Ergebnisse einer empirischen Untersuchung über die Verbreitung rechter und rechtsextremer Ideologien in der Bundesrepublik Deutschland, Hamburg 1979, 253 S. (Hoffmann & Campe Verlag).

Studie über „Neofaschismus im Schülerurteil"[82] zu einem Teil auf Habermehls Fragekatalog zurück, um eine Vergleichsmöglichkeit zu schaffen. Dabei modifizierten sie einige Fragen Habermehls, weil dessen Wortlaut irreführende Ergebnisse zeitigte. Zudem bemängelten sie, Habermehls „Leiste" zur „Meinungsmarkierung" weise verschiedene Grade der Bejahung, aber nur eine Form der Verneinung auf: „Es handelt sich also um vier Zustimmungsgrade, denen nur eine Ablehnungsmöglichkeit gegenübersteht, die nicht differenziert werden konnte" (S. 56).

Sochatzy und Mitarbeiter wurden von dem Motiv geleitet, exaktere Erkenntnisse über die Reaktionen Jugendlicher im Alter zwischen 12 und 20 Jahren auf die Versuchungen des Neonazismus zu erlangen. Im Mittelpunkt der 1979 durchgeführten Untersuchung stand der „Großraum Frankfurt", sozialräumlich untergliedert in die Bereiche „Land", „Kleinstadt", „Frankfurt/M.-Unterschicht", „Frankfurt/M.-Mittelschicht", „Frankfurt/M.-Umland". Befragt wurden 867 Schüler unterschiedlicher Schultypen und Jugendclubs unter Berücksichtigung von Alter, Geschlecht, Religion, Nationalität, Schultyp und Mitgliedschaft in Vereinen oder Jugendgruppen. Seit Januar 1979 hatte man außerdem eine systematische Auswertung der „Frankfurter Rundschau", die für den gewählten Bereich von besonderer Bedeutung ist, durchgeführt, um sich einen Eindruck vom möglichen Informationsstand der Bevölkerung zu verschaffen. Aufgrund der äußerst intensiven Berichterstattung zum Thema „Rechtsextremismus" konnte davon ausgegangen werden, daß auch die Schüler der Beantwortung der Fragen nicht völlig unvorbereitet entgegensahen. Die 30 Statements des Meinungstestbogens bestanden größtenteils aus möglichst wortgetreuen programmatischen Äußerungen aus dem rechtsextremen Bereich. Die von Habermehl übernommenen Aussagen bildeten dazu einen Kontrast, der die Stereotype der Statements auflockern sollte.

Die Studie Sochatzys und seiner Mitarbeiter geht methodisch reflektiert und umsichtig vor, die Ausbreitung gewonnener Ergebnisse geschieht mit größter Sorgfalt und Bemühen um Verständlichkeit. Die prozentualen Ergebnisse der Befragung werden zunächst vollständig widergegeben; es schließt sich eine Zusammenfassung an. Besonders hervorspringend war die Tatsache, daß offenbar eine große Zahl Jugendlicher keine akzentuierte Meinung besitzt. Ein Resultat, das einerseits darauf zurückgeführt werden kann, daß sich Jugendliche dieses Alters noch keine politische Meinung gebildet haben; andererseits möglicherweise aber auch ein Indiz für eine

---

[82] Klaus Sochatzy und Mitarbeiter, Parole: rechts! Jugend, wohin? Neofaschismus im Schülerurteil. Eine empirische Studie, Frankfurt a. M. 1980, 304 S. (R. G. Fischer Verlag).

„junge Generation auf dem Weg zum Duckmäusertum" (S. 69). Die Unterschiede zwischen Unter- und Mittelschicht waren geringer als erwartet — ein Ergebnis, das Sochatzys Einwände gegen das gewählte Zweischichten-Modell bestätigt. Die geschlechtsspezifischen Unterschiede erwiesen sich ebenfalls als gering, der noch weitverbreiteten typisch weiblichen Rolle entsprach allerdings eine weniger pointierte Meinungsäußerung. Mit wachsendem Alter wurden die ermittelten Ergebnisse positiver — hier mag jedoch die Dominanz der Gymnasialschüler in der Altersklasse ab 16 Jahre eine wichtige Rolle gespielt haben.

Der zusammenfassenden Darstellung der Ergebnisse schließt sich eine ausführliche Auseinandersetzung mit den Einzelresultaten an; jedem Statement ist eine Betrachtung gewidmet. Die Studie ist in engagiertem Ton verfaßt, dennoch zeigt sich stets die Sorge um Objektivität, um eine vielschichtige, aspektreiche Deutung der ermittelten Daten. Auch Randbemerkungen der Jugendlichen werden in die Erörterung einbezogen. Aber Sochatzy und Mitarbeiter ließen es dabei nicht bewenden. Zur Vertiefung, Bestätigung oder Abschwächung gewonnener Ergebnisse haben sie zusätzlich aus der Menge der Statements Gruppen mit den Themen „Demokratieverständnis", „Antikommunismus", „Führerprinzip", „Gemeinschaft und Lebensziel", „Sicherheitsbedürfnis", „Kampf, Volk und Wehrdienst" sowie Statements „innerhalb derer der Name Hitler und der Begriff ‚Drittes Reich' eine maßgebende Rolle spielen" ausgewählt (S. 199). Besonders eindrucksvoll ist das Ergebnis der „Komplex-Analyse" zum Demokratieverständnis — herangezogen wurden die negativ ausgefallenen Gruppen „Frankfurt/M.-Umland" und „Frankfurt/M.-Unterschicht". Verblüffend vor dem Hintergrund der jugendlichen Alternativszene wirkt die Tatsache, daß Sicherheit und Ordnung vielfach als oberste Wertbegriffe rangierten. Ebenso ausgeprägt war die politische Interesselosigkeit und Uninformiertheit. In der Tat muß dieses — durch die Auswahl der Gruppen natürlich zugespitzte — Ergebnis bedenklich stimmen.

Den Abschluß der Untersuchung bildet eine Reihe von Interviews mit jugendlichen Rechtsextremisten, die dem Leser einen unmittelbaren Eindruck von deren Gedankenwelt verschaffen. Zusammen mit den Befragungsergebnissen wurden diese Interviews noch einmal zur Ermittlung besonders bedrohlich erscheinender rechtsextremer und autoritärer „Potentiale" verwendet. Die Studie Sochatzys und seiner Mitarbeiter muß wegen ihrer vielschichtigen Analyse als besonders gelungen und wegweisend bezeichnet werden. Denn gegenüber Arbeiten, die sich vollkommen auf Methoden der empirischen Umfrageforschung verlassen, ist ein gerütteltes Maß an Skepsis am Platze, und, wie es Martin und Sylvia Greiffenhagen formuliert haben, „die Gründe für diese Skepsis sind so zahlreich wie die Methoden, die der Umfrageforscher anwendet, die Theorien, die diesen Methoden zugrundeliegen, die Gesellschaftsbilder und Staatsvorstellungen, denen der Demoskop selber sich wissentlich oder unwissentlich verbunden fühlt".[83]


## Altnazis und „wiedererweckte Hitlerjungen"

Einen Sonderbereich des bundesdeutschen Neonazi-Unwesens berührt ein im Weltkreis-Verlag erschienener Band: die Gruppe der unverbesserlichen Altnazis und „wiedererweckten Hitlerjungen" (Stommeln). Es handelt sich dabei zumeist um ehemalige NSDAP-Mitglieder, die der Partei aus Überzeugung anhingen und 1945 glimpflich davonkamen; oder um Ende der 20er, Anfang der 30er Jahre geborene Personen, die das nationalsozialistische Gewaltregime in einem Verdrängungsprozeß mit dem Rosarot ihrer glücklichen Kindheit und den Kameradschafts- und Geborgenheitsgefühlen identifizieren, die ihnen die Lagerfeuer-, Sport- und Kampfgemeinschaften des „Deutschen Jungvolkes", des „Jungmädelbundes", der „Hitler-Jugend" oder des „Bundes Deutscher Mädel" vermittelten. Die erlebte Not, das Elend und die Schrecken des Krieges, die Verwüstung und Zerstörung, schließlich die Hungerjahre der Nachkriegszeit werden hingegen dem verschwörerischen Wirken Deutschland feindlich gesonnener Mächte angelastet. Derartige Klischees sind in der Bevölkerung der Bundesrepublik noch weit verbreitet. Dennoch rekrutieren sich lediglich ca. 13 Prozent der Neonazis aus diesem Personenkreis.[84]


83 Martin und Sylvia Greiffenhagen, Ein schwieriges Vaterland. Zur Politischen Kultur Deutschlands, 2. Aufl., München 1979, S. 21.
84 Vgl. Stommeln (FN 18), S. 12. Stommeln berücksichtigt in seiner Darstellung nicht, daß sich zahlreiche nur scheinbar gemäßigte Altnazis in den Reihen der NPD befinden und von dort aus jugendlichen Neonazis Schützenhilfe leisten. Stommeln veranschlagt den Anteil der Alt- und „wiedererweckten" Nazis an der Gruppe der neonazistischen Aktivisten für das Jahr 1978 mit 23 %. Der VSB gibt für dieses Jahr die Zahl der Mitglieder neonazistischer Gruppen mit 1000 an (S. 18). Der VSB 1979 nennt 1400 (S. 16), der VSB 1980 1800 (S. 18). Lehnt man sich an Stommelns Zahlenangabe an (23 % von 1000 = 230), so ergibt sich – bei angenommener Konstanz der 230 Aktivisten – für das Jahr 1980 ein Prozentsatz von 12,7 %.

„Vowärts, wir marschieren zurück. Die Neonazis"[85] begreift sich als Fortsetzung zu dem 1978 ebenfalls von *Jürgen Pomorin* und *Reinhard Junge* beim selben Verlag veröffentlichten Band „Die Neonazis und wie man sie bekämpfen kann".[86] Hatte dieser 1. Band vornehmlich die an Zahl und Stärke in letzter Zeit angestiegenen neonazistischen Jugendorganisationen zum Gegenstand, so enthält die hier zu präsentierende Fortsetzung Porträts mehr oder weniger bedeutender Gestalten des rechtsextremen Lagers. Vorgestellt werden etwa der 1982 verstorbene Oberst Hans-Ulrich Rudel[87], hochdekorierter Kampfflieger des Zweiten Weltkrieges und nach 1945 als integrierende Heldenfigur stets dort zu finden, wo nationalsozialistisches Gedankengut fröhliche Urständ feierte; oder der mit dem Straßer-Flügel der ehemaligen NSDAP sympathisierende Friedhelm Busse, 1965-71 Mitglied der NPD, Parteiausschluß, danach in Kreisen der „Neuen Rechten" zu finden, schließlich „Vorsitzender" der 1982 verbotenen VSBD/PdA.

Allerdings enthält die Publikation eine Reihe unzulässiger und der Wahrheit nicht dienlicher Vereinfachungen, die zum Teil auch durch die Position der Autoren Junge und Pomorin als Redakteure der Zeitschrift „elan", Organ des DKP-Jugendverbandes SDAJ, erklärt werden. So verwenden Pomorin/Junge die Bezeichnungen „neonazistisch" oder „Neonazi" synonym mit „rechtsextrem" oder „Rechtsextremisten" — eine Gleichstellung, die einem besseren Verständnis des vielfältig strukturierten rechtsextremen Lagers nicht zuträglich ist Denn „Neonazismus" bedeutet Kampf für ein Regime, das die Grundelemente des „Dritten Reiches" wiedererrichten soll: Existenz einer offiziellen, alleinige Geltung beanspruchenden, aber keineswegs geschlossenen Ideologie, die Antisemitismus, Antiparlamentarismus, Antiliberalismus, Antikommunismus mit der Verheißung eines nach kriegerischen Auseinandersetzungen zu erringenden, nur vage angedeuteten glücklichen Endzustandes verbindet, der in der Herrschaft der arischen Herrenrasse über versklavte nicht-arische Völker besteht; die formelle Alleinherrschaft einer nach dem Führerprinzip organisierten und mit der staatlichen Verwaltung verschmelzenden Massenpartei; das Waffen- und Nachrichtenmonopol des parteidominierten, „polyarchisch" strukturierten Staatsapparates; ein expandierendes, vielschichtig

---

85 Jürgen Pomorin/Reinhard Junge, Vorwärts, wir marschieren zurück. Die Neonazis, Teil II, Dortmund 1979, 199 S. (Weltkreis Verlag).
86 Dies., Die Neonazis und wie man sie bekämpfen kann, Dortmund 1978.
87 Zur Person: Michael Hereth, Der Fall Rudel oder die Hoffähigkeit der Nazi-Diktatur. Protokoll einer Bundestagsdebatte, Reinbek bei Hamburg 1977; Hans Robinsohn, Rudel — der falsche Held. Zu seinen Erinnerungen „Aus Krieg und Frieden", in: Vorgänge 16 (1977), Nr. 25, S. 110.

aufgebautes, relativ autonomes Spitzelsystem zur Überwachung und Unterdrückung jeglichen Widerstandes. Die von Junge/Pomorin vorgestellten Kreis- und Landesvorsitzenden der NPD fallen sicherlich nicht unter diese Kategorie. Der Durchschnitts-NPDler sehnt eher die Geborgenheit des Individuums in der „Volksgemeinschaft" eines autoritär geführten, mächtigen Nationalstaates herbei, ohne notwendigerweise die Vernichtung oder Unterwerfung anderer Völker zu fordern. Voll zustimmen muß man den Autoren jedoch, wenn sie fließende Übergänge und gegenseitige Förderung innerhalb des rechtsextremen Lagers konstatieren: Die bei fast allen Rechtsextremisten anzutreffende Verharmlosung der Nazi-Verbrechen ist ein Glied in der Rehabilitation des Nationalsozialismus. Gleiches gilt für die Anprangerung skrupelloser Geschäftemacherei mit dem Nationalsozialismus und der obskuren Aktivitäten der „Hilfsgemeinschaften auf Gegenseitigkeit" (HIAG) der ehemaligen Angehörigen der Waffen-SS. Dennoch ist es unzulässig, heute alle ehemaligen SS-Mitglieder als rechtsextrem einzustufen — auch angesichts begangener Greueltaten dieser „Elite"-Verbände.[88] Und ebenso gefährlich ist sicherlich der Fehlschluß von personellen Verbindungen einzelner Unionspolitiker zur rechtsextremen Szene auf die dahinter stehenden Organisationen, wie auch immer man eine derartige Osmose beurteilen mag.[89]

Unverbesserliche Altnazis und „wiedererweckte Hitlerjungen" finden sich nicht allein in der primär politisch ausgerichteten rechtsextremen Szene. Darüberhinaus haben gesellschaftliche Nischen die Zeit überdauert, in denen völkische und rassistische Gedankeninhalte religionsähnlich hypostasiert werden. Die meisten dieser heute nur noch wenige Mitglieder vereinenden Gruppen scheuen die Öffentlichkeit. Am bekanntesten sind wohl noch die Anhänger der 1966 verstorbenen Mathilde Ludendorff. Außerdem gibt es eine Reihe neugermanischer und völkischer Erbauungszirkel, die größtenteils auf entsprechende Vorläufer der 20er und 30er Jahre zurückblicken. Sie sind und waren jedoch nach 1945 nie mehr als lebende Fossile Extremismus-adäquater Mystizismen, die schon in ihrer Blütezeit anachronistisch anmuteten. „Artgläubige", „Goden", „Armanen", „Ludendorffer" stellten auch innerhalb der

---

88 Aus Mangel an Beweisen wird die HIAG ab 1983 „bis auf weiteres nicht mehr als rechtsextremistische Gruppe im Verfassungsschutzbericht" erwähnt – so der Parlamentarische Staatssekretär beim Bundesministerium des Innern, Spranger, anläßlich einer Parlamentarischen Anfrage des SPD-Abgeordneten Schlaga am 13. Sept. 1983: Innere Sicherheit, Nr. 70 v. 23. Dezember 1983, S. 25.
89 Vgl. auch Pomorin/Junge/Biemann/Bordien (FN 22); Pomorin/Junge/Biemann (FN 22).

rechtsextremen Szene nach 1945 lediglich esoterisch-eifernde Auswüchse dar, deren Einfluß auf primär politisch ausgerichtete Gruppen nicht sehr hoch eingeschätzt werden darf. Dies schließt natürlich nicht aus, daß diese rechtsextreme „Kultur"-Szene etwa durch Spendentätigkeit indirekt politisch aktiv wurde. Die mangelnde Öffentlichkeitsresonanz der letzten Jahre erklärt sich allerdings ebenso durch den starken Substanzverlust. So konstatiert der VSB 1982: „Die acht rechtsextremistischen Kultur- und Weltanschauungsvereinigungen, zu denen auch der ‚Bund für Gotterkenntnis (Ludendorff) e.V.' gehört, sind vor allem aufgrund ihrer Überalterung und der vorherrschenden Resignation vom Verfall bedroht"[90].

Eine Publikation über „Blut-, Boden- und Rasse-Religion" (Untertitel), wie sie von *Friedrich-Wilhelm Haack* vorgelegt worden ist[91], wird also vor die Frage gestellt, ob es sich überhaupt lohnt, so viel Tinte für Spinner und Spintisierer zu vergießen, wie sie schließlich in zahlreichen Lebensbereichen anzutreffen sind, ohne daß ihnen jegliche Bedeutung beigemessen würde. Da sich Haack insbesondere mit der Vorstellungswelt solcher Zirkel befaßt, schließt sich eine weitere Frage an: Sind Ideologiegebräue, die der Autor selber treffend als „reiner Blödsinn" (S. 136) oder „inhaltlich(er) und sprachlich(er) Schwulst" (S. 149) kennzeichnet, eigentlich eine so ausführliche Auseinandersetzung wert? Eberhard Jäckel schreibt in seinem Werk über „Hitlers Weltanschauung" mit Bezug auf eine parallele Äußerung Noltes, er werde „ein Gedankengebäude errichten aus Gedanken, die es wahrhaftig nicht verdienten, wenn nicht ihr Urheber seiner Taten wegen unsere Aufmerksamkeit beanspruchte"[92]. Dieses Argument entfällt hinsichtlich Ludendorff & Co. Aber Haack bedauert sogar, daß er einzelne Gruppierungen nicht noch wesentlich ausführlicher darstellen konnte: „Jede von ihnen (auch die kleinste und scheinbar unbedeutendste) würde eine eigene Arbeit verdienen oder zumindest umfassender dargestellt und analysiert werden müssen" (S. 36).

Haacks größtenteils deskriptive, partiell interpretierende und nur am Schluß kurz theoretisch sondierende und fundierende Arbeit beruht in ihrer Anlage auf einer grotesken Überschätzung rechtsextremer Sekten. Offenkundige Hohlheiten, absonderliche Hirngespinste, pathologische Skurrilitäten werden in seitenlangen

---

90 VSB 1982, S. 144.
91 Friedrich-Wilhelm Haack, Wotans Wiederkehr. Blut-, Boden- und Rasse-Religion, München 1981, 255 S. (Claudius Verlag).
92 Eberhard Jäckel, Hitlers Weltanschauung. Entwurf einer Herrschaft, erweiterte und überarbeitete Neuausgabe, Stuttgart 1981, S. 24.

Traktaten minuziös ausgebreitet, weil der Autor sektiererische Zirkel für bedeutende Ideologielieferanten des rechtsextremen Lagers hält. Haack stellt dabei jedoch nicht genügend in Rechnung, daß völkisch-rassistische Anschauungen auch ohne religionsähnliche Überhöhung auskommen. Wie wenig attraktiv derartige Gruppierungen für junge Menschen sind, beweist allein die Tatsache, daß Jugendsekten einigen Zulauf verzeichnen, während rechtsextreme „Kultur"-Bünde eher an Altersschwäche kranken. Interessanter wäre daher etwa die Frage, inwieweit bekannten Jugendsekten politisch-extremistische Potentiale innewohnen.[93] Der Autor kann nur ansatzweise Verbindungen zwischen Sektierern und politisch-rechtsextremen Organisationen nachweisen und qualifizieren. Wo dies gelingt (etwa: „Klüter Blätter", die aber 1981 eingestellt wurden[94]; „Deutsches Kulturwerk Europäischen Geistes", verzeichnete starke Mitgliederverluste[95]; „Neue Anthropologie"[96]), bleiben die konkreten ideologischen Wechselwirkungen unergründet. Schließlich hält sich Haack bei der

---

93 Haack hat sich zu dieser Frage wiederholt geäußert: Ders., Führer und Verführte. Jugendreligionen und politreligiöse Jugendsekten, München 1980. Außerdem: Rainer Jetter, Getarnter Rechtsradikalismus. Oder: Was will die CARP?, Berlin 1978. Zur historischen Bedeutung nationalistisch-religiöser Vereinigungen: Wolfgang Altgeld, Volk, Rasse, Raum. Völkisches Denken und radikaler Nationalismus im Vorfeld des Nationalsozialismus, in: Rudolf Lill/Heinrich Oberreuter (Hrsg.), Machtverfall und Machtergreifung. Aufstieg und Herrschaft des Nationalsozialismus, München 1983, S. 95-119; George L. Mosse, Ein Volk, ein Reich, ein Führer. Die völkischen Ursprünge des Nationalsozialismus (1964), Königstein/Ts. 1979; John M. Steiner, Über das Glaubensbekenntnis der SS, in: Karl Dietrich Bracher/Manfred Funke/Hans-Adolf Jacobsen (Hrsg.), Nationalsozialistische Diktatur, 1933-1945. Eine Bilanz, Bonn 1983, S. 206-223.
94 Vgl. VSB 1981, S. 46.
95 Vgl. VSB 1981, S. 45.
96 Michael Billig, Westdeutschland: Neue Anthropologie, in: Ders., Die Rassistische Internationale. Zur Renaissance der Rassenlehre in der modernen Psychologie, mit einem Vorwort von Lothar Baier, Frankfurt a. M. 1981, S. 116-135; Patrick Moreau, Die neue Religion der Rasse. Der Biologismus und die kollektive Ethik der Neuen Rechten in Frankreich und Deutschland, in: Iring Fetscher (Hrsg.), Neokonservative und „Neue Rechte". Der Angriff gegen Sozialstaat und liberale Demokratie in den Vereinigten Staaten, Westeuropa und der Bundesrepublik, München 1983, S. 117-162; die rechtsextreme Gefahr maßlos überschätzend: Günter Rexilius, Die „Neue Anthropologie" oder: Menschen und Geschichte – von rechtsaußen gesehen, in: Psychologie und Gesellschaftskritik 1980, H. 13/14, S. 104-143.

Einschätzung von Mitgliederstärken und Bedrohungspotentialen merklich zurück.

Eine „rechtsorientierte Alternativbewegung" existiert nur in der Phantasie des Autors. Auch ansonsten suggeriert der häufig verwendete Begriff „Bewegung" Massenanhang, wovon nicht die Rede sein kann. Für das Verständnis des Rechtsextremismus in der Bundesrepublik gibt das vorliegende Werk kaum etwas her. Der eigentliche Wert der Publikation liegt darin, daß sie neugermanische und völkisch-religiöse Sekten der ersten vier Jahrzehnte dieses Jahrhunderts in ihren ideologischen Konzeptionen darstellt und deren Nachklänge in einem nach 1945 entstehenden demokratischen Gemeinwesen verfolgt. Hier stellten sie jedoch vermutlich eine größere Herausforderung an die etablierten Religionen als an den demokratischen Staat dar.

## Jugend und Rechtsextremismus

Rechtsextreme Jugendorganisationen füllen parallel zur Gesamtheit rechtsextremer Vereinigungen die ganze Bandbreite des Spektrums aus: von sich gemäßigt produzierenden nationalistischen Vereinigungen wie den „Jungen Nationaldemokraten" (JN) oder dem BHJ über ideologisch versierte Basisgruppen der „Neuen Rechten" zu neonazistischen Aktionsgruppen. Die neueste Entwicklung ist durch einen Trend zur Radikalisierung gekennzeichnet. „Gemäßigte" Organisationen verlieren Mitglieder, während die zur Gewaltanwendung neigenden Neonazigruppen Zulauf verzeichnen. Dies bestätigt eine von *Günther Bernd Ginzel* vorgelegte Analyse.[97] Da bisher noch keine soziologische Untersuchung des Neonazismus vorliegt[98], hat Ginzel das verfügbare Zahlenmaterial zusammenge-

---

97 Günther Bernd Ginzel, Hitlers (Ur)enkel. Neonazis: ihre Ideologien und Aktionen, 3. Aufl., Düsseldorf 1983, 155 S. (Droste Verlag).
98 Ein entsprechendes Forschungsprojekt ist mit Unterstützung des Bundesministeriums des Innern vom September 1979 bis April 1981 unter der Leitung von Eike Hennig durchgeführt worden. Eine Veröffentlichung ist in diesem Zusammenhang seit längerem angekündigt („Rechtsextremismus und Jugend in der Bundesrepublik Deutschland"). Vgl. Eike Hennig, Neonazistische Militanz und Rechtsextremismus unter Jugendlichen, in: APuZG, B 23/1982, S. 23-37; ders., Neonazistische Militanz und Rechtsextremismus unter Jugendlichen (= Schriftenreihe des Bundesministeriums des Innern, Bd. 15), Stuttgart/Berlin/Köln/Mainz 1982; ders., „Wert habe ich nur als Kämpfer", Rechtsextremistische Militanz und neonazistischer Terror, in: Reiner Steinweg (Red.), Faszination der Gewalt (FN 21), S. 89-122.

stellt. Die Ergebnisse stehen zwar auf schmaler Grundlage; dennoch lassen sich bereits zwei grundsätzliche Tendenzen erkennen: Seit Mitte der 70er Jahre nimmt die Altersgruppe der jugendlichen Rechtsextremisten zu, gleichzeitig stieg die Zahl der Ausschreitungen an. Exaktere Angaben sind derzeit nur mit größter Vorsicht zu machen. Dabei kommt Ginzel das Verdienst zu, vorfindbare Erkenntnisse und Deutungsmuster mit einem Fragezeichen versehen und problematisiert zu haben. So etwa die Statistiken der VSB, die lediglich „auffällig gewordene" (S. 18) Neonazis verzeichnen. Lange Zeit sei darüberhinaus die „Wehrsportgruppe Hoffmann" nicht als Neonazi-Gruppe angesehen und folglich numerisch nicht berücksichtigt worden. Merkwürdigerweise schlugen die 400 Mitglieder dieser Gruppe auch im VSB 1979 noch nicht angemessen zu Buche. Dagegen ist die von Bernt Engelmann genannte Zahl von 3 Millionen Neonazis zu hoch gegriffen — typisch für einen Publizisten, der mehr agitiert als informiert.

Wer die Zahl der Neonazis möglichst genau erfassen will, muß sich allerdings mit Ginzel vorher Gedanken darüber machen, wen man als „Neonazi" bezeichnen soll. Der Autor grenzt sich klar vom diffusen „Neofaschismus"-Begriff ab und weist auch die Identifikation von „Rechtsextremismus" mit „Neonazismus" zurück. Er lehnt sich in seiner „Rechtsextremismus"-Definition an die Begriffsverwendung des Bundesministeriums des Innern an. „Neonazismus" sei eine „Steigerungsform" von „Rechtsextremismus": „Demnach sind alle Neonazis rechtsextrem, aber nicht alle Rechtsextremisten sind Neonazis. Mit anderen Worten: Neonazismus ist eine Steigerungsform des Rechtsextremismus. Wenn aus Abneigung Haß wird, wenn der Einsatz von Gewalt im Kampf gegen die Demokratie, gegen die Bundesrepublik befürwortet und eine Führungsdiktatur auf der Basis eines völkischen Rassismus angestrebt wird, dann haben wir es mit einer neonazistischen Gesinnung zu tun" (S. 20). In diesem Punkt hätte eine nähere Auseinandersetzung mit den Charakteristika des historischen Nationalsozialismus sicherlich noch mehr Klarheit geschaffen.

Dem vorliegenden Werk geht es nicht um eine möglichst vollständige Auflistung und Beschreibung der in Erscheinung getretenen Neonazigruppen. Im Vordergrund stehen Strukturen, Ideologien und Gegenstrategien, deren Beschreibung und Erörterung Ginzel so lückenlos und überzeugend gelingt, wie man es sich für eine derartige Darstellung nur wünschen kann. Neben bereits intensiv behandelten Themenkreisen wie „Antisemitismus", „Auschwitzlüge", „Jugendwerbung" erörtert Ginzel auch (knapp) die Beziehungen deutscher Rechtsextremisten zum Ausland und die Gefahren einer Zusammenarbeit von Neonazis und PLO. Solche Kontakte sind etwa im Falle Udo Albrecht bekannt geworden, der 1975 versucht hatte, „Neonazis zur Terroristen-Ausbildung in die PLO-Lager bei Beirut einzuschleusen" (S. 42). Auch die Gründung einer „Gesellschaft für Euro-Arabische Freundschaft" (EURABIA) neonazistischen Charakters im April 1976 erregte Aufsehen. In der jüngsten Zeit hat es derartige Kontakte ebenfalls gegeben. Die Ideologie von der „Herrenrasse" vor Augen mag dies zunächst erstaunen, doch „wenn es gegen Juden geht, vergessen Nationalsozialisten ihre Grundsätze" (S. 40).

Zu den originellsten und fruchtbarsten Teilen des Buches gehört das Kapitel über ,,,Artgemäße Götter' für ein ‚artgemäßes Volk'. Neonazismus: eine Glaubensbewegung". Nach Ginzel entsprechen dem Totalitätsanspruch, ja der Religionsähnlichkeit des Nationalsozialismus pseudoreligiöse Elemente des Neonazismus. Dies belegt er einleuchtend anhand des Führerkultes, der „Blut und Boden"-Ideologie, der Beschwörung der germanischen Vorzeit. Hierdurch wird auch der enorme, Jugendsekten ähnliche Gruppenzusammenhalt mancher neonazistischer Bünde erklärt. Jugendliche, auf der Suche nach Orientierung, nach sinnstiftenden Instanzen, sind den Verlockungen „ganzheitlicher" Ideologien gerade in einer Zivilisation des faktischen Atheismus nahezu schutzlos ausgesetzt. Mit Recht betont Ginzel daher, wie schwierig es ist, jugendliche Rechtsextremisten von ihrer „Droge" zu befreien; allergrößte Bedeutung kommt der Frage zu, wie verhindert werden kann, daß junge Menschen dem rechtsextremen Angebot an Ideologien und – was Ginzel vernachlässigt – Kameradschaftlichkeit verfallen. Der Autor führt dazu eine ganze Reihe wichtiger Gründe an – ungenügend vorbereitete Lehrer, Eltern mit unbewältigter Vergangenheit; Schüler, die historisch-politischen Zusammenhängen mit Desinteresse begegnen. Doch ganz konsequent ist Ginzel in diesem Punkt nicht. Wenn Verführbarkeit der Jugend durch „Rattenfänger" aller Art auf den Mangel sinnstiftender, wertvermittelnder Instanzen zurückführbar ist, was läge dann näher, als an die ethische Bildung der Jugend zu denken? Dies muß nicht notwendigerweise auf ein Plädoyer für die Förderung des Religionsunterrichtes an den Schulen hinauslaufen. Aber fest steht, daß Geschichts- und Sozialkundeunterricht in der Vermittlung demokratischer *Werte* oft überfordert sind. Trotz einiger (peripherer) Einwände kann das vorliegende Werk einem breiten Leserkreis nachdrücklich empfohlen werden. Es besticht sowohl durch klare, umsichtige Analyse als auch durch geschickte und verständliche Präsentation des Stoffes.

Ginzel ist auch als Autor in einem Sammelband vertreten (er äußert sich dort zum „rechtsextremen Weltbild" und zur „Jugendbewegung"), der sich dem Leser unter der Überschrift „Was von

Hitler blieb" darbietet.[99] Unter einen so vagen Titel lassen sich viele Gegenstände subsumieren. In der Tat erfüllt der Band die so geweckten Erwartungen: Er breitet ein Kaleidoskop unterschiedlichster Beiträge aus, die allerdings größtenteils um das Thema „jugendlicher Neonazismus" kreisen. *Werner Filmer* und *Heribert Schwan*, die Inauguratoren des Bandes, sind durch einschlägige Fernsehproduktionen hervorgetreten. Ein Teil der hierbei geführten Interviews ist offenkundig in die Sammlung eingeflossen. Dazu gehört eine Anzahl aussagekräftiger Gespräche mit neonazistischen Aktivisten wie etwa Arnd-Heinz Marx (zeitweilig Mitglied der 1982 verbotenen VSBD/PdA), Thomas Brehl („Nationale Aktivisten"), Michael Kühnen (ehemaliger „Organisationsleiter" der 1983 verbotenen ANS/NA). Entsprechende Rede-Auszüge ergänzen das Bild. Darüber hinaus äußern sich gesprächsweise *Friedrich-Wilhelm Haack, Eike Hennig, Peter Dudek, Walter Jens*. Die „Reaktionen von Ausländern" (vertreten sind zwei Israelis, ein Franzose und ein Pole) fallen recht subjektiv aus, müssen es in der Kürze wohl sein. Dies gilt nicht in gleichem Maße für die Stellungnahmen von CDU/CSU-, FDP- und SPD-Politikern – hier wird eher das Bemühen sichtbar, Charakteristika der heutigen Situation des Rechtsextremismus zu erfassen und Möglichkeiten der Abhilfe zu schaffen. Eine Abrundung erfährt die vielgestaltige Sammlung durch zwei kurze historische Exkursionen zur nationalsozialistischen „Machtergreifung" (*Karl Dietrich Bracher*) und zur Entnazifizierung (*Lutz Niethammer*).

Originell war die hier realisierte Idee, regionale Beobachter mit – ausführlicher geratenen – Skizzen zur jeweiligen rechtextremen Szene zu beauftragen (Frankfurt a. M., Niedersachsen, Ostwestfalen, München). So wird anschaulicher, wie sich rechtsextreme Aktivitäten in der alltäglichen Wahrnehmung des Bürgers darbieten. Die große Zahl von Einzelbeobachtungen kann dabei allerdings ein überhöhtes Gefahrenpotential suggerieren. Bei den ausgewählten Regionen handelt es sich – verständlicherweise – um Schwerpunktzonen rechtsextremer Umtriebe. Berechtigt ist allerdings der Hinweis auf die relativ weite Verbreitung autoritärer, rechtsgerichteter Einstellungsmuster im älteren Teil der Bevölkerung. Notgedrungen ergeben sich bei den Regionalanalysen zahlreiche inhaltliche Überschneidungen, die vor allem entstehen, wenn sich die Autoren zu generelleren Problemen äußern. Dies gilt auch für andere Beiträge. Insgesamt wurde aber wohl auch keine systematische

---

99 Werner Filmer/Heribert Schwan, Was von Hitler blieb. 50 Jahre nach der Machtergreifung, Frankfurt a. M./Berlin/Wien 1983, 240 S. (Verlag Ullsten GmbH).

Konzeption angestrebt — Filmer und Schwan schweigen sich leider über ihre Intentionen aus. Eine „Bestandsaufnahme", wie der Buchrücken ausweist, ist jedoch nicht erreicht worden. Es handelt sich noch am ehesten um ein buntschillerndes Lesebuch für den nicht ganz Uninformierten, das seinen Reiz aus der Vielfalt der Aspekte und Darstellungsformen gewinnt.

„Jugend und Neofaschismus" ist der Titel eines recht heterogen strukturierten Sammelbandes, herausgegeben von *Gerhard Paul* und *Bernhard Schoßig*.[100] Denn neben Beiträgen, die einen primär deskriptiven Einblick in die Situation rechtextremer Jugendorganisationen bieten, findet sich eine Reihe wissenschaftlicher Aufsätze auf relativ hohem theoretischen Niveau, die allerdings über die „Rahmenbedingungen" des Rechtsextremismus nicht hinausgelangen. Vermissen wird man eine empirische Anwendung des erarbeiteten theoretischen Instrumentariums. Dieser Mangel kann jedoch nicht der vorliegenden Sammlung angelastet werden. Es handelt sich hierbei um eine Lücke in der Erforschung insbesondere der militanten jugendlichen Neonazigruppen in der Bundesrepublik seit Mitte der 70er Jahre.

*Konrad Gilges, H. Joachim Schwagerl* und *Karl-Klaus Rabe* bieten eine breit angelegte Darstellung der heutigen rechtsextremen Jugendorganisationen. Sie greifen dabei zum Teil auf eigene Recherchen zurück. Hervorzuheben ist besonders die säuberliche Begriffserklärung bei Gilges, von der auch die übrigen Aufsätze profitieren. Eike Hennig bemüht sich um eine exakte Faschismus-Definition, wobei er auf die Diskrepanz zwischen wissenschaftlicher Diskussionsstufe und politischen Implikationen hinweist. In einem zweiten Beitrag versucht Hennig Kontinuitätslinien des heutigen Rechtsextremismus zum historischen „Faschismus" zu ziehen. Eine seiner Kernaussagen lautet: „Bezüglich der situationellen Faktoren, in denen sich jugendliche Diffusität rechtsradikal verfestigt, ist die Situation der Endphase der Weimarer Republik und der bundesrepublikanischen Gegenwart insofern vergleichbar, als jeweils geburtenstarke Jahrgänge mit einer ökonomischen Krise zusammentreffen, so daß in besonderem Ausmaße Jugendliche von den Auswirkungen einer Krise betroffen werden" (S. 92). Diese absurde Parallelisierung scheint auf einer Überbewertung bzw. Fehleinschätzung ökonomischer und sozialer Faktoren zu beruhen. Die beiden Phasen eignen sich schon deshalb wenig zu einem Vergleich, weil völlig disparate politische Rahmenbedingungen aufeinandertreffen und

---

100 Gerhard Paul/Bernhard Schoßig (Hrsg.), Jugend und Neofaschismus. Provokation oder Identifikation?, Frankfurt a.M. 1979, 232 S. (Europäische Verlagsanstalt).

die ungleich schwerere Wirtschaftskrise durch eine überzogene Austeritätspolitik (Brüning) noch zusätzlich angeheizt wurde.

Die von *Ali Wacker* skizzierte Entwicklung sozialpsychologischer Forschungsrichtungen wird von Gerhard Paul auf die heutige Situation des Rechtsextremismus angewendet. Paul hebt als Folge der Veränderungen des familialen Interaktionsgefüges ein narzistisches Element bei den neonazistischen Gruppen hervor. *Frank Wolff* behandelt neonazistische Tendenzen in der Rock/Pop-Szene. Die beiden Herausgeber beschließen die vorliegende Aufsatzsammlung anhand einiger Überlegungen über die Möglichkeiten pädagogischer Gegenstrategien im Kampf gegen den Rechtsextremismus.

Daß bei der Auseinandersetzung mit dem Rechtextremismus nicht nur politisches Engagement, sondern ebenso auch ein gesunder Geschäftssinn im Spiel ist, zeigen besonders die Publikationen des Lamuv-Verlages. Bereits 1978 war der von Henryk M. Broder herausgegebene Band „Deutschland erwacht"[101] erschienen. Danach brachte der Verlag 1979 einen Band über „Rechtsextremismus unter Jugendlichen"[102] heraus, der im Anzeigenteil gleich in dreifacher Ausführung angepriesen wird: Einmal als jounalistisch aufgemachte Dokumentation, dann als „Tonbildserie" („35 Diapositive Schwarzweiß/Color, Tonband: 9,5 m/sec. oder als Kassette 4,75 cm/sec. lieferbar, 19 Minuten, Begleitheft mit Text, Anleitung und dem Buch ,Unsere Stunde, die wird kommen', DM 120,–") und schließlich als „Ausstellung" („43 Tafeln Schwarzweiß mit Aufhängevorrichtung für Stellwände, Format: 50 x 70 cm, Verleih: 7 Tage DM 100,–; jeder weitere Tag DM 10,– zuzüglich Versandkosten").[103] Die Dokumente sollten zwar in den Dienst „antifaschistischer" Pädagogik treten; Zweckentfremdung war jedoch programmiert, wie eine Rezension in der rechtsextremen Zeitschrift „Gäck" in ironischer Form belegt: „Ein erheiterndes Buch, in dem Gäck nach zahlreichen Auftritten in Presse, Funk und Fernsehen nun auch (endlich) in Buchform zu bewundern ist. Eine fast sachliche Analyse der Lage Jugendlicher in der BRD. Das Allheilmittel der Verfasser für (gegen) rechte Jugendliche scheint das Aufzeigen von Alternativen zu sein. Das [!] sie dies nicht schaffen, braucht kaum erwähnt zu werden – erwähnenswert aber ist das hervorragende Foto- und Dokumenten-Material. Leider immer ohne bzw. mit unkenntlich gemachten Anschriften".[104]

101 Henryk M. Broder, Deutschland erwacht. Die neuen Nazis – Aktionen und Provokationen, Bornheim-Merten 1978.
102 Alwin Meyer/Karl-Klaus Rabe, Unsere Stunde, die wird kommen. Rechtsextremismus unter Jugendlichen, Bornheim-Merten 1979, 286 S. (Lamuv Verlag).
103 Rabe (FN 107), S. 254f.
104 Abgedruckt in: Dudek/Jaschke (FN 110), S. 153.

Diese Zeilen können nicht allein als intelligente Form der Gegenwehr abgetan werden; sie sind leider zum Gutteil berechtigt. Denn der zuerst aufgeführte Band von *Alwin Meyer* und *Karl-Klaus Rabe* hat primär dokumentarischen Charakter. Der Dokumententeil umfaßt 108 Seiten gegenüber 155 Seiten reportagehafter Darstellung, die sich jedoch überwiegend aus Interviews und Auszügen rechtsextremen Schrifttums zusammensetzt; kommentiert wird nur sehr spärlich. Untersucht wurden auf dieser Basis die NPD und eine Reihe rechtsextremer Jugendorganisationen. Die Texte vermitteln interessante, hautnahe Eindrücke von Gedankenwelt und Organisationen, in denen sich Rechtsextreme bewegen. Das Resultat ist eine durchaus lebendige, detailreiche und kritische Schilderung der rechtsextremen Szene. Inhaltsanalyse rechtsextremer Schriften oder Interpretationsversuche sind jedoch nur in Ansätzen zu finden. Zudem verfallen die Autoren von Zeit zu Zeit in eine oberflächliche Polemik, die meist auf Kosten der Unionsparteien geht. Polemisch ist bei der Anprangerung dieser „Harzburger Fröntchen"[105] (S. 24) nicht die Tatsache, daß die Autoren personelle Verbindungen von Mitgliedern der Unionsparteien zu rechtsextremen Kreisen nachweisen; unredlich und gefährlich ist die undifferenzierte Generalanklage.[106]

Der anhand der Rezension in der rechtsextremen Schülerzeitschrift „Gäck" demonstrierte Mißeffekt dieses analysearmen Bandes war von den Autoren keinesfalls beabsichtigt. „Unsere Stunde, die wird kommen" wird daher, wie die Autoren im nachhinein feststellten, durch den von *Karl-Klaus Rabe* herausgegebenen Band „Rechtsextreme Jugendliche. Gespräche mit Verführern und Verführten"[107] ergänzt. Im Aufbau nimmt die Darstellung Gliederungspunkte des vorgenannten Bandes auf. Nacheinander sind die Aktivitäten der „Wiking-Jugend", des „Bundes Heimattreuer Jugend" und der „Jungen Nationaldemokraten" Gegenstand der Interviews basierenden Untersuchung. Allerdings haben die Autoren größeren Wert auf differenzierte und weitgehend auf Polemik verzichtende Auseinandersetzung mit dem Phänomen „Rechtsextremismus" gelegt.

105 Ausgesprochenen Pamphlet-Charakter haben in diesem Sinne folgende Veröffentlichungen der beiden Autoren: Alwin Meyer/Karl-Klaus Rabe, Phantomdemokraten oder Die Alltägliche Gegenwart der Vergangenheit. 34 bundesdeutsche Reaktionen. Ein Lesebuch, Reinbek bei Hamburg 1979; dies., Einschlägige Beziehungen von Unionspolitikern, Bornheim-Merten 1980.
106 Vgl. auch Vinke (FN 22).
107 Karl-Klaus Rabe (Hrsg.), Rechtsextreme Jugendliche. Gespräche mit Verführern und Verführten, Bornheim-Merten 1980, 252 S. (Lamuv Verlag).

Dieses Bestreben kommt vor allem in den 24 ausführlich erläuterten Thesen zum Rechtsextremismus unter Jugendlichen zum Ausdruck, die dem Reportageteil angegliedert wurden. In wohltuendem Kontrast zu der oft proklamierten Extremisten-Hatz plädieren die Autoren für eine Auseinandersetzung mit Rechtextremisten, die in ihnen vor allem Menschen sieht und sie vom Irrweg abzubringen sucht. Den verstärkten Zulauf rechtextremer Organisationen aus der Jugend sehen die Autoren weniger in der Anknüpfung an nationalsozialistische Traditionen, denn in der Suche nach kollektiver Geborgenheit, Kameradschaft, Lagerfeuer-Romantik und den sich daraus entwickelnden emotionalen Beziehungen. Die ungebrochene Kontinuität obrigkeitsstaatlicher Traditionen in der Bundesrepublik Deutschland, aber auch die fehlende nationale Identität sowie die Jugendlichen unverständlich erscheinende Scheu vor Begriffen wie „Nation", „Volk", „Heimat", „deutsch", erklären diese Entwicklungen aus der Sicht der Autoren zu einem beträchtlichen Teil. Entsprechend sehen sie mögliche Gegenstrategien im unbefangenen Umgang mit rechtextremen Jugendlichen. Denn seines Tabu-Charakters entkleidet, büßt das Provokationsmittel „Nazismus" einen beträchtlichen Teil seiner Wirkkraft ein.

## Rechtsextremismus und Schule

Neben dem Elternhaus spielt die Schule eine gleichrangige, möglicherweise sogar noch bedeutendere Rolle als Sozialisations-Instanz. Wenn man bedenkt, daß sich Jugendliche in ihrer pubertären Phase meist von Werten und Einstellungen der Eltern in aggressiver Form distanzieren und nach neuen Sinnzusammenhängen suchen, nimmt die Schule schon von daher eine vorrangige Stellung ein. Nun ist aber gerade der Geschichtsunterricht in den Schulen ein beliebtes Objekt harter Kritik gewesen.[108] Zudem wird das Fach Geschichte heute durch Einführung „reformierter Modelle" vielfach nicht intensiv betrieben, es ist zum Teil sogar abwählbar geworden. Sind die Schulen ihrer erzieherischen Aufgabe noch gewachsen? Das Ansteigen rechtsextremer Publikationen für Schüler gibt jeden-

---

108 Vgl. Dieter Boßmann (Hrsg.), „Was ich über Adolf Hitler gehört habe...". Folgen eines Tabus: Auszüge aus Schüler-Aufsätzen von heute, Frankfurt a.M. 1977; ders. (Hrsg.), Schüler über die Einheit der Nation. Ergebnisse einer Umfrage, mit einem Vorwort von Dirk Sager, Frankfurt a.M. 1978.

falls Anlaß zu ernster Besorgnis.[109] *Peter Dudek* und *Hans-Gerd Jaschke* fanden diese Befürchtungen bei der Untersuchung einschlägiger Erzeugnisse bestätigt.[110]

Im Gegensatz zu der Vielfalt wissenschaftsjournalistischer Produkte, die nicht selten Gefahr laufen, zur bloßen Sensations-Dokumentation oder willkommenen Kulisse zur Diffamierung des politischen Gegners zu degenerieren, weist die Arbeit Dudek/Jaschkes schon rein äußerlich das Inventar einer wissenschaftlich-analytischen Darstellung auf.[111] Knapp skizzieren die Autoren die derzeitige Situation der rechtsextremen Szene. Ausführlicher werden Mittel und Wege diskutiert, dem Untersuchungsgegenstand neue Erkenntnisse und Einsichten abzugewinnen. Dudek/Jaschke vertreten dabei die Auffassung, rechtsextremes Gedankengut spreche zwar jeder argumentativen Auseinandersetzung Hohn, dies dürfe jedoch nicht den Verzicht auf eine inhaltsanalytische Aufarbeitung rechtsextremer Ideen bedeuten. In deutlicher Distanz zu jüngst erschienenen Dokumentationen verdeutlichen die Autoren daher die Notwendigkeit einer sorgfältigen Analyse rechtsextremen Schrifttums.

Eine quantifizierende Textanalyse kommt für Dudek/Jaschke wegen des fehlenden Instrumentariums und einer unzureichenden Materialbasis nicht in Frage. Stattdessen versuchen sie, durch einfühlsames Durchdringen einschlägiger Schriften Wesensinhalte rechtsextremen Denkens auszusondern. Noch vor der eigentlichen Untersuchung rekonstruieren die Autoren inhaltliche Kernelemente „rechtsextremer Publizistik aus den Sechzigerjahren" und schaffen auf diese Weise Maßstäbe für die Beurteilung der ausgewählten Schülerzeitschriften.[112] Von größter Wichtigkeit und im Vergleich

---

109 Arno Bammé/Eggert Holling/Anneke Malke, Faschistische Tendenzen in der Schule? Eine Fallstudie, in: Ästhetik und Kommunikation 9 (1978), S. 115-122; Hartmut Castner/Thilo Castner, Schuljugend und Neo-Faschismus — ein akutes Problem politischer Bildung, in: APuZG, B 44/1978, S. 31-46 (mit weiterführenden Literatur-Hinweisen); G. Wiesemüller, Unbewältigte Vergangenheit, überwältigende Gegenwart. Vorstellungen zur Zeitgeschichte bei Schülern des 9. Schuljahres verschiedener Schulformen, Stuttgart 1972.
110 Peter Dudek/Hans-Gerd Jaschke, Revolte von Rechts. Anatomie einer neuen Jugendpresse, Frankfurt a.M./New York 1981, 191 S. (Campus Verlag).
111 Zusammenfassend: Peter Dudek/Hans-Gerd Jaschke, Die ‚neue' rechtsextreme Jugendpresse in der Bundesrepublik Deutschland. Politische Hintergründe und gesellschaftliche Folgen, in: APuZG, B 43/1981, S. 21-35.
112 Eine allgemeine Analyse der Jugendpresse bieten: Manfred Knoche/Monika Lindgens/Michael Meissner, Jugendpresse in der Bundesrepublik Deutschland, Berlin 1979.

zu ähnlich gelagerten Publikationen besonders begrüßenswert ist hierbei, daß sich Dudek/Jaschke — wie auch schon im Rahmen der methodologischen Erörterungen — mit der neueren Literatur auseinandersetzen und dem Leser einen Begriff vom derzeitigen Stand der Forschung vermitteln.

Im eigentlichen analytischen Teil wird eine Reihe von Schülerzeitungen und Magazinen — ausgewertet wurden maximal ein Jahrgang, meist jedoch nur wenige Exemplare; Auszüge sind im Anhang abgedruckt — vorgestellt, deren ideologische Bandbreite die unerwartet weite Fächerung des rechtsextremen Spektrums widerspiegelt. Nichtsdestoweniger sollte betont werden, daß die Verbreitung derartiger Schriften an Schulen eher ein Ausnahmefall ist. Die Zeitschrift ,,Mut" versteht sich als Vorkämpferin für eine ,,nationaleuropäische Einheitsfront". Stattdessen werden rechtsextreme Ideologeme hinter der Fassade einer national-konservativen Diktion präsentiert. Jedoch nicht durchgängig: Die in ,,Mut" publizierten Beiträge sind auch in ihrer Grundhaltung durchaus heterogen. Zudem druckt die Redaktion in regelmäßigen Abständen Beiträge namhafter Publizisten und Wissenschaftler ab. Offenkundig treten Parallelen zu Argumentationsweisen hervor (die Beschwörung von Orwells ,,1984", ,,Überwachungsstaat", ,,dritter Weg" zwischen Kapitalismus und Kommunismus), wie sie auch in national-neutralistisch-pazifistischen Strömungen der Friedensbewegung oder in der neuen, vor allem aus originär linker Warte geführten Nationalismus-Diskussionen vertreten werden.[113]

Ähnlich, wenn auch in noch spärlicher Dosierung, verfahren die von den Autoren untersuchten NPD-nahen Jugendzeitschriften. Sie bieten sich dem jugendlichen Leser durch geschickte Themenauswahl und witzige Darbietungsweise in attraktiver Form dar und versuchen dadurch, die meist vorhandene Hemmschwelle angesichts rechtsextremer Schriften zu senken. Direkter knüpft hingegen die bundesweit verbreitete Zeitschrift der ,,Wiking-Jugend", ,,Gäck", an nationalsozialistische Traditionen an. Wegen ihrer relativ hohen Auflage (10.000 Exemplare) und profihaften Aufmachung dient ,,Gäck" nicht selten als Materialbasis und Vorbild für lokale ,,Rechts"-Blätter. Gemessen am intellektuellen Niveau und der ideologischen Ausrichtung lassen sich die abschließend behandelten Zeitschriften ,,Sol" und ,,Fragmente" nur schwer mit den Schülerzeitschriften

113 Vgl. dazu: Wilfried von Bredow, Friedensbewegung und Deutschlandpolitik. Herkömmliche und neuartige Aspekte einer Themenverbindung, in: APuZG B 46/1983, S. 34-46; Dan Diner, Die ,,nationale Frage" in der Friedensbewegung. Ursprünge und Tendenzen, in: Reiner Steinweg (Red.), Die neue Friedensbewegung. Analysen aus der Friedensforschung (= Friedensanalysen 16), Frankfurt a.M. 1982, S. 86-112.

vergleichen. Diese den „Nationalrevolutionären" nahestehenden Magazine wenden sich auch weniger an Schüler, sondern eher an „junge, politisch vorgebildete Intelligenz" (S. 96). Landläufigen Vorstellungsmustern entsprechende „rechtsextreme" Inhalte lassen sich hier nur in Anklängen finden — etwa in einer bestimmten Art der Auseinandersetzung mit der „Holocaust"-Serie; der Behauptung einer „Kriegsschuldlüge" („Fragmente"). Darüberhinaus dominieren jedoch Themen, die auch in sogenannten linken Kreisen „in" sind: Zivilisations- und Kulturkritik mit dem Schwerpunkt „Ökologiefrage" und der Propagierung eines „dritten Weges" zwischen Kapitalismus und Kommunismus. Zurecht weisen die Autoren daher auf die Unzulänglichkeit der gängigen Rechts-Links-Schablone und dokumentieren diesen Sachverhalt durch den Abdruck eines Interviews mit Henning Eichberg, der einst intellektueller Kopf der „Nationalrevolutionäre" war, sich heute jedoch auch in linken Zeitschriften produziert.[114]

Kritikwürdig ist in diesem Zusammenhang der mißverständliche Gebrauch von Begriffen — ein gravierendes Manko für die ansonsten wissenschaftlichen Standards genügende Arbeit. „Rechtsextremismus", „Rechtsradikalismus", „Faschismus" finden sich nebeneinander unabgegrenzt. Auf eine Definition des Begriffes „Rechtsextremismus" verzichten die Autoren sogar explizit (S. 36). Die damit in Kauf genommene begriffliche Unschärfe kann jedoch zu schwerwiegenden Mißverständnissen führen. Etwa wenn eine „Grauzone" zwischen rechtsextremen Gedanken und konservativen Ideen behauptet wird: „Ideologische und personelle Kontinuitäten zu konservativen Gruppierungen und Organisationen, zu Teilen der CSU und den Vertriebenenverbänden, sind nicht zu übersehen (S. 36). An dieser Stelle soll der *personelle* Brückenschlag zwischen rechtsextremer Szene und demokratischem Lager nicht geleugnet werden; er stellt das Problem sich als demokratisch verstehender Organisationen dar. „Ideologische" Zusammenhänge können von den Autoren aber nur aufgrund ihres unscharfen „Rechtsextremismus"-Begriffes behauptet werden. Denn die unüberbrückbare Scheidelinie verläuft zwischen monistischen Extremismen jeglicher Couleur und der pluralistischen Demokratie. Eine Formaldefinition von Rechtsextremismus mag schwierig sein; die (negative) Ab-

---

114 Dudek/Jaschke nennen die Zeitschriften „Ästhetik und Kommunikation", „päd. extra", „Dasda avanti", „Unter dem Pflaster liegt der Strand" (S. 170).

grenzung vom Demokratie-Begriff hätte hier jedoch Klarheit geschaffen.[115]

Im vierten Teil analysieren die Autoren die Wirkung der zur Untersuchung herangezogenen Zeitschriften auf Schüler. Wichtigste Ergebnisse sind das politische Desinteresse vieler Schüler und eine möglicherweise bestehende „Affinität zwischen rechtsextremer Ideologie und Schülerauffassungen" (S. 141). Politisches Desinteresse mit Staatsverdrossenheit gleichzusetzen, erscheint hingegen überzogen. Möglicherweise ist diese Haltung auch eine altersspezifische Erscheinung.

Wenn auch viele Lehrer den neonazistischen Aktivitäten ihrer Schüler nicht wirksam zu begegnen wissen, so stellt der von *Ekkehard Launer, Eckhart Pohl, Eckhard Stengel* dokumentierte Skandal[116] an einem niedersächsischen Gymnasium glücklicherweise ein Ausnahmefall dar. Der Schulleiter und ein Studienrat konnten an dieser Schule lange Zeit mehr oder weniger verdeckte Propaganda für rechtsextreme Ideen betreiben: „Der Schulleiter bringt seinen Gymnasiasten beispielsweise Blut- und Boden-Dichter aus dem Umfeld der Nazis nahe, unterstützt einen greisen NS-Architekten beim Abfassen seiner mit antisemitischen Ausfällen durchsetzten Memoiren für einen rechtsradikalen Verlag, liefert noch ein wortgewaltiges Vorwort dazu und glorifiziert in Rezensionen vergangenheitsseliger Militärbücher die Kriegstaten der Waffen-SS, bei der er selber mitgekämpft hat". Sein Kollege war dagegen „eher ein Mann der Praxis": Er verteilt geschichtsfälschende Schriften zur Judenvernichtung und läßt lange zu, daß einige ‚Zugvogel'-Pfadfinder alte SS-Lieder anstimmen. Kontakte zum rechtsextremen ‚Bund Heimattreuer Jugend' unterhalten und sogar bei der berüchtigten ‚Wehrsportgruppe Hoffmann' mitkämpfen" (S. 11).

Die Mehrheit der Hannoversch-Mündener Bürger wandte sich keinesfalls gegen diese Verführer ihrer Kinder, sondern leistete die in Honoratioren-Kreisen nicht selten praktizierte Deckung und Unterstützung. Engagierten Bürgern, die Gegenwehr leisteten, wurde

---

115 Scheuch definiert „Extremismus" als „Zurückweisung der Wertvorstellungen einer freiheitlichen und demokratischen politischen Ordnung": Erwin K. Scheuch, Politischer Extremismus (FN 5), S. 462. Vgl. auch: Uwe Backes/Eckhard Jesse, Demokratie und Extremismus. Anmerkungen zu einem antithetischen Begriffspaar, in: APuZG, B 44/1983, S. 3-18 sowie das Glossar des vorliegenden Bandes.
116 Ekkehard Launer/Eckhart Pohl/Eckhard Stengel (Hrsg.), Rechtsum zum Abitur oder: Wie braun dürfen Lehrer sein? Dokumentiert am Beispiel des Grotefend-Gymnasiums Hannoversch-Münden, 2. Aufl., Göttingen 1979, 191 S. (Steidl Verlag).

„Nestbeschmutzung" vorgeworfen. Erst ein Artikel der „Frankfurter Rundschau" vom 22. September 1978 erregte überregionales Aufsehen und führte zur vorläufigen Suspendierung der beiden Beschuldigten und zu einem förmlichen Disziplinarverfahren. Das Hin-und-Her der regionalen Presseberichterstattung, der Leserbriefe, Flugschriften und Schülerzeitungs-Artikel haben die Autoren mit Akribie zusammengestellt. Vermutlich übt das vorliegende dokumentarische Werk einen großen Reiz auf die Bürger Hannoversch-Mündens und auf Betroffene aus. Für den Beobachter aus der Ferne ist der hier wiedergegebene Fall ein Beispiel dafür, wie wenig sich viele Bürger mit dem Nationalsozialismus auseinandergesetzt haben. Nur so ist ihr Verhalten erklärbar. Die Vorfälle bieten allerdings noch keinen Anlaß zu larmoyanter Untergangsstimmung, wie sie Fritz Sänger im Vorwort intoniert: „Wir haben wohl nichts gelernt; wir werden wohl den Weg in den Abgrund endgültig gehen müssen" (S. 8).

Grund zur Hoffnung nicht nur für Hannoversch-Münden ist die Absage eines verführten Jugendlichen an seine neonazistische Vergangenheit. *Gerald Wagener*[117] fand den Weg aus der Sackgasse, weil er auf Menschen traf, die trotz seiner Gesinnung bereit und in der Lage waren, sich mit dem ehemaligen Sportgymnasiasten auseinanderzusetzen und ihn über das Wesen des Nationalsozialismus glaubhaft und kompetent aufzuklären. So zeigt sich einmal mehr, daß Stigmatisierung die falsche Antwort auf neonazistische Umtriebe ist. Der Bericht Wageners macht anschaulich, wie Jugendliche Jahrzehnte nach dem Ende des „Tausendjährigen Reiches" noch im Zeichen des menschenverachtenden Nationalsozialismus tätig werden können.[118] Es genügen: eine Portion juveniler Kompromißlosigkeit und Aufsässigkeit, die Suche nach Gemeinschaftserlebnissen und Kameradschaft, die Verführungskunst Ewiggestriger und eine Bevölkerung, die zu beachtlichen Teilen die nationalsozialistische Vergangenheit nur sehr unzureichend „aufgearbeitet" hat. Und schon kann der steile Aufstieg einer rechtsextremen

---

117 Gerald Wagener, Ein rechtsradikaler Jugendlicher berichtet: „ . . . Ich heiße Gerald Wagener . . . ", Vorwort von Horst Richter, Berlin 1981, 94 S. (dvk-Verlag).
118 Siehe dazu: Eckhard Stengel, Die „tollen Kerle, die bei Hoffmann waren". Ein rechtsradikaler Jugendlicher schildert seine „Karriere" bei den Neonazis und warum er doch wieder ausgestiegen ist, in: Vorwärts v. 4. März 1982, S. 16 f.; in modifizierter Form bereits abgedruckt in: b : e 14 (1981), H. 11, S. 80-85. Zum Vergleich siehe auch folgenden Erlebnisbericht: Giovanni di Lorenzo, „Richtig ein kalter Schauer". Ein rechter Terrorist erzählt seine Karriere, in: Die Zeit v. 11. Juni 1982, S. 9-11.

Karriere beginnen — bei Wagener mit der „Pfadfinder-Jugendschaft Zugvogel". Bald werden Kontakte zum „Bund Heimattreuer Jugend" geknüpft, eine Station auf dem Weg zu militanten Neonazi-Umtrieben. Gerald Wagener nimmt an Manövern der „Wehrsportgruppe Hoffmann" teil, später bedroht er einen Kommunisten mit einer Pistole, verteilt neonazistische Flugblätter, beteiligt sich an rechtsextremen Demonstationen und liefert sich Gefechte mit Gegendemonstranten. Nach den Angaben Wageners stand ihm der Studienrat des Hannoversch-Mündener Grotefend-Gymnasiums sowohl beim Einstieg in die „Szene" als auch bei seinem weiteren Werdegang mit Rat und Tat zur Seite. Er versorgte den Schüler mit einschlägigem Propagandamaterial, begleitete ihn zum Lager des „Bundes Heimattreuer Jugend" und kommentierte seine Radikalisierung wohlwollend.

Die Vorfälle von Hannoversch-Münden machen deutlich, wie wichtig es ist, daß Lehrer überzeugte Demokraten sind. Weder von Rechtsextremisten noch von Kommunisten wird man erwarten können, daß sie ihre Schüler im Geiste freiheitlicher Demokratie belehren. „Antifaschistische" Jugendarbeit ist daher ebenso wichtig wie „antikommunistische". Diese Erkenntnis soll nicht der Huldigung irgendeiner pauschalen Totalitarismustheorie dienen, sie entspricht vielmehr den historischen Erfahrungen, die mit den Herrschaftssystemen des Nationalsozialismus und des Kommunismus gemacht wurden.[119] Es ist daher völlig unverständlich, weshalb sich die „Antifaschismus"-Vokabel bis in linksliberale Kreise hinein allergrößter Beliebtheit erfreut, während der Gebrauch des Begriffes „Antikommunismus" als Ausweis zumindest „autoritärer" Gesinnung gilt. Beide Begriffe erzeugen semantische Disharmonien in den Ohren liberaler Demokraten — „Antifaschismus" wird von Kommunisten unterschiedlicher Couleur zur mißbilligenden Bezeichnung „Andersgläubiger" verwendet, „Antikommunismus" erinnert an die gefährlichen Fronten des Kalten Krieges —; wer jejedoch das eine Wort benutzt, kann das andere schwerlich verschmähen.

### Die „Neue Rechte"

„Neue Rechte" war seit Mitte der 60er Jahre die Selbsttitulierung nationalistisch gesonnener, insbesondere studentischer Diskussionszirkel, die sich mit dieser Formel vom herkömmlichen bundesdeutschen Rechtsextremismus einschließlich der NPD abzugrenzen suchten.[120] Ihre Suggestivität erhielt die Bezeichnung jedoch vor

---

119 Zur Totalitarismusdiskussion vgl. S. 47-102 dieser Arbeit.
120 Vgl. Pröhuber (FN 127), S. 6.

allem als ideologisches Gegenstück zur „Neuen Linken", deren Organisationsformen und politische Inhalte vorbildhaft wirkten: Nicht allein die Bildung dezentraler Basis- und Aktionsgruppen, sondern auch der Kampf gegen das „Establishment", das „Bürgertum", den „Kapitalismus", die hochtechnisierte „Konsumgesellschaft" mit ihren Begleiterscheinungen wie Materialismus, „geistige Verarmung", Manipulation", „Fachidiotentum" etc., waren „Neuen Linken" wie „Rechten" gemeinsam[121].

In dieser Form existiert die damalige „Neue Rechte" heute nicht mehr. Sie durchlief seither in der ihr eigenen Unstetigkeit und Wandlungsfreude zahlreiche Phasen, die hier nur in ihrer Hauptrichtung skizziert werden können. 1972 kam es zu einem Versuch überregionaler Organisation in der Gründung der „Aktion Neue Rechte" (ANR) unter der Regie des ehemaligen bayerischen NPD-Landesvorsitzenden Dr. Siegfried Pöhlmann. Die „nationalrevolutionäre" „Fraktion" der ansonsten aus radikalen „Nationalkonservativen" und „Hitleristen"[122] zusammengesetzten ANR versuchte, die Führung der Organisation zu übernehmen, scheiterte jedoch bei diesem Manöver und zog sich aus der Vereinigung zurück. Am 2./3. März 1972 fand in Würzburg die provisorische Gründung einer „Nationalrevolutionären Aufbauorganisation" (NRAO) statt, die sich jedoch nie konsolidierte. Denn die Spannungen zwischen „sozialistischem" und „solidaristischem" Flügel der NRAO waren so groß, daß es im Laufe des Jahres 1974 zu getrennten Organisationsbildungen kam: in Aschaffenburg zur „Solidaristischen Volksbewegung" (SVB) und in Frankenberg/Eder zur „Sache des Volkes/Nationalrevolutionäre Aufbauorganisation" (SdV/NRAO).[123]

Dem fast allgemein zu formulierenden Gesetz folgend, wonach mit dem Grad des ideologischen Dogmatismus auch die Neigung zum Sektierertum wächst, stellte sich in der folgenden Zeit eine zunehmende organisatorische Zersplitterung ein. Während sich große

---

121 Vgl. Günter Bartsch, Revolution von rechts? Ideologie und Organisation der Neuen Rechten, Freiburg i. Br. 1975, S. 13.
122 Der Begriff „Hitleristen" wurde von Bartsch übernommen und bezeichnet eine Gruppierung der „Neuen Rechten", die „pauschal beim Nationalsozialismus und speziell bei Hitler" anknüpfte. Ebd., S. 150. „Hitleristen" soll somit nichts über die wirkliche Bedeutung Hitlers für die nationalsozialistische Bewegung und das System des „Dritten Reiches" aussagen. Vgl. hierzu die Beiträge von Klaus Hildebrand und Hans Mommsen zum Thema „Nationalsozialismus oder Hitlerismus", in: Michael Bosch (Hrsg.), Persönlichkeit und Struktur in der Geschichte. Historische Bestandsaufnahme und didaktische Implikationen, Düsseldorf 1977, S. 55-61 und 62-71.
123 Bartsch (FN 121), S. 154-176.

Teile der einstigen „Neuen Rechten" von spezifisch rechtsextremem Gedankengut wie biologistischen Volks- und Rassenlehren und ausländerfeindlichen Parolen (zumindest verbal) distanzierten, entwickelten andere Gruppierungen eine wachsende Bereitschaft zur Zusammenarbeit mit neonazistischen Aktionsgruppen.[124]

Die einstige „Neue Rechte", die ein großes Geschick entfaltete, rechtsextreme Gedankeninhalte in „progressiv" oder „links" klingende Parolen umzumünzen, darüberhinaus aber die Schützenhilfe der „Alten" Rechten nicht verschmähte, existiert heute also nicht mehr. Auch als Selbstbezeichnung wird diese Formel nicht mehr verwendet. Dennoch scheint der Name „Neue Rechte" zur Bezeichnung des ideologisch versierteren und beweglicheren Teils des bundesdeutschen Rechtsextremismus geeignet zu sein. Sowohl was die soziologische Struktur der Anhängerschaft (Studenten, Akademiker) und die Organisationsform (Basis- und Aktionsgruppen) betrifft als auch bezüglich ihrer weltanschaulichen Positionen und der Form ihrer Aktivitäten (ideologische Schulung, intellektuelle Diskussionszirkel, Mitarbeit in Bürgerinitiativen) läßt sich die „Neue Rechte" von jugendlichen Neonazigruppen oder sich „nationaldemokratisch" bzw. „national-freiheitlich" gebenden Organisationen (NPD, DVU und Nebenorganisationen) abgrenzen.

Trotz zahlreicher existierender Splittergruppen und ideologischer Varianten scheint man den Organisationen der „Neuen Rechten" auf offizieller Seite heute keine Beachtung mehr zu schenken. Bis 1977 enthielten die Verfassungsschutzberichte des Bundesministeriums des Innern die Rubrik „Neue Rechte", die auf sinkende

---

124 Vgl. ebd., S. 151-153; Richard Stöss, Väter und Enkel: Alter und Neuer Nationalismus in der Bundesrepublik, in: Ästhetik und Kommunikation 9 (1978), S. 35-57, 45, 52-54; Jan Peters, Rechtsextremisten unterwandern Ökologieszene, in: Neofaschismus (FN 22), S. 126-138, 130-134; Hartmut Herb (FN 26), S. 15 f. — Die SVB hat sich 1980 in „Bund Deutscher Solidaristen" (BDS) umbenannt. Die Zeitschrift „Sol" wurde mit der Ausgabe 7 (1980), Nr. 4 eingestellt. Die Solidaristen schreiben seit 1981 im ehemaligen Organ der NRAO/SdV „Neue Zeit" (NZ). In einem Brief des BDS an den Verfasser (vom 6. Dezember 1981) heißt es: „Die Solidaristen selbst bereiten sich jetzt als kleine Kaderorganisation auf ein selbständiges Rollenspiel vor, nachdem sie zumeist in grünen Organisationen an der politischen Willensbildung mitgearbeitet haben. Dieses neue Rollenspiel hat dazu geführt, daß die der nationalrevolutionären Tradition entsprungenen Bünde nun zusammenarbeiten und in der Neuen Zeit ihr gemeinsames Organ sehen". Es bleibt abzuwarten, welche Konsequenzen dieses „neue Rollenspiel" auf Bündnispolitik und Programmatik des BDS haben wird. Vgl. auch Sol 7 (1980), Nr. 4, S. 3 und 10-13.

Mitgliederzahlen hinwies (1977: 200).[125] In den Berichten 1978-1983 fehlen diesbezügliche Angaben. In der Literatur hat diese an Organisationen und Quantitäten festgemachte Arbeitsweise jedoch glücklicherweise nicht Schule gemacht. Bereits 1975 hatte der Historiker Günter Bartsch sein ausführliches, schwerpunktmäßig deskriptives Werk über „Revolution von rechts? Ideologie und Organisation der Neuen Rechten" veröffentlicht,[126] das Sympathien gegenüber nationalrevolutionären Zukunftsentwürfen nicht verbergen kann. Aus der Perspektive eines „Basisdemokratischen Sozialisten"[127] knüpft *Karl-Heinz Pröhuber* in einer neuen Untersuchung an die Arbeit Bartschs an. Der Autor konzentriert sich dabei zum einen auf die neueste Entwicklung, etwa seit 1974, zum anderen auf die „nationalrevolutionäre" Richtung der „Neuen Rechten". Im ersten Teil der Abhandlung skizziert Pröhuber die Entwicklung bis 1980. Weltanschaulich sieht er im Gegensatz zu Bartsch wichtige Vorläufer der „Neuen Rechten" in jenen Gruppierungen des Weimarer Polit-Spektrums, die im allgemeinen als „Konservative Revolution" firmieren. Armin Mohlers grundlegendas Werk zählt neben „Völkischen", „Jungkonservativen", „Bündischen", „Landvolkbewegung" auch die „Nationalrevolutionäre" zu dieser Richtung.[128] Im zweiten Teil beschäftigt sich der Autor mit den Organisationen der SVB und der SdV/NRAO. Der am umfänglichsten ausgefallene dritte Teil erschließt dem Leser schließlich die Programmatik dieser Organisationen.

125 Mitgliederentwicklung der „Neuen Rechten" nach den Verfassungsschutzberichten des Bundesministeriums des Innern:

|               | 1973 | 1974 | 1975  | 1976  | 1977 |
|---------------|------|------|-------|-------|------|
| Bericht 1975: | 900  | 800  | 700   | –     | –    |
| Bericht 1976: | –    | 800  | 700   | 400   | –    |
| Bericht 1976: | –    | –    | 800*  | 600*  | 200  |

* Die Abweichungen machen die Kalkulationsbreite der Redaktion deutlich.

126 Bartsch (FN 121).
127 Karl-Heinz Pröhuber, Die Nationalrevolutionäre Bewegung in Westdeutschland, Hamburg 1980, 228 S. (Verlag Deutsch-Europäischer Studien).
128 Armin Mohler, Die Konservative Revolution in Deutschland 1881-1932. Ein Handbuch, 2. völlig neu bearb. und erw. Aufl., Darmstadt 1972. Vgl. auch: Martin Greiffenhagen, Das Dilemma des Konservatismus in Deutschland, München 1971, S. 241-256 mit zahlreichen Literatur-Hinweisen.

Pröhuber behandelt die Programmatik der „Nationalrevolutionäre" in einigen Punkten viel zu unkritisch und verkennt die Gefahrenmomente nationalrevolutionärer Forderungen, mit denen er offenkundig sympathisiert.[129] Bereits das Titelwort „Bewegung" suggeriert Tatsachen, von denen nicht die Rede sein kann. Selbst wenn man für die Zeit seit 1978 wieder ansteigende Mitgliederzahlen unterstellt[130] und auch das Sympathisantenfeld berücksichtigt, kann von einer „Bewegung", die Massenmobilisation erfordert, nicht gesprochen werden. Durch Pröhubers Darstellung zieht sich die These, die „nationalrevolutionären" Gruppen SVB und SdV/NRAO hätten mit ihrer Vergangenheit gebrochen und seien nach Selbst- und allgemeinem Verständnis heute basisdemokratische Organisationen. Entgegen dem biologischen Determinismus der Jahre bis 1974 werde die „Verabsolutierung ethnologischer Aussagen . . . heute . . . strikt verneint" (S. 56). An die Stelle des Ethnozentrismus sei der „Ethnopluralismus" getreten. Zudem verstünde sich heute „durchaus der größte Teil der sozialistischen Nationalrevolutionäre als Radikaldemokraten, wobei die Demokratie als Eckpfeiler nationalrevolutionärer Theorie bezeichnet wird" (S. 185). Es macht bereits stutzig, daß sich nur der „größte Teil" der „sozialistischen Nationalrevolutionäre" (SdV/NRAO) zu „rätedemokratischen" Konzepten bekennt — offenbar ist man sich in diesen Fragen noch nicht völlig einig; zudem macht Pröhuber keine Angaben über die Haltung der SVB zur Demokratie. Weitere programmatische Aussagen der „Nationalrevolutionäre" verdeutlichen jedoch die latenten Gefahrenquellen. USA und UdSSR werden als „imperialistische Mächte" bezeichnet, die Deutschland gespalten und besetzt halten. Im Solidaristischen Manifest heißt es daher:
„— Überwindung der Fremdbestimmung durch Abzug der Besatzungstruppen aus Deutschland und Europa — Kampf allen imperialistischen Erfüllungsgehilfen in Politik, Wirtschaft und Kultur, die die Spaltung der deutschen Nation verewigen wollen" (S. 85).

Der propagierte „Befreiungsnationalismus" ist folglich nichts anderes als der Aufruf zur nationalen Revolution, zur Beseitigung der „Besatzungsherrschaft", zum bewaffneten Kampf! Subtiler zeigt sich das monistische Denken der „Nationalrevolutionäre" in

---

129 Dudek/Jaschke (FN 110) rechnen Pröhuber den „Nationalrevolutionären" zu. Vgl. ebd., S. 97.
130 Pröhuber beruft sich dabei auf „Werner Schlett für das Zentralsekretariat des SVB in einem Brief vom 10.3.1979 an den Autor" (S. 32). Als Zahl nennt Pröhuber 400 und beruft sich dabei auf Richard Stöss, der sich — was Pröhuber nicht sagt — auf den Verfassungsschutzbericht 1976 bezieht. Diese Quelle nennt für das Jahr 1977 noch lediglich 200 Mitglieder.

folgenden Passagen: ,,Aufgabe dieses ,Dritten Weges' wäre es nach Beurteilung der Solidaristen, daß vom liberalkapitalistischen System allen ,existentiell-kollektiven Pflichten losgelöste Individuum' durch eine langfristig aber nicht zu umgehende kulturrevolutionäre Veränderung des Bewußtseins nicht nur die Negativität gruppenegoistischer materialistischer Positionen aufzuzeigen, sondern darüber hinaus die ,Notwendigkeit ganzheitlichen Denkens und Handelns darzustellen" (S. 130). Der hier zur Geltung kommende rationalistische Glaube an die objektive Bestimmbarkeit des Gemeinwohls lieferte totalitären Regimen jeglicher Couleur eine Legitimationsgrundlage. Dieses vulgärrousseauistisch-rationalistische Potential hat nicht zuletzt in der Parteidefinition Lenins und Carl Schmitts vernichtender Parlamentarismus- und Pluralismuskritik seinen Niederschlag gefunden.[131] Diskussionswürdig ist daher wohl nicht die Frage, ob es sich bei den ,,Nationalrevolutionären" um Extremisten handele oder nicht; vielmehr wirft die Programmatik dieser Gruppen das Problem der Spezifika rechts- bzw. linksextremen Denkens auf.

Was der Wohlklang schönfärberischer Formeln verdeckt, enthüllt vielleicht die Bündnispolitik der ,,Neuen Rechten", die in einem von *Jan Peters* herausgegebenen Sammelband zur Sprache kommt.[132] Die Vorderseite der überwiegend ,,Dokumente und Programme der grünbraunen Reaktionäre" zur Schau stellenden ,,antifaschistischen" Kollektion ziert ein ökologisch beschildertes trojanisches Pferd, dem in dreifacher Ausführung ein kleiner Hitler entsteigt. Das Verhältnis der heutigen ökologisch geprägten Jugendszene zum Rechtsextremismus stellt der Band mittels knapp gefaßter Beiträge — übrigens durchweg aus einer dezidiert linken Warte — in seinen historischen Bezügen und aktuellen Problemen dar. Gerade die Vielgestaltigkeit der Sammlung, die keineswegs in Buntscheckigkeit ausartet, verleiht ihr wesentliche Reize. *Michael Hepp* und *Arno Klönne* analysieren zunächst Ideologie, Programmatik und soziale Basis des Nationalsozialismus. Die Beiträge von *Shannee Marks, H.C. Schulz, Dietrich Schulze-Marmelig* und *Ernst Bloch* erhellen die ideologischen Wurzeln der heutigen ,,Neuen Rechten" in der Ideenwelt der ,,Konservativen Revolution"

---

131 Vgl. Jacob L. Talmon, The Origins of Totalitarian Democracy (1951), New York 1970; Ernst Fraenkel, Der Pluralismus als Strukturelement der freiheitlich-rechtsstaatlichen Demokratie, in: Ders., Deutschland und die westlichen Demokratien, 7. Aufl., Stuttgart/Berlin/Köln/Mainz 1979, S. 197-221.
132 Jan Peters (Hrsg.), Nationaler ,,Sozialismus" von rechts, Berlin 1980, 269 S. (Verlag Klaus Guhl).

und der „Jugendbewegung" der ersten drei Jahrzehnte dieses Jahrhunderts. Abgerundet wird die Sammlung durch eine Reihe kleinerer — mit Ausnahme des Aufsatzes von *Reinhard Strecker* über den „Nürnberger Kriegsverbrecherprozeß im Jahre 1945 und seiner ‚Folgen'" — Beiträge von *Jean-Michel Berthoud, Marco Diani*, Arno Klönne, *Erich Fried*, H. C. Schulz und Jan Peters, die das Problemfeld in den Rahmen allgemeiner Überlegungen zur Ideologie des „neuen Faschismus" und der sich daraus ergebenden Herausforderungen und Gegenstrategien stellen.

Nach den Ausführungen *Richard Stöss'* über „Konservative Aspekte in der Ökologiebewegung" wirft der Beitrag H.C. Schulz' und Dietrich Schulze-Marmeligs die Frage nach den ideologischen Zielsetzungen der „Neuen Rechten", insbesondere der Ökologie- und Alternativszene, auf. Dabei ist von besonderem Interesse, welche Bedeutung man programmatischen Aussagen beimessen soll, die sich von „klassischen" Inhalten rechtsextremer Ideologien absetzen. Denn weder eine feindselige Haltung gegenüber Fremdgruppen (Juden, Neger, Kommunisten, Ausländer) als Folgeerscheinung eines übersteigerten Nationalismus noch eine liberalistische Wirtschaftskonzeption zeichnet die Programmatik der „Neuen Rechten" aus.[133] Insofern machen es sich Schulz/Schulze-Marmelig etwas zu einfach, wenn sie das Konzept „Ethnopluralismus" mit Apartheit gleichsetzen (S. 49). Denn die Autoren müssen im gleichen Atemzug eingestehen, daß sich nationalrevolutionäre Programmatik in vielen Punkten hergebrachten Rechts-Links-Dimensionen entzieht — ähnliche Einordnungsprobleme sind ja etwa bereits für die Nationalbolschewisten der Weimarer Zeit hinreichend bekannt.[134] Daß sich die Attraktivität „nationalrevolutionärer" Gruppen für „linke" Gruppierungen erhöht, wie Schulz/Schulze-Marmelig berichten, erstaunt daher nicht allzu sehr. Ohne daß an dieser Stelle das Problem hinreichend geklärt werden kann, welcher extremistischen Spielart die „Neue Rechte" am ehesten zuzuordnen ist — abgesehen davon, daß die ideologische Zersplitterung ein Gesamturteil erschwert bzw. unmöglich macht und die Programme die Frage nach „Dichtung und Wahrheit" aufwerfen —,

133 In seinem Versuch, eine „Theorie des Rechtsradikalismus" in Unabhängigkeit von konkreten historischen Erscheinungsformen zu entwickeln, nennt Erwin K. Scheuch u.a. diese beiden Merkmale als typisch für „rechtsradikales" Denken: Scheuch (FN 39), S. 13.

134 Dazu etwa: Otto-Ernst Schüddekopf, Linke Leute von rechts. Die national-revolutionären Minderheiten und der Kommunismus in der Weimarer Republik, Stuttgart 1960; in gekürzter Fassung: Ders., Nationalbolschewismus in Deutschland 1918-1933, Frankfurt a.M. 1972. Jetzt lesenswert: Karl O. Paetel, Reise ohne Uhrzeit. Autobiographie, London/ Worms 1982.

deutet dennoch einiges auf eine größere Affinität zum Rechtsextremismus hin. Rechter Verschwörungsterminologie entspricht etwa folgendes Zitat:,, Wer denkt da nicht an den amerikanischen Spielfilm ‚Holocaust', der gezielt zur Bewußtseinsveränderung unseres Volkes eingesetzt wurde, weil die Mechanismen der Umerziehung in breiten Teilen der westdeutschen Bevölkerung schon aus Altersgründen anfingen zu versagen und die politisch erwünschten Schuldgefühle zur Erpreßbarkeit nicht mehr gesichert schienen."[135] Die programmatischen Konsequenzen, die eine solche, durch krassen Wirklichkeitsverlust gekennzeichnete Geschichtsinterpretation nach sich zieht, sind bereits beschrieben worden. Als weiteres Indiz kann die Bündnispolitik der „Nationalrevolutionäre" dienen, die ein Beitrag Jan Peters beleuchtet.

Zuzustimmen ist ihm, wenn er auf die Gefahren einer „rechten" Strategie zur Erlangung politischer Salonfähigkeit hinweist; zumal sich die unterschiedlichsten Gruppierungen der rechtsextremen Szene in grüner Ummäntelung zeigen. Bündnisse der Grünen mit nationalrevolutionären Splittergruppen stehen jedoch schon deshalb nicht zur Debatte, weil deren Einfluß und Mitgliederzahl sehr gering ist. Was die „Nationalrevolutionäre" betrifft, so legen sie trotz verstärkter Abgrenzungs-Propaganda eine ungetrübte Paktierfreude gegenüber „rechten" Organisationen an den Tag. Jan Peters nennt in diesem Zusammenhang die wegen ihrer Verbindungen zur neonazistischen VSBD/PdA einschlägig bekannt gewordene „Volkssozialistische Deutsche Partei" (VSDP) und die „Aktionsgemeinschaft Unabhängiger Deutscher" (AUD).[136]

## Charakteristika der neuen Rechtsextremismus-Literatur

Die Fülle der Neuerscheinungen zum Rechtsextremismus weist eine Reihe von Gemeinsamkeiten hinsichtlich Themenwahl, For-

---

135 Fragmente, 56, Juni 1979, S. 13. Zitiert nach: Dudek/Jaschke (FN 110), S. 104. Vgl. dort auch S. 102-108.
136 Richard Stöss streift in seiner Dissertation über die AUD auch die Beziehungen dieser heute primär mit ökologischen Zielsetzungen agierenden Partei zu rechtsextremen Organisationen, insbesondere der „Neuen Rechten": Richard Stöss, Vom Nationalismus zum Umweltschutz. Die Deutsche Gemeinschaft/Aktionsgemeinschaft Unabhängiger Deutscher im Parteiensystem der Bundesrepublik, Opladen 1980, S. 240 und 262. Siehe auch ders., Die Aktionsgemeinschaft Unabhängiger Deutscher, in: Ders. (Hrsg.), Parteien-Handbuch. Die Parteien der Bundesrepublik Deutschland (1945-1980), Bd. 1, Opladen 1983, S. 310-335.

schungsstand, Qualität und politischer Perspektiven auf:
1. Die Themenwahl trägt naturgemäß der neuesten Entwicklungstendenz des Rechtsextremismus in der Bundesrepublik Rechnung. Rechtsextreme Jugendorganisationen und jugendliche Neonazigruppen stehen im Mittelpunkt des Interesses. Nähere Beachtung fanden auch rechtsextreme Jugendzeitschriften, die teils nur an einzelnen Schulen verbreitet werden, teils aber auch bereits ein überregionales Vertriebsnetz aufgebaut haben. Darüberhinaus existieren entsprechende Buchdienste. Rechtsextreme Einschläge sind auch in der Punk/Rock-Szene nachgewiesen worden.[137] Generell mangelt es den meisten Analysen an einer längerfristigen historischen Perspektive. Dies ist ein wichtiger Grund, weshalb Art und Umfang der rechtsextremen Aktivitäten häufig falsch eingeschätzt werden. Rechtsextremismus von Jugendlichen ist ein Phänomen, das mit unterschiedlicher Ausprägung die Geschichte der Bundesrepublik begleitet hat.[138] Wer Rechtsextremismus also lediglich als ein „biologisches" Problem begriff, das sich mit dem Aussterben der alten Nazis von selbst lösen würde, hatte nicht zuletzt übersehen, daß Rechtsextremismus auch unabhängig vom historischen Nationalsozialismus in westlichen Industriegesellschaften lokalisierbar ist.[139] Hinsichtlich der Themenauswahl bleibt ein zweites Manko festzustellen: Neben steigenden Zahlen jugendlicher Neonazis (zumindest bis 1981) hatten auch die „national-freiheitlichen" Organisationen des Dr. Gerhard Frey seit einigen Jahren zum Teil einen rapiden Mitgliederzuwachs zu verzeichnen.[140] Dennoch ist diesen Vereinigungen bisher entsprechende Aufmerksamkeit noch nicht zuteil geworden. Es wäre lohnend, die Wechselwirkungen zwischen einer in Jahren herangewachsenen rechtsextremen Subkultur und jugendlichen Neonazis am Beispiel der „national-freiheitlichen" Organisationen zu untersuchen.

137 Vgl. Bernd Leukert (Hrsg.), Thema: Rock gegen Rechts. Musik als politisches Instrument, Frankfurt a.M. 1980; Wolfgang W. Weiß, Musik ist mehr als nur Musik. Ergebnisse einer Untersuchung über Jugendkultur und Musik, in: Hans-Georg Wehling (Red.), Jugend, Jugendprobleme, Jugendprotest, Stuttgart/Berlin/Köln/Mainz 1982, S. 84-100.
138 Vgl. Dudek/Jaschke (FN 73), S. 53-81. Für den Bereich der Hochschule aus DDR-Sicht: Ludwig Elm, Hochschule und Neofaschismus. Zeitgeschichtliche Studien zur Hochschulpolitik in der BRD, Berlin (Ost) 1972.
139 Vgl. insbesondere Scheuch (FN 39); Herz (FN 20).
140 Im VSB 1980 heißt es: „Auf diese Weise und durch weitere Neuzugänge erreichte die DVU eine Stärke von über 10000 Personen, gegenüber 1979 – die ‚National-freiheitlichen' Organisationen zählten etwas über 6000 Personen – fast eine Verdoppelung" (S. 34).

2. Hinsichtlich des Forschungsstandes fällt auf: Zwischen den zahlreichen Abhandlungen journalistisch-deskriptiven sowie inhaltsanalytischen Charakters einerseits und relativ weit entwickelten theoretischen und methodisch-methodologischen Erörterungen andererseits klafft eine Lücke. Es fehlen bisher noch empirische Untersuchungen, die das gewonnene Instrumentarium fruchtbar machen. Dies gilt etwa für eine systematische Analyse der Sozialisation jugendlicher Neonazis.[141] Ebenfalls „unterbelichtet" sind die Strukturen und Entwicklungsbedingungen komplexer Organisationsformen — ein politologisches Forschungs-Instrumentarium steht hier in Gestalt der Kleinparteien-Forschung zur Verfügung.[142] Das von Dudek/Jaschke vorgeschlagene Subkultur-Konzept verspricht ebenfalls neue Ergebnisse.[143] Inhaltsanalytischen Methoden wäre es zudem aufgetragen, ideologische Entwicklungsprozesse in Beziehung zur traditionellen Rechts-Links-Achse zu setzen[144]; in diesem Zusammenhang gehört auch die für weitere Entwicklungen sicherlich bedeutsame Frage, inwieweit „progressives" Gedankengut etwa „national-revolutionärer" Gruppierungen Eingang in die Ideenwelt neonazistischer Bünde finden und zu einer gefährlichen Aktualisierung ihrer Konzepte führen kann.[145]

3. Der Mangel an Untersuchungen mit Langzeitperspektiven resultiert aber auch aus einer für die Extremismusforschung charakteristischen Diskontinuität. Wichtige Ansatzpunkte der die Erfolgsjahre der NPD begleitenden wissenschaftlichen Untersuchungen hat die neue Rechtsextremismus-Diskussion vielfach nicht mehr aufgegriffen. So blieb die von Erwin K. Scheuch entwickelte Theorie des Rechtsextremismus als eine „,normale' Pathologie von freiheitlichen Industriegesellschaften"[146] fragmentarisch; sozialstrukturelle Untersuchungen zur NPD-Mitgliedschaft sind nicht weiterverfolgt worden.[147] Vergleichende Arbeiten stellen die große Ausnahme dar.[148] Die vorliegenden Studien über rechtsextreme Subkulturen in anderen Ländern sind keine echten komparatistischen Darstel-

---

141 Vgl. allerdings FN 98. Zur Forschung allgemein: Sozialwissenschaftliches Forschungsinstitut der Konrad-Adenauer-Stiftung, Rechtsextremismus-Forschungsbericht, 2 Teile, hekt. Manuskript, Bonn—Bad Godesberg 1974.
142 Vgl. Rowold (FN 10); Stöss (Hrsg.), Parteien-Handbuch (FN 136).
143 Vgl. Dudek/Jaschke (FN 73), S. 42-52.
144 Dazu grundsätzlich: Jürgen Ritsert, Inhaltsanalyse und Ideologiekritik. Ein Versuch über kritische Sozialforschung, Frankfurt a.M. 1972.
145 Dies gilt gleichermaßen für soziobiologische Ideologeme (siehe FN 96).
146 Scheuch (FN 39), S. 13.
147 Vgl. beispielsweise: Kühnl (FN 17).
148 Vgl. Herz (FN 20).

lungen; die einzelnen Phänomene werden lediglich nebeneinandergestellt. Perspektivische Verengungen resultieren daraus.

4. Arbeiten über die Ursachen des Rechtsextremismus sind teils spekulativ, teil rudimentär, elaborierte Konzepte aus anderen Bereichen der Extremismusforschung (Devianz, Deprivation, Wertewandel, Interaktionismus) vielfach unbeachtet geblieben.[149] Die bisher verwendeten Ansätze, unterschiedlichen Perspektiven und Disziplinen verpflichtet, nehmen vielfach kaum aufeinander Bezug. Ein systematisches Forschungskonzept, das unterschiedliche Näherungsweisen integriert, ist weiterhin Desiderat. Bereits das Nebeneinander verschiedenartiger Ansätze wirft Fragen auf: Ist Rechtsextremismus unter Jugendlichen lediglich als „vorpolitischer Protest" zu begreifen, oder spielen auch politisch-weltanschauliche und/oder religionsähnliche Bindungen eine Rolle? Wie können sozialpsychologische Konzepte der Vorurteils-/Antisemitismus-/Autoritarismusforschung[150] mit soziologischen Ansätzen vereinbart werden?[151] In welcher Beziehung zueinander stehen Subkultur- und Protestpotential-Ansatz? Inwieweit sind Interaktionen zwischen rechtsextremer Szene und Öffentlichkeit/Sicherheitskräften wirksam? Derartige Fragen können zu einer Koordination, Systematisierung, Integration, Verifikation und Falsifikation unterschiedlicher Konzepte beitragen. Ein Pluralismus der Methoden und Perspektiven ist dabei jedoch nicht nur unvermeidlich, sondern auch nützlich und wünschenswert.

5. Die Qualität des neuen Rechtsextremismus-Schrifttums weist eine beachtliche Bandbreite auf. Sie hängt davon ab, wie stark politische Motivationen in die Darstellung einfließen und möglicherweise wissenschaftliche Erkenntnisinteressen überlagern. So stehen neben einer stattlichen Anzahl (nicht nur) marxistischer Pamphletprodukte – seltener – differenzierte Analysen. Insbesondere die

---

149 Vgl. etwa: Susanne Karstedt-Henke, Soziale Bewegung und Terrorismus: Alltagstheorien und sozialwissenschaftliche Ansätze zur Erklärung des Terrorismus, in: Erhard Blankenburg (Hrsg.), Politik und innere Sicherheit, Frankfurt a.M. 1980, S. 169-234; Politischer Protest in der Sozialwissenschaftlichen Literatur. Eine Arbeit der Infratest Wirtschaftsforschung GmbH, Stuttgart/Berlin/Köln/Mainz 1978.
150 Vgl. folgende Beiträge: Wolfgang Gessenharter, Autoritarismus; Hans Albrecht Hartmann, Dogmatismus; Ekkehart Lippert/Roland Wakenhut, Ethnozentrismus; Bernd Six, Vorurteil, in: Ekkehart Lippert/Roland Wakenhut (Hrsg.), Handwörterbuch der Politischen Psychologie (= Studienbücher zur Sozialwissenschaft, Bd. 46), Opladen 1983, S. 39-47, 72-82, 88-96, 326-335.
151 Vgl. Sozialwissenschaftliches Forschungsinstitut der Konrad-Adenauer-Stiftung (FN 141), S. 3-24.

Begriffsverwendung ist hierdurch geprägt.[152] Dies ist prinzipiell legitim, wenn die Terminologie die Vielfalt der Ansätze und Sichtweisen widerspiegelt. Sehr oft kommt jedoch ein vor allem politisch-polemisch motiviertes Begriffsarsenal zum Einsatz, das einer differenzierten Betrachtungsweise widerstreitet. So wird die Vokabel „Neonazismus" oft synonym mit „Rechtsextremismus" verwendet.[153] Dies ist wenig sinnvoll, weist die rechtsextreme Skala doch eine Vielfalt von Erscheinungsformen auf, die keinesfalls immer an den historischen Nationalsozialismus anknüpfen. Der Begriff „Extremismus" wird von marxistischen Autoren vermieden, weil sie ihm die gleichen Vorbehalte entgegenbringen wie dem Totalitarismusbegriff.[154] Stattdessen dient hier „Faschismus" als Terminus komparatistischer Klassifikation. Gleichgültig wie man dem analytischen Wert unterschiedlicher Faschismus-Definitionen gegenübersteht, sollte jedoch nachdrücklich herausgestellt werden, daß rechte wie linke Diktaturen gleichermaßen Antipoden freiheitlicher Demokratien sind.[155] Die unter Marxisten beliebten Termini „faschistoid"[156] und „antifaschistisch" dienen häufig dazu, poli-

---

152 Zum Verhältnis von Begriffsverwendung und wissenschaftlichem/politischem Standort: Willibald I. Holzer, Rechtsextremismus – Konturen und Definitionskomponenten eines politischen Begriffs; ders., Zu methodischen Ansätzen und terminologischen Kontroversen in der modernen Rechtsextremismusforschung, in: Dokumentationsarchiv des österreichischen Widerstandes (Hrsg.), Rechtsextremismus in Österreich nach 1945, Wien 1980, S. 11-97, 451-511.
153 Zum Begriff „Neonazismus": Jenke (FN 8), S. 446-448; Hans Rothfels, Um den Begriff Neonazismus, in: VHfZG 3 (1955), S. 223-226. Zur Terminologie weiterhin: Egon Bittner, Art. „Radicalism", in: David L. Sills (Hrsg.), International Encyclopedia of the Social Sciences, Bd. 13, 2. Aufl., New York/London 1972, S. 294-300; Manfred Funke, Art. „Extremismus", in: Wolfgang W. Mickel (Hrsg.), Handlexikon zur Politikwissenschaft, München 1983, S. 132-136; Holzer (FN 152); Martin Kriele, Verfassungsfeindlicher Extremismus/Radikalismus; Wolf-Dieter Narr, Radikalismus/Extremismus, jeweils in: Martin Greiffenhagen (Hrsg.), Kampf um Wörter? Politische Begriffe im Meinungsstreit, München/Wien 1980, S. 351-365, 366-375; W. Nieke, Art. „Extremismus", in: Joachim Ritter (Hrsg.), Historisches Wörterbuch der Philosophie, völlig neubearb. Ausgabe des „Wörterbuch der Philosophischen Begriffe" von Rudolf Eisler, Bd. 2, Basel/Stuttgart 1972, S. 883 f.; Scheuch (FN 5), S. 462 f.
154 Vgl. Jean Améry, Über die Anziehungskraft radikaler Bewegungen, in: Ideologie und Motivation (= Forschung und Information, Bd. 13), Berlin 1973, S. 88-96, 92; Holzer (FN 152).
155 Vgl. Backes/Jesse (FN 115).
156 Vgl. Herbert Kundler, Über faschistoides Verhalten, in: Ideologie und Motivation (FN 154), S. 146-155.

tisch Andersdenkende in Verbindung zum nationalsozialistischen Regime zu bringen.

6. Das Gros der neuen Rechtsextremismus-Literatur ist einer dezidiert linken Feder entflossen. Ein geringerer Teil des Schrifttums wurde von Autoren verfaßt, die als „linksliberal" charakterisiert werden können. Aus konservativer Warte ist für die Jahre 1979-1983 keine selbständige Veröffentlichung zum Rechtsextremismus bekannt geworden. Dieser Befund erlaubt einige Aussagen zur Wechselwirkung zwischen politischem Standort der Extremismus-Beobachter und der extremistischen Szene. Zunächst einmal könnte man die Rechtsextremismus-Hochkonjunktur bei der Linken durchaus positiv als eine gesteigerte demokratische Wachsamkeit deuten, deren teilweise hysterische Züge freilich die Gefahr bergen, Rechtsextremisten die nötige Publizität zu verschaffen und so unbeabsichtigt Wasser auf deren Mühlen zu gießen. Darüber hinaus aber ist festzustellen: Dieses brennende Interesse findet keine Entsprechung in der Beschäftigung mit dem einflußreicheren und gefährlicheren Linksextremismus — was umso deutlicher wird, je näher man sich die Auseinandersetzung um „Abbau der Demokratie", „Berufsverbote", „Radikalenerlaß" etc. vor Augen führt.[157] Die linken Verfechter dieser politischen Kampfvokabeln empören sich über die Entlassung von DKP-Beamten, sprechen sich aber gleichzeitig für einen härteren Umgangston gegenüber der NPD aus. Diese doppelbödige Argumentationsweise ist keineswegs auf das linke Lager beschränkt. Konservative reagierten in heftiger, teilweise übersteigerter Form auf Linksextremismus und -terrorismus.[158] Sicherlich hat der Rechtsextremismus nicht die Gefährlichkeit des Linksextremismus erreicht. Dennoch ist das konservative Schweigen angesichts rechtsextremer Ausschreitungen und — allgemein — die Scheuklappen-Mentalität auf dem linken wie dem rechten Flügel des demokratischen Spektrums ein Indiz dafür, daß der vorhandene demokratische Konsens, die vielbeschworene „Solidarität der Demokraten", zu einer klaren Grenzziehung zwischen politischem Extremismus und freiheitlicher Demokratie (noch) nicht ausreicht.

---

157 Vgl. Kurt Sontheimer, Die verunsicherte Republik. Die Bundesrepublik nach 30 Jahren, München 1979, insbes. S. 100-110.
158 Vgl. die Nachweise bei Vinke (FN 22); Hermann Lübbe, Endstation Terror. Rückblick auf lange Märsche, Stuttgart 1978.

# Linksextremismus:

Ein über- oder unterschätztes Phänomen?

*Max Schäfer (Hrsg.),* Die DKP. Gründung – Entwicklung – Bedeutung, Frankfurt a. M. 1978, 327 S. (Verlag Marxistische Blätter).
*Herbert Mies/Willi Gerns,* Weg und Ziel der DKP. Fragen und Antworten zum Programm der Deutschen Kommunistischen Partei (= Marxismus aktuell, Bd. 131), Frankfurt a. M. 1979, 163 S. (Verlag Marxistische Blätter).
*Heinz Friedrich Kremzow,* Theorie und Praxis der DKP im Lichte des KPD-Verbots durch das Bundesverfassungsgericht, München 1982, 213 S. (Minerva Publikation Saur).
*Emil-Peter Müller,* Die Bündnispolitik der DKP. Ein trojanisches Pferd, Köln 1982, 168 S. (Deutscher Instituts-Verlag).
*Emil-Peter Müller/Horst Udo Niedenhoff,* Gesellschaftskritik der DKP. Behauptung und Entgegnung, Köln 1982, 168 S. (Deutscher Instituts-Verlag).
*Horst Udo Niedenhoff,* Auf dem Marsch durch die Institutionen. Die kommunistische Agitation im Betrieb und in den Gewerkschaften, 2. Aufl., Köln 1982, 206 S. (Deutscher Instituts-Verlag).
*Wilhelm Mensing,* Maulwürfe im Kulturbeet. DKP-Einfluß in Presse, Literatur und Kunst (= Texte und Thesen, Nr. 156), Zürich 1983, 155 S. (Edition Interfrom).
*Ossip K. Flechtheim/Wolfgang Rudzio/Fritz Vilmar/Manfred Wilke,* Der Marsch der DKP durch die Institutionen (= Fischer Taschenbücher, Bd. 4223), Frankfurt a. M. 1980, 272 S. (Fischer Taschenbuch Verlag).
*Fritz Vilmar,* Was heißt hier kommunistische Unterwanderung? Eine notwendige Analyse – und wie die Linke darauf reagiert (= das aktuelle Ullstein-Buch, Bd. 34525), Frankfurt a. M./Berlin/Wien 1981, 207 S. (Verlag Ullstein).
*Gerd Langguth,* Protestbewegung. Entwicklung – Niedergang – Renaissance. Die Neue Linke seit 1968 (= Bibliothek Wissen-

schaft und Politik, Bd. 30), Köln 1983, 374 S. (Verlag Wissenschaft und Politik).
*Ulrich Probst,* Die kommunistischen Parteien der Bundesrepublik Deutschland. Einführung – Materialien – Bibliographie (= Politik und Politische Bildung), München 1980, 202 S. (Verlag Ernst Vögel).
*Wir warn die stärkste der Partein* ... Erfahrungsberichte aus der Welt der K-Gruppen (= Rotbuch, Bd. 177), 2. Aufl., Berlin 1978, 126 S. (Rotbuch Verlag).

Der Linksextremismus spielt in der Bundesrepublik – auf den ersten Blick betrachtet – überhaupt keine Rolle. Die DKP, die den orthodoxen Kommunismus Moskauer Couleur repräsentiert, erreichte bei den Bundestagswahlen von 1972 bis 1983 lediglich 0,2 bis 0,3 Prozent. Und bei den K-Gruppen, die ohnehin niemals an den Stimmenanteil der DKP herankamen, zeigen sich offenkundige Auflösungserscheinungen. Bei der Bundestagswahl 1983 stellten sich nur zwei K-Gruppen zur Wahl: Die „Kommunistische Partei Deutschlands (Marxisten-Leninisten)" erzielte in vier Bundesländern ganze 3431 Stimmen, der „Bund Westdeutscher Kommunisten" in drei Bundesländern 2129! Die Trotzkisten schließlich nahmen erst gar nicht an der Wahl teil. Ist also der Linksextremismus nur eine Quantité négligeable? Eine solche Deutung wäre einigermaßen oberflächlich. Der Einfluß des Linksextremismus ist weit stärker, als es die mageren Ergebnisse aussagen. Über diesen Sachverhalt sind sich alle einig – Kommunisten, Nichtkommunisten und Antikommunisten. In der Tat ist die Ansicht eines Marxisten-Leninisten nicht ganz unzutreffend: „15 Jahre nach ihrer Konstituierung erweist sich die DKP als ein politischer und ideologischer Faktor im gesellschaftlichen Leben der Bundesrepublik, der von Freund und Feind in Rechnung gestellt werden muß."[1]

So ist etwa der an Moskau orientierte Kommunismus durch seine Bündnispolitik beachtenswert. Dies gilt für Gewerkschaften ebenso wie für Bürgerinitiativen. In einzelnen gesellschaftlichen Bereichen hat der Linksextremismus beträchtlichen Einfluß gewonnen. Im Jahre 1982 entfiel ca. ein Drittel der Sitze in den Studentenparlamenten auf linksextremistischen Gruppierungen,[2] bedingt durch die geringe Wahlbeteiligung und das Desinteresse vieler Studenten. Speziell in Teilen der Friedensbewegung ist es Kommu-

---

[1] Horst Fisch, 15 Jahre DKP. Kampf um Frieden und sozialen Fortschritt, in: Beiträge zur Geschichte der Arbeiterbewegung 25 (1983), S. 656.
[2] Vgl. VSB 1982, S. 3.

nisten gelungen, die Friedenssehnsucht vieler Bürger und deren Proteste gegen den Nato-Doppelbeschluß für ihre Ziele zu instrumentalisieren.[3] Der „Krefelder Appell" mag dafür eine Beispiel sein. Dem Hinweis auf die Bedrohung des Friedens durch die Pershing II fehlt allzu häufig der auf die SS 20. Doppelbödige Moral ist an der Tagesordnung. Im übrigen werden die Mechanismen der Unterwanderung auch und gerade von Aktivisten der Friedensbewegung in einer Klarheit zum Ausdruck gebracht, die das Argument, es handle sich um Unterstellungen von „Ewiggestrigen", denen die „ganze Richtung" nicht paßt, als völlig haltlos entwertet:[4] Gert Bastian und Petra Kelly von den Grünen haben Anfang 1984 ihre Mitarbeit in der „Krefelder Initiative" aufgekündigt.

So sehr auch Einigkeit über den − teilweise − beträchtlichen Einfluß des Linksextremismus herrscht, so sehr weichen die Meinungen über seine reale Stärke ab. Besteht die Gefahr einer Unterwanderung des politischen Systems der Bundesrepublik? Oder

---

3 Vgl. etwa folgende Artikel: Linksextremistische und sicherheitsgefährdende Bestrebungen innerhalb der Kampagne gegen die NATO-Nachrüstung; Linksextremistischer Einfluß auf die Diskussion um einen „Politischen Streik" gegen die NATO-Nachrüstung; Linksextremistischer Einfluß auf die Vorbereitung der „Herbstaktionswoche" gegen die NATO-Nachrüstung, jeweils in: Innere Sicherheit, Nr. 69 v. 14. Okt. 1983, S. 12-17; „Aktionswoche" und weitere Perspektiven der Protestbewegung gegen die NATO-Nachrüstung, in: Innere Sicherheit, Nr. 70 v. 23. Dez. 1983, S. 11f.

4 Vgl. etwa die Abrechnung mit der DKP, diesem „fremdfinanzierte(n) Polyp", von Rudolf Bahro, Wahnsinn mit Methode. Über die Logik der Blockkonfrontation, die Friedensbewegung, die Sowjetunion und die DKP, Berlin 1982, insbes. S. 96-144 (Zitat: S. 112). Bahro kritisiert das „verdeckte Spiel" (S. 115) der DKP: „Solange keine Positionen aufgedeckt werden, sind, wo es was zu organisieren, ein Flugblatt zu machen, ein Podium zu besetzen gibt usw., immer die Fleißigsten und Geübtesten vorn, ohne weiteres Kriterium. Manche Friedensgruppen wissen gar nicht, wen sie schicken. Das ist einer der Hauptgründe für die Überrepräsentation des DKP-Spektrums bei solchen Aktionskonferenzen wie in Godesberg, neben der ohnehin gegebenen organisatorischen Übermacht" (ebd., S. 114). Er warnt vor der „Kolonialisierung der Friedensbewegung" (ebd., S. 128) und schlußfolgert: „Das Bewußtsein aber, daß die DKP nicht irgendeine Organisation unter anderen, sondern ein genuin fremdes Element, der Außenposten des anderen Militärblocks in der Friedensbewegung ist, dürfen wir nicht wieder absinken lassen . . . Die Friedensbewegung sollte die Dienstleistungen nicht mehr in Anspruch nehmen, die ihr dieser Apparat fortwährend so beflissen andient. Sie sind tatsächlich, und nicht bloß infolge reaktionärer Vorurteile, kompromittierend für uns" (ebd., S. 142).

wird diese nur hochgespielt, um vor dem Rechtsextremismus abzulenken, der anderen Spielart des Extremismus? Nützt der Hinweis auf linksextremistische Unterwanderungspraktiken dem demokratischen Sozialismus, oder profitiert davon der politische Konservatismus?

## Das Selbstverständnis der DKP

Nach 1945 war die KPD eine der vier Lizenzparteien, und sie gehörte zunächst nahezu allen Koalitionsregierungen auf Landesebene an — ein Faktum, das heutzutage nahezu in Vergessenheit geraten ist. Freilich erreichte sie nicht die Stimmenanteile wie in der Weimarer Republik. Damals kam sie in der Endphase fast an das Ergebnis der Sozialdemokraten heran. Diese wurden als „Sozialfaschisten" diffamiert, ehe die Komintern im Jahre 1935 eine Wendung vollzog.[5] Da sich der besondere „deutsche Weg zum Sozialismus", wie er etwa Anton Ackermann vorschwebte,[6] sehr schnell als Illusion erwies,[7] nahm die Attraktivität der KPD immer mehr ab.[8] Erreichte sie bei der Bundestagswahl 1949 immerhin noch 5,7 Prozent der Stimmen, so lag ihr Stimmenanteil vier Jahre später nur bei 2,2 Prozent. Das Parteienverbot[9] setzte den vorläufigen Schlußpunkt. Wurde in den fünfziger Jahren die Rechtmäßigkeit des Urteils auch von Sozialisten im Prinzip aner-

---

5 Vgl. Siegfried Bahne, Die KPD und das Ende von Weimar. Das Scheitern einer Politik 1932—1935, Frankfurt a.M. 1976; Hermann Weber, Hauptfeind Sozialdemokratie. Strategie und Taktik der KPD 1929 bis 1933, Düsseldorf 1982.
6 Vgl. Anton Ackermann, Gibt es einen besonderen deutschen Weg zum Sozialismus?, in: Einheit 1 (1946), S. 22-32.
7 Vgl. Hermann Weber (Hrsg.), Parteiensystem zwischen Demokratie und Volksdemokratie. Dokumente und Materialien zum Funktionswechsel der Parteien und Massenorganisation in der SBZ/DDR 1945—1950, Köln 1982.
8 Vgl. Werner Müller, Die KPD und die Einheit der Arbeiterklasse, Frankfurt a.M. 1977.
9 Vgl. BVerfGE 5, 185-593; siehe auch Gerd Pfeiffer/Hans-Georg Strickert (Hrsg.), Dokumentarwerk zu dem Verfahren über den Antrag der Bundesregierung auf Feststellung der Verfassungswidrigkeit der Kommunistischen Partei Deutschlands vor dem Ersten Senat des Bundesverfassungsgerichts, 3 Bde., Karlsruhe 1955/56.

kannt[10] und lediglich das Argument der mangelnden politischen Opportunität ins Feld geführt (die KPD stelle keine akute politische Gefahr dar), so änderte sich dies in den sechziger Jahren, speziell in der zweiten Hälfte.[11] Auch führende Politiker der Bundesrepublik zeigten Verständnis für den Wunsch von Kommunisten nach einer eigenen Partei. Eine Pressekonferenz der KPD im Februar 1968, auf der sie den Entwurf ihres neuen Programms vorlegte, wurde zwar noch verboten, aber die Bundesregierung wies einen Ausweg: Da das KPD-Verbot nicht rückgängig gemacht werden könne, biete sich die Gründung einer neuen Partei an. Die Kommunisten beschritten diesen Weg so schnell, daß selbst frühere Funktionäre zunächst überrascht waren.[12]

Zehn Jahre nach ihrer Gründung hat die DKP einen Band vorgelegt, der sich eingehend mit ihrer Vorgeschichte, ihrer Gründungsphase und ihrer Entwicklung befaßt.[13] Hier ist die „Erklärung zur Neukonstituierung einer kommunistischen Partei" abgedruckt (S. 284-291), die ein „Bundesausschuß zur Neukonstituierung einer kommunistischen Partei" im September 1968 unterzeichnet hatte. Diese Erklärung gab sich im Ton ausgesprochen moderat: „Auch dem Ansehen der Bundesrepublik im Ausland, im Westen wie im Osten, wird die Betätigungsfreiheit einer kommunistischen Partei in diesem Lande förderlich sein. Was in Eng-

---

10 Vgl. Helmut Ridder, Streitbare Demokratie?, in: NPL 2 (1957), Sp. 364; Wolfgang Abendroth, Das KPD-Verbotsurteil des Bundesverfassungsgerichts. Ein Beitrag zum Problem der richterlichen Interpretation von Rechtsgrundsätzen im demokratischen Staat, in: ZfP 3 (1956), S. 305-327.
11 Vgl. etwa: Wolfgang Abendroth/Helmut Ridder/Otto Schönfeldt (Hrsg.), KPD-Verbot oder Mit Kommunisten leben?, Reinbek bei Hamburg 1968.
12 Im VSB von 1968 ist deutlich auf die Identität von KPD und DKP hingewiesen worden, ungeachtet des Nebeneinanders von DKP und KPD. Vgl. VSB 1968, S. 58-64. Allerdings erwähnt der VSB auch zu Recht, daß die Neukonstituierung der DKP von Kommunisten teilweise kritisiert wurde (wegen der ungenügenden vorherigen Information). Ebd., S. 59. Selbst guten Kennern des Marxismus war im ersten Augenblick der Kurs der DKP nicht völlig klar: „Eine neue KP-Gründergruppe, in der aber von Alt-Kommunisten der ersten Stunde nur Erlebach in Erscheinung getreten ist, die ihre ‚Deutsche Kommunistische Partei' — formell auf das Grundgesetz und damit auf strikten Parlamentarismus abgestimmt — anmeldete, hat sich ebenfalls einseitig für die Moskauer Position im CSSR-Konflikt ausgesprochen". So Ernst Richert, Die radikale Linke von 1945 bis zur Gegenwart, Berlin 1969, S. 126.
13 Max Schäfer (Hrsg.), Die DKP. Gründung – Entwicklung – Bedeutung, Frankfurt a.M. 1978, 327 S. (Verlag Marxistische Blätter).

land, Frankreich und selbst in den USA erlaubt ist, darf in der Bundesrepublik nicht länger unter Ausnahmerecht des Kalten Krieges stehen. Die kommunistische Partei, die wir neu konstituieren, ist eine Partei der Bundesrepublik. Dieses Land ist unsere Heimat, mit ihrer Bevölkerung teilen wir Freuden, Sorgen und Hoffnungen. Wir entwickeln unser Programm, die Formen und Methoden unseres Kampfes selbständig auf der Grundlage des wissenschaftlichen Sozialismus und ausgehend von den ökonomischen und politischen Bedingungen, die in der Bundesrepublik herrschen. Wir achten das Grundgesetz, wir verteidigen die darin verkündeten demokratischen Grundrechte und Grundsätze" (S. 285). Die Unterzeichner ließen jedoch keinen Zweifel an der Vorbildfunktion der DDR aufkommen: „Mit der Sozialistischen Einheitspartei Deutschlands ... fühlen wir uns durch den Marxismus und die gemeinsamen Traditionen verbunden" (S. 288 f.). Auch die Intervention der Sowjetunion und der anderen vier Satellitenstaaten in der CSSR wurde gerechtfertigt (S. 289). Die Erklärung erschien also für die Kommunisten zu einem ungünstigen Zeitpunkt. Wie *Max Schäfer* im Vorwort erwähnt, „bezog die DKP sofort einen klaren, prinzipienfesten Standpunkt, verteidigte sie die Grundsätze des proletarischen Internationalismus, entwickelte sie ihre Politik gemäß den Lehren von Marx, Engels und Lenin" (S. 8). Damit war zugleich der Grundstein für die relative Erfolglosigkeit der DKP gelegt.

Der Beitrag *Kurt Bachmanns,* des ersten Vorsitzenden der DKP (von 1969 bis 1973), behandelt ihre Vorgeschichte. Bachmann verweist zu Recht darauf, daß angesichts des bestehenden KPD-Verbots die Entscheidung zur Gründung einer neuen kommunistischen Partei nicht leicht fiel. Er arbeitet jedoch das Dilemma nicht so deutlich heraus, vor das sich die Kommunisten gestellt sahen.[14] Eine allzu enge Anlehnung an die KPD hätte zu einem Verbot als Nachfolgeorganisation führen können, eine – und sei es auch nur taktische – Distanzierung von der KPD unter den Sowjetmarxisten Verwunderung und Enttäuschung auslösen müssen. Die Aufhebung des KPD-Verbots war daher eine der wichtigsten Forderungen der DKP.

14 Vgl. das im Anhang des Bandes abgedruckte Dokument „Fragen und Antworten zur Neukonstituierung einer Kommunistischen Partei in der Bundesrepublik" (S. 292-308). Es enthält manch eine gewundene Formulierung: „Eine Fortsetzung im Sinne einer Ersatzorganisation für die verbotene KPD aber scheidet selbstverständlich aus ... Wir werden uns nicht davon abhalten lassen, richtige politische Erkenntnisse auszusprechen, weil sie auch von anderen, etwa von der KPD, ausgesprochen worden sind ... Wir sehen keinen Grund, besondere Unterschiede zu anderen Aussagen herauszuarbeiten" (S. 294).

Wenn Bachmann auch betont, die Neukonstituierung der DKP sei „nicht wie der Blitz aus heiterem Himmel" (S. 170) erfolgt, so muß dies relativiert werden, erklärte doch Manfred Kapluck – neben Ludwig Landwehr, Herbert Mies, Grete Thiele und Max Schäfer einer der Initiatoren des KPD-Programmentwurfs, der auf der Pressekonferenz in Frankfurt am 14. Februar vorgestellt werden sollte – noch zu Anfang des Jahres 1968, eine Neugründung sei „unzumutbar und irreal."[15] Entscheidend war wohl das Gespräch im Juli 1968 zwischen Bundesjustizminister Heinemann und dessen Staatssekretär Ehmke einerseits sowie den früheren KPD-Funktionären Grete Thiele und Max Schäfer. Da die Bundesregierung deutlich machte, die Aufhebung des Parteiverbots sei nicht möglich, schlugen die Kommunisten den Weg der „Neukonstituierung" ein (der Begriff „Neugründung" wird aus taktischen Gründen vermieden). Bachmann wendet sich verständlicherweise gegen die Auffassung, man sei einem „Rat" (S. 176) der damaligen Regierung gefolgt. Die Neukonstituierung habe sich vielmehr als eine Folge der Abschwächung des Kalten Krieges und des Wandels der internationalen Kräfteverhältnisse erwiesen. Die Konstituierungsphase der DKP wurde mit dem ersten Parteitag der DKP abgeschlossen, der im April 1969 in Essen stattfand. Bachmann erläutert die hier verabschiedete Grundsatzerklärung, wonach die DKP *die* marxistische Partei der Bundesrepublik sei. Allerdings kann der Glaube an den eigenen Erfolg nicht sonderlich groß gewesen sein, denn sonst hätte man sich bei der Bundestagswahl im Herbst 1969 nicht auf ein Wahlbündnis eingelassen. Die „Aktion Demokratischer Fortschritt" erhielt 0,6 Prozent der Stimmen – weniger als die DFU 1961 (1,9 Prozent) und 1965 (1,3 Prozent).

Die Beiträge im Band befassen sich im übrigen nicht ausschließlich mit der DKP. So wird auf die Proteste gegen die Atombewaffnung Ende der fünfziger Jahre[16] ebenso eingegangen wie auf die Ostermarschbewegung,[17] den Kampf gegen die Notstandsgesetz-

---

15 Zitiert nach Siegfried Heimann, Die Deutsche Kommunistische Partei, in: Richard Stöss (Hrsg.), Parteien-Handbuch. Die Parteien der Bundesrepublik Deutschland 1945–1980, Bd. 1, Opladen 1983, S. 906.
16 Vgl. eingehend Hans Karl Rupp, Außerparlamentarische Opposition in der Ära Adenauer. Der Kampf gegen die Atombewaffnung in den fünfziger Jahren. Eine Studie zur innenpolitischen Entwicklung der BRD, Köln 1970.
17 Vgl. hierzu Karl A. Otto, Vom Ostermarsch zur APO. Geschichte der außerparlamentarischen Opposition in der Bundesrepublik 1960-70, Frankfurt a.M. 1977.

gebung,[18] die Opposition gegen den Vietnamkrieg, die Studentenbewegung, speziell den SDS[19] – mit der unverkennbaren Intention, daß Kommunisten sich hier hervorgetan haben. Diese Beiträge sind übrigens größtenteils nicht von Mitgliedern der DKP verfaßt worden, wobei freilich eine Sympathie zum orthodoxen Marxismus-Leninismus erkennbar ist. Das gilt etwa für *Wolfgang Abendroth,* einen der bekanntesten Politikwissenschaftler der Bundesrepublik.[20] Sein Beitrag über den „Weg der Studenten zum Marxismus" ist aufschlußreich für die Wandlungen des Mitte der siebziger Jahre emeritierten Marburger Politologen, der 1949 aus der Sowjetischen Besatzungszone in den Westen geflohen war (was in diesem Band bei der Präsentation des Lebenslaufes – S. 324 – wohlweislich verschwiegen wird), in den fünfziger und frühen sechziger Jahren als linkes SPD-Mitglied gegen den Anpassungskurs der SPD wie gegen den real-existierenden Sozialismus seine Stimme erhob,[21] 1961 aus der SPD ausgeschlossen wurde und sich in den

18 Vgl. die politologische Analyse von Heinrich Oberreuter, Notstand und Demokratie. Vom monarchischen Obrigkeits- zum demokratischen Rechtsstaat, München 1978.
19 Vgl. hierzu aus der Sicht von (ehemaligen) Aktivisten: Frank Wolff/ Eberhard Windaus (Hrsg.), Studentenbewegung 1967 bis 1969. Protokolle und Materialien, Frankfurt a.M. 1977; Rudi Dutschke, Mein langer Marsch. Reden, Schriften und Tagebücher aus zwanzig Jahren, Reinbek bei Hamburg 1980; ders., Geschichte ist machbar. Texte über das herrschende Falsche und die Radikalität des Friedens, Berlin 1980.
20 Vgl. folgende Werke von Wolfgang Abendroth: Antagonistische Gesellschaft und politische Demokratie. Aufsätze zur politischen Soziologie, 2. Aufl., Neuwied/Berlin 1972; Aufstieg und Krise der deutschen Sozialdemokratie, 4. Aufl., Köln 1977; Das Grundgesetz. Eine Einführung in seine politischen Probleme, 4. Aufl., Pfullingen 1973; Sozialgeschichte der europäischen Arbeiterbewegung, 10. Aufl., Frankfurt a.M. 1975; Arbeiterklasse, Staat und Verfassung, 2. Aufl., Köln 1977.
21 Vgl. etwa: Ders., Zur außenpolitischen Lage, in: Sozialistische Politik 8 (1961), Nr. 10, S. 2: „Es wird höchste Zeit, daß sich auch in der deutschen Sozialdemokratie die Kräfte wieder sammeln, die jenseits aller verständlichen Ressentiments, denen die barbarische Herrschaft Ulbrichts ständig neuen Stoff liefert, eine realistische Außenpolitik auf der Grundlage der Solidarität mit den Arbeiterbewegungen der anderen europäischen Ländern, den blockfreien Staaten und den kolonialrevolutionären Bewegungen fordern. Nur auf diese Weise kann die deutsche Sozialdemokratie wirksam helfen, der Bevölkerung der DDR den Spielraum zu verschaffen, gegen Ulbrichts unmenschliche bürokratische Diktatur den Kampf aufzunehmen."

siebziger Jahren immer mehr in den Dienst der DKP gestellt hat[22] — von einigen schwachen Vorbehalten gegenüber dem Sowjetkommunismus abgesehen, etwa im Hinblick auf die Verurteilung Bahros durch die DDR.[23] Nicht einmal salvatorische Klauseln dieser Art findet man in dem Beitrag Abendroths. „Solche Professoren, die Marx und Engels wenigstens kannten oder gar selbst Marxisten waren, konnten sich auch nach 1945 und erst recht nach 1949/50 nur an einer Hand aufzählbaren Einzelfällen (und das nur, wenn sie in fest konspirativen Formen lehrten und publizierten) halten" (S. 159). Kannten Flechtheim, Fraenkel, Gurland, Löwenthal, Stammer — um bei Berliner Dozenten zu bleiben — „ihren Marx" etwa nicht? Wenn Abendroth von „fast konspirativen Formen" redet, so liefert er damit jenen ein Argument, die schon immer der Meinung waren, Marxisten versuchten die Gesellschaft zu unterwandern.[24] Oder verwechselt Abendroth hier die Zeit im Westen Deutschlands mit seiner Tätigkeit in der (damaligen) SBZ, als er Studenten heimlich „Paul Serings" Schrift „Jenseits des Kapitalismus" zu lesen gab[25] und sich für die SPD betätigte, obwohl doch schon im April 1946 die Zwangsvereinigung von KPD und SPD stattgefunden hatte?

22 Vgl. ders., Ein Leben in der Arbeiterbewegung. Gespräche aufgezeichnet und herausgegeben von Barbara Dietrich und Joachim Perels, Frankfurt a.M. 1976. Die Erinnerungen sind lückenhaft — die Flucht Abendroths wird u.a. mit der Verhaftung eines Kuriers des Ostbüros der SPD erklärt. „Daß dieses Büro damals schon mehr oder minder zur Agentur des amerikanischen Geheimdienstes herabgesunken war, wußte ich nicht" (ebd., S. 204). Zur Kritik an der Abendrothschen Apologie siehe Ossip K. Flechtheim, Wolfgang Abendroth und die Arbeiterbewegung, in: PVS 18 (1977), S. 842-844.
23 Vgl. ders., Dissidentenprozesse in den sozialistischen Staaten. Protestpropaganda der „westlichen Staaten" und westdeutsche Linke, in: Das Argument 20 (1978), Nr. 111, S. 716-718. Abendroth übt Kritik an der Höhe des Strafmaßes im Bahro-Urteil allein unter taktischen und machtpolitischen Gesichtspunkten. „Nach unserer Meinung ist die (leider nicht ausschaltbare) Beeinflussung der Bevölkerung der DDR durch die Berieselung mit den Reklamesendungen des BRD-Fernsehens eine „schlimmere Störung des sozialistischen Aufbaus, weil sie unkritischer aufgenommen wird als sämtliche noch so provokanten Bahro-Interviews" (ebd., S. 716). Wie ungefestigt muß ein Staat sein, der „Reklamesendungen" des Westens (ist übrigens das „Werbefernsehen" gemeint oder die politische Berichterstattung?) als „schlimme Störungen für den sozialistischen Aufbau" ansieht?!
24 Indirekt wertet Abendroth damit seine Lehr- und Forschungstätigkeit in den fünfziger und sechziger Jahren ab.
25 Vgl. Paul Sering (= Richard Löwenthal), Jenseits des Kapitalismus (1947), 2. Aufl., Berlin/Bonn-Bad Godesberg 1977, S. XIV.

An dem Beitrag Abendroths ist die Kanonisierung des Marxismus-Begriffs auffallend. Als Marxisten gelten nur diejenigen, die dem Sowjetmarxismus folgen — in des Wortes doppelter Bedeutung. So apostrophiert er die undogmatischen Linken im SDS als Gruppen, ,,die sich für marxistisch hielten" (S. 160), und die ,,Frankfurter Schule" firmiert als ,,strikt antikommunistisch" (S. 163).[26] Ein Ergebnis der Studentenbewegung sei die Gründung einer ,,marxistischen Partei" (S. 165) gewesen — der DKP natürlich. Dabei hatte es weitere Gründungen gegeben, freilich lehn(t)en diese Parteien (K-Gruppen) scharf den Moskauer Führungsanspruch ab und orientier(t)en sich eher an dem System der Volksrepublik China bzw. dem Albaniens. Zudem wiesen diese Gruppierungen eine viel größere Nähe zur Studentenbewegung auf als die DKP, deren Gründung wohl kaum als eine direkte Folge der Studentenbewegung zu bezeichnen ist.

Abendroth versucht die Frage zu beantworten, wieso in der Studentenschaft der Bundesrepublik die Abneigung gegenüber dem Marxismus besonders stark gewesen sei. Sein Ergebnis: An der Universität gab es überwiegend Studenten aus bürgerlichen Elternhäusern, und die Vorurteile der Eltern ,,wurden von der (!) Professorenschaft gestärkt, die ihre frühere Rolle im Dritten Reich nun zur Ideologie der Rechtfertigung der Restauration und des Anitkommunismus und Antimarxismus im Zeichen der ‚Totalitarismus'-Theorie umgeformt hatte" (S. 159). Abendroth ignoriert den entscheidenden Grund: Das Beispiel des Marxismus-Leninismus im anderen Teil Deutschlands mußte Professoren wie Studenten abschrecken. Die Attraktivität des Marxismus für relativ viele Studenten versucht Abendroth vornehmlich damit zu erklären, daß seit Anfang der sechziger Jahre Personen auf die Universität kamen, die aus anderen sozialen Schichten stammten und weniger von der ,,Ideologie des Obrigkeitsstaates" (S. 161) beeinflußt waren. Stimmt diese These, so müßten die Aktivisten der Studentenbewegung eher den unteren Mittelschichten entstammen — gewiß eine sehr waghalsige Annahme, die aber Ausfluß eines dogmatischen Marxismus ist, wonach das soziale Sein das Bewußtsein bestimme.

Will man sich über die DKP umfassend informieren, so ist die Kenntnis dieses Buches unerläßlich, da es eine Vielzahl von Themen aus ,,erster Hand" präsentiert. Neben den Beiträgen von *Willi Gerns* (über die Strategie der DKP), *Gerd Deumlich* (über

26 Vgl. auch den verräterischen Satz von Abendroth: ,,Es gibt jetzt viele Professoren und Dozenten, die sich für Marxisten halten und auch einige, die es wirklich sind" (S. 165). Offenbar scheint Abendroth den Unterschied sehr gut zu kennen.

die Aktionen der DKP), *Karl-Heinz Schröder* (über den „Internationalismus" der DKP) und *Kurt Fritsch* („Die DKP — eine Gemeinschaft von Gleichgesinnten") sei auf *Hermann Gautiers* Ausführungen zu den Differenzen zwischen Sozialdemokraten und Kommunisten hingewiesen. Dabei unterscheidet Gautier in bewährter Manier zwischen der (antikommunistisch eingestellten) SPD-Führung und den sozialdemokratischen Mitgliedern, die es zu gewinnen gelte. Nach Gautier ist die Aktionseinheit und die Bündnispolitik beim Kampf um Veränderungen sowie bei der sozialistischen Umgestaltung nicht taktisch bedingt. Gewiß, aber was folgt danach? Gautier sagt nicht, daß in der von ihm angestrebten politischen Ordnung die Sozialdemokraten weiterhin als gleichberechtigte Partner fungieren.

Von ganz anderem (thematischen) Zuschnitt ist der Band „Weg und Ziel der DKP".[27] Er beschäftigt sich mit dem „bedeutendste(n) Dokument der Partei" (S. 8) — dem 1978 verabschiedeten Grundsatzprogramm der DKP.[28] *Robert Steigerwald,* einer der Chefideologen der DKP, stellt dem Parteivorsitzenden *Herbert Mies* und dem Präsidiumsmitglied *Willi Gerns* (häufig rhetorische) Fragen zum Parteiprogramm. Schon in der Gliederung der Kapitel kommt die Anlehnung an das Parteiprogramm zum Ausdruck. Die Kontinuität der Politik der DKP wird besonders betont, der „real existierende Sozialismus" verteidigt. Der Sinn des Buches besteht wohl darin, nicht nur die Mitglieder der DKP über die Programmatik der eigenen Partei zu informieren, sondern auch — so der häufig verwandte Terminus — „ehrliche Linke" für die eigenen Ziele zu gewinnen.

Gewiß, die Phraseologie in diesem Bändchen ist überzogen, die häufige Bezugnahme auf Autoritäten (Marx, Engels und Lenin) so peinlich wie scholastisch, die Beschwörung marxistisch-leninistischer Dogmen wie etwa das von den allgemeinen historischen Gesetzmäßigkeiten weitverbreitet, doch werden neben Fragen mit pseudokritischem Charakter (z. B.: „Brauchten wir wirklich ein neues Programm? Wollen wir vielleicht nur — etwas ketzerisch sei's, gefragt — wegen des zehnten Jahrestages der Partei ein schönes neues Dokument verabschieden?" — S. 12) auch solche gestellt, deren Beantwortung Marxisten-Leninisten nicht ganz einfach fällt — wohl vor allem deshalb, um „Argumentationshilfen" zu

---

27 Herbert Mies/Willi Gerns, Weg und Ziel der DKP. Fragen und Antworten zum Programm der Deutschen Kommunistischen Partei (= Marxismus aktuell, Bd. 131), Frankfurt a.M. 1979, 163 S. (Verlag Marxistische Blätter).

28 Vgl. Parteivorstand der Deutschen Kommunistischen Partei (Hrsg.), Programm der Deutschen Kommunistischen Partei, Neuss 1978.

bieten. Beispielsweise: Wiederholt wird auf die Kernenergie Bezug genommen. Brisant ist der Komplex insofern, als sich die DKP einerseits gegen das „Atomprogramm" in der Bundesrepublik wendet, andererseits eine friedliche Nutzung der Kernenergie bejaht. Die Sowjetunion und die DDR betreiben schließlich Kernkraftwerke. Die Nutzung der Kernenergie wird in der Bundesrepublik wegen der unzureichenden Sicherheitsvorkehrungen und der „Profit- und Machtinteressen der Großbourgeoisie" (S. 67) abgelehnt. Das Verhältnis der DKP zum wissenschaftlich-technischen Fortschritt ist ungebrochen, die Absage an das „Nullwachstum" entschieden (vgl. S. 87 f.). Es ist das offensichtliche Ziel der DKP, die grüne Bewegung zu instrumentalisieren.

Auf die Frage, warum Begriffe wie Pluralismus und Abwählbarkeit im Parteiprogramm fehlen (S. 104 f.), gibt es eine sehr aufschlußreiche Antwort — gut geeignet, um jenen „ehrlichen Linken", an die sich das Buch wendet, die Illusionen zu rauben. Einerseits bestehe im Westen überhaupt kein wirklicher Pluralismus. „Die Unantastbarkeit des Kapitalismus ist auch der absolute Rahmen für die ‚Meinungsvielfalt' in den Massenmedien" (S. 106). Andererseits könne es „selbstverständlich auch im Sozialismus kein ‚pluralistisches' Nebeneinander von Arbeitermacht und Kapitalmacht geben. Sozialismus erfordert immer die politische Macht der Arbeiterklasse im Bündnis mit den übrigen Werktätigen und gesellschaftliches Eigentum an allen wichtigen Produktionsmitteln. Dabei bestätigten alle geschichtlichen Erfahrungen, daß es für die Lösung dieser Aufgaben unerläßlich ist, daß die revolutionäre Partei der Arbeiterklasse, ihre Politik und ihre wissenschaftliche Weltanschauung die Hirne und Herzen des arbeitenden Volkes erobern muß, um den maßgeblichen Einfluß zu erringen" (S. 109).[29]

Wenn die „Unantastbarkeit des Kapitalismus" der „absolute Rahmen für die ‚Meinungsvielfalt'" wäre, muß man sich doch fragen, wieso eine derartige Schrift, die den Kapitalismus häufig attackiert, in der Bundesrepublik erscheinen darf! Es ist ein stereotyper Trick, den sich die Autoren des öfteren zu eigen machen, wenn sie den Begriff „Pluralismus" so interpretieren, als ob damit das Bekenntnis zu einer bestimmten Form der Wirtschaftsordnung verbunden sein muß — „die Erhaltung des kapitalistischen Eigentums und der kapitalistischen Ausbeutung" (S. 106). Das Grundgesetz selbst sieht in Artikel 15 die Möglichkeit der Überführung

---

29 So argumentiert die SED ebenfalls. Vgl. dazu auch die Untersuchung von Hans-Peter Waldrich, Der Demokratiebegriff der SED. Ein Vergleich zwischen der älteren deutschen Sozialdemokratie und der Sozialistischen Einheitspartei Deutschlands, Stuttgart 1980, S. 144-200.

von Produktionsmitteln in Gemeineigentum vor. Der Gegensatz zwischen Demokratie und Diktatur soll nach Ansicht der DKP auf den zwischen Sozialismus und Kapitalismus reduziert werden. Mitglieder der DKP, die in den öffentlichen Dienst wollen, bekommen, es kann nicht oft genug gesagt werden, nicht deshalb Schwierigkeiten, weil sie das „kapitalistische System" (S. 170) kritisieren, sondern weil sie demokratische Spielregeln mißachten. Das kommt (trotz der verschleierten Formulierung) besonders deutlich darin zum Ausdruck, wie die DKP ihr sozialistisches Modell sieht: „Wir streben danach, daß diese Parteien im Kampf um den Sozialismus und beim Aufbau des Sozialismus im Bündnis zusammenwirken, um ihre Kraft im Interesse des Volkes konstruktiv zusammenzuführen und nicht im Gegeneinander zu verzetteln" (S. 108). Der zuvor auftauchende Hinweis, „daß es in einer sozialistischen Bundesrepublik verschiedene Parteien geben wird" (S. 108), erweist sich damit ebenso als bloße Rhetorik wie die Berufung auf das Grundgesetz,[30] das die KPD bekanntlich abgelehnt hat. Parteien im Sinne von Gerns und Mies werden folglich nicht als Organisationen mit unterschiedlichen Interessen verstanden.

Die Autoren machen sich unverkennbar einen monistischen Demokratiebegriff[31] zu eigen, wie sich dieses auch in ihrer Rechtferti-

---

30 Vgl. hierzu Herbert Mies/Hermann Gautier, Wir Kommunisten und das Grundgesetz. Aus Reden, Aufsätzen, Stellungnahmen, Frankfurt a.M. 1977. Siehe etwa den Beitrag von Herbert Mies, Terroranschläge – Hintergründe und Konsequenzen (ebd., S. 61-64). Hier behauptet er nach der Entführung von Hanns-Martin Schleyer und der Ermordung seiner Begleiter allen Ernstes, daß die herrschenden Schichten gar kein Interesse an einer Bekämpfung des Terrorismus haben. Dem Vorsitzenden der DKP drängen sich in diesem Zusammenhang einige Fragen auf: „Kann nicht hinter den jüngsten Terroranschlägen in unserem Lande auch eine Verschwörung der am weitesten rechts angesiedelten Kräfte stehen, die sich Abenteurer bedienen? Kann nicht die Unfähigkeit einer so perfektionierten Staatsmaschinerie, einiger abenteuerlicher Terroristen habhaft zu werden – über die die Bevölkerung unseres Landes so erregt ist – auch darin zu suchen sein, daß sich hinter den Attentätern in Wirklichkeit der Sympathisantensumpf einer rechtsextremen Mafia verbirgt?" (S. 63). Hier wird also nicht nur unterstellt, daß die Aktionen der Terroristen den „Rechtskreisen" letztlich zugutekommen, sondern insinuiert, als ob es sich bei den Terroristen um eine Verschwörung von „Rechtskräften" handelt. Die DKP wird völlig unglaubwürdig, wenn sie den denunziatorischen Begriff „Sympathisantensumpf" verwendet – ein Ausdruck, gegen den sie sich heftig gewehrt hat, als er für linke Kritiker der westdeutschen Demokratie gebraucht wurde.
31 Vgl. auch Gerhard Haney, Die Demokratie – Wahrheit, Illusionen und Verfälschungen, Frankfurt a.M. 1971.

gung des Streikverbots in einem sozialistischen Staat zeigt. Da dort den Bürgern die Produktionsmittel gehören, müßten sie gegen sich selbst streiken (vgl. S. 113). So einfach ist das!

Der Band „Weg und Ziel der DKP" gibt in Frage- und Antwortform recht gut Auskunft über die Politik der DKP. Vor allem erhellt er die tönerne Rabulistik der Autoren. Einerseits: „Nationale Politik erfordert, die einseitige Bindung der Bundesrepublik an den amerikanischen Imperialismus und die Nato zu lösen" (S. 23). Andererseits: „Wer sich nicht mit den Realitäten im Herzen Europas abfinden will, der muß sich darüber im Klaren sein, daß damit der Frieden gefährdet wird. Das aber wäre eine Politik, die die Existenz unseres Volkes unmittelbar bedroht" (S. 26 f.). Kann man daraus die Schlußfolgerung ziehen, daß derjenige, der die Bundesrepublik aus der Nato lösen will und damit die Realitäten ändert, den Frieden gefährdet? Sicher nicht, denn in dem einen Fall ist die Veränderung der Verhältnisse in Europa ein Werk des Friedens, in dem anderen ein potentiell kriegerischer Akt. Es kommt eben auf die Perspektive an.

## Konservative Darstellungen

Bücher über die Deutsche Kommunistische Partei sind — von Gesamtdarstellungen[32] ganz abgesehen — spärlich gesät. Mit umso größerem Interesse nimmt man die dem Titel nach vielversprechende Studie von *Kremzow*[33] in die Hand — und wird enttäuscht. Die Arbeit bietet keine fundierte Analyse, weist zahlreiche Widersprüchlichkeiten auf, beruht auf einer dürftigen Quellen- und Literaturbasis und steckt voller Polemik.

Der Autor beschäftigt sich zunächst mit der (Vor-)Geschichte der DKP, berücksichtigt dann deren Programmatik, geht auf die theoretischen Grundlagen der DKP ein und erörtert ihre politischen Ziele. Schließlich stellt er die Praxis der DKP im Sinne des Marxismus vor, ehe er einen Ausblick präsentiert. Durch die Arbeit zieht sich die These, der Einfluß der DKP in der Bundesrepublik werde weit unterschätzt. Gewiß, sieht man als Indikator die

32 Vgl. Hartmut Weyer, Die DKP. Programm — Strategie — Taktik, Bonn 1979; Hansjürgen Knoche, Die DKP. Organisation — Ideologie — Politik, hrsg. von der Niedersächsischen Landeszentrale für Politische Bildung, Hannover 1980.

33 Heinz Friedrich Kremzow, Theorie und Praxis der DKP im Lichte des KPD-Verbots durch das Bundesverfassungsgericht, München 1982, 213 S. (Minerva Publikation Saur).

Promilleergebnisse der DKP bei den Bundestagswahlen an, so ist diese Schlußfolgerung richtig, doch gibt es zahlreiche Studien, die die Einflußstrategien der DKP unter die Lupe genommen haben. Kremzow scheint sie offenbar nicht zu kennen. So tauchen nicht einmal im Literaturverzeichnis die Arbeiten von Fritz Vilmar auf, der nachdrücklich die Unterwanderungstechniken der DKP gegeißelt hat.[34]

Aus der Erklärung des Bundesausschusses der DKP zitiert Kremzow deren Ziele. Der Autor schlußfolgert, bis auf die Herabsetzung des Rüstungsetats seien alle Forderungen seit dem Bestehen der sozial-liberalen Koalition erfüllt worden. Offenkundig versucht er hier – wie auch an anderen Stellen – zu suggerieren, daß sich die sozial-liberale Koalition zum Erfüllungsgehilfen der DKP gemacht habe. Die „sozialistische Umgestaltung von Staat und Gesellschaft" ist ungeachtet der DKP-Erklärung wohl denn doch nicht erfolgt. Außerdem hat die DKP in ihrer Erklärung vor allem solche Punkte herausgestellt, die auch demokratische Kräfte unterstützten (wie etwa Anerkennung der Grenzen, Beitritt zum Atomwaffensperrvertrag). Die Verhüllung ihrer tatsächlichen Ziele gehört ja gerade zur Taktik der DKP.

Der Autor ist ein Opfer des marxistisch-leninistischen Lehrgebäudes geworden. Ähnlich wie die Kommunisten ihre Ideologie als „Anleitung zum Handeln" hochstilisieren, überschätzt er deren Bedeutung. Sie ist keineswegs stets der „Leitfaden" für das jeweilige Handeln der DKP und keinesfalls die geschlossene Lehre, als die sie sich ausgibt. Kremzow garniert aber Entscheidungen der DKP mit Zitaten von Marx, Engels, Lenin – als ob diese dafür stets Pate gestanden haben. Die Neugründung einer an der sowjetischen Politik orientierten Kommunistischen Partei, wenige Monate nach der Intervention in der CSSR, wird von Kremzow u. a. damit begründet, daß die DKP an das zentralistische (auch von Rosa Luxemburg kritisierte) Konzept Lenins zu erinnern gedachte und sich von allen revisionistischen Richtungen abzusetzen versuchte. Aber in der gleichen Erklärung, in der die Ideen von Marx, Engels und Lenin als Grundlage kommunistischer Politik gepriesen werden, nimmt die DKP auch auf Rosa Luxemburg Bezug.

Wie stark der Autor implizit dem Marxismus-Leninismus aufsitzt, zeigt sich am Beispiel der Reformen. Diese dienen nach Lenin bekanntlich dazu, das revolutionäre Bewußtsein weiter zu fördern. Kremzow analysiert die Taktik der Kommunisten, sich populären Reformvorschlägen anzuschließen. Aber sind Reformen wirklich ein Schritt auf dem Wege zur ersehnten revolutionären Veränderung? Wäre der Kommunismus in Rußland an die Macht gekom-

34 Vgl. weiter unten S. 211-224.

men, wenn das Zarenreich sich früher und wirksamer für Reformen im sozialen und politischen Bereich aufgeschlossen gezeigt hätte? Vereinfacht ausgedrückt: Unterminiert die erfolgreiche Reform nicht die Revolution? Bei Kremzow findet sich dagegen ein indirektes Plädoyer für den Status quo. Er nimmt die Propaganda der DKP für bare Münze. So zitiert er aus dem erwähnten DKP-Reader von Max Schäfer: „In einer Weise, die die Antikommunisten aller Couleur immer wieder zu inquisitorischen Ausfällen von Spaltungsmanövern veranlaßte, hat sich die Aktionseinheit von Sozialdemokraten und Kommunisten, das Zusammengehen verschiedener demokratischer Kräfte bewährt, wo sie in politischen Auseinandersetzungen der letzten zehn Jahre gefordert war" (S. 146). Und Kremzow kommentiert: „Diesem aus der Sicht der DKP gezogenen Fazit hat die SPD bis heute nicht widersprochen" (S. 146). Aber hat sie ihm denn jemals zugestimmt?

Besonders grotesk — wenn nicht verworren — sind Kremzows Behauptungen über den Eurokommunismus. Nach ihm identifiziert sich die DKP, ungeachtet der Tatsache, daß dieser Begriff nicht von den orthodoxen Kommunisten geschaffen wurde, mit ihm (und seinen Repräsentanten), „weil er als eine Art Sympathiebegriff die Vorstellung erweckt, als würde es sich um eine geläuterte, gesellschaftsfähige, weil entschärfte und ‚entdogmatisierte' Konzeption' von Kommunismus handeln" (S. 95). Aber die DKP bekämpft doch bekanntlich den Eurokommunismus auf das Entschiedenste. Für Kremzow ist die DKP auch ein Teil des Eurokommunismus. In diesem Zusammenhang zitiert er zustimmend Vera Piroschkow, die seine Dissertation betreut hat: „Soweit die nichtrussischen Oppositionellen das Sowjetregime bedingungslos ablehnen, setzen sie, wie gesagt, Hoffnungen auf ihre eigenen Kommunisten und stehen somit nicht im Widerspruch zum Kommunismus als solchem. Es klingt vielleicht paradox, aber auch Moskau ist als der stärkste Repräsentant des Weltkommunismus daran interessiert, daß man alle Sünden auf sein Regime abwälzt und dadurch den Kommunismus als solchen reinigt. Der sehr gut bewaffneten Weltmacht schaden diese Anschuldigungen jetzt kaum, dem Weltkommunismus nützen sie überaus" (S. 96). Im Klartext: Der Sowjetkommunismus hat am Eurokommunismus ebenso Interesse wie an oppositionellen Kräften in der Sowjetunion. Eine einigermaßen fragwürdig-absurde Diagnose. Warum wird denn der Eurokommunismus seitens marxistisch-leninistischer Richtungen so heftig bekämpft? Geschieht dies alles etwa mit einem Augurenlächeln?

Im Ergebnis hat Kremzow recht, daß die Zielsetzung der DKP, obwohl sie auf die Begriffe „Diktatur des Proletariats" und „proletarische Revolution" verzichtet hat, nach wie vor der freiheitlichdemokratischen Grundordnung, zu der sie sich übrigens nicht einmal verbal bekennt, strikt widerstreitet. Und die von der DKP propagierte „antimonopolistische Demokratie", die als ein Stadium zwischen dem staatsmonopolistischen Kapitalismus und der Errichtung des Sozialismus gilt, hat wenig gemein mit dem Wesen einer pluralistischen Demokratie. Die DKP setzt in der Tat — mit gewissen (in erster Linie taktischen) Akzentverschiebungen — die Politik der KPD fort.

Die häufige Kritik an Vagheiten und Oberflächlichkeiten der Verfassungsschutzberichte bei Nennung kommunistischer und prokommunistischer Tendenzen ist mitunter nicht unberechtigt, aber diese Kritik fällt auf den Verfasser zurück, der sich nicht politischer Zurückhaltung befleißigen muß, wie der für den Verfassungsschutzbericht verantwortliche Innenminister. Der Berliner Rotbuch Verlag, in dem das „Kursbuch" erscheint, gilt als DKPgesteuert; Leszek Kolakowski firmiert allen Ernstes als Kommunist; erst die DKP habe Schlagworte wie „Demokratisierung" ins Leben gerufen; das Verhältnis der DKP zu den Bürgerinitiativen sei ungetrübt. Ungereimtheiten dieser Art sind Legion. Das Buch, eine Münchener Dissertation, ist ärgerlich. Der Autor hat ein Thema auf blamable Weise verschenkt. Es wäre vordringlich gewesen, die Bündnispolitik der DKP zu untersuchen, aber Kremzow begibt sich mit seiner simplizistischen Argumentation auf den Holzweg der Mutmaßungen und Insinuationen, von apokalyptischen Anflügen ganz abgesehen. Eine empirisch gesättigte Analyse zur Strategie der DKP ist nicht entstanden. Der Verfasser hat der Kommunismusforschung einen Bärendienst erwiesen.

Auch den Band von *Emil-Peter Müller*[35] legt man mit zwiespältigen Gefühlen aus der Hand, wenngleich der Verfasser differenzierter als Kremzow argumentiert. Emil-Peter Müller, der als Referent für Parteien, Verbände und Parlamentsfragen im „Institut der deutschen Wirtschaft" tätig ist und eine Vielzahl einschlägiger Arbeiten publiziert hat, gelingt es, kommunistische Einflußstrategien nachzuweisen. Aber dabei schießt Müller dann und wann übers Ziel hinaus. Seine an sich treffenden Feststellungen werden dadurch mitunter fragwürdig.

Müller hat seine Arbeit in drei Teile gegliedert — „Bündnispolitik als taktisches Instrument" (S. 11-41), „Formen kommunistischer Bündnispolitik" (S. 43-85), „Beispiele kommunistischer Bündnispolitik" (S. 87-140). Es ist durchaus legitim, sich auf die

---

35 Emil-Peter Müller, Die Bündnispolitik der DKP. Ein trojanisches Pferd, Köln 1982, 168 S. (Deutscher Instituts-Verlag).

„Bündnispolitik" zu konzentrieren, die Entwicklung, die organisatorische Struktur und die Zusammenarbeit mit anderen kommunistischen Parteien weitgehend auszublenden. Schließlich ist ja auch die „Bündnispolitik" ein wesentliches Kennzeichen der Politik des an der Sowjetunion orientierten Kommunismus.

In der Tat hat die Bündnispolitik kommunistischer Couleur wenig gemein mit der Koalitionspolitik demokratischer Parteien. Die DKP will sich bei demokratischen Organisationen anbiedern, und ebensowenig glaubwürdig sind ihre Friedensbekundungen. Da die DKP sich sowohl auf den Frieden als auch auf Lenin beruft, hält ihr Müller mit wünschenswerter Deutlichkeit ein Lenin-Zitat entgegen: „Von ‚Gewalt' schlechthin reden, ohne die Bedingungen zu analysieren, die die reaktionäre von der revolutionären Gewalt unterscheiden, heißt ein Spießbürger sein, der sich von der Revolution lossagt, oder heißt einfach sich selbst und andere durch Sophistereien betrügen. Das gleiche gilt auch für die Gewaltanwendung Nationen gegenüber. Jeder Krieg bedeutet Gewaltanwendung gegen Nationen, das hindert aber die Sozialisten nicht, für einen revolutionären Krieg zu sein. Der Klassencharakter des Krieges – das ist die Kernfrage, vor die dem Sozialist gestellt ist (wenn er kein Renegat ist)" (S. 18 f.) Im Klartext: Es wird zwischen gerechten und ungerechten Kriegen unterschieden. Der Zweck heiligt offenbar die Mittel. Wer Gewalt schlechthin verwirft, ist demnach ein „Spießbürger" – ein Etikett, das aus der Warte der DKP wohl auch auf integre Kräfte der Friedensbewegung zutrifft.

Was die Formen kommunistischer Bündnispolitik angeht, so wird bei Müller – der marxistisch-leninistischen Terminologie gemäß – insbesondere zwischen der „Aktionseinheit" und der „Volksfront" unterschieden. Unter der „Aktionseinheit" verstehen orthodoxe Kommunisten die Kooperation mit anderen politischen Richtungen zur Durchsetzung bestimmter Ziele. „Volksfront" bedeutet die feste Zusammenarbeit mit anderen politischen Parteien. Sie geht damit deutlich über „Aktionseinheiten" hinaus. Während es partiell Beispiele für Aktionseinheiten gibt, spielt die Volksfront in der Bundesrepublik überhaupt keine Rolle.

Da Kommunisten nicht über genügend Anhänger verfügen, bilden sie Tarnorganisationen und versuchen bestehende Organisationen zu unterwandern. Speziell im Gewerkschaftsbereich haben die Kommunisten einige Achtungserfolge errungen. Hier ist dem Autor beizupflichten. Außerdem verfügt die DKP über Nebenorganisationen – die „Sozialistische Deutsche Arbeiterjugend", die „Jungen Pioniere – Sozialistische Kinderorganisation" sowie den „Marxistischen Studentenbund Spartakus". Von ihnen zu unterscheiden sind die Organisationen, die kommunistisch beeinflußt sind — man denke etwa an die „Deutsche Friedensunion", die „Vereinigung der Verfolgten des Naziregimes — Bund der Antifaschisten", das „Komitee für Frieden, Abrüstung und Zusammenarbeit". Müllers Analysen dieser Organisationen gehen leider nicht sonderlich über die Verfassungsschutzberichte hinaus.

Als Beispiele kommunistischer Bündnispolitik führt der Autor neben der Ostermarschbewegung, den Rote-Punkt-Aktionen, der Gewerkschaftsarbeit und dem „Krefelder Appell" überraschenderweise auch den Eurokommunismus auf. Müller gesteht zwar zu, daß die DKP den Eurokommunismus ablehnt, doch hält er ihn für eine „Variante kommunistischer Camouflage" (S. 119) — eine Aussage, die in dieser Verallgemeinerung wohl nicht stimmt. Da es der Sinn des Eurokommunismus sein soll, die Bündnisfähigkeit zu erhöhen, fragt man sich, warum andere kommunistische Parteien eurokommunistische Parolen derart entschieden attackieren. Wenn Müller dem Eurokommunismus vorwirft, ihm gehe es nicht um „Anerkennung marktwirtschaftlich orientierter Wirtschaftsordnung" (S. 128), muß er sich sagen lassen, daß das nicht notwendigerweise ein Verstoß gegen die freiheitliche Ordnung bedeutet. Müller hat jedoch darin Recht, daß bisher als „eurokommunistisch" geltende Parteien sich zum Teil wieder der Moskauer Linie angenähert haben (wie die französische).

Fragwürdig ist aber das Resümee des Autors: „So facettenreich sich der Kommunismus darstellen kann, verfolgen Leninsche Parteien in jeder Variation das gleiche Endziel, und ein zeitweiser Verzicht auf die Artikulation bestimmter Forderungen muß keinen Wandel der strategischen Zielsetzung bedeuten" (S. 130). Hier scheint wohl die von Müller nicht geteilte Position Wolfgang Leonhards realistischer zu sein, der zwar taktische Gesichtspunkte konzediert, sich aber dagegen wendet, den Eurokommunismus ausschließlich als taktisches Manöver anzusehen.[36] Es ist richtig, daß die Bündnispolitik des orthodoxen Kommunismus umso erfolgreicher ist, je weniger dieser in Erscheinung tritt. Das bedeutet aber natürlich auch, daß er seine Ziele verdeckt, also nur halbherzig vertritt. Dies kann auch als eine Schwäche und Isolierung des orthodoxen Kommunismus interpretiert werden. Zwar informiert Müllers Buch recht solide über die DKP, aber der Autor unterliegt zuweilen der Gefahr, die marxistisch-leninistische Ideologie zu überschätzen — und zwar im Hinblick auf die politische Praxis der Kommunisten. Daß kommunistische Bündnispolitik nichts dem Zufall überlasse (vgl. S. 139)., wird auch der Marxismus-Leninismus behaupten, den Müller so scharf attackiert. Der Autor stellt nicht genügend in Rechnung, daß politischen Entwicklungen

36 Vgl. Wolfgang Leonhard, Eurokommunismus, München 1978.

eine Eigendynamik innewohnt, die dem orthodoxen Kommunismus nicht immer förderlich ist. So kann manch eine Parole aus der Friedensbewegung, die jeglicher Einäugigkeit eine Absage erteilt, eine fatale Bumerangwirkung zeitigen. Leider untersucht Müller nicht das Problem, ob und inwiefern die Friedensbewegung ferngesteuert ist.[37]

*Emil-Peter Müller* hat gemeinsam mit *Horst-Udo Niedenhoff,* dem Leiter des Referats für Gewerkschaftsfragen im „Institut der deutschen Wirtschaft" eine Fibel[38] vorgelegt, die die Argumente des orthodoxen Kommunismus zu widerlegen sucht. Zu 28 Stichworten werden Behauptung und Entgegnung einander gegenübergestellt. Wie haben die Autoren ihr Vorhaben gelöst?

Die Einleitung gibt einen kurzen Überblick über die DKP. Erhellend sind die Informationen, daß das Programm der DKP auf dem Mannheimer Parteitag 1978 ohne Gegenstimmen und ohne Enthaltungen verabschiedet und Herbert Mies mit dem gleichen Ergebnis — unter Ausschluß der Öffentlichkeit! — als Vorsitzender wieder gewählt wurde. Es ist berechtigt, sich ausschließlich auf die DKP zu konzentrieren, da sie von den linksextremen Kräften eindeutig den größten Einfluß besitzt. Und sinnvoll ist, daß als Behauptungen Zitate der DKP firmieren. So kann man den Verfassern nicht den Vorwurf machen, daß sie die Argumentation ihrer Gegner verzerrt wiedergeben.

Über die Auswahl läßt sich naturgemäß immer streiten. Die meisten der 28 Stichworte sind eindeutig dem wirtschaftlichen Bereich zuzuordnen (z. B. „Arbeit — Arbeitsplatz", „Arbeitszeit", „Arbeitnehmer", „Aussperrung", „Lohn — Gehalt", „Preis"); demgegenüber kommen die Begriffe zu kurz, die sich mit politischen Problemen befassen (z. B. „Demokratie — Demokratischer Zentralismus", „Parteien — Parteiorganisation"). Diese Unausgewogenheit fällt wohl nicht so sehr ins Gewicht, da die DKP in ihrer Agitation im Bereich der Wirtschaft ein Schwergewicht setzt. Es werden einerseits Behauptungen vorgestellt, wie sie im theoretischen Schrifttum der DKP anzutreffen sind, andererseits pointierte Meinungen (und Karikaturen) wiedergegeben, wie sie sich in Betriebszeitungen finden. Die Entgegnung fällt nicht immer so aus, daß auf jede Einzelbehauptung Bezug genommen wird. Möglicherweise haben dies die Autoren vermieden, damit nicht der Ein-

---

37 Vgl. jetzt: Emil-Peter Müller, Heimliche Bündnisse. Die DKP souffliert der „Friedensbewegung", in: Die Politische Meinung 28 (1983), Heft 210, S. 34-41.
38 Emil-Peter Müller/Horst Udo Niedenhoff, Gesellschaftskritik der DKP. Behauptung und Entgegnung, Köln 1982, 168 S. (Deutscher Instituts-Verlag).

druck einer belehrend-besserwisserischen Attitüde und einer simplen Pro- und Kontra-Argumentation entsteht.
Die Antworten der Autoren fallen mitunter harmonistisch aus. Es wird nicht eingeräumt, daß zahlreiche Mängel bestehen — auch und gerade im Bereich der Arbeitswelt. Problematisierungen unterbleiben in der Regel. Eine Aussage wie die folgende stimmt gewiß, nur unterschlägt sie eben, daß der geschilderte Sachverhalt nicht die Regel ist: „Für behinderte oder begrenzt einsetzbare Mitarbeiter werden Arbeitsplätze mit neuen, anspruchsvollen Aufgaben geschaffen" (S. 47). Und die Verallgemeinerung nachstehender Aussage bedarf der Relativierung: „Qualifizierte Mitarbeiter sind immer gefragt" (S. 52). Leider wird das Problem der hohen Arbeitslosigkeit fast gänzlich ignoriert. Die Autoren begehen den Fehler, DKP-Behauptungen, die die Wirklichkeit kraß verzeichnen, Argumentationslinien entgegenzuhalten, welche sich mehr an der Norm als an der Realität orientieren. Es hätte vielleicht stärker hervorgehoben werden können, daß die Taktik der DKP darin liegt, überzogene und ideologisch überhöhte Kritik an tatsächlichen Mißständen „aufzuhängen", um sie so als typisch für den „Kapitalismus" hinzustellen. Die Aufnahme des Stichworts „Eurokommunismus" hätte nur dann einen Sinn ergeben, wenn hier die DKP-Position referiert worden wäre. Stattdessen zitieren und kommentieren die Autoren eine Behauptung führender Eurokommunisten. Außerdem polemisieren sie gegen die SPD, die anläßlich der Europawahlen 1979 zwischen „Hauptgegnern" (den konservativen Parteien) und den „politischen Gegnern" (den eurokommunistischen Parteien) unterschieden habe. Abgesehen davon, daß eine derartige Kritik an dieser Stelle deplaziert ist, wird suggeriert, als ob die Sozialdemokraten den Kommunisten näher stünden als den konservativen Parteien. Dabei ist dem Zusammenhang eindeutig zu entnehmen, daß es um die Frage der Mehrheit geht: „Im Streit um die Mehrheit im Europäischen Parlament sind die konservativen Parteien Hauptgegner für die Sozialdemokraten" (S. 82). Solche und andere Einseitigkeiten — z. B. wird bei der weiterführenden Literatur vornehmlich auf Schriften des „Instituts der deutschen Wirtschaft" verwiesen — relativieren den Nutzen der Schrift.

*Horst-Udo Niedenhoff* hat 1979 ein Buch über die kommunistischen Aktivitäten in Betrieb und Gewerkschaften vorgelegt. Die Schrift, die kommunistische Betriebszeitungen eingehend auswertet, wurde 1982 aktualisiert.[39] Betrieb und Gewerkschaften sind

---

39 Horst-Udo Niedenhoff, **Auf dem Marsch durch die Institutionen. Die kommunistische Agitation im Betrieb und in den Gewerkschaften**, 2. Aufl., Köln 1982, 206 S. (Deutscher Instituts-Verlag).

das bevorzugte „Kampffeld" von Kommunisten. Insofern rechtfertigt sich das Vorhaben des Autors, der sich fast ein Jahrzehnt lang mit dieser Thematik befaßt hat. Niedenhoff unterscheidet zwischen der „alten Linken" (der DKP und den mit ihr verwandten Gruppen) und der „neuen Linken" (den K-Gruppen), die beide die politische Ordnung der Bundesrepublik ablehnen. Die Strategie der DKP geht dahin, mittels Bündnispolitik die Bürger für die Lehren von Marx, Engels und Lenin zu gewinnen. Erst dann könne die Revolution durchgeführt werden. Dagegen propagieren K-Gruppen, die dem Kommunismus der Moskauer Couleur „Revisionismus" vorwerfen, mehr oder weniger offen den Umsturz der verfassungsmäßigen Ordnung. Daß Niedenhoff den Schwerpunkt auf den Kommunismus der Moskauer Richtung legt, ist angesichts seiner Bedeutung angemessen.

Welche Mittel bevorzugen Kommunisten bei ihren Aktivitäten im Betrieb, und wie sieht ihre Agitation aus? Das wichtigste Mittel ist der „Zugang zum Betrieb". Die DKP-Richtung will die Arbeitnehmerschaft von innen her unterwandern, während die K-Gruppen häufig „Betriebsfremde" einschleusen. Kommunisten jeglicher Richtung wollen im Betrieb ständig „präsent" sein. Dazu dienen ihnen Betriebsgruppen und – wenn möglich – Betriebszeitungen. In der Bundesrepublik soll es ungefähr 650 kommunistische Betriebsgruppen geben. Sie sind (mit den Betriebszeitungen) in einem von *Karlheinz Winkler* zusammengestellten Anhang aufgeführt (S. 159-180) – und zwar nach Angaben aus linksextremistischen Publikationen. Zu Recht verweist Winkler darauf, daß viele der genannten Gruppen entweder schon seit Jahren nicht tätig sind oder überhaupt nicht (mehr) existieren. Die Nennung dient „lediglich zur Vortäuschung einer politischen Arbeit in den Betrieben" (S. 157). Interessant ist Niedenhoffs Hinweis auf die zentralisierte (wirtschafts-)politische Argumentation der Betriebszeitungen. Die „von oben" ausgegebenen Parolen werden nur auf den jeweiligen Betrieb übertragen. Nach Niedenhoff liegt gegenwärtig die Zahl kommunistischer Betriebsratsmitglieder bei ungefähr einem Prozent. Im Gegensatz zu manchen Gruppen der „neuen Linken" stellt die DKP keine eigenen Kandidatenlisten auf.

Die Agitation der Kommunisten im Betrieb verspricht am ehesten Erfolg durch eine geschickte Selbstdarstellung („der gute Kollege", „der beste Interessenvertreter") und durch Ausnutzung der Situation („schlechte Arbeitsbedingungen"). Es ist die Strategie der Kommunisten, Krisenstimmungen zu erzeugen, zwecks Gewinnung von „Solidarität". Niedenhoff greift auf eine eigene frühere Untersuchung[40] zurück und kommt zum Ergebnis, daß das Meinungsbild der Kollegen gegenüber Mitgliedern linksextremer Betriebsgruppen nicht einheitlich ist — diese gelten als hilfsbereit, friedfertig und fortschrittlich, aber auch als hinterlistig, bevormundend und diktatorisch. Unabhängig davon, ob man dem Fazit des Autors zu folgen geneigt ist, wonach die positiven Eigenschaften überwiegen (die Tabelle auf S. 77 läßt diesen Schluß jedenfalls wohl nicht zu): Ein Repräsentant des Kommunismus wird positiver bewertet als seine Partei.

Was die Aktivitäten der Kommunisten in den Gewerkschaften angeht, so verfolgen die Gruppen der „alten" und der „neuen Linken" unterschiedliche Strategien. Während die sogenannten orthodoxen Kommunisten das Prinzip der „Einheitsgewerkschaft" verfechten und sich innerhalb der Gewerkschaften engagieren, bevorzugen die K-Gruppen eine andere Strategie: Eine „revolutionäre Gewerkschaftsopposition" (RGO) soll klassenkämpferische Politik bewerkstelligen. Daher haben die Gewerkschaften einen Unvereinbarkeitsbeschluß gefaßt: Mitglieder von K-Gruppen werden aus ihnen ausgeschlossen. Allerdings richtet sich die Kritik der K-Gruppen zunehmend weniger gegen die Gewerkschaftsorganisation an sich als vielmehr gegen deren Führung. Hier hätte Niedenhoff stärker die jüngste Entwicklung berücksichtigen sollen. Von der Krise der K-Gruppen blieb natürlich auch ihre Tätigkeit in den Gewerkschaften nicht unbeeinflußt. Es ist wohl schwerlich richtig, daß die K-Gruppen im Vergleich zu 1977 in den Gewerkschaften an Boden gewonnen haben (vgl. S. 131). Dagegen ist die Infiltration der DKP innerhalb der Gewerkschaften beträchtlich.[41] So konnte die Jugendorganisation der DKP, die SDAJ, auf der 10. Bundesjugendkonferenz des DGB Ende 1977 mehrere Resolutionen entscheidend beeinflussen. Das für Jugendfragen zuständige Mitglied des DGB-Bundesvorstands, Karl Schwab, äußerte sich — gemünzt auf die DKP — anschließend wie folgt: „Ich habe die Befürchtung, daß ein nicht kleiner Teil der Kolleginnen und Kollegen, die sich für mich bei den einzelnen Abstimmungen dann deutlicher als Gruppe herausstellte, ihre Erkenntnisse und auch ihre Aufträge nicht von Gremien innerhalb der Gewerkschaften, sondern von politischen Gruppierungen außerhalb erhalten" (S. 124).

40 Vgl. auch ders., Jetzt muß etwas getan werden... Die Basisarbeit linksextremer Gruppen im Betrieb, Köln 1976.
41 Noch Mitte der siebziger Jahre war der kommunistische Einfluß geringer. Vgl. Ernst N. Ehrenberg, Die Bündnispolitik der Deutschen Kommunistischen Partei mit dem Deutschen Gewerkschaftsbund, Gerbrunn bei Würzburg 1977.

Die Schrift, die mit zahlreichen Tabellen und Schaubildern wie Abbildungen aus Betriebszeitungen illustriert ist, eignet sich — insgesamt gesehen — für die politische Bildungsarbeit, wenngleich die Analyse häufig zu kurz kommt. Zahlreiche der ellenlangen Zitate — so aussagekräftig manche von ihnen auch sind — hätten gestrichen oder zumindest gekürzt werden können. Stattdessen wäre vielleicht ein Vergleich zum Ausland sinnvoll gewesen. Welchen Einfluß haben dort die Kommunisten in den Gewerkschaften? Manche Relativierungen hätten sich dann ergeben.

Dem konservativen Spektrum zuzurechnen ist wohl auch die Arbeit von *Wilhelm Mensing* über den DKP-Einfluß im kulturellen Leben der Bundesrepublik Deutschland.[42] Sie zeichnet sich durch eine intime Kenntnis der kulturpolitischen Aktivitäten der DKP aus. Es handelt sich nicht um eine „second hand"-Analyse; vielmehr beruht sie auf einer detaillierten Auswertung originärer Materialien. Leider hat Mensing auf einen Anmerkungsapparat fast völlig verzichtet.[43]

Aufgrund ihrer beachtlichen Organisations- und Finanzkraft haben es die an der Politik der Sowjetunion orientierten Kommunisten verstanden, einen Einfluß auszuüben, der bei weitem ihre tatsächliche Stärke in den Schatten stellt. Allerdings hebt Mensing auch hervor: „Viele von den Musikern, die lukrative Plattenverträge mit dem kommunistischen Pläne-Verlag machen, den Künstlern, denen die Partei beim Pressefest ihrer Zeitung — der UZ — ein großes Publikum verschafft, den Autoren, denen sie in den Zeitschriften der von ihr beeinflußten Verlage ein Forum bietet, haben mit dem realen Sozialismus nach DDR-Vorbild, auf den die DKP steuert, herzlich wenig im Sinn" (S. 15). Als Motive für die Bereitschaft, trotzdem mitzuwirken, nennt Mensing folgende: die Chance, sich öffentlichkeitswirksam zu „produzieren"; Anpassung an Trends; der Glaube an einen Kommunismus mit menschlichem Antlitz (vgl. S. 18). Dies ist wohl eine realistische Einschätzung des Sachverhalts. Damit beantwortet sich im Grunde auch die Frage des Autors, warum so viele mit dem orthodoxen Kommunismus zusammenarbeiten, selbst wenn dieser Initiator eines Bündnisses oder einer Organisation ist.

Daß die Kultur als eine Waffe im Klassenkampf fungiert, wird nicht nur am Beispiel der DDR gezeigt (der „sozialistische Patriotismus" muß dafür herhalten, um nationale Kulturtraditionen

---

42 Wilhelm Mensing, Maulwürfe im Kulturbeet. DKP-Einfluß in Presse, Literatur und Kunst (= Texte und Thesen, Nr. 156), Zürich 1983, 155 S. (Edition Interfrom).

43 Siehe dagegen ders., Zur Kulturpolitik der DKP, in: APuZG, B 10/83, S. 37-46.

„einzuverleiben"), sondern auch an den Schriftstellern Martin Walser, Franz-Xaver Kroetz und Ernst A. Rauter, die zeitweilig der DKP eng verbunden waren. Wer den „Klassenstandpunkt" oder das Gebot der „Parteilichkeit" nicht konsequent vertritt, wird fallengelassen, wobei die Art der „Abrechnung" unterschiedlicher Natur ist. Vielleicht kann der eine oder andere Autor noch nützlich sein. Mensing spielt zuweilen die Widerstände herunter, denen sich die DKP ausgesetzt sieht. So wäre es wohl sinnvoll gewesen, auf die Schwierigkeiten einzugehen, die für die DKP durch die „Übersiedlung" von Schriftstellern aus der DDR (zum Teil im Gefolge der Biermann-Ausweisung) entstanden sind. Gerade diese, überwiegend durchaus sozialistisch eingestellten „Kulturschaffenden", um einen einschlägigen Terminus zu benutzen, geben sich keinen Illusionen über die Ziele wie die Praktiken der DKP hin — und sprechen es auch offen aus, wodurch sich die DKP zu einem beträchtlichen Aufwand an dialektischer Rabulistik gezwungen sieht.

Was Mensing über die „demokratische Musikkultur", die Arbeiterfotografie und den „Werkkreis Literatur der Arbeitswelt" zu berichten weiß, ist längst nicht alles bekannt gewesen. Das gilt ebenfalls für die Geschichte des „Demokratischen Kulturbundes Deutschlands", den „langlebigste(n) verbotene(n) Verein in der Geschichte der Bundesrepublik Deutschland" (S. 99). Verboten seit März 1959[44] aufgrund von Art. 9,2 GG, hat der Kulturbund es verstanden, seine Arbeit bis auf den heutigen Tag fortzusetzen — trotz einer Rechtsprechung, die das Verbot des Kulturbundes bestätigt hat. Die Kritik Mensings an der „Nichtachtung eines rechtskräftigen Urteils" (S. 104) ist berechtigt. Die Glaubwürdigkeit des Rechtsstaates leidet Schaden.

Ein Kernstück der Arbeit Mensings stellt der Abschnitt über die „Kommunistische Literaturholding" dar (S. 109-137). Im Jahre 1969 ist eine Arbeitsgemeinschaft von Verlegern und Buchhändlern gegründet worden. Ihr gehören gegenwärtig 14 Verlage an (z. B. der Damnitz Verlag, der Pahl-Rugenstein Verlag, der Röderberg Verlag, der Verlag Marxistische Blätter) — ein beeindruckendes „Imperium". Der wichtigste Verlag, der Pahl-Rugenstein Verlag, legt Wert auf seine Unabhängigkeit und Überparteilichkeit. So habe

---

44 Offiziellen Mitteilungen zufolge ist er von der rheinland-pfälzischen Landesregierung schon im Februar 1955 und vom bayerischen Staatsministerium des Innern im August 1957 verboten worden. Vgl. folgende Auflistung, in: Gemeinsames Ministerialblatt 17 (1966), Nr. 1, S. 8. Seit dem Inkrafttreten des Vereinsgesetzes im Jahre 1964 können „länderübergreifende" Vereinigungen nur noch durch das Bundesministerium des Innern aufgelöst werden.

Manfred Pahl-Rugenstein in einer in der FAZ abgedruckten Gegendarstellung darauf hingewiesen, der Vorwurf der kommunistischen Unterwanderung stimme nicht und das politische Spektrum der Autoren sei weit gespannt. In der Tat — wenn es anders wäre, verminderte sich schlagartig der Einfluß des Verlages. So aber hat die Monatszeitschrift „Blätter für deutsche und internationale Politik" eine Auflage von ca. 16.000! Mehr oder weniger geschickt wird gegen das kapitalistische System agitiert — die Zeitschrift zeichnet sich durch betonten Anti-Antikommunismus aus, weniger plump als die tibetanischen Gebetsmühlen gleichende DKP-Monotonie — und wirkungsvoller. Daß auch zahlreiche Demokraten sich nicht scheuen, in dem auflagenstarken Organ zu schreiben und auf diese Weise dazu beitragen, daß bei Gutgläubigen Illusionen geweckt werden, ist Ausdruck einer nicht selten vorhandenen Gesinnung — gegen „rechts" ist jedes Bündnis vertretbar.

Freilich wachsen die Erfolge DKP-orientierter Erzeugnisse auch nicht in den Himmel. So wurde der Monitor Verlag zum 30. September 1983 liquidiert. Die dort vertriebene „Deutsche Volkszeitung" erscheint seither gemeinsam mit der von der „Vereinigung der Verfolgten des Nazi-Regimes — Bund der Antifaschisten" im Röderberg Verlag herausgegebenen Wochenzeitung „Die Tat"[45].

Der auch sprachlich geglückte Essay Mensings ist keine grobschlächtige Polemik gegen die DKP, sondern eine subtile Analyse der verzweigten kommunistischen Aktivitäten im Bereich von Presse, Literatur und Kunst. Übrigens wendet sich Mensing explizit gegen Verbote, da dann möglicherweise „die Auseinandersetzung der Meinungen auch dort erstickt, wo Demokraten sie mit Demokraten zu führen versuchen" (S. 146). Um so entschiedener plädiert Mensing für eine deutliche Auseinandersetzung mit marxistisch-leninistischen Organisationen und deren Ideologie. Das vermißt er jedoch allzu häufig in der Bundesrepublik: „Die Freiheit von Meinung und Information ist eine scharfe Waffe; sie wird bisher zu wenig genutzt" (S. 151).

---

45 Vgl. den Artikel „Deutsche Volkszeitung/die tat" — neue kommunistische Bündniszeitung, in: Innere Sicherheit, Nr. 70 v. 23. Dezember 1983, S. 13. Hier wird angedeutet, daß dem Zusammenschluß nicht nur ökonomische, sondern möglicherweise auch politische Schwierigkeiten vorangegangen sind. In der „Deutschen Volkszeitung" soll es eine Richtung gegeben haben, die nicht voll auf DKP-Kurs lag.

## Beiträge aus demokratisch-sozialistischer Perspektive

Hier trifft er sich mit den Autoren des Gemeinschaftswerkes „Der Marsch der DKP durch die Institutionen", das die Unterwanderungsstrategie der DKP auszuloten sucht.[46] Das Buch von *Ossip K. Flechtheim, Wolfgang Rudzio, Fritz Vilmar*, sämtlich Professoren der Politikwissenschaft, und *Manfred Wilke*, Geschäftsführer der GEW in Nordrhein-Westfalen, hat aus mehreren Gründen Aufsehen erregt: (1) Die Autoren sind selbst „Linke", bezeichnen sich als demokratische Sozialisten. Ihre Kritik kann also nicht so leicht als Ausgeburt eines primitiven „Antikommunismus" abgetan werden. (2) Niemals zuvor ist aus solch intimer Kenntnis von kommunistischen Unterwanderungspraktiken berichtet worden. Anhand zahlreicher Beispiele wird die kommunistische Strategie dargelegt.

Dieses Buch hat seine Breitenwirkung allemal verdient. Einer deutlich positiven Einschätzung[47] standen ebenso entschieden negative Stellungnahmen[48] gegenüber — eine „durchwachsene" Kritik blieb fast völlig aus. Die Autoren kritisieren zum einen, daß es der DKP gelungen ist, in verdeckter Form Einfluß in Institutionen zu erringen, und zum anderen die leninistische Ideologie und Strategie, deren sich die DKP mit ihren Helfershelfern bedient. Allerdings bleiben die Autoren bei ihrer Schelte häufig recht allgemein und verzichten mitunter auf Belege. Dies räumen sie selbst

---

46 Ossip K. Flechtheim/Wolfgang Rudzio/Fritz Vilmar/Manfred Wilke, Der Marsch der DKP durch die Institutionen (= Fischer Taschenbücher, Bd. 4223), Frankfurt a.M. 1980, 272 S. (= Fischer Taschenbuch Verlag).
47 Vgl. Ulrich Schacht, Ein Coup wird entlarvt. Zu einem Fischer-Taschenbuch über die Umwege der DKP zur Macht mit Hilfe von Maskenträgern, Trotteln und anderen Hiwis, in: Das da, Heft 2/1981, S. 43-44; Heinz Abosch, Zorn auf die blauäugigen Linken. Plädoyer für eine schärfere Separierung von der DKP, in: SZ v. 17. November 1980; ders., Machteroberung über die Hintertreppe, in: Das Parlament v. 3. Januar 1981; Hans Josef Horchem, Bruch eines Tabus. Linke kritisieren die Infiltration, in: Die Zeit v. 6. Februar 1981; Suse Weidenbach, DKP-Mitglieder als „nützliche Idioten"?, in: Stuttgarter Zeitung v. 13. Januar 1981; Hans Schwalbach, Die Geschichte des ständigen Kampfes um Einfluß, in: ötv-magazin, Nr. 6/81, S. 43.
48 Klaus Pickshaus, Ähnlichkeit mit BDA-Institut bezieht sich nicht nur auf Titel, in: Nachrichten zur Wirtschafts- und Sozialpolitik, Nr. 1/1981, S. 35; Klaus Keuter, Die DKP auf dem Marsch, in: Welt der Arbeit v. 16. April 1981; Erik Nohara, Der IG Chemie ist es Hintergrundmaterial, der IG Metall ein Buch für Gewerkschaftsgegner, in: Die Neue v. 13. März 1981; Jakob Sonnenschein, Die DKP schlagen, die „Linke" treffen und die SPD stärken, in: taz v. 19. Juni 1981.

ein, rechtfertigen dieses Defizit mit folgendem „ambivalenten" Argument: „Oft aber würde ‚belegen' heißen müssen: Namen nennen. Hier aber gilt, was Oskar Negt und seine Mitautoren ... zu ihrer Verteidigung des ‚Oberurseler Papiers' geschrieben haben ...: ‚Eine ... personelle Benennung von DKP-Anhängern in den Gewerkschaften (würde) genau jenen administrativen Aussonderungsprozeß provozieren, an denen keiner fortschrittlichen Position innerhalb der Gewerkschaften gelegen sein kann...' Auch wir haben, in diesem hier benannten Dilemma, auf eine Wissenschaftlichkeit verzichtet, die (nicht ohnehin bekannte) Funktionsträger ins Rampenlicht rücken müßte – auf die Gefahr hin, daß etliche, wie bisher auf diese Zurückhaltung vertrauend, noch eine weitere Zeit lang im Halbdunkel wirken können" (S. 14 f.). Diese Argumentation überzeugt nicht: Wenn die Autoren ihre Vorwürfe en détail belegen können, bedarf es der Benennung von „Roß und Reiter". Ansonsten mag der Eindruck entstehen, die Unterwanderungspraktiken ließen sich wohl nicht so exakt nachweisen. Das Argument des „Schutzes" ist Ausfluß einer Immunisierungsideologie. Es besteht doch für die Verfasser nicht der geringste Grund, Verfechter einer Richtung zu schonen, über die sie selbst unzweideutig sagen: „Sowjetmarxismus ist antidemokratisch" (S. 212). „Administrative" Konsequenzen sind doch aufgrund von Namensnennungen wohl nicht zu erwarten. Jegliches Taktieren verbietet sich daher. Der Vorwurf etwa, Mitglieder oder Anhänger der DKP würden im universitären Bereich „gegen andere Linke offen Berufsverbote (fordern) oder sogar de facto in Berufungskommissionen" (S. 220) exekutieren, bedarf der Konkretisierung.

Der Band besteht aus drei Teilen. Im ersten werden sowjetkommunistische Organisationsformen und Strategien in der Bundesrepublik erörtert, im zweiten die sowjetmarxistischen Ideologien kritisiert und im dritten „Schlußfolgerungen für die Bildungs- und Organisationsarbeit" gezogen. Die Autoren zeichnen die gewerkschaftlichen Konflikte über die Rolle der DKP detailliert nach und gehen auch auf die Abwiegelungstendenzen ein, etwa durch Detlef Hensche, einem Vorstandsmitglied der IG Druck.[49] Besonders eindrucksvoll sind die von den Autoren aufgeführten oder übernommenen Beispiele für die Strategie der SDAJ gegenüber Andersdenkenden. „Eindrucksvoll" zum einen deshalb, weil deutlich wird, mit welcher Intoleranz die SDAJ vorgeht (z. B. ist der Lehrlingszeitung des marxistisch orientierten „Kommunistischen Jugendverbandes Deutschlands" die Aufnahme in der „Jungen Presse

49 Vgl. Detlef Hensche, Die Legende von der „kommunistischen Unterwanderung", in: GM 28 (1977), S. 471–483.

Hessen" untersagt worden) und zum anderen, weil nur schwer zu erklären ist, wie der Jugendverband einer Partei, die bei allgemeinen Wahlen deutlich weniger als ein Prozent bekommt, solche Machtbastionen erringen kann. Schwer zu erklären ist auch, daß der gesellschaftswissenschaftliche Fachbereich der Universität Marburg von „Sowjetmarxisten" beherrscht (worden) ist. Die Fallstudie über Marburg berücksichtigt allerdings im wesentlichen Ergebnisse einer Untersuchung Mitte der siebziger Jahre.[50] Damals seien drei Viertel der Veranstaltungen (insgesamt 58) von Dozenten geleitet worden, die eindeutig oder (in acht Fällen) mit hoher Wahrscheinlichkeit als „sowjetmarxistisch" gelten müssen ... Zunehmend mache sich allerdings ein „linker Pluralismus" bemerkbar. Die Autoren nennen hier zu Recht die Politologen Elsenhans (inzwischen Konstanz) und Greven, aber es wäre auch unerläßlich gewesen, Wilfried von Bredow aufzuführen, der sich, wie zahlreiche Publikationen der letzten Jahre belegen, längst von der „Marburger Schule" gelöst hat, sofern er überhaupt jemals dazu gehörte,[51] und dessen Position mit dem Etikett „linker Pluralismus" wohl nicht mehr angemessen beschrieben ist.

Die Ideologie des Sowjetmarxismus berücksichtigen die Autoren im zweiten Teil, indem sie die immer wieder verwendeten Stereotypen erläutern, die den Sowjetkommunismus idealisierende Programmatik kritisieren, die von Ungereimtheiten nicht freie Stamokap-Theorie analysieren, auf die marxistisch-leninistische Sichtwei-

50 Vgl. Fritz Vilmar, Gesamteuropäische Koexistenz und innersozialistische Kritik, in: Rudi Dutschke/Manfred Wilke (Hrsg.), Die Sowjetunion, Solschenizyn und die westliche Linke, Reinbek bei Hamburg 1975, insbes. S. 55-60; detaillierter und noch deutlicher Wilhelm N. Luther, Vom Mißbrauch der Politischen Wissenschaft. Marxistisch-Leninistisches an der Universität Marburg, in: Die Politische Meinung 21 (1976), Nr. 167, S. 81-94. „Durch eigene Beobachtungen in den letzten Jahren beunruhigt und durch Vilmars Feststellungen alarmiert", habe Luther als Vorsitzender des Wissenschaftlichen Prüfungsamtes sich verpflichtet gefühlt, „den erhobenen Vorwürfen nachzugehen und zu überprüfen, wie sich die beanstandete Lehrweise der Politologen auf das Wissen und die politische Meinungsbildung der Prüflinge auswirkt" (S. 82). Demzufolge hat Luther die seit 1970 geschriebenen Hausarbeiten und Klausuren ausgewertet.
51 Vgl. allerdings Wilfried von Bredow, Die Ausbildung von Politologen an der Philipps-Universität Marburg, in: Alfred Büllesbach/Mir A. Ferdowski (Hrsg.), Politikwissenschaft und gesellschaftliche Praxis. Normative Selbststeuerung oder Arbeitsmarktorientierung, München 1977, S. 140-156. Hier und in der anschließenden Diskussion (ebd., S. 157 bis 167) scheint er aber wohl doch den Einfluß sowjetmarxistischer Politologen herunterzuspielen.

se der sozialdemokratischen Position verweisen und sich mit einer sowjetmarxistisch geprägten Darstellung der Geschichte der deutschen Arbeiterbewegung beschäftigen. Zu den marxistisch-leninistischen Klischees gehören etwa folgende Begriffe: „Antikommunismus", „antimonopolistische Demokratie", „fortschrittlich", „Sozialdemokratismus", „Rechtssozialdemokratie", „Werktätiger". Gewiß, diese und weitere Ausdrücke werden auch von anderen benutzt, doch sie sind typisch für kommunistische und krypto-kommunistische Argumentationen. Insofern ist die Auflistung und Erklärung sinnvoll, weil nicht jedermann, der diese Begriffe verwendet, mit der sowjetmarxistischen Ideologie vertraut ist. Was die DKP unter innerparteilicher Demokratie versteht, zeigen die Autoren am Beispiel des langjährigen KPD- und DKP-Mitglieds Karl Ludwig (S. 68-77). Er war ausgeschlossen worden, weil er seinen nicht in der UZ abgedruckten Leserbrief, in dem er die DKP-Kritik an Rudolf Bahro zurückwies, andernorts veröffentlicht hatte. Schon vorher unterzog Ludwig die sektiererische Politik der DKP einer harschen Kritik.[52]

Sehr deutlich werden von den Autoren die prinzipiellen (und nicht nur graduellen) Unterschiede zwischen Sowjetkommunisten und demokratischen Sozialisten herausgestellt.[53] Wer sich am Modell der Sowjetunion orientiert, verstehe das parlamentarische System als „bürgerliche Demokratie", also nicht als Eigenwert, und interpretiere den Sozialismus so, daß er durch Sozialisierung der Produktionsmittel in einem revolutionären Akt hergestellt wird; wer die Vorbildfunktion der Sowjetunion nicht akzeptiert, bekenne sich zur parlamentarischen Demokratie und fasse Sozialismus als ständige Aufgabe auf, die nicht schon durch die Vergesellschaftung der Produktionsmittel erreicht ist.

Die Autoren gehen ausführlich auf die von Deppe, Fülberth, Harrer und anderen Autoren verfaßte „Geschichte der deutschen Gewerkschaftsbewegung"[54] ein, die, erschienen im Pahl-Rugenstein Verlag, sowjetmarxistisch orientiert ist. Sie hat gerade in Gewerkschaftskreisen weite Verbreitung gefunden. Für die Autoren „ist das Buch ein großangelegter Versuch, durch völlig einseitige

---

52 Diese Kontroverse ist ausführlich dokumentiert in folgender Zeitschrift: Kritik 6 (1978), Nr. 18, S. 4-46.
53 Siehe auch Ulrich Lohmar, Sozialdemokratie oder Kommunismus?; dagegen: Arno Winkler, Wie der Sozialdemokrat Ulrich Lohmar den objektiven Verlauf der Geschichte aufhalten will; Günter Kalex/Harry Klug, Das ‚strategische Zielbündel' des Herrn Lohmar, jeweils in: APuZG, B 8/73, S. 3-10, 11-20, 21-31.
54 Vgl. Frank Deppe/Georg Fülberth/Jürgen Harrer u.a., Geschichte der deutschen Gewerkschaftsbewegung, Köln 1977.

Darstellung einer über hundertjährigen Gewerkschaftsgeschichte die sowjetisch-marxistische Theorie und Praxis schön, die reformsozialistische dagegen schwarz zu färben" (S. 188). Damit stehen die Verfasser nicht allein, sie befinden sich in guter (sozialistischer) Gesellschaft, wie etwa die Besprechungen von Gerhard Beier, Helga Grebing und Manfred Scharrer zeigen.[55] Das Buch der Marburger trägt freilich nicht „dick" auf, gibt sich den Anschein einer gründlichen Auseinandersetzung mit unterschiedlichen Positionen. Tatsächlich aber wird die Politik der KPD nahezu ständig gerechtfertigt, die der SPD, speziell der „Rechtskräfte", negativ bewertet.[56] Die, natürlich „rechte", Gewerkschaftsführung habe die Masse der Gewerkschafter korrumpiert. Daß diese personalisierende Sicht nicht eben ein Ausfluß marxistischer Geschichtswissenschaft ist, sollte eigentlich einleuchten.[57] Die Entwicklung der Gewerkschaftsbewegung im Osten Deutschlands nach 1945 wird weithin gerechtfertigt[58] oder ausgespart, die im Westen hingegen einer scharfen Kritik unterzogen. So wichtig und fundiert die Einwände der Autoren an diesem sich „objektiv" gebenden Buch auch sind, so gehen sie doch kaum über die anderer hinaus, stützen sich vielmehr wesentlich auf diese.

Die Schlußfolgerungen für die Bildungs- und Organisationsarbeit zielen darauf ab, die demokratisch-sozialistische Bewegung in der Bundesrepublik zu stärken und sich offensiv mit kommunistischen

55 Vgl. Gerhard Beier, Die Wiederentdeckung der Gewerkschaftsgeschichte. Ein aktueller Streit und seine historischen Hindergründe, in: APuZG, B 41/79, S. 19-36; Helga Grebing, Eine große sozialwissenschaftliche und pädagogische Leistung? Bemerkungen zu dem Buch von Deppe, Fülberth, Harrer (Hrsg.): Geschichte der deutschen Gewerkschaftsbewegung, in: GM 30 (1979), S. 202-225; Manfred Scharrer, Zur Geschichte der deutschen Gewerkschaftsbewegung, in: NG 26 (1979), S. 854-859.
56 Vgl. auch schon folgendes Buch, das von der Kritik erstaunlicherweise kaum zur Kenntnis genommen wurde: Georg Fülberth/Jürgen Harrer, Die deutsche Sozialdemokratie 1890-1933, Darmstadt/Neuwied 1974.
57 Vgl. demgegenüber die Verteidigung von Frank Deppe/Georg Fülberth/Jürgen Harrer, Zur aktuellen Diskussion über die ‚Geschichte der deutschen Gewerkschaftsbewegung', in: Blätter für deutsche und internationale Politik 25 (1980), S. 83-102.
58 Schon 1975 zog sich Georg Fülberth den Vorwurf des Plagiats zu. Eine Autorengruppe unter Leitung von Fülberth hatte in einem Heft für den Geschichts- und Sozialkundeunterricht (vgl. Georg Fülberth u.a., Die Wandlung der deutschen Sozialdemokratie vom Erfurter Parteitag 1891 bis zum 1. Weltkrieg, Köln 1974) in weiten Teilen die vom Institut für Marxismus-Leninismus beim ZK der SED herausgegebene „Geschichte der deutschen Arbeiterbewegung" plagiiert. Vgl. dazu Werner Meiners, in: NPL 20 (1975), S. 542f.

Gruppierungen auseinanderzusetzen (ideologiekritisch im Bereich der Politikwissenschaft und der politischen Bildung; in der Bildungsarbeit bei den Parteien und in der Gewerkschaftspolitik). Die Forderung, daß sich die demokratischen Kräfte im Bildungssektor und im Gewerkschaftsbereich stärker engagieren, ist gewiß löblich. Nur sind die Schlußfolgerungen eigentümlich inkonsequent abgefaßt. Einerseits wird die grassierende „Verbotsmentalität" (S. 220) hart kritisiert, andererseits schlagen die Autoren angesichts der offenkundigen Unvereinbarkeit zwischen den Gewerkschaften und der DKP vor, daß die DGB-Spitze in einem Grundsatzreferat eine klare Abgrenzung gegenüber Kommunisten der Moskauer Linie vollzieht. „Was hindert die Gewerkschaften, eine solche Abgrenzung in ihren Satzungen zu verankern?" (S. 228). Müßten dann nicht — es sei denn, die Satzung bleibt bloß ein „Fetzen Papier" — DKP-Mitglieder aus dem DGB ausgeschlossen werden? Wollen das die Autoren? Vermutlich nicht, sprechen sie sich doch für eine „Kritik der Berufsverbotspraxis" (S. 105) aus.

Ungeachtet der Tatsache, daß manchmal die eigene Position verabsolutiert wird (nicht nur gegenüber der DKP, sondern auch gegenüber „rechts", wie es unkritisch häufig heißt) — das Buch ist aufschlußreich und wichtig. Die Autoren wollen „aufrütteln" und warnen — vor den „Brandstiftern", aber auch — und nicht zuletzt — vor den „Biedermännern". Bezeichnenderweise ist dem dritten Teil ein Zitat aus Max Frischs Drama „Biedermann und die Brandstifter" vorangestellt.

Daß die Verfasser mit ihren Warnungen einen „Stich ins Wespennest" getan haben, zeigen etwa die Reaktionen in einem Organ der IG Metall: Die Autoren des Sammelwerkes erklärten „solche Gewerkschaftler für vogelfrei, die andere politische Positionen vertreten als sie selbst. Wer nicht ihre verworrenen Phrasen nachbetet, ist ‚DKP-nützlich'." Sie würden „zur großen Jagd" blasen und sich von den „Einheitsgewerkschaften verabschieden." Der Rezensent schlußfolgert über die „akademischen Kammerjäger": „Wann immer Gewerkschaften glaubten, sich Ansehen und Einfluß durch Anpassung erschmeicheln zu können, war das gleichbedeutend mit Verzicht auf die konsequente Durchsetzung gewerkschaftlicher Forderungen ... Vergeblich suchen sie mit ‚linken' Phrasen darüber hinwegzutäuschen, daß sie das Geschäft der Gewerkschaftsgegner betreiben."[59] Solche Verzeichnungen befremden. Diffamierung ersetzt Kritik. Auf die Argumente der Autoren hat man sich nicht eingelassen.

---

59 Die Zitate stammen aus der Rezension des Buches von R. Pl., Aus der Geschichte nichts gelernt, in: Der Gewerkschaftler, Heft 1/1981, S. 48.

Überhaupt wurde den Verfassern des Bandes häufig der Vorwurf gemacht, er nütze der „anderen Seite", was der von konservativer[60] oder reaktionärer Warte[61] kommende „Beifall" zeige. Das Argument ist aus mehreren Gründen nicht triftig. Erstens befinden sich demokratische Sozialisten und Konservative auf „derselben Seite" — jedenfalls was die eindeutige Ablehnung des Marxismus-Leninismus und die Bejahung demokratischer Spielregeln angeht. Zweitens nützen die Verfasser der Idee des demokratischen Sozialismus, wenn sie Mißstände im Gewerkschaftsbereich anprangern. Deren Gegnern fällt es dann schwerer, diese als „demokratiegefährdend" zu bezeichnen. Drittens, und das ist das Entscheidende: Wer den Topos vom „Beifall von der falschen Seite" verwendet, läßt ein bedenkliches Demokratieverständnis erkennen. Maßgeblich ist doch allein, ob die mitgeteilten Fakten der Wahrheit entsprechen. Das Problem, wem sie — tatsächlich oder vermeintlich — dienlich sind, ist von untergeordneter Natur. Jedenfalls dürfen Äußerungen davon niemals bestimmt sein. Hans Magnus Enzensberger hat die totalitäre Denkstruktur des häufig anzutreffenden Arguments vom „Beifalls von der falschen Seite" aufgezeigt: „Was dem Gegner nützt, muß unterbleiben: worauf dieser Satz hinausläuft, das wird an seiner Umkehrung klar: Was der eigenen Seite nützt, geschieht."[62] Aus der Tatsache, daß die UZ, die Zeitung der DKP, einen Verriß des Buches aus der „Welt der Arbeit" abdruckt,[63] der Wochenzeitung des DGB, kann selbstverständlich ebensowenig gefolgert werden, der DGB besorge das Geschäft der Kommunisten.

Diese fühlten sich durch das Buch so „ertappt", daß sie sogar eine dreißigseitige Gegenschrift herausgaben, in der sie entrüstet den Vorwurf der Gefährdung der Unabhängigkeit der Gewerkschaftsbewegung zurückwiesen.[64] Stattdessen plädierten sie für „ein Maximum an Zusammenarbeit der in der Einheitsgewerkschaft vereinten Sozialdemokraten, Christen, Kommunisten und

---

60 Vgl. Peter Meier-Bergfeld, Warnen, bevor es zu spät ist. Die Unterwanderung des DGB und das Damaskus linker Sozialisten, in: Rheinischer Merkur/Christ und Welt v. 12. Dezember 1980.
61 Vgl. dazu den ohne Verfasserangabe gekennzeichneten Artikel „Linkssozialisten funkten SOS", in: Deutschland-Magazin v. 2. Januar 1981, S. 26-28.
62 Hans Magnus Enzensberger, Über den Beifall von der falschen Seite, in: Ders., Einzelheiten, Frankfurt a. M. 1962, S. 85-87.
63 Vgl. Unsere Zeit v. 5. Mai 1981.
64 Vgl. Herbert Mies, DKP und Gewerkschaften. Klarstellungen zum Buch „Der Marsch der DKP durch die Institutionen", hrsg. vom Parteivorstand der DKP, Neuß 1981.

Parteilosen"[65]. Man beachte die Reihenfolge! Die kommunistische Mimikry ist offenkundig.

*Fritz Vilmar* hat dem „Marsch der DKP durch die Institutionen" schon ein Jahr später ein weiteres Bändchen nachgeschoben: „Was heißt hier kommunistische Unterwanderung?"[66] Mehrere Autoren haben Teile beigesteuert. Der Dank Vilmars gilt insbesondere *Wolfgang Rudzio* und *Manfred Wilke,* den Mitverfassern des ersten Bandes.[67] Zum Teil ist ein „Aufguß" entstanden[68] — mit einem nicht immer sonderlich überzeugenden Aufbau.

Die Einleitung besteht aus der etwas gekürzten Wiedergabe eines im Fernsehen geführten Streitgespräches zwischen *Frank Deppe* und *Josef Schleifstein*[69] auf der einen, Wolfgang Rudzio und Fritz Vilmar auf der anderen Seite — eine Auseinandersetzung, die leider — wie bei Fernsehdiskussionen häufig der Fall — in dieser Form wenig Aussagekraft besitzt. Hätte man den Marburger Politologen Frank Deppe, wenn er sich denn schon eigens als „Nichtkommunist" (S. 28) geriert, nicht fragen können, wo er sich von den Positionen des Marxismus-Leninismus abgrenzt?

Im ersten Teil will Vilmar belegen, daß „das Problem kommunistischer Unterwanderung ... in den Gewerkschaften mehr unter den Teppich gekehrt als in Angriff genommen" (S. 11) worden ist. Unter „Unterwanderung" versteht Vilmar dabei zweierlei: Einer-

---

65 Ebd., S. 30.
66 Fritz Vilmar, Was heißt hier kommunistische Unterwanderung? Eine notwendige Analyse – und wie die Linke darauf reagiert (= das aktuelle Ullstein-Buch, Bd. 34525), Frankfurt a. M./Berlin/Wien 1981, 207 S. (Verlag Ullstein).
67 Ossip K. Flechtheim wird nicht mehr erwähnt. Dieser hatte nach dem Erscheinen des „Marsches der DKP durch die Institutionen" in einem Interview auf den eigenen bescheidenen Anteil hingewiesen („etwa 20 Druckseiten") und sich mehr halbherzig als im Brustton der Überzeugung hinter den Inhalt des Buches gestellt. Das Interview ist abgedruckt im „Friedenspolitischen Informationsdienst", Nr. 1 und 2/1981, S. 12f.
68 Wesentliche Passagen sind vorabgedruckt, in: Fritz Vilmar/Wolfgang Rudzio, Politische Apathie und Kaderpolitik. Zum Streit um kommunistische Einflußstrategien und ihre Wirkungen in Gewerkschaften und Hochschulen, in: APuZG, B 46/81, S. 13-38.
69 Josef Schleifstein ist wohl *der* „Chefideologe" der DKP. Von 1968 bis 1981 leitete er das „Institut für Marxistische Studien und Forschungen" in Frankfurt am Main, das gleich nach der Gründung der DKP ins Leben gerufen wurde. Vgl. die Schleifstein zum 65. Geburtstag gewidmete Festschrift: Frank Deppe/Willi Gerns/Heinz Jung (Hrsg.), Marxismus und Arbeiterbewegung, Frankfurt a.M. 1980 (hier auch eine Bibliographie der Arbeiten Schleifsteins: S. 358-371).

seits habe die DKP – durch Tarnung – einen überproportionalen Einfluß gewonnen, der nicht annähernd ihrer Stärke entspricht; andererseits versuche die DKP die Gewerkschaftspolitik zugunsten der eigenen Partei umzufunktionieren. Dem (damaligen) DGB-Vorsitzenden Vetter wirft Vilmar eine „Strategie der Konfliktvermeidung" (S. 67) vor.

Angesichts des breiten (freilich nicht nur positiven) Echos, welches das Werk „Der Marsch der DKP durch die Institutionen" gefunden hat, verwundert Vilmars Hinweis auf das „peinliche Schweigen über das Buch" (S. 73) einigermaßen, zumal er selbst – sehr treffend – auf vier Stereotypen der Diffamierung eingeht: Der Gruppe um Vilmar gehe es nicht so sehr gegen Kommunisten als vielmehr gegen linke Sozialdemokraten; die Autoren gefährdeten das Prinzip der Einheitsgewerkschaft; sie betrieben das Geschäft der Reaktionäre; ihre Analyse sei unwissenschaftlich. Man gewinnt den Eindruck, daß es die Kritiker Vilmars aus dem Gewerkschaftsbereich eigentlich besser wissen. Weniger die Affinität zum Kommunismus als vielmehr den Ärger auf den demokratischen Sozialisten, der das „eigene Nest beschmutzt", erklärt wohl zahlreiche Verdrehungen. Vilmar nimmt von den im Fischer-Taschenbuch vorgenommenen Interpretationen und mitgeteilten Fakten im Grunde nichts zurück. Manche „Selbstkritik" ist einigermaßen läppisch. Im Band über den „Marsch der DKP durch die Institutionen" war der Rowohlt-Lektor Freimut Duve kritisiert worden, weil er sich gescheut habe, einen Sammelband „Gewerkschaftsgeschichte kontrovers" zu publizieren. Jetzt heißt es bei Vilmar: „Obwohl nach unsere Kenntnis der Dinge die Kritik zu Recht besteht, werden wir aus Gründen der Kollegialität künftig auf sie verzichten" (S. 84, Anm. 4). Was soll's?

Im zweiten Teil, zu dem Vilmar nur wenig beigesteuert hat, werden Fallstudien kommunistischer Unterwanderung geliefert. Hier ist vor allem auf den Beitrag von *Wolfgang Rudzio* über die Universität Oldenburg zu verweisen. Nach Rudzio haben sowjetmarxistische Gruppierungen an der Universität Oldenburg (nicht speziell in einem bestimmten Fachbereich) beträchtlichen Einfluß erlangt – bedingt durch die Apathie vieler Studenten. DKP-orientierte bzw. DKP-nahe Gruppierungen gerier(t)en sich als Vertreter gewerkschaftlicher und studentischer Interessen. Rudzio berücksichtigt insbesondere die Kampagnen gegen die „Berufsverbote" und die Forderungen, die Universität nach Carl von Ossietzky zu benennen, dem Friedensnobelpreispräger.[70] Kommunisten konnten hier deshalb Anklang finden, weil diese Postulate auch Gutgläubige unterstützten, die ansonsten dem Marxismus-Leninismus fernstehen. Die Beispiele, die Rudzio anführt, sind Ausdruck eines bedrückenden Meinungsklimas. Daß „Lagermentalität" dominiert und die DKP zur Gruppe der „Progressiven" gerechnet wird, trifft sicherlich nicht nur auf die Universität Oldenburg zu, wenngleich – insgesamt gesehen – der Höhepunkt wohl längst überschritten ist.

Diese Kritik hat den Präsidenten der Universität Oldenburg, Horst Zilleßen, auf den Plan gerufen.[71] Auch er bemängelt, daß die Analyse sich vorwiegend auf die Zeit zwischen 1972 und 1979 stützt. Sie sei hinsichtlich der Studentenschaft wenig überzeugend, treffe für den Mittelbau und die Professorenschaft überhaupt nicht zu. Die Replik ist eigentümlich vage gehalten, der Verdacht nicht von der Hand zu weisen, daß der Rektor Konflikte an „seiner" Universität herunterzuspielen sucht.[72] Es ist eine besondere Pikanterie, daß Horst Zilleßen, ein Jahrzehnt lang (von 1970 bis 1980) Leiter des Sozialwissenschaftlichen Instituts der evangelischen Kirchen in Deutschland, im politischen Spektrum deutlich „rechts" von Vilmar und Rudzio angesiedelt ist.

Interessant sind auch die Ausführungen von *Klaus Rainer Röhl* über die „Chronik einer zweimaligen Unterwanderung". Gemeint ist die Zeitschrift „Konkret". Röhl berichtet hier, wie er als heimliches Mitglied der verbotenen KPD mit seiner Frau Ulrike Meinhof „Konkret" herausgab. 1964, nachdem Röhl und Meinhof die KPD verließen, wurden die Zahlungen eingestellt.[73] Später, als „Konkret", nach aufsehenerregenden Auflagensteigerungen, be-

70 Vgl. zur Überschätzung der Person Carl von Ossietzkys: Hans-Ulrich Wehler, Leopold Schwarzschild contra Carl v. Ossietzky. Politische Vernunft für die Verteidigung der Republik gegen ultralinke „System"-Kritik und Volksfront-Illusionen, in: Ders. Preußen ist wieder chic... Politik und Polemik in zwanzig Essays, Frankfurt a. M. 1983, S. 77-82. Die „Weltbühne" ist vor einigen Jahren nachgedruckt worden (Königstein/Ts. 1978): Die Weltbühne 14 (1918) bis 29 (1933). In den anläßlich des Neudrucks der „Weltbühne" erschienenen zwei Essays von Axel Eggebrecht und Dietrich Pinkerneil wird Ossietzky z. T. idealisiert: Das Drama der Republik, Königstein/Ts. 1979.
71 Vgl. Horst Zilleßen, Was heißt hier eigentlich kommunistische Unterwanderung? Ein Beitrag über selektive Wahrnehmungen und objektive Tatbestände an der Universität Oldenburg, in: APuZG, B 6/82, S. 14-23.
72 Vgl. dazu Wolfgang Rudzio, Rauch, aber kein Feuer? Eine Antwort auf den Beitrag von Horst Zilleßen, in: APuZG, B 6/82, S. 25-29.
73 Vgl. ausführlicher – wenngleich reichlich oberflächlich-wichtigtuerisch – Klaus-Rainer Röhl, Fünf Finger sind keine Faust, Köln 1974; noch unappetitlicher ders., Die Genossin. Roman, Wien-München-Zürich 1975.

dingt durch ihre Ausrichtung als Sex-Postille, in finanzielle Schwierigkeiten kam, trat derselbe Kommunist wieder auf den Plan, der einst das Projekt „Konkret" lanciert hatte — Klaus Hübotter, inzwischen wohlbestallter Makler. Die Frage, wer „Konkret" finanziert, läßt Röhl offen, doch seine Insinuationen sind nicht zu übersehen. Vilmar ergänzt Röhls Ausführungen durch eine Inhaltsanalyse des Jahrgangs 1980 und kommt zum Ergebnis, daß sowjetmarxistische Tendenzen in „Konkret" unübersehbar sind, auch wenn man sich den Anschein gibt, eine unabhängige „linke" Zeitschrift zu sein. Röhl liefert auch eine Analyse des „Krefelder Appells", initiiert von Oberst a. D. Josef Weber, der seit dreißig Jahren umtriebig Bundesgenossen für die Ziele der Kommunisten zu gewinnen sucht — nicht ohne Erfolg. Allerdings hätte man sich an dieser Stelle eine differenzierte Auseinandersetzung mit der Friedensbewegung gewünscht.[74] Aber sie fehlt leider.

Vilmar versucht im dritten Teil eine Erklärung dafür zu geben, wieso eine vergleichsweise kleine Gruppe von Aktivisten derart überproportionalen Einfluß erlangen kann. Er macht dafür einerseits die politische Apathie der Mehrheit verantwortlich, andererseits die Kaderpolitik der kleinen, undemokratischen Gruppierung. Die Gefahren der Konzepte einer gesamtgesellschaftlichen Demokratisierung dürften nicht gering eingeschätzt werden — Demokratisierung sei *„von vielen Interessen- und Parteigruppen*" als trojanisches Pferd mißbraucht worden" (S. 165, Hervorhebungen im Original). Er beruft sich dabei auf die z. T. bitteren Erfahrungen von Georg Kronawitter, dem Nachfolger Hans-Jochen Vogels als Münchener Oberbürgermeister (1972-1978).[75]

Abschließend, im vierten Teil, werden wie auch schon im Band über den „Marsch der DKP durch die Institutionen" Schlußfolgerungen für die Bildungs- und Organisationsarbeit gezogen. Der Sowjetmarxismus sei antidemokratisch. Er stelle durch die leninistischen Elemente eine Verfälschung des Marxismus dar. Damit unterscheidet sich Vilmar von anderen Autoren, für die der Totalitarismus schon bei Karl Marx angelegt war, der Leninismus im Grunde nur eine konsequente Weiterentwicklung darstellt.[76] Der Sowjetmarxismus verewige offenkundige marxistische Irrtümer (z. B.

---

74 Vgl. hierzu die Hinweise in der Einleitung dieser Publikation.
75 Vgl. Georg Kronawitter, Mit allen Kniffen und Listen. Strategie und Taktik der dogmatischen Linken in der SPD, München 1979.
76 In diesem Sinne besonders prononciert Alexander Schwan, Theorie als Dienstmagd der Praxis. Systemwille und Parteilichkeit — Von Marx zu Lenin, Stuttgart 1983; wie Vilmar argumentiert Iring Fetscher, Karl Marx und der Marxismus. Von der Philosophie des Proletariats zur proletarischen Weltanschauung, München 1967.

den Glauben an den gleichsam „naturnotwendigen" Ablauf der Geschichte). Die Veränderungsstrategien müßten breiter angelegt sein, da eine Sozialisierung der Produktionsmittel nicht von vornherein zur Besserung führe. Gegen die Kommunisten sei in den Gewerkschaften mit aller Entschiedenheit argumentativ vorzugehen. Administrative Maßnahmen verwirft Vilmar. Allerdings seien in zukünftigen Satzungen „*Verfahrens*regelungen wie auch *inhaltliche* Bestimmungen aufzunehmen" (S. 184, Hervorhebung im Original), damit Kadergruppen nicht „verdeckt" kommunistische Politik betrieben. Die politische Position bedürfe der Offenlegung. Ähnlich wie schon im „Marsch der DKP durch die Institutionen" bleibt **Vilmar in diesem Punkt reichlich vage, wenn nicht widersprüchlich.** Einerseits werden administrative Maßnahmen verworfen, andererseits hält Vilmar in bestimmten Fällen „Unvereinbarkeit" (S. 185) für vonnöten – „die damit verbundenen Sanktionen (können) eine sehr abgestufte Folge von Maßregelungen beinhalten, deren letzte erst der Ausschluß sein muß" (S. 185).

Um eine „Pervertierung des gesamten Demokratisierungsprozesses" (S. 185) zu verhindern, empfiehlt Vilmar folgendes Procedere: (1) Neuwahlen haben stattzufinden, wenn ein Teil der Betroffenen gegen die Zusammensetzung der Gremien protestiert – und zwar unter strengeren Bedingungen (Urwahl mit Mindestbeteiligung oder gar Wahlpflicht). (2) Es müssen sich immer mehr Kandidaten zur Verfügung stellen als Sitze zu vergeben sind. (3) Kandidaten haben ihre (partei-)politischen Positionen offenzulegen.

Für die SPD schlägt er folgende Satzungsbestimmung vor: Die Bereitschaft, Aktionen oder Koalitionen mit DKP-Tarnorganisationen einzugehen, ist mit der SPD-Mitgliedschaft unvereinbar und zieht Sanktionen nach sich – im Extremfall: Ausschluß aus der Partei. Was die Gewerkschaft angeht, so fordert er von den (potentiellen) Funktionären eine Offenlegung ihrer Positionen. Wer seine DKP-nahe Position verschleiert, soll „bestraft" werden, nicht jedoch derjenige, der sich offen zur DKP bekennt: Vilmar hält es für möglich, daß sich manche Kommunisten deshalb tarnen, um einer Kriminalisierung zu entgehen. Aber er erwähnt auch das (entscheidende) Faktum für die Tarnung – ihre Aussichtslosigkeit bei Wahlen wäre offenkundig. Letztlich sind diese Vorschläge wohl gut gemeint, doch einigermaßen konfus, jedenfalls nicht praktikabel. Wie soll denn – beispielsweise – die Tarnung nachgewiesen werden? „Schnüffelei" will Vilmar ja gerade vermeiden.

Die Schlußfolgerungen Vilmars münden in einen Appell an die Öffentlichkeit. Da die Gewerkschaften in jenen Bereichen, in denen sie stark unterwandert sind, keinen offenen Konflikt mit den DKP-nahen Gruppierungen riskieren können, bedürfen sie der Unterstützung der Öffentlichkeit. Vilmar ist im Vergleich zu Beginn der siebziger Jahre skeptischer gegenüber der Durchsetzbarkeit eines umfassenden Demokratisierungsprogramms, das er damals mit viel Überschwang präsentiert hat.[77] Wäre hier nicht mehr Selbstkritik angemessen gewesen (vgl. den vorsichtigen Hinweis auf S. 185)? Wohin hätten die damaligen Vorschläge Vilmars geführt? Man denke nur an seine Forderung, „wesentliche Bereiche der herrschaftsfreien kooperativen Selbstorganisation" seien „an allen Hochschulen zu erkämpfen."[78] Um dies zu erreichen, sei der Studentenschaft „in allen Entscheidungsgremien einen klaren 50prozentigen Stimmenanteil einzuräumen."[79] Man braucht kein Anhänger einer Ordinarien-Universität zu sein, um diesen Vorschlag als abwegig anzusehen. Und würde Vilmar heute noch bestimmte Kritiker der Demokratisierung, „die hinter rational klingenden Argumenten lediglich verbergen, daß ihnen oder ihren Auftraggebern die ganze Richtung nicht paßt"[80], in dieser Weise charakterisieren? Zu den Hauptideologien rechnete er damals neben dem Politisierungs- und dem Effizienzgefährdungsargument das folgendermaßen umschriebene Subversionsargument: „Demokratisierung bietet angesichts der Apathie der Mehrheit radikalen Minderheiten Gelegenheit, in allen Gremien der gesellschaftlichen Subsysteme Machtpositionen für künftigen Umsturz."[81] Offenbar ist die Apathie der Mehrheit doch keine Ideologie! Es hätte Vilmar gut angestanden, angesichts seiner Warnung vor kommunistischen Unterwanderungspraktiken diese in Beziehung zum eigenen (einigermaßen unausgegorenen) Demokratisierungskonzept zu setzen. Müßte dieses nicht revidiert oder zumindest relativiert werden?

Ungeachtet mancher Einwände sei festgehalten: Die beiden Bände zur Analyse kommunistischer Einflußversuche insbesondere in den Gewerkschaften sind ein verdienstvolles Unternehmen, so umstritten auch die eine oder andere Einzelheit ist und so bedauerlich es sein mag, daß eine demokratietheoretische Verortung des Phänomens teilweise versäumt worden ist. Die Probleme, die die

---

77 Vgl. Fritz Vilmar, Strategien der Demokratisierung, 2 Bde., Darmstadt/Neuwied 1973.
78 Ebd., S. 372.
79 Ebd., S. 372.
80 Ebd., S. 322.
81 Ebd., S. 322f.; vgl. auch die Auseinandersetzung mit diesem Argument (ebd., S. 339-344).

Gewerkschaften in den fünfziger Jahren mit Kommunisten hatten,[82] dauern nach wie vor an — wenngleich in anderer Form und Intensität.[83]

### Wandlungen innerhalb der linksextremen „Szenerie"

Das Buch von *Gerd Langguth* über die „Protestbewegung" in der Bundesrepublik ist breit angelegt.[84] Der Autor will die Entwicklungslinien der Protestbewegung seit 1968 nachzeichnen. Im Vordergrund der Arbeit stehen die wichtigsten Organisationen der Protestbewegung (S. 57-276): die K-Gruppen, der Trotzkismus, der an der Sowjetunion orientierte Marxismus-Leninismus, parteinahe Studentengruppen der Linken, das Sozialistische Büro, der Anarchismus und die „neuen sozialen Bewegungen", zu denen wiederum verschiedene (einander überlappende) Strömungen gehören (u. a. die „Autonomen", die Friedensbewegung und die Grünen). Langguths Studie basiert auf seiner im Jahre 1976 als Buchfassung vorgelegten Dissertation.[85] Angesichts der vielfältigen neueren Entwicklungen konnte der Autor nur zu einem gewissen Teil auf die eigene Arbeit zurückgreifen. Langguths Studie, die ein Vakuum ausfüllt, ist eine Gesamtdarstellung der so schillernden wie heterogenen „Protestbewegung" geworden. Das kommt auch in dem weiten Definitionsversuch des Autors zum Ausdruck, der unter Protestbewegung eine „moralische Entrüstung und Empörung einer relevanten Bevölkerungsgruppe zumeist jugendlichen Alters und häufig intellektuellen Zuschnitts (versteht), die sich — getragen von einem Gefühl gemeinsamer Ablehnung gegen als negativ empfundene Verhältnisse — durch eine ausgeprägte Organisationsfeindlichkeit, eine Ablehnung jedweder Konvention ausweisen sowie durch ein radikales Infragestellen alles Bestehenden" (S. 16). Diese Umschreibung erhellt, daß darunter keineswegs nur extremistische Kräfte fallen.

82 Vgl. die Beschreibung der Unterwanderungsmechanismen seitens der KPD und ihrer Abwehr in den fünfziger Jahren bei der IG Bau-Steine-Erden durch Georg Leber, Vom Frieden, Stuttgart 1979, insbes. S. 42-56.
83 Vgl. Manfred Wilke, Eroberung des Apparates. Ziele und Mittel der DKP-Gewerkschaftspolitik, in: Die Politische Meinung 28 (1983), Heft 210, S. 12-20.
84 Gerd Langguth, Protestbewegung. Entwicklung – Niedergang – Renaissance. Die Neue Linke seit 1968 (= Bibliothek Wissenschaft und Politik, Bd. 30), Köln 1983, 374 S. (Verlag Wissenschaft und Politik).
85 Vgl. ders., Die Protestbewegung in der Bundesrepublik Deutschland 1968-1976, Köln 1976.

Langguth unterscheidet acht Entwicklungsphasen der Protestbewegung, deren Unterteilung und Abgrenzung freilich nicht unproblematisch sein mag. Zu Beginn haben antiautoritäre Kräfte dominiert, später, nach Auflösung des SDS, kam es zur Gründung sogenannter K-Gruppen, die das sowjetische Modell ebenso verwarfen wie die antiautoritären Strömungen (1971-1974). Die nächste Phase sei der Terrorismus gewesen (1974-1977), abgelöst von der Bewegung der Spontis und der Alternativen. Seit 1980 geben in der Protestbewegung die Grünen und die Friedensbewegung den Ton an.

In diesem Zusammenhang sollen insbesondere die Passagen interessieren, die sich mit dem Linksextremismus befassen. Es gibt keine Studie, die so präzise die Entwicklungslinien in diesem Bereich nachzeichnet. Nirgendwo findet man in dieser Breite Informationen über die K-Gruppen. Die K-Gruppen, größtenteils maoistisch orientiert, zeichne(te)n sich dadurch aus, daß sie dem Marxismus-Leninismus der sowjetischen Prägung „Revisionismus" vorwerfen. Die Sowjetunion treibe die „Weltrevolution" nicht mehr voran. Die „Diktatur des Proletariats" wird offen propagiert. Trotz ihrer einhelligen Ablehnung des sowjetischen Modells konnten sich die K-Gruppen, denen ein Mindestmaß an innerparteilicher Demokratie fehlt, nicht zu einer einheitlichen Organisation zusammenfinden. Sie befehde(te)n einander heftig – sei es aus ideologischen, sei es aus machtpolitischen Gründen.

Einen Überblick über die organisatorisch und ideologisch zersplitterten K-Gruppen zu geben, ist aus mannigfachen Gründen sehr schwer: Die Entwicklung befindet sich ständig im Fluß, sei es durch Spaltungen, sei es durch Neugründungen; die Unterschiede zwischen den einzelnen Gruppierungen können Außenstehende oftmals nicht erkennen oder nur schwer begreifen. Langguth hat diese Aufgabe, unter Auswertung originärer Quellen, mit Souveränität gelöst und die Wandlungen sehr genau herausgearbeitet. Der schon Mitte der siebziger Jahre einsetzende Niedergang der K-Gruppen lag wesentlich begründet in den Schwankungen der chinesischen Außenpolitik, den nach dem Tode Mao-Tse-tungs in der Volksrepublik China ausbrechenden Rivalitäten, und – last not least – im innerparteilichen Gruppendruck, der in vielen Fällen zu Gesinnungsterror führte und auf Jugendliche keine Attraktivität ausübte. Im studentischen Milieu konnten sich die K-Gruppen gegenüber undogmatischen linken Kräften nicht behaupten. „Die K-Gruppen-Bewegung war in erster Linie ein Sammelbecken jener Kräfte, die eine revolutionäre kommunistische Partei wieder aufbauen wollten und die zur marxistisch-leninistischen Bewegung nach dem Ende der Studentenrevolte gefunden hatten. Die K-Gruppen entwickelten auch außerhalb der Gewerkschaften keine Anziehungskraft" (S. 65).

In der Tat signalisierte die Auflösung der KPD im März 1980 „symbolhaft den Niedergang der marxistisch-leninistischen K-Gruppen" (S. 65). Die KPD, 1970 von führenden Ex-Funktionären des SDS gegründet (u. a. Christian Semler und Jürgen Horlemann), propagierte unverhohlen revolutionäre Gewalt. Die Ablehnung der Sowjetunion war besonders entschieden. Nur die Arbeiterklasse könne die Revolution herbeiführen. Die KPD mußte zugestehen, daß sie ihrem Avantgardeanspruch weder gerecht werden noch das Potential der Arbeiterschaft mobilisieren konnte.[86] Ihre Auflösung war nur konsequent. Die „Gruppe der 99" um Horlemann und Semler, die zwar auch der Auflösung der KPD zugestimmt hatte, jedoch versuchen wollte, einen weiteren organisatorischen Zusammenhalt zu bilden, löste sich im Frühjahr 1981 ebenfalls auf (vgl. S. 89 f.).

Langguth hat es verstanden, die Verästelungen im Bereich der dogmatischen Linken hinsichtlich der organisatorischen Struktur, der manchmal etwas abenteuerlich anmutenden Geschichte der (Ab-)Spaltungen und des politischen Selbstverständnisses offenzulegen. Gegenwärtig[87] stellt sich das vielfältige Spektrum der K-Gruppen folgendermaßen dar:

Die „Kommunistische Partei Deutschlands (Marxisten-Leninisten)" kürzt sich seit der Auflösung der „Kommunistischen Partei Deutschlands" KPD ab. Ihr Vorsitzender ist seit der Gründung am 31. Dezember 1968 Ernst Aust. Die KPD, die heute noch ungefähr 500 Mitglieder hat, ist von der Volksrepublik Albanien als „Bruderpartei" anerkannt. Nicht nur die Politik der Sowjetunion, sondern auch die der Volksrepublik China wird als „revisionistisch" abgelehnt. In ihrem Zentralorgan „Roter Morgen" spricht sich die KPD unverhüllt für Gewalt aus. Maßgeblich auf ihre Initiativen zurück geht die Gründung der Organisation „Volksfront gegen Reaktion, Faschismus und Krieg, für Freiheit und Demokratie, Wohlstand und Frieden", deren Kandidatur bei den Bundestagswahlen 1980 mit einem Desaster endete.

---

86 Vgl. die letzte Nummer des Zentralorgans Rote Fahne v. 19. März 1980.
87 Wie aus dem neuesten Verfassungsschutzbericht hervorgeht, hat sich nur wenig geändert: Der Mitgliederbestand bei den K-Gruppen ist weiterhin rückläufig (2700 Mitglieder). Ernst Aust ist seit Herbst 1983 nicht mehr Vorsitzender der KPD. Jetzt soll es gar 13 (!) trotzkistische Gruppierungen geben. Vgl. VSB 1983, S. 67-77 (hektographierte Fassung, rosa Teil).

Der „Kommunistische Bund Westdeutschlands" (KBW), 1973 gegründet, bejaht im Gegensatz zu den meisten anderen K-Gruppen die Mitarbeit in der Einheitsgewerkschaft. Der Niedergang des KBW ist im Jahre 1980 durch eine Spaltung beschleunigt worden. Heute umfaßt der KBW, der 1983 auf den Parteistatus verzichtet hat, wohl nur noch 500 Mitglieder. Sein Zentralorgan „Kommunistische Volkszeitung" wurde Ende 1982 eingestellt.

Der „Bund Westdeutscher Kommunisten" (BWK), eine Abspaltung des KBW, fristet wie dieser nur ein Schattendasein (ca. 500 Mitglieder). Er hält an den früheren Forderungen des KBW fest und unterstützt Bündnisaktionen mit anderen kommunistischen Gruppierungen, wie den Verlautbarungen des Verbandsorgans „Politische Berichte" zu entnehmen ist.

Die „Marxistisch-Leninistische Partei Deutschlands" (MLPD), hervorgegangen aus dem „Kommunistischen Arbeiterbund Deutschlands" (KABD), besteht seit 1982. Wie sektiererisch sich diese Gründungen vollziehen, belegt etwa eine Aussage Langguths, wonach der KABD „seinerseits ein Zusammenschluß zweier früher selbständiger Organisationen war, nämlich des Kommunistischen Arbeiterbundes (Marxisten-Leninisten) und der Kommunistischen Partei Deutschlands/Marxisten-Leninisten (Revolutionärer Weg). Diese KPD/ML (Revolutionärer Weg), die nach dem theoretischen Organ „Revolutionärer Weg" benannt ist, stellte eine Abspaltung der KPD/ML (Zentralbüro) dar, die sich wiederum von der KPD/ML (Roter Morgen) getrennt hatte" (S. 103). Daß das Zentralorgan der MLPD „Rote Fahne" heißt, macht die Verwirrung vollends. Die MLPD, mit über 900 Mitgliedern die mitgliederstärkste Organisation der K-Gruppen, orientiert sich an den Lehren von Marx, Engels, Lenin, Stalin und Mao, verwirft aber die gegenwärtige Politik der Sowjetunion wie der Chinas. „Kopf", wenn auch nicht Vorsitzender der Partei, ist der Altkommunist Willi Dickhut, für den die DKP „als Agent der Bourgeoisie im Lager der Arbeiterklasse"[88] fungiert.

Langguth beschreibt weitere Organisationen der K-Gruppen, so den „Arbeiterbund für den Wiederaufbau der KPD" (AB), der ca. 300 Mitglieder hat, die Wiedervereinigung Deutschlands propagiert und Gewaltanwendung ebenfalls legitimiert (Zentralorgan: „Kommunistische Arbeiterzeitung"), den „Kommunistischen Bund" (KB), der „flexibel auf aktuelle politische Fragen und Ereignisse" (S. 114) reagiert und insbesondere im Bereich der „Antikernkraftbewegung" nicht ohne Erfolge ist (Zentralorgan: „Arbeiterkampf"), die „Gruppe Z", die sich von KB abgespalten hat

---

88 Vgl. Willi Dickhut, Der staatsmonopolistische Kapitalismus in der BRD, Stuttgart 1979, Bd. 2, S 413 (Hervorhebung im Original).

und bei den Hamburger Grünen einen beachtlichen Einfluß besitzt.

Ausführlich werden von Langguth auch die Trotzkisten gewürdigt, die laut VSB von 1982 aus elf Gruppen mit ca. 600 Mitgliedern bestehen. Sie unterstützten die „Diktatur des Proletariats" in Form eines (wie auch immer strukturierten) Rätesystems und lehnen grundsätzlich das sowjetische wie das chinesische Modell ab. Hier tut Langguth wohl des Guten etwas zuviel, wenn er nicht nur auf die „Gruppe Internationaler Marxisten" (GIM) eingeht, welche die Deutsche Sektion der IV. Internationale stellt und noch über ca. 200 Mitglieder verfügt, sondern auch noch den „Spartacusbund" berücksichtigt, die „Trotzkistische Liga Deutschlands" (TLD), die „Internationale Arbeiterkorrespondenz und Junge Garde" (IAK und JG), den „Bund Sozialistischer Arbeiter" (BSA), die „Sozialistische Arbeitergruppe" (SAG), die „Gruppe Arbeiterstimme", die wie die TLD die Intervention der Sowjetunion in Afghanistan gerechtfertigt hat. Die Vielfalt der trotzkistischen Gruppierungen in der Bundesrepublik ist übrigens weitgehend ein Ausfluß der Zersplitterung des internationalen Trotzkismus[89] — die „Frankisten", die Lambertisten, die Healyisten, die Posadisten und die Pabloisten bestreiten einander die Berufung auf Trotzki.

Angesichts ihrer Bedeutung erfahren die Kommunisten der Moskauer Prägung eine vergleichsweise knappe Würdigung — berechtigterweise, da der an der Sowjetunion orientierte Kommunismus nur teilweise als ein Ergebnis der Protestbewegung zu verstehen ist. Langguth behandelt die Gruppen insoweit, als sie Einfluß auf die Prostestbewegung gewonnen haben, insbesondere den MSB Spartakus, die Studentenorganisation der DKP.

Die DKP widmet sich besonders eingehend der Jugendarbeit. Ihre drei Nebenorganisationen sind in diesem Bereich angesiedelt (SDAJ, JP, MSB). Das DKP-nahe „Institut für Marxistische Studien und Forschungen" hat eigens eine Untersuchung über Jugendliche in der DKP durchgeführt[90] — hinsichtlich des sozialen und demographischen Profils der Mitglieder, der politischen Sozialisation im Elternhaus, der Bedeutung des sozialen Umfeldes, der Hemmungen und Bedenken gegenüber der DKP. Langguth hebt zu Recht hervor, daß hier der Anteil der Arbeitnehmer entsprechend dem ideologischen Anspruch der DKP herausgestellt wurde, obwohl fast die

---

89 Vgl. eingehend Günter Bartsch, Trotzkismus als eigentlicher Sowjetkommunismus? Die 4. Internationale und ihre Konkurrenzverbände, Berlin/Bonn-Bad Godesberg 1977.

90 Arbeitsgruppe des Instituts für Marxistische Studien und Forschungen, Jugendliche in der DKP. Eine empirische Studie über ihre Politikzugänge, Frankfurt a. M. 1982.

Hälfte Schüler und Studenten sind. Nach Langguth bestehen zwischen der DKP und den Jugendorganisationen SDAJ und MSB Spartakus keine Kontroversen. Beide Organisationen konnten in ihren Bereichen größere Erfolge vorweisen als die DKP. Speziell die Strategie der Aktionseinheit des MSB ist auf fruchtbaren Boden gestoßen[91].

Der in Deutschland nur schwach entwickelte Anarchismus[92] erhielt durch die Protestbewegung neuen Auftrieb. Langguth glaubt, drei Formen des Anarchismus in der Bundesrepublik unterscheiden zu können: die Terroristen; die Gruppen anarcho-marxistischer, räteanarchistischer und anarcho-syndikalistischer Orientierung; hedonistisch-libertäre Gruppen. Vor dem Hintergrund der neueren Forschungen zur Ideologie terroristischer Gruppen in der Bundesrepublik ist es jedoch kaum zulässig, den spezifisch westdeutschen Terrorismus[93] in die Rubrik „Anarchismus" einzuordnen.

Die „neuen sozialen Bewegungen"[94] sind ohne Zweifel auch durch die seit Mitte der sechziger Jahre entstandene „Protestbewegung" geprägt, wenngleich Langguth implizit ein hohes Maß an Kontinuität von der „Studentenrevolte" der Endsechziger zur Friedensbewegung Anfang der achtziger Jahre unterstellt. Der Autor rechnet zu den „neuen sozialen Bewegungen" die „Spontis", die „Autonomen", die Hausbesetzerbewegung, die Alternativbewegung und die Grünen. Die „neuen sozialen Bewegungen", wie heterogen auch immer, verwerfen den Glauben, daß die Vergesellschaftung der Produktionsmittel für den Aufbau einer neuen, lebenswerten Ordnung genüge. Hier sei insbesondere auf die „Spontis" und die „Autonomen" hingewiesen. Unter „Spontis" versteht Langguth organisationsfeindliche Gruppen, die unkonventionelle Protestformen bevorzugen, extremem Individualismus huldigen, das Lustprinzip nicht hintanstellen und jede Mitarbeit bei den „Etablierten" vermeiden[95]. In der Gewaltfrage nehmen die „Sponti"-Gruppen

---

91 Vgl. auch — besonders pointiert — Lucas Heumann, Antiimperialistisches Kampffeld Hochschule. Zur Ideologie, Geschichte und Praxis kommunistischer Bündnispolitik an den Hochschulen, Köln 1983, insbes. S. 45-56.
92 Vgl. Günter Bartsch, Anarchismus in Deutschland, Bd. I und Bd. II/III, Hannover 1973.
93 Vgl. hierzu den Literaturbericht in diesem Band (S. 243-303).
94 Zu den Erklärungsansätzen, die Langguth nur streift, vgl. Karl-Werner Brand, Neue soziale Bewegungen. Entstehung, Funktion und Perspektive neuer Protestpotentiale. Eine Zwischenbilanz, Opladen 1982.
95 Zum theoretischen Hintergrund vgl. Johannes Schütte, Revolte und Verweigerung. Zur Politik und Sozialpsychologie der Spontibewegung, Gießen 1980.

unterschiedliche Positionen ein. 1978 fand ein von 6000 Teilnehmern besuchter „Nationaler Widerstandskongreß: Reise nach Tunix" statt, 1981 — ebenfalls in Berlin — ein „Tuwat"-Kongreß, der die „Stadt erzittern lassen" (S. 237) sollte. Wie grenzt Langguth die „Spontis" von den „Autonomen" ab? „Autonome" seien Spontis, die sich „möglichst umfassend von der von ihnen gehaßten Gesellschaftsordnung distanzieren" und „eine totale Gegenkultur entwickeln möchten" (S. 241). Die Grenzen sind also offenkundig fließend. „Autonome" legen ein größeres Maß an Gewaltbereitschaft an den Tag. Ob eine Differenzierung sonderlich sinnvoll ist und überhaupt heuristischen Wert besitzt, mag bezweifelt werden.

Langguth beendet sein Werk mit zehn „Thesen zur Protestbewegung" (S. 277-286). Hier faßt er in pointierter Form noch einmal die Etappen der Protestbewegung zusammen. Seiner Meinung nach sollte der Renaissance der Protestbewegung „mit Toleranz begegnet werden, aber auch mit innerer Festigkeit, mit der Bereitschaft zur geistig-politischen Auseinandersetzung" (S. 285).

Langguths Band ist für die Beschäftigung mit der Protestbewegung unerläßlich. Der Autor hat eine Fülle einschlägiger Primärquellen erschlossen und ausgewertet. Akribisch arbeitet er den Aufbau, die Entwicklung und das Selbstverständnis der einzelnen Organisationen heraus. Mit Bewertungen hält er sich sehr — vielleicht zu sehr? — zurück. Der handbuchartige Charakter wird betont durch eine vorzügliche Bibliographie (S. 341-366), ein Gruppen- und Organisationsregister und ein Personenregister.

Langguths Phaseneinteilung suggeriert eine bestimmte Abfolge der jeweiligen Protestbewegung. Die eine Phase wird jedoch nicht durch die andere abgelöst. Ist es wirklich richtig, daß speziell in der vierten Phase (März 1970 bis Sommer 1971) die „Traditionalisten" wie die DKP besonderen Einfluß gewannen? Außerdem kann der Eindruck entstehen, als ob unterschiedliche Strömungen wie die K-Gruppen und die Friedensbewegung sich aus derselben Wurzel speisen. Und Langguth geht angesichts der Heterogenität der Protestbewegungen[96] — der Plural ist wohl angemessener als der Singular — kaum darauf ein, welche Gruppierungen denn extremistischer Natur sind. Hier wäre eine genauere Abgrenzung sinnvoll gewesen. Eine Bemerkung wie die folgende hätte der Präzisierung bedurft: „Es wäre aber falsch, etwa alle Angehörigen der Protestbewegung als ‚Extremisten' einzustufen" (S. 285). Langguth ignoriert weitgehend eine entscheidende Frage: Welche Strömung der Protestbewe-

---

96 Vgl. etwa: Jugendprotest im demokratischen Staat. Bericht und Arbeitsmaterialien der Enquete-Kommission des Deutschen Bundestages, hrsg. von der Bundeszentrale für politische Bildung, Bonn 1983.

gung ist demokratisch, welche undemokratisch? Zu ihrer Beantwortung hätte Langguth sich mit der Extremismusforschung[97] auseinandersetzen müssen, zumal die Frage angesichts der fließenden Grenzen leichter zu stellen als zu beantworten ist. Wenn Langguth eine Bearbeitung dieses Problems verständlicherweise (schon aus Gründen der Zeitökonomie) scheute, so wäre des öfteren zumindest auf die Vieldeutigkeit der „Protestbewegung" hinzuweisen gewesen. Die „neuen sozialen Bewegungen" etwa hätten sich vielleicht danach gruppieren lassen, inwiefern sie sich durch eher demokratische oder vornehmlich undemokratische Züge auszeichnen, um dem fälschlichen Eindruck vorzubeugen, „alles und jedes" werde über einen Kamm geschoren – eine Einschätzung, gegen die sich Langguth in einem jüngst erschienenen Buch deutlich wendet[98]. Diese Hinweise können nicht das Urteil entkräften, daß es sich hier um ein Standardwerk handelt.

## Die K-Gruppen

In Langguths Band ist, wie gezeigt, der neueste Stand über die K-Gruppen – und zwar ausführlich – dargeboten worden. Sie sind zuvor nicht häufig Objekt wissenschaftlicher oder stärker auf die politische Bildung gerichteter Darstellungen gewesen[99], auch nicht

97 Vgl. Politischer Protest in der Bundesrepublik Deutschland. Beiträge zur sozialempirischen Untersuchung des Extremismus, Stuttgart u. a. 1980; siehe auch die Ausführungen in der Einleitung dieses Bandes.
98 Vgl. Gerd Langguth, Jugend ist anders. Porträt einer jungen Generation, Freiburg/Brsg. u. a. 1983.
99 Vgl. etwa Helmut Bilstein/Sepp Binder/Manfred Elsner/Hans-Ulrich Klose/Ingo Wolkenhaar, Organisierter Kommunismus in der Bundesrepublik Deutschland. DKP-SDAJ-MSB Spartakus-KPD/KPD (ML)/ KBW, 4. Aufl., Opladen 1977; René Ahlberg, Differenzen und Konflikte zwischen den kommunistischen Parteien der Bundesrepublik Deutschland. Zu den Methoden und Zielen, in: BzK 9 (1979), Heft 3, S. 67-83; Friedrich-Wilhelm Schlomann, Trotzkisten-Europäische Arbeiterpartei-„Maoisten", in: APuZG, B 27/80, S. 12-28. Sehr problematisch ist Schlomanns Auffassung, die EAP zähle zu den Parteien, die links von der DKP einzuordnen sind – „wenn auch mit gewissem Vorbehalt und vielleicht auch nur für die zurückliegenden Jahre" (ebd., S. 12). Siehe dagegen Michael Fichter, Die Europäische Arbeiterpartei, in: Stöss (FN 15), S. 1279-1295. Nach Fichter „will die EAP als wegweisender Mahner gelten, die den Kapitalismus als ein geschichtlich fortschrittliches Produktionssystem retten und auf die ganze Welt ausdehnen will. Die marxistischen Theoretiker werden dazu benutzt, die EAP als eine Kraft der Zukunft – mit Massenanklang – auszuweisen" (S. 1283). An diesem Beispiel läßt sich sehr gut die Problematik von Links-Rechts-Kategorisierungen zeigen.

zu einer Zeit, als sie eine größere Rolle spielten. So hatte der CDU-Vorstand 1977 den Beschluß gefaßt, über den Bundesrat einen Verbotsantrag gegen die K-Gruppen zu stellen. Doch wurde diese Initiative nicht weiter verfolgt. Das teilweise konspirative Vorgehen der K-Gruppen, ihre zunehmende Bedeutungslosigkeit und die dürftige Quellenlage ermuntern nicht gerade zu einer Beschäftigung mit dem Thema.

*Ulrich Probst* hat eine „gründliche Analyse der sogenannten K-Gruppen" versprochen, die zu „einem so gut wie unerforschten Arbeitsgebiet" (S. 9) gehöre. Der zweite Satz ist richtig, aber wohl kaum der erste. Der Verfasser[100] befaßt sich mit sechs K-Gruppen (er bezeichnet sie als „sogenannte", da es sich faktisch nicht um „Gruppen", sondern Parteien handelt): DKP, KBW, KPD, KPD/ML, GIM, KB. Im Gegensatz zur üblichen Kategorisierung rechnet er die DKP ebenso zu den K-Gruppen wie die trotzkistische Partei GIM. Eine überzeugende Begründung bleibt dafür aus. Bei allen Parteien untersucht der Autor das Programm und die Organisation. Nach Probst weisen alle untersuchten Parteien einen undemokratischen Charakter auf, und zwar gilt das für die Programmatik wie für die Organisation (mit gewissen Abschwächungen bei der GIM).

Erfährt der Leser wirklich neue Einzelheiten? Man legt das Buch nicht sonderlich befriedigt aus der Hand. Nach Meinung des Autors lassen die Informationen der Verfassungsschutzberichte über die K-Gruppen zu wünschen übrig. Sie „leiden Mangel an politikwissenschaftlicher Systematisierung und Gewichtung" (S. 10, Anm. 3). Das mag nicht völlig unzutreffend sein, wenngleich die Funktion der Verfassungsschutzberichte in erster Linie darin besteht, die Öffentlichkeit über verfassungsfeindliche Aktivitäten zu informieren. Probst selbst jedoch verweist ständig auf die Verfassungsschutzberichte; die Primärmaterialien sind völlig unzureichend ausgewertet. Nicht einmal der vom Bundesministerium des Innern herausgegebene Informationsdienst „Innere Sicherheit" ist herangezogen worden.

Über die „Unabhängige Arbeiter-Partei" (UAP) war für Probst „überhaupt nichts in Erfahrung zu bringen" (S. 62). Das ist nun aber schlicht unverständlich. Probst hat da keine sonderlich aufreibenden Recherchen angestellt; zudem konnte er im Bereich des Linksextremismus natürlich nicht fündig werden, da die UAP — ungeachtet ihres verworrenen Programms — im rechtsextremen Spek-

---

[100] Ulrich Probst, Die kommunistischen Parteien der Bundesrepublik Deutschland. Einführung – Materialien – Bibliographie (= Politik und Politische Bildung), München 1980, 202 S. (Verlag Ernst Vögel).

trum (als Vereinigung der „Neuen Rechten") anzusiedeln ist[101]. Die vom Autor bei den Verfassungsschutzberichten vermißte „politikwissenschaftliche Systematisierung und Gewichtung" — dieser Mangel soll sein Buch legitimieren — findet der Leser auch nicht bei Probst. Man erfährt kaum etwas über die Ursachen für die zeitweiligen Achtungserfolge der K-Gruppen, und auch die Gründe für ihren Niedergang werden nicht beim Namen genannt. Die Erörterung der Programmatik ist zudem nicht sonderlich tiefschürfend. So sei die Unterschiedlichkeit der Programmatik zwischen der KPD/ML und der KPD maßgeblich auf die persönlichen Rivalitäten zwischen Ernst Aust und Christian Semler zurückzuführen. Die Gründe für die Zersplitterungstendenzen bei den K-Gruppen sind sicherlich vielschichtiger Natur. Können sie nicht auch wesentlich damit zusammenhängen, daß aufgrund der Abschnürung jeder innerparteilichen Demokratie ein offener Willensbildungsprozeß nicht möglich ist, wohl aber die Gründung einer weiteren Partei, die die „reine Lehre" verkörpere?

Es sei zugegeben, daß die Schrift von Probst just zu einem Zeitpunkt erschien, als sich beträchtliche Wandlungen in diesem Bereich vollzogen. Um seinen ursprünglichen Text zu retten und eine Umarbeitung zu vermeiden, macht Probst es sich allerdings sehr leicht: So erwähnt er zwar, daß sich die KBW gespalten habe, aber „da nicht klar ist, ob es sich hier um ein vorübergehendes, taktisches Manöver handelt . . ., soll im folgenden vom einzigen, homogenen KBW die Rede sein" (S. 30). Und ebenso argumentiert er bei der im März 1980 aufgelösten KPD: „Da jedoch nicht erkennbar ist, ob oder inwieweit dieser Beschluß realisiert wird, soll das folgende Kapitel über die KPD beibehalten werden" (S. 40). Offenbar hat Probst nicht die Ausführungen und Kontroversen in der „Kommunistischen Volkszeitung" und der „Roten Fahne" studiert. Sonst wären solche Sätze wohl unterblieben. Übrigens entspricht der erste Teil (S. 9-72), was nicht erwähnt wird, weitgehend einem überarbeiteten Aufsatz des Verfassers aus der „Zeitschrift für Politik"[102]

In einem zweiten Teil finden sich von *Peter Barth* zusammengestellte „Materialien" (S. 73-172). Sie enthalten Auszüge aus Programmen und Resolutionen der behandelten Parteien. Der dritte Teil (S. 173-190) umfaßt eine Bibliographie, die mehr durch den Umfang besticht als durch ihre Qualität. Es war nicht sonderlich glücklich, aus dem Aufsatz von Probst mittels der Aufnahme von

101 Vgl. beispielsweise VSB 1976, S. 45; ausführlicher zur UAP Manfred Rowold, Im Schatten der Macht. Zur Oppositionsrolle der nichtetablierten Parteien in der Bundesrepublik, Düsseldorf 1974, S. 252-262.
102 Vgl. Ulrich Probst, Die Kommunistischen Parteien der Bundesrepublik Deutschland, in: ZfP 26 (1979), S. 56-96.

Dokumenten und einer Bibliographie ein Buch zu machen.

Anders strukturiert ist die Schrift, die ehemalige Mitglieder von K-Gruppen verfaßt haben: „*Wir warn die stärkste der Partein...*"[103]. Das Buch hat für Aufsehen gesorgt. Die Autoren wollen zeigen, daß der Avantgarde-Anspruch der K-Gruppen nur auf dem Papier stand. Die sektiererische Politik, die aufgrund der rigiden Parteistrukturen zur Identitätszerstörung vieler Mitglieder geführt hat, wird gegeißelt. Die Autoren haben sich wohl losgesagt von den K-Gruppen, fühlen sich jedoch weiterhin als politische Linke. So stellten sie die Autorenhonorare dem „Aktionskomitee gegen Berufsverbote an der Freien Universität Berlin" zur Verfügung. Die Beiträge erscheinen anonym, bestimmte Details seien zur Verhinderung der Identifizierung „bewußt unscharf gehalten oder verändert" (S. 7) worden. Da erwähnt wird, daß „die Spitzel der politischen Polizei" (S. 7) ohnehin über interne Vorgänge Bescheid wüßten, stellt sich der Eindruck ein, als ob sie Repressionen ehemaliger Mitglieder der K-Gruppen zu gewärtigen hätten. Der Band enthält eine Sammlung von Beiträgen aus der Feder ehemaliger Mitglieder von K-Gruppen. Schon die Überschriften machen den Sarkasmus der Autoren deutlich: Das Mao-Männchen im Hinterkopf — Ängste und Erfahrungen eines Kader—Gymnasiasten; „Leben für die Partei" — und was das kostet; Da war so irgendwas verschütt" — Über den Verlust der Identität als Frau im KSV; Beschlußdemokratie, Versammlungskommunismus und ein Bad im vereisten Grunewaldsee; Wenn „die Kaderin" erzählte . . .; Für die Partei des Proletariats an der Uni — Selbstbefragung eines umerzogenen Intellektuellen; Der Parteibeamte; Frühe Unordnung und spätes Leid — ein Antiautoritärer aus der Provinz wird „Parteikader"; Die Interessen der Arbeiterklasse sind keine anderen als die Interessen der Partei!!!

Die „Revolutionsspielerei" wird in zahlreichen Beiträgen veranschaulicht. So berichtet ein Gymnasiast, der im „Kommunistischen Oberschüler-Verband" (KOV) gewesen ist, von konspirativen Treffs in eigens dafür angemieteten Wohnungen. „Einmal wurde in so einer Wohnung was verbrannt im Ofen, der Ofen war aber kaputt und der Qualm kam in die Zimmer rein — und jetzt durfte man die Fenster nicht aufmachen, weil die Jalousien immer runter waren in der Wohnung. Die Leute sollten ja denken, daß das 'ne leerstehende Wohnung ist" (S. 12). Der Urlaub wurde reglementiert, „weil man ja keine Privilegien gegenüber der Arbeiterklasse haben durfte" (S. 15).

103 Wir warn die stärkste der Partein . . . Erfahrungsberichte aus der Welt der K-Gruppen (= Rotbuch, Bd. 177), 2. Aufl., Berlin 1978, 126 S. (Rotbuch Verlag).

Die Politisierung des täglichen Lebens führte, wie mehrfach betont wird, zu innerer Leere und menschlicher Verarmung. „Die Partei" vereinnahmte das Denken und Handeln der Aktivisten. Häufig förderten persönliche Probleme die Bereitschaft zur Mitarbeit in den K-Gruppen: Schwierigkeiten im Umgang mit dem anderen Geschlecht, Suche nach Lebenssinn, Gewinnung von Selbstbestätigung. Hinzu kam wohl auch ein beträchtliches Maß an Romantizismus.

Die Parteien, die den Kontakt zu den „Massen" herstellen wollten bzw. diese schon (scheinbar!) repräsentierten, kapselten sich immer mehr von der Umwelt ab. Ausdruck hierfür war ein ganz bestimmter „Sprachcode": Die abgedroschene „Einheitssprache" zerstörte individuelle Regungen. Durch die Fixierung auf die eigene „Richtung" nahm der Realitätsverlust außergewöhnliche Formen an.

Ein so aufschlußreiches wie zugleich bedrückendes Beispiel für den fehlenden Kontakt zur vielbeschworenen „Basis" ist der Bericht über den „Parteibeamten" (S. 81-87): „Der, der da im Name des KSV sprach, war ein Kader in leitender Position. Solche Auftritte sind für ihn zur Routine geworden. Heute redet er bei den Germanisten, morgen bei den Psychologen, übermorgen vielleicht in Westdeutschland. Dazwischen bewältigt er eine ungeheure Menge von Sitzungen, führt Gespräche, liest Protokolle, schreibt Protokolle, organisiert Einsätze, liest Direktiven, schreibt Direktiven – sein Wasser ist die Politik, darin schwimmt er wie ein Fisch, fern von den trockenen Ufern des Alltags: ein Professional, ein Berufspolitiker also" (S. 81). Gewiß, die eine oder andere Einzelheit mag überzeichnet sein, doch das ändert nichts an der erschreckenden „Beamtenmentalität" der Kader. Der Terminkalender wurde ein wichtiges Requisit, das Schreiben von Flugblättern gewann eine Eigendynamik, die Weltfremdheit nahm groteske Züge an. Das „Innenleben" war nicht frei von totalitären Symptomen: „Kritik und Selbstkritik" – Nichtöffentlichkeit von Sitzungen – Tätigkeit von „Ausrichtern", die zur Bewußtseinsbildung von „oben" in den einzelnen Zellen eingesetzt wurden.

Der Band hat in gewisser Weise ein Pendant gefunden in einer Analyse, die ehemalige führende Funktionäre der KPD nach dem Auflösen dieser Partei vorgelegt haben[104]. Diese Kritik ist freilich weniger radikal ausgefallen als die hier angezeigten Erfahrungsberichte, deren Verfasser rücksichtslos mit den K-Gruppen abrechnen. Ein erschütterndes Dokument! Selten klaffte die Diskrepanz so

---

104 Vgl. Karl Schlögel/Willi Jasper/Bernd Ziesemer, Partei kaputt. Das Scheitern der KPD und die Krise der Linken, Berlin 1981.

weit auseinander wie bei den K-Gruppen: Angetreten zur Befreiung des Menschen, haben sie Versklavung in den eigenen Reihen gefördert.

## Haltung der Demokratie gegenüber dem Linksextremismus?

Keine linksextreme Organisation besitzt in der Bundesrepublik gegenwärtig eine „Massenbasis". Wenn daraus nicht überhaupt die Konsequenz gezogen wird, Wahlabstinenz zu üben[105], so fällt das Ergebnis kläglich aus, gewiß nicht zu erklären mit der prohibitiven Wirkung der Fünfprozentklausel. Die DKP, die einen Mitgliederbestand von 40.000 bis 50.000[106] aufweist, erhielt bei der Bundestagswahl 1983 ganze 64.982 Zweitstimmen. Damit hätte sie auch bei einem reinen Verhältniswahlsystem ohne jegliche Kautelen kein einziges Mandat errungen – dasselbe Wahlverhalten unterstellt[107]. Zwei von drei Stimmen müssen also von Mitgliedern der DKP stammen – vorausgesetzt, diese – und für eine Partei des politischen Extremismus ist eine solche Annahme angesichts des hohen Identifikationsgrades wohl berechtigt – haben „ihre" Partei nahezu geschlossen gewählt. Kann oder muß man den Extremismus von links daher sogar ignorieren? Gewiß nicht, da Wahlergebnisse allein kein

---

105 Die DFU kandidierte bei der niedersächsischen Landtagswahl am 21. März 1982 in drei Wahlkreisen (die DKP hatte auf die Aufstellung von Kandidaten verzichtet), davor nahm sie zuletzt an der Landtagswahl in Baden-Württemberg (4. April 1976) in zwei Wahlkreisen teil (wieder hatte die DKP auf die Aufstellung von Kandidaten verzichtet). In Niedersachsen erhielt sie ebenso 0,01 Prozent der Stimmen (425) wie in Baden-Württemberg (557). Der Grund für die sporadische Wahlteilnahme der DFU 1982 ist offensichtlich: Gemäß § 2,2 des Parteiengesetzes verliert eine Vereinigung ihre Rechtsstellung als Partei, wenn sie sechs Jahre lang weder an einer Bundestags- noch an einer Landtagswahl mit eigenen Wahlvorschlägen teilgenommen hat. Die DFU will also ihren Parteienstatus wahren.
106 Nach dem VSB 1982 dürfte die Zahl der Mitglieder etwas unter 40.000 liegen (ebd., S. 34). Auf dem 7. Parteitag in Nürnberg zu Anfang des Jahres 1984 wurden 50.482 angegeben – wohl mehr Wunsch als Wirklichkeit. Vgl. Me. (= Ernst-Otto Maetzke), Mies empfiehlt der Friedensbewegung Anlehnung an den Osten, in: FAZ v. 7. Januar 1984.
107 Letztere Annahme ist wohl unrealistisch, da sie das „Gesetz" der „antizipierten Reaktion" außer acht läßt. Ohne die Existenz einer Sperrklausel hätte die DKP gewiß mehr Stimmen auf sich vereinigt. So bekam sie bei der Bundestagswahl 1983 denn auch 96.143 Erststimmen.

zureichender Indikator für die jeweilige Stärke des Extremismus sind. Aufgrund ihres Aktivitätsdrangs kompensieren Extremisten die ihnen fehlende „Massenbasis" zumindest teilweise.

Die DKP hat beträchtliche Erfolge bei ihrer Bündnispolitik vorzuweisen, wie es aus einigen der hier besprochenen Werke deutlich hervorgeht. Aufgrund ihrer Organisationskraft hat sie Einfluß gewonnen — in zahlreichen Bürgerinitiativen und auch in der Friedensbewegung[108]. Vor allem in einigen Gewerkschaften sind ihre Einflußstrategien nicht ohne Resonanz geblieben. Dies ist deshalb gefährlich, weil der Aufbau von „Machtpositionen" in der Regel „verdeckt" geschieht. DKP-Mitglieder geben sich in vielen Fällen nicht als solche zu erkennen! Und schließlich gibt es auch Personen, die — im formalen Sinne — parteilos sind oder sogar das Parteibuch einer demokratischen Partei besitzen, letztlich jedoch die ideologische Position der DKP einnehmen. Eugen Loderer hat hierfür den Ausdruck „Panzerschrankkommunisten" geprägt. Die K-Gruppen hingegen verzichten zum großen Teil auf Tarnung. Aber das beraubt sie weitgehend ihres Einflusses, zumal ihre revolutionäre Rhetorik angesichts der Stabilität der Verhältnisse abschreckend wirken muß. Größeren Erfolg haben die „spontaneistischen" und „autonomen" Kräfte vorzuweisen. Das gilt für den sogenannten „Häuserkampf", ihre „Friedensarbeit" und die Aktionen gegen die Kernenergie. Dabei sind zahlreiche Rechtsverletzungen zu verzeichnen. Partiell ist der Übergang zum politischen Terrorismus fließend. Alles in allem jedoch stellt der Linksextremismus gegenwärtig für den Bestand der Bundesrepublik keine Gefahr dar[109]. Allerdings liegt kein Grund vor, mit dem Blick auf die Wahlergebnisse einfach zur Tagesordnung überzugehen. Leider lassen es manche demokratischen Kräfte aus dem linken Spektrum an der nötigen Abgrenzung zu kommunistischen Gruppierungen missen — sei es, weil Initiativen gegen „rechts" alles rechtfertigen, sei es aus mißverstandener Solidarität, sei es, weil die antidemokratische Strategie nicht durchschaut wird.

Bezeichnenderweise gibt es kaum Literatur, die sich aus demokratisch-sozialistischer Warte mit dem Linksextremismus befaßt (das Autorenteam um Fritz Vilmar ist eine rühmliche Ausnahme), während umgekehrt sich vor allem stärker in der „rechten Mitte" anzusiedelnde Autoren des Linksextremismus annehmen, freilich

---

108 Vgl. beispielsweise nur: Gottfried Linn, Die Kampagne gegen die NATO-Nachrüstung. Zur Rolle der DKP, Bonn 1983; Helmut Bärwald, Mißbrauchte Friedenssehnsucht, Bonn 1983. Siehe im übrigen die Ausführungen in der Einleitung dieses Bandes.

109 In diesem Sinne etwa auch Thomas Meyer, Gefährdung der Demokratie durch Linksextremismus, in: Das Parlament v. 14./21. August 1982, S. 18.

mehr in politischer als in politikwissenschaftlicher Absicht. Gesamtdarstellungen des Linksextremismus in der Bundesrepublik sind nicht auf dem Markt. Eine wissenschaftlichen Ansprüchen standhaltende Monographie über die DKP, der Partei des „organisierten Zynismus"[110], fehlt ganz. Will man sich detailliert informieren, muß man auf einen umfassenden Handbuch-Beitrag zurückgreifen[111]. Selbst die Hintergründe der Entstehung der DKP sind bisher unzureichend aufgearbeitet worden. Dieser Umstand stellt nicht gerade ein Ruhmesblatt für die Parteienforschung in der Bundesrepublik dar.

Es ist auffallend, daß es – im Gegensatz etwa zum Rechtsextremismus und zum Terrorismus – so gut wie keine Studien gibt, die theoretische Ansätze (zur Ursachenproblematik oder zur Bekämpfung des Linksextremismus) entwickeln oder verarbeiten. Auch empirisch ausgerichtete Arbeiten, die das Potential von Linksextremisten zu erfassen suchen, fehlen nahezu völlig. Der wissenschaftliche Erklärungswert zu den Hintergründen der linken Variante des Extremismus ist vielfach minimal – ein Manko einschlägiger Veröffentlichungen, die mehr politisch als politikwissenschaftlich ausgerichtet sind. Im Vordergrund steht dagegen sehr oft die Frage nach der Reaktion auf den Linksextremismus.

Abgesehen von der Selbstverständlichkeit, daß jegliche Mißachtung und Verletzung des Rechtes zu ahnden ist, bieten sich gegenüber dem politischen Linksextremismus für Demokraten mindestens drei Varianten an – Vertrauen auf die Selbstheilungskraft der Demokratie, administratives Vorgehen, argumentative Auseinandersetzung.

Die erste Option will erreichen, daß mehr Gelassenheit einkehrt und dem Kommunismus mit der „gebotenen demokratischen Selbstsicherheit"[112] zu begegnen sei. Sie setzt auf die „Selbstheilungskraft der Demokratie"[113] – analog etwa dem laisser faire-laisser aller-Prinzip des Manchesterliberalismus, der die „prästabilierte Harmonie" zum Dogma erhob. Möglicherweise führt „Gelassenheit" letztlich zur Inaktivität und zum Herunterspielen kom-

---

110 So Peter Meier-Bergfeld, Die Bündnispolitik der Deutschen Kommunistischen Partei, in: Bundesministerium des Innern (Hrsg.), Verfassungsschutz und Rechtsstaat. Beiträge aus Wissenschaft und Praxis, Köln u.a. 1981, S. 55: „Wenn es auch dem kleinsten tagespolitischen Interesse der DKP nutzt, wird jeder ‚kameradschaftlich' willkommen geheißen – und fallengelassen, wenn er seine Funktion erfüllt hat."
111 Vgl. Heimann (FN 15), S. 901-981. Freilich ist dieser an sich informative Beitrag nicht frei von Einseitigkeiten.
112 Zilleßen (FN 71), S. 23.
113 Ebd., S. 23.

munistischer Einflußversuche. Die kommunistische Gefahr wird so nicht zur Kenntnis genommen. Eine Modifikation dieser Position liegt in dem Glauben, man könne mit Kommunisten partielle Bündnisse eingehen, um etwa einen konkreten Mißstand zu beseitigen oder um die Kommunisten „einzurahmen". Hier besteht die Gefahr einer klammheimlichen Aufwertung kommunistischer Gruppierungen zu engagierten Bürgern oder gar zu „kritischen Demokraten". Die Intention der „Verfassungsväter" war wohl eine andere.

Die zweite Option will durch ein administratives Vorgehen gegen Gegner der Demokratie, wie es die Kommunisten aller Schattierungen sind, die Gefahr einer Unterwanderung und Aushöhlung der Demokratie beseitigen, zumal die „Schönwetterdemokratie" längst vorbei ist[114]. Günther Willms etwa kritisiert die Strafrechtsänderung von 1968, wonach gegen Ersatzorganisationen einer verbotenen Partei erst dann eingeschritten werden kann, wenn zuvor ein Gericht auf Antrag der politischen Instanzen den Tatbestand der Ersatzorganisation festgestellt hat. Nach Willms jedoch besteht für die Exekutive bei einer Ersatzorganisation – und die DKP sei eine solche – kein Ermessensspielraum – sie muß die Ersatzorganisation auflösen. Die Gesetzesänderung gilt für Willms daher als „Mißgeburt der Großen Koalition"[115]; die Hintergründe der „Neukonstituierung" der DKP seien ein Tabu, „das man als das umfassendste und peinlichste in der Geschichte der Bundesrepublik bezeichnen kann und das auch als Beispiel wirksamer Spekulation auf den verbreiteten Mangel an Zivilcourage interessant ist"[116]. Willms kann nicht hinreichend verdeutlichen, daß ein Verbot kommunistischer Gruppierungen die Stabilität der bundesdeutschen Demokratie stärkte. Eher ist wohl das Gegenteil der Fall. Erstens würde die Liberalität der Demokratie unzumutbar eingeschränkt, zweitens meldeten sich Kritiker zu Wort, die die politisch Verantwortlichen unter dauernden Begründungszwang setzten.

Die dritte Option läßt sich folgendermaßen charakterisieren. Linksextreme Gruppierungen werden weder verboten noch ignoriert. Demokratische Kräfte setzen sich mit ihr argumentativ auseinander (z.B. durch Hinweise auf ihre mangelnde Glaubwürdigkeit) und versuchen, sie in die Defensive zu drängen – im Hochschul- und Gewerkschaftsbereich ebenso wie bei der Gründung von Bürgerinitiativen. Eine Isolierung des Linksextremismus untergräbt am

---

114 Vgl. in diesem Sinne Günther Willms, Das Staatsschutzkonzept des Grundgesetzes und seine Bewahrung, Karlsruhe 1974; siehe auch ders., Die gefährdete Republik, in: FAZ v. 13. März 1981, S. 10.
115 Ders., Eine verfassungsrechtliche Krebsgeschwulst. Das Partei-Privileg und die DKP, in: FAZ v. 3. August 1983, S. 8.
116 Ebd.

ehesten dessen Infiltrationsmechanismen. Diese Strategie ist effektiver als die erste Variante und liberaler als die zweite. Das Plädoyer für eine argumentative Auseinandersetzung darf sich freilich nicht in bloßer Rhetorik erschöpfen und nicht der Augenwischerei dienen. Diese Position präferieren auch Mensing und Vilmar in den hier besprochenen Büchern. Ihr gebührt wohl der Vorzug.

Die Kontroverse läßt sich auch unter dem Gesichtspunkt des Opportunitäts- und des Legalitätsprinzips betrachten. Während die erste Position das Opportunitätsprinzip verabsolutiert, macht sich die zweite ausschließlich das Legalitätsprinzip zu eigen: Gruppierungen, die gegen die Verfassung verstoßen, müssen verboten werden. Die dritte Position lehnt demgegenüber einen solchen Rigorismus ab. Eine nicht verbotene Organisation braucht deswegen noch längst nicht demokratisch zu sein. So wird die Fernhaltung von Linksextremisten (wie auch von Extremisten anderer Couleur) aus dem öffentlichen Dienst nicht als Verstoß gegen das Parteienprivileg angesehen werden. Schließlich hat der Beamte sich nach den Gesetzen zur freiheitlichen demokratischen Grundordnung zu bekennen – unabhängig davon, ob er einer nicht verbotenen Partei angehört. Den Behörden bleibt hier angesichts der Rechtslage kein Ermessensspielraum. Legalitäts- und Opportunitätsprinzip sind je nach den unterschiedlichen Feldern nicht in jedem Fall Gegensätze.

Auffallenderweise machen angloamerikanische und auch französische Wissenschaftler, wie beispielsweise Alfred Grosser, die sonst das politische System der Bundesrepublik eher wohlwollend beurteilen, erhebliche Vorbehalte hinsichtlich der Vorkehrungen und Einschätzungen der westdeutschen Politiker gegenüber dem Linksextremismus geltend. Dieser Sachverhalt steht übrigens in einem gewissen Spannungsverhältnis zu häufig anzutreffenden ausländischen Protesten gegenüber rechtsextremen Aktivitäten. Ein doppelbödiges Vorgehen gegenüber unterschiedlichen Spielarten des Extremismus verbietet sich jedoch. Kenneth H.F. Dyson etwa führt die seiner Meinung nach mangelnde Toleranz (z.B. im Bereich des öffentlichen Dienstes) zu einem großen Teil auf das Trauma der geschichtlichen Erfahrungen zurück[117]. Diese – gewiß nicht unzutreffende – Feststellung kann auch positiv interpretiert werden: Die leidvollen Erfahrungen der Deutschen mit diktatorischen Systemen – dem Rechtsextremismus (in der Vergangenheit) und dem Linksextremismus (im anderen Teil Deutschlands) – haben zu besonderer

---

117 Kenneth H.F. Dyson, Left-wing Political Extremism and the Problem of Tolerance in Western Germany, in: Government and Opposition 10 (1975), S. 330.

Wachsamkeit gegenüber dem „Wolf im Schafspelz" geführt — in einem geteilten Land an der Nahtstelle zwischen Ost und West. Die Frage ist freilich, ob dadurch eine Gefährdung der Liberalität eintritt[118]. Im übrigen ist der Hinweis keine Retourkutsche, daß auch andere westliche Demokratien Verfassungsschutzvorkehrungen kennen und diese mitunter sehr rigide auslegen[119]. So hatte Rudi Dutschke große Schwierigkeiten, im Ausland eine Heimstatt zu finden, wo er die langwierigen Folgen des Attentats überwinden und seine Dissertation abschließen wollte. In Großbritannien galt er als „Sicherheitsrisiko" und wurde ausgewiesen. Eine jüngst erschienene Dutschke-Biographie bringt dafür eindrucksvolle Belege[120].

---

118 Vgl. dazu die Anmerkungen in der Einleitung dieses Bandes.
119 Vgl. Eckhard Jesse, Verfassungsschutz in der Bundesrepublik Deutschland im Vergleich zu anderen westlichen Demokratien, in: Politische Bildung 17 (1984), Heft 1, S. 43-66.
120 Vgl. Ulrich Chaussy, Die drei Leben des Rudi Dutschke. Eine Biographie, Darmstadt/Neuwied 1983, insbes. S. 300-305.

# Terrorismus:

Ereignisse, Ursachen, Reaktionen und Folgen in den siebziger Jahren

*Thomas Meyer,* Am Ende der Gewalt? Der deutsche Terrorismus – Protokoll eines Jahrzehnts (= Ullstein-Buch, Nr. 34510), Frankfurt a. M./Berlin/Wien 1980, 205 S. (Verlag Ullstein GmbH).
*Jillian Becker,* Hitlers Kinder? Der Baader-Meinhof-Terrorismus, Frankfurt a. M. 1978, 284 S. (Fischer Taschenbuch Verlag).
*Martin Robbe,* Verlockung der Gewalt. Linksradikalismus – Anarchismus – Terrorismus (= nl konkret 49), Berlin(Ost) 1981, 192 S. (Verlag Neues Leben).
*Axel Jeschke/Wolfgang Malanowski (Hrsg.),* Der Minister und der Terrorist. Gespräche zwischen Gerhart Baum und Horst Mahler, Reinbek bei Hamburg 1980, 224 S. (Rowohlt Taschenbuch Verlag).
*Bommi Baumann,* Wie alles anfing, München 1982, 172 S. (Trikont-dianus Verlag).
*Hans-Joachim Klein,* Rückkehr in die Menschlichkeit. Appell eines ausgestiegenen Terroristen, mit einem Nachwort von Daniel Cohn-Bendit (= rororo aktuell, Bd. 4544), Reinbek bei Hamburg 1979, 331 S. (Rowohlt Taschenbuch Verlag).
*Hermann Glaser,* Jugend zwischen Aggression und Apathie. Diagnose der Terrorismus-Diskussion. Ein Dossier (= Recht – Justiz – Zeitgeschehen, Bd. 32), Heidelberg/Karlsruhe 1980, 172 S. (C. F. Müller Juristischer Verlag).
*Heiner Geißler (Hrsg.),* Der Weg in die Gewalt. Geistige und gesellschaftliche Ursachen des Terrorismus und seine Folgen (= Geschichte und Staat, Bd. 214), München/Wien 1978, 224 S. (Günter Olzog Verlag).
*Hans-Dieter Schwind (Hrsg.),* Ursachen des Terrorismus in der Bundesrepublik Deutschland (= Sammlung Göschen 2806), Berlin/New York 1978, 174 S. (Walter de Gruyter).
*Iring Fetscher/Günter Rohrmoser,* Ideologien und Strategien (= Analysen zum Terrorismus 1), unter Mitarbeit von Jörg Fröhlich, Hannelore Ludwig und Herfried Münkler, Opladen 1981, 346 S. (Westdeutscher Verlag).

*Herbert Jäger/Gerhard Schmidtchen/Lieselotte Süllwold,* Lebenslaufanlaysen (= Analysen zum Terrorismus 2), unter Mitarbeit von Lorenz Böllinger, Opladen 1981, 243 S. (Westdeutscher Verlag).
*Wanda von Baeyer-Katte/Dieter Claessens/Hubert Feger/Friedhelm Neidhardt,* Gruppenprozesse (= Analysen zum Terrorismus 3), unter Mitarbeit von Karen de Ahna und Jo Groebel, Opladen 1982, 525 S. (Westdeutscher Verlag).
*Ulrich Matz/Gerhard Schmidtchen,* Gewalt und Legitimität (= Analysen zum Terrorismus 4,1), unter Mitarbeit von Hans-Martin Uehlinger, Opladen 1983, 437 S. (Westdeutscher Verlag).
*Iring Fetscher,* Terrorismus und Reaktion in der Bundesrepublik Deutschland und in Italien, Reinbek bei Hamburg 1981, 219 S. (Rowohlt Taschenbuch Verlag).
*Thomas Wittke,* Terrorismusbekämpfung als rationale politische Entscheidung. Die Fallstudie Bundesrepublik (= Europäische Hochschulschriften, Reihe XXXI: Politikwissenschaft, Bd. 43), Frankfurt a. M./Bern 1983, 308 S. (Verlag Peter Lang).
*Michael Horn,* Sozialpsychologie des Terrorismus, Frankfurt a. M./ New York 1982, 196 S. (Campus Verlag).

Noch im August/September 1979 ermittelte das Sozialforschungsinstitut Infratest, 57 Prozent der Bevölkerung in der Bundesrepublik Deutschland hätten ein „sehr starkes" bis „starkes" Interesse für das Thema „Terrorismus".[1] Die heutige Situation ist dagegen eine völlig andere. Zwar waren Terroristen auch in den Jahren 1979-1983 nicht untätig; aber im Vergleich zu den Vorjah-

---

1 Vgl. Infratest Sozialforschung. Zielgruppenhandbuch für eine Öffentlichkeitsarbeit zum Thema Terrorismus. Ergebnisse einer Repräsentativerhebung in der Bevölkerung der Bundesrepublik im August/September 1979, München 1980, S. 9.

ren hat der mit linksextremen Zielen geführte Terrorismus[2] weit weniger Menschenleben gefordert[3] — eine Tatsache, die das heute stark geschwundene Interesse der Öffentlichkeit zu einem Gutteil erklären dürfte. Dieser rasche Kulissenwechsel in der öffentlichen Meinung offenbart aber zugleich ein Dilemma, dem nicht nur der bundesdeutsche Terrorismus unterworfen war und ist: Terroris-

---

[2] In der Rechtsextremismus-Diskussion ist heute auch vielfach von einem rechtsgerichteten Terrorismus die Rede. Siehe dazu: Eike Hennig, Neonazistische Militanz und Terrorismus. Thesen und Anmerkungen; Friedhelm Neidhardt, Linker und rechter Terrorismus. Empirische Ansätze zu einem Gruppenvergleich, in: Gewalt von rechts. Beiträge aus Wissenschaft und Publizistik, hrsg. vom Referat „Öffentlichkeitsarbeit gegen Terrorismus" im Bundesministerium des Innern, Bonn 1982, S. 111-131, 155-204 (vgl. dazu auch S. xx dieser Arbeit). Bei der Frage, ob rechtsextreme Gewaltakte als „terroristisch" bezeichnet werden können, mag ein beachtlicher, von gesellschaftlichen Gruppen unterschiedlich nutzbarer Interpretationsspielraum bestehen; dennoch hat die Forschung einige notwendige Definitionskomponenten herausgearbeitet (vgl. nur: Manfred Funke, Art. „Terrorismus", in: Wolfgang W. Mickel [Hrsg.], Handlexikon zur Politikwissenschaft, München 1983, S. 517-521), die auch noch näher spezifizierbar sind: politische Motivation, Gewaltaspekt, Systemhaftigkeit, Überraschungseffekt, kommunikative Funktion, Kampfaspekt. Legt man diese Definitionskriterien zugrunde, so kann bisher wohl nur vereinzelten Fällen rechtsextremer Gewaltausschreitungen das Kennzeichen „terroristisch" zuerkannt werden. Es muß daher fraglich erscheinen, parallel zum Linksterrorismus etwa der RAF und RZ heute bereits von einem Rechtsterrorismus zu sprechen. Selbst wenn sich dies als sinnvoll erweist, wären wesentliche Unterschiede herauszustellen. Das folgende Kapitel beschäftigt sich ausschließlich mit dem Linksterrorismus, obwohl meist einfach von „Terrorismus" die Rede ist. Zu rechtsterroristischen Ansätzen vgl. S. 276f. dieser Arbeit.

[3]

Terroristische Anschläge im Inland, 1977-1983

|  | 1977 | 1978 | 1979 | 1980 | 1981 | 1982 | 1983 |
|---|---|---|---|---|---|---|---|
| Tötungsdelikte | 9 | 1 | — | — | 1 | — | — |
| Tötungsversuche | 3 | 5 | — | — | 1 | — | — |
| Sprengstoff-Brandanschläge | 48 | 52 | 41 | 77 | 127 | 183 | 215 |
| Raubüberfälle | 12 | — | 3 | — | — | 1 | — |

Zusammengestellt nach: VSB 1977-1983; Amtlicher Ereigniskalender des Terrorismus 1967-1980, in: Jeschke/Malanowski (FN 31), S. 155-222.

mus hat eine kommunikative Funktion.[4] Durch die systematische Anwendung von Gewalttaten mit Überraschungseffekt sollen – der etymologischen Bedeutung des Wortes gemäß – bei zu bekämpfenden gesellschaftlichen Gruppen Furcht und Schrecken erzeugt, gleichzeitig aber auch die Aufmerksamkeit und (längerfristig) die Sympathie breiter Bevölkerungskreise für bestimmte politische Ziele erregt werden. So erhoffen sich die Terroristen eine massenmobilisierende und revolutionierende Wirkung. Diese kommunikative Funktion des Terrorismus (die Mobilisation der Öffentlichkeit) läßt sich naturgemäß am ehesten durch Gewaltakte erfüllen, die Menschenleben bedrohen oder gar auslöschen. Den Terroristen gelang es in der Bundesrepublik jedoch nicht, derartigen Aktionen – sei es für breite Bevölkerungskreise, sei es auch nur für größere Teile ihrer ureigenen politischen Klientel – eine glaubwürdige Legitimationsgrundlage zu verschaffen. Das Dilemma: Die Erfüllung der kommunikativen Funktion des Terrors bedeutet gleichzeitig seine moralische Diskreditierung.

Der Gedankengang läßt einige wichtige Aussagen über die heutige Situation des Linksterrorismus in der Bundesrepublik Deutschland und – mit aller Vorsicht – mögliche Entwicklungen in den nächsten Jahren zu. Die aus der ,,Baader-Meinhof-Gruppe" erwachsene ,,Rote Armee Fraktion" (RAF) verfolgte ein terroristisches Konzept, das nicht nur generell wenig Rücksicht auf Menschenleben nahm, sondern die Ermordung prominenter, das verhaßte System repräsentierender Persönlichkeiten einplante. Diese Strategie führte schon früh zur Entfremdung der Gruppe von ihrem ursprünglichen Sympathisantenkreis, wenn sie ihr auch ein Höchstmaß an Öffentlichkeitswirksamkeit sicherte. Umfang und Ausmaß der Aktionen erleichterten den Sicherheitskräften die Bekämpfung der RAF, die zum heutigen Zeitpunkt zwar weiterhin existiert, durch die Fahnungserfolge der Polizei seit 1977 aber entscheidend geschwächt ist. Demgegenüber verfolgten die ,,Revolutionären Zellen" (RZ) – hierin der seit 1980 mit der RAF fusionierten ,,Bewegung 2. Juni" ähnlich[5] – von Anfang an ein um ,,Basisnähe" bemühtes Terrorkonzept, welches zwar das Leben sogenannter ,,Systemrepräsentanten" ebenfalls nicht schont, darüber hinaus aber die Gefährdung von Menschen bisher nach Möglichkeit vermeidet. Im Gegensatz zum eher an Lenin orientierten Avantgarde-Selbstverständnis der RAF betätigen sich RZ insbesondere in Bereichen, die eine Mobilisation der ,,Massen" versprechen (z. B. Protestbewegungen) – nach dem Motto:

4 Vgl. Henner Hess, Terrorismus und Terrorismus-Diskurs, in: Kriminologisches Journal 15 (1983), S. 89-109, 93.
5 Vgl. VSB 1980, S. 108 f.

„jede Aktion sollte sich durch sich selbst erklären; eine Aktion, die eine Erklärung benötigt, ist falsch und überflüssig".[6] Dem um „Basisnähe" bemühten ideologischen Konzept entspricht eine weitgehend dezentralisierte Organisationsstruktur, welche die Bildung eines ausgedehnten Zellennetzes ermöglichen soll und den einzelnen Gruppen ein hohes Maß an Autonomie einräumt. Die nach diesem Muster strukturierte „Guerilla Diffusa"[7] — hierzu zu zählen sind RZ und ihnen nahestehende, teilweise aber auch ihre Eigenständigkeit betonende „autonome" Gruppen[8] — hat sich bislang sehr erfolgreich den Fahndungsmaßnahmen der Sicherheitskräfte entziehen können und wird von großen Teilen der gewaltbereiten linksextremen „Szene" als zukunftsträchtiges Terrorkonzept angesehen. Zu diesen Erfolgen hat maßgeblich beigetragen, daß zahlreiche Akteure nicht aus dem Untergrund, sondern geschickt getarnt aus einer scheinbar normalen bürgerlichen Existenz heraus operieren — die eingängige, aber euphemistische Bezeichnung „Feierabend—Terrorismus" hat sich hierfür eingebürgert.

Anders als viele Aktionen der RAF, die für die Sicherheit des Staates teilweise eine massive Bedrohung darstellten, gleichzeitig jedoch notgedrungen mit einem hohen Risiko für die Terroristen verbunden waren, konzentrierten sich RZ und ähnlich agierende Gruppen bisher auf die Ausführung von Brand- und Sprengstoffanschlägen, die zwar zum Teil erhebliche Sachschäden anrichteten, aber zumeist Menschenleben schonten. Diese zurückhaltende Taktik hat bis heute größere Fahndungserfolge der Polizei verhindert, wurde aber mit einer deutlichen Minderung der Öffentlichkeitswirksamkeit terroristischer Aktionen erkauft. Sollte es revolutionären Zellen gelingen, ihr Organisationsnetz weiter auszubauen, ist für die Zukunft mit dem Versuch zu rechnen, aus dem terroristischen Schattendasein durch spektakulärere Aktionen herauszutreten. Daß RZ zu derartigen Taten willens und in der Lage sind,

---

6 So der Wortlaut in einer Schrift „autonomer", den RZ nahestehender Gruppen aus dem Jahre 1981; zitiert nach: VSB 1982, S. 105.
7 Vgl. Günter Bannas, Die Sicherheitsbehörden fürchten vor allem die „Autonomen", in: FAZ v. 9. Juli 1983, S. 4; Hans Haibach, „Guerilla diffusa" — der breit gefächerte Angriff auf den Staat, in: FAZ v. 18. Juni 1982, S. 3.
8 Vgl. die Kritik „autonomer" Gruppen an „Revolutionären Zellen", in: Innere Sicherheit Nr. 67 v. 3. Juni 1983, S. 5.

zeigen Aktivitäten einzelner Mitglieder im internationalen Terrorismusbereich.[9]

Vor der Beschäftigung mit den Ursachen und Folgen des Linksterrorismus in der Bundesrepublik ist es sinnvoll, sich zunächst einmal die wichtigsten Ereignisse, ihre Bedingungen und Konsequenzen, vor Augen zu führen. Es gibt zu diesem Themenkomplex ein schier unübersehbares, äußerst heterogenes Schrifttum. Vor allem die Publizistik nahm sich der stets brandaktuellen Thematik an. Die wissenschaftliche Forschung im engeren Sinne widmete sich dem neu entstandenen Phänomen vergleichsweise spät und zaghaft.[10] Was die nun bereits historischen Tatsachen betrifft, scheint vor allem der Zeitraum von Mitte der 60er Jahre bis zum bisherigen Höhepunkt des Terrorismus im Jahre 1977 vergleichsweise gut durchdrungen und gesichert zu sein. Insbesondere im Hinblick auf die erste Terroristen-Generation wäre eine intensivere Erforschung der westdeutschen Protest-,,Bewegungen" seit

---

9 Dazu VSB 1982, S. 108f.; Claire Sterling, Das internationale Terrornetz, Bern/München 1983, S. 127-133, 192-204; Rolf Tophoven, Die Palästinenser und das Netz des internationalen Terrorismus, in: Manfred Funke (Hrsg.), Terrorismus. Untersuchungen zur Strategie und Struktur revolutionärer Gewaltpolitik, Bonn 1977, S. 198-223; Franz Wördemann, Terrorismus. Motive, Täter, Strategien, München/Zürich 1977, S. 311-349.

10 Die Literatur zum Terrorismus ist sowohl im nationalen als auch internationalen Kontext im Vergleich zu anderen Themen geradezu vorbildlich bibliographisch erschlossen. Für den bundesdeutschen Terrorismus insbesondere: Wissenschaftliche Dienste des Deutschen Bundestages, Terorismus und Gewalt. Auswahlbibliographie mit Annotationen, Bonn 1975; Fortsetzung; Wissenschaftliche Dienste des Deutschen Bundestages, Terrorismus und Gewalt, 1975-1977. Auswahlbibliographie, Bonn 1978; Volker Tutenberg/Christl Pollak, Terrorismus – gestern, heute, morgen. Eine Auswahlbibliographie, München 1978; vgl. auch Herfried Münkler, Guerillakrieg und Terrorismus, in: NPL 25 (1980), S. 307-334; Ernst Vollrath, Die Erzeugung des Terrorismus. Betrachtungen zu einer deutschen Diskussion, in: Die Politische Meinung 24 (1979), H. 183, S. 83-93. Für den internationalen Bereich: Edward F. Mickolus, The Literature of Terrorism. A Selective Annotated Bibliography, Westport/London 1980; August R. Norton/Martin H. Greenberg, International Terrorism: An Annotated Bibliography and Research Guide, 3. Aufl., Boulder/Col. 1982.

den Kampagnen gegen Wieder- und Atombewaffnung in den 50er Jahren wünschenswert.[11] Ebenfalls unterbelichtet sind die neuesten Ereignisse und Tendenzen seit 1977.

## Ereignisse und Zusammenhänge

Überblicksdarstellungen zu den historischen Bedingungskonstellationen und den Ereignissen seit der Initialzündung der Frankfurter Kaufhausbrände in der Nacht vom 2. zum 3. April 1968 sind bisher Mangelware geblieben.[12] Hier ist zunächst die Reportage *Thomas Meyers*[13] zu nennen, die in geraffter, strukturierender Form das Geschehen in den 70er Jahren verfolgt: Von seinem Ausgangspunkt, der APO, deren entgleisten, gewaltbereiten Elementen, zum Ende des ersten Aktes der terroristischen Tragödie mit der Verhaftung der Baader-Meinhof-Führungsmannschaft im Juni 1972. Nach einer Konsolidierungsphase setzt die gefangene RAF-Elite mit Hilfe einiger Rechtsanwälte ihre Tätigkeit aus der Haft heraus indirekt fort. Im Laufe des Jahre 1976 hat sich eine zweite Terroristen-Generation schlagkräftig formiert und verübt 1977 eine Reihe beispielloser Gewalttaten. Das Jahr 1977 markiert jedoch gleichzeitig Höhe- und Wendepunkt des RAF-Terrorismus.

---

11 Dazu bisher: Hans Manfred Bock, Geschichte des linken Radikalismus in Deutschland. Ein Versuch, Frankfurt a. M. 1976; Tilman Fichter/Siegward Lönnendonker, Kleine Geschichte des SDS. Der Sozialistische Studentenbund von 1946 bis zur Selbstauflösung, Berlin 1977; Karl A. Otto, Vom Ostermarsch zur APO. Geschichte der außerparlamentarischen Opposition in der Bundesrepublik 1960-1970, Frankfurt a. M./New York 1977; Ernst Richert, Die radikale Linke. Von 1945 bis zur Gegenwart, Berlin 1969; Hans Karl Rupp, Außerparlamentarische Opposition in der Ära Adenauer. Der Kampf gegen die Atombewaffnung in den fünfziger Jahren. Eine Studie zur innenpolitischen Entwicklung der BRD, 2. unveränderte Aufl., Köln 1980. Außerdem: Klaus Hansen, APO und Terrorismus. Eine Skizze der Zusammenhänge, in: FH 34 (1979), H. 1, S. 11-22, insbes. 11 f.

12 Vgl. auch: Schura Cook, Germany: From Protest to Terrorism, in: Yonah Alexander/Kenneth A. Myers (Hrsg.), Terrorism in Europe, London 1982, S. 154-178; Geoffrey Pridham, Terrorism and the State in West Germany During the 1970s: A Threat to Stability or a Case of Political Overreaction?, in: Juliet Lodge (Hrsg.), Terrorism: A Challenge to the State, Oxford 1981, S. 11-56; Wördemann (FN 9), S. 269-294.

13 Thomas Meyer, Am Ende der Gewalt? Der deutsche Terrorismus – Protokoll eines Jahrzehnts (= Ulstein-Buch, Nr. 34510), Frankfurt a. M./Berlin/Wien 1980, 205 S. (Verlag Ullstein GmbH).

Der „mißglückten" Flugzeugentführung, welche die bereits bei der Entführung Hanns Martin Schleyers gestellten Forderungen nach Freilassung „politischer" Häftlinge nachdrücklich bekräftigen sollte, der Weigerung der Bundesregierung, dem Verlangen der Terroristen nachzukommen, folgt der Selbstmord Baaders, Raspes und Ensslins in der Strafanstalt Stammheim. In den Folgejahren erzielt die Polizei wichtige Fahndungserfolge – entscheidende Niederlagen für die RAF.[14]

Die Publikation Meyers setzt den Schwerpunkt auf die Rekonstruktion dieser Ereignisse und Zusammenhänge; teilweise hat der Autor dabei bisher unausgewertetes Material verwendet. Ebenfalls zusammenfassend geschildert werden die Aktivitäten der „Bewegung 2. Juni" (so benannt nach dem Todestag Benno Ohnesorgs), die als solche namentlich erstmals Ende 1971 in Erscheinung trat. Voraufgegangen war bereits eine Reihe von Gewalttaten, die 1974 in der Ermordung des „Verräters" Schmücker und des Kammergerichtspräsidenten von Drenkmann sowie 1975 der Entführung des Berliner CDU-Vorsitzenden Peter Lorenz kulminierten. Danach gelangen den Sicherheitskräften einige Festnahmen, der Rest der Gruppe ging teilweise ins RAF-Lager über, andere Mitglieder engagierten sich auf internationaler Ebene.

Verhältnismäßig knapp behandelt der Verfasser die Aktivitäten Revolutionärer Zellen in der Bundesrepublik. Deren Aktionen lassen sich bis ins Jahr 1973 zurückverfolgen, obschon die Öffentlichkeit davon kaum Notiz nahm. Aufgrund der Fahndungserfolge der Polizei gegen die RAF sind die RZ zum heutigen Zeitpunkt eindeutig als gefährlichste terroristische Formation in der Bundesrepublik anzusehen. Daß Meyer dem Phänomen RZ relativ wenig Platz einräumt, spiegelt den spärlichen Kenntnisstand wider. Ihr zurückhaltendes Vorgehen, die dezentralisierte Organisationsstruktur, das partielle Operieren aus der Legalität, die häufig wechselnde personelle Zusammensetzung der Gruppen haben entscheidende Erfolge bei der Bekämpfung der RZ bisher verhindert. Daß Menschenleben nicht immer geschont werden, zeigt das tödlich endende Attentat auf den hessischen Minister für Wirtschaft und Technik Herbert Karry am 11. Mai 1981, zu dem sich RZ bekannt haben.[15] Nicht genau weiß man zum heutigen Zeitpunkt, welche und wieviele Gruppen zum Revolutionären Zellennetz gehören,

---

14 Als aktualisierte Zusammenfassung: Thomas Meyer, „Sieg oder Tod". Hat der deutsche Terrorismus noch eine Chance?, in: Bundesministerium des Innern (Hrsg.), Verfassungsschutz und Rechtsstaat. Beiträge aus Wissenschaft und Praxis, Köln/Berlin/Bonn/München 1981, S. 319-333.
15 Vgl. VSB 1981, S. 123.

wie hoch der Grad der Autonomie einzelner Zellen ist und ob alle dem RZ-Typ zugeordneten Gruppierungen überhaupt „am selben Strang ziehen." Die Kennzeichnung „Revolution nach Feierabend" (S. 189) jedenfalls ist nicht auf den gesamten RZ-Bereich anwendbar, wie die Kapitelüberschrift Meyers suggeriert.

Der Autor beschränkt sich nicht lediglich auf eine buchhalterische Aufrechnung terroristischer Aktionen in den 70er Jahren. Die Darstellung vermeidet sterile Faktenpräsentation, verbindet vielmehr Ereignisschilderung und Personenbeschreibung mit Ausführungen über die Logistik der Terroristen, Fahndungsstrategien der Polizei, die politischen und sozialen Rahmenbedingungen, die hochschulpolitische Situation etc. Dabei gibt er der klaren Konturierung den Vorzug vor allzu breiter Detailschilderung. Zur Anschaulichkeit trägt auch der flüssige, reportagehafte Stil bei. Mit Spekulationen über mögliche Ursachen des Terrorismus hält sich Meyer zurück, wohl wissend, daß dieser Fragekomplex eingehender empirischer Forschung bedarf.

Der Verfasser verzichtet jedoch keineswegs auf die Beschreibung historischer Bedingungsfaktoren. So enthält der Band auch ausführliche Passagen zur APO, deren Rolle für den Linksterrorismus differenziert beurteilt wird. Unzweifelhaft stellten der vor allem studentische Aufruhr gegen verkrustete Gesellschaftsstrukturen, die Forderung nach „Demokratisierung" und – vielfach – revolutionärer Umgestaltung des politischen Systems eine Art Nährboden dar, auf dem sich der Terrorismus entfaltete. Die meisten Protestler billigten die Mittel der Terroristen jedoch nicht, und viele anfänglich noch Sympathisierende distanzierten sich, als sie sahen, worauf die Aktionen hinausliefen.[16] Meyer kennzeichnet den Terrorismus daher zu Recht als eine „Abart der antiautoritären Rebellion" (S. 25), deren moralische Grundlagen er pervertierte.

Ähnlich stellt auch *Jillian Becker* in ihrer Arbeit über den „Baader-Meinhof-Terrorismus" (Untertitel[17]) das Verhältnis des Linksterrorismus zur APO dar: „Aber es gab auch Studenten, die nach den Aufregungen der Demonstrationsjahre nur schwer den Weg ins normale Leben zurückfanden – und einige wenige fanden die-

---

16 Vgl. Albrecht Wellmer, Terrorismus und Gesellschaftskritik, in: Jürgen Habermas (Hrsg.), Stichworte zur‚Geistigen Situation der Zeit', Bd. 1: Nation und Republik, 3. Aufl., Frankfurt a. M. 1980, S. 265-293, der freilich den beträchtlichen Einfluß neomarxistischer Ideen herunterspielt. Dagegen Ulrich Matz, Das Gewaltproblem im Neomarxismus, in: Eduard J. M. Kroker (Hrsg.), Die Gewalt in Politik, Religion und Gesellschaft, Stuttgart/Berlin/Köln/Mainz 1976, S. 59-79.
17 Jillian Becker, Hitlers Kinder? Der Baader-Meinhof-Terrorismus, Frankfurt a. M. 1978, 284 S. (Fischer Taschenbuch Verlag).

sen Weg überhaupt nicht mehr" (S. 45). Was jedoch bei Meyer nur knapp, mehr andeutend und resümierend, vorgebracht wurde, erfährt in der Darstellung Beckers eine breite Würdigung. Dabei bezieht die Autorin die Protestszene der ersten Hälfte der 60er Jahre mit ein, insoweit dies für die Biographien der ersten Terroristen-Generation von Interesse ist. Jillian Becker verfolgt insbesondere die Lebenswege Andreas Baaders, Gudrun Ensslins und — besonders ausführlich — Ulrike Meinhofs.

Die Autorin hat sich bei der Rekonstruktion dieser Biographien nicht mit dem in der Presse bereits Publizierten begnügt, sondern zahlreiche Gespräche mit Bekannten, Freunden und Verwandten geführt. So entstanden detailfreudige Charakteristiken, welche die Persönlichkeiten der Terroristen eingehend, teilweise bis in intime Einzelheiten hinein darstellen; als Qualitätsbeweis mag die Feststellung genügen, daß die Beckersche Charakterstudie gar zur weitergehenden psychologischen Interpretation animierte.[18] Es ist hier nicht der Ort, diese Lebenswege noch einmal aufzurollen. Wer sich jedoch näher mit diesem Aspekt beschäftigt und etwa Herkunft und Werdegang Baaders, Ensslins und Meinhofs studiert, wird schwerlich eine zwangsläufige Entwicklung zum Terrorismus herauslesen können. Dies heißt nicht, man könne keinerlei Persönlichkeits-, Entwicklungs- und Umweltfaktoren erkennen, die möglicherweise einen solchen Lebensweg gefördert haben (genannt worden sind etwa der trotzige Moralismus im protestantischen Elternhaus der Ensslins, die autoritätsarme Erziehung des vaterlos aufgewachsenen Hätschelkindes Andreas Baader oder die vergebliche Suche Ulrike Meinhofs nach seelischem Halt und Geborgenheit); dasselbe ließe sich aber für unzählige anderer Individuen konstatieren. Diesen einfachen Erfahrungstatbestand ins Feld zu führen, bedeutet weder ein Plädoyer gegen sozialpsychologische noch gegen soziologische oder systemstrukturelle Forschungsansätze. Es impliziert aber eine Absage gegenüber allen monokausalen Deutungsversuchen. Man sollte dabei auch nicht den Faktor „Zufall" hinsichtlich bestimmter Ereignis- und Personenkonstellationen außer acht lassen — dies zeigt vor allem

---

18 Vgl. Helm Stierlin, Familienterrorismus und öffentlicher Terrorismus, in: Ders., Delegation und Familie. Beiträge zum Heidelberger familiendynamischen Konzept, Frankfurt a. M. 1978, S. 186-246, insbes. S. 219-227.

eine – vielfach zu wenig gewürdigte – historische Betrachtung des Terrorismus-Phänomens.[19]

Über den biographischen Aspekt hinaus stellt die Arbeit Jillian Beckers eine einfühlsame, minuziöse Darstellung des RAF-Terrorismus bis zum Jahre 1976 dar, in Nachträgen bis 1977 – eine solide Grundlage für weitere Forschungen. Dabei verfällt die Verfasserin keinesfalls in Detailhuberei, scheidet vielmehr Wesentliches von Unwesentlichem und schildert auch gesellschaftliche und politische Zusammenhänge mit der Unbefangenheit des ausländischen Beobachters. Der smart-lässige Tonfall der vormals belletristisch tätigen Schriftstellerin schafft souveräne Distanz, läßt aber zuweilen auch eine gewisse Arroganz hervorschimmern, die der Bitterkeit der Tatsachen nicht immer angemessen ist (dies gilt auch für die englische Originalausgabe[20]). Zudem hätte man sich wohl noch eine eingehendere Darstellung der staatlichen Reaktionen, vor allem der Gegenmaßnahmen von seiten der Sicherheitskräfte gewünscht. Diese Dimension bleibt etwas vernachlässigt, ist aber von der neueren Ursachenforschung in zunehmendem Maße zum Untersuchungsgegenstand gemacht worden.[21]

Aber diese – marginalen – Mängel beeinträchtigen nicht den Wert des vorliegenden Werkes. Dies gilt jedoch für die Wahl des Titels („Hitlers Kinder?"), mit dem sich die Autorin nur im Hinblick auf den Absatz der Publikation einen guten Dienst erwiesen hat. Ein Etikett kann zwar den Wert einer Ware an sich nicht mindern, es kann aber den Konsumenten (den Leser) irreleiten, vom eigentlichen, kostbaren Inhalt ablenken und falsche Erwartungen wecken.[22] Denn wer etwas über die im Titel suggerierte Paralle-

---

19 Zum historischen Ansatz vgl. Dirk Blasius, Geschichte der politischen Kriminalität in Deutschland (1800-1980). Eine Studie zu Justiz und Staatsverbrechen, Frankfurt a. M. 1983; Karl Dietrich Bracher, Gewalt in der Weimarer Republik und in der Bundesrepublik – Vergleiche und Kontraste, in: Ders., Geschichte und Gewalt. Zur Politik im 20. Jahrhundert, Berlin 1981, S. 106-112; Walter Laqueur, Terrorismus, Kronberg/Ts. 1977, S. 4-21, 170-211; Wolfgang J. Mommsen, Nichtlegale Gewalt und Terrorismus in den westlichen Industriegesellschaften. Eine historische Analyse, in: Ders./Gerhard Hirschfeld (Hrsg.), Sozialprotest, Gewalt, Terror. Gewaltanwendung durch politische und gesellschaftliche Randgruppen im 19. und 20 Jahrhundert, Stuttgart 1982, S. 441-463; Wolfgang Plat, Attentate. Eine Sozialgeschichte des politischen Mordes, Düsseldorf/Wien 1982.
20 Jillian Becker, Hitler's Children. The Story of the Baader-Meinhof Terrorist Gang (1977), 3. Aufl., London 1978.
21 Vgl. S. 283-301 dieser Arbeit.
22 Vgl. die souveräne Kritik von: Martin Greiffenhagen, Hitlers Kinder? – Gewiß nicht, in: Der Spiegel, Nr. 45/1977, S. 55-59.

le zwischen Linksterrorismus und Nationalsozialismus erfahren möchte, wird — zumindest in der Erstfassung des Werkes — mit einigen kümmerlichen Textstellen abgespeist. Es handelt sich also um eine seltene Art des Etikettenschwindels insofern, als er von vornherein nur negativ auf die Autorin zurückfallen konnte.

Einige Passagen machen zumindest verständlich, weshalb sich Jillian Becker — von möglichen finanziellen Erwägungen einmal abgesehen — dennoch für diesen Titel entschieden hat. Am Ende des „Prologs" beschreibt Becker die im Juni 1976 Aufsehen erregende Entführung eines französischen Flugzeugs mit 257 Passagieren nach Entebbe/Uganda. Zu den Kidnappern zählten auch deutsche Terroristen. Bei der Ankunft wurde ein Teil der Passagiere freigelassen, als Geiseln zurück blieben lediglich die 83 Israelis. Darunter befanden sich ehemalige KZ-Häftlinge, die nun aber ausgesondert und von Deutschen bedroht wurden. Ein ehemaliger KZler zeigte dem deutschen Terroristen Wilfried Böse seine am Arm eingebrannte Nummer: „Er sagte, er habe angenommen, eine neue und veränderte Generation sei in Deutschland aufgewachsen, doch durch diese Erfahrung mit Böse und seiner Genossin fände er es schwierig, an das Ende des Nationalsozialismus zu glauben. Böse antwortete, dies sei etwas ganz anderes als Nazismus: er sei ein Mitglied der Baader-Meinhof-Gruppe, und was man anstrebe, sei die marxistische Weltrevolution" (S. 15). Jillian Becker ist zuzustimmen, wenn sie meint, daß es nicht nur für die Geiseln schwierig sein dürfte, den entscheidenden Unterschied zwischen Linksterrorismus und Nationalsozialismus zu erkennen. In den Zielsetzungen mögen beide Erscheinungsformen grundverschieden sein, aber in der Mittelanwendung sind sie einander ähnlich. Der geschilderte Vorfall ist hervorragend geeignet, die totalitäre Wurzel des Terrorismus zu enthüllen.[23]

Aber selbst wer diese Gemeinsamkeit von Nationalsozialismus und Terrorismus anerkennt, muß deshalb noch nicht den Titel „Hitlers Kinder" gut finden. Zu allem Überdruß hat Becker der deutschen Fassung ein Nachwort beigefügt, das eine ausführliche Erläuterung ihrer Sichtweise bietet. In 13 Punkten stellt sie prinzipielle Gemeinsamkeiten von Nazis und Terroristen der 70er Jahre zusammen. Eine intensivere Auseinandersetzung lohnt nicht, weil diese Zusammenstellung zu viel Verfängliches enthält und über die Feststellung der totalitären Grundzüge beider Phänomene hinaus nichts Neues erbringt; zudem geriete dabei die eigentliche, bleibende Leistung des Werkes in den Hintergrund.

In den Reigen der überblicksartigen Ereignisschilderungen zum

---

23 Bracher, Terrorismus und Totalitarismus, in: Ders. (FN 19), S. 113-124.

Linksterrorismus läßt sich auch die Publikation *Martin Robbes*[24] vom Zentralinstitut für Geschichte der Akademie der Wissenschaften der DDR einordnen. Sie unterscheidet sich allerdings nicht nur durch den kategorial andersartigen weltanschaulichen Standpunkt des Verfassers, sondern auch wegen ihrer hinsichtlich Untersuchungsgegenstand wie -zeitraum weiter ausgreifenden Anlage von den bereits besprochenen Bänden. Was den Untersuchungszeitraum betrifft, geht Robbe zurück bis zur US-amerikanischen Protestszene der 50er Jahre und behandelt etwa die Emanzipationsbewegung der Schwarzen, insbesondere deren radikalen „Black Power"- Flügel. Der Autor verfolgt die Entstehung einer „Neuen Linken" Anfang der 60er Jahre in den USA, eine intellektuelle Strömung, die sich rasch nach Europa ausdehnte und die insbesondere im akademischen Milieu entstehende Protestbewegung in der zweiten Hälfte der 60er Jahre wesentlich prägte. Ausgeklammert bleiben aber auch nicht jugendliche Subkulturen, die durch entsprechende Flankierung im musikkulturellen Bereich einen breiteren Einfluß ausübten (Beatniks, Hippies, Jugendsekten, Rockerbanden, Drogenszene etc). Der Leser erfährt hierbei freilich kaum etwas, das er nicht längst einschlägigen Publikationen hätte entnehmen können[25] — es sei denn, die hiesige Freizügigkeit des geschriebenen Wortes wäre ihm verwehrt.

Der Schwerpunkt der Schrift, die auf die unvermeidliche Apotheose des Marxismus-Leninismus nicht verzichtet, liegt auf den ideologisch-programmatischen Aussagen der studentischen Protestbewegung Ende der 60er Jahre. Für den „bürgerlichen" Leser ist die Auseinandersetzung mit Theoretikern wie Marcuse, Adorno, Dutschke, Fanon, Sartre, Marighella und deren Wirkungen auf die unterschiedlichen Gruppierungen der APO wegen der marxistisch-leninistischen Perspektive Robbes aufschlußreich. Der Autor unterscheidet hier zwischen „Linksradikalismus" ( synonym mit „Linksextremismus"), „Anarchismus" und „Terrorismus". „Linksradikalismus" ist aus orthodox-kommunistischer Sicht eine Sammelbezeichnung für „subjektivistische" Positionen, die sich selber als „links von den Kommunisten" (S. 10) stehend einschätzen und

---

24 Martin Robbe, Verlockung der Gewalt. Linksradikalismus — Anarchismus — Terrorismus (= nl konkret 49), Berlin (Ost) 1981, 192 S. (Verlag Neues Leben).
25 Mit weiterführenden Hinweisen: Peter Clecak, Radical Paradoxes. Dilemmas ot the American Left: 1945-1970, New York 1973, insbes. S. 233-272; Jerome L. Rodnitzky, Popular music as a radical influence, 1945-1970, in: Leon Borden Blair (Hrsg.), Essays on Radicalism in Contemporary America, Austin/London 1972, S. 3-31.

von Nichtproletariern vertreten werden. Hier wiederum differenziert Robbe zwischen dogmatischen Positionen (z. B. K-Gruppen), denen „ein rücksichtsloser Kampf" (S. 13) angesagt wird, und undogmatischen Varianten, die zwar auf theoretischer Ebene ebenfalls bekämpft werden müssen, in der Praxis aber zu Bündnissen mit orthodoxen Kommunisten fähig sind. Demgegenüber handelt es sich beim Anarchismus und Terrorismus gewissermaßen um Entartungsformen, in die sich der Linksradikale flüchtet, wenn „der erhoffte Erfolg nicht in kürzester Zeit" (S. 10) eintritt.

Den bundesdeutschen Terrorismus der 70er Jahre verfolgt der Autor in geraffter Form, ein kurzer Exkurs behandelt die italienischen „Brigate Rosse". Robbe würdigt zwar die sozialen Motive, etwa Ulrike Meinhofs, gibt aber unmißverständlich zu verstehen, daß er die Form ihres terroristischen Engagements nicht billigen kann: „wer sich für den Kampf entscheidet, muß wissen, wie er ihn zu führen hat" (S. 168). Der Verfasser wäre jedoch kein Revolutionär, würde er sich prinzipiell gegen Gewaltanwendung als Mittel der Politik aussprechen. Der „Verlockung der Gewalt" kann auch der orthodoxe Kommunist nicht widerstehen. Er mag den sogenannten „individuellen Terror" zurückweisen: Der revolutionäre Terror[26] behält seinen hohen Rang als Instrument marxistisch-leninistischer Politik.

## Terroristenbiographien

Die Persönlichkeit der Terroristen stand von Beginn der Diskussion an im Vordergrund. Individual- und sozialpsychologische Forschungsansätze versuchten, charakteristische Merkmale der individuellen Psyche bzw. Sozialisation terroristischer Gewalttäter ausfindig zu machen. Über dieses genetische Problem hinaus ist aber auch interessant, inwieweit die spezifische Form des Linksterrorismus in den 70er Jahren auf prägende Gestalten insbesondere der ersten Terroristengeneration zurückgeht — sei es auf praktischer, sei es auf theoretischer Ebene. In diesem Sinne sind häufig

---

26 Entgegen diesem Wortgebrauch wird in der Forschung zweilen zwischen „Terror von oben" und „Terrorismus von unten" differenziert, je nachdem, ob ein Herrschaftssystem gegen seine Feinde mit rabiaten Methoden verteidigt oder von dessen Widersachern beseitigt werden soll. Vgl. etwa: Peter Waldmann, Art. „Terrorismus", in: Dieter Nohlen (Hrsg.), Pipers Wörterbuch zur Politik, Bd. 2: Westliche Industriegesellschaften. Wirtschaft — Gesellschaft — Politik, München/Zürich 1983, S. 427-432, 427.

die konträren Charaktere Ulrike Meinhofs[27] und Andreas Baaders genannt worden. Auf der einen Seite die von moralischem Rigorismus getriebene linke Journalistin, die über die Theorie zur Praxis kam; auf der anderen Seite der über beträchtliche kriminelle Energien verfügende Aktivist, der die bereits vorhandenen praktischen Kenntnisse mühsam theoretisch zu fundieren suchte.

Als Mann der ersten Stunde des bundesdeutschen Terrorismus vereinigte Horst Mahler[28] Elemente beider Typen in seiner Person. Seit 1964 als Rechtsanwalt tätig, beteiligte sich das einstige SDS-Mitglied aktiv an Protestaktionen der APO. Im Jahre 1968 traf er in Berlin Ulrike Meinhof; um die beiden versammelte sich nach und nach eine Gruppe versprengter Protestler, die zu gewalttätigem Einsatz bereit waren. Anfang 1970 stieß das polizeilich gesuchte Brandstifterpaar Baader/Ensslin dazu. Aktionen zur Beschaffung von Waffen und Geld wurden geplant. Bei einem Streifzug verhaftete die Polizei Andreas Baader. Er konnte jedoch bald mit vereinten Kräften aus einer Bibliothek befreit werden, wo Baader Recherchen über die „Organisation randständiger Jugendlicher" anstellen sollte. Der Bibliotheksangestellte Georg Linke erlitt dabei lebensgefährliche Verletzungen. Der Rückzug in die Normalität war abgeschnitten. Im Sommer 1970 verbrachte die Gruppe einige Zeit in einem palästinensischen Camp im Libanon. Von dort zurückgekehrt, schritten die ausgebildeten „Stadtguerilla"-Kämpfer zur Tat: Am 29. September fanden zur gleichen Zeit drei Banküberfälle statt. Die Gruppe erbeutete ca. 220.000,– DM.

Bis zu diesem Zeitpunkt war Horst Mahler der theoretische Kopf und Hauptorganisator gewesen. Er wurde jedoch bereits am 8. Oktober 1970 verhaftet und konnte der Sache des Terrorismus von diesem Zeitpunkt an nur noch theoretische Dienste erweisen (etwa in der für die Ideologie der RAF bedeutsamen Schrift „Über den bewaffneten Kampf in Westeuropa"[29]). Aber bereits in den theoretischen Schriften der RAF, die auf Meinhof und Mahler

---

27 Vgl. Peter Brückner, Ulrike Marie Meinhof und die deutschen Verhältnisse, Berlin 1982; Frank Grützbach (Red.), Heinrich Böll: Freies Geleit für Ulrike Meinhof. Ein Artikel und seine Folgen, Köln 1972; Klaus Rainer Röhl, Fünf Finger sind keine Faust, 2. veränderte Aufl., Göttingen 1977; ders., Die Genossin. Roman, München/Wien 1975; Klaus Wagenbach, Grabrede für Ulrike Meinhof, in: Ders., Eintritt frei. Beiträge zur öffentlichen Meinung, Darmstadt/Neuwied 1982, S. 57-59.
28 Vgl. zur Person: Jillian Becker (FN 17), S. 86 f.; Reinhard Rauball, Die Baader-Meinhof-Gruppe, Berlin/New York 1973, S. 67-69; Art. „Horst Mahler", in: Internationales Biographisches Archiv vom 13.12.1980 – Lfg. 50/80-P.
29 Vgl. Fetscher/Rohrmoser (FN 57), S. 260.

größtenteils zurückgehen, wurde der Konflikt zwischen diesen beiden Chefideologen deutlich. Uneins war man insbesondere in der Frage des „revolutionären Subjektes" und dessen strategischen Konsequenzen.[30] Hier liegt bereits der Keim für den im Juni 1974 erfolgten Ausschluß des inhaftierten Horst Mahler aus der RAF. Sein Abrücken vom Terrorismus wurde für die Öffentlichkeit im Jahre 1975 deutlich, als er es anläßlich der Lorenz-Entführung ablehnte, den bereits freigepreßten Terroristenkollegen in den Südjemen zu folgen. Mahler schloß sich später zeitweilig der KPD an, die er aber bald wieder verließ. 1980 wurde er vorzeitig aus der Haft entlassen.

Nicht nur über das gewandelte Weltbild *Mahlers* informiert ein Gespräch, das der Exterrorist mit dem Innenminister *Gerhart Baum* führte und dessen Wortlaut in Buchform vorliegt.[31] Was die Position Mahlers betrifft,[32] finden sich in diesem Dialog (der dritte Gesprächspartner, ein Vertreter des Hamburger Nachrichtenmagazins „Der Spiegel", fungierte vor allem als Anreger und Vermittler) Elemente des Schuldeingeständnisses, aber auch der Rechtfertigung. Der „moralische Rigorismus" sei ein konstituierendes Merkmal auf dem Weg in den Terrorismus: „Doch ,das Herzklopfen für das Wohl der Menschheit', um es mit Hegel zu sagen, ,schlägt um in die Raserei des Eigendünkels'" (S. 16). Die Verabsolutierung moralischer Normen pervertierte in der Vernichtung von Menschenleben aus vermeintlich moralischen Motiven. Hauptziel dabei war, den Staat zu treffen und systematisch zu destruieren; ein Staat, der in den Augen der Terroristen mit dem nationalsozialistischen Regime auf eine Stufe zu stellen war, weil er die „imperialistische" Vietnam-Politik der USA unterstützt habe.

Mahlers Abwendung vom Terrorismus bedeutet keinesfalls ein Arrangement mit dem status quo; aber eine Hinwendung zum Staat als der Angelegenheit aller Bürger und die Verbannung des Revolutionsgedankens zugunsten einer (radikalen) Veränderung des Gemeinwesens im Rahmen verfassungsmäßiger Grenzen. Deshalb auch sein Appell an die Parteien, sich der Diskussion zu öffnen, an den Staat, seine Mitschuld am Terrorismus durch eine Amnestie für Terroristen einzugestehen. In puncto Kommunika-

---

30 Vgl. ebd., S. 40-61.
31 Axel Jeschke/Wolfgang Malanowski (Hrsg.), Der Minister und der Terrorist. Gespräche zwischen Gerhart Baum und Horst Mahler, Reinbek bei Hamburg 1980, 224 S. (Rowohlt Taschenbuch Verlag).
32 Über die Position Mahlers informiert auch folgender Beitrag: Hans-Jürgen Bäcker/Horst Mahler, Die Linke und der Terrorismus. Gespräche mit Stefan Aust, in: Die Linke im Rechtsstaat, Bd. 2: Bedingungen sozialistischer Politik 1965 bis heute, Berlin 1979, S. 174-204.

tionsbereitschaft leistete der liberale Innenminister durch die Bereitschaft zum Gespräch mit dem noch inhaftierten Exterroristen einen sehr wichtigen Beitrag. Baum konzedierte zwar, auch der Staat habe auf den Terrorismus nicht immer so souverän reagiert, wie es notwendig gewesen wäre. Dies könne jedoch die terroristischen Gewalttaten nicht entschuldigen. Allerdings müsse alles getan werden, rückkehrwilligen Terroristen ihren Weg soweit als möglich zu erleichtern. Ein „rechtsstaatliches Verfahren" (S. 84) sei jedoch Voraussetzung für eine Resozialisierung.

Der Dialog, wie er hier zwischen oberstem Ordnungshüter und Exterroristen vorexerziert wurde, kann natürlich für sich allein noch nicht die Ursachen des Terrorismus beseitigen, wohl aber verdeutlichen, daß die Vertreter des Gemeinwesens auch zum Gespräch mit radikalen Minderheiten bereit sind. Diese Art des Kommunizierens mag dazu beitragen, Vorurteile abzubauen und das Verständnis für Funktionsbedingungen und Entwicklungsmöglichkeiten des politischen Systems zu verbessern. Der Dialog mit solchen Gruppen ist auch schon deshalb notwendig, weil Minderheitenpositionen von heute Mehrheitsauffassungen von morgen sein können. Auch in diesem Sinne muß das Plädoyer Baums verstanden werden, die „Sprachlosigkeit (zu) überwinden" (S. 103). Jedenfalls hat die Diskussion Baum/Mahler über den Austausch vielfach konträrer Positionen hinaus auch eine Annäherung in manchen wichtigen Punkten erbracht. Entsprechend fordert Mahler in einem dem Gespräch angegliederten Beitrag dazu auf, der „Dämonisierung des Staates" (S. 101) eine Absage zu erteilen.

Die Publikation enthält neben dem Wortlaut der Unterhaltung und je einem Beitrag Mahlers und Baums eine Zusammenfassung wissenschaftlicher „Thesen zum Terrorismusproblem", wie sie auf einer Tagung des Bundesinnenministeriums im September 1978 vorgetragen wurden. Auf eine Auseinandersetzung kann hier verzichtet werden, da an anderer Stelle ausführlich davon die Rede sein wird. Nicht unerwähnt darf allerdings der Ereigniskalender am Schluß des Bandes bleiben, der eine vollständige Zusammenstellung der einschlägigen Daten zum Linksterrorismus von 1967-1980 bietet.

Daß viele Wege zum Terrorismus führen, zeigt die memoirenhafte Darstellung *Michael Baumanns*.[33] „Bommi" Baumann erlebte die wilden Endsechziger als Insider, ja zeitweilig sogar als Integrationsfigur oder besser: Maskottchen der Szene. Für viele nahm alles seinen Anfang mit einer völlig unpolitischen Rebellion gegen die Erwachsenenwelt. Man ließ sich lange Haare wachsen und hörte

33 Bommi Baumann, Wie alles anfing, München 1982, 172 S. (Trikont-dianus Verlag).

Rock- und Beat-Musik. Die feindseligen Reaktionen der Umwelt auf diese Provokationen stärkten nur das Zusammengehörigkeits- und Außenseitergefühl der Jugendlichen. Neben die Musikidole traten nach einiger Zeit politisch-weltanschauliche Vorbilder, die das studentische Protestmilieu an ein breiteres jugendliches Publikum vermittelte. Der wenig gebildete, aber wißbegierige Arbeitersohn Baumann sucht Kontakt zum SDS und wird Mitglied der legendären „Kommune I". Sein unkompliziertes Verhältnis zur Gewaltanwendung kommt ihm bei Demonstrationen zugute. 1968 beginnt für ihn der Weg zur offenen Gewaltanwendung. Zunächst eine „Reifenstechergeschichte", dann Randale nach dem Attentat auf Rudi Dutschke (Gründonnerstag 1968); bald darauf stößt er, inzwischen Mitglied der militanten „Wieland-Kommune", zu den „Tupamaros Westberlin", wo er sich an Sprengstoff- und Brandanschlägen beteiligt. Anfang 1970 wird Baumann jedoch verhaftet und verbringt die Zeit bis Sommer 1971 im Gefängnis. Inzwischen hat sich eine neue Gruppe um den Anführer der „umherschweifenden Haschrebellen", Georg von Rauch, gebildet. Aus der Haft entlassen, schließt sich Baumann der Gruppe an. Als jedoch sein Freund Georg von Rauch, der einige Tage zuvor mit seinen Genossen Knoll, Brockmann und Reinders eine Bank überfallen und ausgeraubt hatte, bei einem Schußwechsel mit der Polizei im Beisein Baumanns erschossen wird, beginnt für ihn der Ausstieg aus der Szene: „Das war die erste Geschichte, wo ich darüber nachgedacht habe, daß das Ganze langsam Formen annimmt, die nichts mehr mit den ursprünglichen Geschichten zu tun haben" (S. 133).

Baumann ist heute in Berlin-Tegel inhaftiert. Mehr als 10 Jahre verbrachte er im Untergrund und Ausland. 1981 wurde er in London von der Polizei verhaftet. Das Landgericht Berlin verurteilte ihn wegen Bankraubs und eines Sprengstoffanschlags zu einer fünfjährigen Freiheitsstrafe.[34] Baumann hat sich inzwischen von Gewaltkonzepten distanziert. Dies konnte man noch im Jahre 1975 nicht uneingeschränkt behaupten. In diesem Jahr erschienen die Memoiren „Wie alles anfing" zum ersten Mal. Im Vorwort ist von der „großartigen Lorenz-Entführung, einem wirklichen Meisterstück der europäischen Stadtguerilla" (S. 8) die Rede. Der Aufruf an die Linke, „sich einem konstruktiven Konzept zuzuwenden" (S. 8), bedeutet keine prinzipielle Absage an revolutionäre Veränderungsstrategien, sondern ist lediglich von der Furcht geleitet, die Stadtguerilla könnte „von den Trümmern des zusammenbre-

34 Vgl. Hanno Kühnert, In Deutschland leben? Na, Wahnsinn! Ein Gespräch mit dem Ex-Terroristen Michael „Bommi" Baumann, in: Die Zeit v. 25. März 1983, S. 58.

chenden Systems begraben werden" (S. 8). Insofern ist zumindest verständlich, weshalb das Buch 1975 (Lorenz-Entführung) zunächst verboten worden war. Als 380 linke Verleger und Autoren die Schrift 1976 wieder herausbrachten, wurde sie fortan stillschweigend toleriert.

Und das ist – nicht nur aus prinzipiellen Gründen – gut so. Denn Baumanns Erinnerungen erlauben einen Blick hinter die Kulissen der APO, wie er ansonsten selten geboten wird.[35] Entsprechend ist die Darstellung inzwischen immer wieder als ertragreiche Quelle herangezogen worden. Als „echt" wird der Leser das Erzählte schon deshalb akzeptieren, weil es nach Stil und Idiom beinahe so niedergeschrieben ist, wie es auch in einem Gespräch hätte ausgedrückt werden können. Zum geistigen Milieu gibt Baumanns Schilderung jedoch· – erwartungsgemäß – wenig her. Reflexion ist nicht seine Sache. Deshalb bleibt die intellektuelle Begründung und Rechtfertigung des Ausstiegs aus der Gewalt merkwürdig verlegen: „Daß du dich für den Terrorismus entscheidest, ist schon psychisch vorprogrammiert. Ich kann es heute bei mir sehen, das ist einfach Furcht vor der Liebe gewesen, bei mir selber, aus der du flüchtest in eine absolute Gewalt. Hätte ich die Dimension Liebe für mich vorher richtig abgescheckt, hätte ich es nicht gemacht. Dann hätte ich es auf Umwegen richtig erkannt" (S. 150). – Viel mehr Erklärendes findet sich in der Publikation nicht.

Erstaunlich, daß gerade dieser Antityp eines Intellektuellen seine Erfahrungen literarisch verarbeitet hat. Vielleicht konnte sich Baumann aber auch gerade deshalb in verhältnismäßig kurzer Zeit von der militanten Szene lösen und aus einer gewissen Distanz darüber schreiben, weil seine stärker gefühlsmäßige Bindung ihn auf bestimmte Schlüsselerlebnisse rascher reagieren ließ. Eine **Parallele, die eine solche Annahme bestätigt, bietet der Fall** *Hans-Joachim Klein*. Klein wirkte beim internationalen Teil der RZ mit und nahm am Überfall auf die OPEC-Konferenz in Wien im Dezember 1975 teil. Auch bei Klein spielen ideologische Motive für seinen Weg in den Terrorismus nur eine Nebenrolle. Wie Baumann gelingt ihm aber bald nach dem negativ erlebten OPEC-Attentat, bei dem drei Menschen getötet wurden, der Ausstieg. Auch er, der sich für mangelnde literarische Fähigkeiten bei seinen Lesern entschuldigt („Ich habe acht Jahre eine Volksschule besucht, mit mäßigen bis saumiserablen Zeugnissen. Ich habe das

---

35 Vielleicht noch am ehesten bei: Peter Mosler, Was wir wollten, was wir wurden. Studentenrevolte – zehn Jahre danach, Reinbek bei Hamburg 1977. In diesem Zusammenhang ebenfalls von Interesse: Bernward Vesper, Die Reise. Romanessay, Ausgabe letzter Hand, Reinbek bei Hamburg 1983.

Schreiben nicht gelernt" [S. 17]), beginnt bald darauf mit der Niederschrift seiner Erlebnisse.[36]

Im Gegensatz zur Mehrzahl der Terroristen entstammt er kleinbürgerlichen Verhältnissen. Kindheit und Jugend hätten kaum schwieriger sein können: Die Mutter stirbt kurz nach der Geburt des Jungen, er kommt in ein Kinderheim, später zu Pflegeeltern. „9 oder 10 Jahre alt" (S. 33) holt ihn sein inzwischen wieder verheirateter Vater zu sich. Doch die Eltern sind ihren erzieherischen Aufgaben nicht gewachsen; der Vater neigt zur Gewalttätigkeit, und auch die Stiefmutter bietet dem Jungen wenig Wärme. Mit 16 Jahren kommt Hans-Joachim Klein in ein Erziehungsheim. Auch hier gibt es Schwierigkeiten. Nach einem Jahr kehrt der Sohn zum Vater zurück. Neue Zusammenstöße bahnen sich an. Der Heranwachsende lernt ein Mädchen kennen und kehrt abends spät nach Hause zurück. Der Vater reagiert mit „Aussperren": „Wenn ich nicht um 10 Uhr abends zu Hause war, mußte ich im Keller pennen. Und das war sehr oft so" (S. 37).

Die Nestwärme, die der Sohn bei Vater und Stiefmutter nicht finden kann, sucht er bei einer Freundin oder in entsprechenden „peer groups". Dabei war es ihm vermutlich völlig gleichgültig, welcher Gruppe er angehörte, wenn er nur sein Bedürfnis nach einer gewissen Geborgenheit befriedigen konnte. Das ging beim ersten Mal schief; die Clique wurde kriminell, und Klein verbrachte acht Monate in Haft. Erst im zweiten Anlauf findet er das, was er sucht. Mehr oder weniger zufällig stößt er zum alternativen Milieu des Frankfurter Westend und gewinnt dort zum ersten Mal Freunde, die für ihn Verständnis und Geduld aufbringen. Und er ist ihr gelehriger Schüler. Klein macht sich die linksgerichteten politischen Auffassungen seiner Freunde zu eigen. So wie er sich mit Normen und Werten der Subkultur identifiziert, so stark lehnt er nun auch alles Etablierte ab, das er mit den Verhältnissen seiner Kindheit gleichsetzt.

Es ist daher nicht verwunderlich, daß Klein in politischen Diskussionen bald die radikalsten Positionen vertritt. Von Anfang an sympathisiert er mit den Aktionen der RAF, leistet der Gruppe auch einige kleinere Dienste. Er engagiert sich in der „Roten Hilfe", die sich für gefangene Terroristen einsetzt: „Die Behandlung der Genossen im Knast war unmenschlich und zerstörend, physisch und psychisch" (S. 41). Als der Student Ulrich Schmücker 1974 von einem Mitglied der „Bewegung 2. Juni" wegen „Verrats"

36 Hans-Joachim Klein, Rückkehr in die Menschlichkeit. Appell eines ausgestiegenen Terroristen, mit einem Nachwort von Daniel Cohn-Bendit (= rororo aktuell, Bd. 4544), Reinbek bei Hamburg 1979, 331 S. (Rowohlt Taschenbuch Verlag).

„hingerichtet" wird, billigt Klein die Tat. Seine Militanz prädestiniert ihn zum Rekruten einer terroristischen Vereinigung. Wilfried Böse, eine Zeitlang als Chef der RZ in der Bundesrepublik bekannt und bei der Entebbe-Aktion 1976 ums Leben gekommen, kann Klein für den internationalen „Arm" der RZ gewinnen.

Was die internationalen Verbindungen des Terrorismus betrifft, ist der Erlebnisbericht Kleins aufschlußreich. Er zeigt etwa, daß es zwischen unterschiedlichen Terrorgruppen wie palästinensischen Freischärlern, RAF und RZ keine Berührungsängste gibt. Notfalls unterstützen sich diese Gruppen gegenseitig. Kontakte zwischen den unterschiedlichen bundesdeutschen Vereinigungen gibt es schon deshalb, weil viele. Mitglieder sich bei der Ausbildung in palästinensischen Camps begegnet sind. Nach neuesten Erkenntnissen bestanden jedoch in den letzten Jahren zwischen der deutschen und „Internationalen Sektion der RZ" keine Kontakte mehr. Aber auch in den letzten Jahren waren deutsche Terroristen in palästinensischem Auftrag tätig (es handelt sich um eine Splittergruppe der „Volksfront für die Befreiung Palästinas").[37]

Klein, der vom OPEC-Attentat eine lebensgefährliche Bauchverletzung davontrug, versuchte nach seiner Genesung Anfang 1976, aus dem Terrorismus auszusteigen. Dazu brauchte er aber zunächst Kontakt zur „legalen Linken". Erst 1977 konnte sich Klein „absetzen" und – unentdeckt von aufgebrachten Kumpanen und Sicherheitskräften – seine Erlebnisse zu Papier bringen. Ob der Ausstieg auch eine prinzipielle Distanzierung von jeglicher Gewaltanwendung zur Durchsetzung politischer Ziele bedeutet, bleibt offen. Zahlreichen Passagen des Buches ist anzumerken, wie stolz der Autor über seine Erfahrungen ist – dies gilt etwa für die Ausbildertätigkeit im palästinensischen Camp, offensichtlich eine wichtige Grundlage seines Selbstwertgefühls, oder die immer wieder durchschimmernde Liebe zu Waffen. Dennoch appelliert Klein an die Terroristen, den „unpolitischen Wahnsinn" (S. 213) zu beenden, und an den Staat, „eine Amnestie für die westdeutsche Guerila" (S. 223) durchzuführen. Wiederholt hat sich der Exterrorist

---

37 Vgl. VSB 1982, S. 108 f. – Siehe auch FN 9.

an die Öffentlichkeit gewandt, um auf das Problem der Aussteiger hinzuweisen.[38] Im Interesse der öffentlichen Sicherheit und der Umkehrwilligen sollte staatlicherseits Aussteigern — unter Beachtung rechtsstaatlicher Erfordernisse — so weit als möglich entgegengekommen werden. Klein selber hat — nach eigenen Angaben — mehrfach Aussteiger finanziell unterstützt.


## Zusammenfassender Rückblick

Verglichen mit den zahlreichen, gegen Personen gerichteten linksterroristischen Gewaltaktionen der 70er Jahre, hat das 80er Jahrzehnt eher ruhig begonnen. Nicht nur beachtliche Fahndungserfolge der Sicherheitskräfte, vor allem bei der Bekämpfung der RAF, haben zu dieser Entwicklung beigetragen. Von großer Bedeutung war die Tatsache, daß die Terroristen nie auch nur den Funken einer Chance hatten, eine revolutionäre Situation künstlich herzustellen. Über dreißig Jahre nach Gründung der Bundesrepublik Deutschland hat die große Mehrheit der Westdeutschen — in allmählicher Entwicklung — ein Verhältnis zu den demokratischen Institutionen gewonnen, wie es der Normalität der westlichen Welt entspricht. Obrigkeitsstaatliche Denk- und Verhaltensformen haben — entgegen den Kassandrarufen so mancher Intellektueller[39] — besonders bei der jüngeren Generation an Boden verloren. Daß derartige Traditionen fortbestehen, ist unbestreitbar; im Vergleich mit anderen westlichen Demokratien ergeben

---

38 Vgl. die Dokumentation am Ende des Bandes (S. 232-331). Weiterhin: „Die Waffe niedergelegt und ab in die Büsche". Spiegel-Interview mit dem Ex-Terroristen Hans-Joachim Klein über Aussteiger aus der Stadtguerilla, in: Der Spiegel, Nr. 45/1980, S. 135-138; „Sind wir denn nicht auch Menschen?" Brief des Ex-Terroristen Hans-Joachim Klein aus dem Untergrund an Bundesinnenminister Gerhart Baum, in: Der Spiegel, Nr. 50/1981, S. 108-114.
39 Der nachdrückliche Hinweis auf die Traditionen des deutschen Obrigkeitsstaates beruht nicht selten auf der fehlenden komparatistischen Perspektive. So bei: Martin und Sylvia Greiffenhagen, Ein schwieriges Vaterland. Zur Politischen Kultur Deutschlands, 2. Aufl., München 1979; Peter Reichel, Politische Kultur Deutschlands, Opladen 1981. In abgeschwächter Form: Theo Stammen, Politische Kultur — Tradition und Wandel, in: Josef Becker (Hrsg.), Dreißig Jahre Bundesrepublik. Tradition und Wandel, München 1979, S. 9-52.

sich jedoch keine wesentlichen Unterschiede.[40] Auf dem Höhepunkt des Terrors im Jahre 1977 gab es zwar zahlreiche hysterische Reaktionen.[41] Der Rechtsstaat war jedoch zu keiner Zeit wirklich gefährdet.

Als weiteres Faktum ist die wachsende Isolation des westdeutschen Linksterrorismus zu berücksichtigen. Von Anfang an brachte der Großteil der studentischen Protestbewegung dem aufkeimenden Terrorismus kein Verständnis entgegen – dies wurde bei der Kurzatmigkeit der Suche nach „den Schuldigen" oft übersehen. Theoretisch hatten die Diskussionen über Gewalt gegen Sachen/ Gewalt gegen Personen/„strukturelle Gewalt" zwar auch terroristische Irrwege gewiesen, zur Tat schritt hingegen nur eine verschwindende Minderheit kompromißloser Moralisten und Politgangster. Die Eskalation des Terrors Mitte der 70er Jahre türmte zudem selbst zwischen radikalen Teilen der „Neuen Linken" und den Terroristen Barrieren auf. Schließlich war die neomarxistische Renaissance von kurzer Dauer. In den siebziger Jahren vollzog sich eine Umpolung des politischen Protestes. Zwar blieben die Inhalte des Protestes teilweise erhalten – „Spätkapitalismus", „Konsumgesellschaft", „Imperialismus"; hinzu traten: „Zerstörung der Umwelt" und „Rüstungswahnsinn"; während die „68er" ihren Protest trotz aller „Kulturkritik" jedoch größtenteils unter Bejahung des „wissenschaftlich-technischen Fortschritts" vortrugen, wurde diese Hoffnung im Laufe der 70er Jahre von einer resignativen, teils neoromantizistisch, teils apokalyptisch-

---

40 Vgl. dazu insbesondere die empirischen Arbeiten von: David P. Conradt, The German Polity, New York/London 1978; ders., Changing German Political Culture, in: Gabriel A. Almond/Sidney Verba (Hrsg.), The Civic Culture Revisited, Boston 1980, S. 212-272; ders., Political Culture, Legitimacy and Participation, in: WEP 4 (1981), S. 18-34. Eine zusammenfassende Darstellung gibt: Heinz Rausch, Politische Kultur in der Bundesrepublik Deutschland, Berlin 1980. Vgl. auch Kurt Sontheimer, Die verunsicherte Republik. Die Bundesrepublik nach 30 Jahren, München 1979, der von einer „brüchige(n) politische(n) Kultur" spricht (S. 119).
41 Vgl. nur die Nachweise bei: Hermann Vinke, Mit zweierlei Maß. Die deutsche Reaktion auf den Terror von rechts. Eine Dokumentation, Reinbek bei Hamburg 1981, S. 61-63.

eskapistisch durchsetzten Grundstimmung abgelöst.[42] Ein Grund für die Auflösung und Aufsplitterung der K-Gruppen war sicherlich, daß ihr Dogmatismus eine Anpassung an diesen Themenwechsel zumeist nicht zuließ.[43] Das gleiche Schicksal widerfuhr in gewisser Weise dem revolutionären Aktionismus der RAF.

Eine Antwort auf den Wandel der Inhalte und Formen des Protestes haben die RZ gefunden. Ihr Aktionskonzept sucht den Kontakt mit „neuen sozialen Bewegungen", deren beständige Stärkung und Ausweitung Ziel ihrer langfristigen Terrorstrategie ist. Die schwierige Wirtschaftslage, hohe Arbeitslosenzahlen, abnehmender Lebensstandard auch schlechter gestellter Gesellschaftsgruppen, Vertrauensschwund in die Problemlösungskompetenz der Politiker und Erstarrungstendenzen des politischen Systems könnten ein Anwachsen der „das System" negierenden Subkulturen fördern und so auch das terroristische Potential speisen. Die „defensive" Strategie der RZ dürfte jedoch auf Dauer kaum geeignet sein, die kommunikativen Bedürfnisse der Terroristen zu stillen. Nur spektakuläre Aktionen mobilisieren eine größere Öffentlichkeit. Es steht daher zu befürchten, daß die „revolutionäre Ungeduld" auch weiterhin Menschenopfer fordern wird.

## Die Frage nach den Ursachen

Die Diskussion um die Ursachen der seit Ende der 60er Jahre verübten Kette terroristischer Gewaltakte nahm schon sehr früh einen vorrangigen Stellenwert in der Öffentlichkeit ein.[44] Dies ist keine erstaunliche Tatsache. Denn die mit dem Ziel der Zerstörung des Staates durchgeführten Aktionen ereigneten sich schließlich nicht in einem Land mit extremen Klassenunterschieden oder Min-

42 Vgl. Michael Haller (Hrsg.), Aussteigen oder rebellieren. Jugendliche gegen Staat und Gesellschaft, Hamburg 1981; Christian Krause/Detlef Lehnert/Klaus-Jürgen Scherer, Zwischen Revolution und Resignation. Alternativkultur, politische Grundströmungen und Hochschulaktivitäten in der Studentenschaft. Eine empirische Untersuchung über die politischen Einstellungen von Studenten, Bonn 1980; Claus Richter (Hrsg.), Die überflüssige Generation. Jugend zwischen Apathie und Aggression, Königstein/Ts. 1979.
43 Vgl. Gerd Langguth, Protestbewegung. Entwicklung – Niedergang – Renaissance. Die Neue Linke seit 1968, Köln 1983, S. 61-127. Siehe auch S. 224-231 dieser Arbeit.
44 Die folgenden Ausführungen sind bereits teilweise an anderer Stelle erschienen: Uwe Backes, Ursachen des Linksterrorismus in der Bundesrepublik Deutschland, in: NPL 28 (1983), S. 493-509.

derheitenproblemen, sondern in der Bundesrepublik Deutschland, einem Gemeinwesen, das wegen seiner Stabilität, der Chancenlosigkeit extremistischer Parteien, seiner „sozialen Marktwirtschaft", der „Sozialpartnerschaft", dem System der „Volksparteien", seines weitgespannten „sozialen Netzes" vielfach — nicht zuletzt in Teilen des Auslandes — als mustergültig angesehen wurde („Modell Deutschland"). Begreiflicherweise konnte diese Diskussion eine gewisse Ziellosigkeit nicht verbergen. Vertreter der Wissenschaft übten sich in vornehmer Zurückhaltung, während das in Massenmedien ausgebreitete „alltagstheoretische" Instrumentarium aufgrund mangelnder Differenziertheit zwar reich an „Blüten", jedoch arm an Erkenntnissen war. Auffallend erschien vielfach der völlige Verzicht auf methodische Vorüberlegungen — ein Manko, das leider nicht auf die Frühphase der Debatte beschränkt blieb. Um diesen Mangel kenntlich zu machen und gleichzeitig allgemeine Maßstäbe für die folgende Besprechung einschlägiger Werke zu setzen, sei auf vier methodisch bedeutsam erscheinende Sachverhalte hingewiesen:

1. Verständlicherweise neigen nicht wenige Wissenschaftler dazu, die aus der Perspektive ihres Fachgebietes aufgeworfenen Fragen und die sich dafür anbietenden Lösungen als besonders bedeutsam anzusehen oder diese Ansätze gar allein für erkenntnisträchtig zu erklären. Demgegenüber sollte man sich prinzipiell vor Augen halten, daß komplexe Themen wie „Terrorismus" stets Fragestellungen aufwerfen, die nicht allein von einer einzigen Disziplin beantwortet werden können. In aller Regel wird es sich als fruchtbar erweisen, der Problematik aus unterschiedlichen Perspektiven und mit verschiedenartigen Fragestellungen „zu Leibe zu rücken".

2. Bei der Sondierung potentieller Ursachen des Terrorismus empfiehlt es sich, genau zu prüfen, wie eng der ins Auge gefaßte Erklärungszusammenhang mit der zu untersuchenden Personengruppe und deren näherem Umfeld in Verbindung steht. Handelt es sich eher um einen sehr lockeren Zusammenhang, sollte von „allgemeinen", sind die Verbindungen direkter, von „speziellen" Ursachen gesprochen werden. Der Verweis bedeutet weder, daß eine Beschäftigung mit „allgemeinen" Ursachen fruchtlos ist, noch, diese Unterscheidung ließe sich immer problemlos treffen — sie wird nicht selten Gegenstand der Diskussion sein müssen; die Differenzierung ist jedoch notwendig, um ein Ausufern der wissenschaftlichen Auseinandersetzung zu vermeiden.

3. Eine allgemeine Phänomenologie terroristischer Gruppen/Organisationen und ihrer Aktionen auf internationaler Ebene mag die Vielfältigkeit der Erscheinungsformen verdeutlichen und Ansatzpunkte für mögliche Vergleiche bieten — wenn derartige Vor-

haben auch die Gefahr einer Ausweitung des Terrorismusbegriffes bergen; „spezifische" Ursachen lassen sich nur in geringem Maße aus einer allgemeinen Betrachtung der Erscheinungsweisen ableiten, obgleich Länder mit ähnlichen sozialökonomischen oder stratifikationsspezifischen Entwicklungsbedingungen sich dazu in gewisser Weise anbieten. Was haben etwa die Aktionen der RAF in der Bundesrepublik Deutschland mit dem Terror der ETA im Baskenland oder der IRA in Nordirland gemeinsam? Internationale Vergleiche sollten daher im Rahmen der Ursachenforschung auf Fälle beschränkt bleiben, in denen direkte Verbindungen nachweisbar sind (z. B. Studentenunruhen im Mai 1968 in Frankreich, Anti-Vietnam-Bewegung in den USA, „Studentenbewegung" in der Bundesrepublik). Häufig sind es jedoch gerade die für bestimmte Länder charakteristischen geistig-kulturellen und historisch-strukturellen Gegebenheiten, welche die Besonderheiten terroristischer Phänomene prägen.

4. Nützlich scheint darüber hinaus die Unterscheidung zwischen „Ursachen" und „Gründen". „Gründe" wären demzufolge Ereigniskonstellationen, die eine unmittelbare Auslöserfunktion für die Organisation in terroristischen Gruppen bzw. die Verübung von Gewaltaktionen haben. Die Relevanz derartiger „begründender" Faktoren (zu denken ist an den tödlichen Schuß auf Benno Ohnesorg, das Attentat auf Rudi Dutschke oder auch den Tod Holger Meins) ergibt sich hierbei erst aus dem Vorhandensein bestimmter Ursachenzusammenhänge. D. h., es müssen erst gewisse Voraussetzungen gegeben sein, damit etwa der Tod eines Terroristen einen bis dahin nicht illegal Tätigen dazu bewegt, sich einer Terrorgruppe anzuschließen.

## Wissenschaft und „Alltagstheorie"

Die Ufer- und Konturlosigkeit, welche die öffentliche Auseinandersetzung um die Ursachen des Terrorismus vielfach bestimmte, spiegelt sich in der Publikation *Hermann Glasers* wider, die, so der Untertitel, eine „Diagnose der Terrorismus-Diskussion" beabsichtigt:[45] „Dieser Band berichtet von der Diskussion über den Terrorismus — und zwar in dem umfassenden Sinne, wie er diese Diskussion bestimmte" (S. 7). So erfährt der Leser in der kaleidoskoparti-

45 Hermann Glaser, Jugend zwischen Aggression und Apathie. Diagnose der Terrorismus-Diskussion. Ein Dossier (= Recht — Justiz — Zeitgeschehen, Bd. 32), Heidelberg/Karlsruhe 1980, 172 S. (C. F. Müller Juristischer Verlag).

gen Darstellung nicht nur manch interessante Äußerung zu Entstehungszusammenhängen, nationalen und internationalen Verbindungen, zur Sozialisation und sozialen Herkunft der Terroristen, ihren ideologischen Wurzelgründen und spektakulären Aktionen, sondern außerdem einiges über die allgemeine Situation der heutigen Jugend (mit der sich die 68er „Generation", der die meisten Terroristen der 70er Jahre entstammen, schwerlich identifizieren könnte), die sie beeinflussenden Geistes- und Modeströmungen, ihre materiellen Verhältnisse, Lebensgefühl und Zielprojektionen... Und dies alles auf gut 160 Taschenbuchseiten!

Nun würde der Aspektreichtum der als Überblicksdarstellung konzipierten Arbeit ihren Wert nicht herabsetzen, hätte der Autor das „Dossier" klarer strukturiert und sich vor allem mit der Bewertung und Gewichtung nicht so sehr zurückgehalten. So aber sieht sich der — jugendliche oder auch erwachsene, mit dem Themenbereich noch wenig vertraute — Leser einer Fülle nahezu kommentarlos aneinandergereihter Zitate gegenüber, deren Einordnung schwerfällt. Eigentlich schade, denn Glaser beweist bei der Auswahl dieser Beiträge einen sicheren Blick für Wesentliches und Unwesentliches, wiewohl das Thema „Terrorismus" oft nur marginal berührt wird. Auch ist der zuweilen wahllos erscheinende Charakter des Bändchens vom Autor keinesfalls beabsichtigt: Vielmehr sollen die Kernthesen zweier oder mehrerer Diskussionsbeiträge gegenübergestellt werden, wobei der Autor, gleichsam als Regisseur der Dialektik, die Überwindung des Antagonismus anstrebt, indem er eine (knappe) Synthese zieht.

Hierbei erweist Glaser sich weniger als originalgetreuer Dokumentator und Archivar, denn als Didaktiker und Pädagoge — eine Rolle, die dem Schul- und Kulturdezernenten der Stadt Nürnberg wohl ansteht. Der Diskussionsverlauf wird so nicht möglichst authentisch wiederzugeben versucht, sondern auf knappe Formeln gebracht, sei es verkürzend, sei es auf das Wesentliche reduziert. Vielleicht hätte man jedoch zumindest im Anmerkungsapparat mehr Mühe auf exakte Rekonstruktion verwenden sollen. Dies gilt für die meisten Themenkomplexe, insbesondere aber für die endlosen Kontroversen, die sich beispielsweise mit den Begriffen „Sinnkrise"[46] oder „Extremistenbeschluß"[47] verbinden.

---

46 Dazu jetzt mit ausführlichen Literaturverweisen: Jugendprotest im demokratischen Staat. Bericht und Arbeitsmaterialien der Enquetekommission des Deutschen Bundestages, Bonn 1983. Außerdem die thematisch umfassende Darstellung von: Gerd Langguth, Jugend ist anders. Porträt einer jungen Generation, Freiburg i. Br./Basel/Wien 1983.
47 Vgl. S. 35-39 dieser Arbeit.

Vielfach fließt der Strom der Stoffwiedergabe dahin, ohne eigentlich kanalisiert zu werden. Das Mißbehagen des Lesers, der vergeblich den „roten Faden" sucht, wird allein durch die offenkundige Praxisnähe und den stets flüssigen, zuweilen glanzvollen Stil der Kommentare gemildert. „Handfesten", präzise gefaßten Thesen sieht sich der Leser erst am Schluß des Bandes gegenüber, wo der Autor aus dem selbstauferlegten Ghetto des (liberal gemeinten) Kommentarverzichts ausbricht.

In zehn Punkten skizziert Glaser die Situation, in der sich die heutige Jugend nach seiner Ansicht befindet, und die erforderlichen Lösungsstrategien. Zentrale Themen der „Jugendbewegungen" im 19. und 20. Jahrhundert seien das Angehen gegen verkrustete Gesellschaftsstrukturen und die Suche nach harmonischen Formen menschlichen Zusammenlebens. Die Herausforderungen, die sich Jugendlichen des 20. Jahrhunderts stellten, seien dagegen widersprüchlich gewesen. Einerseits der Kampf gegen autoritäre „Führer"- und „Vater"-Figuren, andererseits die „vaterlose" Gesellschaft der „Wirtschaftswunderwelt" (S. 163). Widersprüchlich ebenfalls der beschleunigte biologische und anthropologische Reifungsprozeß der Jugend des Industriezeitalters einerseits sowie die gestiegenen Anforderungen der Erwachsenenwelt, deren mangelnde Integrationskraft und -bereitschaft gegenüber kreativen Leistungen Jugendlicher andererseits, die den Sprung vom Jugendlichen- zum Erwachsenen-Dasein erschwerten. Lösungen sieht Glaser in der Förderung von Initiative, Selbst- und Mitbestimmung, „kreativer Selbstentfaltung" (S. 164), demokratischer politischer Bildung, die „die Ganzheit der jugendlichen Persönlichkeit ansprechen" (S. 165) müsse. „Steter Diskurs" (S. 167) nennt er zurecht als Grundbedingung für ein erfolgreiches Miteinander der Generationen. Und was der Autor etwas vernachlässigt: Dem gesprächsbereiten, offenen, toleranten Erwachsenen muß die Kompromißbereitschaft des Jugendlichen entsprechen.

Nachdem der Terror im Jahre 1977 mit der Entführung und Ermordung Hanns Martin Schleyers sowie seiner Begleiter, der Kaperung der Lufthansa-Maschine „Landshut" mit 82 Passagieren und 5 Besatzungsmitgliedern, der Ermordung des Flugkapitäns Schumann und der geglückten Befreiungsaktion in Mogadischu/Somalia seinen Höhepunkt erreicht hatte, intensivierte sich die öffentliche Diskussion. So veranstaltete die CDU am 29. und 30. November 1977 eine Fachtagung über „Geistige und gesellschaftliche Ursachen des Terrorismus und seine Folgen".[48] Dazu waren nam-

48 Heiner Geißler (Hrsg.), Der Weg in die Gewalt. Geistige und gesellschaftliche Ursachen des Terrorismus und seine Folgen (= Geschichte und Staat, Bd. 214), München/Wien 1978, 224 S. (Günter Olzog Verlag).

hafte Vertreter der Wissenschaft geladen. Der CDU-Vorsitzende *Helmut Kohl* und Generalsekretär *Heiner Geißler* setzten in ihren einleitenden Ausführungen den Akzent auf die „politische Verantwortlichkeit der Intellektuellen" und die „geistige und politische Herausforderung" des Terrorismus, betonten damit die geistigen Wurzeln, die in den folgenden Referaten dann auch im Vordergrund standen.

Aus der Schar der Geladenen war sicherlich *Karl Dietrich Bracher* vor dem Hintergrund seines bedeutsamen Werkes[49] in besonderer Weise prädestiniert, das Phänomen „Terrorismus" in den Kontext des fundamentalen Gegensatzes zwischen der freiheitlichen Demokratie und der Diktatur einzuordnen.[50] Die meisten Referenten enthielten sich expressiv verbis einseitiger Schuldzuweisungen, persönlicher Anklage. Einige Redner erlagen freilich der Versuchung, allerlei unerfreuliche Gesellschaftszustände für den Terrorismus verantwortlich zu machen — eine Gefahr, vor der *Roland Eckert* und *Peter Graf Kielmansegg* warnten. So erscheint das von *Wilhelm F. Kasch* gewählte bzw. ihm vorgelegte Thema „Terror — Bestandteil einer Gesellschaft ohne Gott?" für die Analyse des Terrorismus-Phänomens wenig erkenntnisträchtig, da es vermutlich äußerst schwierig sein dürfte, eine direkte Verbindung des in hochtechnisierten Industriegesellschaften wirksamen faktischen Atheismus zum Aufkommen politisch motivierter Gewaltsamkeit herzustellen. Ähnliches gilt für den Vortrag *Heinrich Basilius Streithofens* über „Macht und Moral in der Politik".

Wenn auch immer wieder darauf hingewiesen wurde, man habe keinesfalls die Absicht, ein Tribunal zu veranstalten, so bedeutete dies doch nicht, daß man völlig auf die Anprangerung tatsächlich oder vermeintlich verantwortungslosen Wirkens in der Öffentlichkeit verzichtete. In der Tat ist der gefährliche Einfluß einer nicht selten maßlos und wirklichkeitsfremd vorgebrachten Gesellschaftskritik nicht zu leugnen. Allerdings war die Protestbewegung Ende der 60er Jahre keine Welle nur des Opportunismus, wie dies *Ernst*

---

49 Vgl. dazu die in Anmerkung 95 des Beitrages über die Totalitarismuskonzeption aufgeführten Arbeiten von Bracher (S. 86 dieses Bandes).
50 Vgl. S. 86-93 dieser Arbeit.

*Topitsch* zu glauben scheint,[51] sondern — was andersgeartete Motive natürlich nicht völlig ausschließt — zu einem beträchtlichen Teil die sensible Reaktion einer in Wohlstand und Freiheit aufgewachsenen, politisierten (Studenten-)Generation auf gesellschaftliche Fehlentwicklungen und Mißstände. Die Eskalation der Auseinandersetzungen zwischen Protestlern und Sicherheitskräften wurde zudem durch unbesonnenen und teilweise überzogenen Polizeieinsatz beschleunigt. Die Kampagnen von Teilen der Springer-Presse verfehlten zudem ihre Wirkung nicht. Prinzipiell ist *Hermann Lübbe* zwar zuzustimmen, wenn er meint, die Repräsentanten des Staates dürften ihre auf demokratische Legitimation gestützte Autorität nicht taktischem Kalkül oder falsch verstandener Dialogbereitschaft opfern; die staatlichen Reaktionen müssen jedoch vor allem auf Konflikteindämmung, Entschärfung verfahrener Situationen gerichtet sein, soll verhindert werden, daß emotional aufgeladene junge Menschen durch staatliche Überreaktionen erst ins Abseits gedrängt werden.

Stellt man in Rechnung, daß sich der vorliegende Sammelband aus den Referaten einer Fachtagung zusammensetzt, ein Unternehmen, das erhebliche Koordinationsprobleme aufwirft, so ist daraus eigentlich eine erstaunlich „runde" Sache geworden. Der weite Themenbereich wird interdisziplinär — man vermißt allenfalls eine Stellungnahme von pädagogischer Seite — ohne allzu große Überschneidungen abgedeckt. Dabei alternieren eher theoretische mit stärker empirischen Beiträgen. *Gerhard Boeden* gibt zunächst einen Überblick über „Entwicklung und Erscheinungsformen des Terrorismus"; *Manfred Hättich* setzt sich mit der „Radikale(n) Kritik an der Demokratie" auseinander; *Christian Watrin* stellt die Kapitalismuskritik in den Kontext politischer Gewalt; *Wolf Middendorf* gerät bei seinen historischen und kriminologischen Betrachtungen zur Persönlichkeit der Terroristen in Gefahr, den hi-

---

51 Vgl. Geißler (FN 48), S. 90 f.: „Aus einer solchen Stimmung heraus haben offenbar Teile der amerikanischen Jugend den Einberufungsbefehl als höchst unerwünschte Störung ihres Komfortdaseins und als unerhörte Zumutung seitens der Staatsführung empfunden. Zwar waren die Studenten vom Kriegsdienst befreit, aber sie mußten fürchten, bei längerer Dauer und Verschärfung der Kämpfe dieses Privilegs verlustig zu gehen. In dieser Lage kamen sie auf den ingeniösen Gedanken, den Krieg in Indochina für einen ‚ungerechten Krieg' zu erklären, um auf diese Weise nicht als Feiglinge und Drückeberger, sondern als moralische Helden dazustehen." (. . .)
„Daß die moralischen Argumente des Vietnam-Protestes zum größten Teil nur vorgeschoben waren, um die ganz andersartigen tatsächlichen Motive zu verdecken und den Anschein von Respektabilität zu erschleichen, war bereits sehr früh zu vermuten und ist heute so gut wie sicher."

storischen Vergleich zu überdehnen, indem er die Attentäter Zar Alexanders II. neben die heutigen Terroristen stellt; *Peter Hofstätter* untersucht die Entstehung von Gewalt aus psychologischer Sicht; *Roman Herzog* schließlich rief zur „geistige(n) Befestigung des freiheitlichen Rechtsstaates" auf.

Erläutert seien noch einige Thesen des Züricher Soziologen *Gerhard Schmidtchen*, der konstituierende Elemente der bisher bekannt gewordenen terroristischen „Karrieren" nennt. Seines Erachtens sind zunächst durchaus „bürgerliche Tugenden" für eine „erfolgreiche" Terroristenlaufbahn notwendig: „Intelligenz, Beobachtungsfähigkeit, Einfühlungsvermögen, Umgang mit Wissensbeständen, Kommunikationsfähigkeit, taktische Begabung, organisatorische Disziplin" (S. 46). Im allgemeinen steht gesellschaftspolitisches Engagement am Beginn der „Karriere", die „Identifikation mit den Schwachen" macht die „eigene Statuserhöhung" (S. 46) erträglich. Die negativen Erfahrungen in puncto soziale Gerechtigkeit verbinden sich in einem weiteren Schritt mit sozialistischen Ideen. Schließlich erfolgt die Organisation in einer radikalen Gruppe, der Prozeß der Abkapselung vom Gesamtsystem, der keineswegs zwangsläufig erfolgt, geht mit einem stetigen Wirklichkeitsverlust einher; ein Bewußtseinszustand entsteht, der im Extremfall den Terror als einzigen Ausweg zur Realisation gesteckter Ziele erscheinen läßt. – Eine Reihe interessanter Hypothesen und Beobachtungen, die der empirischen Überprüfung bedürfen.

Für die weitere Ursachenforschung im Terrorismusbereich bildeten die auf der CDU-Fachtagung aus unterschiedlichen Perspektiven vorgestellten Deutungsschemata eine wichtige Ausgangsbasis. Lag der Schwerpunkt hier auf der politikwissenschaftlichen, soziologischen und philosophischen Ebene, so stellt die von *Hans-Dieter Schwind* herausgegebene Aufsatzsammlung über „Ursachen des Terrorismus"[52] vor allem (sozial-)psychologische und psychiatrische Ansätze vor. Der Herausgeber, von Hause aus Kriminologe und Jurist, hat viel Mühe darauf verwendet, die Konzeption des Bandes durch eine Darstellung der Ereignisse und die Kompilation bisher vorliegender Forschungsergebnisse abzurunden. So enthält die Sammlung das vollständige Inventar, das man sich als Arbeitsgrundlage für die nähere Beschäftigung mit der Terrorismus-Proble-

---

52 Hans-Dieter Schwind (Hrsg.), Ursachen des Terrorismus in der Bundesrepublik Deutschland (= Sammlung Göschen 2806), Berlin/New York 1978, 174 S. (Walter de Gruyter).

matik wünscht: eine umfängliche, allerdings zahlreiche Mängel[53] aufweisende Chronik des Terrorismus, einführende und zusammenfassende Beiträge, ein Literaturverzeichnis. Freilich befremdet es, daß ein Autor dem lobenswerten Plädoyer des Herausgebers für die Vielfalt der Ansätze und Methoden energisch widerspricht. *Wolfgang de Boor* hält soziologischen und politologischen Erklärungsansätzen vor, sie suchten „die Ursachen für den Terrorismus generalisierend in den aktuellen Gegebenheiten der Gesellschaft" (S. 123). Dies hätte nach seiner Auffassung jedoch „Hunderttausende fundierter und unter den Zwängen der angeblich repressiven Gewalt unserer Gesellschaft leidender Schüler, Lehrlinge und Studenten zu Terroristen entwickeln müssen." Da das offensichtlich nicht der Fall ist, folgert de Boor: „Diese Tatsache zwingt dazu, den Schwerpunkt der Terrorismusforschung auf die Untersuchung der individuellen Psyche zu verlagern" (S. 123). Diese Schlußfolgerung ist nur prima facie zwingend. Sie ignoriert den plausibel erscheinenden Sachverhalt, daß sozialstrukturelle, ökonomische, geistig-kulturelle, politische und individuelle Faktoren terroristische „Karrieren" bedingen und daß die verhältnismäßig geringe Zahl der Terroristen aus der Kompliziertheit der Bedingungskonstellation resultiert. Allerdings würde eine derartige Annahme die Forderung nach interdisziplinärer Forschung beeinhalten und verhindern, daß Nur-Psychologen „das Ei des Kolumbus" entdecken!

Für die Terrorismusforschung glaubt Wolfgang de Boor dies offenbar mit seiner „Monoperceptose"-Theorie gefunden zu haben. Gedanklich geht er hierbei davon aus, daß Terroristen objektiv zwar nicht an schizophrenem Wahn leiden, oberflächlich betrachtet jedoch die dazu nötigen Merkmale aufweisen. Dies führt den Autor zu der Annahme, die Terroristen seien von „überwertigen Ideen" beherrscht, d. h., wie de Boor aus dem Wörterbuch der Psychiatrie zitiert: „Das durch eine starke Affektbesetzung bedingte abnorme Überwiegen einer einzigen Vorstellung, durch das das Gleichgewicht zwischen den Vorstellungen (Zielen, Strebungen)

53 Beispielsweise: Der Bibliotheksangestellte Georg Linke wurde bei der Baader-Befreiung am 14.5.1970 nicht getötet, allerdings schwer verletzt; die Bombenexplosion im Auto des Bundesrichters Buddenberg ereignete sich nicht am 15. Mai, sondern am 12. Mai 1972; zum Anschlag auf das europäische Hauptquartier der amerikanischen Armee in Heidelberg am 24.5.1972 bekannte sich ein „Kommando 15. Juli", nicht „15. Juni"; das auf das spanische Konsulat am 8.10.1975 durchgeführte Attentat geht auf ein „Kommando 27. September", nicht: „20. September" zurück; beim Überfall auf die deutsche Botschaft in Stockholm wurde der Botschaftsrat Heinz Hillegaart, nicht „Heinz Hillegeist" getötet. Vgl.: Amtlicher Ereigniskalender des Terrorismus 1967-1980, in: Jeschke/Malanowski (FN 31), S. 155-222.

verschoben wird, so daß nur noch der *eine* Gedanke verfolgt wird und alle Gegenvorstellungen, evtl. sogar unter Inkaufnahme von Nachteilen (Isolierung, Anfeindung), beiseite geschoben werden" (S. 132).

„Überwertige Ideen" mit sozial negativer Wirkung erzeugen de Boor zufolge die „Monoperceptose" deren konstitutive Merkmale sind: „1. Das Gedankensystem beruht auf der objektiv falschen Verarbeitung der Realität, soweit sie durch Wahrnehmung vermittelt wird. 2. Die Denkprozesse orientieren sich nicht an anerkannten Werten, sondern an Unwerten. 3. Das Dominanzdenken führt zu Normbrüchen (Schädigung oder Zerstörung von Sachen, Institutionen und/oder Personen)" (S. 134). Von diesen Grundelementen leitet der Autor eine Reihe von „Einzelmerkmalen" ab, deren Folgewirkung er an einem Fallbeispiel erprobt. Leider handelt es sich dabei nicht um die Persönlichkeit eines Terroristen. Dies scheint darauf hinzudeuten, daß es sich beim Konzept der „Monoperceptose" um ein theoretisches Konstrukt handelt, das noch nicht — zumindest noch nicht hinreichend — empirisch überprüft worden ist. Dies ist jedoch durchaus wünschenswert, da de Boor hinlänglich bekannte Theoreme in interessanter Weise miteinander verbindet (z. B.: „Identitätskrise", „Realitätsverlust", „Narzißmus", „Wissenschaftsfeindlichkeit").

Die Verfasser der übrigen Beiträge der Sammlung teilen die de Boorsche Apodiktik nicht. *Elisabeth Müller-Luckmann* nennt eine ganze Reihe möglicherweise den Terrorismus fördernder Bedingungen wie „Mangel an sinnvermittelnden Erlebnissen", Realitätsfurcht, „Denkdefizite", Dominanz der Gruppe über das Individuum, Bejahung der Aggressivität. Bei aller Vorsicht vor eindimensionalen Erklärungsmodellen mißt *Christa Meves* dem Problem der Kernneurosen, Neurosen, die bereits in den ersten fünf Lebensjahren entstehen, eine große Bedeutung zu. Diese können unter bestimmten Bedingungen manifest werden und den Antritt einer terroristischen „Karriere" begünstigen. *Ludger Veelken* stellt den Terrorismus in einen Zusammenhang mit der Identitätskrise Jugendlicher, wobei er auf Ergebnisse der Identitätstheorie rekurriert. Den Abschluß findet die Terrorismussammlung mit den Ausführungen *Reinhard Rupprechts* „aus polizeilicher Sicht".

Das von Schwind edierte Werk enthält auch einen Beitrag, der sich wegen seiner empirischen Konzeption von den anderen Aufsätzen abhebt: *Ronald Grossarth-Maticek*[54] stellt die Resultate einer Untersuchung über „Familiendynamische, sozialpsychologische und sozialökonomische Faktoren des linken und rechten Radikalismus" vor. Dabei wurden die 348 Fragen seines standardisierten Fragebogens erstmals von einer größeren Zahl von Links- und Rechtsextremisten beantwortet. Die befragten Linksextremisten gehörten größtenteils dem „Sozialistischen Patienten-Kollektiv" in Heidelberg an, während die Rechtsextremisten Gruppierungen „rechts" der NPD entstammten.

Grossarth-Maticek hat seinem auf die Erfassung potentieller Motivation für terroristisches Handeln angelegten Fragebogen eine Reihe theoretischer Annahmen zum Lebenslauf der Extremisten zugrundegelegt. Linksextremisten stammen demzufolge zumeist aus liberal geprägten, bildungsbürgerlichen Elternhäusern. Sie gerieten in Konflikt mit einem Elternteil, Hochschullehrern „oder anderen Systemrepräsentanten", deren Auffassungen mit den sozialistischen Ideen der Jugendlichen unvereinbar erschienen. Rechtsextremisten kommen dagegen aus Familien des „ökonomisch verunsicherten Kleinbürgertum(s)" (S. 100), identifizieren sich stark mit der Mutter, deren Idealbild mit der moralischen Verderbtheit gesellschaftlicher Gruppen kontrastiert. Hinzu komme ein Antikapitalismus, der aus der Annahme resultiere, kleine und mittlere Betriebe würden vom „Monopolkapital" systematisch „kaputt gemacht". Zudem sei das „Bedürfnis nach einer hierarchisch gegliederten Ordnung" (S. 100) festzustellen.

Der Autor zeigt jedoch nicht, auf welcher Grundlage diese theoretischen Annahmen erstellt wurden — denkbar wäre eine systematische Inhaltsanalyse einschlägigen Schrifttums. Die methodische Verbindung idiographischer und nomothetischer Elemente (als Basis der theoretischen Überlegungen kämen Lebenslaufanalysen in Frage) wird im vorliegenden Aufsatz nicht näher erläutert. Weiterhin folgt aus der Bereitschaft, Gewalt zur Durchsetzung politischer Ziele anwenden zu wollen, noch nicht notwendigerweise die Realisation dieses Vorhabens. Die Interviewten können also nicht einfach mit Terroristen gleichgesetzt werden. Diese Einwände relativieren die Ergebnisse.

Erstaunlicherweise sind die Resultate für Links- und Rechtsextremisten sehr häufig völlig gegensätzlich. Dies gilt etwa für das

54 Grossarth-Maticek ist Autor eines wichtigen, wenn auch aufgrund neuerer Forschungsergebnisse zu relativierenden Werkes über die „Studentenbewegung": Ronald Grossarth-Maticek, Revolution der Gestörten? Motivationsstrukturen, Ideologien und Konflikte bei politisch engagierten Studenten, Heidelberg 1975. Vgl. auch: Ders., Der linke und der rechte Radikalismus, in: Familiendynamik 3(1978), S. 210-228.

„Gefühl, von einem Elternteil/Familienmitglied extrem geliebt zu werden": LR 0 %, RR 97 % (vgl. S. 111-114; LR = Linksradikale, RR = Rechtsradikale); „Gewaltbereitschaft aufgrund des Widerspruchs von politischer Einsicht und persönlichen Schwierigkeiten": LR 94 %, RR 1,1 %; „Ein Elternteil als Bedingung zur Erhaltung der eigenen Identität": LR 1,3 %, RR 100 % usw. Für keine einzige Frage wurde eine annähernde Gleichheit der Ergebnisse erzielt. Weniger kraß waren die Unterschiede bei folgenden Fragen: „Ungerechte Behandlung durch einen Elternteil": LR 55,9 %, RR 28,5 %; „Aggressionsbereitschaft auf Unterdrückung in sozial ungerechten Beziehungen": LR 78,5 %, RR 32,1 %; „Angenommene Verbindung von internationalen Monopolen und dem sowjetischen ‚Sozialimperialismus' als Mitursache für die unterdrückte Entfaltung des Menschen in der Bundesrepublik Deutschland": LR 98,8 %, RR 58,3 %.

## Empirische Ursachenforschung

Mit einigen wenigen Ausnahmen beschränkten sich die bisher vorgelegten Beiträge zur wissenschaftlichen Erforschung der Ursachen des Terrorismus in der Bundesrepublik Deutschland größtenteils auf reine Deskription und/oder Spekulation. Allenfalls wurden Empiriefragmente zur Bildung verfeinerter Hypothesen genutzt. Eine systematische empirische Analyse der „individuellen, gruppenspezifischen, gesellschaftlichen und ideologischen Bedingungen für Terrorismus"[55] stand bisher noch aus. Auf Initiative der Ständigen Konferenz der Innenminister der Länder beauftragte das Bundesministerium des Innern, das sich im übrigen stets neben der (erstinstanzlichen) Bekämpfung auch der intensiven geistig-politischen

---

55 So der Wortlaut in einer Vorstellung des Projektes „Ursachenforschung Terrorismus": Georg Kurtz, Übersicht über das Projekt „Ursachenforschung Terrorismus", in: Auseinandersetzung mit dem Terrorismus – Möglichkeiten der politischen Bildungsarbeit. Bericht über ein Seminar für Träger der politischen Bildung, veranstaltet vom Bundesministerium des Innern, hrsg. vom Referat „Öffentlichkeitsarbeit gegen Terrorismus" im Bundesministerium des Innern, Bonn 1981, S. 59-64, 61.

Auseinandersetzung gewidmet hatte,[56] im Jahre 1977 eine interdisziplinär arbeitende Gruppe namhafter Wissenschaftler mit der empirischen Erforschung des Terrorismus. Das Forschungsvorhaben gliedert sich in vier Teilprojekte – „Ideologien und Strategien" (I), „Lebenslaufanalysen" (II), „Gruppenprozesse (III), „Prozesse und Reaktionen in Staat und Gesellschaft" (IV) –, von denen die Ergebnisse nunmehr vorliegen – mit Ausnahme des angekündigten 2. Teilbandes zu Projekt IV.

Die ideologische Komponente des Problems untersuchen *Iring Fetscher, Günter Rohrmoser* und deren Mitarbeiter in zwei voneinander getrennten, von unterschiedlichen Ansätzen getragenen Untersuchungen,[57] die sich keinesfalls ausschließlich ergänzen, sondern auch gegensätzliche Ergebnisse zeitigen.[58] Dieser, aus unterschiedlichen Annahmen über die Relevanz ideologischer Konzeptionen für Selbstverständnis und Handeln der Terroristen resultierende Methodenpluralismus wirkt sich positiv auf die Gesamtuntersuchung aus, indem er eine Verabsolutierung gewonnener Resultate verhindert. Iring Fetscher, *Hannelore Ludwig* und *Herfried Münkler* wählen ein methodisches Verfahren, das sie als „immanent" bezeichnen. Denn ihre Untersuchung beruht auf der systema-

---

56 Stellvertretend für viele Publikationen, die zum Thema „Terrorismus" unter der Herausgeberschaft des Bundesministeriums des Innern erschienen sind: Auseinandersetzung mit dem Terrorismus – Möglichkeiten der politischen Bildungsarbeit, Bonn 1981; Geistig-politische Auseinandersetzung mit dem Terrorismus, Protokoll einer Modelltagung, veranstaltet vom Arbeitsstab „Öffentlichkeitsarbeit gegen Terrorismus" im Bundesministerium des Innern, Bonn 1979; Hat sich die Republik verändert? Terrorismus im Spiegel der Presse, Bonn 1978. Mit Unterstützung des Bundesministerium des Innern wurden folgende Hefte für Schüler und Lehrer erstellt: Gerrit Hoberg, Sprengsätze, Unterrichtsbausteine zu den Themen Gewalt und Terrorismus, Stuttgart 1981; ders., Sprengsätze. Unterrichtsbausteine zu den Themen Gewalt und Terrorismus, Lehrerbegleitheft, Stuttgart 1981.
57 Iring Fetscher/Günter Rohrmoser, Ideologien und Strategien (= Analysen zum Terrorismus 1), unter Mitarbeit von Jörg Fröhlich, Hannelore Ludwig und Herfried Münkler, Opladen 1981, 346 S. (Westdeutscher Verlag).
58 Einige ideologiebezogene Deutungsversuche liegen bereits vor. Aus einander widerstreitenden Sichtweisen: Günther Heckelmann/Lucas Heumann, Herbert Marcuse und die Szene 1978. Studentenrevolte und Terror-Eskalation, in: Die Politische Meinung 23 (1978), H. 181, S. 55-69; Konrad Hobe, Zur ideologischen Begründung des Terrorismus. Ein Beitrag zur Auseinandersetzung mit der Gesellschaftskritik und der Revolutionstheorie des Terrorismus, Bonn 1979; Hans Heinz Holz, Hat der Terrorismus eine theoretische Basis?, in: Blätter für deutsche und internationale Politik 23 (1978), S. 317-329.

tischen Inhaltsanalyse des vollständigen, von RAF, Bewegung 2. Juni und Revolutionären Zellen veröffentlichten Schriftenmaterials, insofern es für die Ideologie der Gruppe von Bedeutung war. Außerdem standen den Autoren einschlägige Zellenzirkulare zur Verfügung. Das Verfahren bewegt sich also innerhalb der Argumentationsweise der Terroristen. Es vermeidet dabei komplexere Hypothesenbildungen, deren Geltung nur ansatzweise aus den Äußerungen der Terroristen heraus bestätigt bzw. nicht bestätigt werden könnte. Dieses „bescheidene" Unterfangen liefert somit gesicherte Erkenntnisse, erlaubt aber keine abschließenden Aussagen über die reale Bedeutung der ideologischen Versatzstücke für das Handeln und Planen der Terroristen. Iring Fetscher leitet die Untersuchung mit einigen Überlegungen zur spezifischen Ausprägung des bundesdeutschen Terrorismus, der Stellung seiner Ideologieelemente innerhalb des marxistischen Ideenkreises und der Bedeutung der Guerilla-Strategie für die terroristische Ideologiebildung ein. Umgekehrt wie die russischen Terroristen des 19. Jahrhunderts, die revolutionäres Gedankengut in ein Land importierten, das dafür allgemein empfänglich war, versuchten die bundesdeutschen Terroristen lateinamerikanische Kampfmethoden in einer Revolutionen gänzlich abgeneigten politischen Kultur zur Anwendung zu bringen. Ihre Isolation war daher programmiert.

Wie Herfried Münkler, der für Abschnitt II des Werkes („Revolutionäres Subjekt und strategischer Ansatz") verantwortlich zeichnet, herausstellt, mußten sich die Terroristen auf die „Suche nach dem revolutionären Subjekt" begeben, nachdem die von ihren Aktionen erhoffte Fanalwirkung ausblieb. Dies führte zur Ausarbeitung elitärer Revolutionsstrategien, der Übertragung einer Vorkämpferfunktion auf Gesellschaftsgruppen, denen ein „fortgeschrittener" Bewußtseinszustand attestiert wurde, schließlich zur Idealisierung des Guerillakämpfers als revolutionäres Subjekt. Münkler berücksichtigt auch die ideologischen Verbindungen der RAF zur intellektuellen „Szene" und zur stärker existenzialistischen Ideologiekonzeption der RZ.

Münkler findet die Arbeitshypothese bestätigt, derzufolge ideologische Überlegungen für das ursprüngliche Handeln der RAF lediglich eine untergeordnete Bedeutung besaßen, faschismus- und imperialismustheoretische Ansätze wurden erst im nachhinein entwickelt. So offenbarte sich die Theoriefeindlichkeit der RAF: „Die Doktrin vom ‚Primat der Praxis' entpuppte sich als die *Theorie des Theoriedefizits.*" (S. 179) Entsprechend öffneten sich die Terroristen nur solchen Theorien, die dem eigenen Handeln als Bestätigung dienen konnten. Die Abschottung gegenüber der Wirklichkeit wurde perfekt.

„Zwei zentrale Elemente der terroristischen Ideologie und deren theoretischer Hintergrund", „Faschismus" und „Imperialismus", stehen im Mittelpunkt des von Hannelore Ludwig bearbeiteten III. Abschnitts. Dabei holt die Autorin weit aus, behandelt intensiv die wissenschaftliche Diskussion und die Weimarer Faschismusdebatte. Dagegen ist der Abschnitt über „Die Faschismusdiskussion nach 1967" etwas zu knapp bemessen, zumal er für die Ideologie der RAF von großem Interesse sein dürfte. Vielleicht aber auch wieder ausführlich genug, um den banalisierenden Sprachgebrauch der Terroristen darzustellen, die den Faschismusbegriff zur Allerweltsvokabel verkommen ließen. Daher trifft die Feststellung zu: „Noch die banalste Unterdrückung aber als faschistisch zu denunzieren, heißt die Opfer des historisch-realen Faschismus zu verhöhnen" (S. 203). Auch den Imperialismusbegriff verwenden die Terroristen in ausufernder Manier, allein bedacht auf die Rechtfertigung der eigenen Verhaltensweisen. Eine tiefere Durchdringung der machtpolitischen Aspekte, insbesondere der Problematik des Nord-Süd-Konflikts, erfolgte nicht.

Im Gegensatz zur „immanenten" Vorgehensweise des Fetscher-Teilprojekts versteht Günter Rohrmoser seine Untersuchung als „Beitrag zu einer transzendentalen Theorie des terroristischen Bewußtseins" (S. 274), indem er versucht, die ideologischen/ideengeschichtlichen Voraussetzungen für die Gedankenwelt der Terroristen aufzudecken. Ein derartiger Versuch hat auch wegen seines idealtypischen Charakters den Vorteil, kompaktere, das Gesamtphänomen verständlicher machende Ergebnisse zu ermöglichen, während ein bissiger Kritiker der „immanenten" Vorgehensweise Fetschers den Vorwurf erheben könnte, mit „Kanonen auf Spatzen zu schießen"; andererseits bleibt die empirische Nachweisbarkeit der Bedingungszusammenhänge — bei aller Bemühung um Quellenbezug — in ihre Grenzen verwiesen. Dies konzediert Rohrmoser bereitwillig: „Die Frage, welcher Grad von Plausibilität ihnen (den Ergebnissen, d. Verf.) zuerkannt werden kann, muß der Leser entscheiden" (S. 274).

Die Untersuchung Rohrmosers bestätigt durchaus eine Reihe von Ergebnissen, die auch die Fetscher-Studie erbracht hatte. Marxistisch-leninistische Interpretationsmuster und Handlungsrezepte sind zunächst die Grundlage der terroristischen Ideologie. Sie erscheinen jedoch willkürlich, austauschbar angesichts der wahren Absichten, die den revolutionären Willen bestimmen. Zweitens handelt es sich — nach Rohrmoser — um einen „kulturrevolutionär uminterpretierten Marxismus", der notgedrungen die Konsequenz aus der mangelnden Revolutionsbereitschaft der breiten Volksschichten zog — die Intellektuellen als revolutionäre Avantgarde.

Das Festhalten an den Grundlagen des Marxismus-Leninismus einerseits und das Nichterfülltsein der Bedingungen, die er für eine revolutionäre Situation als gegeben voraussetzt, enthüllt die Theoriedefizite der Terroristen.

Darüber hinausgehend versucht Rohrmoser, Kernelemente der Werke Marcuses, Lukács, der Frankfurter Schule und Sartres über empirisch in den Schriften der Terroristen eruierbare Denkansätze hinausgehend zu einer idealtypischen Terrorismusideologie zusammenzufassen. Dabei nimmt Sartres „Kritik der dialektischen Vernunft" eine zentrale Position ein, da er dort „an die Stelle der Klasse bei Marx die terroristische Gruppe setzte" (S. 306). Kritisch hat Iring Fetscher im Nachwort auf die Widersprüche in den Konzeptionen etwa Lenins und Marcuses oder Sartres und Lenins hingewiesen, die der Geschlossenheit des Rohrmoserschen Versuches zuwiderlaufen.

„Lebenslaufanalysen"[59] ist der 2. Band der „Analysen zum Terrorismus" überschrieben. *Herbert Jäger, Gerhard Schmidtchen* und *Lieselotte Süllwold* stützen sich bei ihren Beiträgen auf biographische Fakten und Sozialdaten, die von Terroristen gewonnen wurden. Schmidtchen stellt bei seiner Untersuchung die „terroristische Karriere" in den Mittelpunkt. Die Fragestellung ist soziologisch: Der Autor interessiert sich für den Einfluß bestimmter gesellschaftlicher Entwicklungen auf die Biographie des Terroristen, die ihn auf seinen Weg bringen. Im Mittelpunkt der Untersuchung standen 227 Mitglieder linksextremistischer und 23 Angehörige rechtsextremistischer Gruppierungen. Es liegt auf der Hand, daß 23 Probanden keine gesicherte Untersuchungsbasis bilden können. Dieses Manko wurde aber wohl wegen der Fruchtbarkeit eines Vergleiches in Kauf genommen.

Besonders zu beachten war bei den Sozialdaten, daß die Prozentwerte in Relation zur sozialen Zusammensetzung der Studentenschaft gesetzt wurden und nicht einfach zur gesamten Altersgruppe. So läßt sich auch der hohe Frauenanteil, Anlaß zahlrei-

---

59 Herbert Jäger/Gerhard Schmidtchen/Lieselotte Süllwold, Lebenslaufanalysen (= Analysen zum Terrorismus 2), unter Mitarbeit von Lorenz Böllinger, Opladen 1981, 243 S. (Westdeutscher Verlag).

cher Spekulationen,[60] teilweise erklären. Der Prozentsatz der Terroristen aus wohlhabenden Familien liegt ebenfalls nicht über den Werten des studentischen Restjahrgangs — damit bleibt Terrorismus ein „Oberschichtenproblem", eines freilich, das nicht aus der universitären Normalität herausragt.[61]

Schmidtchen kann hinsichtlich desozialisierender Momente Eigenarten der terroristischen Karriere ermitteln: „Jeder vierte Terrorist ist nach dem 14. Lebensjahr nicht mehr in einem intakten Elternhaus aufgewachsen" (S. 29). Weit verbreitet sind Jugendstrafen. Deutlich wird bei alledem: Terroristische Karrieren verlaufen nicht einheitlich, es gibt keine zwingenden Gründe für das Abgleiten in den Terrorismus. Vielmehr vollzieht sich die terroristische Karriere in allmählicher Ablösung von der Mehrheitskultur und einer ebenso langsamen Okkupation durch die terroristische Subkultur. Eine überdurchschnittliche Zahl an Konflikten, besondere biographische Belastungen, die auch den Bildungsweg prägen (zahlreiche abgebrochene Ausbildungsgänge) unterstützen diese Entwicklung. In der letzten Phase vor Eintritt in die „Szene" spielt der enge Kontakt zu Sympathisanten oder Aktivisten der Terrorszene eine entscheidende Rolle. Detaillierte Ergebnisse der Untersuchung sind dem Leser im Tabellenteil zugänglich gemacht worden.

Lieselotte Süllwold geht es vor allem um die Herausarbeitung psychologischer Aspekte einer Lebenslaufanalyse. Ihr besonderes Interesse gilt dabei gruppendynamischen Prozessen. Schließlich gehörte das Leben in Gruppen zu den während der Protestbewegung seit Mitte der 60er Jahre sich ausbreitenden Formen des (studentischen) Zusammenlebens. Die totale Gruppenbildung — so Süllwold — habe jedoch gerade bei kontaktgestörten Personen sehr oft den Weg zum Terrorismus programmiert. Die Autorin stützt sich hierbei auf zahlreiche Selbstzeugnisse, die den Konformitätsdruck solcher Gruppen hervorheben. Die Formen der Konformität reichen von Kleidung, Lebensgewohnheiten, politischen Auffassungen bis hin zur Sprache, deren Stereotypie die Verfasserin anhand eines RAF-Textes eindrucksvoll belegt. Energisch wendet sich Süll-

60 Vgl. Ilse Korte-Pucklitsch, Warum werden Frauen zu Terroristen?, in: Merkur 32 (1978), S. 178-187; dies., Warum werden Frauen zu Terroristen? Versuch einer Analyse, in: Vorgänge 18 (1979), Nr. 40/41, S. 121-128; Susanne von Paczensky (Hrsg.), Frauen und Terror. Versuche, die Beteiligung von Frauen an Gewalttaten zu erklären, Reinbek bei Hamburg 1978; Wolfgang Middendorff, Politische Kriminalität am Beispiel des Terrorismus, in: Hans-Joachim Schneider (Hrsg.), Die Psychologie des 20. Jahrhunderts, Bd. XIV: Auswirkungen auf die Kriminologie. Deliquenz und Gesellschaft, Zürich 1981, S. 402-418, 415.
61 Vgl. dagegen: Bernd Peschken, Terrorismus als Oberschichtenproblem, in: Merkur 32 (1978), S. 175-178.

wold gegen die These, bei Terroristen handele es sich um Kranke – dies gelte lediglich für einen sehr kleinen Teil der Untersuchungspersonen. Drogen und Gruppenzwänge hätten allerdings abnorme Persönlichkeitsentwicklungen gefördert.

Herbert Jäger versucht mit einer Reihe von Interviews, Hypothesen zur „Karriere" der Terroristen zu erhärten. Dabei werden individuelle Entwicklungsbedingungen sichtbar, die eine rein strukturelle Analyse nicht aufdecken könnte. Ein Handikap bleibt dabei die Tatsache, daß frühkindliche und auch familienstrukturelle Bedingungen in der Regel später nicht mehr aufhellbar sind. Bei der entscheidenden Bedeutung, die die ersten Lebensjahre des Kindes für die spätere Entwicklung haben, muß dieser Tatsache eine die Ergebnisse relativierende Bedeutung beigemessen werden. Ähnliche Einschränkungen gelten für die ebenfalls auf Interviews basierenden Ausführungen *Lorenz Böllingers*.

Die „Lebenslaufanalysen" titulierten Forschungsbeiträge des zweiten Bandes hoben bereits die große Bedeutung von Gruppenprozessen für die Formierung terroristischer Zirkel hervor. Eben diesen Zusammenhängen widmet sich das dritte, überaus voluminöse Werk innerhalb der „Analysen zum Terrorismus".[62] Ein erster Teil bietet Fallstudien über die „Bewegung 2. Juni", das „Sozialistische Patientenkollektiv" (SPK) in Heidelberg und die „Baader-Meinhof-Gruppe"/„Rote Armee Fraktion" (RAF). Im zweiten Teil finden sich „vergleichende Gruppenanalysen".

*Dieter Claessens* und *Karin de Ahna* geben zunächst eine sehr ausführliche Darstellung der Westberliner „scene", ihrer strukturellen Gegebenheiten und Entwicklungsbedingungen. Die Abgeschlossenheit Westberlins, der aufgelockerte, teilweise noch dörfliche Charakter der Stadt, die universitäre „Szene", nicht zuletzt auch die politische Bedeutung im Mittelpunkt des Ost-West-Konfliktes boten der sich ausbreitenden „antiautoritären Bewegung" überaus günstige Entfaltungsmöglichkeiten. Vielleicht spielten auch die Vergünstigungen eine Rolle, mit denen diejenigen ausgestattet wurden, die in Berlin ihren Wohnsitz nahmen (vor allem: kein Antritt zum Wehrdienst). So entstand ein jugendlich geprägtes „Milieu", das sich im Verlaufe der 60er Jahre zunehmend politisierte – mit linksgerichteter Tendenz. Die Stadt bildete bald das Zentrum studentischen Protestes.[63]

Die unter derart günstigen Voraussetzungen entstandene Jugend-

---

62 Wanda von Baeyer-Katte/Dieter Claessens/Hubert Feger/Friedhelm Neidhardt, Gruppenprozesse (= Analysen zum Terrorismus 3), unter Mitarbeit von Karen de Ahna und Jo Groebel, Opladen 1982, 525 S. (Westdeutscher Verlag).
63 Vgl. zur „Studentenbewegung" allgemein: Langguth (FN 43).

szene schottete sich, gefördert durch die Politisierung, den andersartigen Lebensstil, der auf nahezu völliges Unverständnis bei weiten Teilen der übrigen Bevölkerung stieß (z. B. lange Haare), mehr und mehr gegen die Gesamtkultur ab. Die Tendenz subkultureller Isolation verfestigte sich im Zuge der Auseinandersetzungen mit den Sicherheitskräften. Die Autoren vertreten die These, daß sich die Aktionen der Protestler von einem zunächst provokativen zu einem eher reaktiven Verhaltensstil wandelten, wobei die offene Konfrontation seitens stark ideologisierter Gruppierungen in Kauf genommen wurde. Zur „Eskalation" hätten jedoch die „unausgewogene, meist inadäquate Reaktion von öffentlicher Meinung" (S. 158) und auch der subkulturelle Charakter des „Milieus" beigetragen.

Während Claessens und de Ahna sich auf die Darstellung der „Westberliner ‚scene'" beschränken und die spezifischen Entstehungsbedingungen terroristischer Gruppen eher vernachlässigen, hat *Wanda von Baeyer-Katte* sich in umfassender Weise mit dem Heidelberger „Sozialistischen Patientenkollektiv" (SPK) auseinandergesetzt, das ihres Erachtens „eine Vorform für den entwickelten Terrorismus" (S. 191) darstellt. Das SPK lasse sich als ein Modell für die Herausbildung des „contradiktorischen Subsystems" „Terrorismus" begreifen, ein Subsystem, das durch die totale Negation des Gesamtsystems (Bundesrepublik) und die Bereitschaft zum gewaltsamen „Widerstand" gekennzeichnet sei. Dieses „contradiktorische Subsystem" realisiere sich 1. als „agitatorischer Terror" — eine Begriffsprägung der Heidelberger Psychologin, die sie bereits in einer älteren Arbeit vorgestellt hat und den Terror als fanalsetzende, systematische Gewaltanwendung begreift[64] —, 2. in propagandistischer Tätigkeit und einem vorbereitenden näheren Umfeld, 3. in „gewaltfrei" durchgeführten Basisaktionen des weiteren Umfeldes. Das SPK habe zunächst im Bereich der Realisationsformen 2 und 3 agiert, sei aber schließlich teilweise zu offeneren „Widerstands"-Formen (Stufe 1) übergegangen.

Auf der Grundlage dieses analytischen Modells wird die durch Radikalisierung gekennzeichnete Entwicklung des um den Heidelberger Assistenzarztes und SPK-„Chefideologen" Dr. Huber entstandenen Zirkels nachgezeichnet. Die aus unmittelbarer Erfahrung der Autorin stammende Intimkenntnis der Heidelberger Verhältnisse bereichern die Untersuchung über die sozialpsychologische Dimension hinaus um eine interessante Darstellung der Auseinandersetzungen zwischen Klinikleitung und SPK sowie der

---

64 Vgl. Wanda von Baeyer-Katte, Agitatorischer Terror und dessen Wirkung in sozial-psychologischer Sicht, in: Hans Maier (Hrsg.), Terrorismus. Beiträge zur geistigen Auseinandersetzung, Mainz 1979, S. 15-46.

durch den Übergang zum Terrorismus (32 SPK-Mitglieder wurden Terroristen) gekennzeichneten Spätphase.

*Friedhelm Neidhardt* hat anhand der Baader-Meinhof-Gruppe versucht, soziale Bedingungsfaktoren für terroristisches Handeln zu rekonstruieren. Zu Recht hebt er hervor, daß es unfruchtbar sei, die Frage nach den Ursachen terroristischen Handelns mit Blick auf die Anomalie der Persönlichkeit zu beantworten. Denn diese — durchaus legitime — Frage könne leicht die weitere Ursachenforschung verhindern, weil nun eine „Krankheit" als Ursache gelte. Aber selbst dann sei es notwendig, den Entwicklungsfaktoren pathologischer Störungen nachzuspüren.

Neidhardt stellt parallel zu den Ergebnissen Schmidtchens fest, daß die Frage nach den Faktoren, die eine terroristische Karriere bedingen, nicht eindimensional zu klären ist. Letztlich sei dies auch von zahlreichen Zufällen, der gesteigerten „*Subjektivität* der beteiligten Personen" (S. 381) und einer „*Eigendynamik* des Konflikts" (S. 382) abhängig. Dennoch läßt sich eine Reihe wichtiger Erkenntnisse festhalten: Die Baader-Meinhof-Gruppe wurzelt in der Gedankenwelt der studentischen Protestbewegung. Jedoch trat nur ein sehr kleiner Personenkreis den Weg in den Terror an. Hierbei handele es sich um „das Ausfallprodukt einer radikalisierten Szene und ihrer Gruppierungen" (S. 340) — radikalisiert nicht zuletzt durch einen Eskalationsprozeß in der Auseinandersetzung zwischen Polizei und Protestlern. Der Schritt in den Untergrund löst schließlich eine weitere Beeinträchtigung der Wirklichkeitsperzeption aus: Durch gesteigerte Gruppenzwänge im Untergrund und die Erfordernisse konspirativer Tätigkeit. Der Zusammenhalt der Gruppe wurde durch die gemeinsame Verfolgtensituation, durch die Abschottung vom Gesamtsystem und auch die weitgehende Isolation von der nicht-terroristischen Protestszene gestärkt, was nicht heißt, daß das Aufeinander-angewiesen-sein Konflikte innerhalb der Gruppe ausschließt.

Über die Erforschung von Entstehungszusammenhängen hinaus gehen einige Untersuchungen, die primär Strukturen und Handlungsbedingungen terroristischer Gruppen behandeln. Hierzu vermittelt die nach gruppentheoretischen Gesichtspunkten durchgeführte Analyse *Jo Groebels* und *Hubert Fegers* einen Gesamtüberblick. Karen de Ahna untersucht die Bedingungen eines Ausstiegs aus der Terrorszene, was jedoch nur in wenigen Fällen geschah. Neidhardt vergleicht in einer zweiten Untersuchung terroristische Gruppen rechter und linker Couleur. Dabei ist die Untersuchungsbasis für die Rechtsextremisten wohl etwas zu schmal, um bereits zu abschließenden Ergebnissen führen zu können. Hinsichtlich der sozialen Hintergrunddaten werden keine überraschenden Erkenntnisse zu Tage gefördert. Interessant ist jedoch die Feststellung des Autors, daß rechts- wie linksterroristische Gruppen gleichermaßen einen zielgerichteten, also keineswegs auf die willkürliche Tötung x-beliebiger Menschenleben gerichteten Terror ausüben. „Schlächtertheorien" vor allem bezüglich rechtsextremer Terrorgruppen hätten sich auf der Grundlage des untersuchten Materials alles in allem nicht als zutreffend erwiesen.[65]

Vom geplanten Projekt IV der „Analysen zum Terrorismus" ist bisher der erste Teilband zum weitgefaßten Themenkreis „Gewalt und Legitimität"[66] erschienen. Er besteht aus zwei separaten Untersuchungen, die sich thematisch zum Teil ergänzen und hinsichtlich Ergebnissen und methodischen sowie theoretischen Annahmen in einigen Punkten übereinstimmen. *Matz* hat versucht, „gesellschaftliche und politische Bedingungen des deutschen Terrorrismus" (Titel) aufzuzeigen. Dabei geht er von der Annahme aus, „daß Gruppen und Bewegungen, die sich selbst politisch verstehen, nicht von vornherein aus unpolitischen (etwa psychischen oder mikro-sozialen) Faktoren erklärt werden dürfen. Insofern diese Hypothese darauf angelegt ist, politische Faktoren a priori anderen denkbaren vorzuziehen, muß dem widersprochen werden. Ulrich Matz kommt in der Untersuchung schließlich selber zu dem Ergebnis, daß die politische Lagebeurteilung der Terroristen wie auch die führender APO-Repräsentanten in weiten Teilen des Realitätsbezuges entbehre. Dann ist jedoch konsequenterweise zu fragen, was wohl zur Entstehung eines derartigen Trugbildes beigetragen hat. Dieses Problem dürfte mit politischen Faktoren allein kaum zu klären sein.

Der Autor hätte sich diese hypothetische Verengung seiner Fragestellung ersparen können, da es natürlich völlig legitim ist, politische Bedingungskonstellationen des Terrorismus gesondert zu thematisieren. In diesem Zusammenhang hebt Matz zu Recht die studentische Protestbewegung als historische Voraussetzung des Linksterrorismus in den 70er Jahren hervor – dieser Sachverhalt wurde bereits in den Bänden I-III der „Analysen zum Terrorismus" hinreichend verdeutlicht. Besonders verdienstvoll sind die methodisch-methodologischen Erwägungen des Autors, die er der eigentlichen Analyse vorausschickt. Demnach sollte man sich der historischen Besonderheiten des Phänomens bewußt sein. „Ursachen"-Forschung ist nicht im naturwissenschaftlichen Sinne möglich.

65 Vgl. S. 129 f. dieser Arbeit.
66 Ulrich Matz/Gerhard Schmidtchen. Gewalt und Legitimität (= Analysen zum Terrorismus 4,1), unter Mitarbeit von Hans-Martin Uehlinger, Opladen 1983, 437 S. (Westdeutscher Verlag).

Der Sozialwissenschaftler muß sich vielfach mit ex post-Erklärungen begnügen, exakte Voraussagen über zukünftige Entwicklungen sind in aller Regel nicht verantwortbar. Entsprechend geht es dem Autor auch lediglich um eine Rekonstruktion von Strukturen, die eine bestimmte Entwicklung möglicherweise bedingt haben.

Ulrich Matz setzt sich mit folgenden Hypothesen auseinander: I. Der Terrorismus sei eine Form gesaltsamer Reaktionen auf die strukturelle personale Systemgewalt („Repressionsthese"). II. Der Terrorismus sei das Produkt einer staatlichen Überreaktion auf eine gewaltlose Protestbewegung („Eskalationsthese"). III. „Der Terrorismus ist das Resultat einer Revolte gegen eine etablierte Ordnung, deren Repräsentanten durch ihre schwache und unsichere Reaktion Hoffnungen auf Erfolg geweckt und damit die Intensivierung des Angriffs provoziert haben" (S. 28; „Legitimationsdefizit"). IV. „Der Terrorismus ist eine aus der Verzweiflung über das Scheitern der Studentenrevolte geborene irrationale Reaktion" („Frustrationsthese"). V. Der Terrorismus sei die Realisation von der Studentenbewegung vertretener Ideen („Vollzugsthese"). Um das Ergebnis in groben Zügen vorwegzunehmen: Der Autor findet die Hypothesen III und V weitgehend bestätigt; I, II und IV dagegen hält er für unbegründet. Dieser Einschätzung kann hinsichtlich der „Repressionsthese" voll zugestimmt werden. Der Verfasser legt überzeugend dar, daß man das politische System der Bundesrepublik im Vergleich mit anderen Staaten kaum als „repressiv" charakterisieren kann. Was jedoch die Punkte II-V betrifft, so lassen sich durchaus ernstzunehmende Argumente finden, welche die Ergebnisse des Autors einschränken oder in Frage stellen.

Zunächst zur „Eskalationsthese". Der Autor schließt aus, daß Überreaktionen der Öffentlichkeit oder etwa der Sicherheitskräfte eine Radikalisierung bzw. Kriminalisierung der Protestbewegung bewirkt haben könnten. Ausschlaggebend sei von Anfang an vielmehr die „radikal systemfeindliche Ideologie" (S. 93) gewesen; möglichen Auswirkungen staatlicher Maßnahmen komme daneben nur eine sekundäre Bedeutung zu. Wegen dieses Befundes hält es der Autor auch nicht für nötig, potentielle Interaktionsprozesse zwischen Bewegung und staatlichen Instanzen/Öffentlichkeit detailliert zu rekonstruieren. Diese Vorgehensweise ist so lange legitim, als sich die Ausgangsfeststellung, entscheidend sei eine „radikal systemfeindliche Ideologie" gewesen, als zutreffend erweist. Gerade in diesem Punkt sind jedoch begründete Zweifel angebracht. Was die ideologischen Vorreiter und Repräsentanten der APO betrifft, etwa die „Subversive Aktion" oder der SDS, kann dem Befund des Verfassers zugestimmt werden. Aber läßt sich dies auch auf die Gesamtheit der studentischen Protestbewegung oder auch nur auf eine deutliche Mehrheit der Demonstranten anwenden? Dies anzunehmen heißt, eine Homogenität der Studentenbewegung zu unterstellen, die so nicht gegeben war. Es handelte sich um eine betont systemkritische, aber nicht generell systemfeindliche Sammlungsbewegung, deren Anhänger aus ganz unterschiedlichen Motiven und Wirklichkeitswahrnehmungen heraus ihren Protest artikulierten.[67] Matz unterstellt einen Grad ideologischer Identität zwischen Elite und Nicht-Elite innerhalb der Studentenbewegung wie er in der Realität kaum existierte. Die von vornherein systemwidrigen Elemente bedurften sicherlich nicht erst der Radikalisierung durch Überreaktionen − sie profitierten eher davon, wie der Autor mit Recht feststellt. Anders aber verhält es sich hinsichtlich derjenigen Protestler, die noch für „das System" zu gewinnen waren und die in den 70er Jahren ja auch zum Teil von der SPD integriert wurden: Hier haben sich hysterische Reaktionen eines Teiles der Presse und der Sicherheitskräfte möglicherweise verheerend ausgewirkt. Um diese Annahmen zu bestätigen bzw. zu entkräften, wäre es dringend erforderlich gewesen, derartige Abläufe en détail zu analysieren.

Vice versa kann man gegen die Matzschen Ausführungen zur Frustrationsthese argumentieren. Sein Ergebnis: Es gibt keine Indizien für die Entstehung des Terrorismus aufgrund der „Verzweiflung über das Scheitern der Studentenrevolte" (S. 93). Zutreffend ist, daß die Studentenrevolte einen tiefgreifenden Wandel der politischen Kultur bewirkte. Die Reformpolitik Anfang der 70er Jahre war auch eine Reaktion auf den studentischen Protest. Systemfeindliche Kräfte aber konnten diese Entwicklung aus prinzipiellen Gründen nicht begrüßen − dem extremistischen Flügel bedeuteten Reformen nur die Verhinderung einer als notwendig erachteten Revolution.[68] Der Autor verfolgt diesen Gedanken nicht, läßt also die Frustrationsannahme im Grunde ungeprüft. Von einer „Vollzugsthese" sollte vielleicht deshalb nicht gesprochen werden, weil damit eine generelle Schuldzuweisung verbunden sein könnte. Natürlich hantierten die Protestler mit ideologischem Dynamit (z. B. „strukturelle Gewalt", „repressive Toleranz"). Aber weder hatten die Studenten dieses Begriffsarsenal erfunden, noch trat die große Mehrheit für terroristische Gewalttaten ein.

Ein Schwerpunkt der Analyse legt Matz auf die Verifikation der These, die radikale In-Frage-Stellung der demokratischen Grundordnung durch Teile der Protestbewegung und die Terroristen sei

---

67 Vgl. etwa: Langguth (FN 43).
68 Vgl. dazu etwa die Ausführungen Horst Mahlers, in: Die Linke im Rechtsstaat (FN 32), S. 194 f.

als die Folge einer Legitimitätsschwäche des demokratischen Gemeinwesens zu interpretieren. Insbesondere charakteristische Schwächen der politischen Kultur der 50er und 60er Jahre hätten das Hervortreten einer Gegenelite provoziert. In diesem Zusammenhang kann der Autor wesentliche Unsicherheitsfaktoren ins Feld führen, die in der politischen Kulturforschung nicht unbekannt sind: Mangelhaftes Institutionenverständnis der Bevölkerung, Anti-Parteienaffekte, tiefe Traditionsbrüche, Apolitismus, ideologische Fragmentierung, Besitzstandsdenken, Wertewandel. Interessant und von besonderer Aktualität ist die Matzsche These, die politische Kultur habe sich zwar seit den 60er Jahren stärker homogenisiert und den Erfordernissen demokratischer Systeme angepaßt, teilweise seien die „Defizite der politischen Kultur" aber auch nur „von rechts nach links verschoben" (S. 67) worden: „Die neue Partizipationskultur entspricht einmal in signifikantem Ausmaß nicht der Systemforderung nach *Teilnahme* an den öffentlichen Angelegenheiten, sondern aktualisiert eher von Partikularinteressen motivierten *Widerstand* gegen staatliche Planungen und sogar gegen staatliche Versuche, das geltende Recht durchzusetzen; zum anderen vollzieht sich die Partizipation selbst vielfach seit den Tagen der ‚Studentenrevolte' in beachtlichem Ausmaß in verschiedenen Formen der gezielten Mißachtung der (demokratisch zustandegekommenen) Gesetze" (S. 66 f.).

Die Beschäftigung mit der bereits historischen Studentenbewegung als einer Voraussetzung für die spezifische Ausprägung des Terrorismus in den 70er Jahren führt zu der Frage hin, ob nicht auch bei den heutigen „sozialen Bewegungen", der Friedens- und Ökologiebewegung, die Gefahr eines Abgleitens radikalisierter Gruppen in Illegalität und Terrorismus besteht.[69] Diese Problematik steht im Zentrum der empirischen Analyse *Gerhard Schmidtchens*. Der Autor stützt sich auf eine breit angelegte, eigens für das Projekt durchgeführte Befragung zum Verhältnis „Jugend und Staat". Die Haupterhebung umfaßte 5000 Befragte im Alter zwischen 16 und 35 Jahren, eine ergänzende Erhebung wurde bei 1200 Personen in der Altersgruppe zwischen 36 und 79 Jahren durchgeführt und diente insbesondere der Relativierung der Ergebnisse der Haupterhebung. Schmidtchen bettet seine Umfrage in das Konzept einer allgemeinen sozialpsychologischen Handlungstheorie ein. Damit setzt er sich insoweit von Konzepten „relativer Deprivation" ab, als dort eine kausale Beziehung zwischen sozialstrukturellen

---

69 Vgl. Peter Meier-Bergfeld, Die Bewegung und das Ziel. Im Hintergrund vieler Friedensaktionen lauert die Gewalt, in: Die Politische Meinung 27 (1982), H. 201, S. 31-41.

Störfaktoren und politischem Protest unterstellt wird.[70] Dabei wird der Autor in seiner Kritik allerdings dem weiterführenden Konzept Kaases nicht gerecht, der „politische Deprivation" gerade unabhängig von bestimmten „objektiven" Auslösern von Unzufriedenheit definiert und Zusatzbedingungen stellt.[71] Das Hauptargument Schmidtchens bleibt jedoch festzuhalten: „Wir dürfen die Möglichkeit nicht ausschließen, daß im Protest nicht nur Sinn zum Ausdruck kommen kann, sondern unter Umständen der reine Unsinn. Proteste folgen nicht nur den Konturen sozialer Probleme, sondern auch denen der Konsensbildung, z. B. einfach zum Zweck der Machtkonzentration. Reaktionsmodelle zur Erklärung des politischen Protests greifen zu kurz, obwohl sie durchaus wichtige Komponenten und Verbindungen enthalten, die auch in der vorliegenden Untersuchung wiederkehren" (S. 110).

Ihrer handlungstheoretischen Grundkonzeption entsprechend erfaßt die Untersuchung „Orientierungsleistungen" (Werte, Normen, Wirklichkeitsperzeptionen, Selbstfindungsprozesse), sogenannte „Ressourcen", d. h. Mittel und das Handeln erst ermöglichende Kompetenzen, und „handlungsleitende Systeme" (Ertragserwartungen", „Thematisierung und Aktivierung", „Rechtfertigungssysteme", „Organisation und soziale Unterstützung", „Ausdrucksmedien"). In einem ersten allgemeinen Teil der Untersuchung fragt der Autor nach der Legitimität des Staates, insbesondere also danach, in welcher Weise die Bürger das Gemeinwesen mit der Realisation höchster Werte in Verbindung bringen. Dieser umfassender angelegte Teil erbringt nichts spektakulär Neues, teilweise Banales, zuweilen auch Sinnwidriges („57 Prozent der Grünen treten für neue Energieformen ein und 70 Prozent für den Umweltschutz" (S. 124)). Immerhin wird deutlich, daß man von „der" Jugend nicht sprechen kann. So fühlen sich 64 Prozent der Bevölkerung zwischen 16 und 35 Jahren in der Bundesrepublik wohl. Die Mehrheit der Jugend hält die Bundesrepublik für eine „ausgezeichnete Demokratie" (S. 134).

Ebenso zeigt sich aber auch, daß eine beachtliche Minderheit der jüngeren Bevölkerung dem Staat mehr oder weniger skeptisch gegenübersteht — diese Tendenz verstärkt sich mit der Länge des Bildungsweges: „43 Prozent der Studenten, aber 56 Prozent der Studentinnen erscheint die Verfassungswirklichkeit der Bundesrepublik eher negativ" (S. 133). Nach einem weiteren Kapitel über

70 So etwa bei: Ted R. Gurr, Ursachen und Prozeß politischer Gewalt, in: Klaus von Beyme (Hrsg.), Empirische Revolutionsforschung, Opladen 1973, S. 266-360.
71 Vgl. Max Kaase, Bedingungen unkonventionellen politischen Verhaltens in der Bundesrepublik Deutschland, in: PVS 17 (1976), S. 179-216.

„Probleme der Repräsentation" stößt der Autor schließlich in medias res vor. Auf dem „Weg in die Illegalität" konstatiert er zunächst ein starkes Ansteigen politischer Motivationen und Aktivitäten bei den Extremen des politischen Rechts-Links-Kontinuums. Allerdings sind „auf der linken Seite die organisatorischen Voraussetzungen für politische Aktivität" offenbar „besser als rechts" (S. 189). Eine verhältnismäßig hohe Zahl der jüngeren Bürger ist prinzipiell zu unkonventionellen politischen Verhaltensweisen bereit. Die Formen dieser Aktivitäten sind zugleich vielfältiger geworden — sie reichen von der Weigerung, Mieten oder Steuern zu bezahlen, bis zur Konfrontation mit der Polizei bei verbotenen Demonstrationen. Immerhin bekunden 18 Prozent der Befragten, sie seien notfalls auch zu illegalen Aktivitäten bereit; im Falle einer Eskalation wären es sogar 37 Prozent. 13 Prozent würden in einer derartigen Situation auch vor Gewaltanwendung nicht zurückscheuen.

Bei der Entscheidung zur illegalen Aktion wird die große Bedeutung der ideologischen Konzeption deutlich: „Je mehr die Ursachen für das persönliche Schicksal in der Gesellschaft und nicht beim einzelnen gesehen werden, desto größer ist die Neigung zur politischen Illegalität" (S. 254). Was die einzelnen Lebenswege betrifft, zeigt sich, daß „biographische Belastungen" in der Regel nicht Auslöser des Protestverhaltens bzw. illegaler Tätigkeit sind, sondern erst aktiviert werden, wenn zusätzliche Faktoren (perhorreszierende Wirklichkeitsdeutungen, Feindbilder etwa) hinzutreten.

Das Verhältnis zwischen den nicht selten ungestümen Veränderungsimpulsen politisch unkonventionell agierender Bürger und dem Selbsterhaltungswillen des demokratischen Gemeinwesens ist naturgemäß schwierig — ein Problem, das sich auch beim Entwurf empirischer Forschungsvorhaben bemerkbar macht. Die Repräsentanten des politischen Systems neigen vielfach dazu, von der Norm abweichende politische Aktivitäten mit dem Verdacht der Systemwidrigkeit zu belegen. Die historischen Erfahrungen der jüngsten deutschen Geschichte zeigen jedoch, daß antidemokratische Kräfte nicht immer illegal auftreten — sie werden vielmehr zu einer Legalitätstaktik neigen, wenn ihnen der Staat erfolgversprechende Wege politischer Einflußnahme bietet.[72] Umgekehrt können Protestbewegungen wertvolle demokratische Veränderungspotentiale behei-

---

72 Vgl. dazu jetzt die Diskussion auf der Internationalen Konferenz zur nationalsozialistischen Machtergreifung im Berliner Reichstagsgebäude 1983, hier insbesondere den Diskussionsbeitrag von Josef Isensee, in: Deutschlands Weg in die Diktatur. Internationale Konferenz zur nationalsozialistischen Machtübernahme, im Reichstagsgebäude zu Berlin, Referate und Diskussionen. Ein Protokoll, Berlin 1983, S. 211-214.

maten, auch wenn sie sich unkonventionell und sogar teilweise im Grenzbereich zwischen Legalität und Illegalität gebärden. Demokratische Systeme müssen innovativen Tendenzen prinzipiell offenstehen — nur so werden sie ihrem hohen Anspruch gerecht und nur so bleiben sie auf Dauer überlebensfähig. Schmidtchen fordert daher zu Recht vor allem die geistig-politische Auseinandersetzung mit politisch unkonventionell aktiven und vielfach überdurchschnittlich gut informierten Teilen der Bevölkerung. Die politischen Repräsentanten sollten bei den Bürgern um mehr Verständnis für Erfordernisse und Zusammenhänge demokratischer Systeme werben. Die Empfehlungen des Autors bleiben notgedrungen vage — die Untersuchung sollte vornehmlich nach dem Verhältnis der skeptischen und politisch aufsässigen Jugend gegenüber dem Staat forschen. In diesem Sinn ist eine theoretisch wie empirisch überzeugende Analyse gelungen, deren Ergebnisse aufgrund eines umfangreichen Anhangs in Einzelheiten nachprüfbar sind. Ein schwieriges und sicherlich nicht unisono lösbares Problem dürfte darin bestehen, die Resultate empirischer Forschung in die politische Praxis zu transformieren.

## Zusammenfassung, Ausblick

Die Ursachenforschung setzte im Vergleich zur Gesamtdiskussion des Terrorismusphänomens verhältnismäßig spät ein und bewegte sich zunächst auf einer theoretischen bzw. deskriptiv-spekulativen Ebene. Zur empirischen Erforschung leistete erst das vom Bundesministerium des Innern in Auftrag gegeben Projekt einen entscheidenden Beitrag. Die „Analysen zum Terrorismus" zeichnen sich durch ein hohes theoretisches und methodisches Reflexionsniveau aus. Die empirischen Untersuchungen erbrachten begreiflicherweise nicht nur neue und unerwartete Ergebnisse;[73] vieles, was bereits vermutet worden war, ist nun aber bestätigt, einiges auch als unhaltbar erkannt. Zudem wurde die Basis für ein besseres Verständnis der Entstehungsbedingungen und Strukturen terroristi-

73 Eine Kritik, die mit überzogenen Erwartungen an ein derart komplexes Forschungsfeld herantritt, wird stets zu überwiegend negativen Resultaten kommen. Als Beispiel für eine nicht nur in diesem Sinne unfaire und unsachliche Kritik: Thomas Feltes, Wahrheit geh weg ich komme — „Analysen zum Terrorismus" oder „Psychopathologie des Terrorismus". Einige kritische Anmerkungen zu Bd. 2 der „Analysen zum Terrorismus", in: Kriminologisches Journal 15 (1983), S. 122-130. Vgl. daselbst die Entgegnungen von Herbert Jäger („Entwicklungen zu abweichender Konformität und kriegsähnlichem Handeln. Rückblick auf ein Teilprojekt der Terrorismusforschung"; S. 131-141; Lorenz Böllinger („Die psychoanalytische Rekonstruktion der terroristischen Karriere"; S. 141-145).

scher Gruppen geschaffen, die es ermöglichen, zukünftigen Herausforderungen mit größerer Gelassenheit, aber auch mit höherer Wirksamkeit zu begegnen.

Freilich müßte die Aussagekraft der gewonnenen Erkenntnisse notgedrungen an ihre Grenzen stoßen, wollte man konkrete Verhaltensanweisungen und Lösungsvorschläge aus den analytisch konzipierten Studien herauslesen. Dies war nicht beabsichtigt und hätte das so instrumentalisierte Projekt wohl auch belastet. Zudem haben die Untersuchungen einen Terrorismus zum Gegenstand, dessen Akteure in der studentischen Protestbewegung Ende der 60er Jahre ihre politische Sozialisation erlebten: tempi passati. Bereits die „Revolutionären Zellen", die sich in Ideologie und Handlungskonzepten wesentlich von der RAF unterscheiden, konnten allenfalls partiell analysiert werden. Neueste Entwicklungen, die auch im Zusammenhang mit den „neuen sozialen Bewegungen" zu sehen sind, finden nur am Rande Beachtung. Keiner der bisher vorliegenden Bände hat das vielfach behauptete, aber noch wenig verifizierte Wechselverhältnis von staatlichen Maßnahmen und Öffentlichkeit sowie den Aktionen der Protestbewegung bzw. der Terroristen in befriedigender Weise behandelt.

## Reaktionen und Folgen

Neben dem stark diskutierten Ursachenkomplex ist das Problem der Folgen des Terrorismus für die Gesellschaft und ihre Subsysteme bisher verhältnismäßig wenig wissenschaftlich untersucht worden. Gleiches gilt für die Frage gesellschaftlicher Reaktionen auf den Terrorismus. Es gibt zwar zahlreiche Beiträge zu spezielleren Aspekten,[74] eine systematische und umfassende Darstellung ist jedoch bisher nicht vorgelegt worden. Dies ist schon deshalb erstaunlich, weil es sich um eine Problematik handelt, die für die Qualität und den Bestand der freiheitlichen Demokratie angesichts einer keineswegs abgewendeten terroristischen Gefahr von großer Bedeutung ist. Dies gilt für Folgen und Reaktionen im Bereich von Parlament, Regierung, Parteien, Verbänden, Gerichten, Sicherheits-

---

74 Etwa: Almuth Hennings, Die Unabhängigkeit der Strafverteidigung im Spannungsfeld von Rechtsstaatlichkeit und Terroristenbekämpfung, in: Gegenwartskunde 27 (1978), S. 31-42; Hess (FN 4); Achim vom Winterfeld, Terrorismus-„Reform" ohne Ende? Konzept eines neuen Weges zur Abwehr des Terrorismus, in: ZRP 19 (1977), S. 265-269.

kräften[75] ebenso wie für den weiteren Bereich der nicht-institutionellen Öffentlichkeit, angefangen mit den wichtigsten Produzenten oder Vermittlern dieser Öffentlichkeit, den Medien, bis hin zu den Einstellungen, Meinungen, Werthaltungen der Bevölkerung allgemein, wie sie im Konzept der „politischen Kultur" thematisiert werden.[76]

Bereits 1977 hatte der Frankfurter Sozialwissenschaftler *Iring Fetscher* eine Abhandlung zum Thema „Terrorismus und Reaktion" veröffentlicht,[77] deren zuvor in der „Frankfurter Rundschau" komprimiert wiedergegebene Thesen einiges Aufsehen erregt hatten. Inzwischen liegt eine aktualisierte Neuausgabe[78] vor, die durch ein Kapitel zum „Terrorismus in Italien" ergänzt worden ist. Fetscher gibt im ersten Kapitel einen Überblick über potentielle Ursachenbündel; das zweite Kapitel durchleuchtet ideologische Konzeptionen — beide Komplexe können hier ausgeklammert bleiben, da sie an anderer Stelle bereits dargestellt und diskutiert wurden. Es sei noch erwähnt, daß der Band eine Terrorismus-Chronik und ein sehr umfangreiches Literaturverzeichnis enthält. Lesenswert ist die im Anhang abgedruckte Rede August Bebels zum Thema

75 Vgl. Werner Holtfort, Bilanz des Stammheimer Prozesses, in: Vorgänge 16 (1977), Nr. 28, S. 4-14; ders., Das Phänomen des Terrorismus und das Problem seiner Bekämpfung, in: Vorgänge 17 (1978), Nr. 33, S. 44-49; Kurt Rebmann, Terrorismus und Rechtsordnung; Gerhard Löchner, Terrorismus und Justiz; Wilhelm Krekeler, Terorismusbekämpfung durch Änderung des Strafverfahrensrechts?; Gerhard Mauz, Justiz und Terrorismus aus der Sicht eines Journalisten, in: Kurskorrekturen im Recht. Die Vorträge und Referate des Deutschen Richtertages 1979 in Essen, hrsg. vom Deutschen Richterbund, Köln 1980, S. 109-144, 145-178, 179-204, 205-234; Hans Robinsohn, Siegreicher Terrorismus? — Siegreiches Recht?, in: Vorgänge 16 (1977), Nr. 27, S. 3-5; Hans-Joachim Rudolphi, Notwendigkeit und Grenzen einer Vorverlagerung des Strafrechtsschutzes im Kampf gegen den Terrorismus, in: ZRP 12 (1979), S. 214-221; Lars Strömsdörfer/Wolfgang Niemann, Einsatz in Mogadischu. Der Irrflug der „Landshut" und die Befreiung der 86 Geiseln durch die GSG 9, Hamburg 1977; Ulrich Wegener, Bekämpfung des Terrorismus durch Spezialeinheiten im Rahmen des Sicherheitskonzepts der Bundesrepublik Deutschland, in: Rolf Tophoven (Hrsg.), Guerilla und Terrorismus heute. Politik durch Gewalt, Bonn 1976, S. 147-153.

76 Vgl. Ossip K. Flechtheim, Die politische Kultur der Bundesrepublik und der Terrorismus, in: Vorgänge 18 (1979), Nr. 40/41, S. 71-82.

77 Iring Fetscher, Terrorismus und Reaktion, mit einem Anhang. August Bebel: Attentate und Sozialdemokratie, 2. ergänzte Aufl., Köln/Frankfurt a. M. 1978.

78 Iring Fetscher, Terrorismus und Reaktion in der Bundesrepublik Deutschland und in Italien, Reinbek bei Hamburg 1981, 219 S. (Rowohlt Taschenbuch Verlag).

„Attentate und Sozialdemokratie", die er am 2. November 1898 in Berlin gehalten hat. Hier ist vor allem die Darstellung der „Reaktionen der bundesdeutschen Öffentlichkeit auf den Terrorismus" von Interesse. Es handelt sich um einen Essay, der auf dem Höhepunkt der terroristischen Exzesse im Jahre 1977 entstanden ist. Er setzt sich also mit einer Situation auseinander, die mit der heutigen wenig gemein hat, und kann daher teilweise als überholt gelten. Wesentliche Aussagen haben jedoch gleichsam dokumentarischen Wert, und es ist nicht ausgeschlossen, daß sie noch einmal aktuell werden.

Der Terrorismus war 1977 Thema Nr. 1 in der öffentlichen Diskussion. Große Teile der Bevölkerung nahmen unmittelbar Anteil an den Ereignissen. Der Ruf nach härteren Maßnahmen, entschlossenerer Gegenwehr war en vogue, die Mehrheit der Bevölkerung forderte die Einführung einer Todesstrafe für Terroristen.[79] Hier ist zunächst mit Fetscher zu fragen, was die Menschen am Terrorismus eigentlich so erregte? Vergleicht man die Statistik der Opfer des politischen Terrorismus mit der Mord- und Totschlagsrate oder den Zahlen über „Raub und räuberische Erpressung", so stellen die „Terrortoten" einen vergleichsweise geringen Posten dar. Ohne zunächst dem Autor auf seinen sozial- und massenpsychologischen Deutungspfaden folgen zu müssen, ist vorab jedoch ein wesentlicher Unterschied zwischen den beiden Gruppen von Verbrechen festzuhalten: Im Gegensatz zum „gewöhnlichen" Mord oder Totschlag will der politisch motivierte Terrorismus den Staat treffen — und mit ihm dessen verhaßte Repräsentanten. Ist die Vermutung so abwegig, der Volkszorn habe sich auch deshalb explosionsartig entzündet, weil sich weite Teile der Bevölkerung mit den bedrohten Persönlichkeiten des öffentlichen Lebens solidarisierten? Weil sie in der Gefährdung von „Systemrepräsentanten" die Untergrabung ihrer eigenen Sicherheit und Freiheit erblickten?

Der Autor läßt sich auf derartige Überlegungen nicht ein. Seine These: „Die sittliche Entrüstung ist der nützliche Deckmantel, unter dem sich die sadistische Befriedigung verbirgt" (S. 78). Eine gewisse Plausibilität wird zumindest derjenige dieser These nicht absprechen, der mit den alltäglichen „Sex and Crime"-Stories vielgelesener Boulevardblätter einigermaßen vertraut ist. Dies führt gleichzeitig zu der Frage, inwieweit Redakteure und Politiker sich überhaupt Massenstimmungen entziehen können. Die Regenbogenpresse kann dies sicherlich — aus finanziellen Gründen — am wenigsten. Für die repräsentative Demokratie aber wäre es verhängnisvoll, wenn beispielsweise die Parlamentarier ihren Informations-

---

[79] Vgl. Allensbach-Umfrage „Todesstrafe für Terroristen" in: Greiffenhagen (FN 39), S. 351.

und Kompetenzvorsprung der labilen Volksseele opferten. Daß dies auch in der teilweise von Hysterie geprägten Situation des Jahres 1977 nicht geschehen ist, war ein Beweis für die Funktionsfähigkeit der Demokratie auch in Krisenlagen.

Wer die Reaktionen der deutschen Öffentlichkeit richtig beurteilen und einordnen will, dem dient sicherlich ein Vergleich mit den Verhältnissen in Italien. Fetscher kommt nach einer Darstellung der unterschiedlichen Formen des politischen Terrorismus in Italien zu dem Resultat, die italienische Öffentlichkeit habe auf den massiveren Terror von links und rechts gelassener als die bundesdeutsche reagiert. Forderungen nach staatlichen Maßnahmen würden weniger artikuliert. Dafür habe die Bevölkerung intensiver über mögliche Ursachen diskutiert. Demonstrationen gegen Gewaltakte, wie sie in der Bundesrepublik nicht üblich sind, bewiesen, daß die Italiener nicht alles dem Staat überlassen, sondern auch selber Engagement zeigen. Hinzuzufügen ist freilich, daß die Ineffizienz der staatlichen Institutionen und des Polizeiapparates in Italien geradezu sprichwörtlich ist — die Bevölkerung also notgedrungen vieles übernehmen muß, was ansonsten ein funktionierender öffentlicher Apparat bewältigen würde. Die sozialen, ökonomischen und politischen Probleme Italiens sind ungleich schwieriger als die der Bundesrepublik. Daß die Demokratie dort trotz Korruption und Terror noch immer leidlich funktioniert, wird zu Recht bewundert.

Aber auch hinsichtlich der öffentlichen Reaktionen braucht die Bundesrepublik einen Vergleich mit Italien nicht zu scheuen. Fetschers essayistische Krisendiagnose, auf dem Höhepunkt des Terrors keineswegs „sine ira et studio" erstellt, läßt sich inzwischen durch empirische Befunde ersetzen. *Thomas Wittke* hat in seiner Analyse den Versuch unternommen, allgemeine Maßstäbe einer „Terrorismusbekämpfung als rationale politische Entscheidung"[80] zu entwickeln, um das gewonnene Instrumentarium anschließend in einer Fallstudie zur Schleyer-Entführung nutzbar zu machen. Das Urteil sei vorweggenommen: Insbesondere im theoretischen Teil weist die Darstellung erhebliche inhaltliche wie formale Mängel auf (Stil, Orthographie, Grammatik, Lexik). Der methodische Vorspann bleibt fragmentarisch, das Ursachen-Kapitel läßt wichtige Interpretationsansätze unerwähnt (relative Deprivation, Wertewandel, sozial- und individualpsychologische Deutungen), wiewohl diese Konzepte auch für das Problem der Terrorismusbe-

---

80 Thomas Wittke, Terrorismusbekämpfung als rationale politische Entscheidung. Die Fallstudie Bundesrepublik (= Europäische Hochschulschriften, Reihe XXXI: Politikwissenschaft, Bd. 43), Frankfurt a. M./Bern 1983, 308 S. (Verlag Peter Lang).

kämpfung Ansatzpunkte geboten hätten. Der Autor ist wie sein Doktorvater Karl Dietrich Bracher Verfechter der Totalitarismustheorie, generellen Faschismustheorien abhold, scharfer Kritiker weitverbreiteter Theoreme der „Neuen Linken" („strukturelle Gewalt", „repressive Toleranz"); dennoch finden sich über die — in Teilen wolkige — Abhandlung verstreut Subjektivismen wie etwa: „Untereinander haben sich die Parteien bis zur Kongruenz genähert" (S. 59); „die Steigbügelhalterfunktion einer Sozialdemokratie, deren programmatische Geschichte sich nach 1945 allein an den Machtgedanken orientierte" (S. 67); „Liberale und Linke haben in der Bundesrepublik für ihre Ideen und Aktionen keinen Platz mehr" (S. 136). Der Band bietet überdies eine ungewöhnlich artenreiche Sammlung an Stilblüten, Wortschöpfungen, konfuser Metaphorik.

Inhaltlich gehen die theoretischen Bemühungen nicht weit über eine Aufschlüsselung von Analysesektoren hinaus. Eine gewisse Entschädigung stellen allerdings die lesenswerten Abschnitte zur extremistischen Bedrohung der Weimarer Republik dar. Einigermaßen versöhnlich gestimmt wird der Leser erst, wenn er sich bis zum vierten Kapitel („Fallstudie: Die bundesdeutsche Terrorismusbekämpfung während der Schleyer-Entführung 5.9.1977-25.10.1977") durchgearbeitet hat. Dieser empirische Teil, der Hintergrundinformationen aus zahlreichen Gesprächen und dem Schriftwechsel des Autors mit namhaften Persönlichkeiten auswertet, weicht auch formal derart kraß vom theoretischen Teil der Arbeit ab, daß man in Anlehnung an die Äußerungen Wittkes im Vorwort vermuten muß, der Autor habe Theorie auf dem „bequemen Kanapee", Empirie aber am „harten Schreibtisch" (S. IV) betrieben.

Die Fallstudie, die auf eingehende Vorarbeiten nicht zurückgreifen konnte, rekonstruiert zunächst den Ereignisablauf (allerdings nur einen Teil der Fahndungsmaßnahmen) und widmet sich dann ausführlicher den Formen der Terrorismusbekämpfung auf unterschiedlichen Ebenen. Hier ist zunächst die sorgfältige Analyse des legislativen Entscheidungsprozesses um das Kontaktsperregesetz hervorzuheben, die negativen Mythenbildungen nachhaltig entgegenwirken dürfte.[81] Es zeigt sich nämlich, daß die politisch Verantwortlichen sich wenig von Bevölkerungsstimmungen haben beeinflussen lassen. Das Gesetz entstand zwar in großer Eile — so sind bestimmte gesetzestechnische Mängel zu erklären —; insgesamt aber wurde die „Kontaktsperre" im Rechtsausschuß, den Fraktio-

---

81 Vgl. auch das Resümee des damaligen Bundesministers der Justiz: Hans-Jochen Vogel, Strafverfahrensrecht und Terrorismus — eine Bilanz, in: NJW 31 (1978), S. 1217-1228.

nen (der Autor konstatiert ein Diskussionsdefizit in der CDU/CSU-Fraktion) und vor dem Plenum des Deutschen Bundestages kontrovers und intensiv diskutiert. Bedenklich sei allerdings gewesen, daß das Parlament in diesem Ausnahmefall nur unzureichend über den Zweck des Gesetzes informiert war: „Die eigentliche *Gesetzesmotivation* lag darin, die Entführungdauer zu verlängern, um durch Zeitgewinn Fahndungserfolge zu erzielen. Kein Vertreter des Parlamentes verfügte jedoch über diese Informationen" (S. 208).

Ebenso wie für den legislativen Entscheidungsprozeß stellt Wittke auch hinsichtlich der eigens zusammengerufenen Krisengremien („Kleine Lage", „Großer Politischer Beratungskreis") eine von momentanen Stimmungen unabhängige, um Rationalität bemühte Meinungsbildung und Entscheidungsfindung fest. Anders jedoch bei der praktischen Terrorbekämpfung. In diesem Bereich sei es zu Kompetenzüberschreitungen und problematischen Fahndungsmaßnahmen gekommen, die „der Bundesrepublik Deutschland zeitweilig polizeistaatähnliche Züge" (S. 225) verliehen hätten. Ob man nun dieser drastischen Einschätzung Wittkes zustimmt oder nicht: Die auf öffentliche Institutionen ausgeübten Pressionen entsprachen nicht immer dem Gebot eines fair play, und die Sicherheitskräfte mögen darauf teilweise unangemessen reagiert haben. Zwar seien „Radikal-autoritäre Lösungen" nur von einem kleinen Bevölkerungsteil gefordert worden. Auch hinsichtlich der internationalen Reaktion auf die Ereignisse in der Bundesrepublik konstatiert Wittke überwiegend Zustimmung zu den Maßnahmen der Regierung. Jedoch beobachtete ein Teil der internationalen Öffentlichkeit mit Argwohn vermeintlich neonazistische Entwicklungen. Es sei daran erinnert, daß Jean Paul Sartre Baader in Stammheim aufsuchte, um sich danach in zwiespältiger Weise zu äußern.[82] Nach den Selbstmorden von Stammheim vermuteten viele (linke) Beobachter, der Staat habe die Gefangenen in Wirklichkeit umgebracht. Diese Faktoren belasteten auch das bundesdeutsche Entscheidungszentrum während der kritischen Wochen.

Vor dem Hintergrund der aufschlußreichen empirischen Untersuchung ist es möglich, Lehren aus den Fehlern der Vergangenheit zu ziehen. Wittke bietet dazu keine Patentrezepte an. Konkret fordert er die Revision des Kontaktsperregesetzes. Im allgemeinen plädiert der Autor für mehr Dialog zwischen Staat und Protestbewegungen, deren Reformpotentiale nutzbar gemacht werden könnten. Grundfalsch wäre es jedenfalls, Protestler vorab als Systemgegner zu stigmatisieren und so unfreiwillig eine Subkultur heranzuzüchten. Der Autor verweist aber auch auf die von rechtsgerich-

82 Vgl. Hans Egon Holthusen, Sartre in Stammheim. Zwei Themen aus den Jahren der großen Turbulenz, Stuttgart 1982, S. 101-175.

teten Terroristen ausgehenden Gefahren. Die geistig-politische Auseinandersetzung sollte sich daher nicht einseitig „antifaschistisch" oder „antikommunistisch" ausrichten, sondern gegenüber allen Formen der Bedrohung des demokratischen Systems Wachsamkeit beweisen.

## Interaktionistische Ansätze

In der Ursachenforschung ist immer wieder auf den Zusammenhang zwischen dem Wirken von Protestbewegungen und der Entstehung terroristischer Gruppen hingewiesen worden. Eine Beobachtung, die zu der Annahme führen kann, Protestbewegungen neigten per se zu einer partiellen Radikalisierung, die in den individuellen Terror münde, wenn man ihr nicht energisch entgegenwirke.[83] Dem widersprechen Deutungsversuche, die Entstehung, Entwicklung, potentielle Radikalisierung von Protestbewegungen und die Herausbildung terroristischer Gruppen durch einen Interaktionsprozeß zwischen politischen Kontrollinstanzen und Protestbewegungen zu erklären suchen: „Die Dynamik der Gewalt muß als ein Prozeß von Reiz und Reaktion gesehen werden, eine soziale Protestbewegung als Konfliktprozeß zwischen einer Protestgruppe und dem politischen System, besonders den Instanzen sozialer Kontrolle.[84]

In überspitzter Form würde ein solcher Deutungsansatz die bisherige Ursachenforschung völlig ersetzen durch die Annahme eines Prozesses wechselseitiger Beeinflussung unterschiedlicher Konfliktakteure. Dies entspricht den Intentionen einer jüngst unter dem etwas hochstaplerischen Titel „Sozialpsychologie des Terrorismus" erschienenen Arbeit von *Michael Horn*.[85] Treffender war freilich der Titel der zugrundeliegenden Promotionsschrift gewählt: „Politische Bedingungsfaktoren und sozialpsychologische Genese des Terrorismus in der Bundesrepublik Deutschland" (S. 4). Denn im Mittelpunkt des Interesses steht in der Sicht des Autors ein System von Gewalt und Gegengewalt, dessen politische und sozialpsycho-

---

83 So tendenziell: Hermann Lübbe, Entstation Terror. Rückblick auf lange Märsche, Stuttgart 1978.
84 Susanne Karstedt-Henke, Soziale Bewegung und Terrorismus: Alltagstheorien und sozialwissenschaftliche Ansätze zur Erklärung des Terrorismus, in: Erhard Blankenburg (Hrsg.), Politik der inneren Sicherheit, Frankfurt a. M. 1980, S. 169-237, 171.
85 Michael Horn, Sozialpsychologie des Terrorismus, Frankfurt a. M./New York 1982, 196 S. (Campus Verlag).

logische Entwicklungsbedingungen und Strukturen vor dem Hintergrund der Zerfallphase der Studentenbewegung analysiert werden. Ein erster Teil skizziert „Politische Bedingungsfaktoren", ein zweiter Teil setzt sich mit unterschiedlichen Deutungskonzepten für die Entstehung von Terrorismus auseinander, schließlich folgen „Politpsychologische Überlegungen zum Verhältnis Stadtguerilla und Massenbewegung sowie zur Entwicklung der Politischen Positionen der RAF".

Der neomarxistisch inspirierte Verfasser der Schrift erkennt das staatliche Gewaltmonopol nicht an, wie er auch die demokratische Legitimation des „spätkapitalistischen" Herrschaftssystems in Zweifel zieht. Entsprechend werden die Aktionen der RAF wie folgt charakterisiert: „eine unter Gewaltverhältnissen charakteristische Form einer in die Illegalität abgedrängten politischen Praxis" (S. 13). Dabei ist sich der Autor offenbar nicht der Tatsache bewußt, daß der von ihm verwendete Begriff der „strukturellen Gewalt" — entgegen den Absichten seines Erfinders[86] — einer Überdehnung des Gewaltbegriffs Vorschub leistete, die terroristischen Gewalttätern die Überzeugung vermittelte, „individuellen Terror" als legitimes Mittel zur Ingangsetzung eines revolutionären Prozesses gebrauchen zu dürfen.

An dieser Stelle kann keine ausführliche Auseinandersetzung mit den Irrwegen marxistischer Wirklichkeitswahrnehmung stattfinden. Aber selbst bei einer immanenten Betrachtungsweise wird der Autor dem selbstgesteckten Ziel, der empirischen Überprüfung des Interaktionsmodells, nicht gerecht. Denn die Untersuchung politischer Bedingungskonstellationen bleibt oberflächlich, indem sie sich auf die allgemeine Darstellung sozialökonomischer Entwicklungen sowie politischer „Repressionsmaßnahmen" in juristischer Hinsicht beschränkt. Stattdessen hätte das Konzept am konkreten Handeln der staatlichen Kontrollinstanzen überprüft werden müssen. Auch die interessante Verknüpfung des Interaktionsmodells und einer (allerdings überspitzen) labeling-Perspektive im Konzept der „sekundären Devianz", die Annahme also, im Zuge der Gewalt-Gegengewalt-Eskalation erfolge eine Stigmatisierung der Protestakteure, hätte der empirischen Überprüfung bedurft. In der Tat ist die hohe Zahl Vorbestrafter unter den Terroristen auffällig.

Aber auch in theoretischer Hinsicht geht Horn nicht über die Ausführungen Susanne Karstedt-Henkes hinaus. Im Gegenteil: Der ökonomische Determinismus des Autors und sein Ausschließlich-

---

86 Vgl. Johan Galtung, Strukturelle Gewalt. Beiträge zur Friedens- und Konfliktforschung, Reinbek bei Hamburg 1982.

keitsanspruch schaden dem Konzept, die Schlußfolgerungen hinsichtlich der zu untersuchenden Gegenstandsbereiche bleiben nebulös. Dagegen hat Karstedt-Henke insbesondere auf drei aus dem Ansatz resultierende Untersuchungsbereiche hingewiesen: Erstens seien die Aktionen der Terroristen „hinsichtlich eines strategischen und taktischen Konfliktkalküls zu untersuchen"; zweitens erfordere die Interaktionsthese eine minuziöse Analyse der Konfliktakteure und ihres Handelns, wobei über die eigentlichen „Kontrollinstanzen" hinaus andere Bereiche des politischen Systems relevant sein können; drittens sei „die strukturelle Konstellation des Konfliktsystems"[87] zu erforschen.

Horn konnte in seiner Arbeit die Ergebnisse von Band 3 der „Analysen zum Terrorismus" nicht mehr berücksichtigen. Er hätte dort eine wesentlich differenziertere, wenn auch in puncto theoretische Implikationen noch nicht ausgereifte Anwendung des Interaktionsansatzes vorfinden können. Insbesondere Claessens und Neidhardt hoben auf die „Eskalation" der Auseinandersetzungen ab, verknüpften das Konzept jedoch mit einer Reihe zusätzlicher Hypothesen über die Ursachen von Terrorismus. Was die Konfliktakteure betrifft, so haben sie auf den Einfluß der veröffentlichten und öffentlichen Meinung hingewiesen. Von entscheidender Bedeutung war die Betonung des staatlichen Gewaltmonopols, dessen Negation auch die Diskussion potentieller Interaktionsvorgänge der unentbehrlichen konsensualen Grundlage beraubt. Es wurde zudem deutlich, daß die offene Konfliktbereitschaft von Teilen der Protestbewegung zum Aufschaukelungsprozeß beitrug.

## Fazit, weiterführende Fragen

Vergleicht man die vorliegenden Ergebnisse unterschiedlicher „Sparten" der Terrorismusforschung, so wurden hinsichtlich der Ursachenproblematik bereits beachtliche Fortschritte erzielt, während das Feld der Reaktionen, Folgen, Interaktionen sich noch vergleichsweise wenig „kultiviert" darbietet. Dies gilt allerdings nicht für den konkret juristischen Aspekt. Insbesondere aufgrund gerichtlicher Auseinandersetzungen und der Terroristen-Gesetzgebung liegt hier bereits eine Reihe zumindest speziellerer Arbei-

---

87 Karstedt-Henke (FN 84), S. 181.

ten vor.[88] Die Metaebene allerdings (etwa: In welchem Zusammenhang stehen gerichtliche/gesetzgeberische Reaktionen und das vermeintliche/reale Bedrohungspotential terroristischer Aktionen?) ist auch hier noch nicht umfassend thematisiert worden. Dies gilt in verstärktem Maße für Bereiche, die auch in puncto konkreter Ereignisse und Zusammenhänge bisher keine Darstellung gefunden haben: die Reaktionen der „etablierten" Parteien, einzelner, besonders betroffener Verbände und der Medien. Aber auch für Parlament, Regierung, Sicherheitskräfte[89] ist das letzte Wort noch nicht gesprochen.

Mit der Frage der Reaktionen und Folgen ist das Problem möglicher Interaktionen zwischen Gesellschaft und Terrorismus, bzw. Gesellschaft und Protestpotentialen auf das engste verknüpft. Eine umfassende, systematische Analyse hätte hierbei etwa folgenden, sicherlich etwas pauschalen Problemstellungen nachzugehen: 1. Was hat die Gesellschaft zur Entstehung von Protestbewegungen beigetragen? 2. Wie hat die Gesellschaft auf Protestbewegungen reagiert? 3. Welchen Einfluß hatten gesellschaftliche Reaktionen auf die Entwicklung von Protestbewegungen? 4. Welche Wirkungen hatten gesellschaftliche Reaktionen auf Protestbewegungen hinsichtlich der Entstehung des Terrorismus? 5. Wie hat die Gesellschaft auf den Terrorismus reagiert? 6. Welchen Einfluß hatten gesellschaftliche Reaktionen auf die Entwicklung des Terrorismus? Man könnte hier kritisieren, daß die Fragestellungen eine zu enge Beziehung zwischen Protestpotentialen und Terrorismus herstellen. In der Tat ist dieses Verhältnis sehr kompliziert und keineswegs einfach in ein Ursache-Wirkungsschema hineinzupressen. Aber der in der Bundesrepublik bisher praktizierte, von gemeinhin als „links" einzustufenden Ideen getriebene Terrorismus war und ist nur in Verbindung zu den Protestbewegungen verständlich.

Das Interaktionskonzept bedarf der empirischen Überprüfung und Verfeinerung. Hierbei sollten vor allem zwei Gefahren berücksichtigt werden: Die Akteure eines Interaktionsprozesses sind nicht immer auf einer Ebene angesiedelt. Das Gewaltmonopol des demokratisch legitimierten Gemeinwesens muß stets theoretisch und praktisch in Rechnung stellen, wer relativistischen Verengungen keinen Vorschub leisten möchte. Weiterhin sind Interaktionspro-

---

88 Vgl. FN 74 und 75. Für die europäische Ebene: Ilse Lacoste, Die Europäische Terrorismus-Konvention. Eine Untersuchung des Europäischen Übereinkommens zur Bekämpfung des Terrorismus vom 27. Januar 1977 im Vergleich mit ähnlichen internationalen Abkommen und unter Berücksichtigung des Schweizerischen Rechts, Zürich 1982.
89 Vgl. auch: John D. Elliott, Action and Reaction: West Germany and the Baader-Meinhof-Guerillas, in: Strategic Review 4 (1976), S. 60-67.

zesse nicht einfach als zirkuläre Abläufe faßbar, wobei die Wirkung einer Ursache stets zugleich wieder als die Ursache einer entgegengesetzten Wirkung gedacht wird. Je nach Anzahl interagierender Akteure, Art der Begleitkonstellationen und vermittelnden Instanzen zwischen den Interagenten sind derartige Prozesse weit vielschichtiger angelegt. Umso schwieriger dürfte die Frage nach „dem Schuldigen" zu beantworten sein.

Gerade normative Probleme wie das von Verantwortung, Schuld, Recht und Unrecht bedürfen der historischen Distanz, wenn einigermaßen befriedigende, intersubjektiv nachvollziehbare Resultate erzielt werden sollen. Gerade hinsichtlich neuerer und neuester Entwicklungen ist daher Zurückhaltung in der Bewertung sinnvoll. Das kann jedoch nicht den Verzicht auf wissenschaftliche Forschung in diesen Bereichen bedeuten. Die Kenntnis der noch zu wenig durchleuchteten Metamorphosen, welche die Protestbewegungen seit Anfang der 70er Jahre durchlaufen haben, ist für das Verständnis der terroristischen Phänomene von heute Voraussetzung.

# Neuerscheinungen aus dem Jahre 1984

Guy Hermet/Pierre Hassner/Jacques Rupnik (Hrsg.), Totalitarismes (= Collection politique comparée), Paris 1984, 254 S. (Ed. Economica).

Jean-François Revel, So enden die Demokratien, München 1984, 408 S. (Verlag R. Piper).

Claude Polin, Il Totalitarismo, Rom 1984, 111 S. (Editore Armando Armando).

Elisabeth Noelle-Neumann/Erp Ring, Das Extremismus-Potential unter jungen Leuten in der Bundesrepublik Deutschland 1984, hrsg. vom Bundesminister des Innern, Bonn 1984, 297 S. (Reha Verlag).

Extremismus und Schule. Daten, Analysen und Arbeitshilfen zum politischen Rechts- und Linksextremismus, Bonn 1984, 252 S. (Schriftenreihe der Bundeszentrale für politische Bildung, Bd. 212).

Peter Dudek/Hans-Gerd Jaschke, Entstehung und Entwicklung des Rechtsextremismus in der Bundesrepublik. Zur Tradition einer besonderen politischen Kultur, Bd. 1: Textband, Bd. 2: Dokumente und Materialien, Opladen 1984, 507 S./374 S. (Westdeutscher Verlag).

Wolfgang Benz (Hrsg.), Rechtsextremismus in der Bundesrepublik. Voraussetzungen, Zusammenhänge, Wirkungen (= Informationen zur Zeit, Bd. 4259), Frankfurt a.M. 1984, 319 S. (Fischer Taschenbuch Verlag).

Giovanni di Lorenzo, Stefan, 22, deutscher Rechtsterrorist: „Mein Traum ist der Traum von vielen", Reinbek/Hamburg 1984, 160 S. (Rowohlt Verlag).

Werner Graf (Hrsg.), „Wenn ich die Regierung wäre...". Die rechtsradikale Bedrohung. Interviews und Analysen, Berlin/Bonn 1984, 211 S. (Verlag I.H.W. Dietz).

Extremistische Medien. Pädagogische und juristische Auseinandersetzung am Beispiel des Rechtsextremismus, Bonn 1984, 208 S. (Schriftenreihe der Bundeszentrale für politische Bildung, Bd. 211).

Reinhard Opitz, Faschismus und Neofaschismus, Frankfurt a.M. 1984, 544 S. (Verlag Marxistische Blätter).

Fritz Sack/Heinz Steinert, Protest und Reaktion (= Analysen zum Terrorismus 4,2), unter Mitarbeit von Uwe Berlit, Horst Dreier, Henner Hess, Susanne Karstedt-Henke, Martin Moerings, Dieter Paas, Sebastian Scheerer und Hubert Treiber, Opladen 1984, 603 S. (Westdeutscher Verlag).

Dieser Nachtrag soll einen Überblick zur Literatur über den Extremismus aus dem Jahre 1984 geben. Im sogenannten „Orwell"-Jahr erschien naturgemäß eine Fülle von Beiträgen, die auf Parallelen zwischen Orwells beklemmender Vision und der gegenwärtigen Situation in der Bundesrepublik hinwiesen. Orwell hatte vor der Bedrohung durch den Totalitarismus — welcher Couleur auch immer — warnen wollen. Es ist symptomatisch für die Geisteshaltung zahlreicher Intellektueller unserer Tage, daß sie „1984" nicht im Orwell'schen Sinne interpretieren. Wer etwa die Gefahren des Kommunismus für die freie Welt heute deutlich herausstreicht, gilt bald als „Kalter Krieger". Umgekehrt drängt sich jedoch ein anderer Verdacht auf: Wenn die Risiken und möglichen Fehlentwicklungen moderner Kommunikationstechnologien derart drastisch herausgestellt werden, daß die Bundesrepublik bereits als Beispiel für einen Überwachungsstaat herhalten muß, könnte dies letztlich dazu dienen, um vom nach wie vor bestehenden Systemgegensatz zwischen „Ost" und „West" abzulenken und ihn zu bagatellisieren! Wünschenswert wäre demgegenüber ein realistisches Abwägen möglicher Chancen und Gefahren moderner Technologien — die inzwischen jäh abgeflaute Orwell-Diskussion jedenfalls war davon weit entfernt und es erscheint daher auch müßig, auf sie hier näher einzugehen.[1]

Im folgenden werden die Komplexe Totalitarismus, Rechtsextremismus, Linksextremismus und Terrorismus nicht mit der gleichen Ausführlichkeit abgehandelt, da die Literatur-Produktion in den einzelnen Bereichen quantitativ, aber auch qualitativ stark dif-

---

1 Vgl. zur Auseinandersetzung mit der zumeist wenig ergiebigen Literatur: Eckhard Jesse, „1984": Ein Modethema — oder was sonst?, in: PVS-Literatur 25 (1984), Heft 2, S. 165-176. Das beste einschlägige Werk, das die Verbindungen zum Totalitarismus herstellt, stammt aus den USA: Irving Howe (Hrsg.), 1984 Revisited. Totalitarianism in our Century, New York 1983.

feriert. Eindeutig im Vordergrund steht der Rechtsextremismus[2], was aber nicht unbedingt ein Indiz für die Gefährlichkeit dieser Variante des Extremismus sein muß. Bezeichnenderweise ist keine Studie anzuzeigen, die sich mit dem Linksextremismus oder auch nur mit einer einzelnen linksextremen Organisation auseinandersetzen würde. Dünn gesät sind ebenso Neuerscheinungen zum Terrorismus. Vorzustellen bleibt lediglich ein „Nachzügler" der ansonsten bereits gewürdigten „Analysen zum Terrorismus". Die in den letzten Jahren neu entfachte Totalitarismus-Diskussion ist weitergeführt worden und hat ihren Niederschlag in Publikationen ausländischer Autoren gefunden.[3] Wie schon für das ältere Schrifttum wurde auch für das Jahr 1984 nicht unbedingt Vollständigkeit angestrebt. Zur eigenständigen Orientierung des Lesers sei auf die Literaturangaben in den Fußnoten verwiesen.

## 1. Totalitarismus

Von einer „Renaissance" des Totalitarismusbegriffs kann inzwischen gesprochen werden, ohne dahinter vorsichtshalber ein Fragezeichen zu postieren. Der Ausdruck „Renaissance" ist dabei freilich nicht so wörtlich zu nehmen, als ob das Konzept jemals endgültig zu Grabe getragen worden wäre und nun von den Toten auferstehe. Siegfried Jenkner hat jüngst betont, daß „neben partieller und grundsätzlicher Kritik und Ablehnung zugunsten anderer Analyseansätze . . . immer wieder Beiträge" stünden, „die an dieser Konzeption festhalten, sie modifizieren, weiterentwickeln und auf vergangene und gegenwärtige Herrschaftssysteme anwenden".[4] Aber die „Studentenrevolten" der zweiten Hälfte der 60er Jahre, die in allen „westlichen" Demokratien ausbrachen, in die 70er Jahre hineinwirkten, marxistisches Gedankengut wieder aufleben ließen und

---

2 1985 sind bereits wieder einige Werke erschienen: Peter Dudek, Jugendliche Rechtsextremisten. Zwischen Hakenkreuz und Odalsrune. 1945 bis heute, Köln 1985; Ulrich Hartmann/Hans-Peter Steffen/Siegfried Steffen, Rechtsextremismus bei Jugendlichen. Anregungen, der wachsenden Gefahr entgegenzuwirken, München 1985; Ute Scheub, Alte Bekannte. Den neuen Nazis und ihren alten Freunden auf der Spur, Reinbek/Hamburg 1985.
3 Eine Neuerscheinung des Jahres 1985 verdient in diesem Zusammenhang Beachtung: Raymond Aron 1905-1983. Histoire et Politique. Témoignages – Hommages de l'Etranger – Etudes – Textes (= Sondernummer der Zeitschrift „Commentaire" 8 [1985], Nr. 28-29), Paris 1985.
4 Siegfried Jenkner, Entwicklung und Stand der Totalitarismusforschung, in: APuZG, B 31/84, S. 16-26, 16.

den Totalitarismuskonzepten als Ausgeburt des Kalten Krieges eine Absage erteilten, trugen wesentlich zur Zerstörung eines zumindest in der sozialwissenschaftlichen Diskussion bestehenden antitotalitären Konsenses bei. Eine nachgewachsene Wissenschaftler-Generation versuchte sich an (vermeintlich) alternativen Konzepten und wußte totalitarismustheoretischen Modellen kaum mehr einen heuristischen Wert abzugewinnen.

Die neue Totalitarismusdiskussion wurde im Gegensatz zur alten nicht oder jedenfalls nicht in erster Linie von deutschen Autoren eröffnet, obwohl auch einige deutsche Wissenschaftler wie vor allem Karl Dietrich Bracher in den 70er Jahren unermüdlich wider den Stachel des Zeitgeistes löckten und vor einer „Tabuisierung des Totalitarismusbegriffs"[5] warnten. Wichtige Impulse gingen — wie bereits eingehend dargestellt — von amerikanischen Autoren aus. Insbesondere aber auch französische Wissenschaftler rekurrieren seit einigen Jahren mehr und mehr auf den Totalitarismusbegriff[6], ja sogar die von französischen Linksintellektuellen 1977 ins Leben gerufene Zeitschrift „Esprit" machte sich zum Anwalt des Konzepts und widmete ihm eine Reihe von Beiträgen.[7] Das Pariser „Centre d'études et de recherches internationales" veranstaltete im Februar 1984 ein Colloquium zur Totalitarismus-Problematik. Die dort gehaltenen Vorträge sind nebst zweier als Nachwort gedachter Statements von Juan Linz und Richard Löwenthal in Gestalt eines Sammelbandes einer breiteren Öffentlichkeit zugänglich gemacht worden.[8] Den französischen Wissenschaftlern ist — um dies bereits vorab zu bemerken — ein wichtiges Werk gelungen, das die weitere Diskussion befruchten dürfte. Im Vorwort weist der Herausgeber, *Guy Hermet*, auf den interessanten Sachverhalt hin, daß der Totalitarismusbegriff in Frankreich während der Zeit des Kalten Krieges — ganz im Gegensatz zur Situation in den Vereinigten Staaten und in Großbritannien — aus der Sprache der Intellektuellen „geradezu

---

5 Karl Dietrich Bracher, Zeitgeschichtliche Kontroversen. Um Faschismus, Totalitarismus, Demokratie, 5. veränderte und erweiterte Aufl., München/Zürich 1984, S. 134.
6 In diesem Sinne Claude Lefort, L'Invention démocratique. Les limites de la domination totalitaire, Paris 1981.
7 So schon das Editorial „Un Anniversaire Prophétique", in: Esprit 1 (1977), Nr. 1, S. 3-5. Aus einer Fülle von Beiträgen sei lediglich auf folgende verwiesen: Claude Lefort, La première révolution anti-totalitaire, in: Esprit 1 (1977), Nr. 1, S. 13-19; Paul Thibaud, Les fissures du totalitarisme et la démocratie en germes, in: Esprit 2 (1978), Nr. 7/8, S. 3-5; Thierry Baffoy, Les Sectes Totalitaires, in: Esprit 2 (1978), Nr. 1, S. 53-59.
8 Guy Hermet/Pierre Hassner/Jacques Rupnik (Hrsg.), Totalitarismes (= Collection politique comparée), Paris 1984, 254 S. (Ed. Economica).

verbannt" gewesen und erst wiederbelebt worden sei, als die Studenten wild geworden waren: Das Ende des „Prager Frühlings" nach dem Einmarsch sowjetischer Truppen und vor allem „der Effekt Solschenitzyn" (S. 6; Übersetzung d. Verf.) hätten diese Klimaveränderung im wesentlichen bewirkt.

Pierre Hassner kann daher in seinem Beitrag („Le totalitarisme vu de l'ouest") auf eine ganze Reihe von Beiträgen aus der Feder französischer Autoren verweisen, die in den 70er Jahren veröffentlicht wurden. Charakteristisch sei die große Bedeutung, die der Ideologie beigemessen werde — so beispielsweise in den Arbeiten von Alain Besançon, Jean Pierre Faye, Claude Lefort.[9] Hassner huldigt jedoch keinem Provinzialismus, der allein französische Forschungen berücksichtigen würde. Sein totalitarismustheoretischer „tour d'horizon" erfaßt die bedeutendsten Beiträge, die international seit dem Ende des Zweiten Weltkrieges zur Diskussion gestellt worden sind. Unterscheidet man einmal — grob vereinfachend — zwischen zwei bedeutsamen Varianten des Totalitarismuskonzepts, einer, die mit Carl Joachim Friedrich und Zbigniew Brzezinski ihren Schwerpunkt auf den Vergleich spezifischer Herrschaftsstrukturen legt, und einer anderen, welche die Dynamik totalitärer Bewegungen, ihr Ziel, eine revolutionäre Veränderung der bestehenden Gesellschaft und ihres Wertsystems zu bewirken, in den Vordergrund stellt, neigt Hassner eher jener zweiten Richtung zu, wie sie insbesondere von Martin Drath[10] und Richard Löwenthal vertreten wird. Die Wandlungstendenzen des sowjetischen Regimes nach dem Tode Stalins vor Augen, insbesondere das Verblassen der „klassischen" Merkmale „Ideologie" und „Terror", die weitere Bürokratisierung und Technokratisierung des Systems, plädiert Hassner daher für die Typenbezeichnung „posttotalitärer Autoritarismus", allerdings nur unter der Bedingung, daß man darunter cum grano salis auch einen „postrevolutionären Totalitarismus" verstehen könne — mehr eine Frage der Terminologie als des Untersuchungsgegenstandes selbst also. Hassner möchte damit folgender Tatsache Rechnung tragen: Einerseits hat sich das Sowjetsystem dem Modell des „traditionellen Autoritarismus" angenähert, andererseits aber gibt es gute Gründe, es nicht in dieser Schublade abzulegen. Das Attribut „post-

---

9 Alain Besançon, Court traité de sovietologie a l'usage des autorités civiles, militaires et religieuses, Paris 1976; ders., Les origines intellectuelles du léninisme, Paris 1977; Jean Pierre Faye, Langages totalitaires. Critique de la raison/l'économie.narrative, édition augmentée de l'introduction théorique, Paris 1973; Lefort (FN 6).
10 Vgl. Martin Drath, Totalitarismus in der Volksdemokratie, in: Bruno Seidel/Siegfried Jenkner (Hrsg.), Wege der Totalitarismus-Forschung, 3. Aufl., Darmstadt 1974, S. 310-358.

totalitär" ist daher kein modisches Accessoire, sondern typologisch ein entscheidender Bedeutungsträger. Dabei komme dem Faktor „Ideologie" eine große Bedeutung zu.

Während Hassner die Totalitarismus-Diskussion in den „westlichen" Demokratien behandelt, widmet Jacques Rupnik seinen Beitrag einer Reihe bemerkenswerter Schriften osteuropäischer Dissidenten. Auch diese intellektuelle Auseinandersetzung verlief lange Zeit quer zum „mainstreem" der Forschung. Symbolisiert das Jahr 1968 für die Hauptlinie die Abkehr vom Totalitarismuskonzept zugunsten „entspannungsfreundlicherer" Sichtweisen, so ist die Entwicklung der „östlichen" Diskussion gerade durch die Entdeckung dieses Modells gekennzeichnet. Denn „1968" bedeutete hier nicht das Erwachen neuer Hoffnungen, sondern die endgültige Gewißheit, daß das System nicht reformierbar sei. So kann Rupnik zwischen der Phase 1956-1968 (vor 1956 wären Debatten dieser Art überhaupt nicht möglich gewesen), die er als „östlichen" Beitrag zur Destruktion des Totalitarismuskonzeptes wertet, und der nach 1968 unterscheiden. Die Verwendung des Totalitarismusbegriffs, der selbst Eingang in das Alltagsvokabular der unter dem Kommunismus lebenden Menschen gefunden habe, ist von Autor zu Autor unterschiedlich. Einer philosophisch-literarischen Richtung, die das „Wesen" des Totalitarismus zu ergründen suche — etwa im „Primat der Ideologie" als „institutionalisierter Lüge" (S. 53; Übersetzung d. Verf.), stehe eine stärker politikwissenschaftlich orientierte Sichtweise gegenüber, den Mechanismen des totalitären Herrschaftssystems auf der Spur. Man tut sicherlich gut daran, sich zu vergegenwärtigen, daß diese „östliche" Diskussion zu weiten Teilen von einer innermarxistischen Dissidenz geführt wird. Dies schlägt sich naturgemäß in den Analysen der Regime wie auch in den entsprechenden Reformvorstellungen nieder. Der alltägliche „Hautkontakt" mit einem totalitären Regime schließlich ist für den, der es gleichzeitig wissenschaftlich untersuchen möchte, noch dazu, wenn er dort geboren und aufgewachsen ist und andere Systeme kaum aus eigener Erfahrung beurteilen kann, eher von Nachteil.

Die Forschungsberichte von Hassner und Rupnik zur „westlichen" und „östlichen" Totalitarismusdiskussion bilden den ersten von drei Hauptteilen des Sammelbandes. Der zweite Komplex enthält Beiträge zu spezielleren Aspekten der Totalitarismustheorie: Blandine Barret-Kriegel spürt intellektuellen Ursprüngen totalitärer Systeme nach und wird bei romantischen Strömungen des 19. Jahrhunderts und bei jener von Talmon rekonstruierten identitär-demokratischen Überlieferung fündig — weil die Autorin nicht unmittelbar von einschlägigen extremistischen Schriften und deren geistigem Humus ausgeht, besteht die Gefahr, daß ein empirisch so nicht auffindbares Gewebe geistiger Traditionen gesponnen wird; Pierre Manent behandelt den Totalitarismus im Zusammenhang mit dem Problem der politischen Repräsentation; Bertrand Badie widmet sich kulturellen Faktoren, die eine Entwicklung zum Totalitarismus fördern können; Pierre Birnbaum schließlich weist am Beispiel des Nationalsozialismus nach, daß das in seinem Abstraktionsgrad kaum überbietbare Gegensatzpaar Individualismus/Holismus, von dem Anthropologen Louis Dumont kürzlich in die Diskussion entlassen[11], gar zu grob geschnitzt ist und für das Verständnis totalitärer Systeme kaum etwas hergibt.

Der dritte und zugleich umfangreichste Hauptteil des Werkes bildet eine notwendige Ergänzung zu den theoretischen Bemühungen der ersten beiden Kapitel. Denn hier werden empirische Befunde zu einer Reihe politischer Systeme mit den erarbeiteten theoretischen Grundlagen konfrontiert – und umgekehrt. Im einzelnen sind Gegenstand der Analyse: nationalsozialistisches Regime, italienischer Faschismus und kommunistische Systeme (insbesondere die Sowjetunion) im Vergleich (Guy Hermet, Aleksander Smolar), die Volksrepublik China (Jean-Luc Domenach), die Regime Schwarzafrikas (Jean-François Bayart), die arabisch-islamischen Staaten (Jean Leca). Auffallend ist, daß es – umgekehrt zu den stärker theoretischen Darstellungen, denen es häufig an empirischer Verwurzelung gebricht – sich Einzeluntersuchungen totalitärer Regime hinsichtlich des theoretischen Ansatzes häufig zu leicht machen und neueste Ergebnisse nicht sogleich umsetzen.

Bedeutsamer ist ein anderer Sachverhalt: Bayart und Leca übertragen das Interpretationsmodell auf Staaten des Vorderen Orients und Schwarzafrikas. Sie dürften damit ein Sakrileg begangen haben. Denn wurde das Totalitarismuskonzept hinsichtlich seiner Anwendung auf okzidentale Gesellschaften bereits unter Ideologieverdacht gestellt, so gilt dies in noch weit stärkerem Maße für den nicht-okzidentalen Bereich. „Westliche" Denkweisen und Wertmuster könne man nicht einfach auf ganz anders geartete Kulturkreise übertragen. Der Einwand mag berechtigt sein, wenn man verhindern möchte, daß Entwicklungsverlauf und Entwicklungsprodukt westlicher Gesellschaftsformationen paradigmatisch bei der Analyse nicht-okzidentaler Gesellschaften vorausgesetzt werden. Andererseits dürfen Bedenken dieser Art nicht zu einem Wertrelativismus verführen, der jegliche normative Bezüge, wie sie in totalitarismustheoretische Konzepte eingeflossen sind, für wissenschaftlich untragbar erklärt. Worin eine ethisch nicht fundierte Politikbetrachtung ausartet, beschreibt Jean-François Bayart treffend: „Die

11 Vgl. Louis Dumont, Essai sur l'individualisme, Paris 1983.

Medien nehmen eine eigenartige Haltung gegenüber der Gewalt ein, die afrikanische politische Gesellschaften heimsucht. Einerseits relativieren sie sie mit einer Gefälligkeit, die Raum für Erklärungen läßt: Ein Charakteristikum des Kontinents bestehe darin, daß die Politik dort gefährlicher sei als anderswo. Andererseits erweisen sie sich als sehr selektiv (ein Kolwezi wiegt schwerer als ein Soweto, die Opfer einer Rebellion schwerer als die ihrer Niederschlagung, die Flüchtlinge schwerer als die Gefangenen) und mitunter auf eine seltsame Art und Weise stumm, so daß auf dem Markt der gewaltsam Umgekommenen ein Pole zehn Palästinenser ... und tausend Afrikaner wert ist" (S. 201; Übersetzung d. Verf.).

Nicht weniger drastisch weiß sich ein anderer Franzose auszudrücken. *Jean-François Revel* hat keine beschauliche Analyse, sondern eine Streitschrift verfaßt, die aufrütteln soll.[12] Revel sieht die freiheitlichen Demokratien in akuter Gefahr[13] und möchte Wege aufzeigen, wie dieser Bedrohung entgegengewirkt werden kann. Der Autor wirft daher im ersten Teil einen Blick auf die geistige Situation der freiheitlichen Demokratien, präsentiert dann zahlreiche historische Beispiele, welche die „reale Existenz der kommunistischen Expansion" belegen (zweiter Teil), beschreibt ausführlich die Instrumente, deren sich der Kommunismus hierbei bedient (dritter Teil) und kehrt in einem letzten Teil zu den „geistigen Rahmenbedingungen" zurück, die nach seiner Auffassung eine „Niederlage der Demokratien" unabwendbar machen, wenn diese nicht eine realistischere Politik gegenüber dem Weltkommunismus betreiben.

Hellsichtig skizziert der Autor das Ausgangsdilemma, das die globale Auseinandersetzung zwischen freiheitlicher Demokratie und der derzeit gefährlichsten Form der Diktatur prägt, dem totalitären Kommunismus: „Die Demokratie ist von ihrem Wesen her nach innen gerichtet und von ihrem Auftrag her auf die geduldige und nüchterne Verbesserung des Lebens in der Gesellschaft. Der Kommunismus dagegen ist notwendig nach außen gerichtet, weil er eine soziale Bankrotterklärung ist, unfähig, eine lebenswerte Gesellschaft zu schaffen" (S. 11). Die Sowjetunion hat somit einen strukturellen Vorteil. Die Demokratie könne dies nur wettmachen, wenn sie den kommunistischen Expansionsdrang erkenne, ihn bei Verhandlungen illusionslos in Rechnung stelle, keine Leistungen ohne angemessene Gegenleistung erbringe, ihre wirtschaftliche Potenz als Sanktionsinstrument gezielt einsetze, und eine offensive

12 Jean-François Revel, So enden die Demokratien, München 1984, 408 S. (Verlag R. Piper).
13 Vgl. auch die Besprechung seines früheren Werkes über die „Totalitäre Versuchung" in dieser Abhandlung (S. 93-96).

geistige Auseinandersetzung mit dem ideologischen Antagonisten führe.

Zurecht verweist Revel darauf, daß das in den westlichen Demokratien herrschende geistige Klima diese Form der Gegenwehr kaum zuläßt. Es ist Mode, die Schwächen und Fehler beider „Supermächte" nivellierend gegeneinander auszuspielen. Vor allem linke Publizisten bagatellisieren häufig die kommunistische Gefahr und überschätzen den Rechtsextremismus maßlos. Rechte „Totalkritiker" (Sontheimer) wie Alain de Benoist, Propagator einer „Nouvelle Droite", finden „die Dekadenz schlimmer als die Diktatur" (S. 38) und wissen sich hierin mit antiamerikanischen Protestströmungen einig. Les extrêmes se touchent: Nicht was Endziele betrifft, aber hinsichtlich Mittelanwendung und Zeitdiagnose. Und nicht zu vergessen: Vertreter wertrelativistischer Wissenschaftskonzepte rümpfen die Nase, wenn sozialwissenschaftliche Analysen mit normativen Prämissen arbeiten.

Auch Revel geht es mehr um eine Bestandsaufnahme als um Wertungen. Dennoch ist das Buch ein leidenschaftlicher Appell an die freiheitlichen Demokratien, alle verfügbaren Abwehrkräfte gegen die Gefahr der Willkürherrschaft zu mobilisieren. Trotz einer beeindruckenden Fülle historischer Beispiele wirkt manche Feststellung schematisch. So wird die Rolle der marxistisch-leninistischen Ideologie für das außenpolitische Handeln der Sowjetunion nicht problematisiert. Ist sie handlungsanleitend, hat sie noch lediglich Rechtfertigungsfunktion oder ist sie gar zur „Leerformel" degeneriert? Zudem besagt die — angenommene — prinzipielle Expansionsbereitschaft der UdSSR noch nichts darüber, ob sie im Einzelfall eher aggressiv oder defensiv vorgeht. Manche Behauptung erscheint spekulativ und anzweifelbar: „Je länger der Sowjetkommunismus existiert, um so expansionistischer wird er" (S. 390). Der eigentliche Wert des Werkes besteht jedoch im Aufruf zur Mobilisation der geistigen Kräfte der Demokratie, um zu verhindern, was Revel befürchtet: „Der Kommunismus mag, wie Milovan Djilas es ausgedrückt hat, eine ‚erloschene Kraft' sein, manche werden von einem Leichnam sprechen. Doch dieser Leichnam kann uns durchaus mit sich ins Grab reißen" (S. 29).

Es unterstreicht die bedeutende Rolle französischer Autoren in der neuen Totalitarismus-Diskussion, daß an dieser Stelle ein weiterer aus deren Mitte stammender Beitrag zu präsentieren ist. Das Totalitarismus-Büchlein *Claude Polins* ist erstmals 1982 in einem französischen Verlag erschienen.[14] Vermutlich seiner Kürze und seines Überblickcharakters wegen liegt es nun auch in einer italienischen

---

14 Claude Polin, Le totalitarisme, Paris 1982.

Übersetzung vor[15], zu der Luciano Pellicani eine auf den italienischen Leser zugeschnittene Einleitung beigesteuert hat. Pellicani beklagt die Tatsache, daß — der marxistische Einfluß auf die Sozialwissenschaften in Italien ist bekanntermaßen außerordentlich groß — „die Konstruktoren der Neusprache" dort „alle semantischen Schlachten" gewonnen hätten: „Kapitalismus, Sozialismus, Revolution, Imperialismus, Demokratie usw. haben die ihnen von der kommunistischen Sprachregelung zugewiesene Bedeutung angenommen" (S. 7; Übersetzung d. Verf.). Der Totalitarismusbegriff werde einerseits als „Produkt des Kalten Krieges" abgelehnt, andererseits aber auch in einer neuen Art und Weise gebraucht. Die italienische Kommunistin Rossana Rossanda beispielsweise bezeichne USA und UdSSR als zwei „totalitäre Mächte" (S. 8; Übersetzung d. Verf.).

Vor diesem Hintergrund soll die Schrift Claude Polins einen Beitrag leisten, um den Totalitarismusbegriff auch in Italien wieder „salonfähig" zu machen. Ob das Büchlein hierzu aber sonderlich geeignet ist, mag vorab bezweifelt werden — und zwar aufgrund seiner unglücklichen, kaum eine Leserschicht wirklich befriedigenden Konzeption. Die streng systematische Gliederung des Begriffs „Totalitarismus", den bekanntlich nicht Mussolini eingeführt hat, sondern die liberale Opposition gegen das faschistische Italien.[16] Die etwa von Giovanni Amendola verwendete Negativformel wurde dann von den Faschisten geschickt zur positiven Selbstbezeichnung umgemünzt. Das zweite Kapitel breitet die verschiedenen Interpretationsrichtungen aus — Polin unterscheidet politische (Carl Joachim Friedrich, Raymond Aron, Julien Freund, Alain Glücksmann), ökonomische (Elie Halévy, Friedrich von Hayek) und ideologieorientierte (Hannah Arendt, Hermann Rauschning, Jacob L. Talmon) Deutungen. Hinsichtlich des derzeitigen Forschungsstandes bleibt der Leser allerdings im Unklaren.

Verdienstvoller ist das dritte Kapitel. Polin behandelt darin eine Reihe teils historischer, teils noch bestehender Diktaturen (Portugal unter Salazar, Spanien unter Franco, Argentinien unter Perón, Italien unter Mussolini, das nationalsozialistische Regime und die kommunistischen Systeme), um in jedem Fall zu fragen, ob es sich dabei eher um die autoritäre oder die totalitäre Variante handelt(e). Der Autor kommt zu dem von der neueren Forschung insgesamt so bestätigten Ergebnis, nur NS-Regime und kommunistische Systeme,

15 Ders., Il Totalitarismo, Rom 1984, 111 S. (Editore Armando Armando).
16 Vgl. Helmut Goetz, Totalitarismus. Ein historischer Begriff, in: Schweizerische Zeitschrift für Geschichte 32 (1982), S. 163-174; vgl. überdies S. 64 dieser Abhandlung.

insbesondere die Sowjetunion, könnten als totalitär bezeichnet werden.

Das vierte Kapitel trägt nicht gerade zur Homogenität des Bandes bei. Hatten die ersten drei Teile Überblickscharakter, bietet Polin hier eine eigene Interpretation des Totalitarismusphänomens an, und zwar eine Reihe von Hypothesen, die der Autor bereits im Rahmen einer größeren Studie der Fachwelt präsentiert hat[17]. Polin sieht das Phänomen des Totalitarismus in engem Zusammenhang zur modernen Industriegesellschaft. Diese auf einer hochgradigen Arbeitsteilung basierende Gesellschaft erhöhe die gegenseitige Abhängigkeit der Individuen, fördere Gleichförmigkeit und Vermassung, begünstige die Durchschaubarkeit der privaten Existenz. In höherem Maße als in vorindustriellen Gesellschaften entfremde sich der moderne Massenmensch dem Sinn seiner Arbeit. Ein platter Materialismus entstehe, Haßgefühle und Hochmut gegenüber den Mitmenschen würden gefördert. Die hochentwickelten Industriegesellschaften trügen daher den Keim des Totalitären in sich. Polin sieht keineswegs einen notwendigen Zusammenhang zwischen Industriegesellschaft und Totalitarismus. Er möchte lediglich auf diese Entwicklungsmöglichkeit hinweisen und vor ihr warnen.

Man muß sich allerdings fragen, ob es Polin mit seinem Deutungsversuch gelungen ist, das „Wesen des Totalitarismus" einzufangen — was immer man darunter zu verstehen hat. Sicherlich haben die spezifischen Bedingungen moderner Industriegesellschaften auch zur konkreten Ausprägung totalitärer Regime das Ihrige beigetragen. Aber ist das schon der Schlüssel zur „Erklärung" des Totalitarismus? Kann es einen solchen Schlüssel überhaupt geben? Heißt „erklären" in den Sozialwissenschaften nicht stets das Aufzeigen vielfältiger Entstehungsbedingungen und Ursachenkonstellationen? Schon Hannah Arendt hatte auf den Zusammenhang zwischen dem Erfolg totalitärer Massenbewegungen und der Massengesellschaft und auf die Verführbarkeit der Massen durch säkularisierte Heilslehren hingewiesen. Aber sind diese Faktoren wirklich bedeutender als die bei Friedrich/Brzezinski im Vordergrund stehenden neuen technischen Möglichkeiten der Kontrolle und Manipulation? Und wenn all dies so unzweifelhaft wäre, weshalb konnte dann eine totalitäre Bewegung gerade im industriell hoffnungslos rückständigen Rußland die Macht übernehmen? Polins Hypothesen regen zur weiteren Diskussion an, die jedoch nicht auf einzelne Aspekte des Gesamtphänomens verengt werden darf.

17 Vgl. Claude Polin, L'esprit totalitaire, Paris 1977.

## 2. Extremistische Einstellungen

Extremismus, ob in seiner „rechten" oder „linken" Variante, begegnet dem politisch Interessierten zumeist als Angelegenheit von Gruppen, die — gemessen an der Gesamtbevölkerung — kleine, zum Teil winzige Minderheiten darstellen: Terroristen der RAF oder der Revolutionären Zellen, politisch motivierte Gewalttäter bei Demonstrationen, jugendliche Neonazis, Anhänger extremistischer Parteien. Der vom Bundesministerium des Innern für 1984 vorgelegte Verfassungsschutzbericht verzeichnet — rechnet man einmal die Angehörigen linksextrem beeinflußter Vereinigungen hinzu — insgesamt 83.300 Mitglieder rechts- (22.100) und linksextremer (61.200) Organisationen in der Bundesrepublik. Personen mit antidemokratischer Einstellung gibt es jedoch auch außerhalb dieser erfaßten Organisationen. Die Zahl der Personen mit antidemokratischer Einstellung dürfte auf ein Vielfaches der durch Mitgliedschaft oder Aktivitäten in Erscheinung getretenen zu veranschlagen sein. Eine ungefähre quantitative Bestimmung dieses Extremismus-Potentials erfordert allerdings einen erheblichen Aufwand und wirft beträchtliche theoretische und methodische Probleme auf.[18]

Das SINUS-Institut hatte bereits 1981 eine Untersuchung über rechtsextreme Einstellungen in der Bevölkerung vorgelegt: „13 Prozent der deutschen Wähler" — so die provokante Behauptung — verfügten über ein „rechtsextremes Weltbild".[19] Die zum Teil heftige öffentliche Kritik mündete in den Vorwurf, SINUS habe methodisch unsauber gearbeitet und Rechtsextremisten „produziert". Eine 1983 vom Bundesminister des Innern beim *Institut für Demoskopie Allensbach* in Auftrag gegebene Studie[20] knüpft teilweise an das SINUS-Konzept an, versucht aber gleichzeitig, einen „Kardinalfehler" (S. 5) zu vermeiden. Die SINUS-Wissenschaftler hätten in die Skalen zur Identifizierung von Rechtsextremisten Indikatoren mit unzulänglicher Trennschärfe aufgenommen. Angeblich für „Rechtsextremisten" typische Einstellungen seien durchaus auch noch für konservative Demokraten akzeptabel gewesen.

---

18 Vgl. etwa Infratest-Wirtschaftsforschung, Politischer Protest in der Bundesrepublik Deutschland. Beitrag zur sozialempirischen Untersuchung des Extremismus, Stuttgart 1980; siehe auch Kurt Reumann, Woran erkennt man Extremisten?, in: FAZ vom 8. Oktober 1984.
19 Vgl. die Besprechung der SINUS-Studie in diesem Band (S. 147-151).
20 Elisabeth Noelle-Neumann/Erp Ring, Das Extremismus-Potential unter jungen Leuten in der Bundesrepublik Deutschland 1984, hrsg. vom Bundesminister des Innern, Bonn 1984, 297 S. (Reha Verlag).

Allensbach hat auf diese Manko mit einem neuen Untersuchungsmodell reagiert: der von Erp Ring entwickelten „Kontrastgruppen-Analyse". Dabei wird zum Beispiel eine Gruppe von Rechtsextremisten hinsichtlich typischer Einstellungen mit einer Gruppe konservativer Demokraten verglichen. Auf diese Weise möchte man sicherstellen, daß die Skalen lediglich für Extremisten typische Merkmale enthalten. Zu Recht warnen die Verfasser vor der Gefahr, „daß das Meinungs- und Wertespektrum, auf das eine pluralistische Demokratie um der Freiheit des einzelnen und der Lebendigkeit des Systems willen angewiesen ist, nach beiden Seiten hin allzu früh verteufelt und eingeengt wird" (S. 7). Hat man diese Einsicht auch beherzigt? Zwar scheinen die Indikatoren der Rechtsextremismus-Skala in der Tat trennscharf zu sein, nicht jedoch die der Linksextremismus-Skala. Die Befürwortung von „Betriebsbesetzungen, weil das Werk geschlossen werden soll" ist per se wohl ebensowenig „extremistisch" wie die Auffassung, man benötige „eine Partei im Bundestag, die links von der SPD steht". Gleiches gilt für die Forderung: „Die entscheidenden Schlüsselindustrien der Wirtschaft müssen verstaatlicht werden" (S. 32). Gelinde ausgedrückt „unfair" ist es, das Verhalten der Grünen im Parlament zum Gegenstand eines Indikators der Linksextremismus-Skala zu machen: „Wenn eine Partei beschließt, im Parlament nur Kritik zu üben und sich nicht an der Regierung beteiligen will, finden das richtig ..." (S. 32).

Zweifel kommen aber auch auf, wenn man sich anschaut, wie Allensbach die Kriterien für die Identifikation von Extremisten ermittelt hat. Die Interviewer (!) sollten Personen suchen, von denen sie glaubten, diese seien Extremisten. Andererseits wurden Personengruppen interviewt, die mit Sicherheit nicht extremistisch eingestellt sind („Kontrastgruppen-Analyse"). Merkmale, in denen die „Kontrastgruppen" weitgehend übereinstimmen, eignen sich nach Meinung der Verfasser nicht zur Aufnahme in eine Skala, mit deren Hilfe Extremisten bestimmt werden sollen. Als „linksextrem" gilt eine Position, die sich von jener „linker Demokraten" abhebt. Ist dies aber ausreichend? Wichtig sind nicht nur subjektive Ansichten, sondern auch objektive Sachverhalte. Wenn „linke Demokraten" eine Meinung (im Gegensatz zu Linksextremisten) nicht teilen, besagt dies noch keineswegs, daß diese undemokratisch sein muß. Allenfalls läßt sich eine Aussage über stigmatisierte Meinungen treffen.

Man muß also schon von daher Abstriche beim quantitativen Ergebnis der Allensbach-Studie vornehmen, das aufgrund einer repräsentativen Befragung von 1282 Personen im Alter zwischen 16 und 25 Jahren gewonnen wurde: 6,2 Prozent der jungen Menschen seien Rechtsextremisten, 12,4 Prozent Linksextremisten. Diese Zahlen spiegeln — wie die Verfasser der Untersuchung eingestehen — ein Stück methodischer Willkür. Aber immerhin vermitteln sie eine ungefähre Vorstellung vom Potential des politischen Extremismus in der Bundesrepublik. Verglichen mit der SINUS-Studie besteht ein wesentlicher Fortschritt darin, daß rechts- wie linksextreme Einstellungen gleichermaßen erfaßt worden sind. Nicht zwischen linken und rechten Extremisten klafft nämlich ein Abgrund, sondern zwischen Extremisten einerseits, Demokraten andererseits. Gemeinsamkeiten zwischen linken/rechten Demokraten und Links-/Rechtsextremisten, wie sie in der Allensbach-Studie ausgemacht werden, verblassen angesichts dieses Gegensatzes. Darüber hinaus verbindet Rechts- und Linksextremisten manches — angefangen bei der Versessenheit, mit der sie sich politischen Problemen widmen, über die Vorstellung einer nahenden Katastrophe oder einer „Weltverschwörung", bis hin zu den Methoden, die sie zur Erreichung ihrer Ziele anzuwenden gedenken.

Über die quantitative Bestimmung des Extremismus-Potentials hinaus hatte das Bundesinnenministerium dem Allensbacher Institut auch die Frage vorgelegt, wie diese Potentiale entstehen, wie sie beschaffen sind und wie man sie vermindern kann. Es war von vornherein nicht zu erwarten, daß ein Meinungsforschungsinstitut hierzu umwälzende Forschungen präsentieren könnte. Zwar steht nun eine Fülle von Daten über die Lebensläufe jugendlicher Extremisten zur Verfügung (das Material ist im Anhang vollständig ausgebreitet), ihre Aussagekraft erscheint jedoch begrenzt, da das Phänomen „Extremismus" selbst zu undifferenziert erfaßt wurde. Gänzlich überfordert stand das Institut schließlich dem Problem gegenüber, wie man die ermittelten Potentiale reduzieren könnte. Verwiesen wird lediglich auf die Möglichkeiten des Schulunterrichts. Aufschlußreicher sind einige Vorschläge, die der Oldenburger Politologe Wolfgang Rudzio in einem am Ende des Bandes abgedruckten Beitrag unterbreitet hat. Er plädiert für die Vermittlung eines realistischen Demokratieverständnisses, „in welchem Demokratie nicht als Realisierung von Heilserwartungen erscheint" (S. 293). Dies mag gerade in einer Zeit geboten sein, da zahlreiche Anhänger der Protestbewegungen sich neuen Irrationalismen — von der Utopie zur Apokalypse — verschworen haben.

Das Problem extremistischer Einstellungen in der Gesamtbevölkerung, insbesondere bei Jugendlichen, steht auch im Vordergrund eines in der Schriftenreihe der *Bundeszentrale für politische Bil-*

*dung* erschienenen Sammelbandes.[21] Der Buchtitel „*Extremismus und Schule*" verweist weniger auf den Inhalt des Werkes als auf das Thema zweier Veranstaltungen, als deren Produkt der Band entstanden ist: Ein Seminar war dem Links-, ein anderes dem Rechtsextremismus gewidmet. Das Publikum bestand vor allem aus Lehrern. Entsprechend wurden Fragen behandelt, die für die schulische Praxis von Interesse sind. Schule und Lehrer müßten häufig als „Sündenböcke" für extremistische Aktivitäten Jugendlicher herhalten, die Schule allein sei jedoch diesem gesellschaftlichen Problem nicht gewachsen. Das Augenmerk richtete sich so nicht nur auf das eng umrissene Thema „Extremismus und Schule", sondern darüber hinaus auf den weiteren Problemkreis des Verhältnisses von demokratischer Gesellschaft und extremistischen Einstellungen und Verhaltensweisen.

Den Einstieg bildet ein Überblick zu den „Erscheinungsformen des Extremismus in der Bundesrepublik Deutschland" — ein Auszug aus dem neuesten Verfassungsschutzbericht hätte es wohl auch getan. Wichtiger zur allgemeinen Orientierung ist der Beitrag Ulrich von Alemanns („Zur Situation der Demokratie in der Bundesrepublik Deutschland"). Der Autor begreift Demokratie umfassend als Staats- und Lebensform. Auf dieser Grundlage zieht von Alemann eine Bilanz der lebenden Verfassung in den verschiedenen Bereichen: Staatsform, Gesellschaftsstruktur, demokratisches Bewußtsein, demokratische Praxis (anhand verschiedener Politikfelder). Aufschlußreich als Eckpfeiler der Analyse des politischen Extremismus ist die These, es bestehe keine Veranlassung, „den Links- und Rechtsextremismus in den Vordergrund der demokratischen Auseinandersetzung zu stellen" (S. 78). Mit anderen Worten: Die zentralen politischen Problemstellungen in der Bundesrepublik Deutschland resultieren nicht aus extremistischen Bedrohungen. Sie können nur intern, im Miteinander der Demokraten gelöst werden. Darüber hinaus sei hierzulande die vom Extremismus unmittelbar ausgehende Gefährdung kleiner als diejenige, welche von möglichen Überreaktionen darauf ausgehe. Mehr Gelassenheit und Selbstsicherheit im Verhältnis zum politischen Extremismus ist also angebracht!

Einige Beiträge des Sammelbandes warten mit empirischem Material zum Problem extremistischer Einstellungen auf. Hier sei nur noch einmal auf ein Grundproblem dieser Arbeiten hingewiesen, da deren Ergebnisse bereits an anderer Stelle ausführlich gewürdigt

---

21 Extremismus und Schule. Daten, Analysen und Arbeitshilfen zum politischen Rechts- und Linksextremismus, Bonn 1984, 252 S. (Schriftenreihe der Bundeszentrale für politische Bildung, Bd. 212).

wurden.[22] Ihre theoretischen Grundlagen sind häufig rein explanativer Natur und beziehen sich unmittelbar auf das Untersuchungsobjekt, ohne dieses in einen übergreifenden Kontext einzuordnen. Dies wiederum resultiert zumeist aus der Ablehnung von Werturteilen und normativen Prämissen als Bestandteil des Prozesses wissenschaftlicher Erkenntnisfindung. Extremismustheorien, die das Problemfeld in Zusammenhang zu einer normativen Fragestellung, wie der nach der bestmöglichen Staatsform, stellen, werden abgelehnt. Sozialwissenschaftliche Untersuchungen zu den „Ursachen" des Extremismus tun häufig so, als ob es möglich sei, ein derartiges Problem ohne irgendwelche auch noch so abstrakten Wertungen in den Griff zu bekommen. Normative Setzungen fließen dann ungenannt in die Analyse ein. Die Folgen dieser Vorgehensweise zeigen sich besonders deutlich im Bereich der Begriffsbildung. Umfassende, auf einer phänomenologisch hohen Abstraktionsebene angesiedelte Begriffe — wie z.B. die Begriffe Demokratie, Extremismus, Radikalismus, Faschismus, Kommunismus —, die einer normativen Verankerung bedürfen, werden nicht selten betriebsblind auf bestimmte explanative Fragestellungen zugeschnitten.

Unmittelbarer in Zusammenhang mit dem Thema „Extremismus und Schule" stehen Beiträge zum Verhalten jugendlicher Rechtsextremisten. Lehrer hätten in der Schule häufiger mit aufsehenerregenden Verhaltensweisen von Rechtsextremisten als mit solchen linksextremer Provenienz zu tun. Dies hängt wohl in der Tat — wie Michael Kleff in der Einführung vermutet — mit dem stärker aktionistischen und aggressiv-provokativen Charakter rechtsextremer Ausfälle zusammen. Eike Hennig ermittelt typische Merkmale der Sozialisation jugendlicher Rechtsextremisten. Seine Ausführungen basieren unter anderem auf den Ergebnissen einer Untersuchung, die im Auftrag des Bundesministeriums des Innern durchgeführt wurde.[23] Rechtsextreme Jugendliche stammen demzufolge häufig aus „bodenständig konservativen Elternhäusern" (S. 163). Ihr Familien- und Schulalltag verläuft meist konfliktrei-

---

22 Es handelt sich um die Beiträge von Gerhard Schmidtchen („Die Motive des Übergangs zu illegaler Politik"), Jörg Ueltzenhöffer („Zur Gesinnunglage der Nation. Die Sinus-Studie über rechtsextremistische Einstellungen bei den Bundesbürgern"), Max Kaase („Zu den extremistischen Potentialen in der Bundesrepublik Deutschland"). Vgl. dazu in diesem Buch S. 289-292, 147-151, 26f.
23 Vgl. Neonazistische Militanz und Rechtsextremismus unter Jugendlichen (Schriftenreihe des Bundesministeriums des Innern, Bd. 15), Stuttgart/Berlin/Köln/Mainz 1982.

cher als der anderer Jugendlicher. Enttäuschungen bei Orientierungsversuchen im konventionellen „politischen Angebotsspektrum" führen schließlich zum Eintritt in eine rechtsextreme Gruppe. Die idealtypische rechtsextreme Karriere beginne im Alter von 14 Jahren. Der weitere Verlauf hängt dann auch davon ab, welchen Organisationen sich der Jugendliche anschließt, ob eher „gemäßigten" Gruppen etwa der NPD bzw. DVU oder militanten neonazistischen Cliquen.

Der Linksextremismus kommt insgesamt knapper weg. Manfred Wilke und Peter Meier-Bergfeld schildern die vielfältigen Einflußversuche der DKP — auch im schulischen Bereich. Denn der Kommunismus marxistisch-leninistischer Couleur mißt dem Bemühen um jugendliche Nachwuchskräfte eine zentrale Bedeutung zu. Auch die teilweise erfolgreichen Bemühungen der DKP, die Protestbewegungen zu instrumentalisieren — man lese David Schillers Beitrag zur „Berliner Szene" — haben letztlich den Zweck, möglichst viele Anhänger nach und nach für die eigenen Ziele einzuspannen und dann auch für die Partei zu gewinnen.

Die beiden hier vorgestellten Bände mit ihrem thematischen Schwerpunkt auf extremistischen Einstellungen in der Gesamtbevölkerung und einigen Beiträgen zu extremistischen Organisationen lassen nun einige zusammenfassende Bemerkungen zum Verhältnis dieser beiden Problemebenen zu. In einer stabilen Demokratie sind die Gefahren, die vom organisierten Extremismus ausgehen, eher zweitrangig. Sie werden überlagert und fast völlig überdeckt von politischen Konfliktlinien zwischen den demokratischen Kräften. Mit Ausnahme konspirativ arbeitender terroristischer Gruppen sind extremistische Organisationen in gewisser Weise auch berechenbar, die Risiken somit kalkulierbar. Langfristig gefährlicher und für die politische Kultur in der Demokratie schädlicher dürften diffuse extremistische Einstellungen sein, Vor- und Fehlurteile, Ressentiments, historisch Unaufgearbeitetes im „Kollektivgedächtnis" einer Bevölkerung.

## 3. Rechtsextremismus

Das Thema hat weiterhin Hochkonjunktur. Dafür lassen sich historische, aktuell politische, aber auch kommerzielle Gründe ins Feld führen. Angesichts der „Last der Vergangenheit"[24] besteht

---

24 Vgl. Hans Mommsen, Die Last der Vergangenheit, in: Jürgen Habermas (Hrsg.), Stichworte zur ‚Geistigen Situation der Zeit', 2. Bd., Frankfurt a.M. 1979, S. 164-184.

natürlich eine besondere Sensibilität und Aufmerksamkeit gegenüber rechtsextremistischen Anwandlungen. Schließlich gibt es seit Ende der siebziger Jahre eine verstärkte neonazistische Militanz, die sich ansatzweise sogar zu einer Art Rechtsterrorismus entwickelt hat. Und Bücher über den Rechtsextremismus verkaufen sich angesichts des Interessentenkreises gut. Das Spektrum der Käufer reicht von „Linken" unterschiedlichster Couleur über politische „Bildner" bis zu Ewiggestrigen. Diskussionen über den Rechtsextremismus verlaufen — wie andere konjunkturabhängige Themen der Sozialwissenschaften — zyklenförmig. Nach dem Auftreten der neonazistischen SRP zu Anfang der 50er Jahre, den antisemitischen Schmierereien 1959/60 und den Erfolgen der NPD in der zweiten Hälfte der 60er Jahre schwoll die Literatur an, wie dies auch seit Ende der 70er Jahre der Fall ist. Auf diesem Terrain fühlen sich „Antifaschisten" unterschiedlicher Couleur heimisch. Daß die Verfasser der im folgenden vorzustellenden Bände dem linken Spektrum zuzuordnen sind, nimmt nicht wunder. Was soll man mehr schelten — die Unwilligkeit von Liberal-Konservativen, sich mit dem Rechtsextremismus intensiv auseinanderzusetzen, oder das offenkundige Bestreben vieler Antifaschisten, die Gefahr von rechts zu dämonisieren und doppelbödig zu argumentieren (zum Beispiel hinsichtlich der Fernhaltung von Extremisten aus dem öffentlichen Dienst)?

Mit dem fünfhundertseitigen Wälzer von *Dudek/Jaschke,* der noch durch einen kaum minder voluminösen Dokumentenband ergänzt wird[25], liegt ein Standardwerk zum Rechtsextremismus in der Bundesrepublik vor — zugleich eine Gesamtdarstellung insofern, als sie nahezu sämtliche Aspekte der Entwicklung des Rechtsextremismus berührt (bis auf das Verhältnis der frühen Vertriebenenbewegung zum Rechtsextremismus und dessen internationale Verflechtung; auch auf eine systematische Aufarbeitung des Forschungsstandes wird verzichtet). Die Autoren haben gründlich recherchiert und eine originelle Studie vorgelegt, an der die weitere wissenschaftliche Forschung über den Rechtsextremismus nicht vorbeigehen kann.

Das Werk der beiden schon durch einschlägige Arbeiten bekannten Forscher[26] ist in zwei Hauptteile gegliedert: Im ersten ver-

25 Peter Dudek/Hans-Gerd Jaschke, Entstehung und Entwicklung des Rechtsextremismus in der Bundesrepublik. Zur Tradition einer besonderen politischen Kultur, Bd. 1: Textband, Bd. 2: Dokumente und Materialien, Opladen 1984, 507 S./374 S. (Westdeutscher Verlag).
26 Vgl. insbesondere die im Hauptkapitel über den Rechtsextremismus besprochenen Arbeiten der Autoren.

deutlichen sie die Konturen des rechtsextremen Lagers nach 1945. Bisher sind rechtsextreme Organisationen vielfach so interpretiert worden, als sähen sie allesamt ihr Vorbild im Nationalsozialismus. Diese Analogiebildung ist ahistorisch, weil man sich, wie die Autoren zeigen können, nur unzureichend auf die Geschichte des Rechtsextremismus nach 1945 einläßt. Das eigentliche Hauptkapitel befaßt sich auf über 300 Seiten mit „Fallstudien" — der Deutschen Reichspartei, der NPD, dem „Bund Deutscher Jugend", dem „Bund Nationaler Studenten" und dem „Bund Heimattreuer Jugend" — Organisationen, die entweder (wie die letzten drei) noch gar nicht oder bisher nur unzureichend untersucht worden sind.

Die Autoren betreten Neuland, indem sie einerseits eine Fülle neuer Quellen erschlossen und ihrer Arbeit andererseits einen anspruchsvollen theoretischen Bezugsrahmen zugrundelegten. Dudek/Jaschke haben die für Kleingruppen extremistischer Couleur typische kommunikative Doppelstruktur aufgelöst: Der externe Code dient der öffentlichen Selbstdarstellung, der interne betrifft u.a. die organisatorische Willensbildung, die Mitgliederwerbung usw. Zur Dechiffrierung des internen Codes waren intensive Kontakte mit (ehemaligen) Aktivisten aus der Rechtsextremismusszene unumgänglich (insbesondere mit Adolf von Thadden[27], dem früheren Vorsitzenden von DRP und NPD, und mit Peter Dehoust, dem Schriftleiter von „Nation Europa"). Dudek/Jaschke sprechen freimütig davon, die Kontakte hätten zum Abbau wechselseitiger Berührungsängste beigetragen.

Der Rechtsextremismus — eine Formaldefinition, wie sie etwa das Bundesverfassungsgericht mit dem Begriff der „freiheitlichen demokratischen Grundordnung" unternommen hat, halten die Autoren nicht für angängig — konstituiere sich durch drei Dimensionen — eine ideologiekritische (sind doch bestimmte Deutungsmuster wie etwa eine antirationalistische Geschichtsauffassung für Aktionen und Verhaltensweisen von Rechtsextremisten bestimmend); eine organisationssoziologische, die trotz aller kommunikativer Netzwerke durch die Ghettosituation des Rechtsextremismus gekennzeichnet ist und dessen Ausgrenzung seitens der Mehrheitskultur; eine interaktionistische, worunter das gegenseitige Einwirken

---

27 Adolf von Thadden hat jetzt selbst ein einschlägiges Werk vorgelegt. Vgl. ders., Die verfemte Rechte. Deutschland-, Europa- und Weltpolitik in Vergangenheit, Gegenwart und Zukunft aus der Sicht von rechts, Preußisch Oldendorf 1984. Der Untertitel ist irreführend, berücksichtigt der Autor doch vornehmlich (jedenfalls trifft das für die ersten 200 Seiten zu) Ereignisse aus den 50er und 60er Jahren, die aufzeigen sollen, inwiefern die „Rechte" systematisch ausgeschaltet worden ist.

von Rechtsextremisten und ihrer Gegner zu verstehen ist: Welche Wirkung etwa hatte die Reaktion der Bevölkerung auf die Strategie rechtsextremistischer Kreise, und wie versucht der Rechtsextremismus die Öffentlichkeit zu beeinflussen? Schadete oder nützte die Berichterstattung der Medien den Rechtsextremisten? Diese Untersuchungsebenen, zugleich theoretischer Bezugsrahmen, stehen im Vordergrund.

Dubios erscheint der Anspruch, mit der Kombination ideologiekritischer, organisationssoziologischer und interaktionstheoretischer Untersuchungsdimensionen einen „brauchbaren, forschungsanleitenden Begriff ‚Rechtsextremismus'" (S. 33) zu konstituieren. Mangelnde Einsicht hinsichtlich Sinn und Zweck von Definitionen scheint hier Pate zu stehen. Eine Definition stellt diejenigen Merkmale einer Klasse von Gegenständen oder Sachverhalten zusammen, die geeignet sind, diese von anderen Klassen von Gegenständen oder Sachverhalten eindeutig abzugrenzen. Wer die Klasse von Gegenständen, die gemeinhin mit dem Begriff „Stuhl" bezeichnet wird, definieren möchte, braucht sich vorher nicht mit Werkstoffchemie und der Art des Holzes, aus dem der Stuhl gefertigt ist, beschäftigt zu haben. Ebensowenig trägt die analytische Einbeziehung interaktionstheoretischer Annahmen per se zur Definition des Begriffs „Rechtsextremismus" bei. Das Subkultur-Konzept kann auf ganz unterschiedliche Arten von Minderheiten in der Demokratie angewandt werden: Protestgruppen, Alternativler, Homosexuelle, Ausländer, Terroristen ... Die Abneigung der Autoren gegenüber „lexikalischen" oder „formalen" Definitionen mag vor dem Hintergrund unbefriedigender Vorschläge verständlich sein. Eine prinzipielle Alternative hierzu gibt es jedoch nicht. Vermutlich gründet die merkwürdige Skepsis gegenüber „formalen" Definitionen auf der Scheu vor totalitarismustheoretischen Erwägungen. Denn dies zieht die Ablehnung eines „linke" wie „rechte" Varianten umfassenden Extremismusbegriffs nach sich. Eine „formale" Begriffsbestimmung von „Extremismus" wäre als *definitio ex negativo* über eine Minimaldefinition von „Demokratie" möglich, wie sie etwa in dem Versuch des Bundesverfassungsgerichtes anläßlich der SRP- und KPD-Verbotsurteile enthalten ist. Der Extremismusbegriff vermeidet eine künstliche Trennung in „links" und „rechts", die notgedrungen Definitionsprobleme aufwirft.

Laut Dudek/Jaschke war das Reservoir rechtsextrem oder potentiell rechtsextrem gesinnter Bürger nach 1945 groß. Sie agitierten gegen die Entnazifizierung und Kriegsverbrecherprozesse. Gemeinhin wird die halbherzige Entnazifizierungspraxis als besonderer Übelstand der bundesdeutschen Frühphase angeprangert – wohl nicht zu Unrecht. Aber vor dem Hintergrund des von Dudek/Jaschke präsentierten Materials muß man sich fragen, ob eine rigide und konsequente Entnazifizierung viele Bürger angesichts mannigfacher Hypotheken nicht erst recht in die Arme von Rechtsextremisten getrieben und die Integration breiter Schichten verzögert hätte. Was Dudek/Jaschke über neonazistische Jugendliche sagen, ist beachtenswert. Der Aufmerksamkeitsgrad in den Medien entspricht nicht annähernd ihrer (marginalen) Bedeutung. Bestimmte Medien geben nun einmal gerne das Propagandagetöse von Rechtsextremisten wieder; die Neonazis sind ihrerseits froh über die öffentliche Resonanz und liefern exakt die von ihnen erwarteten blutrünstigen Statements. Dudeks und Jaschkes Hinweise auf die Relativierung der Gefahr des Neonazismus können keineswegs als Verharmlosung begriffen werden — im Gegenteil. Sie warnen vor einer weitverbreiteten Rezeption des Rechtsextremismus: Reduktion auf Einzeltäter — dies lenke von gesellschaftlichen Ursachen ab; ausschließliche Orientierung am Wahlerfolg — dadurch werde übersehen, daß parlamentarische Niederlagen zu einer Mobilisierung der rechtsextremen Subkultur führen könnten; Interpretation als Ausfluß einer ökonomischen Krise — sie versperre den Blick für die Fortdauer des Rechtsextremismus auch bei wirtschaftlicher Prosperität.

Die Fallstudien, so ausgewählt, daß sie sich über alle Perioden der bundesdeutschen Geschichte erstrecken, erhellen in beeindruckender Weise die Wechselbeziehungen zwischen subkultureller Minderheit und demokratischer Mehrheitskultur. Hingewiesen sei nur auf die Passagen zur DRP und NPD. Das über 100 Seiten umfassende Kapitel zur Deutschen Reichspartei ist eine kleine Monographie innerhalb einer großen.[28] Gegen die DRP, die einem Reichsmythos frönte und im Januar 1950 aus einem Zusammenschluß von Gruppierungen im rechten Spektrum entstand, stellte die Bundesregierung vor der Bundestagswahl 1953 einen Verbotsantrag, nahm ihn danach jedoch wieder zurück. Die DRP scheiterte aus vielerlei Gründen (u.a. an der wirtschaftlichen Stabilisierung, der Festigung des Parteiensystems), aber auch daran, daß sie in der Öffentlichkeit als Partei in der Tradition des Nationalsozialismus perzipiert wurde — verantwortlich gemacht für die antisemitische Schmierwelle 1956/60. Die rheinland-pfälzische SPD trat damals dafür ein, alle Mitglieder der DRP im öffentlichen Dienst im Hinblick auf ihre Verfassungstreue zu untersuchen ...

---

28 Siehe auch den Beitrag von Horst Schmollinger, Die Deutsche Reichspartei, in: Richard Stöss (Hrsg.), Parteien-Handbuch. Die Parteien der Bundesrepublik Deutschland 1945-1980. Bd. I: AUD bis EFP, Opladen 1983, S. 1112-1191.

Vor allem auf den organisatorischen Apparat der DRP stützte sich die NPD, die in der zweiten Hälfte der sechziger Jahre im In- und Ausland für Furore sorgte. Die Autoren berücksichtigen insbesondere jene Aspekte, die bisher nicht oder noch nicht ausreichend untersucht worden sind: innerparteiliche Konflikte, interaktionistische Beziehungen (zwischen NPD und Öffentlichkeit) sowie vor allem den rapiden Niedergang seit der Bundestagswahl von 1969, bei der sie mit 4,3 Prozent relativ knapp an der Fünfprozenthürde scheiterte. Ignoriert wird übrigens, daß die NPD im Gegensatz zur „freiheitlichen Rechten" um Frey seit einigen Jahren den Austritt aus der NATO propagiert und sich daher auch gegen jegliche Stationierung amerikanischer Atomwaffen in der Bundesrepublik ausgesprochen hat.

Facettenreich und sehr differenziert zeigen Dudek/Jaschke entsprechend dem interaktionistischen Ansatz das Zusammen- und Wechselspiel von Rechtsextremismus, öffentlicher Meinung und den Gegnern der NPD auf. Sie weisen auf das leere Ritual vieler Proteste gegen eine dahinsiechende Partei hin und wenden sich entschieden gegen die Etikettierung der NPD als „faschistisch"; sie sei vielmehr eine „im Kern bürgerlich-deutschnationale Partei" (S. 352) — eine Einschätzung, die gewiß als Tabuverletzung gilt, zumal sie von Autoren stammt, die sich selbst als Antifaschisten verstehen. Ihre Bemerkung über den Antifaschismus, der heute „deformierte Erscheinungsformen" (S. 484) angenommen habe und zur „Parodie seiner selbst" (S. 485) verkommen sei, wird gewiß nicht überall auf positive Resonanz stoßen. Hinsichtlich der Verwendung des Begriffs „antifaschistisch" ist die Studie nicht frei von Widersprüchlichkeiten. Einerseits räumen Dudek/Jaschke ein, der Begriff könne „seinen negativen Beiklang immer weniger verbergen" (S. 485), andererseits empören sie sich darüber, daß er „denunziert" (S. 486) worden sei. Taugt der Kampfbegriff „antifaschistisch" für eine wissenschaftliche Analyse, die ja nicht der Mobilisierung von Parteigängern dient, denn wirklich mehr als der ebenfalls emotionsgeladene Begriff „antikommunistisch"?

Die von den Autoren zusammengestellte Dokumentation ist allemal nützlich, zumal eine systematische Sammlung bisher fehlte. Die parallel zum Textband angeordnete und knapp kommentierte Dokumentation ist auch deshalb notwendig, weil gerade beim Thema Rechtsextremismus nicht immer „aus erster Hand" gearbeitet wird. Die Autoren konnten auf Bestände aus Privatarchiven zurückgreifen, so daß viele Quellen zum ersten Mal abgedruckt wurden und manche der im Textband aufgestellten Thesen eindrucksvoll illustrieren. Man kann hier einen Artikel von Golo Mann nachlesen, der 1968 in einem „Spiegel"-Beitrag befürchtet hatte, die NPD werde bei der Bundestagswahl 1969 15 Prozent der Wählerstimmen auf sich vereinigen. „Und dann, merkt das wohl, ist kein Halten mehr" (S. 159). Er sah gegenüber der NPD nur zwei erfolgversprechende Verhaltensweisen — entweder Verbot oder Übernahme der politischen Mitverantwortung. Allerdings erwähnt Mann, daß er in der Politik „blutiger Laie" (S. 160) sei.

Als eine Art Gesamtdarstellung läßt sich auch das Sammelwerk von Benz bezeichnen.[29] Im Jahre 1980 hat *Wolfgang Benz,* wissenschaftlicher Mitarbeiter des Münchener Instituts für Zeitgeschichte, einen Band zur rechten Variante des politischen Extremismus herausgegeben.[30] Angesichts der jüngeren Entwicklung hielt er eine völlige Neufassung für angezeigt: Manche Beiträge sind entfallen, manche neu aufgenommen, andere zumindest fortgeschrieben. Herausgeber und Autoren, vornehmlich Wissenschaftler und Publizisten linksliberaler Couleur, wollten offenkundig stärker den Sinn für historische Zusammenhänge schärfen als einer asthmatischen Perspektive huldigen. Gewiß fehlt es dem Band zuweilen an systematischer Stringenz. So finden die beiden größten rechtsextremistischen Bewegungen entweder überhaupt nicht Berücksichtigung (wie die NPD) oder nur in Form einer Analyse der marktschreierisch aufgemachten „Deutschen National Zeitung", hinter der die „national-freiheitlichen" Kräfte um Dr. Gerhard Frey stehen, einem geschäftstüchtig-demagogischen Verleger, der als Unbelehrbarer Ressentiments gegen die Demokratie schürt und die nationalsozialistische Politik wenn nicht geradezu rechtfertigt, so doch verharmlost.

Insgesamt bietet der Band solide Informationen — Geschichtsapologien entlarven Hermann Graml (über Hitler) und Wolfgang Benz (über die Judenvernichtung); die Entwicklung zum Rechtsterrorismus illustriert Ulrich Chaussy; die Frage, ob es sich beim Zusammenschluß von ehemaligen Angehörigen der Waffen-SS zur „Hilfsgemeinschaft auf Gegenseitigkeit" (HIAG) um eine verfassungsfeindliche Organisation handelt, bejaht Herrmann Weiss — im Gegensatz zum Bundesinnenministerium, das im Sommer 1983 entschieden hat, die HIAG wegen des Fehlens gerichtsverwertbarer Beweise vorerst nicht mehr im jährlichen Verfassungsschutzbericht des Bundes aufzunehmen; Gert Heidenreich ist internationalen Verbindungen im rechtsextremen Spektrum auf der Spur; Aktivitäten

---

29 Wolfgang Benz (Hrsg.), Rechtsextremismus in der Bundesrepublik. Voraussetzungen, Zusammenhänge, Wirkungen, Frankfurt a.M. 1984, 319 S. (Fischer Taschenbuch Verlag).
30 Vgl. ders. (Hrsg.), Rechtsradikalismus: Randerscheinung oder Renaissance, Frankfurt a.M. 1980. Siehe zur Kritik S. 122-125 dieses Buches.

der 1980 aufgelösten „Wehrsportgruppe Hoffmann" und der 1983 verbotenen Kühnen-Bewegung „Aktionsfront Nationaler Sozialisten/Nationale Aktivisten" werden von Rudolf Müller aufgezeigt. Tenor der meisten Beiträge: Der Staat unterschätze die Variante des Extremismus von rechts.

Obwohl eigens die geschichtliche Perspektive besonders ausgelotet werden soll, geschieht dies nur unzureichend. SRP und DRP tauchen so gut wie nicht auf. Und der im Anhang abgedruckte, überaus nützliche Ereigniskalender aus der Feder von Ino Arndt hat eine gewisse Schlagseite: Für die Zeit bis 1975 wird nicht mehr Platz beansprucht als für die seitherige Entwicklung. Benz unterliegt einer selektiven Wahrnehmung, wenn er nachzuweisen sucht, daß für viele Deutsche Hitler heutzutage — mehr als in den fünfziger und sechziger Jahren — ohne Krieg einer der größten Staatsmänner wäre (vgl. S. 21). Von den Meinungsforschungsergebnissen[31] einmal ganz abgesehen: Autoritäre Strukturen der fünfziger Jahre und obrigkeitsstaatliche Denkmuster der politischen Kultur sind schwächer, Rufe nach dem „starken Mann" leiser geworden.

Zuzustimmen ist Benz allerdings darin, daß es unstatthaft sei, für rechtsextreme Ausschreitungen kommunistische Hintermänner haftbar zu machen (wie bei den Synagogenschmierereien 1959/60 und bei Terrorakten in den achtziger Jahren), solange keine stichhaltigen Beweise geliefert werden. Das „cui bono"-Argument ist für eine solch weitgreifende These in der Tat unzureichend. Benz verweist zu Recht auf den Reichstagsbrand: Die Nationalsozialisten haben davon profitiert, ohne doch — entgegen so mancher Legende — die Urheber gewesen zu sein.

Im Gegensatz zu den eben erwähnten Gesamtdarstellungen zum Rechtsextremismus handelt es sich bei den folgenden zwei Bänden um publizistisch aufgemachte Schriften, die Rechtsextremisten eingehend selbst zu Wort kommen lassen. Zunächst zur Reportage *Giovanni di Lorenzos*[32]: Di Lorenzo, ein in Deutschland aufgewachsener Journalist italienischer Abstammung, wird als Schüler von Rechtsextremisten angepöbelt, erlebt rechtsextremistische Ex-

31 Die einschlägigen Daten bestätigen Benz keineswegs. Vgl. Elisabeth Noelle-Neumann/Edgar Piel (Hrsg.), Allensbacher Jahrbuch der Demoskopie 1978-1983, München 1983, S. 191. Nach der hier abgedruckten Tabelle wäre Hitler ohne den Krieg im Jahre 1955 für 48 Prozent der Deutschen einer der größten Deutschen gewesen (1960: 34 Prozent; 1967: 32 Prozent; 1978: 31 Prozent), für 36 Prozent der Deutschen hingegen nicht (1960: 43 Prozent; 1967: 52 Prozent, 1978: 55 Prozent).
32 Giovanni di Lorenzo, Stefan, 22, deutscher Rechtsterrorist: „Mein Traum ist der Traum von vielen", Reinbek/Hamburg 1984, 160 S. (Rowohlt Verlag).

zesse an seiner Schule, entwickelt als Ausländer eine besondere Sensibilität gegenüber Nazi-Aktivitäten und beobachtet bei Demonstrationen Neonazis; einer von ihnen — Stefan Selge (der Name ist ein Pseudonym) — steht später wegen terroristischer Taten vor Gericht. Der junge Journalist nimmt im Frühjahr 1981 Kontakt zu ihm auf. Nach einiger Bedenkzeit ist Selge bereit, über seine neonazistische „Karriere" zu berichten. Ein Jahr lang treffen sich die beiden. Die Komposition des Buches ist so beschaffen, daß in den acht Hauptkapiteln jeweils in einem Abschnitt der Rechtsextremist, in dem anderen der Journalist zu Wort kommt.

Di Lorenzo, frei von besserwisserischer Überheblichkeit, schildert selbstkritisch die Angst, sich mit einem Rechtsextremisten zu unterhalten, der sich dann gar nicht als „Monstrum" erwies, sondern dem Journalisten vertraute Züge hervorkehrte. So meidet di Lorenzo das verbreitete „Exoten-Image"[33] für Rechtsextremisten. Auch wendet er sich gegen die Einschätzung der eigenen antifaschistischen Freunde, man dürfe einem Rechtsextremisten kein Forum zur Propagierung seiner kruden Ideen bieten. Diese „volkspädagogischen" Gesichtspunkte läßt di Lorenzo nicht gelten, zu Recht auf die Stabilität und Liberalität unserer Gesellschaft vertrauend.

Die Selbsterforschung des Stefan Selge fällt nicht eben tiefschürfend aus. Die Gründe für „Einstieg" und „Ausstieg" aus der rechtsextremen Szene werden nicht so recht plausibel, auch nicht durch di Lorenzos Erklärungsversuche. Er hatte Geborgenheit in einer Gruppe gesucht, in der er sich anerkannt fühlte. „Ausgestiegen" sei er deshalb, weil ihn das von den Neonazis verpönte Disco-Leben fasziniere und weil er glaube, daß eine Neonazi-Bewegung zur Einschränkung der persönlichen Freiheit führe. Er wolle Geld verdienen, und zwar so viel, daß er später nicht mehr arbeiten müsse. Insgesamt hätte eine stärkere Interpretation von Selges Auffassung wohl nicht geschadet. Wie ist beispielsweise das Verhältnis von bloßer Provokationsbereitschaft und tatsächlicher neonazistischer Überzeugung zu gewichten?

Im übrigen ist Selges Weltbild ambivalent. Einerseits distanziert er sich vom Nationalsozialismus (wegen der mangelnden Freiheit), andererseits bestreitet er auch heute noch die systematische Vernichtung der Juden. 300.000 Juden seien im Krieg umgekommen, an Kälte und Hunger. Der Verlag hatte di Lorenzo gebeten, Selges grobe Geschichtsklitterung richtigzustellen. Di Lorenzo überkam dabei ein ungutes Gefühl. „Ist nicht viel mehr als diese paar Seiten krassester Ignoranz über unsere Geschichte in Stefans Bericht die Annahme erschreckend, daß seine Ansichten, fünfzig Jahre nach

---

33 Dudek/Jaschke (FN 25), S. 19.

der Machtergreifung Hitlers, den Lesern unkommentiert zum Fehlschluß verleiten könnten, man identifiziere sich mit dem Neo-Nazi, schlimmer noch — daß sie dazu verführen könnten, seine Propaganda mißzuverstehen?" (S. 86). Di Lorenzo hat hier einen wunden Punkt der politischen Kultur in der Bundesrepublik getroffen. Auf analoger Ebene liegt auch die Forderung, Verfechter der „Auschwitz-Lüge" gerichtlich zu belangen — als ob das eine intensive Auseinandersetzung mit der Vergangenheit ersetzen oder auch nur begünstigen könnte! Di Lorenzo hat einem jüdischen Journalisten-Schüler die Antwort auf Selge überlassen. Diese Ausführungen sind von aggressiver Emotionalität (S. 89-93). Di Lorenzo hingegen verteufelt Selge nicht. Das ist wohl der einzige Weg, um der Militanz des Neonazismus Herr zu werden.

Das nächste Buch trägt diesem Vorgehen nicht immer Rechnung — es dämonisiert mehr, als daß es aufklärt. Der Sammelband von *Werner Graf*[34] erhebt einen höheren Anspruch als di Lorenzos Reportage. Opfer des Rechtsextremismus erzählen, neonazistische Täter werden interviewt, Personen mit „präfaschistischen" Neigungen kommen zu Wort, Repräsentanten der NPD stellen sich dar, über die Gedankenwelt von Jugendlichen zum Nationalsozialismus wird berichtet. Viele der Beiträge sind nicht uninteressant, wie etwa die 1980 geführten Interviews von Eike Hennig mit Frank Schubert (S. 54-86), der Weihnachten 1980 zwei Schweizer Grenzbeamte erschossen und dann Selbstmord begangen hatte. Will man die Beweggründe rechtsextremistischer Täter herausfinden, ist eine Beschäftigung mit ihrer Psyche eine conditio sine qua non. Hennigs Kritik an Reinhard Kühnl, der als Marxist-Leninist schlicht das Monopolkapital für rechtsterroristische Auswüchse verantwortlich macht, ist nur zu berechtigt. Diese Perspektive klammert die Individualität des Täters vollständig aus. Aus der DDR geflohen, später führendes Mitglied der (1982 verbotenen) „Volkssozialistischen Bewegung Deutschlands/Partei der Arbeit", von moralischem Rigorismus geprägt und nicht frei von Statusängsten, verherrlichte Schubert die Gewalt, repräsentierte er den Typus des Kämpfers, haßte er die DDR und war er zutiefst von dem Faktum der „Auschwitzlüge" überzeugt. Welche konkreten Umstände letztlich die Taten ausgelöst haben, läßt sich freilich auch nach den Interviews schwer beurteilen. Bezeichnend für den offenkundigen Realitätsverlust ist das vom Linksterrorismus her bekannte Phänomen, daß für die politischen Freunde von Schubert dieser in einen Hinterhalt gelockt

---

34 Werner Graf (Hrsg.), „Wenn ich die Regierung wäre...". Die rechtsradikale Bedrohung. Interviews und Analysen, Berlin/Bonn 1984, 211 S. (Verlag I.H.W. Dietz).

worden sei. Recht aufschlußreich sind auch die Interviews mit Thomas Brehl und Michael Kühnen, dem Führer der 1983 verbotenen „Aktionsfront Nationaler Sozialisten/Nationale Aktivisten". Kühnen kritisiert am Nationalsozialismus, daß durch die Ausschaltung der SA-Führung 1934 nicht die „zweite Revolution" (S. 39) vollzogen wurde — für den sozialrevolutionär argumentierenden Kühnen, selber zeitweilig Mitglied der KPD(!), der „Geburtsfehler" (S. 39) des „Dritten Reiches". Es sei versäumt worden, die kapitalistische Struktur der Wirtschaft zu zerschlagen.

Wenn der Band insgesamt unbefriedigend ist, dann vor allem aus zwei Gründen: Der Herausgeber wittert überall rechtsextremes Gedankengut. Diese mangelnde Trennschärfe macht gerade sein Bemühen, auf die Gefahr von rechts aufmerksam zu machen, nicht sonderlich ertragreich. Graf insinuiert, daß diejenigen, die gegen das Gesetzgebungsvorhaben, neonazistische Propaganda unter Strafe zu stellen, Bedenken anmelden, an einer Relativierung von Hitlers Verbrechen interessiert sind. Und geradezu skandalös ist sein in jeder Hinsicht deplazierter Beitrag über Heiner Geißler. Wie immer man zu den umstrittenen Äußerungen Geißlers und seinen Ausfällen stehen mag — Graf vergiftet die politische und geistige Atmosphäre durch Sätze wie die folgenden: „Die Verratshetze von NPD und CDU/CSU unterscheidet sich nicht" (S. 159); Geißlers Provokationen seien „in der Substanz faschistisch" (S. 161). Geißler habe die Fähigkeit bewiesen, die faschistische Ideologie originell weiterzudenken" (S. 161). Es sei schlimm, daß Geißler mehr leistet für die Rehabilitierung der Nazis als jeder, der sich offen dazu bekennt (S. 161). Schlimm ist vielmehr, daß in einem Buch über die „rechtsradikale Bedrohung", dies der Untertitel, solch abgefeimte Sätze stehen, die von den tatsächlichen Rechtsextremisten ablenken und letztlich zu einer Verharmlosung der Bewegung beitragen, die Graf bekämpfen will.

Im November 1982 veranstaltete die Bundeszentrale für politische Bildung in Zusammenarbeit mit der Bundesprüfstelle für jugendgefährdende Schriften und dem Jugendpresseclub ein Seminar über „Neonazistische, rassistische und kriegsverherrlichende Medien". Zweck der Zusammenkunft war insbesondere ein Erfahrungsaustausch zwischen Juristen und Pädagogen zu diesem Thema. Die Ergebnisse der Tagung sind mit mancherlei Ergänzungen in Gestalt eines Sammelbandes in der „Schriftenreihe" der *Bundeszentrale für politische Bildung* erschienen.[35] Die Publikation ist natur-

---

35 Extremistische Medien. Pädagogische und juristische Auseinandersetzungen am Beispiel des Rechtsextremismus, Bonn 1984, 208 S. (Schriftenreihe der Bundeszentrale für politische Bildung, Bd. 211).

gemäß weniger für die wissenschaftliche Auseinandersetzung von Interesse als vielmehr für einen breiten Leserkreis. Das juristische Glossar und der Anhang mit einschlägigen Gesetzestexten tragen dieser Verwendungsweise Rechnung.

Beiträge von Peter Dudek/Hans-Gerd Jaschke und Eike Hennig sorgen zunächst für die nötigen Grundinformationen über die Verbreitung rechtsextremer Medien und ihre Funktion innerhalb der rechtsextremen Subkultur. Die Bedeutung einschlägiger Druckerzeugnisse, die 1982 beispielsweise in einer Stückzahl von 8,3 Millionen Exemplaren auf den Markt geworfen worden sind, sei gestiegen. Denn parteipolitisch können rechtsextreme Organisationen hierzulande nur Mißerfolge vermelden, mit der Konsequenz, daß florierende Verlage den Mangel an Integrationswirkung ausgleichen müssen.

Eine Reihe von Beiträgen skizziert die pädagogischen und juristischen Möglichkeiten, die in der Demokratie zur Verfügung stehen. Im großen und ganzen legen die Autoren dabei zu viel Nachdruck auf die Möglichkeiten des Strafrechts, insbesondere der Indizierung von Schriften. Alfred Streim etwa dramatisiert die Situation: „In den letzten Jahren entwickelten sich in unserem freiheitlichen demokratischen Rechtsstaat politische Extreme in einem Ausmaß, wie es wahrscheinlich niemand vorausgesehen hat. Nach den Linksextremisten haben sich die Rechtsextremisten langsam, aber stetig nach vorn geschoben, verbreiten ihre Ansichten unverblümt durch Wort, Schrift und Bild und sind teilweise zu gewaltsamen Kampfformen übergegangen, die von Sachbeschädigungen über Brandstiftungen bis zu Mordanschlägen reichen" (S. 61). Der Krisendiagnose folgt die Forderung nach einschneidenden Maßnahmen auf dem Fuß. Aber ist dies eigentlich sinnvoll? Hat es ein so gefestigtes Gemeinwesen wie die Bundesrepublik nötig, die zur Bekämpfung des politischen Extremismus zur Verfügung stehenden Mittel immer und in allen Fällen voll auszuschöpfen? Zurecht weist Eike Hennig darauf hin, daß „Lesefrüchte nur einen geringen Anteil an rechtsextremistischen Karrieren haben. Es ist kein Beispiel bekannt . . ., daß die Lektüre einer rechtsextremistischen Publikation *direkt* ausschlaggebend für die Mitgliedschaft in einer rechtsextremistischen Organisation gewesen ist" (S. 41; Hervorhebung im Original). Längerfristig gefährlicher erscheint die Flut rechtsextremer Druckerzeugnisse und ihre Wirkung auf politische Einstellungen in der breiten Bevölkerung. Aber die Mittel des Strafrechts können in diesem Fall wenig bewirken. Die geistig-politische Auseinandersetzung muß im Vordergrund stehen.

Dem voluminösen Werk — aus dem DKP-Verlag „Marxistische Blätter" — von *Reinhard Opitz* über „Faschismus und Neofaschismus"[36] liegt eine Vortragsreihe zugrunde, die der Verfasser bei der Wuppertaler „Marx-Engels-Stiftung" gehalten hat, eines von der DKP ins Leben gerufenen Vereins, dessen Vorstandsvorsitzender Herbert Mies ist, seines Zeichens Vorsitzender der DKP. Die Studie gibt sich den Anstrich einer gelehrten Abhandlung. Allein der Anmerkungsapparat erstreckt sich auf über 170 engbedruckte Seiten. In einem ersten — ausführlicheren — Teil wird auf den Nationalsozialismus (bzw. in der Terminologie von Opitz: Faschismus) eingegangen. Das „Monopolkapital" habe auch schon bei den Anfängen der NSDAP seine Hände im Spiel gehabt und ein „linker Flügel" in der NSDAP niemals bestanden. Selbst die Massenvernichtung in den letzten Kriegsmonaten sei im Interesse der Monopolbourgeoisie gewesen. Die führenden Nationalsozialisten waren in der Lage, meint Opitz in einer abenteuerlichen Argumentation, „auch über den Tag ihrer eigenen Niederlage hinauszugehen und schon vorsorgend für die Zeit danach — im Interesse derer, die sie zur Macht gebracht und für die sie den Krieg geführt hatten — zu handeln" (S. 232). Die Massenvernichtung sei zur Eliminierung möglichst vieler Gegner des Nationalsozialismus zwecks späterer Auseinandersetzungen vorgenommen worden. „Massenvernichtungswahnsinn" und „Durchhaltewahnsinn" „entsprangen beide der imperialistischen Rationalität — schon des nächsten Krieges" (S. 237). Welch makabrer Nonsens!

Dies gilt auch für den zweiten Teil, der sich mit dem Rechtsextremismus (bei Opitz: „Neofaschismus") in der Bundesrepublik befaßt. Der Autor meldet gegenüber dem Begriff „Neofaschismus" gewisse Vorbehalte an, aber natürlich nicht wegen des Terminus „Faschismus", sondern wegen des Präfix „Neo". Er will diesen Begriff rein temporal gelten lassen. „Neofaschismus" sei eben der Faschismus nach 1945. Opitz leugnet also, daß sich der „Faschismus" nach 1945 durch andere Paradigmata auszeichnet als jener vor 1945. In der Tat differenziert Opitz bei seinen verbalen Rundumschlägen nicht zwischen den einzelnen Strömungen von „rechts".

Der Verfasser greift Ereignisse und Zusammenhänge heraus, die nicht im Vordergrund der einschlägigen Literatur stehen, wie etwa die „Bruderschaft" Franke-Grickschs und Hasso von Manteuffels (S. 243-257). Charakteristisch für den Band ist Opitz' Verschwörungstheorie. Der Autor konstruiert personelle Verbindungen, die er zu rechtsextremen Einflußversuchen hochstilisiert. Der notorische

36 Reinhard Opitz, Faschismus und Neofaschismus, Frankfurt a.M. 1984, 544 S. (Verlag Marxistische Blätter)
37 Ähnlich wie Opitz argumentiert auch das stärker historisch angelegte Buch von Joachim Petzold, Faschismus. Regime des Verbrechens, 2. Aufl., Berlin (Ost) 1984.

Einfluß der „Monopolbourgeoisie" wird behauptet, jedoch nicht belegt.

Die verworrene Argumentationsstruktur ist gewiß nicht dadurch plausibler, daß der Autor sich darin gefällt, ellenlange Sätze mit zahlreichen Hypo- und Parataxen zu produzieren, wobei er es fertigbringt, in zwei Sätzen hintereinander (S. 266) folgende „mäßigen" Worte zu gebrauche: „umgangsmäßig", „kommunikationsmäßig", „befehlsstrukturmäßig", „zahlenmäßig", „wählerstimmenmäßig". Im Kapitel über den Staatssekretär Goebbels', Werner Naumann, sind die Unterstellungen besonders grotesk.[38] Auch wenn Opitz mit seiner scharfen Kritik an unausgegorenen Ideen der „Neuen Rechten" zuzustimmen bleibt und etwa das problematische Venohr-Buch[39], das rechte Nationalisten und „linke Patrioten" verfaßt haben, zu Recht verreißt, so kann das Werk nicht als adäquate Auseinandersetzung mit dem Rechtsextremismus gelten. Schimpfkanonaden ersetzen differenzierte Argumentationsmuster. Wo man hinschaut: Polemik, nichts als Polemik! Rechtsextremisten werden beim Lesen dieses Werkes frohlocken: So einflußreich, wie Opitz es schildert, wünschen sie sich das „rechte Lager".

Was für ein Fazit bietet sich an? Die gegenwärtige Situation läßt sich wohl am ehesten mit Buchtiteln aus den fünfziger („Bonn ist nicht Weimar"[40]) und den sechziger Jahren („Die Unfähigkeit zu trauern"[41]) charakterisieren: Bonn ist in der Tat nicht Weimar, denn der Rechtsextremismus fristet in einer subkulturellen Randzone ein Schattendasein — abgelehnt, ja stigmatisiert von den tragenden gesellschaftlichen Kräften, während die nationalsozialistische Bewegung damals vielfach als gleichberechtigte Konkurrenz um die Macht angesehen wurde, wohlgelitten von führenden Schichten. Und die „Unfähigkeit zu trauern" zeigt sich darin, daß die Ausgrenzung des Rechtsextremismus sowohl von einer intensiven Auseinandersetzung mit den Geschehnissen der Vergangenheit entlastet als auch von problematischen Verhaltensweisen der Demokraten. Sie erfüllt manchmal eine Alibifunktion. Meinungen und

---

38 Interessant ist ein Vergleich zu dem Kapitel „Die ‚Verschwörung' des Dr. Werner Naumann" bei Adolf von Thadden (FN 27), S. 73-96. Während Opitz meint, Naumann sei protegiert worden, soll nach von Thadden Naumann systematisch schikaniert worden sein.
39 Vgl. Wolfgang Venohr (Hrsg.), Die deutsche Einheit kommt bestimmt, Bergisch Gladbach 1982; siehe jetzt auch ders. (Hrsg.), Ohne Deutschland geht es nicht. Acht Essays von sieben Autoren zur Lage der deutschen Nation, Krefeld 1985.
40 Vgl. Fritz René Allemann, Bonn ist nicht Weimar, Köln 1956.
41 Vgl. Alexander und Margarete Mitscherlich, Die Unfähigkeit zu trauern. Grundlagen kollektiven Verhaltens, München 1967.

Anschauungen dürfen nicht deshalb diskreditiert werden, weil auch Extremisten sie sich zu eigen machen. Die weitverbreitete Angst vor dem „Beifall von der falschen Seite" ist Ausdruck einer nicht in jeder Hinsicht gefestigten politischen Kultur. Die Bundesrepublik müßte eigentlich so viel Selbstvertrauen besitzen, daß nicht gleich jeder anachronistische Devotionalienhandel eine Verbotsmentalität auf den Plan ruft. Jedenfalls ist die zum Teil emotional geführte Auseinandersetzung nicht immer ein Zeichen hilfreicher Aufklärung, sondern auch eines von „hilflosem Antifaschismus".[42] Der angesichts der vielschichtigen Problemfelder (Was ist Rechtsextremismus? Wie kommt er zustande? Welche Wege der Bekämpfung bieten sich an?) schwierigen Gratwanderung zwischen Verharmlosung und Verteufelung werden Wissenschaft und Publizistik nicht immer gerecht, wie dies auch manche Publikationen aus dem Jahre 1984 nachdrücklich zeigen.

## 4. Terrorismus

In der Mitte der 80er Jahre ist der Linksterrorismus in der Bundesrepublik Deutschland nach wie vor traurige Realität. Nicht nur Prozesse gegen Terroristen lassen diese Tatsache im Bewußtsein der Bürger haften; auch Terroranschläge alarmieren die Öffentlichkeit. Gewiß sind spektakuläre terroristische Aktionen im großen und ganzen zurückgegangen — die Terroristen gehen nicht mehr so große Risiken ein, die mit Attentaten gegen Personen oder Geiselnahmen verbunden sind. Doch schon fürchten die Fahnder eine neu rekrutierte Generation von Terroristen, die aus „Fehlern" ihrer Vorgänger lernen und die Verfolgungsbehörden vor noch größere Schwierigkeiten stellen könnten.[43] An der Jahreswende 1984/85 hatte die RAF im Zusammenhang mit den „Hungerstreiks" der „politischen Gefangenen" wieder einmal durch eine Reihe von Aktionen die Aufmerksamkeit der Öffentlichkeit auf sich gelenkt. Auf ihr Konto ging auch ein „mißglückter" Sprengstoffanschlag auf die NATO-Schule in Oberammergau im Dezember 1984 und das Attentat auf den Vorstandsvorsitzenden der MTU, Dr. Ernst Zimmermann, am 1. Februar 1985 in dessen Wohnung in Gauting bei München.[44]

42 Vgl. Wolfgang Fritz Haug, Der hilflose Antifaschismus, Frankfurt a.M. 1967.
43 Vgl. „Die alte RAF ist zu Ende gegangen", in: Der Spiegel, Nr. 47/1982, S. 130-138.
44 „Offensive 84/85" der „Roten Armee Fraktion", in: Innere Sicherheit 1/85, S. 1; Terrorismus, Anschläge und Attentate (6. April 1985), in: Archiv der Gegenwart 55 (1985), S. 28641-28646.

Vor dem Hintergrund dieser aktuellen Ereignisse und einer Kette terroristischer Aktionen in den letzten Jahren mag es zunächst zum Widerspruch reizen, wenn der Sozialwissenschaftler Fritz Sack in der zuletzt erschienenen Studie der vom Bundesministerium des Innern in Auftrag gegebenen Reihe „Analysen zum Terrorismus"[45] die Auffassung vertritt, der Terrorismus habe mit dem „deutschen Herbst" des Jahres 1977, der als Kulminationspunkt der Ereignisse in den 70er Jahren gelten kann, auch sein Ende gefunden. Um diese Bewertung zu verstehen, muß man sich zuvor mit dem Forschungsansatz vertraut gemacht haben, als dessen Produkt die Ergebnisse der voluminösen Studie anzusehen sind. Die Entstehungsbedingungen des Ende der 60er Jahre in der Bundesrepublik erstmals in Erscheinung tretende Terrorismus, Ausfallprodukt der studentischen Protestbewegung, werden im Rahmen eines Interaktionsmodells gedeutet. Demzufolge steht das Auftreten von Protestbewegungen in enger Beziehung zu bestimmten sie zur Mobilisation bringenden gesellschaftlichen Zuständen (hier lassen sich weitere Erklärungsansätze integrieren: politische Unzufriedenheit, Statusinkonsistenz, Deprivation, Wertewandel etc.). Die Aktionen der Protestler haben Auswirkungen auf das politische System. Dessen Repräsentanten reagieren wiederum in bestimmter Weise auf den Protest. Die Art dieser Reaktionen schließlich wirkt auf die Bewegung zurück — und so fort. Parallel verhält es sich mit der terroristischen Gruppe. Sie hat sich aus der Protestbewegung herauskristallisiert und tritt in einen ähnlichen Interaktionsprozeß mit dem politischen System und dessen Repräsentanten. Die Kernthese des Werkes lautet nun: Die Tatsache, daß der Interaktionsprozeß zwischen Protestbewegung und politischem System in die Entstehung eines von linksextremem Gedankengut inspirierten Terrorismus mündete und diese Entwicklung weiter eskalierte, ist insbesondere ein Folge massiver Fehlreaktionen der Gesellschaft und des Staates.

Um nun wieder auf die Behauptung Fritz Sacks zurückzukommen, der Terrorismus habe 1977 gleichzeitig Gipfel- und Endpunkt erreicht: Sie beruht auf der optimistischen Annahme, eines eskalierende Entwicklung könne sich in dieser Form nicht wiederholen,

[45] Fritz Sack/Heinz Steinert, Protest und Reaktion (= Analysen zum Terrorismus 4,2), unter Mitarbeit von Uwe Berlit, Horst Dreier, Henner Hess, Susanne Karstedt-Henke, Martin Moerings, Dieter Paas, Sebastian Scheerer und Hubert Treiber, Opladen 1984, 603 S. (Westdeutscher Verlag). Zu den „Analysen zum Terrorismus" (Bde. 1 bis 4,1) siehe S. 277-293 dieses Buches. Vgl. dazu auch — freilich einseitig — Reinhard Kreissl, Die Studien zum Terrorismus, in: Kritische Justiz 16 (1983), S. 311-324; ders., Staat und Terrorismus. Anmerkungen zu den Terrorismusstudien, in: Kritische Justiz 18 (1985), S. 15-28.

da die staatlichen Akteure dazugelernt und die Bürger den Terrorismus „bewältigt" hätten (vgl. S. 27). Aber was gab es da zu bewältigen? Wurde die Eskalation nur von Gesellschaft und Staat angeheizt? Sind die Interaktionspartner auf eine Stufe zu stellen? Wie eigentlich ist es mit der Legitimität der beiderseitigen Gewaltanwendungen bestellt? Fragen, die längst nicht alle in der Studie beantwortet werden.

Aber zunächst zum Aufbau und Inhalt des über 600seitigen Wälzers. Er besteht eigentlich aus zwei separaten Monographien, die auch von getrennten Teams verfaßt worden sind. Der erste von *Fritz Sack* und seinen Mitarbeitern erstellte Teil („Staat, Gesellschaft und politische Gewalt: Zur ‚Pathologie politischer Konflikte'") beschäftigt sich ausführlich mit den „Reaktionen von Gesellschaft, Politik und Staat auf die Studentenbewegung" und untersucht die gesetzgeberischen Maßnahmen gegen den Terrorismus. Der zweite Teil, von *Heinz Steinert* und seinem Team erarbeitet, rekonstruiert sozialkulturelle Entstehungsbedingungen des Linksterrorismus in den 70er Jahren, wobei ein Vergleich zwischen den Entwicklungen in der Bundesrepublik Deutschland, in Italien, Frankreich und den Niederlanden gezogen wird.

Inwieweit haben insbesondere die politisch Verantwortlichen falsch auf den Protest reagiert, so daß der Konfliktaustrag von zunächst friedlichen zu unfriedlichen Formen überging? Grundsätzlich sei unverhältnismäßig schroff auf den Protest reagiert worden. Die Polizei habe sich bei ihren Einsätzen Rechtsverletzungen zuschulden kommen lassen, die Sicherheitskräfte seien mangelhaft auf ihre Einsätze vorbereitet gewesen. Der in der politischen Kultur der Bundesrepublik verankerte Antikommunismus habe zu einer feindseligen Grundeinstellung gegenüber den Demonstranten beigetragen. Die einzelne Rechtsverletzung sei anderslautenden Bekundungen zum Trotz als politisches Delikt interpretiert und entsprechend scharf geahndet worden. Diese Formen der „Repression" habe das Gegenteil des Erwünschten bewirkt: Ein Solidarisierungseffekt sei eingetreten, der Protest ausgeweitet worden. Die Feindseligkeit gegenüber den Demonstranten habe der Entwicklung einer Minderheit zum Terrorismus zugearbeitet. Auf den Terrorismus schließlich reagierte der Staat mit einer Verschärfung gesetzlicher Bestimmungen. Nach Uwe Berlit und Horst Dreier hat man rechtliche Regelungen überdehnt und dann – als diese Strapazierung des Rechtsstaatsprinzips ruchbar wurde – die Ausnahmelage gesetzlich fixiert. Eine provokante These!

Die Ausarbeitungen der beiden Teams hatten beim Auftraggeber, dem Bundesministerium des Innern, offenbar für Wirbel gesorgt – der Band erschien erst mit einiger Verspätung. Die Herausgeber distanzieren sich in einem Vorwort daher auch vorsichtig: „Die Ausführungen beider Autoren und ihrer Mitarbeiter lassen ein besonders hohes Maß persönlichen politischen Engagements erkennen" (S. 6). „Die Autoren haben weitgehend auf Primärerhebungen verzichtet und sich stattdessen auf — teilweise umstrittene — Literatur gestützt" (S. 7). Die Buchreihe könne daher „zugleich auch ein weiteres Beispiel dafür bieten, welche Vielfalt an wissenschaftlichen und politisch engagierten Meinungen sich auf dem Boden unserer freiheitlich-demokratischen Grundordnung selbst dann entfalten kann, wenn Sicherheitsbelange unseres Staates diskutiert werden müssen und womöglich auch scharfe, ja selbst unberechtigte Kritik an seinen Organen zu erwarten ist" (S. 7). In der Tat — aber bedarf es eigentlich solcher Beteuerungen in einem Vorwort? Sollte es nicht eigentlich selbstverständlich sein, daß auch in Auftragsarbeiten für staatliche Institutionen die Freiheit und Unabhängigkeit des Wissenschaftlers gewahrt werden kann? Beauftragt das Bundesinnenministerium Wissenschaftler, damit sie ihm anschließend die Ergebnisse liefern, die es gerne haben möchte? Doch wohl nicht! Andererseits: Wo leben wir eigentlich, wenn, wie Heinz Steinert beklagt, „auch heute noch ... in dieser Bundesrepublik niemand ungestraft im Auftrag des Bundesministeriums des Inneren eine Arbeit über den ‚linken Terrorismus' und seine politischen und sozialstrukturellen Bedingungen" schreiben kann: „Das reicht von Studenten, die von der Arbeit nichts kennen als den Auftraggeber und einem daraufhin mit Verachtung in der Miene mitteilt, daß sie das nie von einem erwartet hätten, über Fachkolleginnen und -kollegen, die einen in den Geruch des Gekauftseins zu bringen versuchen, bis zu dem Vorwurf von wieder anderen Leuten, es handle sich bei der Arbeit um eine Apologie des Kommunismus oder um eine Beschimpfung der Bundesrepublik, der höchst einseitig der Blick für die Vorzüge dieses Landes abgehe" (S. 388). Steinert hat daher auf das Honorar verzichtet und es an das „Netzwerk Selbsthilfe Frankfurt" weitergeleitet.

Diese Reaktionen einiger Kommilitonen an der Universität weisen auf eine andere Befindlichkeit unserer politischen Kultur hin, die eng mit der studentischen Protestbewegung Ende der 60er Jahre zusammenhängt: Viele Linksintellektuelle haben ein schwer gestörtes Verhältnis zur Demokratie in der Bundesrepublik und ihren Institutionen. Die Studentenbewegung hatte marxistisches Gedankengut in die Diskussion gebracht. Die Bundesrepublik versah man mit dem abschätzig gemeinten Etikett „bürgerliche Demokratie". Beachtliche Teile dieser Bewegung wollten daher das bestehende System nicht lediglich reformieren, sie wollten es revolutionieren.[46] Damit ist eine weitere Dimension angesprochen, die man betrachten muß, will man die Ursachenfrage des Terrorismus nicht auf einzelne Aspekte verengen. Es wäre zwar falsch, den nachdrücklichen Hinweis des Forschungsteams auf Fehlreaktionen etwa von Politikern, Sicherheitskräften und Öffentlichkeit zu ignorieren; ihr interaktionistischer Ansatz aber ist — wie andere Deutungsrichtungen auch — nicht von der Versuchung zur monokausalen Zuspitzung gefeit. Im übrigen relativieren manche Ausführungen in den Bänden 1 bis 4,1 der „Analysen zum Terrorismus" die Hypothesen der Autoren. Zudem haben Sack und Steinert sich auf die Reaktionen von Gesellschaft und Staat konzentriert. Täte man das gleiche für die Aktionen und Reaktionen der Protestler, käme vermutlich einiges zum Vorschein, was die Resultate in ihrer Aussagekraft weiter einschränken würde.

---

46 Vgl. als Vertreter einer diametral entgegengesetzten Interpretationsrichtung: Günter Rohrmoser, Terroristische Gewalt oder das Ende des Dialogs, in: Der Staat 23 (1984), S. 321-336.

# Glossar

Das Glossar enthält Definitionen, Erläuterungen, Problemskizzen und Literaturempfehlungen zu zentralen Termini des Literaturführers. Dem mit der Materie noch wenig Vertrauten bietet es eine Hilfestellung bei der Durchdringung des Stoffes; der sachkundige Leser mag vor allem aus den knapp umrissenen Problemstellungen Nutzen ziehen. Die einzelnen Artikel versuchen Standard-Informationen zu vermitteln, beziehen sich im übrigen aber auf die im Text vorzufindenden Fragen und Verwendungsweisen. Besonders wichtig erscheinende Termini sind ausführlicher (Demokratie, Extremismus, Linksextremismus, Rechtsextremismus, Terrorismus, Totalitarismus), weniger bedeutsame in geraffter Form behandelt worden. Alle Beiträge weisen ein bestimmtes Grundschema auf: Ein erster Block enthält den Versuch einer kurzen Begriffsbestimmung. Anschließend werden Probleme der Begriffsverwendung, kontroverse Aspekte und gegebenenfalls Schwachpunkte der aktuellen Diskussion aufgezeigt. Im Text verstreut finden sich Querverweise auf benachbarte Stichwörter des Glossars. Die Literaturempfehlungen begnügen sich schließlich mit einigen wenigen weiterführenden, für die Forschung vielfach besonders bedeutsamen Angaben.

### Anarchismus

Anarchismus ist ein Sammelbegriff für Theorien und Utopien, die jegliche Herrschaft des Menschen über den Menschen zugunsten einer herrschaftsfreien Ordnung aufheben wollen. Ziel einer anarchistischen Revolution ist die Auflösung staatlicher Institutionen. An deren Stelle sollen dezentralisierte, auf freiwilligem Zusammenschluß beruhende Selbstverwaltungs-Einheiten treten. Der Anarchismus zerfällt in zahlreiche ideologische Varianten. Im Groben kann zwischen einer stärker individualistischen und einer stärker kollektivistischen Richtung unterschieden werden.

---

Die → RAF-Terroristen wurden häufig fälschlicherweise als „Anarchisten" bezeichnet, wobei die russischen Anarchisten des vergangenen Jahrhunderts wohl Pate gestanden haben. Das Terrorkonzept der RAF ist jedoch ideologisch von einem an Lenin orientierten Avantgarde-Selbstverständnis bestimmt: die terroristische Gruppe als revolutionäre Elite. Die Studentenbewegung Ende der sechziger Jahre hatte anarchistischen Konzepten zu einer Renaissance verholfen.

*Peter Lösche,* Anarchismus, Darmstadt 1977.
*Jan Cattepoel,* Anarchismus. Rechts- und staatsphilosophische Prinzipien, München 1973.

### Antifaschismus und Antikommunismus

Gegner des → Faschismus und des → Kommunismus können als Antifaschisten und Antikommunisten bezeichnet werden. In diesem Sinne wären also — geht man vom nicht hinreichend aussagekräftigen Wählerverhalten aus — weit über 90 Prozent der Bürger der Bundesrepublik zugleich Antifaschisten und Antikommunisten. Tatsächlich aber wird der Begriff Antifaschismus in aller Regel nur von denen gebraucht, die den Begriff „Antikommunismus ablehnen. Für den Terminus „Antikommunismus" gilt dies umgekehrt ebenso. Die politischen Fronten verlaufen nicht zwischen „Antifaschisten" und „Faschisten" und ebensowenig zwischen „Antikommunisten" und „Kommunisten". Schließlich können Antifaschisten und Antikommunisten ebenfalls Gegner der Demokratie sein — und sind es häufig genug. Diese Begriffe versuchen den grundlegenden Gegensatz zwischen → Demokratie und Diktatur zu verwässern, ja aufzuheben.

---

Die Termini „Antifaschismus" und „Antikommunismus" stellen in erster Linie Kampfbegriffe dar; sie sind wissenschaftlich weitgehend unbrauchbar. Denn der Begriff „Antikommunist" suggeriert, es sei schon ein Ausweis demokratischer Gesinnung, gegen den Kommunismus eingeschworen zu sein. Das ist eine notwendige, jedoch keine hinreichende Voraussetzung, um als

Demokrat zu gelten. Bezeichnenderweise propagieren auch und gerade
→ Rechtsextremisten „Antikommunismus". Für den Begriff „Antifaschist"
gilt der gleiche Sachverhalt spiegelbildlich. Es ist nun einmal leichter, unter
der Agitationsvokabel des „Antifaschismus" Massen zu mobilisieren, als für
den Kommunismus Anhänger zu sammeln. Begriffe wie „Antifaschismus"
und „Antikommunismus" eignen sich daher vorbildlich zur Tarnung extremistischer Gruppierungen. Hitler hat den Zweiten Weltkrieg unter dem Feldzeichen des „Antikommunismus" geführt; die Mauer firmiert in der DDR als
„antifaschistischer Schutzwall".

*Akademie für Politische Bildung (Hrsg.),* Ist der „Antikommunismus" überholt?, Tutzing 1983.
*Werner Hofmann,* Stalinismus und Antikommunismus. Zur Soziologie des
Ost-West-Konflikts, 4. Aufl., Frankfurt a.M. 1970.
*Georg Stadtmüller,* „Faschismus" und „Antifaschismus". Kommunistische
Schlagworte und die historische Wirklichkeit, in: Criticón 6 (1976), Nr. 35,
S. 128 – 130.


**Autoritarismus**
Insbesondere zwei unterschiedliche Verwendungsweisen sind sorgfältig voneinander zu trennen: 1. Autoritarismus von Persönlichkeiten, individuelle
Denk- und Charakterstrukturen; 2. autoritäre politische Systeme. Als sozialpsychologisches Konzept befand sich die Autoritarismusforschung zunächst
auf der Suche nach einem typisch „autoritären Charakter", der den Erfolg
von Regimen wie des Nationalsozialismus erklären helfen sollte. Soziologische Ansätze führten jedoch zur Korrektur dieser primär psychologisch
orientierten Sichtweise. Begreift man autoritäre Einstellungen als Produkt
eines möglicherweise jahrzehntelangen Sozialisationsprozesses, so stellt
sich automatisch die Frage nach sozialen Determinanten, die zur Prägung autoritärer Bewußtseinsformen beitragen. Davon strikt zu trennen ist die in
der Staatsformenlehre verbreitete Unterscheidung → totalitärer und autoritärer Diktaturen, die wiederum in ihrer Gesamtheit einen Gegensatz zu den
Formen freiheitlicher → Demokratie bilden. Als differenzierende Kriterien
gelten der Grad des noch geduldeten gesellschaftlichen Pluralismus, die Intensität der Ideologisierung der Gesellschaft, die Art der Begrenzung und
der Umfang des herrschenden Personenkreises. Ein autoritärer Staat unterscheidet sich von einem totalitären Regime insbesondere dadurch, daß er
keine Zwangspolitisierung anstrebt, auf eine gesellschaftliche Umwälzung
verzichtet und den Bürgern mehr Freiheiten einräumt. Opposition gegen die
herrschende Clique wird jedoch nicht toleriert.

---

Der Schluß von autoritären Einstellungen auf → extremistische Aktivitäten
bzw. von autoritären Formen politischer Herrschaft auf autoritäre Einstellungen ist nicht oder nur mit größter Vorsicht möglich. Empirische Reprä-

sentativstudien über autoritäre Einstellungen in der Bevölkerung werden in ihrer Aussagekraft durch die Faktoren Schulbildung, politisches Interesse, Intelligenz, Erfahrungswelt der Befragten wesentlich eingeschränkt. Umgekehrt müssen autoritäre Herrschaftsformen nicht Konsequenz entsprechender Überzeugungs- und Bewußtseinsformen sein. Machterwerb und Machterhalt etwa gewinnen besonders in Diktaturen eine Eigendynamik.

*Wolfgang Gessenharter,* Art. „Autoritarismus", in: Ekkehard Lippert/Roland Wakenhut (Hrsg.), Handwörterbuch der politischen Psychologie, Opladen 1983, S. 39-47.
*Gerda Lederer,* Jugend und Autorität. Über den Einstellungswandel zum Autoritarismus in der Bundesrepublik Deutschland und den USA, Opladen 1983.
*Juan J. Linz,* Totalitarian and Authoritarian Regimes, in: Fred I. Greenstein/Nelson W. Polsby (Hrsg.), Handbook of Political Science, Bd. 3, Reading/Mass. 1975, S. 175-411.
*Seymour M. Lipset,* Soziologie der Demokratie, Neuwied/Berlin 1962.
*Milton Rokeach,* The Open and Closed Mind, New York 1960.


## Bewegung

Die soziale Bewegung ist ein lockerer organisatorischer Zusammenschluß von Vertretern gesellschaftlicher Protestgruppen mit kollektivem Bewußtsein zur Verfolgung politischer Ziele auf vornehmlich außerinstitutionellem Wege. Soziale Bewegungen werden von breiteren, potentiell mobilisierbaren Bevölkerungsgruppen getragen, die gesellschaftliche Krisenzustände als ungerecht erfahren und von einem nur institutionellen Engagement keine Lösung ihrer Probleme erwarten.

---

Außerparlamentarisch wirkende Protestgruppen verstehen sich häufig selbst als „Bewegung", suggerieren damit einen Massenanhang, der objektiv oftmals nicht vorhanden ist. Daher sollte von sozialen Bewegungen erst gesprochen werden, wenn sich breite Bevölkerungskreise mit den politischen Zielen der Protestler identifizieren. In der repräsentativen → Demokratie sind soziale Bewegungen ein Indiz für Versäumnisse der staatlichen Institutionen bei der Lösung gesellschaftlicher Probleme.

*Karl-Werner Brand/Detlef Büsser/Dieter Rucht,* Aufbruch in eine andere Gesellschaft. Neue soziale Bewegungen in der Bundesrepublik, 2. Aufl., Frankfurt a. M./New York 1984, S. 35-37.
*Otthein Rammstedt,* Soziale Bewegung, Frankfurt a. M. 1978.


## Demokratie
Auf den ersten Blick erscheint es unmöglich, einen Allerweltsbegriff, der so unterschiedlich verwendet wird wie „Demokratie", überhaupt zu definieren.

In der parteipolitischen Arena streiten „konservative", „christliche", „liberale", „soziale", „sozialistische" und „radikale" Demokraten um seine Auslegung. Selbst extremistische Kräfte haben „Demokratie" für ihre Zwecke okkupiert: „Nationaldemokraten" und „Volksdemokraten" schmücken sich jedoch mit fremden Federn. Die freiheitliche Demokratie ist das Produkt eines bis in die Antike zurückreichenden historischen Erfahrungsprozesses in der Auseinandersetzung mit unterschiedlichen Formen der Willkürherrschaft. Ihre Entstehung ist in engem Zusammenhang zur Verbreitung der modernen Freiheitsidee und des Verfassungsstaates wie der Entwicklung hochdifferenzierter Industriegesellschaften zu sehen. Unterschiedliche Grundgedanken und Strukturmerkmale, die teilweise in einem Spannungsverhältnis zueinander stehen, prägen die freiheitliche Demokratie.

Wegweisend ist nach wie vor die Konkurrenztheorie der Demokratie, auf der das westliche Demokratieverständnis ruht. Sie geht davon aus, daß in der pluralistisch organisierten Gesellschaft verschiedene Interessen existieren, denen gleichermaßen → Legitimität zukommt. Die politische Willensbildung soll durch einen offenen Prozeß der Auseinandersetzung zwischen den heterogenen Gruppeninteressen vonstatten gehen, wobei ein Minimum gemeinsamer Überzeugungen erforderlich ist. Aufgrund der Vielfalt der Meinungen und Interessen gibt es „die" absolut richtige Lösung nicht. Wenn das Mehrheitsprinzip daher auch als Entscheidungsgrundlage gilt, so darf dennoch keine „Tyrannei der Mehrheit", welche die demokratischen Spielregeln und unveräußerlichen Menschenrechte notgedrungen antastet, ausgeübt werden. Ein ausgeprägter Minderheitenschutz bildet für dieses Demokratieverständnis einen konstitutiven Bestandteil. Die Annahme eines vorgegebenen, einheitlichen und objektiv erkennbaren Volkswillens wird verworfen.

Hingegen leugnet die von Rousseau beeinflußte Demokratietheorie, die sich Extremisten aller Schattierungen direkt oder indirekt zu eigen machen, die Legitimität von Interessenkonflikten und betrachtet den Volkswillen als homogen. Nach diesem Verständnis bedeutet Demokratie Identität von Regierenden und Regierten. Der „Führer" oder „die Partei" setzt den einmal als richtig erkannten Gemeinwillen in die Tat um. Abweichungen und oppositionelle Strömungen gelten als Häresie.

Eine zur Abgrenzung gegenüber → Extremismen jeglicher Couleur geeignete Begriffsklärung muß alle denkbaren Formen freiheitlicher Demokratie berücksichtigen, gleichzeitig aber auch eine ausreichende Trennschärfe aufweisen. Das Bundesverfassungsgericht hat sich in den Verbotsurteilen gegenüber der „Sozialistischen Reichspartei" (SRP) 1952 und der „Kommunistischen Partei Deutschlands" (KPD) 1956 auf eine derartige Gratwanderung eingelassen. Der so umrissene „kleinste gemeinsame Nenner" („freiheitliche demokratische Grundordnung") umfaßt Funktionsbedingungen und Strukturelemente sowie Wert- und Zielvorstellungen, die für die Existenz einer freiheitlichen Demokratie als unerläßlich angesehen werden: „So läßt sich die freiheitliche demokratische Grundordnung als eine Ordnung bestimmen, die unter Ausschluß jeglicher Gewalt- und Willkürherrschaft eine rechtsstaatliche Herrschaftsordnung auf der Grundlage der Selbstbestimmung des Volkes nach dem Willen der jeweiligen Mehrheit und der Freiheit und Gleichheit darstellt. Zu den grundlegenden Prinzipien dieser Ordnung sind mindestens zu rechnen: Die Achtung vor den im Grundgesetz konkretisierten Menschenrechten, vor allem vor dem Recht der Persönlichkeit auf Leben und freie Entfaltung, die Volkssouveränität, die Gewaltenteilung, die Verantwortlichkeit der Regierung, die Gesetzmäßigkeit der Verwaltung, die Unabhängigkeit der Gerichte, das Mehrparteienprinzip und die Chancengleichheit für alle politischen Parteien mit dem Recht auf verfassungsmäßige Bildung und Ausübung einer Opposition." Zwar bedürfen die so verankerten Strukturelemente teilweise der Interpretation (z. B. „Gewaltenteilung") und der Relativierung (z. B. „Volkssouveränität"); dennoch liegt hier eine Beschreibung des demokratischen Minimalkonsenses vor, die eine relativ klare Abgrenzung gegenüber extremistischen Bestrebungen erlaubt.

---

Eine Minimaldefinition von Demokratie, wie sie das Bundesverfassungsgericht zu geben versucht hat, mag eine ausreichende theoretische Trennschärfe besitzen, für die praktische Umsetzung ist dies jedoch nicht ohne weiteres gegeben. Extremisten offenbaren, gerade wenn sie in der freiheitlichen Demokratie wirken, ihre wahre Identität nur selten. Sie beteuern vielmehr ihre demokratische Einstellung und halten sich nach Möglichkeit an die Gesetze (Legalitätstaktik). Gerade in der streitbaren Demokratie, die nicht davor zurückscheut, sich mit ihren Feinden offensiv auseinanderzusetzen, üben extremistische Kräfte äußerste Zurückhaltung, vermeiden verräterische Formulierungen in öffentlichen Äußerungen und verfolgen eine defensive politische Taktik. So kann es im Einzelfall schwierig oder gar unmöglich sein, Extremisten zu entlarven. Schließlich entsprechen in vielerlei Hinsicht verfängliche „Gesinnungsprüfungen" nicht dem Wesen freiheitlicher Demokratie. Daher erscheint es sinnvoll, beim Nachweis extremistischer Bestrebungen nicht auf die individuelle, sondern auf die organisatorische Ebene abzuheben. Dies gilt etwa auch bei der Einstellungspraxis für den öffentlichen Dienst. In aller Regel ist es wesentlich einfacher, Organisationen zweifelsfrei als extremistisch zu identifizieren. Wer sich in ihnen betätigt, unterliegt automatisch dem Verdacht, antidemokratische Positionen zu vertreten. Der Einsatz in sicherheitsrelevanten Bereichen des Staates kann dann nicht mehr in Frage kommen.
Freilich ist es in manchen Zweifelsfällen auch unmöglich, einer bestimmten Organisation extremistische Tendenzen einwandfrei nachzuweisen. Dann muß der römische Rechtsgrundsatz „in dubio pro reo" gelten. Wenn Demokraten versuchen, mißliebige politische Kräfte in ein Zwielicht zu rücken, indem sie einen schwach begründeten Verdacht auf Verfassungsfeindlichkeit äußern, widerspricht dies dem Gebot der Liberalität. Die Gefahr, daß sich „abweichendes" politisches Verhalten eines Tages als Extremismus entpuppt, muß eine Demokratie aushalten können, will sie ihres freiheitlichen Charakters nicht verlustig gehen.

*Werner Becker,* Die Freiheit, die wir meinen. Entscheidung für die liberale Demokratie, 2. Aufl., München/Zürich 1984.
*Ernst Fraenkel,* Deutschland und die westlichen Demokratien (1964), 7. Aufl., Stuttgart u. a. 1979.

*Andreas Sattler*, Die rechtliche Bedeutung der Entscheidung für die streitbare Demokratie, Baden-Baden 1982.
*Helmut M. Schäfer*, Die freiheitlich-demokratische Grundordnung. Einführung in das demokratische Verfassungsrecht, München/Wien 1982.
*Joseph A. Schumpeter*, Kapitalismus, Sozialismus und Demokratie (1942), 5. Aufl., München 1980.
*Winfried Steffani*, Pluralistische Demokratie. Studien zu Theorie und Praxis, Opladen 1980.

Diktatur → Demokratie, → Extremismus, → Totalitarismus, → Autoritarismus


Extremismus
Als Antithese freiheitlicher → Demokratie dient politischer Extremismus zur umfassenden Bezeichnung antidemokratischer Gesinnungen und Bestrebungen. Im einzelnen werden damit verschiedenartige Erscheinungsformen umschrieben. Zu unterscheiden ist zwischen Extremismen, die an die Macht gelangt sind, als Träger staatlicher Herrschaft fungieren, und solchen, die in freiheitlichen Demokratien ihre subversive Tätigkeit entfalten. Im ersteren Fall handelt es sich um Diktaturen → autoritärer oder → totalitärer Prägung, je nach dem Grad des politischen Pluralismus, der ideologischen Ausrichtung und der Mobilisierung der Bevölkerung. Generell wird zwischen → links- und → rechtsextremen Varianten differenziert. Diese idealtypische Zweiteilung orientiert sich insbesondere an den gegensätzlichen Endzielen und Menschenbildern rechts- und linksextremer Gruppierungen. So geht der → Kommunismus von der Realisierbarkeit einer „klassenlosen Gesellschaft" aus, die der Menschheit ein Leben in Frieden, Freiheit und Wohlstand ermöglichen soll. → Neonazistische Organisationen orientieren sich dagegen an Leitbildern, welche die Versklavung eines Teils der Menschen zugunsten der Diktatur einer „Herrenrasse" vorsehen. Mögen ideologische Konzeptionen für Extremismen in freiheitlichen Demokratien noch eine bedeutende Rolle für Gegenwartsdeutung und Zukunftsgestaltung, Gruppenzusammenhalt und Mobilisation neuer Mitglieder spielen, so dient die → Ideologie in diktatorischen Regimen vornehmlich zur Herrschaftslegitimierung. → Totalitarismus-Konzepte heben daher die Parallelen in den Methoden der Herrschaftsausübung zwischen ideologisch gegensätzlichen Regimen hervor: Extremismen, welcher Couleur auch immer, verwenden ähnliche Mittel beim Kampf gegen das demokratische Gemeinwesen.
Über vordergründige programmatische Einzelfragen und strategisch-taktische Kalküle hinaus lassen sich jedoch auch strukturelle Gemeinsamkeiten extremistischen Denkens bestimmen. So neigen alle Extremismen dazu, ihr politisches Handeln und die Wahrnehmung der Wirklichkeit in den Rahmen einer „Weltanschauung" einzuordnen, die für möglichst viele Probleme Lösungen bieten soll und in sich mehr oder weniger systematisch aufgebaut ist. Extremistische Ideologien basieren teilweise auf nicht überprüfbaren Aussagen. Der Stellenwert der Ideologie schwankt jedoch von Gruppe zu Gruppe. Intellektuelle Zirkel oder sektenähnliche Vereinigungen legen naturgemäß einen größeren Wert auf weltanschauliche Fragen und ideologi-

sche Geschlossenheit als etwa extremistische Sammlungsbewegungen. Extrismen mit ansonsten völlig konträrer Programmatik weisen übereinstimmende gedankliche Stereotypen auf. Dies beginnt mit der Verabsolutierung bestimmter Grundvorstellungen („kapitalistische Klassengesellschaft", Rassenlehren), denen zur Weltinterpretation und Problemlösung universelle Bedeutung beigemessen wird. Extremisten wähnen sich im Besitz der alleinigen Wahrheit, sie verfechten ihre einmal für richtig erkannten Ziele kompromißlos und unerbittlich. Die Menschheit teilt sich für sie demzufolge in Anbeter und Gegner ihrer chiliastischen Zukunftsverheißungen.

---

Neben „Extremismus" findet in der Forschung auch der traditionsreichere Begriff „Radikalismus" Verwendung. „Radikalismus" ist jedoch semantisch vorbelastet. So hatten im 18. und 19. Jahrhundert liberale Emanzipationsbewegungen in romanischen und angelsächsischen Ländern den Begriff auf ihre Fahnen geschrieben. Sie verbanden mit „Radikalismus" den Kampf um bürgerliche Freiheitsrechte, Verfechter des Obrigkeitsstaates dagegen die gewaltsame Zerstörung einer legitimierten politischen Ordnung. Auch heute noch ist „Radikalismus" ein ambivalenter Begriff: Die einen werten ihn durch ein Kompositum wie „Radikaldemokratie" auf; den anderen bedeutet „Radikalismus" soviel wie „Verfassungsfeindlichkeit". Vom Alltagsverständnis her sind die Termini „Radikalismus" und „Extremismus" beide nicht mit eindeutigen Inhalten besetzt; erst die Definition macht sie für den wissenschaftlichen Gebrauch geeignet. Eine solche Definition ist jedoch im Falle des Extremismusbegriffs leichter durchsetzbar, da er begriffshistorisch weniger mißverständliche Assoziationen ermöglicht.

Der Extremismusbegriff als Sammelbezeichnung antidemokratischer Gesinnungen und Bestrebungen hat eine doppelte Funktion: eine politische und eine wissenschaftliche. „Politisch" nicht im Sinne von „parteipolitisch", sondern im Sinne einer Politik für die freiheitliche Demokratie und gegen totalitäre Versuchungen jeglicher Provenienz. „Extremismus" stellt diesen fundamentalen Antagonismus in den Vordergrund, der die Unterschiede zwischen autoritären und totalitären Regimen, rechts- und linksextremen Varianten gegenüber der allen gemeinsamen Negation des Demokratischen verblassen läßt. Aber er erfüllt auch eine im engeren Sinne wissenschaftliche Funktion, indem er das Erkenntnisinteresse auf Gemeinsamkeiten der Extremismen untereinander lenkt, die auf den ersten Blick nicht zum Vorschein kommen, für die Einschätzung und Einordnung des Gesamtphänomens jedoch sehr bedeutsam sind.

*Manfred Funke (Hrsg.),* Extremismus im demokratischen Rechtsstaat. Ausgewählte Texte und Materialien zur aktuellen Diskussion, Bonn 1978.
*Hans D. Klingemann/Franz U. Pappi,* Politischer Radikalismus, München/Wien 1972.
*Erwin K. Scheuch,* Politischer Extremismus in der Bundesrepublik, in: Richard Löwenthal/Hans-Peter Schwarz (Hrsg.), Die zweite Republik. 25 Jahre Bundesrepublik Deutschland – eine Bilanz, 2. Aufl., Stuttgart 1974, S. 433-469.

## Faschismus

Faschismus bezeichnet zunächst den italienischen Faschismus, eine von Benito Mussolini (1883-1945) begründete politische → Bewegung, die in der ersten Hälfte der zwanziger Jahre die Macht im italienischen Staat an sich zog und den totalen Staat errichten wollte. Im italienischen Faschismus verbanden sich die Ideen charismatischen Führertums und der Politisierung der Massen mit einem aggressiven Nationalismus und Imperialismus. Davon zu unterscheiden sind Faschismustheorien, die Entstehung, Entwicklung, Ausprägung und Verfall in der Zwischenkriegszeit entstandener politischer Bewegungen zu erklären suchen. Diese Theorien orientieren sich inbesondere am italienischen Faschismus und deutschen Nationalsozialismus und beziehen eine mehr oder weniger große Zahl ähnlicher Phänomene in anderen europäischen Ländern in ihre Überlegungen ein. Hier ist weiterhin eine primär wissenschaftliche Begriffsverwendung, der es lediglich um den erkenntnistheoretischen Wert eines vergleichenden Faschismusbegriffs geht, von einer politisch-polemischen zu trennen. Insbesondere marxistisch-leninistisch, aber auch neomarxistisch orientierte Autoren haben einer unzulässigen Ausdehnung und Verwässerung des Begriffs Vorschub geleistet und ihn in das zum Kampf gegen die freiheitliche → Demokratie bestimmte Waffenarsenal aufgenommen.

---

Begriffe wie „Faschismus", „Neofaschismus" und „faschistoid" finden in einer umfangreichen marxistischen Literatur beim Kampf gegen die „bürgerliche Demokratie" Verwendung. Nicht-Marxisten können unter einen generellen „Neofaschismus"-Verdacht gestellt werden. Als „faschistoid", d. h. „tendenziell faschistisch" gelten schließlich unter Umständen alle als „repressiv" interpretierten Gesellschaftsstrukturen. Die Ausweitung des Faschismusbegriffs bedeutet so gleichzeitig eine Verharmlosung des Nationalsozialismus.

*Karl Dietrich Bracher,* Kritische Betrachtungen zum Faschismusbegriff, in: Ders., Zeitgeschichtliche Kontroversen. Um Faschismus, Totalitarismus, Demokratie, 5. Aufl., München 1984, S. 13-32.
*Reinhard Kühnl,* Faschismustheorien, Reinbek bei Hamburg 1979.
*Ernst Nolte,* Die faschistischen Bewegungen, 7. Aufl., München 1979.
*Wolfgang Schieder (Hrsg.),* Faschismus als soziale Bewegung. Deutschland und Italien im Vergleich, 2. Aufl., Göttingen 1983.
*Hans-Ulrich Thamer/Wolfgang Wippermann,* Faschistische und Neofaschistische Bewegungen. Probleme der Faschismusforschung, Darmstadt 1977.

## Ideologie

Ideologien sind politische Überzeugungssysteme, deren Elemente (Ideologeme) in einem mehr oder weniger systematischen Zusammenhang zueinander stehen, deren Aussagen für möglichst viele Problembereiche Lösungen bieten und deren Wahrheitsgehalt sich teilweise der Überprüfung entzieht. Quantitativ sind sie also durch hohe Komplexität, Interdependenz der

Ideologeme und Reichweite der Aussagen, qualitativ durch ein geschickt komponiertes System von Wahrheiten, Unwahrheiten und Halbwahrheiten gekennzeichnet. → Extremistisches Denken ist in besonderem Maße ideologisch geprägt. In freiheitlichen → Demokratien dienen Ideologien extremistischen Organisationen vor allem zur Integration und Weltvermittlung, in diktatorischen Regimen zur Rechtfertigung und Sanktionierung.

---

Es ist zu betonen, daß die hier vorgenommene Begriffsbestimmung lediglich eine Form möglicher Konzeptualisierung darstellt. Der Ideologiebegriff ist aufgrund seiner langen Tradition und des Stellenwertes der mit ihm verbundenen Probleme in unterschiedlichster, auch widersprüchlicher Form definiert worden. Der Marxismus-Leninismus etwa verwendet ihn gleich in doppelter Ausführung. Hier bedeutet „Ideologie" einerseits „falsches Bewußtsein", andererseits wird offiziell von der „marxistisch-leninistischen Ideologie" gesprochen. Im Rahmen der Extremismusforschung erscheint eine Verbindung qualitativer mit quantitativen Elementen des Ideologiebegriffs sinnvoll.

*Philip E. Converse,* The Nature of Belief Systems in Mass Publics, in: David A. Apter (Hrsg.), Ideology and Discontent, Glencoe/Ill. 1964, S. 206-261.
*Hans-Joachim Lieber (Hrsg.),* Ideologie – Wissenschaft – Gesellschaft. Neuere Beiträge zur Diskussion, Darmstadt 1976.

### Kommunismus
Der Begriff Kommunismus wird und wurde mit unterschiedlichsten Inhalten besetzt. So ist „Kommunismus" als „klassenlose Gesellschaft" der Zukunft aufzufassen. „Kommunismus" wird aber auch identisch mit „Marxismus-Leninismus" verwendet und bezeichnet dann → Ideologie und gesellschaftliche Wirklichkeit in den Staaten des „real existierenden Sozialismus". „Kommunismus" kann ebenso die Gesamtheit kommunistischer Parteien meinen. Am häufigsten scheint der Begriff aber als Sammelbezeichnung für politische Ideen und Bestrebungen gebraucht zu werden, welche die Überwindung „kapitalistischer Klassengesellschaften" zugunsten der Errichtung einer „klassenlosen Gesellschaft" auf ihre Fahnen geschrieben haben. „Kommunismus" ist dann identisch mit „Marxismus" im weiteren Sinne des Wortes.

---

Die Lehren von Karl Marx (1818-1883) und Friedrich Engels (1820-1895) stehen somit am Anfang einer Geschichte des Kommunismus, Vorläufer können hier vernachlässigt werden. Nach Karl Marx und Friedrich Engels ist die kapitalistische Wirtschaftsordnung nicht in der Lage, eine gerechte Verteilung der wirtschaftlichen Güter zu leisten. Die Dynamik des kapitalistischen

Systems fördere vielmehr seinen Untergang. Dem Proletariat komme als revolutionärem Subjekt die Aufgabe zu, den Verfall des kapitalistischen Systems für den Aufbau einer klassenlosen Gesellschaft zu nutzen, die nach einer revolutionären Übergangsphase erreicht werden könne. Wladimir Iljitsch Lenin (1870-1924) verstand sich selbst als orthodoxer Marxist, stand aber vor dem ideologischen Problem, eine Revolution im Agrarstaat Rußland durchführen zu wollen, in einem Land also, dem die bei Marx als revolutionäres Subjekt fungierende Industriearbeiterschaft weitgehend abging. Lenin forderte daher eine Kaderpartei mit strenger Parteidisziplin und zentralistischem Aufbau, die als Eliteformation Träger der revolutionären Umwälzung sein solle. Während Lenin und vor allem Leo Trotzki (1879-1940) die russische Oktoberrevolution als ersten Schritt zu einer weltweiten Umwälzung ansahen, vertrat der Nachfolger Lenins, Josef Stalin (1879-1953), die These vom „Aufbau des Sozialismus in einem Lande". Unter dem Stalinismus verfestigte sich der → totalitäre Grundzug im politischen System der Sowjetunion. Stalin führte rigorose Säuberungen zur Eliminierung politischer Gegner durch. Reformkommunistische Tendenzen innerhalb des Ostblocks sind systematisch unterdrückt worden. Im Gegensatz zu Lenin entdeckte der chinesische Kommunist Mao Tse-tung (1893-1976) die kleinbäuerlichen Massen Chinas als Subjekt einer kommunistischen Umwälzung. In Rivalität zu Moskau erhob nun auch Peking den Anspruch, Zentrum der kommunistischen Weltrevolution zu sein. Ob die Differenzen mit der Sowjetunion primär auf ideologischen oder machtpolitischen Gegensätzen beruhen, ist schwierig zu entscheiden.

*Leszek Kolakowski,* Die Hauptströmungen des Marxismus. Entstehung – Entwicklung – Zerfall, 3 Bde., München/Zürich 1977-1979.
*Wolfgang Leonhard,* Die Dreispaltung des Marxismus. Ursprung und Entwicklung des Sowjetmarxismus, Maoismus und Reformkommunismus, Düsseldorf/Wien 1971.


## Legalität und Legitimität
Bedeutet Legalität lediglich die äußere Rechtmäßigkeit, so ist unter Legitimität die innere Anerkennungswürdigkeit zu verstehen. Maßnahmen in einer Diktatur, die mit den dortigen Gesetzen übereinstimmen, sind legal, brauchen aber nicht legitim zu sein. Die Orientierung an der Legalität erhöht in jedem Falle die Berechenbarkeit staatlichen Handelns. Der Begriff Legitimität hat im Laufe der Zeit einen deutlichen Bedeutungswandel erfahren. Galt etwa in der Restaurationsperiode der ersten Hälfte des 19. Jahrhunderts für die „Heilige Allianz" nur die Herrschaft von „Gottes Gnaden" als legitim, so bedeutet das → demokratische Legitimitätsprinzip heutzutage, Herrschaft habe sich auf den Willen des Volkes zu gründen. Auch zahlreiche Diktaturen jedweder Färbung hüllen sich in das Renommiergewand demokratischer Legitimation.

Konnte in „Weimar" die wertrelativistisch angelegte verfassungsmäßige Ordnung mit der nötigen Mehrheit gleichsam legal aus den Angeln gehoben werden („legale Revolution"), so schiebt das wertgebundene Grundgesetz dem einen Riegel vor. Art. 79,3 GG statuiert „Ewigkeitswerte" (z.B. Unantastbarkeit der Menschenwürde). Gewiß vermag sich eine antidemokratische Bewegung über die Prinzipien des Verfassungskerns hinwegzusetzen, sie begeht dann aber Verfassungsbruch und kann sich nicht mehr als Verteidigerin der Legalität gerieren. Extremistische Kräfte neigen dazu, Legitimität und Legalität gegeneinander auszuspielen. Verfechter des Marxismus-Leninismus etwa akzeptieren eine auf dem Privateigentum an Produktionsmitteln basierende Wirtschaftsordnung nicht als anerkennungswürdig, unabhängig von der Auffassung der Bevölkerung, die eben „manipuliert" oder „korrumpiert" sei. Teile der Friedensbewegung betrachten die Nachrüstungs-Entscheidung des Bundestages als illegitim, da sie den Frieden in höchstem Maße gefährde. Frieden aber sei nun einmal der höchste Wert. Hieraus speist sich dann die Rechtfertigung für den „zivilen Ungehorsam". Tatsächlich aber gibt es unterschiedliche Auffassungen über die „richtigen" Mittel der Friedenssicherung.

*Bernd Guggenberger,* Art. „Legalität und Legitimität", in: Wolfgang W. Mikkel (Hrsg.), Handlexikon zur Politikwissenschaft, München 1983, S. 267-272.
*Ulrich K. Preuß,* Legalität und Pluralismus. Beiträge zum Verfassungsrecht der Bundesrepublik Deutschland, Frankfurt a.M. 1973.
*Carl Schmitt,* Legalität und Legitimität, Berlin 1932.

**Leninismus → Linksextremismus, → Kommunismus**

**Linksextremismus**
Linksextremismus ist eine Sammelbezeichnung für antidemokratische Gesinnungen und Bestrebungen, die traditionell auf der äußersten „Linken" des Rechts-Links-Spektrums verortet werden. Den zahlreichen ideologischen Strömungen ist die Ablehnung jeglicher Herrschaft des Menschen über den Menschen gemeinsam, sei es, daß zentrale Organisationsformen generell als Übel gelten (→ Anarchismus, → Spontaneismus), sei es, daß die „kapitalistische Klassengesellschaft" haftbar gemacht wird (→ Kommunismus). Die pluralistische → Demokratie diene lediglich der geschickten Verschleierung gesellschaftlicher Herrschaft und Unterdrückung.
Über den „kleinsten gemeinsamen Nenner" hinaus lassen sich unterschiedliche linksextreme Varianten unterscheiden. Zu nennen wären Gruppierungen, die sich auf die „richtige" Auslegung der Lehren von Marx, Engels, Lenin, Stalin, Trotzki oder Mao Tse-tung berufen. Zu dieser Richtung zählen in der Bundesrepublik erstens die sogenannten „orthodoxen Kommunisten", Anhänger der moskautreuen Linie der DKP und ihrer Nebenorganisationen, die dank massiver finanzieller Unterstützung und organisatorischem Geschick mit Abstand den größten Einfluß ausüben. Zweitens die im Zuge der Studentenbewegung aufgekommenen, ebenfalls dogmatischen K-Gruppen, die, in ihrer Mehrzahl maoistisch orientiert, inzwischen nahezu ohne Bedeutung geworden sind. Drittens die so zahlreichen wie einflußlosen trotzkistischen Splittergruppen, die alle für sich die einzig richtige Interpretation der durch-

aus widersprüchlichen Lehre ihres Meisters Leo Trotzki beanspruchen. Dieser dogmatischen Linken steht eine undogmatische, seit Mitte der siebziger Jahre in der Bundesrepublik verbreitete Form gegenüber: Die Spontis lehnen ideologisch starre Konzepte ab und fordern mehr Raum für subjektive Empfindungen und Eingebungen. Den radikalen Individualismus hat der Spontaneismus mit Teilen des Anarchismus gemeinsam, ebenso die Abneigung gegen zentrale Organisationsformen.

---

Ähnlich wie der Begriff → „Rechtsextremismus" ist auch „Linksextremismus" nur als ein möglicher Versuch zur übersichtlichen Gliederung an sich recht unterschiedlicher Phänomene zu verstehen. Im einzelnen werden dabei Probleme der Einordnung sichtbar und auch die Grenzen einer typologischen Zweiteilung des extremen Spektrums, etwa bei der „Europäischen Arbeiterpartei" (EAP), die einmal als rechtsextrem und dann als linksextrem firmiert. Für die Rechts-Links-Dimensionierung spricht allerdings ihre Verankerung in der politischen Kultur.

Ebenfalls zu beachten ist, daß ideologische Fragen an Bedeutung verlieren, sobald eine extremistische Bewegung die Macht erringen konnte. Der moderne Kommunismus hat in allen Staaten, wo er Fuß fassen konnte, Diktaturen mit Einheitsparteien errichtet – unabhängig davon, ob formal mehrere Parteien zugelassen sind. Die Herrschaftsinstanzen und Produktionsmittel wurden in staatliche Hand gegeben und streng zentralistisch verwaltet. Darüberhinaus besteht die Tendenz, in möglichst weite gesellschaftliche Bereiche regulierend einzugreifen. In den Methoden der Herrschaftsausübung gleichen sich „rechte" und „linke" Diktaturen einander an (→ Totalitarismus). Der fundamentale Antogonismus zwischen der freiheitlichen → Demokratie und dem politischen → Extremismus läßt Unterschiede zwischen einzelnen Erscheinungsformen zurücktreten.

*Max Kaase,* Art. „Linksextremismus", in: Dieter Nohlen (Hrsg.), Pipers Wörterbuch zur Politik, Bd. 2: Westliche Industriegesellschaften. Wirtschaft – Gesellschaft – Politik, hrsg. von Manfred G. Schmidt, München/Zürich 1983, S. 218-222.
*Gerd Langguth,* Protestbewegung. Entwicklung – Niedergang – Renaissance. Die Neue Linke seit 1968, Köln 1983.

Maoismus → Linksextremismus, → Kommunismus

Marxismus → Linksextremismus, → Kommunismus

Nationalismus → Rechtsextremismus, → Neonazismus, →Faschismus

Neofaschismus → Rechtsextremismus, → Neonazismus, → Faschismus

### Neonazismus

Neonazismus bezeichnet rechtsextreme politische Gesinnungen und Bestrebungen, die sich an tragenden Prinzipien des historischen Nationalsozialismus orientieren („Neo-Nationalsozialismus"). Zu den charakteristischen Merkmalen gehören: das Führerprinzip, eine rassistische, insbesondere antisemitische → Ideologie, ein aggressiver „Antibolschewismus" und Militarismus. Neonazismus ist stets verbunden mit dem Versuch, den historischen Nationalsozialismus zu rehabilitieren und als erstrebenswertes politisches System zu empfehlen. Nach 1945 trug in der Bundesrepublik die „Sozialistische Reichspartei" (SRP) teilweise offen neonazistische Züge. In neuerer Zeit wird der Begriff vor allem im Zusammenhang mit Gruppen rechtsextremer Jugendlicher gebraucht, die nationalsozialistische Symbole (Hakenkreuz, SS-Runen, Totenkopfabzeichen, entsprechende Uniformen) als Mittel der Provokation benutzen. Hier ist jedoch zu unterscheiden zwischen einem harten Kern politisch überzeugter Neonazis und Mitläufern mit apolitischen Motiven.

---

Begreiflicherweise hat der historische Nationalsozialismus in der rechtsextremen Szene der Bundesrepublik eine integrierende Funktion. Nur eine Minderheit läßt jegliche Sympathien in dieser Richtung vermissen. Das Spektrum reicht vom offenen Bekenntnis bis zu stillschweigender Verharmlosung und partieller Rehabilitierung des Nationalsozialismus. Dennoch ist Neonazismus keineswegs identisch mit → Rechtsextremismus. Auch in der Bundesrepublik gab und gibt es rechtsextreme Gruppierungen, die sich vom Nationalsozialismus ausdrücklich distanzier(t)en. Im internationalen Kontext gilt dies in verstärktem Maße.

*Manfred Jenke,* Verschwörung von rechts? Ein Bericht über den Rechtsradikalismus in Deutschland nach 1945, Berlin 1961, S. 446-448.
*Hein Stommeln,* Neonazismus in der Bundesrepublik Deutschland. Eine Bestandsaufnahme, Bonn 1979.

### Politischer Wandel

Politischer Wandel umfaßt strukturelle Veränderungen politischer Systeme mit systemkonformer oder systemsprengender Wirkung. Systemkonforme Veränderungen („Reformen") lassen die grundlegenden Werte und Spielregeln des politischen Systems unangetastet. Systemsprengende Aktivitäten („Subversion") zielen dagegen auf einen Umsturz hin, d.h. eine die Fundamente des Systems zerstörende, gewaltsame Veränderung. Der politische Umsturz kann Folge einer – häufig spontanen – Massenerhebung breiter Bevölkerungsteile sein, die eine soziale und politische Umwälzung bewirkt („Revolution"). Einzelne unterdrückte Bevölkerungsgruppen können sich in einer „Rebellion" gegen die staatliche Herrschaftsgewalt auflehnen. Schließlich besteht die Möglichkeit, daß eine Führungsgruppe die andere in einem sorgfältig geplanten und als Überraschungscoup durchgeführten „Staatsstreich" oder „Putsch" ersetzt. Der politische Umsturz ist dann gerechtfertigt, wenn er sich auf ein Widerstandsrecht gegen ungerecht ausgeübte Herrschaft berufen kann, wie dies prinzipiell in diktatorischen Regimen der Fall ist. In freiheitlichen ➔ Demokratien, politischen Systemen also, die einen friedlichen und freiheitssichernden Konfliktaustrag ermöglichen und politischen Veränderungen gegenüber offen sind, solange dadurch die Grundlagen des Systems nicht tangiert werden, kann es einen ➔ legitimierten politischen Umsturz nicht geben.

---

„Politischer Wandel" ist ein Kunstbegriff, der es ermöglicht, unterschiedliche Kategorien zueinander in Beziehung zu setzen. In der Politikwissenschaft sind insbesondere die Begriffe „Revolution" und „Staatsstreich"/„Putsch" in präziser Weise definiert worden. „Subversion" und „Rebellion" werden dagegen in wechselnder Form verwendet. Für den wissenschaftlichen Sprachgebrauch ist jedoch eine möglichst zweifelsfreie Begriffklärung wünschenswert.

*Heinrich Dietz,* Faszination der Revolte. Jugend und ewiges Jakobinertum, Stuttgart 1970.
*Karl Griewank,* Der neuzeitliche Revolutionsbegriff, 2. Aufl., Frankfurt a.M. 1969.
*Christian Graf von Krockow,* Reform als politisches Prinzip, München 1976.

**Radikalismus ➔ Extremismus**

**Rassismus ➔ Rechtsextremismus, ➔ Neonazismus**

**Rebellion ➔ Politischer Wandel, ➔ Legalität/Legitimität**

**Rechtsextremismus**
Rechtsextremismus ist eine Sammelbezeichnung für antidemokratische Gesinnungen und Bestrebungen, die traditionell auf der äußersten „Rechten" des Rechts-Links-Spektrums verortet werden. Im einzelnen handelt es sich dabei um recht unterschiedliche Erscheinungsformen. Als typisch gelten jedoch ein — mehr oder weniger — aggressiver Nationalismus, der zumeist mit Ressentiments gegenüber ethnischen Fremdgruppen einhergeht und nicht selten in Rassismus einmündet. Im Unterschied zu den utopischen Endzielen ➔ kommunistischer oder ➔ anarchistischer Observanz erstrebt der Rechtsextremist einen starken Staat, der die vermeintlich „objektiven" Interessen der Nation oder „Volksgemeinschaft" auch mit militärischen Mitteln durchzusetzen bereit ist (Militarismus).
Für weite Teile des bundesdeutschen Rechtsextremismus erfüllt(e) der historische Nationalsozialismus eine Vorbildfunktion, sei es, daß er völlig unkritisch als erstrebenswertes Regime gilt, sei es, daß er zwar kritisiert, in seinen charakteristischen Elementen jedoch für gut geheißen wird, sei es, daß lediglich seine Symbole als wirkungsvolles Provokationsmittel zum Einsatz

kommen. Die seit Mitte der siebziger Jahre in der Bundesrepublik verstärkt auftretenden jugendlichen Neonazigruppen knüpfen ungeniert an nationalsozialistische Vorbilder an. Sie propagieren größtenteils die Wiederzulassung der NSDAP und die Errichtung eines neuen NS-Staates. Für Teile der – häufig militanten – Neonaziszene ist allerdings zu berücksichtigen, daß es sich möglicherweise auch um einen nur scheinbar politischen Protest handelt. Weniger eindeutig sind die Beziehungen der „traditionellen" Teile des bundesdeutschen Rechtsextremismus zum historischen Nationalsozialismus: „Nationationaldemokratische" und „national-freiheitliche" Organisationen tragen jedoch durch ihre Aktivitäten und öffentlichen Verlautbarungen zu dessen Verharmlosung bei. Es gab und gibt in der rechtsextremen Subkultur der Bundesrepublik auch immer einzelne Gruppierungen, die sich vom Nationalsozialismus distanzier(t)en. Dies gilt etwa für bestimmte „nationalrevolutionäre" und „solidaristische" Gruppen in der Nachfolge der „Konservativen Revolution" der Weimarer Republik. In der unmittelbaren Nachkriegszeit fanden sich zudem antidemokratische Monarchistengruppen zusammen, die allerdings keinen Einfluß ausüben konnten.

---

In der Literatur werden die Begriffe → „Neonazismus" oder auch „Neofaschismus" häufig synonym mit „Rechtsextremismus" gebraucht. Dies ist wenig sinnvoll. Abgesehen davon, daß ein so verengter Rechtsextremismus-Begriff lediglich für die Bundesrepublik verwendbar wäre, übt der historische Nationalsozialismus auf das rechtsextreme Spektrum eine recht unterschiedliche Anziehungskraft aus. „Neonazismus" sollte demnach nur zur Bezeichnung rechtsextremer Kräfte dienen, die sich mit tragenden Prinzipien des Nationalsozialismus identifizieren. „Neofaschismus" wird häufig von marxistischen Autoren verwendet. Sie ersetzen den → Totalitarismus- durch einen vergleichenden → Faschismusbegriff. Der Ausdruck „Neofaschismus" wird dabei als politische Kampfvokabel auf → Antikommunisten unterschiedlichster Richtungen angewendet. Eine derartige Terminologie verwischt die Grenze zwischen → Extremismus und → Demokratie.
Die begriffliche Zweiteilung in „Rechts-" und → „Linksextremismus" sollte darüberhinaus nur als ein möglicher Versuch angesehen werden, das breite Spektrum extremistischer Phänomene in überschaubare Komplexe zu gliedern. Bereits der Nationalsozialismus, der traditionell „rechte" mit traditionell „linken" Elementen kombinierte, stellte die Geltung der seit der Französischen Revolution verbreiteten Rechts-Links-Dimensionierung in Frage. Entsprechend lassen sich Sonderphänomene wie „nationalrevolutionäre" und „solidaristische" Gruppierungen auf einer linearen Rechts-Links-Achse nur schwer verorten. Typologisierende Begriffe wie Rechts- und Linksextremismus dürfen zudem bedeutendere Gemeinsamkeiten aller Extremisten nicht verdecken, die durch eine derartige Dichotomisierung nicht erfaßt werden.

*Wolfgang Benz (Hrsg.),* Rechtsextremismus in der Bundesrepublik. Voraussetzungen, Zusammenhänge, Wirkungen, Frankfurt a. M. 1984.

*Peter Dudek/Hans-Gerd Jaschke,* Entstehung und Entwicklung des Rechtsextremismus in der Bundesrepublik. Zur Tradition einer besonderen politischen Kultur, 2 Bde., Opladen 1984.
*Erwin K. Scheuch,* Theorie des Rechtsradikalismus in westlichen Industriegesellschaften, in: Hamburger Jahrbuch für Wirtschafts- und Gesellschaftspolitik 12 (1967), S. 11-29.

**Reform** → Politischer Wandel, → Legalität/Legitimität

**Revolution** → Politischer Wandel, → Legalität/Legitimität

**Spontaneismus**
Im Gegensatz zu ideologisch dogmatischen Formen des → Linksextremismus verlangt der Spontaneismus mehr Raum für die Kreativität subjektiver Empfindungen und Emotionen. → Ideologisch starre Konzepte lehnt er ab, spontane Aktionen und Gefühlsäußerungen fordert er. Im radikalen Individualismus und Voluntarismus treffen sich die „Spontis" mit Teilen des → Anarchismus. Beiden Gruppen ist zudem die Abneigung gegen zentrale Organisationsformen gemeinsam. Seit Mitte der siebziger Jahre traten an bundesdeutschen Hochschulen zahlreiche Spontigruppen auf, die dort teilweise beachtliche Wahlerfolge erzielen konnten. Der Einfluß dieser Gruppen ist allerdings auf den universitären Bereich beschränkt geblieben.

---

Es ist darauf hinzuweisen, daß es in der undogmatischen Linken und innerhalb des anarchistischen Ideenkreises ideologisch differenziertere, pragmatische Konzepte gibt, die sich zur Gewaltfreiheit bekennen und eine evolutionäre Gesellschaftsveränderung bevorzugen. Ein pragmatischer Anarchismus angelsächsischer Prägung erkennt auch die Notwendigkeit bestimmter Formen zentraler Organisation zur Befriedigung elementarer Bedürfnisse in einer Massengesellschaft an. Insofern gibt es also in diesem Bereich Gruppierungen, die bei der Einordnung hinsichtlich der zentralen Koordinaten → Demokratie und → Extremismus Probleme aufwerfen.

*Gerd Langguth,* Protestbewegung. Entwicklung – Niedergang – Renaissance. Die Neue Linke seit 1968, Köln 1983.
*Johannes Schütte,* Revolte und Verweigerung. Zur Politik und Sozialpsychologie der Spontibewegung, Gießen 1980.

**Stalinismus** → Linksextremismus, → Kommunismus

**Subversion** → Politischer Wandel, → Legalität/Legitimität

**Terrorismus**
Terrorismus ist eine Form des politischen → Extremismus, die auf die Beseitigung der freiheitlichen → Demokratie mittels systematischer Anwendung

von Gewalttaten mit Überraschungseffekt abzielt. Terroristen bezwecken die Erregung von Furcht und Schrecken bei zu bekämpfenden gesellschaftlichen Gruppen, gleichzeitig möchten sie Aufmerksamkeit und (längerfristig) Sympathie bei breiten Bevölkerungskreisen für ihre politischen Ziele erregen. Durch ihre Aktionen erhoffen sich die Terroristen eine massenmobilisierende und revolutionierende Wirkung. Terrorismus ist also erstens zu unterscheiden vom Terror, den politische Machthaber auf Beherrschte ausüben; zweitens von entsprechenden Widerstands-Aktionen in Diktaturen. In der Bundesrepublik kann zwischen einem → linksextremen Terrorismus mit sozialrevolutionären und einer → rechtsextremen Ausprägung mit → neonazistischen Zielen differenziert werden.

Der bundesdeutsche Linksterrorismus ist im Dunstkreis der Studentenbewegung Ende der sechziger Jahre entstanden. Die aus der „Baader-Meinhof-Gruppe" hervorgegangene „Rote Armee Fraktion" (RAF) verfolgte ein terroristisches Konzept, das die Ermordung prominenter, das verhaßte System repräsentierender Persönlichkeiten einplante. Diese Strategie führte schon früh zur Entfremdung der Gruppe von ihrem ursprünglichen Sympathisantenkreis, wenn sie ihr auch ein Höchstmaß an Öffentlichkeitswirksamkeit sicherte. Umfang und Ausmaß der Aktionen erleichterten den Sicherheitskräften die Bekämpfung der RAF. Die Gruppe existiert derzeit zwar noch, ist aber durch die Fahndungserfolge der Polizei seit 1977 nahezu „aufgerieben". Demgegenüber verfolgen die „Revolutionären Zellen" (RZ) ein „basisnähe" bemühtes Terrorkonzept, das die Gefährdung von Menschenleben nach Möglichkeit vermeidet und sich auf die Ausführung weniger risikoreicher Brand- und Sprengstoffanschläge konzentriert. Im Gegensatz zum eher an Lenin orientierten Avantgarde-Selbstverständnis der RAF betätigen sich RZ vor allem in Bereichen, die eine Mobilisation der „Massen" versprechen („neue soziale → Bewegungen"). Dem „basisnahen" ideologischen Konzept entspricht eine weitgehend dezentralisierte Organisationsstruktur. Die nach diesem Muster strukturierte „Guerilla Diffusa" konnte sich bislang sehr erfolgreich Fahndungsmaßnahmen entziehen. Seit Ende der siebziger Jahre ist auch von rechtsextremen Tätern eine lange Kette von Gewalttaten durchgeführt worden, die zum Teil die Bezeichnung „Terrorismus" verdienen. Gegenüber linksextremen Formen fällt das ideologische Defizit der zumeist jugendlichen Rechtsextremisten auf. Es handelt sich aber auch hier nicht um ziellose Aktionen. Politische Motive kommen etwa in der Wahl der Angriffsziele zum Ausdruck.

---

Die Grenzen zwischen noch nicht-terroristischer Militanz und terroristischen Aktionen sind fließend. Der definitorische Spielraum wird durch Häufigkeit und Intensität der Terrorakte, deren Publizität und Bedrohlichkeit bestimmt. Entsprechend fällt professionellen Beobachtern eine gewisse Definitionsmacht zu. Ob bereits von einem – dem Linksterrorismus vergleichbaren – Rechtsterrorismus gesprochen werden kann, hängt oftmals nicht von objektiven Kriterien, sondern von politischen Wertungen ab. Die bisherigen rechtsterroristischen Gewalttaten mögen mit den spektakulären Aktionen des Linksterrorismus in den siebziger Jahren nicht vergleichbar sein. Doch bereits eine relativ kleine Gruppe zum letzten Einsatz bereiter Terroristen kann dem freiheitlichen Gemeinwesen schweren Schaden zufügen. Daher ist Wachsamkeit gegenüber militanten Formen des Extremismus welcher Richtung auch immer dringend geboten.

*Manfred Funke (Hrsg.)*, Terrorismus. Untersuchungen zur Strategie und Struktur revolutionärer Gewaltpolitik, Bonn 1977.
*Gewalt von rechts.* Beiträge aus Wissenschaft und Publizistik, hrsg. vom Referat ,,Öffentlichkeitsarbeit gegen Terrorismus" im Bundesministerium des Innern, Bonn 1982.
*Walter Laqueur,* Terrorismus, Kronberg/Ts. 1977.

## Totalitarismus

Als Begriff der Staatsformenlehre bezeichnet ,,Totalitarismus" eine Form der Willkürherrschaft, die unter den Entwicklungsbedingungen des 20. Jahrhunderts entstanden ist. Nach Friedrich/Brzezinski sind totalitäre Regime insbesondere durch sechs konstitutive, in wechselseitigem Zusammenhang stehende Merkmale gekennzeichnet: 1. Eine für möglichst viele Problembereiche Lösungen bietende → Ideologie mit chiliastischen Verheißungen; 2. die Existenz einer hierarchisch gegliederten, oligarchisch organisierten und der Staatsbürokratie übergeordneten bzw. mit ihr verflochtenen Massenpartei; 3. ein von Geheimpolizei und Partei getragenes Terrorsystem zur Eliminierung und Kontrolle systemwidriger Kräfte; 4. ein staatliches Nachrichtenmonopol; 5. ein staatliches Waffenmonopol; 6. eine zentrale Wirtschaftslenkung.
Das Totalitarismuskonzept wurde aufgrund der Erfahrungen mit den Regimen des Nationalsozialismus, des italienischen → Faschismus und des Stalinismus entwickelt. Dabei richtet es sein Augenmerk vor allem auf die Methoden der Herrschaftsausübung, nicht aber auf die propagierten Endziele. Ideologisch gegensätzlich ausgerichtete Regime weisen in der Herrschaftspraxis wesentliche Übereinstimmungen auf. Besonders deutsche Emigranten haben wegweisende Arbeiten geleistet. Die Auffassung, das Totalitarismuskonzept sei ein Produkt des Kalten Krieges, erweist sich damit als Chimäre — sie dient der Diskreditierung eines mißliebigen Begriffs, der auf Gemeinsamkeiten rechter und linker Diktaturen verweist.

---

Das Totalitarismus-Konzept sah sich seit den sechziger Jahren zunehmender Kritik ausgesetzt. Von den zahlreichen politisch motivierten Attacken abgesehen wurden auch von wissenschaftlicher Seite Einwände vorgebracht, die das Modell teils modifizierten, teils aber auch für obsolet erklärten. Besonders ernst zu nehmen ist der Vorwurf mangelnder Historizität: Das Modell gebe lediglich eine statische Zustandsbeschreibung und sei so beispielsweise auf die Wandlungen unterworfenen → kommunistischen Systeme nicht mehr anwendbar. Dieser Einwand hat eine gewisse Berechtigung, allerdings kann er nicht das prinzipielle Verdienst des Modells erschüttern, das im Vergleich der Herrschaftsmethoden besteht. Diesem Punkt wurde entgegengesetzt, das Totalitarismus-Konzept greife nur einen Aspekt des Systemvergleichs heraus, biete aber keine Theorie totalitärer Systeme. Man tut in der Tat gut daran, totalitarismus-konzeptionelle Erwägungen auf die Herrschaftspraxis zu konzentrieren. Es handelt sich dabei allerdings um einen zentralen Gesichtspunkt, der nicht zuletzt den Alltag der in totalitären Regimen lebenden Menschen bestimmt. „Totalitarismus" ist somit keineswegs als Modell überholt, es bedarf jedoch empirischer Prüfung und Weiterentwicklung. Insbesondere das Problem der Abgrenzung totalitärer und → autoritärer Regime ist bisher noch nicht in befriedigender Weise gelöst worden. Das Totalitarismus-Modell hebt die Gemeinsamkeiten in der Herrschaftspraxis eines Typs diktatorischer Regime hervor und weist so auf den grundlegenden Unterschied zu jeglicher Form freiheitlicher Demokratie hin — unabhängig davon, daß diese auf den ersten Blick vom differierenden ideologischen Anspruch vernebelt werden.

*Karl Dietrich Bracher,* Der umstrittene Totalitarismus: Erfahrung und Aktualität, in: Ders., Zeitgeschichtliche Kontroversen. Um Faschismus, Totalitarismus, Demokratie, 5. Aufl., München 1984, S. 33-61.
*Manfred Funke (Hrsg.),* Totalitarismus. Ein Studien-Reader zur Herrschaftsanalyse moderner Diktaturen, Düsseldorf 1978.
*Leonard B. Schapiro,* Totalitarianism, London 1972.
*Bruno Seidel/Siegfried Jenkner (Hrsg.),* Wege der Totalitarismus-Forschung, 3. Aufl., Darmstadt 1974.

**Trotzkismus → Linksextremismus, → Kommunismus**

**Dokumentation**

Entsprechend der Anlage dieses Bandes werden im folgenden Graphiken und Tabellen zu den Bereichen Totalitarismus, Rechtsextremismus, Linksextremismus und Terrorismus präsentiert. Schließlich ist auch noch eine Zusammenfassung des neuesten Verfassungsschutzberichtes (für das Jahr 1984) aufgenommen worden. Es kam weniger auf Vollständigkeit an, als vielmehr darauf, möglichst hinreichend aussagekräftige Daten zu gewinnen. Für weitere Angaben sei auf die Verfassungsschutzberichte hingewiesen. Wo es, um Mißverständnisse und Fehleinschätzungen zu vermeiden, notwendig erschien, wurden die Daten näher erläutert. Im übrigen ist der Hinweis angebracht, daß sich ein Phänomen wie der Extremismus lediglich begrenzt statistisch erfassen läßt.

## 1. Totalitarismus

Graphik 1: Differenzierung zwischen Autoritarismus und Totalitarismus[1]

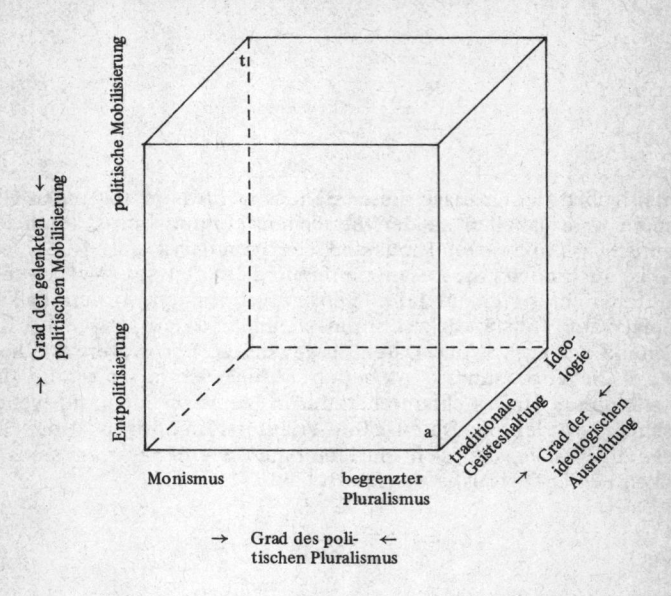

*Quelle:* Juan J. Linz, Totalitarian and Authoritarian Regimes, in: Fred I. Greenstein/Nelson W. Polsby (Hrsg.), Handbook of Political Science, Bd. 3: Macropolitical Theory, Reading/Mass. 1975, S. 278 (vereinfacht und ergänzt).

[1] Während die Unterscheidung zwischen Demokratien und Diktaturen relativ einfach ist (etwa anhand folgender Fragen: Besteht die Möglichkeit, aufgrund von Wahlen die Regierung abzulösen? Sind politische Freiheitsrechte wie die Vereinigungsfreiheit oder der Minderheitenschutz garantiert?), fällt es demgegenüber schwer, autoritäre von totalitären Diktaturen abzugrenzen. Linz differenziert bei seinem Klassifikationsversuch zwischen drei Dimensionen (siehe Schaubild) – dem Grad des politischen Pluralismus, dem Grad der gelenkten politischen Mobilisierung und dem Grad der ideologischen Ausrichtung:
- Ein totalitäres Regime ist demnach gekennzeichnet durch politischen Monismus („monism"), ein autoritäres hingegen weise begrenzten Pluralismus auf („limited pluralism").
- Ein totalitäres System besitze eine ausgeprägte und ausgearbeitete Ideologie („ideologization"), ein autoritäres lediglich eine traditionale „Geisteshaltung" („mentality").

- Ein totalitäres System forciere die gelenkte politische Mobilisierung („mobilization"), ein autoritäres fördere eine Entpolitisierung („depoliticization").

Je nach dem Grad des politischen Pluralismus, der Ideologisierung und der Massenmobilisierung kann der Staat als totalitär oder autoritär klassifiziert werden. Obwohl die Übergänge fließend sind, ist für Linz der Autoritarismus neben Demokratie und Totalitarismus „a third type of regime, a type *sui generis*" (S. 179 – Hervorhebung im Original). Ein idealtypisches totalitäres System ist im Schaubild links oben verzeichnet (t), ein idealtypisches autoritäres rechts unten (a). Linz weist zu Recht auf die Schwierigkeiten hin, für die drei Dimensionen zuverlässige Indikatoren zu finden. Das gilt insbesondere für den Bereich der Ideologie, so daß Linz bei der Typologiebildung hauptsächlich die anderen beiden Kriterien heranzieht. Siehe auch S. 89 dieses Buches.

## 2. Rechtsextremismus

Tabelle 1: Ergebnisse rechtsextremer Parteien bei den Bundestagswahlen von 1949 bis 1983 (in Prozent)[2]

|       | 1949 | 1953 | 1957 | 1961 | 1965 | 1969 | 1972 | 1976 | 1980 | 1983 |
|-------|------|------|------|------|------|------|------|------|------|------|
| DKP/DRP | 1,8 | –   | –   | –   | –   | –   | –   | –   | –   | –   |
| DRP   | –    | 1,1 | 1,0 | 0,8 | –   | –   | –   | –   | –   | –   |
| NPD   | –    | –   | –   | –   | 2,0 | 4,3 | 0,6 | 0,3 | 0,2 | 0,2 |
| UAP   | –    | –   | –   | –   | 0,0 | 0,0 | –   | 0,0 | –   | –   |

DKP/DRP = Deutsche Konservative Partei/Deutsche Rechtspartei
DRP = Deutsche Reichspartei
NPD = Nationaldemokratische Partei Deutschlands
UAP = Unabhängige Arbeiter-Partei (Deutsche Sozialisten)

*Quelle:* Zusammenstellung nach den amtlichen Wahlstatistiken.

2 Bei den hier aufgeführten Parteien handelt es sich ausschließlich um Organisationen, die aufgrund ideologisch-programmatischer Konzeptionen und ihres politischen Verhaltens zweifelsfrei als antidemokratisch eingestuft werden können. Die das „sozialistische" Element betonende UAP verdeutlicht allerdings, daß eine Verortung auf der eindimensionalen Rechts-Links-Achse auch in diesem Falle Probleme aufwirft.

Tabelle 2: Organisationen und Mitgliederbestand im Bereich des Rechtsextremismus (Ende 1982 bis Ende 1984)

|  | Ende 1982 | | Ende 1983 | | Ende 1984 | |
| --- | --- | --- | --- | --- | --- | --- |
| Organisationen[3] | Zahl | Mitglieder | Zahl | Mitglieder | Zahl | Mitglieder |
| Neonazistische Gruppen | 21 | 1.050 | 16 | 1.130 | 34 | 1.150 |
| „Nationaldemokratische" Organisationen | 7 | 6.500 | 8 | 6.700 | 7 | 6.700 |
| „National-freiheitliche" Organisationen | 3 | 10.400 | 3 | 11.400 | 3 | 12.400 |
| Sonstige Vereinigungen[4] | 43 | 2.800 | 41 | 2.600 | 45 | 3.200 |
| Summe | 74 | 20.750 | 68 | 21.830 | 89 | 23.450 |
| Zahl der Mitglieder nach Abzug der Mehrfachmitgliedschaften |  | 19.000 |  | 20.300 |  | 22.100 |

*Quelle:* VSB 1984, Bonn 1985, S. 11 (gelber Teil - hektrographierte Fassung).

3 Die in den Verfassungsschutzberichten verwendeten vier Kategorien erheben keinen typologischen Anspruch, sondern sind rein pragmatischer Natur. Die Bezeichnungen „nationaldemokratisch" und „national-freiheitlich" werden von diesen Organisationen in euphemistischer Absicht selber benutzt. Geringfügige ideologisch-programmatische Unterschiede zwischen „Nationaldemokraten" und „National-freiheitlichen" treten hinter persönlichen Rivalitäten zurück. Beide Organisationen geben sich nach außen gemäßigt – im Unterschied zu militant auftretenden neonazistischen Gruppen. Die ideologische Bandbreite des rechtsextremen Spektrums wird durch die verwendeten organisatorischen Kategorien nicht abgebildet.
4 Unter dieser Rubrik verbergen sich zahlreiche weniger bedeutender Gruppierungen, die aber ideologisch die Bandbreite des rechtsextremen Spektrums abstecken – von „Kulturvereinigungen", die an „völkische" und „bündische" Traditionen anknüpfen, bis zu „nationalrevolutionären" und „solidaristischen" Zirkeln im Gefolge der „Konservativen Revolution" der Weimarer Republik.

## 3. Linksextremismus

Tabelle 3: Ergebnisse linksextremer Parteien bei den Bundestagswahlen von 1949 bis 1983 (in Prozent)[5]

|     | 1949 | 1953 | 1957 | 1961 | 1965 | 1969 | 1972 | 1976 | 1980 | 1983 |
|-----|------|------|------|------|------|------|------|------|------|------|
| ADF | –    | –    | –    | –    | –    | 0,6  | –    | –    | –    | –    |
| BdD | –    | –    | 0,2  | –    | –    | –    | –    | –    | –    | –    |
| DFU | –    | –    | –    | 1,9  | 1,3  | –    | –    | –    | –    | –    |
| DKP | –    | –    | –    | –    | –    | –    | 0,3  | 0,3  | 0,2  | 0,2  |
| KPD | 5,7  | 2,2  | –    | –    | –    | –    | –    | –    | –    | –    |

ADF = Aktion Demokratischer Fortschritt
BdD = Bund der Deutschen
DFU = Deutsche Friedens-Union
DKP = Deutsche Kommunistische Partei
KPD = Kommunistische Partei Deutschlands

*Quelle:* Zusammenstellung nach den amtlichen Wahlstatistiken.

5 Parteien, die nicht mehr als 0,1 Prozent der Stimmen errungen haben, bleiben unberücksichtigt. Bei den hier aufgeführten Parteien handelt es sich durchweg um solche, die entweder den Kommunismus der Moskauer Couleur repräsentieren oder ihm ganz eng verbunden waren (ADF, BdD, DFU). K-Gruppen erhielten stets nur einen Stimmenanteil zwischen 0,0 und 0,1 Prozent. Die Einordnung einer Partei als „linksextrem" ist nicht in jedem Fall unstrittig. Vgl. zu den hier genannten Parteien (mit einer etwas anderen Bewertung): Richard Stöss (Hrsg.), Parteien-Handbuch. Die Parteien der Bundesrepublik Deutschland 1945-1980, Bd. I, Opladen 1983, S. 253-264, 848-876, 901-981.

Tabelle 4: Organisationen und Mitgliederbestand im Bereich des Linksextremismus (Ende 1982 bis 1984)

|  | Ende 1982 | | Ende 1983 | | Ende 1984 | |
|---|---|---|---|---|---|---|
| Organisationen | Zahl | Mitglieder | Zahl | Mitglieder | Zahl | Mitglieder |
| *Orthodoxer Kommunismus* | | | | | | |
| Kernorganisationen | 2 | 44.500 | 2 | 44.500 | 2 | 44.500 |
| Nebenorganisationen | 13 | 27.000 | 13 | 27.600 | 13 | 28.000 |
| beeinflußte Organisationen [7] | 50 | 70.000 | 52 | 70.000 | 50 | 71.000 |
| *"Neue Linke"* | | | | | | |
| K-Gruppen und Trotzkisten | | | | | | |
| Kernorganisationen | 23 | 3.900 | 20 | 3.400 | 19 | 3.100 |
| Nebenorganisationen | 11 | 1.100 | 12 | 1.100 | 12 | 900 |
| beeinflußte Organisationen [7] | 18 | 4.300 | 17 | 4.500 | 13 | 2.700 |
| Sonstige revolutionäre Marxisten und Anarchisten [8] | 55 | 3.700 | 59 | 4.900 | 53 | 5.100 |
| Summe | 172 | 80.200 | 175 | 81.500 | 162 | 81.600 |
| | | 74.300 | | 74.500 | | 73.700 |
| Nach Abzug von Mehrfachmitgliedschaften und Kinderorganisationen | | 60.150 55.700 | | 61.000 56.000 | | 61.200 55.300 |

*Quelle:* VSB 1984, Bonn 1985, S. 5 (rosa Teil - hektographierte Fassung)

6 Die unter Umständen mißverständliche und unscharfe Terminologie der Verfassungsschutzberichte wird beibehalten. Zu den ,,orthodoxen Kommunisten" zählen die sich am Modell der Sowjetunion ausrichtenden Kommunisten. Dabei sind die K-Gruppen – hier unter ,,Neue Linke" aufgeführt – ebenso ,,orthodox", werfen sie doch den Sowjetkommunisten geradezu ,,Revisionismus" vor. Die Verwendung des Begriffs ,,Neue Linke" für K-Gruppen und Zusammenschlüsse von ,,revolutionären" Kräften, die sich nicht zum Marxismus-Leninismus bekennen und vielfach lose organisiert sind, mag den Eindruck hervorrufen, daß Repräsentanten der ,,Neuen Linken" eo ipso antidemokratisch eingestellt sind. Als ,,Neue Linke" kann demgegenüber auch eine (nicht notwendigerweise undemokratische) Richtung gelten – angesiedelt zwischen der Sozialdemokratie auf der einen und dem Sowjetmarxismus auf der anderen Seite. Der Terminus ,,sonstige revolutionäre Marxisten und Anarchisten" ist ebenfalls problematisch. Bisher firmierten diese Gruppierungen als ,,undogmatische" Neue Linke – im Gegensatz zur ,,dogmatischen" Neuen Linken (K-Gruppen).

7 Da den beeinflußten Organisationen auch Mitglieder angehören, die keine Kommunisten sind, wurden die Mitgliederzahlen ausgerückt (Übernahme aus dem Verfassungsschutzbericht).

8 Erfaßt sind nur Gruppen, die festere Strukturen aufweisen und über einen längeren Zeitraum aktiv waren. Den losen, statistisch nicht berücksichtigten Zusammenschlüssen dieser Szene sind schätzungsweise 6000 Personen zuzurechnen (Übernahme aus dem Verfassungsschutzbericht).

## 4. Terrorismus

Tabelle 5: Links- und rechtsterroristische Anschläge im Inland, differenziert nach Art der Delikte (1968-1984)[9]

### Linksterrorismus

| | 1968 | 1969 | 1970 | 1971 | 1972 | 1973 | 1974 | 1975 | 1976 | 1977 | 1978 | 1979 | 1980 | 1981 | 1982 | 1983 | 1984 |
|---|---|---|---|---|---|---|---|---|---|---|---|---|---|---|---|---|---|
| Tötungsdelikte | – | – | – | 2 | 3 | – | 2 | 1 | 3 | 9 | 1 | – | – | 1 | – | – | – |
| Tötungsversuche[10] | – | – | – | 10 | 2 | 6 | 5 | 5 | 2 | 3 | 5 | – | – | 1 | – | – | – |
| Sprengstoff-/Brandanschläge | 9 | 48 | 117 | 69 | 60 | 61 | 94 | 34 | 25 | 48 | 52 | 41 | 77 | 127 | 183 | 215 | 145 |
| Raubüberfälle | – | – | 2 | 7 | 6 | 3 | 5 | 5 | 3 | 12 | – | 3 | – | – | 1 | – | 3 |
| Summe | 9 | 48 | 119 | 88 | 71 | 70 | 106 | 45 | 33 | 72 | 58 | 44 | 77 | 129 | 184 | 215 | 148 |

### Rechtsterrorismus

| | | | | | | | | | | | | | | | | | |
|---|---|---|---|---|---|---|---|---|---|---|---|---|---|---|---|---|---|
| Tötungsdelikte | – | – | – | – | – | – | – | – | – | – | – | – | 2 | 17 | 6 | – | 1 |
| Tötungsversuche[10] | 1 | – | 1 | – | – | – | – | – | – | – | – | – | – | – | – | 3 | 1 |
| Sprengstoff-/Brandanschläge | – | – | – | 3 | 2 | 2 | 2 | 2 | – | – | – | 4 | 21 | 19 | 20 | 10 | 12 |
| Raubüberfälle | – | – | – | – | – | – | – | – | – | – | 7 | – | 2 | 4 | 4 | 1 | 2 |
| Summe | 1 | 0 | 1 | 3 | 2 | 2 | 2 | 2 | 0 | 0 | 7 | 4 | 25 | 40 | 30 | 14 | 16 |

*Quelle:* VSB 1968-1984; Amtlicher Ereigniskalender des Terrorismus 1967-1980, in: Axel Jeschke/Wolfgang Malanowski (Hrsg.), Der Minister und der Terrorist. Gespräche zwischen Gerhart Baum und Horst Mahler, Reinbek bei Hamburg 1980, S. 155-222; Zusammenstellung der Verfasser.

9 Die Aussagekraft der hier vorgestellten Daten wird durch eine Reihe von Faktoren eingeschränkt. Prinzipiell ist erstens zu bedenken, daß nicht alle aufgeführten Anschläge im strikten Wortsinne als „terroristisch" qualifiziert werden können — was die Situation in den letzten Jahren betrifft, dürfte dieser Einwand insbesondere für einen Teil der als „rechtsterroristisch" etikettierten Straftaten gelten. Zweitens ist die Zahl der Anschläge nicht notwendigerweise proportional zur Gefährdungsintensität: Für das Jahr 1977 etwa, dem bisherigen Höhepunkt des Linksterrorismus, werden weniger Anschläge verzeichnet als für 1982. Und das Attentat auf dem Münchener Oktoberfest mit 13 Toten (1980) wird nur einmal unter „Tötungsdelikte" verzeichnet. Drittens sind Fehlerquellen zu berücksichtigen, die aus der Konzeption der Verfassungsschutzberichte resultieren. So ist zu einem gewissen Grad mit Doppelzählungen zu rechnen; beispielsweise wenn ein Sprengstoffattentat ein Menschenleben forderte und der Vorfall sowohl unter „Tötungsdelikte" als auch unter „Sprengstoff-/Brandanschläge" registriert wurde. In manchen Fällen war die Frage der Täterschaft bei Redaktionsschluß des Berichtes auch noch nicht zweifellos geklärt.

10 Mögliche Fehler sind u.a. darauf zurückzuführen, daß die Einstufung als „Tötungsversuch" erst nach gerichtlicher Klärung zweifelsfrei möglich ist.

**Graphik 2:** Links- und rechtsterroristische Anschläge im Inland (1968-1984)

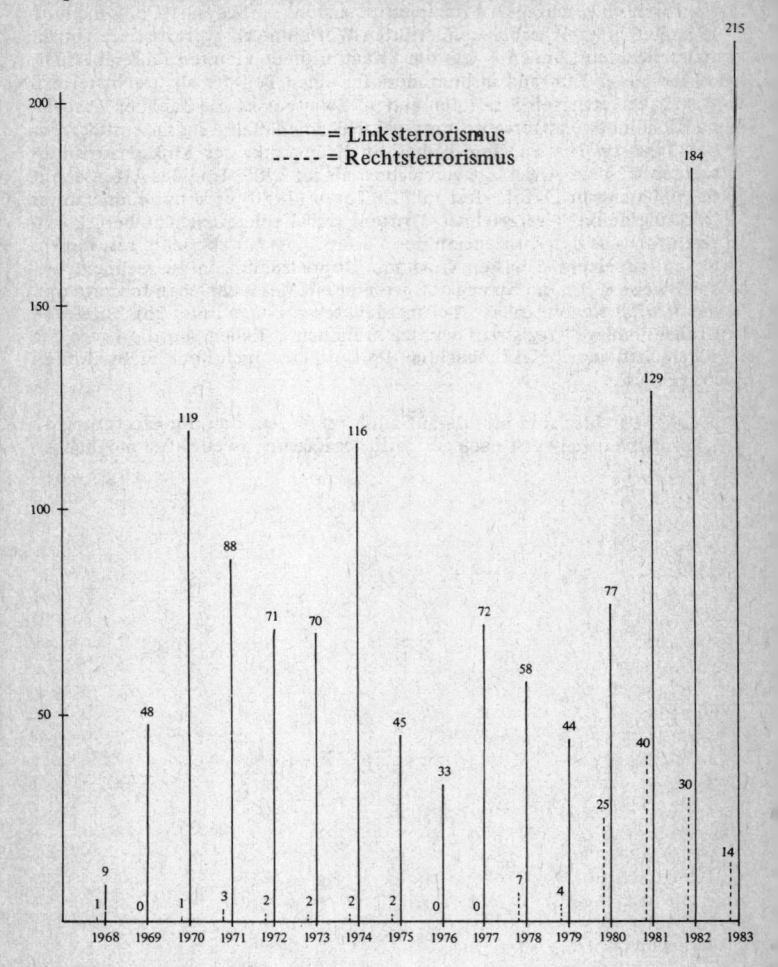

——— = Linksterrorismus
- - - - - = Rechtsterrorismus

| Jahr | Linksterrorismus | Rechtsterrorismus |
|------|------------------|-------------------|
| 1968 | 9 | 1 |
| 1969 | 48 | 0 |
| 1970 | 119 | 1 |
| 1971 | 88 | 3 |
| 1972 | 71 | 2 |
| 1973 | 70 | 2 |
| 1974 | 116 | 2 |
| 1975 | 45 | 2 |
| 1976 | 33 | 0 |
| 1977 | 72 | 0 |
| 1978 | 58 | 7 |
| 1979 | 44 | 4 |
| 1980 | 77 | 25 |
| 1981 | 129 | 40 |
| 1982 | 184 | 30 |
| 1983 | 215 | 14 |

*Quelle:* Analog Tabelle 5.

**Ergänzung 1984:** Rechtsterroristische Anschläge: 16; linksterroristische Anschläge: 148. (Quelle wie zuvor)

## 5. Verfassungsschutzbericht von 1984 (Zusammenfassung)

Der Verfassungsschutzbericht enthält eine Zusammenfassung der Aktivitäten und politischen Ziele extremistischer und sicherheitsgefährdender Organisationen und bewertet sie. Er kann und soll keinen erschöpfenden Überblick geben, weist jedoch auf wichtige Entwicklungen und Zusammenhänge hin. Die Öffentlichkeit und die Bürger erhalten mit den jährlichen Verfassungsschutzberichten Informationen zur aktiven Auseinandersetzung mit den Gegnern unseres demokratischen Staates. Unsere Staats- und Gesellschaftsform bleibt letztlich nur lebendig, wenn Bürger sich aktiv für sie einsetzen, die große Mehrheit mit ihrer politischen Entscheidung für Freiheit, Demokratie und Rechtsstaat diese Staats- und Gesellschaftsform unterstützt.

Aus ihrer Verantwortung für den Schutz der Verfassung informiert die Bundesregierung Parlament und Öffentlichkeit über Gefährdungen der inneren Sicherheit, die offene und latente Bedrohung unserer Rechts- und Verfassungsordnung. Im einzelnen ist hierzu zu bemerken:

1. Auch 1984 agitierten *Linksextremisten* offen oder verdeckt gegen die freiheitliche demokratische Grundordnung und beeinträchtigten mit gewalttätigen Aktionen die öffentliche Sicherheit und Ordnung. Die Zahl linksextremistisch motivierter Gewalttaten nahm von 1.540 im Vorjahr auf 1.269 im Jahr 1984 ab. Auch die Zahl der hierin enthaltenen Terroranschläge ging von 215 auf 148 zurück. Jedoch war der Anteil besonders schwerwiegender Fälle 1984 auffallend hoch, wuchs das Ausmaß der Zerstörungen, nahm die Zahl gefährlicher Eingriffe in den Verkehr zu.

Nahezu unverändert blieb die Mitgliederzahl linksextremistischer Organisationen, die – nach Abzug von Mehrfachmitgliedschaften – von 61.000 Ende 1983 auf 61.200 Ende 1984 nur unwesentlich anstieg. Die um Mehrfachmitgliedschaften bereinigte Mitgliederzahl linksextremistisch beeinflußter Organisationen ist im Berichtsjahr von 56.000 auf 55.300 leicht zurückgegangen. Die Einzelauflage periodischer Publikationen linksextremistischer Kern- und Nebenorganisationen ging von über 5,6 Mio. 1983 auf knapp 5 Mio. 1984 zurück, die Jahresgesamtauflage dieser Publikationen sank im gleichen Zeitraum von ca. 39,5 Mio. auf ca. 35,5 Mio. Im Zentrum linksextremistischer Agitation stand der Widerstand gegen die NATO-Nachrüstung. Weitere Kampagnen galten z. B. den „Arbeitskämpfen" um die 35-Stunden-Woche und der Agitation gegen Maßnahmen zum Schutz der inneren Sicherheit insbesondere die Arbeit der Sicherheitsbehörden.

Die Wahlergebnisse linksextremistischer Parteien lagen im Durchschnitt bei weit unter einem Prozent. Bei der Europawahl gelang es der DKP allerdings erstmals seit langer Zeit, wieder ein bundesweites Wahlbündnis einzugehen, das unter dem Namen „Die Friedensliste" einen Stimmanteil von 1,3 % erreichte. In den Studentenparlamenten ging der Einfluß linksextremistischer und linksextremistisch orientierter Gruppen zwar leicht zurück; sie erreichten gleichwohl noch einen durchschnittlichen Stimmanteil von gut 28 %.

Die „Deutsche Kommunistische Partei" (DKP) und ihr Ableger in Berlin (West), die „Sozialistische Einheitspartei Westberlins" (SEW) blieben mit ihren zahlreichen Nebenorganisationen und einem weitreichenden Netz beeinflußter Vereinigungen die stärkste und handlungsfähigste linksextremistische Gruppierung. Die Mitgliederzahl dieser Organisationen ist – nach Abzug von Mehrfachmitgliedschaften – von ca. 106.500 im Vorjahr auf ca. 107.600 Ende 1984 angestiegen. DKP und SEW folgten auch 1984 vorbehaltlos der von KPDSU und SED vorgegebenen ideologischen und politischen Linie. Ausländische „Bruderparteien" unterstützten sie als Teil der „Kommunistischen Weltbewegung", die SED leitete sie an und finanzierte sie weitgehend.

Der politische Einfluß der DKP blieb erheblich größer, als es Mitgliederzahlen und Wahlergebnisse aussagen. In der „Bündnispolitik" gelangen ihr weitere Fortschritte. Ihr Einfluß in der Protestbewegung ging erheblich über die Zahl ihrer teilnehmenden Mitglieder hinaus.

Gruppen der „Neuen Linken", d.h. der Linksextremisten, die nicht dem sowjetisch orientierten Kommunismus zuzurechnen sind, verstärkten und ergänzten die Protestvorhaben der sog. „Friedensbewegung". Auf deren Aktionsplanung nahmen sie wesentlichen Einfluß. Die Aktivitäten der „Neuen Linken" gegen Bundeswehr und ausländische NATO-Streitkräfte nahmen zu. Weitere Kampagnen richteten sich gegen die Nutzung der Kernenergie und gegen die Einführung moderner Technologien. Bei den marxistisch-leninistischen Organisationen, den sog. K-Gruppen setzte sich der Zerfall und die Abwanderung von Mitgliedern zu den „Grünen" und zu „Alternativen Listen" fort. Dagegen konnten trotzkistische Gruppen ihren Mitgliederstand und ihr organisatorisches Gefüge halten.

Der Aufschwung anarchistischer Gruppierungen in den letzten Jahren ist beendet. Militante „Autonome" klagten zunehmend über den Zerfall ihrer „Zusammenhänge" und über mangelnde „inhaltliche Perspektiven". Ihre Bereitschaft zur Anwendung auch terroristischer Handlungsformen hielt an. Ebenso die Annäherung an „antiimperialistische Positionen, wie sie von den terroristischen Organisationen vertreten werden.

Die 148 *linksextremistischen Terrorakte* im Jahre 1984 umfassen 145 versuchte oder ausgeführte Sprengstoff- und Brandanschläge und 3 Raubüberfälle. Der Anteil besonders schwerwiegender Fälle war 1984 auffallend hoch. Der Hungerstreik inhaftierter RAF-Terroristen schürte die geplante terroristische „Gesamtoffensive". In der Zeit der Hungerstreiks vom 4. Dezember 1984 bis zu seinem Abbruch am 5. Februar 1985 verübten Terroristen 39 Anschläge. Kommandogruppen der „Roten-Armee-Fraktion" führten am 18.12.1984 einen gescheiterten Sprengstoffanschlag auf die NATO-Truppenschule in Oberammergau aus und begingen am 1.2.1985 den gewissenlosen Mord an dem Vorstandsvorsitzenden der MTU, Dr. Ernst Zimmermann.

Für den überwiegenden Teil aller 1984 begangenen Terrorakte, nämlich 116, sind Terroristen aus Gruppen der „militanten Autonomen" verantwortlich. Hier zeigen sich Übergänge von der „Militanz" zum „Terrorismus".

Etwa 1/5 aller Anschläge galten militärischen Einrichtungen der Bundeswehr und der Alliierten sowie Unternehmen mit Rüstungsproduktion. Nahezu im selben Umfang waren Einrichtungen der Energiewirtschaft, Forschungsinstitute und Firmen betroffen, die am Bau von Kernenergieanlagen und Entsorgungseinrichtungen beteiligt sind.

Die „Rote Armee Fraktion" (RAF) hat es 1984 – wie schon in früheren Jahren – geschafft, länger andauernde „Schwächephasen" zu überwinden.

Sie hat ihre im Untergrund agierenden Kader kontinuierlich mit neuen Mitgliedern aus ihrem engeren und weiteren Unterstützungsbereich aufgefüllt und damit ihre Aktionsfähigkeit wieder hergestellt. Die RAF hat inzwischen auch ihre materielle Basis erneuert, die nach der Entdeckung von 13 Erddepots im Herbst 1982 stark angeschlagen war.

Der bereits 1983 verzeichnete Rückgang terroristischer Gewaltakte „Revolutionärer Zellen" einschließlich ihrer autonomen Frauengruppe „Rote Zora" hat sich 1984 fortgesetzt.

2. *Deutsche Rechtsextremisten* bekämpfen — offen oder verdeckt — die parlamentarische repräsentative Demokratie und forderten eine totalitäre Staatsform. Ihr Programm sind übersteigerter Nationalismus, völkischer Kollektivismus sowie aggressive Ausländer- und Judenfeindlichkeit. Für die neuen Nationalsozialisten oder Neonazis unter den Rechtsextremisten ist kennzeichnend, daß sie sich in ihren politischen Zielen an Weltanschauung, Programm und Machtanspruch des Nationalsozialismus orientieren.

Rechtsextremisten verübten im Berichtsjahr 74 Gewalttaten — 7 weniger als im Vorjahr — davon wie auch 1983 11 Terrorakte. Umfangreiche Funde von Waffen, Munition und Sprengstoff und auf dem geheimen Meldeweg gewonnene Informationen zeigen jedoch, daß die Bereitschaft zur Gewaltanwendung besonders in neonazistischen Kreisen anhält. Die Verbindungen zu militanten Gesinnungsgenossen im Ausland spielen bei Planungsabsprachen und Waffenbeschaffungen eine wichtige Rolle.

Ende 1984 bestanden in der Bundesrepublik Deutschland 89 rechtsextremistische Organisationen mit rd. 22.100 Mitgliedern. Die Zahl der Organisationen — Vorjahr 68 — und die Zahl der Mitglieder — Vorjahr 20.300 — ist somit angestiegen. Der Zuwachs bei den Organisationen betrifft fast ausschließlich neonazistische Vereinigungen, deren Zahl von 16 im Vorjahr auf 34 Ende 1984 angestiegen ist. Hierbei handelt es sich in 12 Fällen um Kleinstgruppen aus jeweils 5 bis maximal 25 ehemaligen Mitgliedern der „Aktionsfront Nationaler Sozialisten/Nationale Aktivisten", deren Verbot die Zersplitterung des deutschen Neonazismus verstärkt hat. Die erhöhte Mitgliederzahl rechtsextremistischer Vereinigungen geht vor allem auf Werbeaktionen Dr. Freys für seine „freiheitlichen" Aktionsgemeinschaften zurück, deren Mitglieder gleichzeitig der „Deutschen Volksunion" (DVU) angehören. Die DVU — mitgliederstärkste rechtsextremistische Organisation — konnte dadurch ihre Mitgliederzahl 1984 von ca. 11.000 auf über 12.000 — Dr. Frey spricht von mehr als 14.000 — steigern. Die „Nationaldemokratische Partei Deutschlands" (NPD) verzeichnete 1984 einen geringen Mitgliederzuwachs von 6.000 auf 6.100. Sie erzielte bei der Europawahl 0,8 % Stimmen, gemessen an früheren Wahlergebnissen ein für sie günstiges Ergebnis, und erreichte mit dem Geld aus der Wahlkampfkostenerstattung eine finanzielle Stabilisierung.

Die Zahl der erkannten neuen Nationalsozialisten ist 1984 von 1.400 auf 1.350 leicht zurückgegangen. Das im Dezember 1983 vom Bundesminister des Innern verfügte Verbot der „Aktionsfront Nationaler Sozialisten/Nationale Aktivisten" (ANS/NA) hat zu einem Rückgang der Aktivitäten ihrer Anhänger geführt. Eine Reihe von ihnen hat sich aus der rechtsextremistischen Szene zurückgezogen. 1984 nahmen gewaltsame Auseinandersetzungen zwischen Rechtsextremisten und ihren politischen Gegnern zu, wobei die Angriffe häufig von Linksextremisten ausgingen. Rechtsextremisten setzten Skinheads bzw. militante Fußballfans wiederholt als „Schutztruppe" ein. Eine ideologische Indoktrination dieser Kreise gelingt Rechtsextremisten jedoch in aller Regel nicht.

Die Gesamtzahl rechtsextremistischer Periodika erhöhte sich im Berichtsjahr von 82 auf 87. Ihre tatsächliche Jahresgesamtauflage stieg von gut 8 Mio. im Jahre 1983 auf ca. 8 1/2 Mio. im Jahre 1984 an.

3. *Ausländische Extremisten* beeinträchtigten auch 1984 die öffentliche Sicherheit und wichtige außenpolitische Belange der Bundesrepublik Deutschland. Ihre Aktivitäten richteten sich in erster Linie gegen die politischen, wirtschaftlichen und sozialen Verhältnisse in den Heimatländern; aber auch innenpolitische Ereignisse in der Bundesrepublik Deutschland und außenpolitische Entscheidungen der Bundesregierung spielten für die Agitation ausländischer Extremisten eine erhebliche Rolle.

Die Zahl der Mitglieder und Anhänger von Gruppen ausländischer Extremisten wird auf 116.000 Personen gegenüber 114.300 Ende 1983 geschätzt. Nach dem politisch ideologischen Standort verteilen sich Mitglieder und Anhänger auf diese Gruppierungen: 81.650 für linksextremistische, 14.700 für rechtsextremistische und extreme nationalistische Organisationen, 19.650 für islamisch-extremistische Organisationen.

Von palästinensischen Splittergruppen drohen nach wie vor terroristische Aktionen wie die Sicherstellung von Sprengstoff der militanten „Arabischen Organisation 15. Mai" in Berlin (West), aber auch mehrere Anschläge im europäischen Ausland beweisen.

Mitglieder aus Gruppen der türkischen „Neuen Linken" unternahmen zahlreiche Gewaltaktionen und Besetzungen. Die gewaltsamen Auseinandersetzungen zwischen linksextremistischen und rechtsextremistischen Türken hielten an; soweit bekannt gingen sie 1984 ausschließlich von den linksextremistischen Parteigängern aus.

Mitglieder von iranischen extremistischen Organisationen begingen mehr politisch motivierte Gesetzesverletzungen. Gewalttätigkeiten gingen vor allem von iranischen Gruppen aus, die in Opposition zur iranischen Regierung stehen.

Kroatische und solche extremistische Organisationen, die die Eigenständigkeit der albanischen Volksgruppe im Kosovo propagieren, sind bereit, für ihre Ziele Gewalt anzuwenden. Das zeigten Waffen-, Munitions- und Sprengmittelfunde im Bundesgebiet.

Erstmals seit Jahren ereignete sich im Berichtszeitraum kein Mordanschlag auf Exiljugoslawen.

1984 kam es – wie im Vorjahr – zu 9 versuchten oder vollendeten Terror- oder sonstigen schweren Gewalttakten extremistischer Ausländer. Die Zahl der verübten Gewalttakte insgesamt – einschließlich Sachbeschädigungen, Hausfriedensbruch etc. – stieg von 92 im Jahre 1983 auf 108 im Jahre 1984 an. Im Berichtsjahr ergaben sich wieder Anhaltspunkte, daß terroristische Operationen von ausländischen staatlichen Stellen gelenkt wurden, die ihre Gegner im Ausland verfolgen.

4. *Nachrichtendienste* kommunistisch regierter Staaten versuchten 1984 mit unverminderter Intensität, alle wichtigen Bereiche von Staat und Verwaltung, Wirtschaft und Industrie der Bundesrepublik Deutschland auszuspähen. Die Nachrichtendienste der DDR waren Hauptträger dieser Spionageaktivitäten, gefolgt von den Diensten Polens, der CSSR, Rumäniens und der Sowjetunion.

Schwerpunkte waren die Politische Spionage, die Ausforschung von Militär und Rüstungsindustrie sowie die Wirtschafts- und Wissenschaftsspionage.

Im Jahre 1984 wurden 29 Personen wegen Verdachts geheimdienstlicher Agententätigkeit festgenommen. Im gleichen Zeitraum sind 23 Personen von Gerichten der Bundesrepublik Deutschland einschl. Berlin (West) rechtskräftig wegen Straftaten im Bereich „Landesverrat und Gefährdung der äußeren Sicherheit" verurteilt worden. Die Sicherheitsbehörden haben auch in den ersten Monaten des Jahres Spionagefälle aufgedeckt. Die Verdächtigen sind festgenommen worden.

*Fazit:*

Unsere Demokratie erweist sich als stabil. Sie ist als Staats- und Gesellschaftsform fest im Bewußtsein der großen Mehrheit unserer Bürger verankert. Die Wahlergebnisse bestätigen, daß der politische Extremismus von links wie von rechts weitgehend isoliert ist. Die Bundesregierung wird ihre Verpflichtungen erfüllen, um Freiheit, inneren Frieden, Sicherheit und Ordnung aufrechtzuerhalten. Terroranschläge, politische Gewalt, verfassungsfeindliche Aktivitäten und die Spionagetätigkeit gegnerischer Nachrichtendienste müssen abgewehrt werden.

Hiergegen werden wir unsere Anstrengungen zur Aufklärung und Unterbindung solcher Gefahren und Taten verstärken und jedes rechtsstaatliche Mittel dafür einsetzen. Der Kampf gegen die Feinde unserer Staats- und Gesellschaftsform, gegen Terror und Gewalt beginnt im Vorfeld der Gefahr und im Vorfeld der Gewaltanwendung. Dies ist die eigentliche Aufgabe der Verfassungsschutzbehörden. Die qualifizierte Arbeit der Beamten des Verfassungsschutzes für Freiheit, Sicherheit und Schutz der Bürger verdient Dank und Anerkennung.[11]

*Quelle:* Pressedienst des Bundesministeriums des Innern v. 9. Mai 1985, S. 1-9. Siehe auch Innere Sicherheit, Nr. 3/1985, S. 1-3.

11 Hier handelt es sich um die den Verfassungsschutzbericht einleitende Zusammenfassung aus der Feder des Bundesinnenministers. Der jährlich erscheinende Verfassungsschutzbericht soll die Öffentlichkeit über extremistische Bestrebungen in der Bundesrepublik Deutschland informieren und damit auch zur geistig-politischen Auseinandersetzung beitragen. Der Verfassungsschutzbericht des Bundes erscheint seit Anfang der sechziger Jahre (zunächst als Beilage der Wochenzeitung „Das Parlament", seit 1969 als Broschüre des Bundesinnenministeriums). Er enthält Kapitel über „Linksextremismus", „Rechtsextremismus" (seit 1983 jeweils einschließlich Terrorismus), „Sicherheitsgefährdende und extremistische Bestrebungen von Ausländern" und die „Spionageabwehr".

Seit Mitte der siebziger Jahre geben auch einige Innenministerien der Länder Verfassungsschutzberichte heraus. Vgl. (freilich stark verzerrend) Jürgen Seifert, Hoheitliche Verrufserklärungen? Verfassungsschutzberichte von Bund und Ländern im Vergleich, in: Vorgänge 21 (1982), Nr. 55, S. 46-60. Der Verfassungsschutzbericht des Bundes kann kostenlos angefordert werden: Bundesministerium des Innern, Graurheindorfer Str. 198, 5300 Bonn 1.

# Verzeichnis der besprochenen Werke

Dieses alphabetisch geordnete Register verzeichnet die Titel der besprochenen Werke, wobei die Zahl am Ende die Seite angibt, auf der die jeweilige Rezension beginnt.

Baeyer-Katte/Claessens/Feger/Neidhardt, Gruppenprozesse – 283
Baumann, Wie alles anfing – 259
Becker, Hitlers Kinder? – 251
Benz (Hrsg.), Rechtsradikalismus: Randerscheinung oder Renaissance? – 122
Benz (Hrsg.), Rechtsextremismus in der Bundesrepublik – 327
Bosch (Hrsg.), Antisemitismus, Nationalsozialismus und Neonazismus – 140
Bracher, Zeitgeschichtliche Kontroversen – 87
Bracher, Schlüsselwörter in der Geschichte – 90
Curtis, Totalitarianism – 68
Dudek/Jaschke, Revolte von Rechts – 167
Dudek/Jaschke, Die Deutsche Nationalzeitung – 135
Dudek/Jaschke, Jugend rechtsaußen – 142
Dudek/Jaschke, Entstehung und Entwicklung des Rechtsextremismus in der Bundesrepublik Deutschland – 322
Extremismus und Schule – 318
Extremistische Medien – 331
Fetscher, Terrorismus und Reaktion in der Bundesrepublik Deutschland – 294
Fetscher/Rohrmoser, Ideologien und Strategien – 278
Filmer/Schwan, Was von Hitler blieb – 162
Flechtheim/Rudzio/Vilmar/Wilke, Der Marsch der DKP durch die Institutionen – 211
5 Millionen Deutsche: „Wir sollten wieder einen Führer haben..." – 147
Funke (Hrsg.), Totalitarismus – 57
Geißler (Hrsg.), Der Weg in die Gewalt – 270
Gewalt von rechts – 128
Ginzel, Hitlers (Ur)enkel – 159
Glaeßner, Sozialistische Systeme – 75
Glaser, Jugend zwischen Aggression und Apathie – 268
Graf (Hrsg.), „Wenn ich die Regierung wäre..." – 330
Gransow, Konzeptionelle Wandlungen der Kommunismusforschung – 79
Greß/Jaschke, Rechtsextremismus in der Bundesrepublik nach 1960 – 134
Haack, Wotans Wiederkehr – 157
Habermehl, Sind die Deutschen faschistoid? – 151

Herb/Peters/Thesen, Der Neue Rechtsextremismus – 115
Hermet/Hassner/Rupnik (Hrsg.), Totalitarismes – 308
Herrnleben, Totalitäre Herrschaft – 82
Höffken/Sattler, Rechtsextremismus in der Bundesrepublik – 120
Horn, Sozialpsychologie des Terrorismus – 299
Jäger/Schmidtchen/Süllwold, Lebenslaufanalysen – 281
Jeschke/Malanowski (Hrsg.), Der Minister und der Terrorist – 258
Klein, Rückkehr in die Menschlichkeit – 262
Kremzow, Theorie und Praxis der DKP im Lichte des KPD-Verbots durch das Bundesverfassungsgericht – 198
Langguth, Protestbewegung – 224
Launer/Pohl/Stengel (Hrsg.), Rechtsum zum Abitur – 170
Lersch (Hrsg.), Die verkannte Gefahr – 125
Lorenzo, Stefan, 22, deutscher Rechtsterrorist – 328
Matz/Schmidtchen, Gewalt und Legitimität – 286
Mensing, Maulwürfe im Kulturbeet – 208
Menze (Hrsg.), Totalitarianism Reconsidered – 65
Meyer, Am Ende der Gewalt? – 249
Meyer/Rabe, Unsere Stunde, die wird kommen – 164
Mies/Gerns, Weg und Ziel der DKP – 195
Müller, Die Bündnispolitik der DKP – 201
Müller/Niedenhoff, Gesellschaftskritik der DKP – 204
Niedenhoff, Auf dem Marsch durch die Institutionen – 205
Noelle-Neumann/Ring, Das Extremismus-Potential unter jungen Leuten in der Bundesrepublik Deutschland 1984 – 316
Opitz, Faschismus und Neofaschismus – 332
Paul/Schoßig (Hrsg.), Jugend und Neofaschismus – 163
PDI (Hrsg.), Bericht über neonazistische Aktivitäten 1978 – 132
PDI (Hrsg.), Bericht über neonazistische Aktivitäten 1979 – 133
PDI ( Hrsg.), Die Volkssozialistische Bewegung Deutschlands – 138
Peters (Hrsg.), Nationaler „Sozialismus" von rechts – 177
Polin, Il Totalitarismo – 313
Pomorin/Junge, Vorwärts, wir marschieren zurück – 155
Probst, Die Kommunistischen Parteien der Bundesrepublik Deutschland – 232
Pröhuber, Die Nationalrevolutionäre Bewegung in Westdeutschland – 175
Rabe (Hrsg.), Rechtsextreme Jugendliche – 165
Revel, Die totalitäre Versuchung – 93
Revel, So enden die Demokratien – 312
Robbe, Verlockung der Gewalt – 255
Sack/Steinert, Protest und Reaktion – 336
Schäfer (Hrsg.), Die DKP – 189
Schlangen, Die Totalitarismus-Theorie – 53
Schneider, Die SS ist ihr Vorbild – 118
Schwind (Hrsg.), Ursachen des Terrorismus in der Bundesrepublik Deutschland – 273
Sochatzy und Mitarbeiter, Parole: rechts! – 152

Stoll, Die Totalitarismuskonzeption von C. J. Friedrich in Kritik und Gegenkritik — 71
Stommeln, Neonazismus in der Bundesrepublik Deutschland — 114
Totalitarismus und Faschismus — 83
Vilmar, Was heißt hier kommunistische Unterwanderung? — 218
Wagener, Ein rechtsradikaler Jugendlicher berichtet — 171
Wir warn die stärkste der Partein... — 234
Wittke, Terrorismusbekämpfung als rationale politische Entscheidung — 296

# Personenregister

Aufgenommen werden alle Personen, die im Textteil oder Anmerkungsapparat vorkommen (ohne Dokumentation).

Abcarian, Gilbert: 19
Abendroth, Wolfgang: 189, 192-194
Abosch, Heinz: 211
Ackerman, Nathan W.: 141
Ackermann, Anton: 188
Adam, Konrad: 13
Adam, Uwe Dietrich: 58
Adler, Les K.: 102
Adorno, Theodor W.: 25, 141
Ahlberg, René: 231
Ahna, Karen de: 244, 283 f.
Albrecht, Dieter: 55, 93
Albrecht, Udo: 161
Alemann, Ulrich von: 319
Alexander II. Nikolajewitsch: 273
Alexander, Yonah: 249
Allemann, Fritz René: 111, 334
Allen, William S.: 66
Allerbeck, Klaus R.: 111
Almond, Gabriel A.: 24, 265
Alt, Franz: 10, 44 f.
Altgeld, Wolfgang: 158
Amalrik, Andrej: 76
Amendola, Giovanni: 314
Améry, Jean: 183
Amin, Idi: 70
Anschütz, Gerhard: 32
Apter, David A.: 350
Aquarone, Alberto: 66
Aron, Raymond: 48, 76, 94, 307, 314
Arendt, Hannah: 48, 50 f., 53, 76, 314 f.
Arndt, Ino: 125, 328
Aust, Ernst: 226, 233
Aust, Stefan: 258

Baader, Andreas: 243, 246, 249-254, 257, 274, 285, 302, 358

Badie, Bertrand: 311
Bachmann, Kurt: 190 f.
Backes, Uwe: 12, 113, 145, 170, 183, 366
Bäcker, Hans-Jürgen: 258
Bärwald, Helmut: 237
Baeyer-Katte, Wanda von: 244, 283 f.
Baffoy, Thierry: 308
Bahne, Siegfried: 188
Bahro, Rudolf: 187, 193, 214
Baier, Lothar: 158
Bammé, Arno: 167
Bannas, Günter: 138 f., 247
Barber, Benjamin R.: 68
Barret-Kriegel, Blandine: 310
Barschel, Uwe: 147
Barth, Peter: 233
Bartsch, Günter: 173, 175, 228 f.
Bastian, Gerd: 42, 132, 187
Battmer, Gerd: 112
Baum, Gerhard: 243, 258 f., 264
Baumann, Michael, gen. „Bommi": 243, 259-261
Bavendamm, Dirk: 127
Bayart, Jean-François: 311 f.
Bebel, August: 294
Becker, Jillian: 243, 251-254
Becker, Josef: 264
Becker, Werner: 22, 346
Behr, Wolfgang: 37
Beier, Gerhard: 215
Bell, David: 19
Bendersky, Joseph W.: 14
Benoist, Alain de: 80, 313
Benz, Wolfgang: 12 f., 103, 122-124, 305, 327 f., 356
Bergsdorf, Wolfgang: 90
Bergson, Henri Louis: 23

Berlit, Uwe: 306, 336 f.
Bernstein, Eduard: 18
Berthoud, Jean-Michael: 178
Besançon, Alain: 309
Bessel-Lorck, Lorenz: 110, 112
Bethge, Horst: 35
Bettelheim, Bruno: 141
Beyme, Klaus von: 290
Beyme, Klaus von: 290
Biemann, Georg: 112f., 156
Bilstein, Helmut: 231
Binder, Sepp: 231
Birnbaum, Pierre: 311
Bismarck, Otto von: 38
Bittner, Egon: 18, 183
Blankenburg, Erhard: 182, 299
Blasius, Dirk: 253
Bloch, Ernst: 177
Bock, Hans-Manfred: 249
Böckenförde, Ernst-Wolfgang: 38
Boeden, Gerhard: 272
Böll, Heinrich: 43, 257
Böllinger, Lorenz: 244, 283, 292
Böse, Wilfried: 254, 263
Bollmus, Reinhard: 69
Boor, Wolfgang de: 274 f.
Bordien, Hans-Peter: 113, 156
Bories, Helga: 38
Borkenau, Franz: 48
Bosch, Michael: 104, 140, 173
Boßmann, Dieter: 166
Bott, Hermann: 110
Boventer, Gregor: 38
Bracher, Karl Dietrich: 21, 25, 27, 47 f., 58, 65, 69, 76, 83, 85-93, 96, 98, 102, 108, 158, 162, 253 f., 271, 297, 308, 349, 360
Brand, Karl-Werner: 40-43, 129, 344
Brandt, Willy: 131, 331
Bredow, Wilfried von: 41, 168, 213
Brehl, Thomas: 162
Breschnew, Leonid: 94 f.
Brockmann, Heinz: 260
Broder, Henryk M.: 128, 164
Bröder, Friedrich J.: 112, 136
Bröhl, Günter: 110
Brokmeier, Peter: 99
Broszat, Martin: 69, 83-86

Brückner, Peter: 257
Brüdigam, Heinz: 103, 118f.
Brünneck, Alexander von: 29
Brunner, Emil: 74
Brunner, Georg: 61, 102
Brus, Wlodzimierz: 80
Brzezinski, Zbigniew K.: 54, 71, 309, 315, 359
Buchhaas, Dorothee: 90
Buddenberg, Wolfgang: 90
Bürklin, Wilhelm P.: 24
Büsch, Otto: 107
Büsser, Detlef: 40f., 43, 344
Büttler, Hugo: 34
Buhr, Manfred: 145
Bukowski, Wladimir: 76
Bulla, Eckart: 33
Burrichter, Clemens: 75
Busse, Friedhelm: 138, 140, 155

Cassinelli, V.W.: 100
Castner, Hartmut: 167
Castner, Thilo: 167
Cattepoel, Jean: 342
Chairoff, Patrice: 131
Chaussy, Ulrich: 123-125, 241, 327
Chruschtschow, Nikita: 94 f.
Claessens, Dieter: 244, 283 f.
Cless, Olaf: 75, 98
Cohen, Stephen F.: 66
Cohn, Werner: 100
Cohn-Bendit, Daniel: 243, 262
Conradt, David P.: 34, 39, 265
Converse, Philip E.: 350
Cook, Schura: 249
Cranston, Maurice: 97
Crick, Bernard: 96
Cropsey, Joseph: 18
Curtis, Michael: 47, 65, 67-70

Dähnhardt, Werner: 126
Däubler-Gmelin, Herta: 132
Dehoust, Peter: 323
Denninger, Erhard: 31 f., 35
Deppe, Frank: 99, 214 f., 218
Deumlich, Gerd: 194
Deutsch, Karl W.: 76
Diani, Marco: 178
Dickhut, Willi: 227

Diehl-Thiele, Peter: 69, 85
Dietrich, Barbara: 193
Dietz, Heinrich: 355
Diner, Dan: 168
Dittmer, Lowell: 111
Djilas, Milovan: 95, 313
Doehring, Karl: 38
Domenach, Jean-Luc: 311
Domes, Jürgen: 62, 64
Drath, Martin: 65, 309
Dreier, Horst: 306, 336f.
Drenkmann, Günter von: 250
Dudek, Peter: 12, 104 f., 109, 112 f., 135-138, 142-145, 162, 164, 167-169, 176, 180f., 305, 307, 322-327, 329, 332, 357
Dumont, Louis: 311
Dutschke, Rudi: 80, 192, 213, 241, 260, 268
Duve, Freimut: 35, 219
Dyson, Kenneth H.F.: 39, 240

Eckart, Wolf-Dieter: 116
Eckert, Roland: 271
Efremov, A.: 111
Eggebrecht, Axel: 226
Ehmke, Horst: 191
Ehrenberg, Ernst N.: 207
Eichberg, Henning: 169
Eisler, Rudolf: 19, 183
Elleinstein, Jean: 80
Elliott, John D.: 302
Elm, Ludwig: 180
Elsenhans, Hartmut: 213
Elsner, Manfred: 231
Engelmann, Bernt: 132, 160
Engels, Friedrich: 193, 195, 199, 227, 350, 352
Ensslin, Gudrun: 250, 252, 257
Enzensberger, Hans Magnus: 217
Erdmann, Karl-Dietrich: 28, 98
Eysenck, Hans Jürgen: 27, 51

Faye, Jean-Pierre: 309
Feger, Hubert: 244, 283, 285
Feltes, Thomas: 292
Fenske, Hans: 28
Fest, Joachim C.: 124

Fetscher, Irving: 110, 158, 221, 243 f., 257, 278-281, 294-296
Fichter, Michael: 231
Fichter, Tilman: 249
Filmer, Werner: 104, 162 f.
Fink, Willibald: 110
Fisch, Horst: 186
Fischer-Baling, Eugen: 107
Flechtheim, Ossip K.: 18, 96, 183, 185, 211, 218, 294
Flowerman, S.H.: 141
Förtsch, Eckart: 75
Fraenkel, Ernst: 87, 177, 193, 346
Franco, Francisco: 314
Franke-Griksch, Alfred: 333
Frenkel-Brunswik, Else 141
Freund, Julien: 314
Freund, Michael: 16
Frey, Gerhard: 109, 136 f., 180, 326 f.
Fried, Erich: 178
Fried, Ernst: 178
Friedrich, Carl Joachim: 47, 53, 61, 64, 68, 71-74, 76, 80, 309, 314 f., 359
Frisch, Max: 216
Frisch, Peter: 35
Fritsch, Kurt: 195
Fröchling, Helmut: 123
Fröhlich, Jörg: 243, 278
Fromme, Friedrich Karl: 28, 129, 138
Fülberth, Georg: 214 f.
Funke, Manfred: 27, 35, 47, 57, 61, 64 f., 69, 106, 158, 183, 245, 248, 348, 359 f.
Furth, Peter: 107

Galtung, Johan: 300
Gautier, Hermann: 195, 197
Geißler, Heiner: 243, 270 f., 331
Gemmecke, Vera: 110
Georg, Manfred: 17
Gerhard, Dirk: 112
Gerns, Willi: 99, 185, 194 f., 197, 218
Gerteis, Klaus: 18
Gessenharter, Wolfgang: 123, 344
Geyer, Kurt: 17
Gibowski, Wolfgang: 26, 182

Gilges, Konrad: 163
Ginzel, Günther Bernd: 104, 127, 159-161
Glaeßner, Gert-Joachim: 47, 74-79, 82, 90
Glaser, Hermann: 18, 243, 268-270
Glucksmann, André: 80 f., 96
Glücksmann, Alain: 314
Goebbels, Joseph: 334
Goetz, Helmut: 314
Götz, Wolfgang: 110
Gossweiler, Kurt: 113
Graf, Werner: 12, 305, 330 f.
Graml, Hermann: 123, 327
Gransow, Volker: 47, 76, 79-82, 86
Grebing, Helga: 56 f., 215
Greenberg, Martin H.: 248
Greenstein, Fred I.: 89, 344
Gregor, A. James: 66
Greiffenhagen, Martin: 19, 21, 27, 49, 51, 55, 65 f., 90, 104, 147, 154, 175, 183, 253, 264, 295
Greiffenhagen, Sylvia: 27, 154, 264
Greß, Franz: 103, 106, 109, 134
Greven, Michael Th.: 213
Griewank, Karl: 355
Groebel, Jo: 244, 283, 285
Grossarth-Maticek, Ronald: 276
Grützbach, Frank: 257
Guggenberger, Bernd: 352
Gurland, A.R.L.: 193
Gurr, Ted R.: 290
Gusy, Christoph: 30
Guterman, Norbert: 141
Gutjahr-Löser, Peter: 87

Haack, Friedrich-Wilhelm: 104, 157 f., 162
Habbe, Christian: 127
Habermas, Jürgen: 93, 251, 321
Habermehl, Werner: 104, 151 f.
Häberle, Peter: 14-16
Hättich, Manfred: 45, 272
Haibach, Hans: 247
Halévy, Elie: 18, 314
Haller, Michael: 127, 266
Haney, Gerhard: 197
Hansen, Karl-Heinz: 131

Hansen, Klaus: 249
Hardie, J. Keir: 17
Harrer, Jürgen: 214 f.
Hartmann, Ulrich: 307
Hasselblatt, Dieter: 10, 70
Hassner, Pierre: 305, 308-310
Haug, Wolfgang Fritz: 335
Hayek, Friedrich A. von: 74, 314
Heckelmann, Günther: 274
Hecker, Hellmuth: 117
Heidenreich, Gert: 123, 125, 327
Heimann, Siegfried: 191, 238
Heinemann, Gustav: 191
Heissig, Kurt: 147
Helbing, Hans: 34
Hennig, Eike: 49, 52 f., 56, 69 f., 113, 129, 143, 159, 162 f., 245, 320, 330, 332
Hennings, Almuth: 293
Hensche, Detlef: 212
Hepp, Michael: 177
Herb, Hartmut: 103, 115-118, 174
Hereth, Michael: 155
Hermet, Guy: 305, 308, 311
Herrmann, Detlef: 75
Herrmann, Detlef: 75
Herrnleben, Hans-Georg: 47, 82
Herz, Thomas A.: 111
Herzog, Roman: 273
Hess, Henner: 246, 293, 306, 336
Heumann, Lucas: 229, 278
Hildebrand, Klaus: 52, 69, 173
Hillegaart, Heinz: 274
Hirsch, Kurt: 111
Hirschfeld, Gerhard: 69, 253
Hitler, Adolf: 24, 87, 100, 153, 162, 166, 251, 253 f.
Hobe, Konrad: 278
Hoberg, Gerrit: 278
Hockerts, Hans Günther: 93
Höffken, Heinz-Werner: 103, 120
Hoegner, Wilhelm: 131
Hörster-Philipps, Ulrike: 44
Hoffmann, Gerd E.: 10
Hofmann, Werner: 78, 343
Hofstätter, Peter: 273
Holling, Eggert: 167
Holtfort, Werner: 294

383

Holthusen, Hans Egon: 298
Holz, Hans Heinz: 278
Holzer, Willibald: 20, 183
Horchem, Hans Josef: 106, 109, 211
Horkheimer, Max: 141
Horlemann, Jürgen: 226
Horn, Klaus: 44
Horn, Michael: 244, 299-301
Hornung, Klaus: 87
Howe, Irving: 306
Huber, Wolfgang: 284
Hübotter, Klaus: 221
Hüttenberger, Peter: 69
Hund, Wulf D.: 136
Huntington, Samuel P.: 97

Isensee, Josef: 291

Jacobsen, Hans-Adolf: 69, 158
Jäckel, Eberhard: 24, 157
Jaeger, H.: 111
Jaeger, Herbert: 244, 281, 283, 292
Jänicke, Martin: 52, 60, 73
Jahoda, Marie: 141
Janowitz, Morris: 141
Jasche, Hans-Gerd: 12, 103-106, 109, 113, 134, 136-138, 142-145, 164, 167, 169, 176, 180 f., 305, 322-327, 329, 332, 357
Jasper, Gotthard: 28
Jasper, Willi: 235
Jenke, Manfred: 107 f., 183, 354
Jenkner, Siegfried: 50, 54, 65, 307, 309, 360
Jennes, Hans: 118
Jens, Walter: 37, 162
Jeschke, Axel: 243, 245, 258, 274
Jess, E.: 117
Jesse, Eckhard: 9, 11 f., 33, 49, 170, 183, 241, 306
Jetter, Rainer: 158
Joachim, Dierk: 112 f.
Jung, Heinz: 99, 218
Junge, Reinhard: 104, 113, 155 f.

Kaase, Max: 27, 290, 353
Kaiser, Hans: 49
Kalex, Günter: 214
Kaltefleiter, Werner: 10

Kapluck, Manfred: 191
Karry, Herbert: 250
Karstedt-Henke, Susanne: 182, 299-301, 306, 336
Kasch, Wilhelm F.: 271
Keller, Bernhard: 112
Kelly, Petra: 42, 187
Kelsen, Hans: 32
Kernig, Claus D.: 51
Kernmayr, Erich: 136
Kessler, Gerhard: 17
Kettenacker, Lothar: 69
Keuter, Klaus: 211
Kielmansegg, Peter Graf: 58-61, 80, 271
Klarsfeld, Beate: 131
Klaus, Georg: 145
Kleff, Michael: 320
Klein, Hans-Joachim: 243, 261-264
Klein, Stefan: 123
Klingemann, Hans D.: 24, 26 f., 56 f., 110, 348
Klönne, Arno: 32, 177 f.
Klose, Alfred: 87
Klose, Hans-Ulrich: 231
Klug, Harry: 214
Knoche, Manfred: 167
Knoll, Hans Peter: 260
Knütter, Hans-Helmuth: 107, 112, 136
Kocka, Jürgen: 83-85
Koestler, Arthur: 48
Kogon, Eugen: 48
Kohl, Helmut: 271
Kohl, Heribert: 136
Kolakowski, Leszek: 34, 66, 96, 201, 351
Kolinsky, Martin: 111
Krause, Christian: 266
Kreissl, Reinhard: 336
Krekeler, Wilhelm: 294
Kremendahl, Hans: 101
Kremzow, Friedrich: 185, 198-201,
Kreutzberger, Wolfgang: 112
Kriele, Martin: 19, 92, 183
Krockow, Christian Graf von: 14, 18, 45, 355
Kroetz, Franz-Xaver: 209

Kroker, Eduard J.M.: 251
Kronawitter, Georg: 221
Krüger, Heinz-Joachim: 136
Krupp, Burkhard: 123
Kühnen, Michael: 139, 331
Kühnert, Hanno: 260
Kühnl, Reinhard: 49, 51, 54, 57, 65, 73 f., 84 f., 99, 110, 330, 349
Kundler, Heribert: 183
Kurtz, Georg: 277
Kutscha, Martin: 31, 117

Lacoste, Ilse: 302
Lagneau, Gérard: 18
Lameyer, Johannes: 32 f.
Landwehr, Ludwig: 191
Lang, Michael R.: 128, 131
Langguth, Gerd: 185, 224-231, 266, 269, 283, 353, 357
Laponce, J.A.: 24
Laqueur, Walter: 253, 359
Launer, Ekkehard: 105, 170
Leber, Georg: 224
Leca, Jean: 311
Lederer, Gerda: 26, 344
Lefort, Claude: 308 f.
Lehmann, Rainer: 112
Lehnert, Detlef: 266
Leibholz, Gerhard: 50
Lenin, Wladimir Iljitsch: 66, 117, 195, 199, 202, 221, 227, 281, 351 f., 358
Leonhard, Wolfgang: 25, 203, 351
Lersch, Paul: 103, 125 f.
Lersner, Friedrich Frhr. von: 111
Leukert, Bernd: 180
Leuschner, Wolfgang: 44
Levi, Paul: 86
Levinson, Daniel J.: 141
Lichtenstein, Heiner: 123
Lieber, Hans-Joachim: 350
Liepelt, Klaus: 110
Lill, Rudolf: 158
Lindgens, Monika: 167
Lindner, Willy: 34
Lindt, Andreas: 49
Ling, W.: 111
Linke, Georg: 257, 274
Linn, Gottfried: 237

Linz, Juan: 89, 97, 101, 307, 344
Lippert, Ekkehart: 26, 182, 344
Lipset, Seymour M.: 19, 143, 344
Loderer, Eugen: 237
Lodge, Juliet: 249
Löchner, Gerhard: 294
Lönnendonker, Siegmund: 249
Lösche, Peter: 342
Löw, Konrad: 71
Löwenthal, Leo: 141
Löwenthal, Richard: 20, 48, 54, 70, 106, 193, 307, 309, 348
Lohmar, Ulrich: 214
Lomeiko, V.: 111
Lorenz, Peter: 250, 260 f.
Lorenzo, Giovanni di: 12, 171, 305, 328-330
Lozek, Gerhard: 72
Ludendorff, Mathilde: 156 f.
Ludwig, Hannelore: 243, 278, 280
Ludwig, Karl: 214
Ludz, Peter Christian: 54, 73, 93, 98, 101
Lübbe, Hermann: 92, 184, 272
Lukács, Georg: 281
Lütgert, Gert: 132
Lupri, Eugen: 111
Luther, Wilhelm N.: 213
Luxemburg, Rosa: 199

Mackensen, Ulrich: 123
Maetzke, Ernst-Otto: 236
Mahler, Horst: 243, 257-259, 288
Maier, Hans: 90, 110, 284
Maihofer, Werner: 27
Malanowski, Wolfgang: 243, 245, 258, 274
Malke, Anneke: 167
Mandt, Hella: 48 f., 63, 91
Manent, Pierre: 311
Mann, Golo: 326
Mann, Thomas: 17
Manteuffel, Hasso von: 333
Mantl, Wolfgang: 87
Mao, Tse-tung: 100, 225, 227, 351 f.
Marcuse, Herbert: 51, 80, 278, 281
Marks, Shannee: 177
Marx, Arnd-Heinz: 162

Marx, Karl: 80, 193, 195, 199, 221, 281, 350, 352
Massing, Paul W.: 141
Matz, Ulrich: 26, 244, 251, 286-289
Mauch, Hansjörg: 136
Mauz, Gerhard: 294
Mayer, Udo: 31
Mayer, Ulrich: 142
Medwedew, Roy: 76
Meier-Bergfeld, Peter: 42, 112, 217, 238, 289, 321
Meiners, Werner: 215
Meinhof, Ulrike: 220, 243, 246, 249, 251-254, 257, 285, 302, 358
Meins, Holger: 268
Meissner, Boris: 54
Meissner, Michael: 167
Mensing, Wilhelm: 185, 208-210, 240.
Menze, Ernest A.: 65, 67
Merk, Hans Günther: 106
Metternich, Klemens Lothar Fürst von: 38
Meusel, Alfred: 17
Meves, Christa: 274
Meyer, Alfred G.: 63
Meyer, Alwin: 104, 164 f.
Meyer, Claus Heinrich: 124 f.
Meyer, Gerd: 82
Meyer, Thomas: 237, 243, 249-252
Meyer-Larsen, Werner: 10
Michaelis, Herbert: 100
Mickel, Wolfgang W.: 50, 183, 245, 352
Mickolus, Eberhard F.: 248
Middendorf, Wolf: 272, 282
Mies, Herbert: 185, 191, 195, 197, 217, 236, 333
Mikat, Paul: 93
Mitscherlich, Alexander: 334
Mitscherlich, Margarete: 334
Moerings, Martin: 306, 336
Mohler, Armin: 175
Mommsen, Hans: 67, 69, 83-86, 173, 321
Mommsen, Wolfgang J.: 253
Moody, Peter R.: 100
Moore, Barrington: 51

Moore, Clement H.: 97
Moreau, Patrick: 158
Morgenstern, Christian: 80
Morsey, Rudolf: 93
Mosler, Peter: 261
Mosse, George L.: 158
Müller, Emil-Peter: 42 f., 185, 201-204
Müller, Helmut L.: 100
Müller, Ingo: 16
Müller, Johann-Baptist: 24, 49, 51, 65
Müller, Rudolf: 123, 328
Müller, Werner: 188
Müller-Luckmann, Elisabeth: 274
Münch, Ingo von: 117
Münkler, Herfried: 243, 248, 278 f.
Murphy, Detlef: 24
Mussolini, Benito: 314, 349
Myers, Kenneth A.: 249

Nabokow, Vladimir: 48
Narr, Wolf-Dieter: 21, 35, 51, 183
Naumann, Uwe: 113
Naumann, Werner: 334
Negt, Oskar: 212
Neidhardt, Friedhelm: 130, 244 f., 283 f.
Neumann, Franz L.: 76
Neumann, Sigmund: 53, 76
Nicklas, Hans: 140
Niclauß, Karlheinz: 28
Niedenhoff, Horst-Udo: 185, 204-207
Nieder, Ludwig: 18
Nieke, W.: 19, 183
Niekisch, Ernst: 114
Niemann, Wolfgang: 294
Niethammer, Lutz: 108, 110, 127, 162
Noelle-Neumann, Elisabeth: 305, 316 f., 328
Nohara, Erik: 211
Nohlen, Dieter: 27, 256, 353
Noll, Adolf: 110
Nolte, Ernst: 24, 67 f., 83, 85, 97, 157, 349
Norton, August R.: 248

Nowak, Horst: 147
Oberreuter, Heinrich: 158, 192
O'Brien, Patric: 97
Ohnesorg, Benno: 268
Opitz, Reinhard: 84, 99, 305, 332-334
Oppenheimer, Max: 103, 118 f.
Orwell, George: 10, 66, 70, 100, 306
Ossietzky, Carl von: 219 f.
Otto, Karl A.: 219 f.
Oxner, Helmut: 158, 192

Paas, Dieter: 306, 336
Paczensky, Susanne von: 282
Paetel, Karl O.: 178
Pahl-Rugenstein, Manfred: 210
Panahi, Badi: 113
Papen, Franz von: 99
Pappi, Franz U.: 26 f., 56 f., 348
Paschner, Günther: 136
Paterson, Thomas G.: 102
Paterson, William E.: 111
Paul, Gerhard: 104, 112, 113 f.
Pellicani, Luciano: 314
Perels, Joachim: 282
Perón, Juan Domingo: 314
Peschken, Bernd: 282
Peters, Jan: 103, 105, 113, 115, 117 f., 174, 177 f., 179
Petersen, Jens: 64
Petzold, Joachim: 333
Pfeiffer, Gerd: 188
Picaper, Jean-Paul: 75
Pickshaus, Klaus: 211
Piel, Edgar: 328
Pinkemeil, Dietrich: 220
Piroschkow, Vera: 200
Plat, Wolfgang: 253
Platon: 23
Plitt, Werner: 110
Plum, Günther: 83
Pöhlmann, Siegfried: 173
Pohl, Eckhart: 105, 176
Polin, Claude: 305, 313-315
Pollak, Christl: 248
Polsby, Nelson W.: 89, 344
Pomorin, Jürgen: 104, 113, 155 f.
Popper, Karl R.: 23

Prätorius, Rainer: 27
Preece, R.J.C.: 39, 111
Preuß, Ulrich K.: 32, 352
Pribilla, P.: 17
Pridham, Geoffrey: 249
Probst, Ulrich: 186, 232 f.
Pröhuber, Karl-Heinz: 105, 172, 175 f.

Raab, Earl: 142
Rabe, Karl-Klaus: 104, 127, 163-165
Radkau, Joachim: 142
Rammstedt, Otthein: 344
Raspe, Jan Karl: 250
Rauball, Reinhard: 257
Rauch, Georg von: 260
Rausch, Heinz: 34, 265
Rauschning, Hermann: 24, 314
Rauter, Ernst A.: 209
Rebmann, Kurt: 294
Reichel, Peter: 264
Reinders, Ralf: 260
Repgen, Konrad: 93
Reumann, Kurt: 147, 316
Revel, Jean-François: 47, 93-96, 305, 312 f.
Rexilius, Günter: 158
Richert, Ernst: 189, 249
Richter, Claus: 112, 266
Richter, Horst: 105
Ridder, Helmut: 189
Ridder, Winfried: 110
Riehl-Heyse, Herbert: 123
Riesenberger, Dieter: 142
Rilling, Rainer: 99, 110
Ring, Erp: 305, 316 f.
Rischmüller, Werner: 112
Ritter, Gerhard A.: 56
Ritter, Joachim: 19, 183
Ritzler, Rolf: 125
Robbe, Martin: 243, 255 f.
Robinsohn, Hans: 112, 155, 294
Roeder, Manfred: 116
Röhl, Klaus Rainer: 220 f., 257
Rohrmoser, Günter: 243, 257, 278, 280 f., 339
Rokeach, Milton: 25, 344

Rossade, Werner: 76
Rossanda, Rossana: 314
Roßmann, Erich: 44
Rotermundt, Rainer: 112
Rothenstreich, Nathan: 18
Rothfels, Hans: 183
Rousseau, Jean-Jacques: 345
Rowold, Manfred: 108, 233
Rucht, Dieter: 40 f., 43, 344
Rudel, Hans-Ulrich: 155
Rudolphi, Hans-Joachim: 294
Rudzio, Wolfgang: 185, 211, 218-220, 318
Rückerl, Adalbert: 146
Rühmann, Frank: 125
Rupnik, Jacques: 305, 308, 310
Rupp, Hans Karl: 51, 101, 191, 249
Rupprecht, Reinhard: 275

Saage, Richard: 84
Sack, Fritz: 306, 336-339
Sänger, Fritz: 171
Sager, Christine: 110
Sager, Dirk: 166
Salazar, Antonio de Oliveira: 314
Sanford, R. Nevitt: 141
Sartre, Jean-Paul: 281, 298
Sattler, Andreas: 33, 347
Sattler, Martin: 103, 120
Sauer, Wolfgang: 86
Schacht, Ulrich: 211
Schäfer, Helmut M.: 347
Schäfer, Max: 185, 189-191, 200
Schäfer, Renate: 112
Schapiro, Leonard: 51 f., 88, 97, 360
Scharpf, Fritz W.: 22
Scharrer, Manfred: 215
Schaub, Annette: 41
Scheerer, Sebastian: 306, 336
Schenk, H.O.: 14
Scherer, Klaus-Jürgen: 266
Scheub, Ute: 307
Scheuch, Erwin K.: 20, 26 f., 51, 106, 110, 122, 170, 178, 180 f., 348, 357
Schieder, Wolfgang: 83-85, 349
Schiller, David: 321
Schlaga, Rüdiger: 41, 156

Schlangen, Walter: 47, 53-58
Schleifstein, Josef: 99, 218
Schlett, Werner: 176
Schleyer, Hanns-Martin: 197, 250, 270
Schlögel, Karl: 235
Schlomann, Friedrich-Wilhelm: 231
Schmid, Günther: 41
Schmidt, Manfred G.: 27, 353
Schmidtchen, Gerhard: 26, 244, 273, 281, 285 f., 289 f.
Schmitt, Carl: 14, 177, 352
Schmitt-Egner, Peter: 130
Schmollinger, Horst: 325
Schmude, Jürgen: 147
Schmücker, Ulrich: 250, 262
Schneider, Dieter: 64
Schneider, Gerhard: 142
Schneider, Hans-Joachim: 282
Schneider, Rudolf: 103, 118
Schöfberger, Rudolf: 139
Schöllgen, Gregor: 90
Schoenbaum, David: 65
Schönbohm, Wulf: 35
Schönborn, Erwin: 119
Schönfeldt, Otto: 189
Schönfeldt, Rolf: 42
Scholder, Klaus: 85
Schoßig, Bernhard: 104, 163
Schraepler, Ernst: 100
Schröder, Karl-Heinz: 195
Schubert, Frank: 139, 330
Schüddekopf, Otto-Ernst: 178
Schütte, Johannes: 229, 357
Schulz, Gerhard: 58, 86
Schulz, H.C.: 177 f.
Schulze, Hagen: 28
Schulze, Hans: 145
Schulze-Marmelig, Dietrich: 177 f.
Schumann, Jürgen: 270
Schumpeter, Josef Alois: 347
Schwab, Karl: 207
Schwagerl, H. Joachim: 163
Schwalbach, Hans: 211
Schwan, Alexander: 211
Schwan, Heribert: 104, 162 f.
Schwarz, Hans-Peter: 20, 106, 348
Schwarzschild, Leopold: 220

Schwenger, Hannes: 10
Schwind, Hans-Dieter: 243, 273, 275
Seidel, Bruno: 50, 54, 65, 309, 360
Seidl, Alfred: 132
Seifert, Jürgen: 32
Selge, Stefan: 329 f.
Semler, Christian: 226, 233
Senghaas-Knobloch, Eva: 44
Sering, Paul (→ Löwenthal, Richard)
Severing, Karl: 17
Silbermann, Alphons: 26, 141
Sills, David L.: 18, 183
Sippel, Heinrich: 110
Six, Bernd: 182
Smith, Gordon: 13, 39
Smola, Aleksander: 311
Smoydzin, Werner: 110
Sonnenschein, Jakob: 211
Speer, Albert: 124
Spiro, Herbert J.: 66
Spranger, Eduard: 156
Sochatzy, Klaus: 104, 128, 151-153
Solschenizyn, Alexander: 76, 92, 309
Sontheimer, Kurt: 45, 56 f., 85, 184, 265, 313
Stadtmüller, Georg: 99, 343
Staehr, Gerda von: 112
Stalin, Joseph: 94, 100, 227, 351 f.
Stammen, Theo: 264
Stammer, Otto: 54, 193
Steffani, Winfried: 347
Steffen, Hans-Peter: 307
Steffen, Siegfried: 307
Steigerwald, Robert: 195
Stein, Helmut: 103, 118 f.
Steinbach, Peter: 146
Steinberger, Helmut: 33
Steiner, John M.: 158
Steinert, Heinz: 306, 336-339
Steinweg, Reiner: 41, 43, 113, 159, 168
Stengel, Eckhard: 105, 170 f.
Sterling, Claire: 248
Sternberger, Dolf: 48
Stierlin, Helm: 252

Stöss, Richard: 25, 42, 174, 176, 178, 191, 325
Stoiber, Edmund: 99
Stoll, Angelika: 47, 71-74
Stommeln, Hein: 103, 114 f., 154, 354
Strauß, Franz-Josef: 131 f.
Strauss, Herbert A.: 141
Strecker, Reinhard: 178
Streim, Alfred: 332
Streithofen, Johann Basilius: 271
Strickert, Hans-Georg: 188
Strömsdörfer, Lars: 294
Strothmann, Dietrich: 131, 138 f.
Stuby, Gerhard: 31
Stuckmann, Horst: 113
Sturm, Hans-Jürgen: 111
Süllwold, Lieselotte: 244, 281 f.
Sutter-Fichtner, Paula: 111

Talmon, Jacob L.: 48, 177, 310, 314
Tauber, Kurt P.: 107, 109
Thadden, Adolf von: 323, 334
Thamer, Hans-Ulrich: 113, 313, 349
Thesen, Mathias: 103, 115, 117 f.
Thibaud, Paul: 308
Thiele, Grete: 191
Thoma, Richard: 32
Thüsing, Klaus: 131
Tilton, Timothy Alan: 111
Tito, Josip: 95
Tocqueville, Alexis de: 102
Tomuschat, Christian: 38
Tophoven, Rolf: 248, 294
Topitsch, Ernst: 272
Treiber, Hubert: 306, 336
Trevor-Roper, Hugh R.: 48, 124
Trotzki, Leo: 228, 351-353
Tucker, Robert C.: 54, 66
Tutenberg, Volker: 248

Uehlinger, Hans-Martin: 244, 286
Uhl, Klaus Ludwig: 139
Ulbricht, Walter: 192
Ullrich, Volker: 112
Ullrich-Hadeler, Gudrun: 112
Umbach, Dieter C.: 38

Veelken, Ludger: 275
Venohr, Wolfgang: 334
Verba, Sidney: 34, 265
Vesper, Bernward: 261
Vetter, Heinz Oskar: 219
Vilmar, Fritz: 12, 185, 199, 211, 218-223, 237, 240
Vinke, Hermann: 113, 165, 184, 265
Vogel, Hans-Jochen: 221, 297
Voigt, Gerhard: 112
Vollrath, Ernst: 248
Vorländer, Hans: 22

Wacker, Ali: 164
Wagenbach, Klaus: 257
Wagener, Gerald: 105, 171
Wakenhut, Roland: 26, 182, 344
Waldmann, Peter: 256
Waldrich, Hans-Peter: 196
Wallace, Georg C.: 111
Wallraven, Klaus Peter: 110
Walser, Martin: 209
Waltemathe, Ernst: 104, 131, 136
Warnecke, Steven: 111
Watrin, Christian: 272
Weber, Hermann: 188
Weber, Josef: 221
Wegener, Ulrich: 294
Weggel, Oskar: 61-63
Wehler, Hans-Ulrich: 93, 220

Wehling, Hans-Georg: 180
Weidenbach, Suse: 211
Weidenfeld, Werner: 34
Weiler, Hagen: 35
Weiss, Hermann: 327
Weiß, Wolfgang W.: 180
Wellmer, Albrecht: 251
Wessel, Horst: 122
Weyer, Hartmut: 198
Wilke, Manfred: 185, 211, 218, 224, 321
Willbrand, Jürgen: 111
Willms, Günther: 239
Windaus, Eberhard: 192
Winkler, Arno: 104, 145-147, 214
Winkler, Karlheinz: 206
Winterfeld, Achim von: 293
Wippermann, Wolfgang: 113, 349
Wittke, Thomas: 244, 296-298
Wördemann, Franz: 248 f.
Wolff, Frank: 164, 192
Wolff, Robert Paul: 51
Wolffsohn, Michael: 53
Wolfgram, Kurt: 139
Wolkenhaar, Ingo: 231

Ziesemer, Bernd: 235
Zilleßen, Horst: 220, 238
Zimmermann, Ernst: 335
Zimmermann, Hartmut: 75
Zsifkovitis, Valentin: 87